上海文化发展基金会图书出版项目

大夏史

（上）

郭泳 著

上海大学出版社
·上海·

自 序

从切磋琢磨以完成"细讲中国历史丛书"之《夏史》，到战兢惕厉以完成《大夏史》，书稿先后得以出版，幸运之余，我更感到肩上压着沉甸甸的分量。

郭齐勇先生在《钱穆〈国史大纲〉述评》中指出："民族的生命不是自然物质生命，而是文化的生命，历史的生命，精神的生命。民族精神是族类生活的灵魂和核心。没有这一灵魂，就没有族类的存在，而民族的精神乃是通过历史、文化展开出来。"我以为他深得钱穆先生精神之三昧。"通过历史、文化展开出来民族的精神"，这也是我在写作中孜孜以求的高标。

我大学所学专业是戏剧文学，后长期在教育媒体工作，似乎与"史"隔行。但我"好古""好史"，常以钱穆先生自励。钱先生是史学大师，他是哪所大学的历史系毕业的？其实，钱先生家世贫苦，自幼丧父，中学毕业即无力求学，以自学而成大师。他的成就与专业无关。再看黄仁宇先生，他早年投笔从戎，在缅印战场出生入死，十万远征军魂断异域者太半，他却奇迹般地活下来了。脱下戎装时他已届而立，却负笈海外，磨剑数十年，终成一代史学大家。他自嘲曰："学书未成先习剑，用剑无功再读书。"他读完历史学博士已是46岁的"高龄"了！隔行、改行而专业成家、卓有成就的事例多多，这给我治史以极大的勉励。

探幽寻胜，我深深感觉到，我对华夏文化的追本溯源情有独钟。唐人孔颖达注疏"华夏"说："夏，大也。中国有礼仪之大，故称夏；有服章之美，谓之华。华、夏一也。"夏赋予我们中华人共同的文化之源。在写作《夏史》时，每每提笔，我便希望能唤起我们对这"大"与"美"的源头的共同记忆。写作《大夏史》，更令我心怀庄敬。

这是艰辛的选择，又是幸运的决定，因为眼前有先贤的研究成果，身边是师友的真诚激励。当我细读《史记·夏本纪》，又二度去洛阳偃师考察二里头遗址后，那种"夏是虚无缥缈"的观念，一股脑儿散去了。重读了周一良、邓广铭、唐长孺、李学勤四位大家所编《中国历史通览》，那几句话深深刻印在我脑海里：夏是中国历史上第一个王朝，约公元前21世纪由河南西部和山西南部的夏部落建立。禹以后，夏朝父子兄弟传袭，历十七王，四百余年。在夏部落最早活动地区，近数十年来陆续发现多处介于晚期龙山和早商之间的文化遗存，与文献所记夏朝年代、地域符合，夏史逐渐得到考古的印证。

这段文字告诉我们：首先，"夏是中国历史上第一个王朝"，这是明确的。其次，虽说至今没发现当时的文字，但后来的大量文献都说到中国历史上有一个夏王朝的存在。再次，这些文献（包括传说）之所以可视为信史，是因为百年考古与文献所载在年代（时间）、地域（空间）上是相吻合的，用诸位先生的话来说是可以互为"印证"的。

有了信心，又有了依据，我苦苦求索，细心剔抉，溯本求源，坚持不懈，将史籍记载、神话传说和地下发掘资料紧密结合起来，也即史界所谓"二重证据法"或"三重证据法"。除运用了一些神话故事外，还大量使用了《尚书》《易经》《礼记》《左传》《诗经》《史记》等经典的材料，当然，近百年来考古方面的材料尤其是最新的考古证据也是不可或缺的。

在典籍中，我尤其信服史家巨擘司马迁对夏代的记述。我在写《夏史》时曾与史学界的老师探讨"夏是否真实存在"这个话题，在微信往来中写了一段话，在《大夏史》即将付梓的今天，不妨摘录如下：

其一，由诸多典籍可见，"夏"已经走出传说时代而进入我们民族的信史，是我们民族的共同记忆；其二，甲骨文的出土证明了《史记·殷本纪》的商王世系是可信的，从而确凿证明商朝的存在，那么，我们有理由相信，《史记·夏本纪》也是可信的，更遑论历代夏王名字与世系更迭实难臆造……

至于被世人目为"荒诞不经"的神话，早在20世纪80年代初，著名史学家尹达先生在《史前研究》杂志创刊号《衷心的愿望》一文中说："我国古代社会传说里究竟是否全属伪造？在这些疑说纷纭、似是而非的神话般的古史传说中是否有真正的素地？我认为，考古学的发展已经充分证明了这些神话传说自有真正的史实素地，切不可一概抹杀。"

著名学者李学勤先生说:"三代毕竟是中国古代文明的渊源,研究中国传统文化不能不溯源至此。"而夏,自然是三代的源头。

溯源于夏,分析夏的奠基者禹是怎样的王者,探究大禹治水可能是怎样一回事,体现了怎样的民族精神,夏王朝又是怎样一个"中国历史上第一个王朝"——这,是我努力想呈现的。必须说明的是,在将书稿送出版社之前,我的老师与前辈郭志坤、陈雪良分别审读了全部书稿,提出了许多中肯的意见,勉励我"用通俗的语言写学术的专著",我反复修改勉力为之,这部书稿倾注了他们的心血;上海大学出版社的责任编辑庄际虹老师数月来为书稿的更上层楼殚精竭虑,在此,我一并致谢。学识所限,疏漏难免,诚望方家指正。而在这一部书稿中我究竟有没有呈现出我们民族"文化的历史的生命",只能交由读者诸君评判。有感于此,附诗如下:

<blockquote>
开卷溯探华夏光,服章灿灿礼仪煌。
读罢经史将烧砚,思及前贤苦寻章。
清漏频移惜夜短,毫锥数辍恨纸长。
春秋分明融血脉,天地奔流莽苍苍。
</blockquote>

目 录

上 册

序曲　永远的大夏　　1

由大禹说到大夏　　3
大夏之"大"的三个维度　　7
龙的传人，华人的血脉　　11
走出疑古时代　　16

第一章　超百万年的文化根系　　1

神州大地　　3
神州大地的早期居民　　5
"北京人之家"　　9
智慧的早期智人　　12
富于生活情趣的"山顶洞人"　　13

第二章　上万年的文化起步　　17

"新石器革命"　　19

从洞穴人到"有房族"	22
"陶"中乾坤	25
万年稻,万年菜,万年猪,万年狗……	27

第三章　五帝时代　33

司马迁的"黄帝始祖说"	35
仰韶文化印证了神话传说	42
黄帝、炎帝、蚩尤之间的战与和	47
五帝历史传承的"圣统"观	52

第四章　五帝时代的种族迁移和融合　59

距今近万年前墓葬人头西向之谜	61
"水往低处流,人往高处走"	63
炎黄族的来龙去脉	67

第五章　五帝时代的"三色世界"　75

兴于西土的夏商周三族	77
精彩的"三色世界"	81
起始于黄帝时代的黄色崇拜	84
黄色是夏商周三族的底色	87

第六章　先夏族的发展和壮大　91

"夏后氏禘黄帝而祖颛顼"	93
夏人东进北上路线图	96
夏族在五帝时期的显赫地位	101

第七章　空前的大洪灾和早期治水英雄　　105

旷日持久的洪水大泛滥　　107
中西对待洪灾的不同解读和方略　　112
共工和共工治水　　115
鲧和鲧的治水　　118
伯益和伯益治水　　123

第八章　大禹平水土　　127

走出传说时代第一人　　129
"三过家门而不入"　　137
由"治水"到"平水土"　　141
"平水土"的五个义项　　145
禹平水土的地域范围　　151

第九章　定九州和铸九鼎　　155

从黄帝"划野分州"到禹定九州　　157
禹定九州的地望及其价值　　161
禹铸"九鼎"和王权建设　　167
禹，一个新历史时期的领军人物　　170

第十章　神州大地的首次统一　　175

统一起于黄帝成于大禹　　177
禹平水土加速了"道一风同"的统一进程　　180
"禹贡"制度为统一中央政权的确认　　186

统一的机制性建设　　　　　　　　　　　　　　　189

第十一章　华、夏、华夏　　　　　　　　　　195

六千年前勃兴的"华"崇拜　　　　　　　　　　197
神话传说中的"华"崇拜　　　　　　　　　　　200
"自禹兴而修社祀"　　　　　　　　　　　　　204
"华夏一也"——华夏族的形成　　　　　　　　209

第十二章　中国龙与大夏文化（上）　　　　217

从"华"图腾说到"龙"图腾　　　　　　　　　219
"龙生于水"　　　　　　　　　　　　　　　　221
"中华原龙"的三个发展阶段　　　　　　　　　225
龙腾虎跃，勃勃生机　　　　　　　　　　　　232

第十三章　中国龙与大夏文化（下）　　　　235

二里头遗址所见的龙崇拜　　　　　　　　　　237
龙的民族品格　　　　　　　　　　　　　　　240
"龙的传人"观念的确立　　　　　　　　　　　245
龙文化的历史发展　　　　　　　　　　　　　248

第十四章　大夏的疆域　　　　　　　　　　255

典籍所示的大夏疆域　　　　　　　　　　　　257
九州和考古文化区系　　　　　　　　　　　　261
夏"中心区域"新说　　　　　　　　　　　　　264

"启以夏政,疆以戎索" 270

第十五章　传子制度的确立 273

上古时代的禅让制度 275
禅让制度的衰微 280
"涂山大会"和传子制度 284

第十六章　大夏王朝的初创 289

伯益与夏启之间的权力之争 291
"涂山之兆从,而夏启世" 294
经典的《甘誓》 297
"用岁四百七十一年" 300

第十七章　起自太康的"三世之难" 305

夏启留下的文化遗产 307
太康的"第三代腐败现象" 311
《五子之歌》 314
长达数十年的"三世之难" 318

第十八章　后羿代夏政 323

"世掌射正"的后羿氏 325
从"干夏政"到"代夏政" 330
寒浞擅夏政 333
太史公的一大缺笔 335

下 册

第十九章　少康中兴　　339

生于忧患　长于困顿　　341
艰难的中兴之路　　345
"天下共主，九夷来宾"　　349

第二十章　六世七王的兴盛期　　353

兴夏道复禹绩的帝杼　　355
始于帝予的百年强国梦　　358
"华夏，中国也"　　363

第二十一章　"孔甲乱夏，四世而陨"　　365

孔甲乱夏　　367
"武伤百姓"的夏桀　　371
"伊洛竭而夏亡"　　376

第二十二章　商汤代夏　　379

夏商同宗　　381
商部族的第十四代传人——商汤　　383
伐桀的檄文：《汤誓》　　386
从兵败鸣条到葬身南巢　　388

第二十三章　夏是王国时代的开启期　393

古代文明三步曲：邦国、王国、帝国　395
王国开启的继承意义　400
"王"字内涵的历史变迁　403

第二十四章　夏代的城市建设　407

从民居聚落到"城"的建造　409
王城——王国权威的旗帜　413
城市化和"日中为市"　420

第二十五章　夏代的官和官制　427

从民众公仆到王家官僚　429
当官的"规矩"　432
"夏后氏官百"　436

第二十六章　养民"九功"　441

德唯善政，政在养民　443
源自"平水土"的五行说　446
万世永赖的治国"三事"　451
大禹的遗愿：九功惟叙　453

第二十七章　农耕时代　457

源远流长的中国原始农业　459
大禹开创了农耕新时代　462
夏代遗书《夏小正》　467

第二十八章　酒文化　475

酒和仪狄作酒醪的传说　477
酒业及其管理　480
酒是贯穿夏王朝的一道文化风景线　484

第二十九章　青铜时代　489

走向冶铜业的漫长历程　491
灿烂的二里头青铜文化　495
与夏中央交相辉映的四方铜文化　500

第三十章　玉石时代　507

七千年的玉石故事　509
玉石器的三大功效　514
玉石文化与王权至上　517
王室控制下的绿松石作坊　521

第三十一章　夏代的文字　523

文字的传说和传承　525
文字初创的"图书"时代　529
追索夏代文字的全貌　531
"有册有典"的夏王朝　535

第三十二章　古朴的夏礼　539

"玉洁冰清"的古礼　541

"礼下庶人"的夏初之礼　　　　　　　　　543
夏礼和中华传统礼仪　　　　　　　　　　548
"始诸饮食"的夏礼　　　　　　　　　　　553
"夏后氏以松"　　　　　　　　　　　　　556

第三十三章　传子制度和孝文化　　　　559
"二十四孝"第一孝　　　　　　　　　　　561
夏礼的基石：孝礼　　　　　　　　　　　565
"以天下养"的养老思想　　　　　　　　　569
"慎终追远不忘祖"　　　　　　　　　　　572

第三十四章　夏代民生掠影　　　　　　575

"邑"和"邑人"　　　　　　　　　　　　　577
邑人的食谱　　　　　　　　　　　　　　580
尚黑右衽的夏装　　　　　　　　　　　　583
"开道"与"筑梁"　　　　　　　　　　　　586
教育机构：庠、序、校　　　　　　　　　588

第三十五章　神话传说中的先夏和夏代　591

古史传说是古史的一部分　　　　　　　　593
关于黄帝的神话传说　　　　　　　　　　597
大禹最值得大书的是"平水土"　　　　　　604
夏代诸王的传说故事　　　　　　　　　　606

第三十六章　典籍中的夏代　　　　　　611

"禹书"《山海经》　　　　　　　　　　　　613

《诗》《书》等典籍中的夏代	618
先秦诸子对夏代的追记	621
司马迁的考察报告《夏本纪》	625

第三十七章　二里头遗址和夏文化　　631

二里头遗址的发现	633
二里头文化的年代和分布地区	636
二里头文化昭示的夏代文明	641

尾声　历史的余韵　　647

常书常新的"华夏学"	649
治山、治水、平水土的人们	652

上 册

序曲

永远的大夏

中国有着五千多年光照寰宇的文明发展史。

公认的人文之祖是黄帝。最刻骨铭心的民族理念是：我们是黄帝子孙。五千年前的黄帝带领着他的子孙们，"时播百谷草木，淳化鸟兽虫蛾，旁罗日月星辰水波土石金玉，劳勤心力耳目，节用水火材物"[1]，经过持续不懈的努力，终于叩开了中华文明的大门。

文明一旦起步，便永远前行在路上。根据司马迁严谨的历史编排，黄帝之后是帝颛顼，随后是帝喾，接着是帝尧，最后是帝舜，这就是中国彪炳史册的"五帝时代"。在这一时期的最后两帝尧舜时期，发生了特大的自然灾害，"鸿水滔天，浩浩怀山襄陵，下民其忧"[2]，在这民众生死存亡的关键时刻，时代的浪涛把一个叫禹的人物推到了历史的前台，使之成为带领万国（部落）民众"平水土"的伟大英雄。

由大禹说到大夏

禹在中国历史上的丰功伟绩怎么评估也不为过。如果不是禹带领大家"披九山，通九泽，决九河，定九州"，那么中国的一部古代史也许会重写。在平水土大功告成后，在舜帝的主持下有过一次考绩大会，最后大家一致的结论是"唯禹之功为大"！从此，"禹"的称谓前便冠以一个"大"字，史称"大禹"——大者，天地之广也，以此形容其功绩之伟大，形象之伟岸。

当然，"禹"之为"大"，还远远不止于此。众所周知，正是这个大禹，顺

---

[1]《史记·五帝本纪》。
[2]《史记·夏本纪》。

应历史之大趋势,推动催生了中国第一个家天下的王朝——夏。

这是大禹为中国历史留下的最可称道的大手笔和大遗产。

关于"夏",历史上有一种很有意思、也可以说是独具一格的解读:

夏,中国之人也。从夊,从页,从臼。臼两手,夊两足也。[1]

这是许慎在《说文解字》中写下的。这位许慎夫子把"夏"说成是一个中国人的形简而意丰的抽象,说这个中国人由头、手、足三部分组成。如此解读,问题接踵而至:你说"夏"是有头、有手、有足的人,而一般的正常人谁人无头、手、足呢?那样解读不等于白说了吗?看来许慎如是说是别有深意在焉!较为妥帖一点的解读,似乎应该是:何为夏人?夏人是特别会用头脑、特别会动手、特别会行走的人。在往后我们解读整部夏史的时候,会发觉这样的说法还是很有道理的。

还有一种说法更有意思,著述者在释"夏"时揭示了这样一个千古大秘密:

自关而西,秦晋之间,凡物之壮大者而爱伟之,谓之夏。[2]

这是扬雄写在他的大作《方言》中的一段话。扬雄(前53—公元18)是西汉时期最伟大的文学家和思想家之一,他的这部经过严密稽考写成的一万余言的《方言》,被历代学人誉为"悬之日月不刊之书",更为值得庆幸的是,其作至今存世。扬雄这段文字的可靠性在于,扬雄本身就是四川人,而且他的生存年代离大禹时代比我们要相对近得多,他写下的文字的可靠性也就强得多。在我们上面所引述的短短二十一字中,至少透出了大夏史方面的两大信息:其一,为长期争讼不休的夏人(大禹一族)兴起于何方提供了语言和语词学上的依据。"夏"之称呼,既然与"自关而西"(即函谷关或潼关以西的广大陕、甘、川地域)的人们的口语有紧密的关联,那么也就可以证明"禹生石纽""禹为戎禹"说法之不妄了,大夏人的祖籍在西部地区也可得到明证了。其二,既然"自关而西"的人们把壮大、伟岸的物品称为

---

[1] 汉·许慎:《说文解字》。
[2] 汉·扬雄:《方言》。

"夏",那么,在"夏"字之前缀以"大"的词冠,合称为"大夏",也就没有什么奇怪的了。

"大夏"之称,在中华典籍中可以查寻到的不下于数十处。

可是,争议由是而起。争议的焦点集中在这个作为中华第一朝的大夏王朝究竟有多"大"上。在大夏是不是真"大"这点上,说法种种。较早对夏、商、周的地域作界定的是孟夫子,他认为:"夏后、殷、周之盛,地未有过千里者也。而齐有其地也。"[1]孟子这里说的"未有过千里者也"是虚指,真正要说的是这三代之盛还没有齐国那么大。实际上孟夫子确实是把三代,尤其是夏代的疆域估算小了。后来明末清初的顾炎武,有一个说法:

《史记》屡言,禹凿龙门,通大夏。《吕氏春秋》言,龙门未辟,吕梁未凿,河出孟门之上。则所谓大夏者,正今晋、绛、吉、隰之间。[2]

很显然,顾氏断定大夏在今山西临汾一带,怎么也出不了晋南。顾炎武的这一学术见解影响了数代学人。大部分学人都相信,夏人从来是生活在后来所谓的中原地带的(笔者以为夏时还没有"中原"的观念,这一观念大约起于周代),或说是晋南,或说是豫西。

随着研究的深入,尤其是一百多年来中国考古学所取得的巨大成就,一些学者承认:"大夏之地不限于此,还应包括秦、晋其他一些区域,主要指晋南和陕西关中一带。"[3]还有学者强调:"夏王朝的统治中心,始终在以崇山为中心的河南中部地区,即颍水上游和伊河下游。"[4]

是这样吗?历史的真实答案是:否。大夏就是"大",非小也。那种说"大夏不大"的说法低估了中国的远古文明。一些国外的有识之士就不认同低估中国远古文明的学术观。2015年12月,"第二届世界考古论坛"在中国举行,被论坛授予终身成就奖的英国著名考古学家、剑桥大学教授伦福儒勋爵以"中国的新石器时代是被远远低估的时代"为宗旨发表了这样的高论:

---

[1]《孟子·公孙丑上》。
[2] 顾炎武:《日知录》卷三十一。
[3] 李炳海:《部族文化与先秦文学》,高等教育出版社1995年版。
[4] 杜金鹏:《夏商周考古学研究》,科学出版社2007年版。

现在人们对于秦代已经有了充分的认识，之前的商代也得到了充分的证据。可是再往前的夏代就因为材料的有限而显得扑朔迷离，这个话题引得学界诸多争议。但我觉得这不是一种好的理解中国的方式，因为越来越多的出土材料显示，在商代和有争议的夏代之前，中国新石器时代的早期和晚期都有着非常丰富的文化遗存，这在中国考古学过去70年（其实不止70年，比较通行的说法是110年——笔者）的工作中已经得到了印证和展现。但我觉得这一时期在中国的考古学上被远远低估了，其原因是由于过多地依赖于有文字记载的证据。文字固然相当重要，但是如果认为考古学是用来证实或补充文献记载的话，仅仅作为次要的、辅助的地位，我要说不是这样的，考古学有其独立性。

中国关于公元前3000年到公元前2000年间的考古研究正在蓬勃展开，这一时间段没有任何书写的文字留存，但是越来越多有趣的材料正在重见天日，比如一些可以证明中国早期信仰体系的证据。要知道这个族群的信仰状况要付诸笔端本就非易事，加之没有任何同时代的文字记载，那么挖掘出来的实物就是唯一的凭证。[1]

这位年届八旬的英国考古学家重点说到公元前3000年到公元前2000年间的中国新石器时代晚期的情况。这一时期正是中国古代文明的发祥期，也就是中国人津津乐道的黄帝时代和大禹创建的夏王朝时期。由于我们过分追索"同时代的文字记载"，结果必然是那个时代的状况"被远远低估了"。

长期以来，对"大夏"一词中"大"字的人为"小"化，正是人们对一个时代"被远远低估"的反映。由于我们的历史工作者，尤其是夏史工作者，总是拘拘于文字资料的考索和稽查，不敢或不愿去面对大量地下发掘出来的"越来越多有趣的材料"，因此人为地把中国新石器晚期的人们，以至于夏代人们的能力"小化"，活动范围"小化"了，社会交往"小化"了。

伦福儒勋爵预言"十年内，人们会开始在新石器时代的范围内讨论中国的起源"，很显然，他所说的"中国的起源"，是特指中华文明的起源，也就是指利用考古资源和相关文献进行黄帝史和大夏史的重新研究。

而这项工作，我们可以从现在就着手去做。鄙人之著《大夏史》，正是想就还大夏历史之原貌做一点投石问路的工作。

---

[1] 陈诗悦：《中国新石器时代是远远被低估了的时代》，《东方早报》，2015年12月30日。

大夏之"大"的三个维度

所谓大夏云云,似乎可以从三个维度加以解释:一是夏王朝的历史地位之"大",作为中华文明史开局王朝的夏的至大至高之地位,自不待言。二是夏王朝的疆域辽阔之"大",从现有资料看,它可能是"三代"时期疆域最大的王朝。三是夏王朝的影响深远之"大"。一部五千多年的中华文明史,久传不衰的是夏历、夏书、夏风、夏谚、夏乐……在中国人的心目中,最认同的始祖,一是黄帝,二是大禹。

先讲夏王朝的历史地位之"大"。讲大夏之"大",顺理成章地会让人想到大禹之"大"。在中国历史上,在名字的前面冠之"大"字的,似乎唯禹一人。禹之"大",并非说禹的体量有多伟岸,家世有多显赫,而是因为在他身上有着常人难以企及的高风亮节。孔夫子对社会批评最多,也不太愿意说人的好话,可是,一提及大禹就佩服得五体投地。孔子说过一句著名的评述大禹的话:"禹,吾无间然矣!菲饮食而致孝乎鬼神,恶衣服而致美乎黻冕,卑宫室而尽力乎沟洫。禹,吾无间然矣!"[1]为了"致孝乎鬼神",为了"尽力乎沟洫",他把个人的一切都抛弃了,这就是禹之"大"。

同禹之"大"相关联的是夏之"大"。夏之所以被称为大夏,首先在于它在中国文明史上的崇高的、不可取代的历史地位。《礼记·礼运》中有这样一段关于中国历史发展的经典论述:

大道之行也,天下为公,选贤与能,讲信修睦。故人不独亲其亲,不独子其子,使老有所终,壮有所用,幼有所长,矜、寡、孤、独、废疾者皆有所养。男有分,女有归。货,恶其弃于地也,不必藏于己。力,恶其不出于身也,不必为己。是故谋闭而不兴,盗窃乱贼而不作。故外户而不闭,是谓大同。

今大道既隐,天下为家,各亲其亲,各子其子。货、力为己,大人世及以为礼,城郭沟池以为固,礼仪以为纪,以正君臣,以笃父子,以睦兄弟,以和夫妇。以设制度,以立田里,以贤勇知,以功为己。故谋用是作,而兵由此起。

---

[1]《论语·泰伯》。

禹、汤、文、武、成王、周公,由此其选也。此六君子者,未有不谨于礼者也。以著其义,以考其信,著有过,刑仁讲让,示民有常。如有不由此者,在执者去,众以为殃。是谓小康。[1]

　　这是段了不起的文字,它所提出的"大同""小康"之论,一直沿用了几千年,为人们所深度认可。这段文字对"大同"与"小康"的时间段区划也是精准而有见地的。在该文的作者看来,由大同社会转折走向小康社会的分界线就在于禹、汤、文、武、成王、周公"此六君子",而六君子中的带头人就是大禹。是大禹冲破种种艰难险阻,创建了中国第一个天下为家、各亲其亲、各子其子的"小康"社会——大夏王朝。一切都是从头开始,如何建立礼制?如何创设刑法?如何正君臣、笃父子、睦兄弟、和夫妻?如何立田里、贤勇知、功为己?这些都是新课题,没有现成的答案。而大禹建立的"小康社会"竟给出了许许多多正确的答案,而且那个新社会新政权竟然奇迹般地站住了脚跟,父子相传,一传就是十七世,这是何等的伟大,把夏王朝称为大夏,有何不可!

　　还有一点是往往被人们所忽略了的。夏王朝在中国历史上第一次实现了神州范围内的大一统。这是夏王朝疆域辽阔之"大"。这一点,随着近数十年来中国考古的发展和对中国历史研究的深入,一些有见地的史学家已经敏锐地看到了夏首次实现祖国统一这样一个基本事实。李学勤说过:"统一本来就是中国历史的一个值得自豪的特点。纵观几千年的古史,统一是经常的、主要的,分裂是暂时的、异常的现象。有些人主张秦始皇第一次统一中国,这是不够确切的,因为夏、商、周已经有了统一的局面,秦不过是在春秋五霸、战国七雄的并峙分立之后,完成了再统一而已。长期的统一,为中国文化带来了相当普遍的共通性,由中原以至于边远,在很大程度上道一风同,这就反过来使政治、经济的统一更加持久巩固,成为中国人凝聚力的基础。但是,普遍存在的文化的共通性,和各地区、各民族的文化的多样性,并不是相排斥的。正因为中国是一个统一的多民族的国家,中国的历史文化才这样的丰富多彩。"[2]

　　请读者诸君注意了:统一不完全是人为的。当一定地域的人们面对共

---

[1]《礼记·礼运》。
[2] 李学勤:《李学勤说先秦》,上海科学技术文献出版社2009年版。

同的利益、形成共同的利益追求的时候，统一就会自然而然地到来了。大禹时期，推而广之，是大夏王朝时期，神州大地上人们的最大共同利益是什么呢？就是"平水土"，也就是俗称的"治水"。谁带领民众治平了洪水，人们就拥护谁，就团结在谁的周围。当年"平水土"的范围有多大，统一的范围也就有多大。没有哪一个傻瓜会在大禹治平了水土以后去自个儿闹分裂的，谁要是那样做，老百姓也不会答应的。

历史已经明明白白地告诉人们，大洪水遍及大河上下、大江南北，那么大禹治水的范围也必然是在中国的"两河流域"或者更加广阔的区域进行，最后全国的大统一的范围也必然是地域广阔的。在北方的伊洛平原一带，在南方的会稽山麓，在西部的洞庭湖畔，到处都有"禹迹"存在，正说明了这一点。

统一是大势所趋，是从黄帝时代到大禹时代千余年间神州大地上人们共同奋斗的结果。大夏王朝建立后的统一局面，可以从文献和地下发掘两个方面得到佐证。统一表现在政治、经济、文化等诸多方面。我们这里仅从地下发掘所显示的文化联系角度来说明问题，并略举数个地下发掘的例证，用以说明大夏时代祖国大地上各地间的联系和交流是何等密切，同时以显示其统一局面。

二里头文化昭示的是夏文化，它的最核心地带是在以嵩山为中心的伊河洛河流域一带（其实还要广阔一些，这在以下的文字中会有详述）。当时

河南偃师二里头遗址1号宫殿复原图
（引自许宏《最早的中国》，科学出版社2009年版）

夏王朝的政治中枢机构也设立在后来所谓的中原地带。但是，一旦统一局面形成以后，它就可以把二里头的文化推广到全国各地去，这一点，已经被地下发掘的一些器物证明了。

四川成都平原的三星堆文化与中原的二里头文化相隔万水千山，可是，它们之间就联系紧密，而且并存了四百年，相互交融和影响。在三星堆遗址中出现的一件陶盉，与二里头的陶盉十分相似，简直可以说前者是后者的复制品，都是形体瘦高，顶盖圆隆，半圆形口，束腰，三足瘦削，腰下应裆处有堆贴装饰，大宽鋬上饰有刻画纹。另外，三星堆的高柄豆又与二里头的相似，其浅盘较大，柄部有镂空和凸棱。三星堆的玉锛、玉璋、玉戈、玉圭与二里头的十分相似，甚至到雷同的地步。这样有特色有个性的陶品和玉器又出现在鄂西地区的夏代同时代的陶品上。由此可知，在国家统一的前提下，当时的确存在着一条"二里头—鄂西—三星堆"的千里文化传播路线。

由国家文物局主编的《中国文物精华大全·青铜卷》收录了两件分别出自安徽肥西和六安的青铜时代早期的铜斝。经专家考定，从口沿内侧的凸边、钉状小柱下延有尖状凸棱、鋬上有三角形镂孔、腰底呈椭圆形、腰部是弦纹、腹部装饰圆形凸饼等特点看，它们无疑是属于二里头文化类型的。这代表了夏代中原地带与南方的文化联系。

这不能不让人与史传的夏桀奔南巢、桀与部属"俱去海外"联系起来。《左传·文公十二年》："楚人围巢。"杜预注："巢，吴、楚间小国，庐江六县东有居巢城。"《路史·国名纪丁》："南巢氏，桀之封……古巢伯国，吴灭之。故巢城在皖北六东。"六县即今六安县。这从一个侧面说明当时的江汉地区也是纳入夏文化范围的。

内蒙古赤峰市敖汉旗大甸子遗址夏家店下层文化墓地出土的遗物中含有诸多二里头文化特征要素。陶爵和陶鬶是二里头文化富有代表性的典型器物，大甸子出土的陶爵和陶鬶惊人地相似。陶爵的流、尾都偏短，下腹稍肥鼓，底微垂凸，这些特点都是属于二里头的。两地出土的玉圭等礼器也相似。中原二里头文化走向辽河流域，大概通过太行山两侧的古通道，以走太行山西侧可能性大，现太行山西侧的山西侯马、太原地区均已发现了与大甸子陶爵相类的陶器，还有与二里头相类的鼎、豆等陶器。当时可能是移民，也可能是商品交流。

夏王朝的影响十分深远，这也是大夏之"大"吧。

夏王朝到了后期,统治者走向腐败,最后被商所取代,可是,商代的统治者并没有把夏王朝说得一无是处。从"殷因于夏礼,所损益,可知也"[1]角度看,商人是继承了夏王朝的优秀文化传统的。有一种说法,夏商同宗,原是兄弟之邦,后来"三代祀鲧",也包括商在内。这说明夏商的确是兄弟之邦。

周王朝建立以后,不只在文化上"周监于二代"[2],吸收了大量的夏文化,更有意思的是,把"夏"作为自我的称谓,这是我国王朝轮换史上的一个独特现象。一般一个新兴的王朝推翻了一个没落腐败的王朝以后,或称其为"前朝",或称其为"亡朝"。周代却十分特殊,一再地点赞夏王朝。在历史典籍中,周王室自称"我有夏"的可以说是不绝于书。事实上是承认自己还是夏人。最有意思的是,周王室还承认自己是夏禹的子孙。有一首诗是这样写的:

信彼南山,
维禹甸之。
畇畇原隰,
曾孙田之。[3]

这首诗的大意是:终南山绵延千里,这是当年大禹治水成功后开辟出来的土地。原野是那样的平整美好,大禹的"曾孙们"世代在这里垦田。这就给历史学家一个确切的信息,夏亡以后,后继者并没有忘记大禹的历史功迹,后世王者也没有否定夏王朝建树的历史性伟业。

龙的传人,华人的血脉

在后人的心目中,大禹的恩情不会忘,大夏的业绩永铭记。讲一个故事吧!春秋时期,天下大乱,以强凌弱,以大并小,那是常有的事。当时周天子

---

[1]《论语·为政》。
[2]《论语·八佾》。
[3]《诗经·小雅·信南山》。

的权威已经大不如前,最多只能当当和事佬。昭公元年(公元前541年)赵国师出无名去伐郑,当时的周天子景王派在诸侯中有着崇高威望的刘定公去劝和。刘定公到了颍地,住在洛水边的一座客房里,他对好动干戈的赵文子说出了一番肺腑之言:

> 美哉禹功,明德远矣!微禹,吾其鱼乎!吾与子弁冕端委,以治民、临诸侯,禹之力也。子盍亦远绩禹功,而大庇民乎?[1]

这是一段千古名言,不管是当官的,还是普通百姓,都是应该置之座右,永铭于心。这段话的大意是:大禹真是了不起啊,他的功绩真是辉煌啊!他的伟大的德行必定会流传千古。如果中国没有大禹,我们这些人都变成鱼了吧!我们这些当官的,今天能戴着礼帽、穿着礼服,去治理民众和面对诸侯,说到底,都是仰仗于大禹的平水土之功啊!先生您何不远继大禹的功德,去广泛地保护民众呢?

这段话表达得实在太淋漓尽致了。在短短四十余字中,四次讲述了"禹功"和"禹力",中国人讲求"慎终追远不忘祖",具体地说,不忘大禹的业绩,不忘大夏的传承,那就是不忘祖啊!

大夏王朝在漫长的历史流程中"用岁四百七十一年"。这近五百年的珍贵岁月,留给我们的两样东西是不可忘的:一是我们是龙的传人,一是我们的血管里流淌着华人的血脉。

后人在史书中一再称夏为大夏,这当然是与夏代龙文化的形成和华夏族的建树联系在一起的。

"用岁四百七十一年"的夏王朝,实现了夏王朝的中心地带与边远地带民族的大融合,形成了民族融合的象征——龙的图腾,实现了历史上第一次民族的腾飞。

"飞龙在天",它的象征意义就是一个民族的腾飞。

龙的观念,在远古的神话传说中,在《山海经》这样的古代典籍中,都一再地提到过。"龙,鳞虫之长。能幽能明,能细能巨,能短能长。春分而登天,秋分而潜渊。"[2]说得有点玄乎了。而把活生生的、形象生动的龙展现在

---

[1]《左传·昭公元年》。
[2] 汉·许慎:《说文解字》。

世人面前的是夏代。特别有意思的是,龙的观念的形成,是与大禹治水紧密联系在一起的。

> 禹治水时,有应龙以尾画地,即水源流通,禹因而治之也。[1]
> 禹诛防风氏,夏后德盛,二龙降之,禹使范氏御之以行。[2]

我们之所以引述上面两段文字,意在说明,在神话传说所传递的远古人们的观念中,大禹的治水和"平水土"文化,实际上是一种龙文化。是因为"有应龙以尾划地",才会有"禹因而治之",龙的助力促成了大禹治水的成功。屈原是完全相信这一点的,他把《山海经》中的这则故事写进了他的长诗《天问》中。后来,禹为了维护统一大业,杀了不听话的防风氏,"夏后盛德,二龙降之",龙文化是一种统一文化,也描述得清清楚楚。至于夏代龙文化之盛,也已被出土的大量陶器、青铜器、玉器上的龙纹所证明了,在后面的《大夏史》正文中我们会有详尽的阐说。

在文献中有一段关于龙的形态的描述:

> 龙者,鳞虫之长。王符言:其形有九似。头似驼,角似鹿,眼似兔,耳似牛,项似蛇,腹似蜃,鳞似鲤,爪似鹰,掌似虎是也。其背有八十一鳞,具九九阳数。其声如戛铜,盘口……[3]

长期以来,研究龙的"似",成为一种显学,有说是七似的,也有说是九似的,还有说有十多似的。但大都只言形似,不求神韵。为何会有那么多的"似"呢?那么多的"似"背后深藏着的又是什么呢?经过长时期的探究,人们终于有了较为得体的解读:

> 二里头遗址出土的龙文物,可以视为中华民族共有的最早的龙图腾。海内外华人皆以'龙的传人'自居,以龙作为中华民族的象征,这是有着数千年历史渊源的文化传统,是伴随着中华文明形成而产生的民族情怀。[4]

---

[1] 《山海经广注》辑《山海经》佚文。
[2] 《艺文类聚》卷九十六引《括地志》。
[3] 宋·罗愿:《尔雅翼》。
[4] 杜金鹏:《夏商周考古学研究》,科学出版社2007年版。

说得对极了,龙文化不是一种一般意义上的文化,而是我们中华民族历史久远的传统文化,是"龙的传人"的共同的民族情怀。这种龙文化,到了夏代已经变得分外成熟,融合在龙身上的每一种所谓的"似",都象征着一定地域的部族集团。各种部族集团象征性的"似"集于龙体,意味着民族的大团结。

　　如果说龙是民族的精灵和民族的一面亮丽的旗帜的话,那么,华夏则是民族的血脉,是族类的认同。

　　我们华夏民族的形成过程是漫漫而修远的。大致地说,在祖国大地的西部地区,早先生活着自称为"夏"的一大族类。这一族类中人,主要从事农业生产。农业是这个族群生存和发展的基础。后来,这些从黄帝起就"迁徙往来无常处"的夏人,从祖国的西部迁徙到了中南一带,再由中南一带迁徙到了后来被称为中原的地区,有的还到了离海不远的东部地区。这些夏人一路走来,就与沿途的其他部落群体融合起来,族名还是叫夏。因其族群的规模越来越大,而且"大"与"夏"读音相近,也就笼而统之地被称为大夏了。

　　这些居处于祖国大地四荒八野的夏人们,上面说到了,农业是他们的主业。大禹"平水土"的一个最直接的后果是中国真正地进入了农业社会。人们可以定下心来实施男耕女织了,人与自然的交流也更加亲密了。人们开始有余暇来欣赏大自然了。这些夏人在劳作之余,观赏起了大自然赐与的那种美景,而千万美景中最让这些夏人动情的(包括以后的商人与周人)是物华。

　　　　桃之夭夭,灼灼其华。[1]
　　　　皇皇者华,于彼原隰。[2]

　　这两句分别出自典型的赞美华(花)的诗章。第一首是赞美桃花的。据说,在唐之前,被视为国花的不是牡丹,而是桃花。看!诗人之赞美桃花是那样的纵情,说盛开的桃花像火一样热烈而美丽。第二首就更有深意了,赞美的是农耕之花。说在新开垦的"原隰"之地上,绽放开了那样美丽的植

---

[1]《诗经·周南·桃夭》。
[2]《诗经·小雅·皇皇者华》。

物之花,诗人用"皇皇者华"来形容植物之华的美丽、光华。

华而实,有了"皇皇者华",才会有丰硕的果实。不知从何时起,华(花),这种漫山遍野地绽放在千古大地上的大自然的精灵,成了生长在这块土地上的以耕作为业的夏人们的崇拜物,进而转换成为自我的精灵。他们在想,"皇皇者华"是属于上天的,也是属于普天下的夏人的。

当一个民族寻到了自己民族的精灵,也就同时找到了这个民族生生不息的理由。大约到了夏这个时代,辛勤耕耘在黄河、长江原野上的子民们,似乎一夜之间明白了自己共同的名字:从族类讲,我们是夏族;从精气神角度讲,我们是华人——是生活得如"皇皇者华"一样的人。

华夏人,这是一个多么响亮的名号。简化一点,就是华人。

大夏,作为时代的符号,一直留存在中华子民的心中了,在历史的流程中,从来没有一个王朝像大夏王朝那样备受后人的追念。

人们不只一直承认自己是华夏人,后世的人们还时不时地以"夏"命名自己建立起来的国家和王朝。

在两晋南北朝时期,407年匈奴族酋长赫连勃勃建大夏国,称大夏天王,大单于,自称是禹的后代。413年建都于统万城(今陕西靖边东北)。418年占领长安,自称大夏皇帝。431年为吐谷浑所灭,共25年。

与宋对峙的有一个西夏王国,亦称大夏。八、九世纪党项族首领拓跋思恭占据夏州(今陕西横山一带)。唐末赐姓李,封夏国公。1032年李元昊继位,1038年称帝,建都兴庆府(今银夏银川东南),国号大夏,史称西夏。1227年为蒙古所灭。自李元昊继位起,到为蒙古所灭,共有196年。

元末明初也有一个大夏国(1362—1371)。1362年,拥兵数千的起义者明玉珍(1331—1366),在元末的大乱中起兵造反,他夺取了四川重镇重庆,在重庆宣布自己是"真命天子"。他发展很快,溯三峡而上,占领了川、云、贵一大片土地,建立了大夏国,建宫殿于重庆城内大梁子的长安寺。明玉珍死后,其子继位。1371年其子降大明帝国。1984年重庆市政府重建"大夏国宫殿"。

还有,中国历史上非常强盛的两个王朝——汉、唐——都与夏有着千丝万缕的联系。汉因起于汉水而得名,而汉水在夏时又称为夏水,可谓是同饮一江水了。唐王朝起兵于山西的唐地,而唐地又正是传说中夏王朝的核心地带之一。夏、汉、唐在中国历史上都是显赫的王朝,又是一脉相承的王朝。

大夏，一个永远不会让国人忘怀的名字。它既是国人的自名，又是世人对我国人的呼号。"华、夏，一也。"当有人称呼你为华人时，实际上是呼唤到了大夏之名。

走出疑古时代

可是，在中国历史的流程中，曾经有过一种奇特的现象。一些人，包括一部分史学工作者，他们否定大禹（还包括尧、舜）的存在，否定大夏王朝的存在。在一段时间里营造出了疑古的社会思潮。

对此，有必要一辨。

怀疑精神原本并不是坏事。可以说，我国历来就有可贵的怀疑精神，先秦的一些子书中还专门设有"设疑"篇呢！但是，这也疑，那也疑，可从来没有人怀疑过自己是黄帝子孙，怀疑过"禹王"的存在。正如杜金鹏说的："中国历史上有没有一个叫作'夏'的人群（族）和王朝？这个问题在五四运动以前几乎没有人考虑过，自古以来人们都坚信夏人和夏王朝的存在；但到了五四运动以后，这个问题突然成为人们讨论的题目。"[1]

这种怀疑自己祖先存在的现象也不是偶然的，它有着某种独特的国际背景。比如，1909年，日本学者白鸟库吉著文说："尧、舜、禹乃古之圣王，孔子祖述之，孟子尊崇之，后世儒者之流视为圣贤，言行极为推崇，无人怀疑此等古圣人历史之存在。然而如今检讨研究三王之传说，大有怀疑之理由。"[2]

这种言论首出于我国的东邻日本——这是一个当时已经军国主义化的国家，年代是20世纪的初叶。这就耐人寻味了。

写在19世纪末叶和20世纪初叶的中华史册上的是一系列的"耻辱"：

1860年，英法联军攻陷北京，恭亲王奕䜣与英、法、俄分别签订了《北京条约》，并且在此时发生了震惊中外的"火烧圆明园"事件。

1887年，清政府与葡萄牙签订《中葡通商条约》，葡萄牙获取"永居澳

---

[1] 杜金鹏：《夏商周考古学研究》，科学出版社2007年版。
[2] [日]白鸟库吉：《中国古代传说之研究》，《东洋时报》第131号，1909年。

门"的权利,中国丧失了对澳门的管辖权。

1895年,《马关条约》签订,台湾等地由此被"割让"给了日本。

1901年,清政府与俄、英、美、日、德、法、意、奥、比、西、荷十一国签订了屈辱的《辛丑条约》。

正是在这样的背景下,一些别有用心的外国"学者",不失时机地抛出了"疑古"的论调。而可悲的是,一些中国的学者也跟着刮起了一股不大不小的疑古风。[1]

1922年春,经胡适介绍,顾颉刚与王钟麒为商务印书馆编写一部初中本国史教科书,把疑古观点推向极致的地步,在他们看来,古代史籍的史料都由神话转化而成,时间愈后,神话故事的时间愈长。周代最古是禹,孔子时有了尧、舜,战国时有黄帝、神农,秦代有了三皇,到了汉代以后才有盘古。意思很清楚,他们的观点是说中国的古史都是人们"你造一段,我造一段"一点点"捏造"出来的,是"暧昧难明"的,是不可信的。[2][3]

对此,胡适大加赞赏,说顾颉刚的疑古"替中国史学界开了一个新纪元",是中国史学史上的"第二次革命"。[4]顾颉刚本人也以此颇为自得。

顾颉刚的这些说法引起了巨大的社会反响。把这些话写在教科书中,岂不是大大的误人子弟?

先是由当时山东曹州重华学院院董丛涟珠、院长陈亚三呈请政府禁止该教科书的发行。继而由山东省参议员王鸿一提出专案,弹劾该书"非圣无法"。时任南京国民政府委员、考试院院长的戴季陶认定这部教科书是"惑世诬民的邪说,足以动摇国本",他批示道:

> 中国所以能团结为一体,全因为人民共信自己为出于一个祖先;如今说没有三皇、五帝,就是把全国人民团结为一体的要求解散了,这还了得!

接着,南京国民政府第十七次国务会议作出决定:由教育部查禁,通令全国不准采用。顾颉刚当时还非常气愤地说:"这是我为讨论古史在商务印

---

[1] 顾颉刚:《与钱玄同先生谈古史书》,《古史辨》第一册中编,上海古籍出版社1982年版。
[2] 顾颉刚:《自述整理中国历史之意见书》,《古史辨》第一册上编,上海古籍出版社1982年版。
[3] 顾颉刚:《我是怎样编写古史辨的?》,《古史辨》第一册重印本《自序》,上海古籍出版社1982年版。
[4] 胡适:《介绍几部新出版的史学书》,《古史辨》第二册下编,上海古籍出版社1982年版。

书馆闯出的祸,也是'中华民国'的一件文字狱。"

南怀瑾先生是博古通今的大学者,他在回顾疑古派甚嚣尘上之时的祸害时,一针见血地指出:"专门疑古,对古代的文化不相信,于是好犯上作乱。尤其抗战以前有些学人,现在讲起来真是该死,后来我们的思想一度受到他们的影响,他们跟着日本人说,尧舜不是人,是中国人自己编的,尧是香炉,舜是烛台,禹也不是人,是爬虫,这是日本人故意侮辱我们的,我们的学者也都跟着这样说。所以我们的文化到了今日这个地步,不是偶然的,是几十年来大家疑古,随便抛弃了传统,抛弃了前人的经验,轻视前人的学问,结果变成这个样子,所以信而好古,是保持历史人生的经验,孔子对此,持以非常慎重的态度,实在了不起。"[1]

值得一提的是,当时的优秀青年史学家张荫麟马上站了出来,写了《评近人对于中国古史之讨论》一文,指出:顾颉刚随意使用"默证","在方法论上存在着严重错误"。[2]张荫麟在1930年出版的《中国史纲》中,专门列了《中国史黎明期的大势》一章,认为"关于夏朝,我们所知,远更模糊。例如夏朝有没有文字? 有没有铜器? 其农业发展到什么程度? 其政治组织与商的异同如何? 这些问题都无法回答。"但是,他还是坚信夏王朝是存在的,"商朝的替换的朝代是夏,如果说'夏'不存在,那商从哪里替换出来不也成了问题吗?"他从"后人关于夏朝的一切传说和追记中","抽出比较可信的事实",列出了夏王朝"历年约四百"的路线图。这种见识在当时是很了不起的。[3]

史学巨匠王国维坚持实事求是地看待中国古史。"传说与史实相混而不分,史实之中固不免有所缘饰,与传说无异,而传说之中,则往往有史实为之素地",大力倡导采用"双重证据法"研讨古史。经过他的认真考证,竟然发现殷墟甲骨文中所记载的商人世系,与《史记》所记载的商人世系,基本上是相吻合的。因此,王国维说:"由殷周世系之确实,因之推想夏后氏世系之确实,此又当然之事也。"[4]他撰成《殷卜辞中所见先公先王考》,从卜辞中考定殷代先公先王帝喾、相土、季、王亥、王恒、上甲、报丁、报丙、报乙、主壬、主癸、丁乙(汤)、羊甲等13人的姓名及前后顺序,证实了历史记载的

---

[1] 南怀瑾:《南怀瑾选集》第一卷,复旦大学出版社版2003年版。
[2] 张荫麟:《评近人对于中国古史之讨论》,《古史辨》第二册下编,上海古籍出版社1982年版。
[3] 张荫麟:《中国史纲》,中国画报出版社2012年版。
[4] 王国维:《古史新证》,《清华文丛》之五,清华大学出版社1994年版。

殷代王室世系之可靠性。郭沫若说:"卜辞的研究,要感谢王国维。是他,首先由卜辞中把殷代的先公先王剔发了出来,使《史记·殷本纪》和《帝王世系》等书所传的殷王世统得到了物证,并且改正了他们的讹传。"[1]

1926年,中国考古学家李济领导了"西阴村史前遗存发掘"。这是中国人自己领导的第一次田野考古工作,发掘工作就是在大禹的故地山西夏县西阴村开展的,出土的陶器是属于仰韶文化型的。当时发掘报告的结论是:"仰韶遗物之时代,据阿恩博士《河南石器时代之着色陶器》推测,约在纪元前二千五百年至三千年之间,与历史上传说夏后氏之时代正相近。是西阴村出土器物,不妨假定为夏后氏遗存。"李济主张的仰韶文化为夏文化说风靡一时。

20世纪40年代,随着考古发现的增多和研究的深入,仰韶文化为夏文化说渐被淘汰,代之而起的是龙山文化为夏文化说。

范文澜指出:"夏文化遗址,迄今还没有确实的证明。但龙山文化层在仰韶文化层之上,殷商之下,却是无疑的事实。"他指出:"《韩非子·十过》说禹作祭器,外面黑色,里面红色,城子崖遗址正有一种表面漆黑、里面红色,叫作亮黑红的陶器。传说夏有城郭叫邑,城子崖遗址环绕着长方形的板筑城墙,南北约四百五十公尺,东西约三百九十公尺,住房在城内。夏朝在东方有不少国,同姓昆吾就是其中最强的一国。东部地区有比较发展的龙山文化与传说似相符合。"[2]

著名考古学家徐旭生从20世纪50年代末开始著名的"夏墟调查"。1959年开始,有计划地对豫西和晋南地区进行"夏墟调查"。当时他已是七十多岁高龄了。每天步行几十里,遇到大雨就干脆光脚在泥泞中行进。最大的收获是在豫西地区确认了以偃师二里头遗址为代表的二里头文化为夏文化。

二里头遗址面积达3平方公里。

迄今为止,调查到与夏文化有关系的古代遗址约二百多处,包括龙山晚期遗址和二里头文化遗址各百余处。这些都为大夏史的撰写创造了良好的条件。

但是,要彻底肃清疑古思潮的偏见,还要花很大的气力。正如李学勤指

---

[1] 郭沫若:《中国古代社会研究》,见"中国古代学术经典"《郭沫若卷》,河北教育出版社1996年版。
[2] 范文澜:《中国通史简编》,人民出版社1956年版。

出的:"咱们现在的学术界有些地方还没有从'疑古'的阶段脱离出来,不能摆脱一些旧的观点的束缚。在现在的条件下,我看走出'疑古'的时代,不但是必要的,而且也是可能的了。"[1]

我们应该走出疑古时代。

我们必须走出疑古时代。

要走出疑古时代,看来有两方面的工作要做:一方面是要对长期留存的我国古代的神话、传说、文献作实事求是的评价与研究,摈弃历史虚无主义观念。杜金鹏说得好:"研究夏史的基本前提是基本肯定古代文献典籍中关于夏代历史的记载是信史。"抛弃文献进行什么夏史研究就根本无从说起了。另一方面要好好利用和开发百年来的考古发掘资料。现在,大量的考古资料还处于原生态状态,缺乏科学的梳理。我们相信,只要我们把这两方面的工作做好了,大夏史研究的春天是一定会到来的。

---

[1] 李学勤:《走出疑古时代》,辽宁大学出版社2008年版。

第一章

超百万年的文化根系

神 州 大 地

这是一片绵延万里、被我们的古圣古贤称为"神州"[1]的古老大地。

说此"州"颇"神",还真有那么一点道理。

古地质学家称,大约在2亿多年前,神州的西部还是一片大海。[2]可是,由于地球的"板块运动",后来被称为喜马拉雅的海域受到其他板块的强烈撞击,开始一点点隆起。经过2亿年的不断上升,大约到了距今1万年之前吧,奇迹出现了:世界屋脊昂首云天,青藏高原高耸西土,神州"西高东低"的地理大格局基本形成,发源于昆仑的黄河、长江,东向千里奔流,真所谓"大江东去,浪淘尽千古风流人物"!

神州大地上的先民是聪慧的,他们对"西高东低"的地理大格局自有其独特的解读。在中华古文献中有这样一段话:

> 昔共工与颛顼争为帝,怒而触不周之山,天柱折,地维绝,天倾西北,故日月星辰移焉,地不满东南,故水潦尘埃归焉。[3]

这是一个带有创世说意味的美丽又悲壮的神话故事。说的是远古时期的两位部落联盟首领为了争夺治理神州大地的领导权,发生了一场战争。结果呢,颛顼胜利了,共工失败了。共工此人的脾气看来是够倔的,一怒之下就用自己的头去撞不周之山。据说这座不周之山是座神山,它紧挨着另一座神山昆仑山。你一触这座神山,那可不得了,天摇地动啊!"天柱折,

---

[1]《史记·孟子荀卿列传》。
[2] 满志敏:《中国历史时期气候变化研究》,山东教育出版社2009年版。
[3]《淮南子·天文训》。

地维绝"。在远古人们的心目中,天圆地方,而这个四方形的大地是用天柱支撑起来的,用大绳索维系起来的。共工这一"触"可坏了事,支撑天穹的天柱折弯了,维系大地的地索断绝了,这样,就出现了"天倾西北""地不满东南"的地理大格局。

神话故事总是夸张的,甚至是让人难以捉摸的。可是,《天文训》中的这个神话故事却是在夸张之中透着历史的真实,在难以捉摸中告知了亿万年大地上的沧海桑田之巨变。2亿年的漫长地壳之变,在神话创作者笔下浓缩成了"怒而触不周之山"的瞬间之举——然而这是真实的。

这是历史记忆中的最大真实。

这种"地不满东南,故水潦尘埃归焉"的地理大格局,决定了中华民族是一个多灾多难的民族。地震的多发,山体滑坡的多发,尤其是水灾水患的多发从未停息。无怪乎连西方顶级的思想家黑格尔也要说"中国是四大文明古国中灾难最深重的国家"了。

中国有一句老话,叫作"兵来将挡,水来土掩",艰难困苦砥砺了世代衍生在这块土地上的民众。把人们战天斗地的事迹浓缩起来,于是就有了女娲补天的神话故事。

往古之时,四极废,九州裂,天不兼覆,地不周载,火爁焱而不灭,水浩洋而不息。猛兽食颛民,鸷鸟攫老弱。于是,女娲炼五色石以补苍天,断鳌足以立四极,杀黑龙以济冀州,积芦灰以止淫水。[1]

在这里,女娲就是神州大地上战天斗地的神人的形象。这里特别值得注意的是"炼五色石以补苍天"一语。在中国传统文化中,"五色"历来是与"五方"相关联的,亦可合称为"五方色"。古代以青、赤、黄、白、黑分别代表东、南、中、西、北五方。《礼记·王制》:"五方之民。"孔颖达疏:"五方之民者,谓中国与四夷也。"这样看来,女娲的炼五色石以补苍天,本身就包含有团结"五方"民众一起来补天的深意在,一个"炼"字,用得多妥帖啊!含意又是何等丰富啊!

五方之民的同心协力自有其地理上的趋同性。神州大地位于欧亚大陆的东方,西部有帕米尔高原,西南有青藏高原和喜马拉雅山,有世界之巅珠

---

[1]《淮南子·览冥训》。

穆朗玛峰,有阿尔泰山,北部有戈壁大沙漠,东北有大兴安岭和长白山,东面和东南则为海洋所环抱。

大山,大海,大戈壁,把神州大地天然地组建成一个相对独立的地理单元。在这个独立的地理单元内生存的民众,不管是居处于东部,还是西部,或是南部,还是北部、中部,有着风雨同舟的共同命运,有着荣辱与共的历史走向。趋同是神州人生命和命运中的最大公约数。这是神州大地愈发展愈趋向统一的天然因子。

盘古开天辟地的故事是美丽的。各种版本的神话故事向我们展示了这样一个旷世的大英雄:当初,宇宙一片混沌,没有天,也没有地,"盘古在其中,一日九变,神于天,圣于地。天日高一丈,地日厚一丈,盘古日长一丈。"[1]盘古真是一位顶天立地的大英雄。更为难能可贵的是,开天辟地大功告成之后,盘古又把自身的一切贡献给了生他养他的神州大地。

> 首生盘古,垂死化身,气成风云,声为雷霆,左眼为日,右眼为月,四肢五体为四极五岳,血液为江河,筋脉为地理,肌肉为田土,发髭为星辰,皮毛为草木,齿骨为金石,精髓为珠玉,汗流为雨泽……[2]

盘古最终献出了一切,似乎什么都没有了。不,盘古这个神州大地上的亘古大英雄,因他的无私奉献而成了最富有的人。只要山河在,他的身影就无处不在。盘古开天辟地的精神,盘古身后献出一切的精神,不正是我们民族惟妙惟肖的精神映像吗?

神州大地的早期居民

世界上有多处被称为人类发祥地的处所。我们可以自豪地向世人宣布:这片相对独立的神州大地,已经被证实是人类的发祥地之一。

---

[1]《艺文类聚》卷一引《三五历纪》。
[2]《绎史》卷一引《五运历年纪》。

我们不是地理环境决定论者,但是也不否认环境对人类的生存和发展的重大作用,尤其在远古时代更是如此。因此,考察一下这块神州大地是否适宜于早期人类的生存和发展,看来是很有必要的。

我国大致上存在着四个与纬度大致平行的自然区域。由北向南算,第一个是塞北区,在长城以北,包括东北、内蒙古与新疆等地,属于温带气候,为草原与荒漠景观,是牧业区和农牧混合区。第二个是华北区,大致在长城以南和秦岭—淮河以北一带,主要是黄河流域,属暖温带气候。其中的华北地区考古发现了不少一两百万年前的暖温带动物化石,还发现有一百多万年前的大河狸、鲤鱼骨骼的化石,说明当时水域丰富,气候暖和,适宜于人的生存。第三个是华中区,大致在秦岭—淮河以南和南岭山脉以北,主要是长江流域。一两百万年前,云贵高原还未形成,秦岭大巴山还未达到目前的高度,东流的长江正在形成之中。当时长江三峡一带的气候较现在更湿热,非常有利于人类的生存和发展。第四个是华南区,在南岭山脉以南,包括台湾、福建、广东、广西、云南、海南岛和南海诸岛。这里属热带气候,年平均温度在20～25摄氏度。在一两百万年前,这里展示的是森林草原景观,极适宜于原始人类的生存和发展。[1]这些都说明了,就我国数百万年前的地理大环境而言,这是块极为适宜于人类发祥的风水宝地。

多元的地理环境会给人类的生存和发展带来某种不平衡性,但神州大地的大部分地域适宜于早期人类的生存那是同一的。

现在大家都认同这样一种说法:人类不只发祥于非洲,神州大地也是人类发祥地之一。早在一两百万年之前,就有原始人生息、繁衍在这块神异的土地上。那是我们真正的祖先。

还是让考古的成就所昭示的史实来说话吧!

"巫山人"。 20世纪80年代,考古学家在三峡地区巫山县庙宇镇龙骨坡发现了距今204万年更新世早期的古人类化石,包括含有两颗牙齿的下颌骨一块,新生出的恒门牙一枚,被命名为"巫山人"。与古人类化石同时出土的还有116种哺乳动物化石群,其中大部分已灭绝。还发现古人类加工使用过的两件石器。

"西侯度文化"。差不多在同时,考古学家发现了至少有180万年历史

---

[1] 白寿彝:《中国通史》第二卷《远古时代》,上海人民出版社1994年版。

的西侯度文化。西侯度位于山西省南部芮城县西北隅的中条山阳坡,黄河从西边和南边绕过。在西侯度村的一个小山坡里,广泛发现了以石英岩为原料的石制品,还有明显留有人工切割痕迹的鹿角、烧骨和大量的动物化石。共存动物有鸵鸟、大河狸、兔、纳玛象、李氏野猪、桑叉麋鹿、山西轴鹿、平额象、鬣狗、山西披毛犀、古板齿犀、三门马、三趾马、古中骨野牛、粗壮丽牛、步氏羚羊、步氏鹿,等等。

"元谋人"。这一惊世的发现现在是连小学生都耳熟能详。它被发现于云南北部元谋盆地的东缘,是滇中高原上的一个最低的盆地,海拔只有1 100米。发现地是一个由棕褐色黏土组成的小山丘,四周为冲沟所包围,南边的那条"那蚌河"曲曲折折地流入了金沙江的支流龙川江。

元谋人的发现是一个"有心栽花花不成,无心插柳柳成行"的过程。早在20世纪初,根据元谋地区的地质地貌,就有学者认定那里可能是中华人的发祥地。于是,很多中外考古学家出入于元谋地区,但始终没有找到古人类的遗迹。20世纪30年代,我国著名的考古学家、古人类学家贾兰坡率队赴云南元谋地区调查,结果也是一无所获。后来国家要建设成昆铁路,就派出地质力学研究所的地质学家钱方、赵国光等一行组成野外工作队到元谋盆地进行地质调查。他们到了只有当地人知名的那个上那蚌村,发现该村附近有一座棕褐色小山丘,山丘四周被那蚌河冲出了一道道深浅不一的沟壑。也许是出于好奇,他们来到了沟壑旁,竟有了惊世的发现,那是170万年前一位中年男子的两颗上中门牙。还有大量的石制品:石英岩打制的刮削器,也有尖状器和石片。他们已经懂得了用火,这可以一些烧骨和大量炭屑为证。与元谋人共存的动物有云南马、爪蹄兽、野猪、水牛、纤细原始鹿、剑齿象、豪猪、竹鼠、鬣狗、斯氏水鹿、云南水鹿、山西轴鹿、最后枝角鹿,等等。

元谋人的发现,震惊了神州,也震惊了世界。

"东谷坨文化"。在河北阳原县泥河湾对岸的东谷坨西北侧,发现了不在少量的石制品:石核、石片和许多废弃的碎屑。特征是个体小,加工精细。依据这些,人们后来命名其为东谷坨文化。古地磁测定为是距今100多万年的一种文化形态。

"和县人"。考古工作者在安徽和县的龙潭洞发现了古人类的人体遗骸:有头盖骨一个、下颌骨一块、牙齿五枚,一共代表了三个人的个体。头形似北京人。考古学家认为可能与之后的北京人有着某种血缘的联系。和县人遗址有少量的骨制品，其共生动物有大熊猫、东方剑齿象、剑齿象、肿骨鹿等。

"蓝田人"。在1963年和1964年分别在陕西蓝田县的陈家窝和公王岭发现了距今100多万年的蓝田人。公王岭在蓝田县城东南17公里处，是一个小土岗，前临灞河，后依秦岭。在公王岭发现了一个比较完整的人头盖骨和三枚牙齿化石。头骨容量为778毫升。在陈家窝发现了一个比较完整的下颌骨化石。有石制品，但不多，仅34件。加工技术比较粗糙。发掘出的共生动物有三门马、大熊猫、鼢鼠、李氏野猪、葛氏斑鹿、中国鬣狗、东方剑齿象、剑齿虎、中国貘、爪兽、硕猕猴、兔等。

这就是我们至今为止所知晓的超百万年的文化根系。这当然不会是事实的全部，大量的神州文化根系的脉络还静卧在大地的深层，正等待着我们这些炎黄子孙去发掘，去像认领散失的血亲一样找寻他们呢！

这些文化根系告诉我们这样一个铁铸的事实：早在100多万年前，神州大地的先民就已经活跃在这片土地的东、南、西、北各个地域。可以这样说吧：

华南的"元谋人"创造的文化与华北的"西侯度文化"，在当时还不可能声息相通，但在百万年以前他们就在各自的地域里共创着远古的中华文化，可说是南北相映成趣。

东部的"东谷坨文化"以及"和县人"所创造的文化，与西部的"蓝田人"创造的文化，以及更西部的"巫山人"所创造的文化，在当时他们之间也不可能声息相通，但文化的步履是那样地协同一致。

文化的根系牢牢地深扎在了神州大地中。

早在100多万年前就有那么众多的猿人活跃在神州大地上，这不只让后世的中华儿女为之庆幸和欣喜，也让整个世界为之惊异。据有些人类学家和历史学家考定，初始之时，地球上随气候变化而由古猿转化为猿人的只有数十或上百人而已，到100万年前全球的猿人也大约只有125 000人上下[1]，而在神州大地的南、北、东、西奔忙和劳作着的猿人有多少呢？我们虽说不出一个实数，但至少我们可以说，它在整个原始人类中占有相当数量的比重。就这一点，也是很值得中国人引以为豪的。

---

[1] 田昌五：《中华文化起源志》，上海人民出版社1998年版。

"北京人之家"

对猿人时期历史的研究总是粗犷的,一转眼,就是几十万年,甚至上百万年。就拿从"元谋人"到"北京人"来说,其间就有100万年的间隔。从"蓝田人"到"北京人",历史的长河也足足流淌了30多万年。然而,在考古学家和历史学家的笔下,这些都似乎只是弹指一挥间的事。

在北京市西南郊50公里的地方,有一个原本普普通通的小村镇,名唤周口店。这是个处于山区与平原衔接过渡地带的小村落。它的东南面是一望无际的华北大平原,西、北两面是山峦重叠、连绵起伏的北京西山。周口店一带的石灰岩很厚,当被带酸性的水溶解后,就会形成许许多多天然而奇特的洞穴,成为古人类理想的"家"。

最早对周口店地区石灰岩洞穴发生兴趣的是瑞典著名地质学家安特生(J. G. Anders),他在20世纪一二十年代多次率队到周口店的龙骨山一带进行发掘,可收获并不理想。但是他没有失望,直觉告诉他,这里一定会有惊天的古人类化石出现。

1929年将以光辉的一页载入中国古人类研究的史册。中国地质研究所新生代研究室成立,中国自己的考古工作者进入考古的第一现场,亲眼见证了沉睡了几十万年的一颗完整的"北京人"头骨的重见天日。

事情发生在1929年12月2日的傍晚。日落西山,寒风凛冽,中国考古队在裴文中先生的带领下还在辛勤工作。不少人提议可以休息了,待明天再干。可是,裴文中似乎预感到了什么似的,决计要挑灯夜战。夜深了,在灯光摇曳之中,突然有人惊叫起来:"看,人头,人头!"大家兴奋地围拢了来,连夜把"北京人"的这颗头骨,从被称为"北京人之家"的洞穴中"请"了出来。

北京人的"家"很是阔绰。现在看到的周口店第一地点的那个洞穴可大得很呢!它东西有140多米,宽度也有三四十米不等,少说也有好几百平方米。在洞穴的中部有导向南和北的两个裂隙,看来那就是最原始的"门"了。说原始人过着群居生活一点也不假,这个"家"中可能就居住有老老少少几十口人吧!

生活在距今70万～50万年前的"北京人"的庐山真面貌终于展现在世人面前了!这是爆炸性的大新闻,第二天就传遍了北京城的大街小巷。很快消息传向了全中国,全世界。

之后的20世纪30年代,裴文中,还有贾兰坡,继续对"北京人之家"进行清理,而且取得了更为丰硕的成果,发掘出了更多的人类化石材料。仅1936年11月间,就发现了3个相当完整的北京人头盖骨,引起了国内外的轰动。在"北京人之家"中,还发现了大约10万件石器,这些石器大多细小,原料多为脉石英、砂石、石英岩、燧石等,从工具的品类说,主要是砍斫器、刮削器、雕刻器、石锤和石砧等。其中雕刻器数量不多,但制作相当精致,代表了旧石器时代石器制作的最高技艺。

在"北京人之家"中还发现了丰富的骨器和角器。有制作成像水瓢一样的鹿头盖骨,有制作成尖形或刀形的肢骨。这是"北京人"手中比石器更加精致也更加先进一些的生活器具。

在"北京人之家"中,发现了大量的动物骨骼化石。这说明我们的北京人可能主要还是靠采集果实过日子,但是已经开始了肉食时代。他们学会猎取肿骨鹿、梅花鹿、野羊和野马等动物为食了。

最为重要的是,在"北京人之家"中发现了数处呈堆状的灰烬层,很明显,这是原始人管理的火堆。有了火,原始人的生活发生了根本性的变化。火可以驱除野兽,大大增强了人类的生存能力。火可以取暖,对人类体质的改善具有重大的作用。更为主要的是火象征着人类告别茹毛饮血的时代,从此走向了熟食时代。在"北京人之家"的火堆里发现了被烧过的石头、骨头和朴树籽,这说明他们不仅懂得植物类食品的熟食,还懂得动物类食品的熟食。虽然至今还没有证据说明北京人已经能够人工取火,但是他们已经学会保存火、懂得使用火那是肯定的。

据化石推测与北京人相伴生的动物多达115种,称为"周口店动物群"。其中有中国鬣狗、肿骨鹿、梅花鹿、梅氏犀、水獭、剑齿虎、三门马、李氏野猪、硕猕猴、葛氏斑鹿、德氏水牛、居氏大河狸、转角羚羊、豪猪等。其中大约有63%的动物现在已经绝种。

周口店第一地点发现的北京人头骨化石的特点是:颅盖低平,前额后倾,头骨最宽处位置偏低,眶上圆枕两侧端稍向后弯曲,眶上圆枕与额鳞之间出现明显的宽沟。头骨有矢状脊,鼻骨较宽,属阔鼻型并接近于特阔鼻型,颧骨很高,颧面前突且较垂直。吻部略向前突出而没有下颏,下颌骨具有下颌圆枕。牙齿粗壮,门齿呈铲形。与他们的前人比较起来,最大的变化是脑容量的大幅度提升。在公王岭发现的蓝田人的脑容量是778毫升,而晚了三十来万年的北京人平均脑容量为1 075毫升,突破了千毫升大关。1966年新发现的"北京人"头骨的脑容量,竟高达1 140毫升。

北京人的肢骨发育呈现出"超前"趋向。上肢骨已短于下肢骨,肱骨除骨壁较厚、髓腔较小外,已与现代人相似。锁骨与月骨也已经与现代人相近。股骨也接近于现代人,有股骨脊。根据肢骨计算身长的方法,推知北京人的男性平均身高为1.62米,女性平均为1.52米,比现代中国人稍稍矮一点。

但是,最大的历史性遗憾是,北京人头骨化石——人类历史上的稀世珍宝——却在太平洋战争爆发后神秘失踪了。

周口店北京人遗址发现的人类化石,包括一些灵长类动物的化石,出土后一直完整地保存在北京协和医院底层的保险柜内。1937年日本发动全面侵华战争,"北京人"化石也成了他们的掠夺目标。当时的中国地质调查所所长翁文灏为了尽力保护这些"国宝",设想了三套方案:一是把化石运到抗战的大后方重庆去,但路途遥远,风险很大。二是不再放在为众人所知晓的协和医院,转移到一个秘密据点去,这要寻找可靠的人和可靠的地点。三是先送到盟国美国去暂时保管,双方成约后,战争结束后取回。经反复探讨,最后大家还是认定了第三方案。

1941年,时任新生代研究室主任的裴文中,让人把化石打包装箱,其中包括先后发现的6块猿人头骨、12块下颌骨、10枚牙齿、10余件体骨,装了满满两大箱,12月5日,悄无声息地送上了专列。这是美国海军陆战队的专列,比较保险。专列到秦皇岛后,可以把化石送上等候在那里的"哈利逊总统"号,直送美国本土。哪里知道,三日后美日宣战,太平洋战争爆发。日本人迅速占领了秦皇岛,也占领了那里的美国军营。专列在到达秦皇岛之前被日军截控。之后专列上的北京人化石就神秘失踪,而且哪方都不认这个账。大战结束后,多方寻找,70多年过去了,仍旧毫无靠得住的音讯,给中国的文化发展史留下了一个大大的遗憾。

什么时候才能弥补这一遗憾呢?历史总有一天会站出来说话的。

智慧的早期智人

对于人类的进化历程,说法种种。比较为世人所公认的一种说法是:人类发展经历了三大阶段:它的第一阶段是猿人阶段,那是长达百万年以至于数百万年的漫漫长程。大约到了距今二三十万年前,人类进入了发展的第二阶段,也就是智人阶段。智人的特色就在于一个"智"字上,脑力的大踏步发展是它的基本特征。到了大约距今一万年的时候,人类跨越了智人阶段,进入了人类社会发展的第三阶段,即现代人阶段,也可以说是文明阶段。

智人阶段长达二三十万年,一般又将其划分为早期智人和晚期智人两个相对小一点的阶段。

早期智人的时段一般把它界定在距今30万~5万年之间。早期智人与猿人相比,双手更加灵巧,大脑容量更大,体质特征更接近于现代人。还有也许是更重要的一点是,早期智人在神州大地上分布的面更广更大。中国早期智人的代表有金牛山人、大荔人、许家窑人、马坝人、长阳人,还有丁村人。

"金牛山人"。它发现于辽宁营口西南8公里的永安乡金牛山,是一个大约25~30岁的男性个体遗骸。其头骨、脊椎、肋骨、髋骨、四肢骨保存十分完整,颅骨壁较薄,牙齿也比较小而坚实,从体格上看明显进步于北京人。在金牛山人居住的洞穴中,发现有两个灰堆,灰堆中有烧土和炭屑,还有大量动物骨骼碎片,这是他们食用动物类肉品后留下的。共生动物则有肿骨鹿、梅氏犀、拟布氏田鼠等。

"大荔人"。与"金牛山人"大体是同时代的有陕西大荔甜水沟发现的"大荔人"化石。人体遗骸有基本完整的头骨化石,大约属于一个30岁的男性个体,脑容量达到1 120毫升。石器有直刃、凹刃、凸刃的各种刮削器。共生动物有鸵鸟、肿骨鹿、古菱齿象。

"许家窑人"。在山西阳高许家窑的黄绿色黏土层中,发现了被称为许家窑人的化石。所发现的人体遗骸有顶骨11块,还有枕骨、颌骨和牙齿。属于十多个不同年龄、不同性别的个体。其体质特征是骨壁较厚,顶骨曲度介于北京人与现代人之间,脑动脉分支比北京人复杂,可见智力状况是前进了一大步。石制品极丰富,有三万多件。石球有一千多件。骨器也不少,骨片有锋利的刃口,刃部有加工的痕迹。

"马坝人"。发现于广东曲江马坝狮子山的一个石灰岩洞中。人体遗骸有一残头骨,包括额骨、顶骨、右眼眶和鼻骨的大部分。是一个中年男子。骨壁较北京人要薄,但仍比现代人为厚。共生(伴生)动物有大熊猫、鬣狗、东方剑齿象。

"长阳人"。发现于湖北长阳龙洞的深黄色沙质泥土中。人体遗骸仅存一个左颌骨(留有两枚牙齿)和另一边的一枚牙齿。颌骨吻部并不明显特出,表面粗糙不平,鼻腔底壁比较平,这些都是早期智人的特征。

"丁村人"。在山西襄汾丁村附近,汾河东岸十多个地点的砂砾层中发现了大量石器和哺乳动物化石,同时发现了人体遗骸:一块人类头顶骨和三枚牙齿,定名为丁村人。在那里发现有石制品两千多件。丁村石器是继承了匼河文化石器而来,又有所发展。一些尖状器修整得平整,器型规范。当时汾河水很大,水里有青鱼、鲤鱼、鲇鱼,河岸的淤泥中有河蚌,附近的山上覆盖着茂密的森林,山前是宽阔的草原,各种动物出入其间。丁村人生活在汾河两岸,河滩上的石料可以制作石器,森林中可以采集食物,利用石球等狩猎工具可以捕杀野兽。丁村人大约生活在数万年之前,循着丁村人的发展道路再向前走,就进入以山顶洞人为代表的智人晚期阶段了。

人类学家在为这一历史阶段的人命名的时候就考虑到了它的基本属性。智人的特性是智慧。智人的脑容量比猿人大了大约二三百毫升,这可是突破性的变化啊! 这一生理上的基础性变化,导致了智人生活上的一系列变化:使用火和保存火技术的提高,熟食普遍推广。生活领域的拓展,水中捕鱼、陆上采集和狩猎、天空捕捉飞鸟,形成了三轨齐下的生活常态。石球系上绳索抛向远方,可重创飞禽和猛兽,之后弓箭的发明,更是智人聪明才智的极为生动的展示。

富于生活情趣的"山顶洞人"

晚期智人,又称为新人,也就是从体貌到智能焕然一新的人,正在阔步向现代人进发的人。我们看到的山顶洞人就是这样的新人。

北京周口店的龙骨山出土了"北京人"化石以后,龙骨山便备受世人的关注,发掘工作也几乎没有中断过。

20世纪30年代,为了查清"北京人遗址"南部边界到底在哪里,裴文中带领考古队员去清理龙骨山顶部的浮土。浮土清理后,一个被掩盖已久的小洞口突然暴露在阳光之下。考古队员们好奇地循着洞口往里挖,在一大片灰色的胶结物中清理出了大批化石,其中就有价值连城的古人类骨骼化石。当时发现的全部人类化石包括相当完整的三个头骨及许多头骨残片、下颌骨、牙齿、脊椎骨和肢骨等,至少代表了8个人的个体。有的很年轻,年岁最大的超过了60岁。[1]据分析考证,这些骨骼化石代表着一种比"北京人"进步了许多的新人种,这就是后来定名的山顶洞人。

经考古工作者鉴定,"山顶洞人"生活在距今约18 000年前,生存年代离"北京人"有六七十万年之远。

山顶洞人的体貌体质比起北京人来有了巨大的变化,可以说已经与当代中国人没有多大区别了。山顶洞人的头骨较为粗硕,头很长,额部倾斜,上面部低矮,眼眶较低,这些是晚期智人共有的原始特征,也与今日蒙古人种相近。脑容量达到了1 300~1 500毫升,这为他们高度发达的智慧提供了生理基础。山顶洞人的身高有了很大的进步,男性一般有174厘米,女性大约有159厘米。

一般认为,山顶洞人是中国人的直接祖先,是我们智慧而富于生活情趣的祖先,是积极进取、富于奋斗和创造精神的祖先。

山顶洞人别出心裁地创造了上下层居室,山顶洞包括洞口、上室、下室、下窨四个部分。洞口接近地表,并不太大。如果洞口大了,也不安全。上室在洞穴的东半部,相当宽敞,大约有110平方米。考古工作者在这里发掘出了婴儿的头骨碎片、骨针、装饰品和少量精细的石器,在上室的地面有一堆灰烬,附近还有烧烤的痕迹。不用太多的想象,就可以知道这是山顶洞人家族阖家团聚的生活场所。睡眠于斯,生儿育女于斯,休憩于斯,饮食于斯,交流娱乐于斯。这已是一个像样的家。下室位于洞的西半部,是一个深约8米的大坑,从里面发掘出了一枚老年男性的头骨和两枚女性的头骨。这里显然是山顶洞人死后的家族墓地。这是至今为止我国发现的最早的墓地。生者和死者毗邻而居,这符合远古时代人的心理——不是当代的西方还有

---

[1] 吴新智:《周口店山顶洞人化石的研究》,《古脊椎动物与古人类》1961年第3期。

将居宅与墓地组合在一起的吗？下窖是下室的更深处，似为一条3米见方的裂缝，这里有许多完整的动物骨架。这是山顶洞人的食品贮藏室，有专家说那是家族仓库。多聪明的做法啊，把食品藏于地底深处，既安全，又能起到冷冻作用，可说是一举两得了。山顶洞人能把生活安排得如此井然有条，真令人叹服。

墓葬本身是人类文明发展的产物。山顶洞人创造了我国古人的第一块墓地。在墓地里，发现有老年人的遗骸，发现了两件骨哨，发现了赤铁矿粉末，发现了散乱的打孔的小石子。把这些串连起来，可以想见当时的人们已经有了原始的信仰和原始的葬礼。人死后，家族的人为死者穿上服装，头颈上还围上碎石的项链。在死者身体的四周还撒上赤铁矿粉。赤色象征血液，可以想象为是祈求死者在另外一个世界复活。另外，还要举行相应的葬仪，那两枚骨哨就是葬仪上的乐器。

山顶洞人最大的进步之一是懂得了人工取火。考古学家对山顶洞人洞穴中的火堆进行了研究，从火堆堆积的情状，以及熄灭和点燃的周期率看，他们已经不仅仅懂得保存火种，还懂得了人工取火。这是一个巨大的进步，证明山顶洞人已经本质上脱离了动物界，成了有相当高度智慧的"人"。

人最初生存的数百万年间，都是赤身露体地生活的，山顶洞人有史以来第一次懂得了缝制衣服。在山顶洞中出土的骨角器中，最有代表性的是那枚骨针。针身残长8.2厘米，针身打磨得十分光滑和圆润，还有一个小小的针孔，供穿针引线用。这是我国至今为止发现的最早的缝纫工具。把树皮、麻类、兽皮缝合成衣服，用以避寒，用以遮羞，这是人类社会多大的进步啊！

山顶洞人是富于生活情趣的原始人，他们已经懂得审美，已经懂得美的享受。在出土的物品中，就有多件装饰品。发现有7颗穿孔的小石珠，还有穿孔的小砾石、海蚶壳、鲩鱼眼上骨、兽牙等。他们还将带有花纹的软石磨光，中间钻上个不大不小的孔洞，以作为耳坠使用。可以说，凡是能够用来装饰自我的东西都使用上了。为了制作这些装饰品，山顶洞人费尽了心机。就拿制作石珠来说吧，得先把石片打磨平整，打磨成四方形或者是多边形，总之要有一定的几何图形，不能乱来。然后放在小石块上用尖状器钻孔，钻到一定程度再开始从钻孔的反面打磨，直到钻通为止。钻成孔洞以后，还要细细地磨平，直到磨出光泽来。这从一个侧面说明了，那时的生产力已经有了相当的发展，不然哪来那么多的闲暇时间。

山顶洞人的遗址中还发现了120多颗穿孔的兽牙，专家认为，这一般是男性佩戴的饰品。他们常常用成串的兽牙来显示自己的强悍，表现自己狩猎技术的高超，并用以求得异性的青睐，在近代的一些少数民族中还可以依稀看到这种远古遗风的存在。穿孔的兽牙大多是猩猩、狐狸等小型食肉动物的犬牙。考古学家贾兰坡认为，山顶洞人使用犬牙为饰品主要有两个原因，一是犬齿齿根长，齿腔大，更容易穿孔；二是犬齿形状美观，尖锐有力，且在牙齿中最稀有，穿串后能显示猎人的气概和打猎技术。

　　最有意思的是，在出土的装饰品中还有3枚穿孔的贝壳。经过古生物学家辨识，这是生长在海水中的海蚶壳。如果那样，问题就出来了：周口店人离海最近的处所是渤海湾，两者的直线距离也有170公里。穴居于周口店的山顶洞人是如何远行到渤海湾采贝的呢？是否山顶洞人时期的人们已经有了交往和远行的习惯呢？这是值得我们认真思考的。

第二章 上万年的文化起步

"新石器革命"

历史学家都说,距今一万年前是人类历史发展的一个坎。居处于这颗星球上的古人类只要迈过这道坎,便进入了一个阳光灿烂的历史性新时期。

说是阳光灿烂,那可一点也不假。

大约距今一万年前,人类进入了地质上的"全新世时期",地球上最后一次大冰河期结束了,气候由寒冷变得温暖起来,由于阴霾的散去,阳光也显得分外明媚起来。人是不能离开大自然生存的,良好的气候条件鼓动着地球上最富于灵气的生物——人不断奋进。人类一下子跨越了漫漫长达百万多年的旧石器时代,实现了向新石器时代的华丽转身。

新石器时代的出现,理所当然地首先体现在石器的彻底更新换代上。村落、磨光石器、陶制品、原始农业和饲养业,就是新时代的最主要特征。

让我们看一看距今大约八九千年前的裴李岗遗址出土的石器吧。这一遗址是根据1977—1979年在新郑县裴李岗遗址的发掘而命名的。遗址中有原始人的居址和墓地,但更让人注目的是那里出土的代表新一代制品的石器。石器品种增多,工艺提高,有铲、镰、磨盘、磨棒、斧、刀、凿子,等等。看那铲,多呈舌形,是经过精细磨制而成的,使用起来既轻快,又方便。看那镰,收割用的,做得是那样的精致,刃部有很细密的锯齿,每个锯齿的大小、长度、厚度都呈规格化,而且十分尖利。在石镰的近尾处还有为安柄留出的缺口呢,这在旧石器时代是不可想象的。这种石镰的出现,无疑是与原始农业的出现相对应的。再看那石磨,制作十分地合理,磨盘呈前宽后窄的椭圆形,既美观又利于使用。在磨盘的底部还安装有四足呢,这样人就可以站直了身子推磨了。把石器做得那样适用、合理、美观,就是现在看来也是极为难能可贵的。

但是,新石器时代最富于象征意义的却不是石器本身,而是人类文化的起步。在人类初始发展的漫长岁月中,人们的生活靠的是植物的采集、狩猎和捕捞水产,石器的大踏步改进,尤其是陶器用具的发明,使人类开始有能力去开垦土地,种植农作物,并开始饲养畜类。英国的考古学家柴尔德在1926年就提出,这是一场伟大的"新石器革命","是一场比后来的蒸气革命更伟大的革命"。他的这一提法马上获得了广泛的支持和认可,不少中国学者对此也持肯定的态度。有一位中国学者曾说:"旧石器时代是建筑在采集和狩猎基础上的,说到底是一种对大自然的依存经济。新石器时代人们的生活发生了根本性的变化,人们开始把自己的生活建筑在生产型经济的基础上,正是从这个意义上说,它是一场伟大的革命。"[1]

历史跨入距今一万年到五六千年的时间段,神州大地上就掀起了"新石器革命"的热潮,这在当时整个世界发展进程中,无疑是走在了最前列的。

"磁山文化"。发现于河北省武安县,处于太行山脉与华北平原的交界处,范围有8万平方米之大。它被称为"我国目前发现的最早的新石器时代文化"。这里的古代先民聚居的一个村落里,所有房子都是圆形或椭圆形的半地穴式建筑,房子内有石磨盘、石磨棒、斧、铲,及盂、钵、罐等生产和生活用品。发现数百个灰坑,多半用来贮存粮食,深1～2米,最深的达5米。在遗址中发现有腐朽粮食堆积,厚度0.3～2米不等,估算大约有10余万斤。遗址中还有猪、狗的骨架。这些都是旧石器时期不可能有的新文化气象。

"北辛文化"。发现于山东滕州的北辛村。石器有打制的,也有磨制的,最多的是石斧,用于砍伐或翻土。磨制石器多石铲,也是用来翻土垦荒用的。储物的地窖里发现有六个猪下颌骨,这是财富的象征,还是备祭祀之用?一时还说不太清楚,但可以肯定的是,在当时已经有了家猪的饲养。

"裴李岗文化"。在河南新郑县裴李岗遗址的发掘而命名的,遗址有大约2万平方米。大概是公元前6000年前后的一种新石器文化。发掘的所有房子都是半地穴式的,是走出穴居后的一种过渡形态。石器有铲、镰、磨盘、磨棒、斧、刀、凿子,这些石器比起他们的前辈来,进步是十分显见的。不只品种多,而且精致。

---

[1] 华泉:《渔猎遗存与新石器革命》,《瞭望》,1990年第47期。

"老官台文化"。位于黄河中游上段的渭河流域,陕西华县老官台。同类的包括宝鸡北首岭文化、秦安大地湾文化。范围包括西至渭河上游的陇东地区,向南越过秦岭一直到达汉中。这里新石器文化的时间段大约在公元前6000年上下。老官台文化的居民生前居住在半地穴房舍里,死后埋在长方形的土坑内。葬式以单人仰身直肢为主,头均向西。随葬品是三五件日用陶器及少量工具,已经出现了用明器随葬的现象。北首岭墓地出现了合葬墓,包括五位成年男女的二次葬的合葬墓。随葬品放在每具骨架的足部。

"河姆渡文化"。它的方位在杭州湾南岸的宁绍平原,遗址发现于浙江余姚的河姆渡(同类的还包括桐乡罗家角遗址)。这里是中国最古老最精美的玉器产地,出土了大量的硬质玉块和大小不一的玦、璜、管、珠。居屋木结构地面建筑。在第四层中发现了十余排由木桩、圆木、木板组成的建筑群。在300平方米范围内,至少有三栋大体平行的建筑。有平行的四排桩木,长23米,宽7米。这是一栋长20米、宽7米并附有1.3米前廊的长屋。高干栏式的长屋,上面住人,下面堆杂物或养牲畜。河姆渡人还是造船业和海上交通业的开拓者。河姆渡遗址木船桨的出土,表明七千多年前的吴越人已能造独木舟了。在杭州水田畈、湖州钱山漾、江苏圩墩的新石器遗址中都发现了船桨。河姆渡出现了大批纺织工具:打纬骨机刀、骨梭、梭形器、木制绞纱棒、打纬刀、经轴,还有陶制纺轮。在两件盅形象牙刻器的外壁上刻有编织纹和蚕纹图像,表明当时已饲养家蚕。

"城头山文化"。城头山文化发现于湖南常德地区澧县车溪乡牛头村,这是一座古城遗址,面积达8万平方米。这座叫城头山的环形土山是人工堆积的,城中发现陶器、陶片,发现城墙墙基,发现护城河遗址,发现田螺、冬瓜、稻谷、核桃等实物,还有板凳、船桨和舵。还在城中心发现了房基、柱洞、房间的痕迹。还有一条横贯古城东西的2米宽的大道,用红烧土烧筑。

上面这些都说明了,当历

新石器时代猪纹黑陶方钵
(河姆渡遗址出土,浙江省博物馆收藏)

史跨过距今约 10 000 年这个坎以后,在神州大地上,新石器文化可以说是满天星斗。这场"新石器革命"改变了神州大地的风貌,当然,也可以说改变了整个世界。

从洞穴人到"有房族"

人是从猿进化来的,而猿是居住在树上的,最初的类人猿也是居住在树上的,这种树上的巢居生活在一些古朴的神话中留下了远古的依稀记忆。

> 古者禽兽多而人民少,于是民皆巢居以避之。昼拾橡栗,暮栖木上,故命之曰有巢氏。[1]

这样的记载在一些经典和子书中有多种版本,而且在名称上也不一,有的称有巢氏,有的称大巢氏,但说人类有过巢居的阶段都是一致的,说人类过的是昼出夜伏的生活也是一致的。一些古书上还有人类由穴居向巢居转换经历的记述,"上古穴处,圣人教之巢居,号大巢氏"[2]。这段文字说人类早期曾经有过穴处与巢居的经历那是对的,但把次序颠倒了。史前史的研究表明:在人类的婴儿期,先是继承了老祖宗在树上"巢居"的旧俗,后来气候条件发生了剧变,大片大片的森林消失了,那些不肯从树上爬下来的守旧的猿猴(那肯定是绝大多数)被大自然残酷地淘汰了,少数或者说极少数应时而变的猿猴"躲"进了洞穴,幸存了下来,这就是人类的祖先。

这悲壮的一幕现在是少有人提及了。

然而,洞穴也并非是人类真正的洞天福地。洞穴里阴暗、潮湿,空气污浊,极不利于人的生存,这就大大折损了人的寿命。就以北京人为例。在周口店的洞穴中一共发现了完整的头盖骨 6 个,头骨碎片 12 件,下颌骨 15 件,牙齿 157 颗,股骨断片 7 件,胫骨 1 件,锁骨 1 件,月骨 1 件,分属于 40 多个个体的骨骼。经科学分析,他们的寿命要比现代人短得多。统计表明:死

---

[1]《庄子·盗跖》。
[2]《太平御览》卷七十八引项峻《始学篇》。

于14岁以下的占39.5%,死于30岁以下的占7%,死于40～50岁之间的占7.9%,死于50～60岁之间的大约只占2.6%,还有43%的不能断定死亡的确切年龄。[1]洞穴的确不是人类的久居之地,一旦条件成熟,人们将毫不犹豫地走出洞穴。

这里说的条件成熟,就指的是新石器革命期的到来。从洞穴走向地面,这本身也是一场革命。地面空气清新而流畅,不像洞穴中那样沉闷。地面视野开阔,一眼望去,远近物品和景色尽收眼底。地面有着取之不尽的可以利用和开发的东西。当时的地穴人最为期盼的是走向地面成为"有房族"。

不过事情也不太容易。看来一步登天式地走向地面是困难的。我们的古人的确很聪明,也很实际,他们要走的第一步是走进地面建筑的过渡形式:半地穴式建筑。比较典型的半地穴式建筑发现于新石器时代早期的磁山文化、老官台文化、裴李岗文化的遗存中。[2]当然,半地穴建筑出现的实际时间肯定还要早得多。

磁山人的所有房子都是圆形或椭圆形的半地穴式建筑,面积只有6～7平方米,近门有两至三个台阶通向室内。圆形和椭圆形,都是为了防止地面风力对建筑的损坏。这种半地穴建筑有四到八组柱洞支撑屋顶,屋顶用芦苇盖后再抹草拌泥防日晒和雨水。考古学家以为,这种半地穴的房舍的建造过程是这样的:磁山人先是选址,在比较平整和相对坚实的地方选择房址。在被认为合适的房址地,先在平地上挖出一个大约5尺见方的坑,深度呢,有半人高就可以了,然后再在上面盖半人高的地面建筑。地面建筑是用树枝架起的,为了增加房子的牢度,磁山人把深挖的地面铺上小石子,再夯实。房子的地下部分用火烧烤,使之陶化成深红色。这样的半地穴房屋由于低矮,可靠性是很大的。现今八九千年过去了,这些地穴当年陶化的部分还坚实着呢!

裴李岗人也是居住在半地穴建筑中的。现今发掘出的六座房子都是半

---

[1] 龚良:《中国考古大发现》,山东画报出版社2006年版。
[2] 半地穴式建筑广泛发现于陕西、甘肃、河南、河北一带,在考古学上被称为老官台文化、裴李岗文化和磁山文化,其中最古老的是磁山文化。比较著名的文化遗址有:陕西华县元君庙遗址、宝鸡北社岭遗址、西乡李家村遗址、西安临潼白家村遗址、渭南北刘白庙村遗址、甘肃秦安大地湾遗址、河南舞阳贾湖遗址、河北武安牛辰堡遗址、西万年遗址。这些遗址的房子建筑都是半地穴式的,面积一般只有六七平方米,房基内都有圆形的洞柱。房子的四壁用火烤过,坚硬而呈红色。

地穴式的建筑，除一座方形外，其余都是圆形，面积大多是6平方米左右，最大的不超11平方米。房内有圆形的灶。房子周壁及中央有柱洞。门向南开，近门处都有一条斜坡或阶梯式门道。观察这些半地穴房舍有三条是值得关注的：一是房舍的小型化，大多控制在6~10平方米之间，这似乎在表明"家"正在变小，不像北京人那样安家在数百平方米的地方。二是房内圆形的灶的出现。人类最先是生食的，与一切禽类一样。后来是学得了在火堆上烤食吃，到了新石器时代又出现了专门的饮食器具灶，这是多大的进步。三是"门向南开"，不只说明那时的原始人方位感的增强，还说明他们已经懂得了向阳取暖，这对于原始人来说也是个了不起的进步。

人们当然不能满足于半地穴式的生活。"人心节节高"，大约到了距今六七千年的时候，一幢幢民居开始出现在神州大地的地平线上了。

从半坡遗址、姜寨遗址，人们可以约略地看到当年拔地而起的地面建筑的英姿。这里让我们以半坡遗址的一间十多平方米的方形小屋为标本作简单的解读吧！

房屋的设计者和建造者充分考虑到了地面建筑的坚实牢固。在造屋时，先把地表松散的泥土铲除，然后搬来一些大石块，用它将房基部分夯得十分结实。因为是地面建筑，墙基的要求特别高，与半地穴建筑比较起来，显然花的气力要更大些。这间房屋南北长3.58米、东西宽3.89米，在东西南北的墙基处，均匀地分布着相当粗大的柱洞，东西为3列，南北为4列，南北方向的柱列要密集些，这可能是人们已经意识到地面来自南北方向的风力要大些。这些柱洞插入作为房屋骨架的柱子，支撑起整个房屋的重负。最值得引起重视的是，每个柱洞的底部都置有一块坚实的石头，这就是我们传统意义上说的"础"。中国有句老话，叫作"础润而雨"，即从础的是否湿润可知天气的变化，"础"的设置为的是防止因立柱下的潮湿而导致立柱的腐烂。从半坡氏族的建筑可知中国原始时期的古典房舍十分重视地面基础建设的优良传统。"基"夯实了，"础"安置了，地面建筑就牢靠了。房顶部分则是由相当稠密的木板和木椽铺排而成。在房屋的木构架搭建好以后，就在墙壁内外两侧各涂上厚约8~15厘米的草泥土，连屋顶也认真地加以涂抹，使木质骨架不外露。最后一道工序是对草泥土进行烧烤，使之变成带有陶化的红土。这样，墙壁和屋顶就不怕风吹雨淋了。中国传统土木结构的建筑传统，在新石器时代就有了雏形，之后一直延伸了下来。这种古老的居处条件，对整个民族的生存和发展产生了巨大的影响，甚至影响了民族的性格。

新石器时代的"有房族"们,过的是比他们的祖先更安稳的日子。

"陶"中乾坤

中国历来被称为"陶瓷王国",若有人问,中国的陶器制作起于何时?那么,我们可以毫不迟疑地作答:起于距今一万年前的新石器时代。

一万年前,世代居处于这块古老土地上的中华先民,用他们聪明的脑袋和灵巧的双手,取一方净土,制作出了第一片陶品。这是一件惊天动地的大事,是人类第一件称得上真正创造的大事,人类由此进入了一个迈向文明发展的新时代。[1]

制陶是人类的第一件惊天动地的大发明,自然要付出巨大的代价,甚至是生命的代价。有这样一则久传不衰的神话传说:

宁封子者,黄帝时人也,世传为黄帝陶正。有人过之,为其掌火,能出五色烟,久则以教封子。封子积火自烧,而随烟气上下,视其灰烬,犹有其骨。时人共葬于宁北山中,故谓之宁封子焉。[2]

应该说,这个神话故事是一定程度上反映了历史的真实的。除了把早期管理制陶业的陶正宁封子安在黄帝时代不准确外(地下发掘告诉我们,中国的制陶业已有一万年的历史),其他大致都对。宁封子作为制陶业的主管人员,当然要到现场去指挥制陶。故事中说到,当时有经验的"掌火"者是能烧出"五色烟"来的。那是一种温度很高的烟气,只有冶陶炉达到如此高的炉温,才能冶制出合格的陶品来。宁封子在冶陶炉旁观察着,为了给冶炉再添一把火,他就"积火自烧",成为历史神话传说中的勇敢的殉陶者。人们为了纪念他,就把他安葬在四川的宁北山中。如果话出有因,那么传说中的宁封子当是四川人的远祖了。

---

[1] 恩格斯在《家庭、私有制和国家的起源》中指出,人类野蛮时代的低级阶段"是从学会制陶术开始的"。这里说的"野蛮时代"是相对于"蒙昧时代"而言的,相当于人类文明的启蒙时代。有了制陶术,人类文明的曙光也就依稀可见了。
[2] 《列仙传》卷上。

在四川民间关于宁封子的传说则另有一番风采。水是生命之源,可是对远古的人来说最为尴尬的是无盛水器具,离开水源远一点就无法生存。有个聪明人叫宁封子,以润湿泥土制成各种器具,主要是用来盛水。可是,这种泥捏的盛水器极容易破碎。一次,宁封子在烧烤野兽肉的时候,在火堆中发现了一块已经被烧得陶化了的硬土,从中悟得了制陶之理。于是,宁封子就制作了陶窑,架火烧制陶品。一次,在烧制一窑陶品时,火候老是上不去,宁封子很焦急,就亲自"升窑顶添柴,不意窑已烧空,窑顶柴忽塌下,宁封遂葬身火窑"。这则四川的民间故事所说的宁封子殉陶过程似更接近真相,比一些典籍中的神话故事更可信。宁封在殉陶以后,人们十分怀念他,于是原先的故事有了新的发挥。"人见灰烟中有宁封形影,随烟气冉冉上升,便谓宁封火化登仙而不死矣!"[1]

传说终归是传说,我们不必把宁封子定然看成是一个具体的个体化的人。其实,他是无数为人类的最早的大发明——制陶——献身的群体的一个集合形象。制陶业的发现和发明,一定是要付出巨大的,甚至血的代价的。而这个奋斗历程,是起始于一万年之前的。

在江西省万年县,有个大源镇,在大源镇的一座小山上,有个仙人洞。20世纪60年代,考古学家在仙人洞中采集到了200多块古陶器的残片。后经碳-14测定,这是大约一万年前留存下来的陶片,堪称华夏"天下第一陶"。考古工作者将其中的一些碎片,修复成为一只古朴的圆底陶罐。从陶罐上的纹理看,先民们先是将淘得很稠的黏土搓成比较均匀的泥条,然后一圈一圈地盘成器皿的样子,再用手抚平,制成毛坯。然后放在住处前面的场地上晒干,最终架起火堆(最初还没有窑)烧制成仙人洞中的那种陶罐以及其他陶制品。陶罐底平实,重心很稳,不管盛食还是盛水,都不易倒翻。陶罐的容量不算大,如果

被称为"华夏第一陶"的陶罐
(江西万年仙人洞出土,现藏于中国国家博物馆)

---

[1] 袁珂:《中国神话传说词典》,上海辞书出版社1985年版。

盛食物,大约刚好是一个成年人一顿的食量。它相当于后世的碗,口很大,说不上有多美观,但使用起来很方便。可见,陶器的发明是直接与人们的饮食生活紧密相连的。万年洞中出土的陶片呈赤红色,上有疏密、大小不等的不规则绳纹图案。可见,当时还没有特定的制陶工具,正像小孩子玩"过家家"那样,随意而为,只要能盛东西就可以了。

"陶"中乾坤大。任何的陶品中都深沉地透着人性的自我。在制陶人看来,"陶"是有灵性的,甚至在一些人的心目中,"陶"就是自我。发展到极致,就会有拿捏成人形的陶品的横空出世!

时间以千年为单位向前推进,大约距"中华第一陶"四五千年后的甘肃秦安大地湾遗址中出土了一只陶瓶,它是整个儿模仿人体塑成的。因为是一只陶瓶,在塑造人体时故意地省去了双手和双腿。人体塑造得很挺拔、很得体、很有生气,头部与整个身段的比例很得体,强化了直立人与其他动物的不同特点。头颈略略要比实体的人粗壮些,给人一种十分健康的印象。塑造者注重于头部形象的刻画,脸上眼、鼻、耳、口齐全,放置的部位也十分得当,且略有点艺术性的美化。更为奇特的是,作者将眼、鼻、耳、口全都镂空成大小不一的孔洞,不只强化了立体感,也塑出了"七窍传情"的妙趣。后脑披拂的长发和前额齐眉的刘海,在英武中又平添了几分妩媚。人体的圆润和腹部的微微隆起,又暗喻着被塑者是一位孕妇。品味这样一件以人为主题的陶品,谁都禁不住会兴起这样的浩叹:人,多美啊!

陶的发明、创造、精细化是一个长达数千年的历史长程。这个长程起始于一万年前,到四千多年前的五帝中的尧帝时还在继续。史书上说:"帝尧,号陶唐。""尧"与"窑"音同义同,指的是烧制陶品的器具。"陶唐"略同于"陶搪",是制陶过程的必要工艺,是指把泥土制成陶坯并加以搪平搪实的过程。看来,尧帝不仅是个"其仁如天,其知如神"的圣人,还是个能工巧匠式的陶瓷大师呢!

万年稻,万年菜,万年猪,万年狗……

陶器以人类特有的创造力,叩开了人类文明之门。水和食品在陶器制品中的有效贮存,使人的定居有了可能。而定居生活又为农耕和家畜饲养业创造了最基本的条件。大约在陶器发明的同时或稍后,原始农业和原始家畜饲养业产生了,我们统称为万年稻,万年菜,万年猪,万年狗……[1]

万年稻。

陶器带动了农耕,而农耕的最权威的印证,仍然深藏在从地下发掘出来的一些陶品上。当人们走向陈列着上山遗址发现的"万年稻"(或称为"万年米")的浙江省浦江县博物馆的陈列室时,实物证实了这些似乎是梦幻般的信息全是真实的。

发现万年稻的陶制容器名为"料"。在中国传统文化中,"料"既是一种计量单位,又是一种计量的容器。把"万年稻"放在"料"中,说明当时原始农业已经有了初步的发展,人工培植的水稻已经有了相当的规模,不然就不可能有"料"这样规范化的容器。万年稻首见于江南,说明当时长江中下游的原始农业在全国是领先的。

除此之外,新石器时期水稻遗址年代经测定在万年以上的还有湖南道县玉蟾岩遗址、江西万年仙人洞遗址、江西万年吊桶环遗址、广东英德牛栏洞遗址等多处。[2]

继"万年稻"之后又发现了8 000年前的"八十垱古稻"。"八十垱"位于湖南澧县梦溪乡,这里有山,有水,有平川,气候条件温和,雨水充足,是培植水稻的好地方。考古工作者在不太大的范围内发现了1万多粒稻谷,这些稻粒浸藏在一条河道中,有科学家猜测,"八十垱"的远古先民在迎来了一个大的丰收年以后,兴高采烈地把大量的稻谷倒入河中,以祭祀天神、水神和河神。

"南稻北粟",这大致上是不错的。不过,从现有的资料看,"南稻"大约要早于"北粟"两千余年。最早的粟的种植和培养则见于磁山文化。

河北省武安县的磁山遗址,共发现了476个灰坑和窖穴,其中88个盛有碳化的粟粒,有粟粒的灰坑和窖穴大约占了五分之一,这从一个侧面证明了粟在当时人生活中的地位。相关专家根据88个窖穴粮食堆积的体积推算,

---

[1] 这里说的"一万年"云云,是一个大而化之的说法。我们把至今发现的考古遗址中从八九千年到一万年上下的农作物、家畜都笼而统之地称为"万年稻""万年猪",等等。道理很简单,对远古时代的理解,还是宜粗不宜细。2015年12月在上海召开的第二届世界考古论坛上,专家普遍认为"中国新石器时代的发展状况被大大低估了",因此我们文中说的"万年稻"之类是不过分的。

[2] 游修龄、曾雄生:《中国稻作文化史》,上海人民出版社2010年版。

"磁山遗址窖穴中的粟米储藏量可以十万斤计"[1]。如果这个村落有300口人，那么，他们在一段时间内积存下来的粮食人均为160多斤。当时人们过的是半肉食半素食的生活，那么，这160多斤的粮食够他们食用上小半年的了。

北方地区除种植粟外，还种植稷。"稷"也是中华民族最早人工种植的谷物之一，而且被称为五谷之首。"稷"神与"社"神（土地神）结合在一起，称"社稷"，代表国家、民族。稷的种植年代有多久？人们在甘肃省秦安县大地湾遗址中找到了答案。在遗址的一个陶罐中发现了碳化的稷粒，经碳-14测定，它与粟一样的古老，栽培的时间大约距今8 000年之久。此外，在辽宁省沈阳市新乐遗址的出土的稷粒，也有8 000年的历史。考古发现表明，稷最早培植于我国的西北地区和东北地区的部分地区，但很快传播到山东、陕西、山西、青海、新疆、黑龙江等地。

万年菜。

"圃"是种植蔬菜、花果和苗木的园地。在《诗经》中有"九月筑场圃"[2]的说法。在《诗经》中涉及的蔬菜已有韭、葵、瓜、菽、芹、荇、茆、藕等，涉及的果树有桃、李、杏、梅、枣、栗、棠。在《论语》中，也记述了孔子与子路之间在要不要"学为圃"的一场争议[3]。这些都说明春秋时代"圃"已十分兴旺。

其实，真正的圃的源头还要远得多。早在近万年前的仰韶文化遗址中，就发现有人工培植的油菜、白菜、芹菜、莲子的遗痕。葫芦的种植和食用也很早。汉族、彝族、藏族都曾把葫芦作为图腾加以崇拜。葫芦多籽，易于繁殖，其外形又与快临盆的妇女的整个体态很相像，因此葫芦崇拜作为一种生殖崇拜，影响了中国的整部历史。在河姆渡遗址发现了葫芦籽，说明至少在7 000多年前人们已经种植了葫芦。还有芥菜的种植和食用也时日已久。在距今约为7 000年的西安半坡遗址的瓦罐中发现了芥菜的种子，把芥菜籽放在瓦罐中，这更是说明这些芥菜籽是用来当种子用的。中国的古籍《礼记》中提到食用"芥酱"，进一步说明当时人们对芥菜的食用已是十分精细化了。

万年猪。

六畜之中，猪是我国发现最多、饲养最普遍的家畜。我国家猪的历史非

---

[1] 佟伟华：《磁山遗址的原始农业及其相关问题》，《农业考古》，1984年。
[2] 《诗经·豳风·七月》。
[3] 《论语·子路》。

常久远,其饲养的地区也极为广泛。迄今为止发现的最早家猪遗骨化石距今大约有一万年上下。广西桂林甑皮岩遗址下层发现了大量兽骨,其中猪骨所占的比重最大。遗址中有猪骨个体67个,犬齿和颌骨的发育都显得较弱,这是人工饲养所致。其中65%的为2岁以下,与猪的自然寿命10岁以上相比显然要短得多。这只能作这样的解释:这些猪是家养的,生成较快,到了2岁上下就被宰杀食用了。在河北武安磁山、河南新郑裴李岗、山东滕州北辛、浙江余姚河姆渡等遗址中,都发现了处于原始家猪阶段的个体和残骨。其中磁山遗址的几个堆积小米的窖穴中,小米之下还放着一头或两头完整的猪,年龄也都在1~2岁之间。这说明了当时猪不只食用,还常被用来祭祀。

目前新石器时代的家猪遗骨已发现有150余处,遍及南北东西各地。新石器时代的晚期,家猪的圈养也渐成气候。山东胶州三里河龙山文化遗址中发现有一个很规范的猪圈栏遗址,栏底遗留有5具完整的小猪遗骨。渐渐地猪成为家庭和个人财富的象征。在距今5 000多年的大汶口文化中晚期遗址中,许多较为富庶的聚落中开始流行用猪头或猪下颌骨作为主要的随葬品。在泰安发现的大汶口的133座墓葬中,有43座出土了猪头骨,共计96个,最多一座墓葬中出土有随葬猪头骨14个,可见当时贫富分化之大。山东胶州三里河遗址的18座大墓中,随葬有144件猪下颌骨,可见养猪业在当时已有相当的发展。

人与猪之间的缘分特别的深。能做到"生则同屋,死则同穴"的,只有人与猪。汉字中的"家"字就再明确不过地表明"豕"(即猪)是养在"宀"(即居室)中的。在强敌如林的世界上,人们时时感受到来自各方的威胁。但是后来又发现,人一旦与猪生活在一起,安全系数就要提高许多。猪耳大,听觉灵敏,一旦猛兽来袭,它就会发出浑厚有力、让敌手生惧的吼声来。这种吼声,对人类来说是一种警示,对来犯者来说是一种抗拒。猪成了人类心目中的"守护神",日久生情,以至于人类产生了生生死死在一起的念头。在内蒙古兴隆洼遗址的一座墓葬中,居然发现墓主人与两头整猪同穴埋葬的奇特现象,而且猪与人之间靠得很近,简直是相依相偎了。后来,在全国范围的十余处墓葬中,都发现有"人猪死同穴"的现象。

万年狗。

在所有的动物中,狗是最早被驯化的动物。在哈萨克族、蒙古族、维吾尔族和我国南方的民族神话中,有一种差不多共通的说法:神创造了人之后,接着便创造了狗。神对狗说:"人是你的主人,你要忠诚于主人!"神对人说:"让狗来保护你,你要善待它!"遵照神的旨意,人与狗成了最好的朋友。

神话是人类记忆的再造,有其历史的真实成分在。历史的真实该是这样的:人类在原始社会的狩猎时期,至少在一两万年前吧,男人出猎时身后常常会跟着一群野狗,这些野狗是在等待食用人类狩猎的盈余。野狗一面是帮猎人杀死被猎人打伤的猎物,一面又享用着猎人赐予的部分猎物。年深月久,人与狗之间就建立起了一种与别的动物所没有的感情,一些野狗被驯化,也就成了家狗。

到目前为止,最早的狗遗骨是在磁山遗址中发现的,共有9个个体和18块残骨,经鉴定为家犬。河南舞阳贾湖遗址发现有11条狗的遗骨,被分别埋在居住地和墓地里。此外,在黄河流域的仰韶文化、龙山文化以及大汶口文化遗址中,在长江流域的河姆渡、良渚、崧泽文化遗址中,也都有不少家狗的遗骨出土。当然,这些都不会是最早的家狗。

狗的使用价值大大高于食用价值,狗肉的味道也远没有羊肉鲜美,但斩杀后的肉的品貌两者酷似,于是一些商人就有了"挂羊头卖狗肉"的不法行为。学者考证,大约到魏晋南北朝以后,狗肉完全退出了肉食市场,专供狩猎、玩赏和看家用。"看家狗"成了寻常百姓家的宠物。

民间常有"犬耕"的说法。牛进入人类的视野大概要比狗晚上三四千年。在这三四千年间,原始农业已经产生,是否曾经有过一段"犬耕"的历史时期呢?现在已是难以实证了。应当说那也是可能的。大约到了距今六七千年前,牛的饲养开始了。在黄河流域新石器时代遗址中,除了出土大量的黄牛遗骸外,也发现过水牛骨骼,说明水牛也很早就生活在淮河以北的一些地方。在南方,以出土水牛遗骸为主。其中在河姆渡就出土了16头水牛的头骨,江苏吴江梅堰遗址出土了7个水牛头骨。在甘肃永靖秦魏家墓地出土了38块牛下颌骨,特别引人注目的是,在祭祀坑边有一头母牛被砍掉了头,母牛的肚子里还怀着一头小牛。这充分说明,早在六七千年前,牛除了供耕作之外,还成了祭祀的主体。中国文字中"牺牲"两字都从"牛",这个观念的形成怕也是很早的。

农业社会最向往的就是"五谷丰登,六畜兴旺",它的起始点就肇始于约10 000年到6 000来年之间。在这样一个时间段里,原始种植业和饲养业起步,这是人类社会具有革命性意义的一步。在古代文献中,对于"五谷"的诠释不尽相同,那也没有什么,实际上它只是对几种主要农作物的泛称而已。在新石器时期的后期,被列入"五谷"的有稻、黍、稷、粟、麻、麦、豆等。黄河流域以旱作物为主,长江流域以水稻为主。畜牧业的步伐似乎要更快一些。在数万年前的旧石器时期,我们的祖先就与狗交上了朋友,使狗成为动物界首先被驯化的动物。进入新石器时代以后,又相继驯化了猪、鸡、绵羊、山羊,牛、马的驯养相对要晚些。到新石器时期的晚期,猪、狗、鸡、牛、羊、马均已真正成了家畜,这对人类的肉食和生产事业都具有开拓性的意义。

第三章 五帝时代

司马迁的"黄帝始祖说"

历史的记忆总是从疏放一点点走向缜密的。"天地玄黄,宇宙洪荒"的所谓创世时代,人们留下了极为疏放的隐约其事的粗线条记忆。到了所谓的"三皇五帝"时代,人们对自身的记忆才稍稍地有了些条理,而且也编织出了若干相关的神话传说故事,尽管如此,但折射了历史的光芒。

然而,"三皇五帝"的神话传说故事线条太粗,且不清晰。"三皇五帝"是一种总的提法,具体的说法有多种,且多交叉重叠,让人摸不着头脑。

何为"三皇"?有说是天皇、地皇、再加上盘古的;有说是天皇、地皇、人皇合称三皇的;有的说是燧人、伏羲、神农合称三皇的;也有说伏羲、神农、祝融为三皇的;也有以伏羲、神农、女娲为三皇的;还有以伏羲、神农、黄帝为三皇的。[1]可见,随意性是很大的,而由此编织的"三皇"故事更是各说各的,让人莫衷一是。

何为"五帝"?也是众说纷纭。有以黄帝(轩辕)、炎帝、太昊、祝融、颛顼为五帝的;有以太皞、炎帝、少昊、颛顼、黄帝为五帝的;有以东方之青帝、南方之赤帝、中央之黄帝、西方之白帝、北方之黑帝为五帝的;有以伏羲、神农、黄帝、尧、舜为五

黄帝像

---

[1] 文中关于"三皇"诸说,见诸《艺文类聚》《太平御览》《拾遗记》《尚书大传》《白虎通》《帝王世纪》《史记索隐》等典籍。

帝的，还有其他诸多稀奇古怪的说法[1]。当然，在《大戴礼记》中有以黄帝、颛顼、帝喾、唐尧、虞舜为五帝的说法，后来成为司马迁的"黄帝始祖说"的母本。

汉王朝是我国历史上的重要发展阶段，它在夏、商、周初步实现神州大地统一，以及秦建立中央集权的大一统帝国的基础上，实现了地域更为广阔、统一程度更为完备的国家。空前的大统一，空前的社会繁荣，空前的社会安定，这就有了进一步梳理自己民族历史的需要，同时也创造了必要的条件。

汉初的思想家们较为一致的观念是，像孔子和孟子那样的"言必称尧舜"有点不够了，尧舜之前的历史也应该有所涉猎。但是，流传下来的"三皇五帝"的各种版本又过于驳杂，而且自相矛盾。因此，在汉初陆贾的《新语》、贾谊的《新书》和扬雄的《扬子法言》中，对远古史的探索都有了新气象。他们都已不拘泥于讲述尧舜，而把笔触指向了黄帝为首的五帝，而故意"省略"了三皇的提法。在《新书》的《修政语》中精准地讲述了黄帝、颛顼、帝喾、帝尧、帝舜的行事和为人。在《扬子法言》的《重黎卷》中，讲述了"有熊、高阳、高辛、唐、虞、三代"的历史序列。应该说这是前所未有的。这些都可以看作司马迁梳理历史的前驱。

司马迁出生在公元前2世纪的汉初，他的一生差不多是与雄才大略的汉武帝相始终的。汉武帝时代疆域辽阔，经济繁荣，实现了空前的"大一统"。史官世家出身的他，充分利用当时太平盛世的优裕社会条件，"读万卷书，行万里路"，竭毕生精力写出了五十二万余言的《史记》一书。凭着这部不朽巨著，司马迁成了世所公认的"中国史学之父"。也是这部伟大的史著，确立了彪炳千秋的"黄帝始祖说"。这是一种长年累月的终身积淀，这是一种孜孜不倦的苦心追索，这是一种志向高远的心路历程。

仆窃不逊，近自托于无能之辞，网罗天下放失旧闻，考之行事，稽其成败兴坏之理，上计轩辕，下至于兹，为十表，本纪十二，书八章，世家三十，列传七十，凡百三十篇。……仆诚已著此书，藏之名山，传之其人。[2]

---

[1] 文中关于"五帝"诸说，见之于《礼记·月令》《通鉴外纪》《皇王大纪》《大戴礼》《楚辞·远游》《周礼·天官·大宰》等典籍。
[2]《汉书·司马迁传》。

司马迁写作《史记》，从太初元年（前104年）开笔，到征和二年（前91年）成书，单是写作时间首尾用了14年。如果把资料的准备期算上去，那无疑是穷毕生之力了。司马迁在这段著名的自述中，特别强调了他的这部巨著是"上计轩辕"的，也就是明确了轩辕黄帝是中国的始祖。

这里涉及"中国"这一概念的演进问题。最原始、最狭义的"中国"是指"帝王所都"。后来社会发展了，地域与地域之间的交往频繁了，于是把神州的中心地区称为"中国"，与其相对的是神州的边远地区。到了汉初，"天下一统""中国"和"中国人民"的观念又进一步演进了，司马迁写道：

夫山西饶材、竹、谷、纑、旄、玉石；山东多鱼、盐、漆、丝、声色；江南出枏、梓、姜、桂、金、锡、连、丹沙、犀、玳瑁、珠玑、齿革；龙门、碣石北多马、牛、羊、旃裘、筋角；铜、铁则千里往往山出棋置：此其大较也。皆中国人民所喜好，谣俗被服饮食奉生送死之具也。[1]

这是段极为重要的文字，是具有民族文化的标志性的文字。第一，它在中国文献中首次十分明确和准确地提出了"中国人民"这个带有民族色彩的观念。这是破天荒的，也是具有永远的历史意义和价值的。第二，这里说的"中国"和"中国人民"不是人为的凑合，而是在"谣俗被服饮食奉生送死"等方面有着共同的观念和需求基础上的自然的和合。司马迁在两千多年前能看到这一点，实在了不起。第三，最重要的，司马迁笔下的"中国"，已是幅员辽阔、民族众多的"大中国"，它包括了太行山以西的大片土地，包括了太行山以东直至大海的广袤疆域，包括了长江以南（一直向南延伸到闽越之地）的广阔山河，还包括了龙门、碣石以北为游牧者所居的地区，大致涵盖了黄河流域、长江流域、长城内外以至粤江地区的十分广阔的土地。这样一片神州大地，都属于"中国"，生息在这片土地上的子民都称之为"中国人民"。

司马迁正是在面对幅员辽阔的"大中国"和东、南、西、北、中全体"中国人民"的人文背景下，开始了寻找中国人"共祖"的艰难历程的。这里要过几道"坎"。

---

[1]《史记·货殖列传》。

第一道坎是孔子和儒家所圈定的尧舜禹"始祖"观。

司马迁在世的时期，孔子的文化界的圣人地位已经确立，在这点上，司马迁也是完全认同的，他说："中国言六艺者折中于夫子，可谓至圣矣！"[1]孔子是自以为"好古"的人，但是，他所谓的"古"，是止于尧舜的，"尧舜以上不论矣"。孔子的信条是"述而不作，信而好古"[2]。他只传述旧章，不有所始作。在这点上，他是比较保守的。孔子那个时代，除了关于尧舜禹的种种传说故事外，一定还有其他的传说故事，但孔子只相信尧舜禹，认为"大哉，尧之为君也，巍巍乎！""巍巍乎，舜禹之有天下也！"[3]因为那是上了经典《诗经》和《尚书》的，比较靠得住，其他流于口耳相传的东西在孔子看来是靠不住的。

司马迁与孔子所处的时代不同。孔子处身于春秋乱世，因此他"信而好古"的理想人物只需要像尧舜那样品格高尚的"为君者"。而司马迁就不同了，他处身于一个空前大一统的"大中国"时代，因此，同样好古的司马迁他要追寻的始祖不只是品质高尚者，还该是一个为中国大一统奠基的人物，一个为神州大地各族共同拥戴的人物。司马迁找到了，那就是"置左右大监，监于万国。万国和，而鬼神山川封禅与为多焉"[4]的黄帝。

司马迁跨过了孔子和儒家学派设定的"始祖不出尧舜"和"言必称尧舜"的这道坎，既不否定尧舜，又把中华民族的始祖向前大大推进了一步。

第二道坎是诸子百家所设定的三皇五帝"始祖"说。

到得战国时期，思想上进一步出现了大解放的气象，在"始祖"说上也出现了五彩缤纷的局面。这应该说是好事，众说纷纭，最大的思想成果是形成了所谓的三皇五帝说。我们理所当然地反对疑古派对中国历史的虚无主义态度。一百多年前，整个世界都认为人类的历史只有大约二十多万年，后来随着考古学的发展，认为人类有百万年的历史，近二三十年来又推向四百多万年的人类史。可见，"时代愈后，知道的古史愈前"是不足怪的。中国在春秋时期有尧舜始祖说，到战国时期或以后，又有三皇五帝之说，也是不足为怪的。也许三皇五帝之说是古已有之的，只是不彰显罢了，到了战国时期，人们的思想空前活跃，于是就概括出了新的"始祖"说。

---

[1]《史记·孔子世家》。
[2]《论语·述而》。
[3]《论语·泰伯》。
[4]《史记·五帝本纪》。

按理说,从时序上看,"三皇"该在"五帝"的前面,如果真能说清楚,且言之成理,又何尝不是好事一桩呢?但是,从总体上看,不管是"三皇说",还是"五帝说",都显得有点杂乱无章,在时序上更是一笔糊涂账。同样是说"三皇",所指各个不同。同样是说"五帝",又是各说各的。而且,既然"三皇""五帝"都说的是人事,可又掺杂了许多稀奇古怪、荒诞不经的情节和故事,也就是司马迁说的"其文不雅驯",这就增加了不可信度。还有,"三皇"与"五帝"既有时序上的先后,那么其人物就不该有交叉,比如就不能说黄帝既是"五帝"中人,又是"三皇"中人,这种不确定性对历史来说伤害是极大的。

显然,面对如此丰富的思想文化资源,兼收并蓄并不是明智的做法。需要精简,需要梳理,甚至需要创新。

这样一个伟大而艰巨的使命,历史地落到了太史公司马迁的身上。

为了实施这一使命,司马迁是做足了功课的。他肯定是把那个时代所能搜寻到的关于远古时代的史著都拿来阅读和研究了的。具体的他读了哪些书,现在是难以说清了。据清代学者杨峒估计,在写《五帝本纪》时,他至少"杂取《尚书》《春秋内外传》《世本》《战国策》而为之","篇内序五帝之世,全用《五帝德》及《帝系》之文","至于尧为帝喾之子,禹为颛顼之孙,上距黄帝裁五世,而自黄帝至舜乃九世,此其中必多旷隔,而子长一因旧文,所谓疑则传疑,盖其慎也"。[1]这是文字资料的阅读和应用。司马迁除了读相关的书籍外,还在实地考察上做足了功夫。"余尝西至空桐,北过涿鹿,东渐于海,南浮江淮矣,至长老皆各往往称黄帝、尧、舜之处,风教固殊焉,总之不离古文者近是。"[2]司马迁实地考察的地方,都是传说和一些史书上记述的黄帝巡行过的地方,这样的考察活动,使司马迁又获取了许多鲜活的传说资料。

经过认真的学习和艰难的考察,司马迁得出了一个影响整部中国历史的伟大结论:黄帝,唯有黄帝,才是中华民族的伟大始祖。为了树立黄帝的始祖观,需要做两个方面的工作:一是摈弃"三皇"说,确立"五帝"观;二是厘清"五帝"脉络,明确以黄帝为首的"五帝"世系。

这两件都是十分烦难的事。

司马迁摈弃三皇说是有道理的,主要是因为该说"其文不雅驯",很多

---

[1] 清·杨峒:《书岩存稿》。
[2] 《史记·五帝本纪》。

说法都是虚无缥缈的,难以令人确信。这在司马迁之前早有人感悟到了,认为"太古之事灭矣,孰志之哉?三皇之事若存若亡,五帝之事若觉若梦,三王之事或隐或显,亿不识一"[1]。

这样对整部历史抱虚无主义的态度,司马迁当然是不能认同的,但是,就当时对三皇时代的了解程度来说,的确是"若存若亡"的,由是司马迁决定将五帝前的那一段历史割舍了。

这就引来了后世人的许多的非议。东汉的大科学家张衡就站出来批评说:"史迁独载五帝,不记三皇,今宜并录。"[2]他自己动手,写三皇本纪,结果不伦不类,在历史上毫无影响。到宋代的苏辙批评得更凶,认为"司马迁纪五帝,首黄帝,遗牺农而黜少昊,以为帝皇皆出于黄帝"是一个大错误,为了纠正这一错误,苏辙还亲自"作《三皇本纪》,复纪少昊于五帝首"[3]。他这样做也没有得到多大呼应。当然,绝大多数学人还是能理解司马迁此举的苦心的。"史迁特于百家杂乱之中,取其雅驯者而著之。"[4]"迁之纪五帝,自谓择言之尤雅者著于篇,其存古之意厚矣。"[5]这是在表彰他这样做真正保存了古史的真谛。

"独载五帝"也不是把现有传说中的五帝照单全收,如果那样做还是没有任何历史价值的。司马迁懂得"好学深思",懂得"心知其意",懂得"择其言尤雅驯者"。这才是一个真正的史学大师。历史本身总是芜杂的,而史学应该是清纯的具有导向意味的,司马迁一生做的就是这样一件了不起的事。明代学者钟惺说道:"'好学深思,心知其意',是作史之本;'择其言尤雅者',是作史之法。一部《史记》,要领尽此矣!"[6]

那么,司马迁要奉献给世人的中华民族的始祖的整体形象该是怎样的呢?在《史记》中有这样一段完整的描述:

轩辕之时,神农氏世衰。诸侯相侵伐,暴虐百姓,而神农氏弗能征。于是轩辕乃习用干戈,以征不享,诸侯咸来宾从。而蚩尤最为暴,莫能伐。炎帝欲侵陵诸侯,诸侯咸归轩辕。轩辕乃修德振兵,治五气,艺五种,抚万民,

---

[1]《列子·杨朱》。
[2]《张衡集》转引自范晔《后汉书·张衡传注》。
[3] 宋·苏辙:《古史》卷一。
[4] 宋·叶适:《习学纪言》卷十九。
[5] 宋·黄震:《黄氏日钞》卷四十六。
[6] 明·钟惺:《史怀》卷五评《史记·五帝本纪》。

度四方，教熊罴貔貅䝙虎，以与炎帝战于阪泉之野。三战，然后得其志。蚩尤作乱，不用帝命。于是黄帝乃征师诸侯，与蚩尤战于涿鹿之野，遂禽杀蚩尤。而诸侯咸尊轩辕为天子，代神农氏，是为黄帝。天下有不顺者，黄帝从而征之，平者去之，披山通道，未尝宁居。[1]

司马迁已经深深地感到，一个民族始祖的形象应该是朴实的、亲民的，他是民族的中流砥柱，他是民族的开路先锋，他对民族的后人会起到鼓舞、激励和推进作用。可以看得出，司马迁在写民族始祖黄帝时不是将他"神化"，而是切切实实地将其"人化"。在《五帝本纪》中述说的绝大多数是人事。正如清人李邺嗣指出的："史公作《黄帝本纪》，简而雅，质而不伪。其叙黄帝修政，一曰师兵，二曰疆理，三曰设官，四曰定历；复举其要曰治五气，艺五种，曰劳勤心力耳目，节用材物，俱治天下之大本大经为万世法，而鬼神山川封禅与焉，则仅一言及之，不复道。……一以征信，一以斥诬，使人主开卷惕然，知黄帝忧劳圣人，诸所以治天下如此。"[2]

说得实在太好了，司马迁笔下的中华人文始祖的形象是一位"忧劳圣人"——忧天下兴亡，劳百姓万事。有这样的"忧劳圣人"为始祖，真是民族的祥瑞，国家的福分。细细思之，黄帝的人格精神表现在如次数端：

黄帝是个大勇者。他的勇猛的利剑不只投向那些"暴虐百姓者""不顺者""侵凌诸侯者"，"从而征之"，使天下走向统一；同时还投向大自然，"披山通道，未尝宁居"，从荒山野地中开辟出道路和大田来，这是何等的勇敢！都说古代有个英雄时代，黄帝就是英雄时代的代表性人物。

黄帝是个大智者。据传，民间的许多器械都是黄帝或是在黄帝时代发明的，如船、桥、房屋、文字等。在这些方面凝聚着他的智慧。他的更大的智慧在于懂得用人之道。他"置左右大监，监于万国"，他"举风后、力牧、常先、大鸿以治民"，这四种人是泛指，是指办事雷厉风行的人（风后），有管理能力的人（力牧），敢为人先的人（常先），胸有大志的人（大鸿），有了这些人的辅佐，天下哪还有办不成的事？

黄帝是个大勤者。他勤于"顺天地之纪，幽明之占"，他勤于"生死之

---

[1]《史记·五帝本纪》。
[2] 清·李邺嗣：《杲堂文钞》。

说,存亡之难",他勤于"时播百谷草木,淳化鸟兽虫蛾",更为难能可贵的是,黄帝"劳勤心力耳目",不只勤"力",还勤"心",不只苦干,还巧干,这是何等的大智大慧!

黄帝是个大正者。何谓"正",正就是正派、正气、无私。黄帝代表了天地间的正气,他一生"往来无常处"地奔走,不是为了个人的什么,而是为了"抚万民,度四方",让天下的老百姓过上安康的日子。

大勇、大智、大勤、大正,熔铸成了中华民族始祖黄帝的性格,毫无疑问,也熔铸成了中华民族国民的性格。

仰韶文化印证了神话传说

黄帝始祖说讲述的是距今大约五千年上下的那段历史。由于那时还没有发现相应的文字资料,司马迁阅读的那些典籍也不可能是当时人的实录,而只能是后人根据传闻写下的远古历史的追忆和追记。至于司马迁在各地考察中听到的那些长老津津乐道的说辞,也只能算是远古留下的神话或传说。茅盾先生认为:"神话是各民族在上古时代的生活和思想的产物,中国神话是中华民族的原始信仰与生活状况的反映。"[1]此言甚是。神话传说中有着历史的某些素材,它具有相当的真实性,但它还不等于历史本身。司马迁在治史上是严谨的,他"好学深思",所塑造和还原的黄帝形象是完美的,但也必须得到地下相关发掘资料的证实。

有了,那就是著名的仰韶文化的考古发掘资料。

事情要推到大约百来年前。

1911年,一个名叫安特生的瑞典地质学家来到了中国,在北京周口店龙骨山一带进行考古发掘。1918年,他又带领他的考古工作队来到河南省渑池县进行考古发掘。他们来到了离县城北面约8公里的地方,来到了靠近黄河南岸的一个小山庄。村庄三面环水,一面有一座小山。一问,当地人说叫韶山,小村庄仰山而安置,因此就被人们叫作"仰韶村"。当时没引起安特生的多大兴趣。

---

[1] 茅盾:《中国神话研究初探》,上海古籍出版社2005年版。

1920年深秋,安特生的助手、中国地质调查所的刘长山再一次去仰韶村考察,为的是听说"龙骨"出于这一带。但是,他没有收到龙骨,却意外地带回了600余件精美的磨光石器标本。这使安特生兴奋了起来,到第二年一开春——1921年春,他就带着大队人马,踏着还没有解冻的大地来到了仰韶村,结果发现遍地都是有着美丽花纹的彩陶片。中国古彩陶文明被发现了。[1]

仰韶文化的发现,为中国现代考古学举行了奠基礼。仰韶文化的生存年代是距今大约五六千年前,与传说中的黄帝时代(或者说是五帝时代)是基本吻合的。

首先引起人们兴趣的是这种文化形态发现于韶山脚下的仰韶村。这个"韶"字,大家是熟悉的,它直接与五帝中的尧、舜二帝相关联。《礼记·乐记》:"韶,继也。"郑玄注:"韶之言绍也,言舜能继绍尧之德也。"孔颖达疏:"舜之时,民乐绍尧业,故曰韶。"韶,是继承的意思。当然,不是一般意义上的继承,而是特指舜继尧业。后来流行于舜时和夏、商、周三代的韶乐,都是歌颂尧帝乃至始祖黄帝的乐曲。孔子认为韶乐是最美好的乐曲。"子谓韶,尽美矣,又尽善也!"[2]"子在齐闻韶,三月不知肉味。"[3]韶山、韶乐都是五帝时代的专用名词。中国有两座韶山,一座就是发现仰韶文化的韶山,另一座就是当代伟人毛泽东故乡湖南的韶山,这两地都应该是当年五帝活动的中心地带。

仰韶村遍地都发现有着美丽花纹的彩陶片,这也有力地证明了此地乃是五帝时代的重要发祥地。仰韶人的诸多成就中,最为辉煌的当数陶器制作。仰韶人的陶器一般是容器、烹饪器、饮食器,当然也是祭器,主要有鼎、罐、碗、盆、盘、钵、杯、瓮、缸等,品种已经十分齐全。制作工艺也大

仰韶文化彩陶弦纹壶
(半坡类型,上海博物馆收藏)

---

[1] 王屏:《中华考古·世界考古大全集》,高等教育出版社2010年版。
[2] 《论语·八佾》。
[3] 《论语·述而》。

有进步，先是手工捏制成器物形状，再用手或其他器物把表面"搪"平，半干后再刻上装饰纹，涂上颜料，然后放进窑里烧制。五帝中的帝尧，依据《正义》的说法"号陶唐"，"尧都平阳，于《诗》为唐国"。"陶"无疑与制陶和陶器相关，陶器的精致以及由此带来的生活的稳定，可以说是那个时代的标志性进步，以"陶"为号是对尧这个领袖人物的充分肯定。至于"唐"是"搪"字的通假，是制陶的主要工艺之一，以"唐"名之，是赞颂尧不只是一个杰出的政治领袖，还是一位制陶的能工巧匠。后来的舜在制陶这点上是继承了帝尧的。"舜，冀州之人也。舜耕历山，渔雷泽，陶河滨。"舜是个农业的专家，打渔的高手，制陶的能人。《正义》对"陶河滨"的注释是"滨河作瓦器也"。这些都证明了，文献资料记述的与地下考古资料是相一致的。

　　五千多年前的五帝时代人们的生活状况是怎样的呢？大约有五万平方米的仰韶文化半坡遗址，展示了当年生活在黄土高原上的先民从生到死的生存轨迹。当时的陕西半坡属亚热带气候，温暖湿润，而且依山傍水，是个适合于人居住的地方。在半坡地区，先民们在此繁衍生存，形成了一个拥有大约是400～600人的大部落，建起了包括居住区、制陶区、墓地在内的聚居地。在居住区中央有座大约160平方米的大房子，这是部落集会、议事的地方，房前有个中心广场，中心广场四周是一间间小房子，相当于小家庭的住处。环绕居住区的是一条大围沟，为的是防止敌人、野兽和洪水的侵袭。围沟的北面是氏族的公共墓地，多是单人葬，也有双人葬或四人葬的，死者头部一般都向西。围沟的东边是制陶区，其制作的陶器的艺术质量是很高的。在半坡遗址出土有近万件石质、陶质、骨质的工具，分别为农具、猎具、渔具、炊具、食具和纺织用具。半坡人用这些工具打猎、种粮、制作熟食、纺织衣物。他们已经懂得用石磨盘、石磨棒进行食物的加工。

　　观摩了五六千年前仰韶人的生活实况以后，再去研读《史记·五帝本纪》中的"垂主工师，百工致功；益主虞，山泽辟；弃主稷，百谷时茂；契主司徒，百姓亲和"，就会发现，两者是何其相似乃尔！《五帝本纪》中还有"一年而所居成聚，二年而成邑，三年成都"的说法，这种人的聚族而居的形态，半坡遗址可看作是生动的标本。

　　在《五帝本纪》中多次提到了"万民""万国""万国和"，后来人们也就称五帝之前的那个时代为"万国时代"。仰韶文化使我们懂得了，所谓的"万国"云云，实际上就是大小不一的聚落和邑居而已。在近百年的考古发掘中，单是黄河流域就已经发现了大大小小各自为政的聚落和村邑

1 000多个，再加上长江流域以及岭南地区，这样的聚落和村邑的确是不会少于一万个的。它们都有自己独立的血脉传承，有自己被公共推举出来的氏族和部落的首领，有相沿成俗的议事机构，有的还有自己的武装力量，这样的以据有一定地域为前提的团体称之为最原始的"国"有什么不可以呢？考古者在郑州北郊二公里处的邙岭余脉上发现了仰韶晚期的一处城堡，即西山古城堡[1]，这就印证了《五帝本纪》中说的"三年成都"的变化趋向。我们完全可以作这样的推断：大约距今10 000年到距今5 000年间，是"万国时期"的鼎盛期，到得黄帝时代，"万国"衰微，黄帝族、炎帝族、共工族这样一些大部族兴起，神州大地渐渐地走向统一了——当然，这个统一的过程是漫漫而修远的，直到夏王朝的建立才实现了中国历史上的第一次大一统。

说黄帝时"天下有不顺者，黄帝从而征之，平者去之"，说黄帝时"抚万民，度四方""万国和"，说黄帝时"劳勤心力耳目，节用水火材物，有土德之瑞，故号黄帝"，这是真的吗？黄帝时代有了"天下一统"的气象吗？这也是可以从仰韶文化经济上的畅通无阻和文化上的渐为一体得到证明的。

仰韶文化所展示的本身就是一个文化共同体的大景观。这样一个大景观的形成也可说是"路漫漫而修远兮"的。大约从距今一万年开始，神州大地上的交往与交流开始频繁起来，到了五六千年前的仰韶人时期（大致上也就是五帝时期）这种交往甚至达到了水乳交融的地步，标志就是形成了大地域的文化区。"仰韶文化"分布在黄河中上游一带，包括陕西的关中、山西南部和河南大部分地区。它西可到甘肃洮河流域，东面到河北中部，北面到内蒙古的南端，南面到汉水上游。仰韶文化主要有半坡和庙底沟两种类型。在陕西华县东西长20公里范围内，分布半坡型遗址五个，平均每四公里一个。庙底沟类型可以说是半坡类型的一种发展。这种类型最早见于河南的渑池，后又发现于夏县西阴村，最后大规模发掘的是陕县庙底沟。我们常讲"同文同宗"，仰韶文化的发现告诉我们，当距今五六千年的时候，在河南、山西、陕西、甘肃、内蒙古的全部或部分地域已实现了事实上的"同文"，这是可以由地下发掘出来的石器、陶器、房舍、墓葬证明的。

到距今五六千年的时候，不只仰韶文化区内实现了"同文"，它还与其他文化区之间也实现了交融。大溪文化以四川省巫山县大溪遗址命名。它

---

[1] 王屏：《中华考古·世界考古大全集》，高等教育出版社2010年版。

的分布地区大致是西起瞿塘峡两岸,东达洪湖之滨,北自荆山南麓,南抵洞庭湖畔。处于中国东西、南北交通的腹地,面积约5万平方公里。这种文化的生成本身就与仰韶文化有着千丝万缕的关联,它的前期是半坡类型,后期与庙底沟相始终。这里出土的陶器基本呈红色,这是与仰韶文化共通的。外表红色的陶器,内里却为灰黑色,这又是它的特色。大溪陶器以稻壳碎末作为陶器的羼和料,说明农业的发达。对稻壳标本的捡查,鉴定为大溪人生产的是粳稻。这种源本于四川巫山地区的文化,一旦生成,就活跃地走向神州大地的南北东西。

当年的大溪文化居民以原分布区为出发点,溯汉水而上,进入汉水上游的陕南地区,沿丹江、淅水则与伊洛地区相连,此两地均是半坡类型及庙底沟类型的居民分布区。在湖北境内的汉水流域及河南境内的淅水沿岸,均零散地分布着一些半坡和庙底沟两类型的居民移民点,这有利的地理条件和当时文化居民分布的格局,为它们进行文化、经济交流提供了便利。戳印纹是大溪文化最具特色的纹饰,它是由圆形、半圆形、新月形、三角形、S形、X形、菱形、长方、方形、工字形组成的巧夺天工的几何图案。这在汉水上游陕南地区的半坡类型的遗存中得到了体现。同时,在大溪文化中,也融进了由曲线、弧形三角、曲边块状及圆点,配以直线的几何形的庙底沟彩陶艺术。

大溪文化居民还与四川、江西腹地、广东和位于淮河流域的河南及安徽部分地区居民,甚至通过中间媒介而同长江下游的同时代居民进行经济文化交往。有的专家通过大溪文化与长江下游的河姆渡、崧泽及良渚文化玉器种类、形制、用途的比较研究,认为大溪文化的玦、璜这些玉饰品,是长江下游文化传播的产物。当然,大溪人是聪明的,不是依样画葫芦,而是有所创新。

上面这些考古资料告诉了我们些什么呢?它至少告诉我们:经过漫长的发展与交融,到了距今五千多年的黄帝时代,实现神州大地上大范围的"万国和"已是一种必然之势。《五帝本纪》说的"轩辕习用干戈"只是手段之一,根本的原因是华夏大地上南北东西中各地民众间的交融和友善交流。

黄帝时期实际上已进入了中国历史的一个转折时期,即由新石器晚期走向铜石并用时期。在仰韶文化的姜寨遗址,发现了一枚半圆形的铜片,经测试,它的含铜量为65%,含锌量为25%,还含有极少量的其他金属。这是极为了不起的。在仰韶文化的遗址中,还发现有一支黄铜管。另外,在甘肃东乡林家遗址中,还出土了一把青铜质料的铜刀和一些铜的碎片,它是距今5 000年,也就是传说中的黄帝时代的物品。这就告诉我们,到黄帝时代,一个辉煌的青铜时代正在款款地向我们走来,这也说明了史书上记述的黄帝时代已经"以铜为兵"的说法是真实可信的。

前面说到,黄帝是一位大勇、大智、大勤、大正的圣人。我们也似乎可以从仰韶期的一件陶品中得到验证。仰韶彩陶让人们记住了一种最具特征、最有文化意蕴的容器:小口尖底瓶。这是一种红陶类的汲水用具。器身呈枣核形,两侧有拴绳子的器耳。半坡博物馆院内有座"半坡姑娘"塑像,就是用这种瓶打水的。把小口尖底瓶器耳拴上绳子后,上口会自然向下倾倒,小口自然地插入水中汲水。待水装到器耳之上时,瓶会自动翻转过来,使瓶口朝上成竖立状态。据传,孔子就用这种瓶打过水。在古代,这种巧器称作"欹器"。"欹"就是倾斜的意思。子书上有这样的说法:"吾闻宥坐之器者,虚则欹,中则正,满则覆。"[1]有这样的一则历史故事,孔子观于鲁桓公之庙,有欹器焉,孔子问于守庙者曰:"此为何器?"守庙者曰:"此盖宥坐之器也。"杨倞注:"欹器,倾欹易覆之器。'宥'与'右'同。言人君可置于坐右以为戒也。"北周庾信《周祀宗庙歌·皇夏》:"欹器防满,金人戒言。"这种"欹器"现在是在仰韶文化遗址中被发掘出来了,它是"人君"置于座右警诫自己"以正治国"的重器,这也证明了司马迁笔下的黄帝形象是真实可信的。

黄帝、炎帝、蚩尤之间的战与和

讲五千年文明史的发端,总是绕不过黄帝、炎帝和蚩尤这样三个关键性的人物(或者说是族群),也总绕不过在他们之间发生的阪泉之战和涿鹿之战这样两场古来为人们津津乐道的大战。虽说三人都是传说人物,附会在他们身上的传说故事也往往扑朔迷离和难以清晰地加以解读,历来说法种种,莫衷一是,但是现在,我们有条件借助于丰富的考古资料,给神话传说以

---

[1]《荀子·宥坐》。

较为科学的解读。

我们的祖先走出洞穴、走向地面之后,先是形成了一个个大小不一的聚落,这些聚落数量繁多,号称"万国",那个时代也因之称为"万国时代"。这些所谓的"国"满天星斗般地散落在神州大地的四面八方,后来经过长期的兼并战争,形成了若干强大的部族和部落联盟,有的书上称之为酋国。这些强大的部落和部落联盟中最强大的、最能成其大事者相当长时间内仍然存在于西土。正如太史公说的:"或曰:'东方物所始生,西方物之成熟。'夫作事者必于东南,收功实者常于西北。"[1]这是带有规律性的,黄帝等部落联盟集团"收功实"于相对比较成熟的"西方",在当时条件下具有必然性。而神话传说也是大体上这样说的。

当时最强大和最有实力的部落和部落联盟最主要的是黄帝、炎帝和蚩尤,还有共工、太皋、小皋,等等。他们之间的关系是怎样的呢?说法众多,我们学习司马迁的做法,只能"择其言尤雅者"而用之。

先说黄帝与炎帝的关系。他们之间有说是父子关系的,有说是兄弟关系的,也有说是什么关系也没有的,我们倾向于是一种广义的兄弟关系,相当于后世说的兄弟之邦。在《国语》中有这样一段被广为应用的话:"昔少典娶于有蟜氏,生黄帝、炎帝。"[2]其意是说黄帝与炎帝同出于少典国国君,是骨肉兄弟,这条资料也被司马迁在《史记》中运用了。少典国在哪里,说不太清楚,有的说就是河南的新郑一带,有的说还在西边。不论是文献资料,还是地下发掘的考古资料,都说明在远古时代神州大地上的各族种之间交往十分地频繁,种族的所谓纯净具有相对性,因此说炎、黄两帝同祖同源大致上还是说得通的。相传炎帝管辖着南到交趾(今岭南一带)、北到幽都(今河北北部)、东到旸谷(今山东西部)、西到三危(今甘肃敦煌一带)的大半个中国。《礼记》说:"孟春之月,其帝炎帝,其神祝融。"[3]这样看来炎帝与祝融是异名而同族了。《世本》又有"炎帝神农氏"的提法,注者以为"炎帝即神农氏,炎帝身号,神农代号也"[4]。司马迁不认同这种说法,把神农氏看成是更古老一点的氏族首领。

还有一个蚩尤,他实际上也不是单个的个人,而是一个族名。蚩尤族

---

[1]《史记·六国年表》。
[2]《国语·晋语四》。
[3]《礼记·月令》。
[4]《世本·帝系》。

生存在何处,与炎黄之间的关系怎样,也是较为模糊的。在较早的史书上,蚩尤似乎是与黄帝、炎帝平起平坐的后(王),"昔天之初,诞作二后:乃设建典,命赤帝(炎帝)分正二卿;命蚩尤于宇(事)少皞,以临四方"[1]。如果真是那样,那么当时蚩尤的地位是够高的了。较为后起的一种说法是:"蚩尤姜姓,炎帝之裔也。"还说:"蚩尤作五兵:戈、矛、戟、酋矛、夷矛。"[2]这种说法较合于当时的时势,也与传说中的蚩尤为战神的身份相吻合。我们基本上相信蚩尤族也是炎帝族的一部,而且是能征善战的一部,如果那样,那么它与黄帝族也是血脉相连的了,蚩尤部的最初发祥地也在西部。

既然当时最强大最有实力的部落和部落联盟都集中在西部,那么,矛盾、冲突以至于战争是势所必然的了。这种强强抗衡、强强重组、强强和合的状况,司马迁在《史记·五帝本纪》中做了概括性表述,从中可以看到,他把神话传说中渲染得十分荒诞的那些故事都筛选干净了,用人间叙事的方式把那一段纷乱的历史基本上讲清楚了。在黄帝当政神州大地前,为天下主的是神农氏(司马迁不同意炎帝即神农氏的说法)。可是,随着"神农氏世衰",各路诸侯之间的混战也就开始了,闹得最凶的一个是蚩尤,一个是炎帝。当时天下是"三驾马车",蚩尤、炎帝、黄帝平分秋色。看到蚩尤与炎帝那样不安分,黄帝站了出来,他一手"振兵",另一手"修德",这样他就掌握了主动权,"诸侯咸归轩辕"。后来,他先把蚩尤撂在一边,在"阪泉之战"中把炎帝打垮了。过了此时,又联合炎帝在"涿鹿之战"中击败和杀死了蚩尤,成为新的天子。

在司马迁的笔下,以黄帝为正宗的观念十分浓郁,蚩尤是"最为暴",炎帝是"侵凌诸侯",只有黄帝才是"以征不享"。这是不太符合当时的历史实际的。马克思主义经典作家一再指出,战争是古代氏族社会走向国家的一种因素,尤其是氏族社会的晚期,"战争以及进行战争的组织,已成为民族生活的正常职能"。在古代的一些强悍的民族那里,"战争对他们来说是一种消遣和摆脱单调的营生的休息"。[3]人性是不断发展的。动不动就以战争的手段解决问题,这是氏族社会走向国家的一种常态,因此就战争本身而言,就很难说谁是"暴者",谁是"侵凌者",关键还在于谁能获取战争的胜利,并成为天下之主。当时有各武装集团之间的战争,那是不奇怪的。没有

---

[1]《逸周书·尝麦》。
[2] 宋·罗泌:《路史·蚩尤传》。
[3] 恩格斯:《阿富汗》,见《马克思恩格斯选集》第四卷,人民出版社1972年版。

这些战争，天下还真统一不起来呢。重要的是对其过程和结果的研究，从中可以获取诸多的经验教训来。

炎黄"阪泉之战"。

这是一场持续时间相当长的战争，史称"三战然后得其志"。这里说的"三战"，既是形容战争时间的长久，又是说明战争的惨烈。从一些史料看，当时炎帝与蚩尤之间是有氏族的血缘关系的，实际上也是结成了联盟的。黄帝如果"两个拳头打人"，既打炎帝，又打蚩尤，那必然分散力量，最后导致失败也是说不定的。黄帝把蚩尤搁在一边，专门打击炎帝。还有一点，黄帝懂得团结各路诸侯，孤立炎帝集团。"黄帝与炎帝战于阪泉之野，帅熊、罴、狼、豹、貙、虎为前驱。以雕、鹖、鹰、鸢为旗帜。"[1]黄帝是把北方的那些以猛兽为图腾的部族与东方以猛禽为图腾的部族都团结在自己身边了。这样虽然炎帝部族十分强大，也难以抗争了。

阪泉之战的主战场在何处？一直众说纷纭。大致上有三说：其一是说在山西阳曲县的东北，相传古名汉山。在当地的一些县志上有记述。其二说是在今河北省涿鹿县东南，《括地志》以为今名黄帝泉的地方就是阪泉所在。其三说是在今山西运城县南，沈括的《梦溪笔谈》中说到过这个地方。有意思的是，还有人说，阪泉乃是蚩尤的老巢，因此蚩尤又称为阪泉氏。宋代的罗泌在《路史》中说："阪泉氏，蚩尤，姜姓，炎帝之裔也。"明明是黄帝与炎帝间的战争，最后的决战地却打到了蚩尤的据点上来了。可见，炎黄之战，伤害最大的还是蚩尤。

阪泉之战是关键性的一战。这场大战以后，黄帝族独占了北方大片的领土，而炎帝氏族南迁至江汉间，又很快成了南方江汉间的部落联盟的首领，而且成了南方的神，称为炎帝。与北方的黄帝族也一直保持着友好的关系，后人称其为"炎黄"，成为人们心中的共祖。到了南方以后，炎帝一心致力于农业生产，与精通水利的赤松子（神话中是西王母身边的雨师）一起治水治山，改良物种，被当地人尊为"神农氏"。为了民众的健康，还亲自采药辨药呢。至今，湖南茶陵一带还留存着大量炎帝遗迹，那里有炎帝身后安葬的"炎帝陵"，有炎帝采药洗药的"尝药亭"，有赤松子呼风唤雨的"赤松子亭"。近年来炎陵附近的考古发掘也证明了这里的确存在5 000年文明发祥时期的文化。炎陵一带发掘出了大量新石器晚期的文物，这些文

---

[1]《列子·黄帝》。

物有白陶和彩陶，几乎与黄河流域的仰韶文化同期，这就是神农炎帝来此发展的科学依据。[1]

黄帝蚩尤"涿鹿之战"。

黄帝战蚩尤
（汉代石刻图）

炎黄阪泉之战虽然给蚩尤以重创，但是，蚩尤并没有缴械投降，相反是集结兵力，与黄帝决一死战。不少专家认为，黄帝与蚩尤之战比炎黄之战更激烈。这也是有道理的。据传："蚩尤兄弟八十一人，并兽身人语，铜头铁额，食沙石子。"[2]这虽是神话传说，却包含着历史的真实。第一，蚩尤族是一个庞大的部族集团，所谓的兄弟八十一人，实际上是说蚩尤族下统辖有八十一个部族，人数之众多可想而知。第二，他们有着当时最先进的武器，即所谓的"铜头铁额"。当时正处于铜石并用的历史转折关头，很可能蚩尤部族是最早掌握铜兵器的，后人称其为"战神"，虽然与其英勇善战有关，也应是与其武器的先进分不开的。这里用了"铁额"一词，如果蚩尤部真的掌握了铁兵器，那更了不得了。中国最古的铁字是"夷"字偏旁的，而夷地正是在蚩尤部的控制地域之内的，因此其部掌握有铁武器也不是完全不可能的。

涿鹿之战的地望，有说涿鹿、阪泉的，也有说两者相距不远的。这都关系不大。至于战争的过程，《山海经》中有这样一段记载："蚩尤作兵伐黄

---

[1] 唐家钧等:《鹿原陂上炎帝陵》，岳麓书社1997年版。
[2] 《太平御览》卷七十八引《龙鱼河图》。

帝。黄帝使应龙攻之冀州之野。应龙蓄水。蚩尤请风伯雨师，纵大风雨。黄帝乃下天女魃，雨止，遂杀蚩尤。"[1]神话传说总有它的神秘色彩，但拨开其神秘的云翳，还是可以还其真面貌的。在这场大战中，一是蚩尤取先发制人的态势，被称为"作兵伐黄帝"。蚩尤敢于放第一枪，说明实力上的确了得。二是双方都试图利用气候条件战胜对方。蚩尤企图利用狂风暴雨的气候条件一举摧毁对方，这就是"纵大风雨"一说的真谛。而黄帝这方不上这个当，偏偏要等到"雨止"后才发起总攻，出其不意将蚩尤大部队摧垮，并追杀了蚩尤。

涿鹿之战后，蚩尤被杀，群龙无首，战斗力锐减，大部就退到东南地区去了。一部分留在了北方，还建立了黎国（山西长治一带）呢！蚩尤也不因为失败和被杀而被辱没。他被作为中华民族的"战神"而备受尊崇。先是民间对他的不屈精神和英雄主义的崇拜，据传，死后不久，"蚩尤冢，民常十月祀之"[2]。后来黄帝也为蚩尤的精神所感动，"后天下复扰乱，黄帝遂画蚩尤形象，以威天下"[3]。后来汉初刘邦起兵，就"祠黄帝，祭蚩尤于沛庭"[4]，让黄帝与蚩尤平起平坐了。这种不以胜败论英雄的观念，一直广泛流传于民间。

五帝历史传承的"圣统"观

五帝是一个以时间顺序编排的历史的统绪。在确立了黄帝始祖的地位之后，司马迁就开始考虑起应该揭示一个怎样的历史统绪问题。历史总是会世代相传的，而世代相传的主旋律该是怎样的呢？也就是前传后承的精神纽带是什么呢？

有人以为，司马迁写五帝之间的关系，笔墨间常言及父子祖孙血脉的因缘，是为了强化血统论，或者说是为了宣扬世俗的正统论。有人就说："《史记》以祖宗为经，以子孙为纬，则三皇五帝皆出于黄帝，此帝王授受之正统

---

[1]《山海经·大荒北经》。
[2]《皇览·冢墓记》。
[3]《太平御览》卷七十八引龙鱼河图。
[4]《史记·高祖本纪》。

可见也。""本纪始于黄帝,以见帝王之统绪。"[1]但是,当人们读到"尧为帝喾之子,禹为颛顼之孙,上距黄帝裁五世,而自黄帝至舜乃九世"这样一些错杂的记述时,正统观又似乎实在难以自圆其说了,只能以"子长一因旧文,所谓疑则传疑,盖其慎也"[2]来加以解释了。

看来,用简单的血统论和正统论来解释司马迁编排的五帝统绪说不通。如果硬是要强化黄帝与后起之间的血脉统绪的话,他是绝不会粗疏到连谁是谁的孙、谁是谁的祖都搞不明白的地步的。清代的学者李景星是说得对的:"太史公史,始于五帝,重种族也。盖五帝始于黄帝,为我国种族之所由出。篇中考世系处,极分明又极错落。"[3]这真是一段至理妙文。它告诉人们,太史公写五帝一系,甚至是千古一系是从"重种族"的视角出发的。历史悠久的神州人,在漫长的历史流程中,形成了许许多多的小的种族,而这些小的种族又在长期的碰撞和交融中形成为大的、较大的、至大的种族(或称为民族)共同体。司马迁的"重种族",就是重种族共同体。黄帝族是一个种族共同体,炎黄族是一个大一点的种族共同体,炎帝、黄帝、蚩尤合起来又是一个更大一点的种族共同体。在对待种族共同体上,司马迁的确是"极分明亦极错落"的——"极分明"是承认我们这个民族大家庭中的每一员都是炎黄子孙;"极错落"是指由于年代久远而世系的具体脉络可能讲不清楚。司马迁似乎很坦然,一时搞不清楚的,则"疑则传疑",将来谁搞清楚了,补上就是。

可以说,司马迁的血统论或正统论,是一种民族意义上的血统和正统——我们都是黄帝子孙。

从统治权的传承角度看,司马迁又发明了一个新名词:圣统。他说:

尧虽贤,兴事业不成,得禹而九州宁。且欲兴圣统,唯在择任将相哉!唯在择任将相哉![4]

司马迁是要创建圣人的统绪社会。何谓"圣"?在中国文化中,圣人是指道德和智慧都极其高超的人物。为了兴圣统,帝王自身必须是圣者。在

---

[1] 宋·林駉:《古今源流论》。
[2] 清·杨峒:《书岩剩稿》。
[3] 清·李景星:《史记评议》。
[4] 《史记·匈奴列传》。

中国传统社会中，帝王被称为圣上，意思是要求圣上要"圣"。当然，要兴圣统，还要形成以帝王为中心的圣者核心团体。这就是司马迁一再强调的"欲兴圣统，唯在择任将相哉，唯在择任将相哉"。语意确凿，语气恳切！

司马迁写《五帝本纪》，虽说处处点出了诸帝之间的血脉因缘，如"黄帝者，少典之子""帝颛顼高阳者，黄帝之孙而昌意之子""帝喾高辛者，黄帝之曾孙也"之类，但那还不是主要的，最主要的还在于指出五帝中的后起之帝是否承继了前任之帝的"圣统"。在司马迁看来，那是最根本的。

神州文明的始祖黄帝当然是一个圣统的源头。黄帝通过"修德振兵，治五气，艺五种，抚万民，度四方"，实现了最初步的天下大一统，"诸侯咸尊轩辕为天子"，尤其是通过"时播百谷草木，淳化鸟兽虫蛾"，切实发展了农业，是一个"有土德之瑞"的伟大圣者。同时，在黄帝身边有着不少具有圣者品格的人物，他们任黄帝的"左右大监，监于万国，万国和"。黄帝还"举风后、力牧、常先、大鸿以治民"，这是一个足以"兴圣统"的领导集团。

五帝中的第二帝是颛顼。在《五帝本纪》中对颛顼的圣德圣行有一段集中的描写："帝颛顼静渊以有谋，疏通而知事，养材以任地，载时以象天，依鬼神以制义，治气以教化，洁诚以祭祀。北至于幽陵，南至于交趾，西止于流沙，东至于蟠木，动静之物，大小之神，日月所照，莫不砥属。"从这段话中可以看出，颛顼时期在治理方面比黄帝时期有了不小的进步。主要表现在这样三个方面：第一，进一步发展农业经济，"养材（财）以任地"，改良土壤，发展农耕事业，让大地贡献出更多的财物来。第二，强化"教化"，特别重视祭祀方面的教化，为形成"慎终追远不忘祖"的民族传统奠下基石。第三，进一步扩展了活动的疆域，说是"日月所照，莫不砥属"有点夸大，但地域比黄帝时代更大了那是事实。特别值得一提的是，颛顼时期在管理机构上也有所进步，"颛顼受之，乃命南正重司天以属神，命火正黎司地以属民，使复旧常，无相侵渎"[1]。把"司天以属神"和"司地以属民"的机构明确区分开来，分别由"重"和"黎"两位长官（或两个机构）管理，这在历史上还是第一次。这种制度后来保持了很长时期。

五帝中的第三帝是帝喾。他是黄帝、颛顼事业的很好的继承者。在发展农业上可说是一如既往，"取地之财而节用之，抚教万民而利诲之，历日月而迎送之，明鬼神而敬事之"，从《五帝本纪》这段文字看，帝喾时似乎已

---

[1]《国语·楚语下》。

进入了农历时代。尤为值得一提的是,"帝喾溉执中而遍天下,日月所照,风雨所至,莫不从服",这样看来,"中庸之道"似乎起始于帝喾时代了。在一些典籍上,还特别讲述了帝喾与三代的血脉渊源。"帝喾卜其四妃之子,皆有天下。上妃有邰氏之女,曰姜嫄,而生后稷;次妃有娀氏之女,曰简狄,而生契;次妃陈锋氏之女,曰庆都,生帝尧;下妃娵訾氏之女,曰常仪,而生挚。"[1] 又有典籍说帝喾将两个儿子安排到不同的地方:"迁阏伯于商丘,主辰,商人是因,故辰为商星。迁实沈于大夏,主参,唐人是因,以服事夏商。"[2] 这样看来,帝喾与五帝中的其他帝以及夏、商、周都有渊源关系了。

五帝中的第四帝是尧。尧也是个很有特色的圣人。他不只着力于发展农业,也大力发展制陶业,他自己就是个制陶高手,"尧"者"窑"也,他的大号为"陶唐氏",这说明他和他那个时代在烧制陶业上是很有成就的。同期出土的那么精美的陶制品,也证明了这一点。除此之外,尧时期还有两件事值得重点说一说。第一,家国一体观念的初步形成。《五帝本纪》写道:"尧能明驯德,以亲九族,九族既睦,便章百姓,百姓昭明,合和万国。"这段话也写在《尚书》中。我们可以把它看成中华民族千百年来传统的家国观的文化源头。家是国的基础,国是家的保障,这样一个观念就是在尧时代昭明起来的。第二,也许是一件更加重要的事,那就是席卷神州大地的大洪水开始了,这一水灾大约暴发了数百年。先是共工治水,后是鲧治水,到最后才是大禹治水。"汤汤洪水滔天,浩浩怀山襄陵,下民其忧。"这当然首先是件坏事,"生于忧患,死于安乐",大灾大难使神州民众拧成一股绳,劲往一处使,最后团结在大禹身边,征服了洪水,促成了神州大地第一次大统一的到来。圣明之世,必有圣明之主,亦必有圣明之辅臣。孔子说过:"才难,不

马家窑文化旋涡纹彩陶罐
(甘肃兰州出土)

---

[1]《世本·帝系篇》。
[2]《左传·昭公元年》。

龙山文化黑陶盉
(上海博物馆收藏)

其然乎？唐虞之际，于斯为盛。"[1]大概孔子是读到了相关资料的，不然他不会说出尧和舜时期人才最盛的话来。读《五帝本纪》的确发现尧身边有一批人在为他出主意，而其核心人物就是所谓"四岳"，大概是指地方推举到中央来的优秀人物。除"四岳"外，千古流芳的还有禹、皋陶、契、后稷、伯夷、夔、龙、倕、益、彭祖，这些为中国历史立下了大功的人物，"自尧时而皆举用"。毫无疑问，尧时的人才库真可说是极一时之盛。

五帝中的第五帝是舜。舜给人深刻印象的至少有以下三个方面：第一，他是个穷人家的苦孩子。往上推多少代，才似乎与黄帝、颛顼联得上。司马迁在《五帝本纪》中说得模模糊糊，看得出，他只是要你记住舜也是黄帝子孙就可以了，至于是几代孙几世祖，说者隐约，听者仿佛，那本身就是不重要的。让人记住了的倒是，"自从穷蝉以至帝舜，皆微为庶人"。正因为出生在穷苦的庶人之家，他"耕历山，渔雷泽，陶什器于寿丘，就时于负夏"，他种过地，打过渔，制过陶，当过手工业者，干过零杂工，这么丰富的人生经历为他日后的治国打下了坚实的基础。第二，他是天下第一孝子。"舜父瞽叟顽，母嚚，弟象傲，皆欲杀舜。舜顺适不失子道，兄弟孝慈。欲杀，不可得；即求，尝在侧。"在这三十五个字的背后，隐伏着大量感天动地的行孝故事。他的家庭条件实在太差了，可是他能在任何艰难困苦的条件下坚守一个"孝"字，这是极为难能可贵的。后人编《二十四孝》时，把他置于"第一孝"的崇高地位，那是很确当的，对中国整部历史的影响也是无与伦比的。第三，长达数百年的大洪水是在舜的统治期间治平的。舜对禹是信服的，也是极为放手的。大家推举禹负责治水大业时，禹还推托了一番，舜爽快地说："嗟，然！禹，汝平水土，维是勉哉！"其意是说：禹，你是行的。平水土这件事，只有靠你了，你放手去干吧！这对禹来说是多大的鼓舞与

---

[1]《论语·泰伯》。

支持啊！当然，后来禹的成功，也是与弃、契、皋陶、益这样一些人的支持与配合分不开的。

除了上面三件大事外，还要说一说舜时的人才荟萃。舜时，除了四岳、十二牧人选有所更新外，禹、皋陶、契、后稷等这些昔日尧时的重臣一概仍加以重用。而且分工也日益细密，于是司农、司徒、士、工、虞、三礼、秩宗、典乐这样一些分工明确的职务名称就应运而生了。舜时中央"二十二辅臣"实至名归。舜时还切实实行了官员考核制度。"嗟，女二十二人，敬哉，唯时相天事。"当时实行"三岁一考功，三考绌陟，远近众功咸兴"。首先要参加考核的是中央位高权重的二十二人，接着是一层层往下推。在《五帝本纪》中记述的考核情况看，考核还是很认真的，绝不是走过场。一边是考核，一边还要分配任务，具体安排工作。司马迁向往的"圣统"政治，在舜时得到了相当完美的体现。

"圣统"与"血统""正统"是不冲突的。中华民族发展进程有两大特点：一是行程长。前面几章都讲到了，我们神州人有着"超百万年的文化根系"，"上万年的文明起步"，"五千多年的文明发展史"，各部族、各种族、各民族那么长时间在一起拼杀、奋斗，世世代代，还会不产生真感情吗？那么长时间共处于一个"大家庭"中，这在世界上可以说是绝无仅有的。二是交往勤。我们民族基本上是以农立国的民族，但是这个以农立国的民族与其他以农立国的民族有点不同，那就是好走动，好交际，从地下发掘看，迁移走动是常有的事，一走动就是几千里，形成了许许多多的"东西南北人"[1]。有学者作过分析，认为这与中国长期土地被视为公有，小农形成较晚有关。郭克煜认为："人们没有土地的牵挂，地域观念淡薄。只要聚族而居，他们随时可以到新的地方占有土地，组织和建立新生活。"[2]侯外庐说："迁国是中国古代社会的一个特别现象，因为两种氏族纽带的强固结合，土地没有能够私有，使迁国易于实行。"[3]迁徙勤，范围又大，就易于"愿把他乡当故乡"。在迁徙之中，跨氏族、跨种族的婚姻的概率就大为提高，种族与种族之间的隔阂就消除得快。这样，就渐渐地形成了"神州大地是一家"的大观念。

---

[1]《孔子家语·曲礼公西赤问》。
[2] 郭克煜等：《鲁国史》，人民出版社1994年版。
[3] 侯外庐：《中国古代社会史论》，河北教育出版社2003年版。

第四章 五帝时代的种族迁移和融合

距今近万年前墓葬人头西向之谜

在考古发掘中，会发现一种奇特的文化现象：不少近万年前到五六千年前的墓葬中，遗体的人头都是朝向西方或南方的。

裴李岗文化是根据1977—1979年在新郑县裴李岗遗址的发掘而命名的。它稍早于磁山文化，约生存于公元前6000年前后（也就是距今八九千年前）。发掘的6座房子都是半地穴式的建筑，除1座方形外，其余都是圆形的，面积大多是6平方米左右，最大的不超11平方米。房内有圆形的灶。房子周壁及中央有柱洞。门向南开，近门处都有一条斜坡或阶梯式门道。陶器红褐色，烧成的温度当在1 000℃以内。有氏族或部落共有墓地。裴李岗遗址约2万平方米，墓葬区在遗址的西部。已经发现的所有裴李岗墓葬，遗体头都偏向南方，或西南方。这无疑是代表了一种群体的记忆和信仰。

老官台文化位于黄河中游上段的渭河流域，遗址的首先发掘地在陕西华县的老官台。同类的包括宝鸡北首岭文化、秦安大地湾文化。范围包括西至渭河上游的陇东地区，向南越过秦岭一直到达汉中。生存时间当在公元前6000年上下。在大地湾遗址的居址都是圆形半地穴式，面积6平方米上下，屋子的中部和四周都有柱洞，上为圆形攒尖顶。老官台文化的居民死后埋在长方形的土坑内。葬式以单人仰身直肢为主，头均向西。随葬品是三五件日用陶器及少量工具，已经出现了用明器随葬的现象。北首岭墓地出现了合葬墓，包括五位成年男女的一、二次葬的合葬墓。随葬品放在每具骨架的足部。

马家浜文化是因浙江嘉兴马家浜的发掘而命名的。它的丧葬很有特色，无论成年人还是小孩，死后都埋在公共墓地中。盛行单人葬。发掘的220多座墓葬中，只有六座同性合葬墓。墓葬者其头绝大多数为向北。吴县能判明头向的94座墓葬中,86座头向北,占91.5%,剩下的8座或向西,或向东,也有向南的。

在河南省西北部的渑池县仰韶村发现了一种原始文化,称为"仰韶文化"。这种文化分布在黄河中游一带,包括陕西的关中、山西南部和河南大部分地区。它西可到甘肃洮河流域,东面到河北中部,北面到内蒙古的南端,南面到汉水上游。仰韶文化的墓葬分为一次葬和二次葬两类,墓葬的死者头向除王家阴洼墓地向东偏南或北偏东外(可能是墓地结构所造成的原因),其他各地尸体的头向均向西或西偏北。二次葬的大多仰身直肢,也都是头骨朝西,面向天。

仰韶文化的晚期文化可以说是直接与五帝时代相关联的。仰韶文化后期墓地,主要见于郑州大河村、后庄王、洛阳王湾和陕县庙底沟二期等地。各地墓葬一般比较集中,成年人均为长方形土坑墓,宽仅能容身,全部为单人葬。墓葬的头向大同而小异。洛阳王湾为北偏西;郑州大河村为南偏西;陕县庙底沟则基本南向。

这些大约距今一万年到距今五千年之间的墓葬头向,空前一致地向西(西南、西北的本质也是西向),表明了当时的神州大地的古人类有一个共同的信念和记忆:神州人的祖先是起于西土的。这里说的西土大概包括现今的陕、甘、宁、川,甚至包括新疆东部地区。在一万年前后,这里雨水充沛、气候温和,连大象也曾生活在其地,西部比起低湿而多水灾的东部地区来要安全得多。

挺有意思的是,2002年,中国社会科学院考古研究所在清理偃师二里头三号宫殿南院的墓葬时,在墓主的骨架上发现了1件绿松石片组成的龙。该"龙"置于墓主人尸骨上,它的头也是朝西北的,其尾朝向东南。

这是怎么回事呢?

这是不是说明,当时的人们,认为自己族种的"根"是在神州大地的西部呢?这又与西王母及昆仑之丘的远古神话传说何等地契合。神话传说是民族记忆的映像,从中是可以窥视到远古时代的某些实况和实情的。《山海经》上写道:"又西三百五十里,曰玉山,是西王母所居也。西王母,其状如人,豹尾虎齿而善啸,蓬发戴胜,是司天之厉及五残。"[1]"厉"是指灾害。"五残"是指远古时代的五刑。其意是说,管理灾厉和五刑残杀的神人西

---

[1]《山海经·西山经》。

母是居于神州大地的西部的。在《山海经》的同一篇章中，还说到"西南四百里曰昆仑之丘，是实惟帝之下都"，认为上帝的"下都"也在神州大地的西部。而传说中的黄帝是"生于寿丘，居于轩辕之丘，长于姬水"的。据专家们考释，大家较为一致的看法是寿丘在今甘肃的天水市界内，而轩辕则在离之不远的陕西渭南地界，姬水一般认为在今陕西北部地区。不管是黄帝还是神话中的西王母，都是植根于西土的，证明太史公在《史记·六国年表》中说的"收功实者常于西北"是确确实实言之有据的。至于黄帝东至于海、西至空桐、北逐荤粥、南至于江的大范围征战和迁徙，那是后来的事。诸多的事实证明，在相当长的历史时期里，神州人的"根"确实是在西部的。而植根于西部，也可能是与神州大地的总体地貌和当时的气候条件相关联的。

"水往低处流，人往高处走"

中国有句古谚："水往低处流，人往高处走。"这句古谚的原始意义绝不可能是后世"人心比天高"的那种价值观，而是一种源于神州大地"西高东低"地貌引发的历史状况的实指。"水往低处流"那是自然的，而笔者认为，在中国历史进程中应该确实存在过"人往高处走"的历史时期。中国的地势西高东低，在人对大自然的抗争能力不太强的情况下，的确会有大量的人们"走"向高爽而更加适宜于生存的西部（包括西北、西南）。这就可以对近万年前到五六千年前的人们为何死后要头向西方作出可能的解答了，也可对黄帝（包括五帝）何以会以西方为发祥地给出恰如其分的答案了。

我们注意到，昆仑传说中的昆仑被称为"昆仑之丘"，黄帝的出生地和成长地被称为"寿丘"和"轩辕之丘"。"丘"者，丘陵也，高地也，那在古代是被认为最适宜于人类居处的地方。经过长期的比较，人们懂得了"丘居"要比"原野之居""河滨之居""洞穴之居"都保险和完美得多。在我国的古典文献中，所谓的"丘居"屡屡被提及，也屡屡被肯定。这里略举数例。

《说文》："丘，土之高也。非人所为。""昔尧遭洪水，民居水中高丘，故曰九州是也。"请注意，这里是把"九州"也看成是一定意义上的"高丘"了。

《禹贡·兖州》："桑土既蚕，是降丘宅土。"孔安国传："地高曰丘。大水去,民下丘,居平土,就桑蚕。"孔颖达疏:"洪水之时,民居丘土,于是得下丘陵,居平土矣。"这是从农业生产角度看"高丘"的价值的。

《淮南子·本经训》:"舜之时,共工振滔洪水,以薄空桑,民皆上丘陵,赴树木。"这种场景在《史记·夏本纪》中被描述为"洪水滔天,浩浩怀山襄陵,下民其忧",简简单单的十余字,如果身临其境那是极为可怕的。

《齐俗训》:"禹之时,天下大雨,禹令民聚土积薪择丘陵而处之。"这是一场大规模、有组织、有安排的救灾抗灾活动,大禹是个带头人。

孟子归纳种种历史资料,为中国古代的老百姓起了个新名字:"丘民",即居于高丘而得以存活的民众。当政者的使命就是管理和维护好他们的切身利益,孟子称之为"得乎丘民为天子"[1]。

当然,一般地说人们对"丘民"的理解仅止于:洪水来了,民众集结到附近的山丘上去避难。但是,有没有这样一种可能:人们基于对神州大地"西高东低"的宏观认识(历史资料表明,早在六七千年前,聪明的中国人已经对"西高东低"的总体地貌有所了解了),历史上的那次洪灾期又那样的长,于是在相当长的历史阶段中,有过群体奔向"西部"的阶段呢?

这是完全可能的。

有这样一个神话故事:

昔者共工与颛顼争为帝,怒而触不周之山。天柱折,地维绝。天倾西北,故日月星辰移焉。地不满东南,故水潦尘埃归矣。[2]

这一神话故事写的是五帝时代的事,见之于文字是在汉初。我们知道,一个完整的神话传说的形成往往要有数千年以至于上万年的历程,其中会多有修正。通过上述的神话故事,我们可以作出这样的合理推断:神州大地的民众很早以前就有了"天倾西北"的观念和认识,既有了这样的观念和认识,为何不可实施大范围的西迁,去当更广泛意义上的"丘民"呢?

有人认为,依据当时的生产力水平和人的活动能力,不可能作出如此大幅度的"千里之行"。我们认为,这恰恰低估了先民的活动能力和能量。事实上,考古发现告诉人们,在距今数千年前做千里行、万里行者比比皆是。

---

[1]《孟子·尽心下》。
[2]《淮南子·天文训》。

很早以前祖国大地的各地民众就有频繁的交往和交流,侯外庐在《中国古代社会史论》中称"长程迁徙这是中国古代社会的一个特殊现象"。考古发掘告诉我们,早在一万年前,闽南人就走向了祖国宝岛台湾。当时大陆与台湾之间有着一座长长的陆桥,人们是通过陆桥来到这座宝岛的。早在7 000多年前,地处祖国大地西北隅的宝鸡北首岭人,就来到万里之外的大海之滨采集榧螺,并把采集到的榧螺安置在自己的居住处。可以想见,海滨人也一定到过万里之外的祖国大西北。在后人认为"春风不度玉门关"的玉门地区,很早就与东海地区建设起了"海贝之路",习惯于出入大海烟波中的东海人也乐于同内陆的玉门人打交道。在距今大约五六千年之前,在浙江余杭的良渚镇居住着一批活跃的古村民。他们的生活基地在江苏南部和浙江北部,分布于环太湖流域一带。在农业、竹木制作、养蚕、丝织、麻织方面,都大大走在了同时代人的前头。他们建造的房屋很别致,既有干栏式建筑(属壮语音译,"干"意为上面,"栏"意为房子),又有土坯砌的房屋。人栖其上,牛、羊、犬居于下。他们最大的成就在于海上航行。他们不仅开辟了东南沿海的航线,与台湾有了密切和频繁的交往,而且乘着自己首创的竹筏,趁着赤道逆流,逐岛漂航,终于横渡了太平洋,到了大洋洲、美洲等地。良渚人对玉制品情有独钟,而太湖地区又无玉石原料,怎么办呢?这些又勤劳又勇敢的良渚人竟乘船沿海走向东北的辽宁采集玉石,回到余杭制作出中国第一批最精美的玉器。这些玉器多为通体磨制,并普遍使用切割法和管钻法。玉器特多,在一个墓地发掘出的玉器数以千计。种类有琮、璜、璧、钺、镯、环、管、珠、杖头及各种装饰品。雕工之精、数量之多、品种之繁杂,为同时代之冠。[1]

当时的西部除了地势高爽、对水灾有较大的天然抵御能力外,还有哪些特有的优势呢?它还有着气候条件上的某些优势。按照现代中国西部氧同位素与气候关系的推测,在距今8 700~8 500年之间,当时西部温度剧烈上升了4.5摄氏度,这对植被的生长和人类的发展是十分有利的。就是在距今6 000~5 000年(五帝时期前后)这个时间段中,各地气候波动剧烈,是公认的环境较差的时期,而我国西部地区气温仍然较高,雨水也充足,适宜于人的生存和发展。[2]这些对其他地区的人来说都是会有很大的

---

[1] 郭志坤、陈雪良:《中华一万年》,浙江人民出版社2009年版。
[2] 满志敏:《中国历史时期气候变化研究》,山东教育出版社2009年版。

吸引力的。

在生产力水平还相当低的远古时代,为了避害趋利,人们向更有利于生存和发展的地区迁徙是一种生活的常规。王大有指出:"上古时期冰川的融、冻,洪水的升降,驱使人类不得不像候鸟一样不断迁徙。"他指出,在中国远古历史上对中国人口迁徙影响最大的是距今约8 500年的那次大洪水。"大约8 500年前出现了中国境内的第三次大洪水,这是伏羲氏后期的黄河泛滥造成的一次小洪峰,洪水始发于河南。洪水导致了移民,移民路线自河南走向湖北,走向湖南,走向四川,走向贵州,然后再分两路,一支入藏,创造藏羌文化,另一支入川,创造巴蜀文化、苗蛮越滇文化。"[1]

正是这样异乎寻常的迁徙和交往,促进了各地、各族间的理解和交融,为统一和民族融合创造了必要的条件。到了五千年前的黄帝时代,实现了可贵的"万国和"的局面。担心古人千里西行力所不逮的想法是并不符合实际的。古人的能耐可大着呢!中国古代的大思想家老子不是说过"千里之行,始于足下"的话吗,可见,在古人看来,纵情作千里行甚至万里行,并非什么大不了的事。

上述这些例证都意在证明一万年到五千年之前确有一次东部往西部的大迁移的可能。而事实上西部地区较之东部地区民族的复杂性,更说明了西部各族的曾经植入性。吕思勉指出:"故汉族初基,实在黄河上游,后乃渐进于其下流。东方地形平衍,戎狄之杂居者少,其民以无与竞争而弱。秦、陇、燕、晋之境,则其民多与异族错处,以日事淬厉而强。"[2]值得注意的是西部之民"多与异族错处"一语。处于西部的那么多"异族"是从哪里来的?唯一比较顺畅的解释是从东部、北部、南部迁徙来的。在大自然的严逼下,人们不得不远走他方,来到西部高地,当起真正意义上的"丘民"来。这就使我们在想起"水往低处流,人往高处走"这句民谚的同时,想起了另一句民谚:"树挪死,人挪活。"这里说的是,树挪动了,活的变死了;人挪动了,死的变活了。可是人一挪动,会有很多艰难困苦随之而来,但是,在面对种种困难过程中人的活力和智能也就被激发出来了,从而找到新的生命的活路。吕思勉说的秦、陇、燕、晋之民"淬厉而强",正是"人挪活"最好的历史明证。

---

[1] 王大有:《三皇五帝时代》,中国时代经济出版社2005年版。
[2] 吕思勉:《中国民族史两种》,上海古籍出版社2008年版。

我们对中国历史的大框架的认识是：在神州大地上一万年间可能有过两次大的人口迁徙，第一次是距今一万年到五六千年间的"孔雀西北飞"，人往高处走嘛，"走西北"是当时最大的生路，结果是形成了后来"异族错处"的人口大景观。第二次是距今五千年到至今为止的"孔雀东南飞"，这是与气候条件的改变以及人征服自然能力的提升有关的。吕思勉说："伏羲起自秦、陇，神农迹躔兖、豫，黄帝、尧、舜，则宅中冀州，已隐有自西往东之迹。"[1] 这里说的"自西往东之迹"大致上是指第二阶段的迁徙走向了。一万年间，两次大迁徙可说是各领风骚五千年了。

附带说一句，"水往低处流，人往高处走"这种现象是人性使然。人为了生存，为了发展，为了抗衡天气变异造成的灭顶之灾，自然而然会选择"人往高处走"的途程，中国如此，世界上众多国家民族莫不如此。[2]

炎黄族的来龙去脉

有人也许会问，何以说黄帝或者说炎黄是中华民族的共祖呢？有证据吗？回答是：有的。在《国语》上有一段经典性的话语：

黄帝之子二十五人，其同姓者二人而已，唯青阳与夷鼓皆为己姓。青阳，方雷氏之甥也。夷鼓，彤鱼氏之甥也。其同生（同一个父亲）而异姓者，四母之子别为十二姓。凡黄帝之子，二十五宗，其得姓者十四人，为十二姓。姬、酉、祈、己、滕、箴、任、荀、僖、姞、儇、依是也。唯青阳与苍林氏同于黄帝，故皆为姬姓。同德之难也如是。

昔少典娶于有蟜氏，生黄帝、炎帝。黄帝以姬水成，炎帝以姜水成。成而异德，故黄帝为姬，炎帝为姜，二帝用师以相济（相互征战）也，异德之故也。异姓则异德，异德则异类（不同血缘）。异类虽近，男女相及，以生民（可以生育儿女）也。同姓则同德，同德则同心，同心则同志。同志虽远，男

---

[1] 吕思勉：《中国民族史两种》，上海古籍出版社2008年版。
[2] 据有关记载，西方最早形成邦国的古罗马，是建筑在七座小山上的，近似于中国的所谓"丘民"。美国的议会所在地称为Capitol Hill，它原为古罗马文，译成英文意为"国会山"，由美国国会大厦创始于小山丘上而得名。

女不相及,畏黩敬也。黩则生怨,怨乱毓灾,灾毓灭姓。是故娶妻避其同姓,畏乱灾也。故异德合姓,同德合义。义以导利,利以阜姓。姓利相更,成而不迁,乃能摄固,保其土房。[1]

这是一段特别经典的文字,之后关于炎黄的种种说法,基本上本源于此。它既告诉了我们炎黄族的"来龙",又大致上讲清了炎黄族的"去脉"。我们不妨对此作一点具体而微的剖析。

这段文字对炎黄时代作了文明上的定位。人类在初始阶段长期处于乱婚状态,这种状态至少维持了一百多万年,而后是族内婚,虽然排除了父母兄弟姐妹之间的性关系,但婚姻还是在氏族、部落、部落联盟内部进行。当人们吃足了族内婚的苦头之后,才会进入族外婚阶段。从这段文字看,炎黄族的人们已经进入了清醒的、自觉的族外婚阶段。他们明白,同姓(氏族部落)通婚,子女就不会兴旺,甚至还会生出残缺儿童来,最严重的会导致"灾毓灭姓",使整个氏族或部落趋于覆亡。因此,人们开始创导"异类生民",认为族种越远对本族的繁衍越有利。史家认为,这一观念的形成十分漫长,大约至少要经历一两百万年的岁月。而正是这一观念的形成,促成了族内婚的被禁绝,并使中华大地上的各族之间的通婚成为一种常态和长态。长此以往,各族间的血缘纽带还会不紧密吗?还会有所谓的"纯种"民族吗?

性的文明是一切文明的大前提,没有这个大前提,一切文明进步就无从谈起,更谈不上炎黄族的来龙去脉了。

先谈"来龙"。

经过学者们这些年的共同努力,现在是稍有眉目了。"昔少典娶于有蟜氏,生黄帝、炎帝。黄帝以姬水成,炎帝以姜水成。成而异德,故黄帝为姬,炎帝为姜。"这是一段极具深意的文词。黄帝与炎帝的父母之邦是"少典氏"和"有蟜氏"。按照《史记·五帝本纪》《索隐》的说法,不管是少典氏,还是有蟜氏,都是"诸侯国号,非人名也"。严格地说,连诸侯国号也说不上,实际上只是两个古老的部族的名号而已。对这两个古老的部落,学者有这样的考证:

---

[1]《国语·晋语四》。

少典之"典",是"氏"的音转,因在《广韵》中,典音多殄切,氏音多奚切,在声类和等呼方面,皆读端纽开口四等,二字发音全同;惟韵部氏属古音微部,典属古音真部,作了阴阳旁对转(微阴真阳)。知未转前二字古音实同读。再看有蟜之"蟜",其读音居夭切,"姜"则为居良切,皆读见纽,二者声纽全同,和读溪纽开口音去阳切的"羌"同属牙音,由溪转见,只是声纽的同类相转;又姜与蟜韵部全同,属古韵唐部。而蟜属豪部,为阴阳旁对转(豪阴唐阳),可知《广韵》的蟜与姜,皆古字羌字的音转,三字古音原同读。[1]

这一考证被学界所广泛认同,大家比较一致的看法是,这场婚姻是两个古老部落之间的联姻,而不是简单的个体之间的结合。应该说,这是一种群体的婚姻行为。可能有许多少典氏(即氏族)的男女青年与许多有蟜氏(羌族)的男女青年,通过一定方式喜结连理。他们中的一对氏羌夫妇(人们大致认定是男氏女羌)后来被称为黄帝夫妇,另一对氏羌夫妇(人们大致认定是男羌女氏)被称为炎帝夫妇。因此,后世人说黄帝与炎帝是兄弟,这只能从"族"的意义上去加以理解,即指的是兄弟之邦,而不是现代家庭意义上的兄弟。所以黄帝与炎帝之间是没有直接的血缘关系的,即不是现在人们说的同父异母,也不是现代意义上的同母异父。是处于《国语》所谓的"异姓则异德"的状态。成人以后,他们各占有一大块地盘,发展着属于自己的文化。一些学者试图用考古学的成就去证明炎黄族的"来龙":

古氏羌族的活动范围大致与炎黄族的活动区域合拍,均在渭河流域,北迄河西走廊,南至甘青川藏。今发掘之马家窑文化,专家有定为氏羌文化遗迹者,这更能说明氏羌文化即蛙鸟文化,氏羌的联盟实蛙鸟联盟,他们是伏羲女娲的后人。[2]

这里作者把炎黄文化与马家窑文化结合起来研究,这无疑是十分可取的。马家窑文化发现于黄河上游,方位是在甘肃青海地区。它以甘肃为中

---

[1] 刘起釪:《古史续辨》,中国社会科学出版社1990年版。
[2] 田兆元:《神话与中国社会》,上海人民出版社1998年版。

心,东至陕西西部,西达河西走廊和青海东北部,北及甘肃北部和宁夏南部,南抵四川北部,延续至齐家文化。时间上大约是公元前3000年,相当于黄帝时期,或者说是五帝时代。这种对照从时间上和地域上看都对。马家窑人主要种植粟、黍,农具主要是翻地的石铲和收割的石刀。用作谷物加工的有磨盘、磨棒、石杵、石臼。饲养有牛、羊、猪、狗等家畜和鸡等家禽。那里有灿烂的彩陶文化,彩绘成为马家窑文化的一大特色。马家窑出土的"舞蹈纹彩陶盆"是古代一绝。在甘肃东乡林家遗址中,出土了铜刀和铜碎块,这是我国最早的青铜制品。马家窑人缘水而居。有半地穴的方形房屋,也有平地起建的圆形房屋。有多间相套的,也有单间的,可见正由氏族大家庭向小家庭过渡。墓葬中有仰身直肢葬、屈肢葬、俯身葬。有单人葬,也有多人合葬的(家族合葬、夫妻合葬、主仆合葬)。随葬品有生产工具、生活用品和装饰品。这些都与我们说的炎黄时代十分神似。马家窑文化为我们生动地展示了初步进入农业社会的神州西部地区的社会生活各个侧面,对于我们认识炎黄文化无疑是有好处的。当然,要真正加以科学的证明,还要花很大的力气。

上面说的是"来龙",那么"去脉"呢?

"黄帝以姬水成,炎帝以姜水成,成而异德。"这是说黄帝族和炎帝族的形成和发展的地域差异。

黄帝族主要继承了有典氏的血缘和文脉,在中原一带发展,除留在西部地区的一宗人脉及日后散居各地的一些人众仍以"氐"族称呼外,进入中原的一大宗氏人后裔,他们氐的色彩渐渐褪去,后来成了华族的主干。而成于姜水的炎帝族,所谓的"姜"实际上乃是"羌"的本姓,后来到南方以后,发展成了楚文化。因为黄帝族的势力更强大,大家认可的真正的共主是黄帝,因此炎帝文化中又多少融入了黄帝文化。

《史记》说到"黄帝二十五子,其得姓者十四人"。这里说的"得姓"与"不得姓"的区别说得比较含糊。得姓者似乎比较的成气候,后来不少成了华夏族的主干,而不得姓的大概后来都成了夷人。得姓者中最大的姓当然要数姬姓了。 姬姓之国除后来周分封外,其早者主要分布在两个地区:一个在今桐柏山以南、汉水以东地区,总称"汉阳诸姬",计有唐、随、沈、顿、巴国。另一地区是今晋、豫、陕之间至晋中,计有耿、霍、杨、魏、虞、芮、贾、荀、滑、焦等。这是北方之姬。此外还有东方诸姬,如阳、极、卞。其中"巴国"即存在于今重庆一带,在春秋时期是个势力很大的国家,与楚既联合又斗争,最后为楚所灭。还有据说黄帝之后是封于蓟的。蓟就是现今的北京地区,据说在今石景山古城一带。另外,就是黄帝的"姬"这个最大的正宗大姓,也不是清一色的进入华夏族的,据说,后居于北土的鲜虞和鲜卑这些少数民族的某些支派,也是姬姓的后裔。

姞姓也是黄帝族的一大姓。姞姓之国可考等有密须、南燕、偪国。密须首见于《诗经·大雅·皇矣》:"密人不恭,敢拒大邦。"《史记·周本纪》以及周原地区出土的甲骨文都有伐密须文,其地在今甘肃灵台县境。南燕首见于《左传·隐公五年》:"卫人以燕师伐郑。"孔疏:"南燕国,姞姓,黄帝之后也,始祖为伯儵,小国无世家。"《汉书·地理志》:"南燕国,姞姓,黄帝后。"今河南延津县境。偪国见于《左传·文公六年》:"时晋襄公卒,诸卿议立嗣君,赵盾曰:'杜祁以君故,让偪姞而上之。'"杜注:"偪姞,姞姓之女,生襄公为世子。"偪国当在晋国不远。孔子的父亲还为偪国出过大力呢,《左传》上就有记录。

不过,黄帝后代得姓者中也不乏直接就成为夷狄的。酉姓。东汉王符在《潜夫论》中认为"此乃白狄之姓"。白狄所建国有鲜虞、肥、鼓等,皆为晋国灭。鲜虞是战国时的中山国。偎姓也是赤狄之姓,赤狄之著者为鬼方,赤狄为隗姓。偎、鬼、隗音近。黄帝后代在北方等有犬戎。《山海经·大荒北经》:"黄帝生苗龙,苗龙生融吾,融吾生弄明,弄明生白犬,白犬生牝牡,是为犬戎。"这支犬戎后迁于甘肃天水地区,与羌人杂处。己姓出自少皋。实际上己姓是少皋氏一支与黄帝支系夷鼓混血而成,后人将己姓列为颛顼之后祝融八姓之一。实际上己又与祁、杞姓可能相通等。这样看来,黄帝一脉既在融合,又在分化。据说,黄帝立四妃,元妃西陵氏女,次妃方雷氏女,三妃彤鱼氏女,四妃嫫女。这四妃来自各部族,进一步促成了部族与部族之间的融合。

还有一种现象特别值得引起注意,炎黄时期是部族战争频发的时期。当时处于野蛮期向文明期的转化时期,这是一个极大的转化,一般是不能用和平手段实现的,往往是战争决定一切,这就所谓远古时代的"英雄时代"。在当时,黄帝是绝对的大腕,《史记·五帝本纪》说:"天下于不顺者,黄帝从而征之,平者去之。"在平服他邦过程中,黄帝找了许多帮手(实际上就是打手)。在与炎帝的战斗中,黄帝"教熊、罴、豹、貅、貔、虎战"。这些以猛兽为图腾的部落文明程度往往相对比较低,但战斗力很强。在战斗过程中,这些落后部族也渐次融入了黄帝部族。可惜这些部族的实际状况现在是难以加以考察了。

炎帝的后裔也是十分兴旺的。最为著名的是女娃，即精卫。"炎帝之少女名曰女娃。女娃游于东海，溺而不返，故为精卫。常衔西山之木石，以堙于东海"。[1]传说她是炎帝的小女儿，她在东海边捕抓海产食物而丧生。死后化成一只鸟，名为"精卫"，天天衔西山的木石，去填东海。想在东海上筑起一条大堤，把东海水阻挡住，造福于人类。这只鸟被后人称为"志鸟"，"精卫填海"的故事成了中华民族精神的体现。

相传炎帝后裔中有烈山氏、缙云氏、共工氏、有逢氏等。烈山氏。其后立国无可考。缙云氏据说其子曰饕餮，后被放逐。最有名望的是共工氏。在五帝时期，四岳大多由共工氏担当，在历代的治理水患中是立过大功的。四岳宗"伯夷"，伯夷是共工氏的杰出英雄，其后建国者有齐、吕（甫）、申、许。《诗·大雅·崧高》："崧高惟岳，峻极于天。惟岳降神，生甫及申。"这里的岳神指伯夷。许国建国极早，首领是许由，"尧让天下于许由"，几经周折后，居于许昌。这支炎族后裔后来又南迁，居于楚。但他们还是念念不忘于先祖。直到楚灵王时代，他们还是念念不忘于自己是"许人"。有逢氏。《左传·昭公二十年》："昔爽鸠氏始居此地（齐都临淄），季萴因之，有逢伯陵因之，蒲姑氏因之，而后太公因之。"有逢伯陵到齐地大约是在夏时或之前。这样看来，炎帝的后代除相当部分与黄帝后裔一起融为华夏族外，更多的到了南方，在南部中国建立起了自己的家园。

总而言之，炎黄族是形成后来的华夏族的先导和基础，也是形成神州大地上各少数民族的先导和基础。在炎黄时期，民族格局的雏形大致已经形成，再经过一千来年的发展，华夏族就正式形成了。通过对炎黄时期这段历史的研究，总的给人的感觉是种族与种族之间、部族与部族之间的"杂化"极为激烈。这是一个融合的过程，有时简直拿不出一个"纯"某族的范例来。比如说，五帝时代的周人，他们自己说是姬姓的，那该是黄帝族了，可是，他们又说其姓祖是姜嫄，则出于姜姓之族，应是炎帝之族了。这不是矛盾吗？是矛盾，但没有错。还有大禹，他是大夏族的祖宗，该是华夏人无疑了，史书上说："舜、禹、契、后稷，皆黄帝子孙也。"[2]但是，他的骨子里又流着西戎人的血，他出生的那个石纽（四川汶川）就是"夷人共营其地"的地方。

---

[1]《山海经·北次三经》。
[2]《史记·三代世表》。

有此一说:"女狄暮汲石纽山下泉,水中得月精如鸡子,爱而含之,不觉而吞,遂有娠。十四月,生禹。"[1]这样看来,禹的母亲本身就是一个狄人,"有娠"的过程又不明不白,因此,称其为"戎禹"是很有来头的,一些史书说禹"身九尺二寸,本西夷人也"[2]也是有来头的。

中国历史上的种姓就是那样的交错和杂乱。这"杂"实在好得很,各族之间"你中有我,我中有你",中华各族之间就是这样一种"打断骨头连着筋"的亲密关系。

这就充分说明了华夏族与国内各少数民族的相对性和互融性。这里有两个发展过程:一是由戎狄向华夏的转化,最典型的是黄帝和炎帝本身。《国语》说的"少典娶有蟜氏女,生黄帝、炎帝"是最好的例证。大概产生《国语》的那个时代,夷夏之分还没有后来那样强烈,所以作者在着笔时一点也没有遮遮掩掩,老老实实地说出了我们尊敬的老祖宗黄帝和炎帝原来是夷人少典氏和有蟜氏的产儿。这样一种现象实际上在中国历史上是比比皆是的。有些历史上的明主,往深处一查,原来他的生身父亲或生身母亲是夷或狄。这实际上是一点儿也不奇怪的。二是由华夏而转化为夷狄的。最典型的是匈奴。史书上有这样明确的记述:"匈奴,其先祖夏后氏之苗裔也,曰淳维。唐虞以上有山戎、猃狁、荤粥,居于北蛮,随畜牧而转移。"[3]这样一个民族,时代不同,社会环境不同,生活条件不同,族类也发生了大的变化了。

还可以举一个很有意思的例子。夏种族是起于夷人的。《史记·夏本纪》的《集解》《正义》都说:"伯禹夏后氏,姒姓,生于石纽,长于西羌,西羌,夷人也。"还有人说夏族本是羌人的一支,杞人是夏亡后的封地。可是,后来禹带领的这一族群渐次壮大了起来,又与炎黄族产生了联系,进而成为华夏族的主体性部族,也是最显赫的部族。可是,六十年风水轮流转,夏亡后,其主体被后起的王朝商和周继承,但仍然以华夏名之,四散流落在各地的夏人日子就不太好过,大多被视为夷人。《左传》上说到,周建国后,封夏后人于杞,建立了一个小小的杞国,也就是成语"杞人忧天"的那个"杞"。按理说夏的后代的封国,该是很风光的吧!其实一点也不。"十一月,杞成公卒,

---

[1]《太平御览》卷四引《遁甲开山图荣氏解》。
[2] 唐·张守节:《史记正义》引《帝王纪》。
[3]《史记·匈奴列传》。

书曰'子'。杞，夷也。不书名，未同盟也（与鲁国）"。[1]杞成公死了，在正式处理丧事的时候，当事者以"夷也"的规格处置。历史跟夏族人开了个大玩笑，从夷人始，千年间风风光光地兜了个大圈子，结果又回到了它的原点，还是以夷人名之。

历史上各族间的互容互融是件大好事，中华文明史延续不断，与此大有关系！

---

[1]《左传·僖公二十三年》。

第五章 五帝时代的『三色世界』

兴于西土的夏商周三族

中国古代曾经存在过夏、商、周三个王朝,统称之为"三代"。它们之间的关系怎样呢?一般都认为是一种前后相继相承的关系。随着历史研究的深入,尤其是随着考古学的发展,这种观念渐渐被打破了。人们开始承认,夏商周之间除了前后相继相承的王朝代际关系外,还有一层并生共容的种族之间的关系。正如张光直先生指出的:"三代考古学所指明的古代中国文明发达史,不是像过去常相信的那样的'孤岛式'的,即夏商周三代先仆后继地形成一长条的文明史,像孤岛一样被蛮夷所包围的一种模式,现代考古所指明的文明进展方式是'平行并进式的',夏商周又是三个政治集团,或称三个国家,这三个国家之间的关系是平行的。在夏商周三代中,夏商周三个国可能都是同时存在的,只是其间的势力消长时代不同罢了。"[1]

张光直先生说的是这样一种中国历史的实际状况:早在我国五千年文明发端的五帝时代,夏、商、周三个族群已经存在。当时一度被称为是"万国时代",也就是古史传说中的英雄时代。在各路英雄中,黄帝、炎帝,还有蚩尤,是把握全局的大英雄,后来黄帝通过征战和其他手段,实现了"万国和",使"诸侯咸尊轩辕为天子"。在众多的族群中,最有活力且前途最远大的当是夏、商、周这样三个大族。

这三个大族是怎么发展来的,史学家一直存在着争议。有不少学者认为,中国上古夏商周三大部族文化产生于三个不同的地域,形成了上古的所谓"三极格局":夏部族发祥于巴蜀,后发展为南蛮文化;以商为代表的东夷文化,东部沿海地区是它的摇篮;以周为骨干的戎狄文化,西北地区是孕

---

[1] 张光直:《中国青铜时代》,三联书店1999年版。

育它的温床,这就是蛮、夷、狄三足鼎立的格局。[1]这种说法当然是有一定依据的,但我们认为仍不够全面和精确。这里说到的三极格局仍然还只是部族文化的流,而不是它的真正源头。

从我们前一章"水往低处流,人往高处走"的一万年前后的远古历史大趋势看,日后执华夏大地牛耳长达一千多年的夏、商、周三大族都是从大西南和大西北这个时代的大熔炉中锤炼出来的。神州大地的西部是夏、商、周三族文化的源头活水,走向东部,走向南部,走向北部和中原,都应该是日后发展中的事。

关于夏族的发源地,说法也有种种,但是最为靠得住的还是"西戎说"。这里有一个著名的掌故:吴国的公子季札带着大队人马到鲁国去考察,鲁国当政的叔孙穆子热情地接待了他。当时的鲁国是三代文化的集结地,叔孙接待的重要方式是向客人展示三代的乐曲。其中就说到了"夏声"的问题:

> 为之歌《秦》,曰:"此之谓夏声。夫能夏则大,大之至也,其周之旧乎?"[2]

这里虽然只有寥寥数语,但其史料价值极强。一是通过博学多闻的季札的嘴道出了这样一个明确的地域概念:《秦风》这样的歌曲唱出的是西方的夏声。这等于告诉人们,夏的最初的发源地是在古秦地即川陕甘青一带的。二是这里说到了"能夏则大",这实际上也是"大夏"一词的来由,意思是"夏"即"大"也,夏声宏大,气势恢宏。后来汉初的思想家、学问家扬雄在《方言》中说:"自关而西,秦晋之间,凡物之壮大者而爱伟之,谓之夏。"大夏之名出自关西看来是没有疑问的。扬雄籍贯蜀郡成都(今四川成都),从小生长在蜀地,又周游全国各地写成了被公认为信得过的《方言》一书,他说的"能夏则大"云云,应该是靠得住的。

司马迁的《史记·夏本纪》中说:"禹之父曰鲧,鲧之父曰帝颛顼。"诸多专家已经指出,这里说的父与子与后世说的家庭父子关系是不一样的,实际上是一种父部族与子部族之间的关系,正像黄帝族与颛顼族的关系是一样的。但是,透过"鲧之父曰帝颛顼"这样的父子部族关系,大致锁定颛

---

[1] 李炳海:《部族文化与先秦文学》,高等教育出版社1995年版。
[2] 《左传·襄公二十九年》。

顼族与夏族之间的方位那是不成问题的。《吕氏春秋》中说:"昔黄帝令伶伦为律,伶伦自大夏之西,乃之阮隃之阴","帝颛顼生自若水"[1],若水有人认为即是雅砻江,它横贯了四川的西部。《山海经》也写道:"南海之外,黑山青水之间,有木名曰若木,若水出焉。"[2]"黑水"与夏人的崇黑暗合,"青水"实际上是"黑水"的借代(中国古文中黑青相通)。可以作这样的推断,颛顼所居的所谓"若水""黑水""青水",同时也是夏人的最初始居住地。

据传,对大禹的出处最早留下笔墨的是孟子,他认为禹生于石纽,本身就是西夷人。司马迁在写《史记》时比较留有余地,用了"禹兴于西羌"[3]一语,至于禹出生的族类是否就是西羌,他没有说,怕也是说不清楚。但有一点是肯定的,禹出生在西部的羌地。司马迁作出这样的结论也是有道理的。司马迁家族与西部的蜀地有着割不断的情缘。司马一族从颛顼时代开始,一直到虞夏、商周,都"典天官事",重要的任务是记述史事。到了春秋以后,司马一门离开了宫室,"分散,或在卫,或在赵,或在秦"。在秦的一支特别地显赫。司马迁的一位远祖司马错,"曾与张仪争论",是张仪的论敌。司马错的孙子司马靳"事武安君白起",参与了坑杀赵国的长平降卒。司马靳的孙子司马昌是秦始皇时的"秦主铁官"。司马昌的儿子司马无泽"为汉市长",也就是四川成都市的主管官员。司马无泽生司马喜,司马喜生司马谈,那就是司马迁的父亲。[4]从这本世系账中可以看出,司马一门一是注重于史学,二是注重于西部的开发。这样看来,司马迁对大夏和大禹的记述上,史料的来源比较的直接和可靠,论述也比较的有分寸。可惜在这点上史界没有充分地加以重视。

关于殷、周的起源,吕思勉有一个经典的说法:

氐地在陇蜀之间,殷周并起于关中。

统观古史,大抵肇基王迹,必在今陕、甘,继乃进取直、鲁、晋、豫,终至淮域而止。三代、秦、汉,莫不皆然。然则唐虞以前,虽无信史,亦可臆测矣![5]

---

[1]《吕氏春秋·古乐》。
[2]《山海经·海内经》。
[3]《史记·六国年表》。
[4]《史记·太史公自序》。
[5] 吕思勉:《中国民族史两种》,上海古籍出版社2008年版。

一些学者以为商属东夷,当发源于东部地区,殊不知此仅看到了"流",而未把握其"源"。从一系列资料看,商人的确是起于西部的。这里也有一个历史掌故:当年晋平公有病,郑简公派著名政治家子产去慰问。晋国的大臣叔向对子产说,我们这位国君的病来得蹊跷,老是祖上有人在捉弄他,不知什么鬼怪在作怪。很有意思的是,子产没有马上谈病的问题,而是讲了一大段历史:

昔高辛氏(帝喾)有二子,伯曰阏伯,季曰实沈,居于旷林,不相能也。日寻干戈,以相征讨。后帝(尧)不臧,迁阏伯于商丘,主辰。商人是因,故辰为商星。迁实沈于大夏,主参。唐人是因,以服事夏、商。其季世曰唐叔虞。[1]

这里,子产是正正经经的谈历史,意思是说夏、商本是"同根生",何必那样的"日寻干戈,以相征讨"呢?读这样一段文字使我们懂得了,夏、商两族之间有着某种族缘关系,他们之间从一定意义来讲是兄弟之邦。另外,他们原先的居处地不是在后来的中原地带或者东部地区,而是"居于旷野",也就是地广千里的西部地区。中国是一个重视祭祀祖先的民族,虽然后来已经远离了祖宗世袭之地,但祭祀活动一直没有停止过。"殷人禘喾而郊冥。"[2]"商人禘舜而祖契,郊冥而宗汤。"[3]对于起自西部的帝喾、虞舜这样一些老祖宗是不敢忘记的。

"殷、周并起于关中",已如上述。其实,夏与周之间也有着某种宗族的关系。"周后稷,名弃。其母有邰氏女,曰姜原。姜原为帝喾元妃。"[4]帝喾与黄帝之间有着某种族缘关系,而不管是夏还是商还是周,都与黄帝、帝喾、颛顼、尧、舜有着某种血亲关系,从这个意义上说,他们之间是血亲之族。同时,夏、商、周又同起于西土,"夏兴于西羌",殷身上有夷人的血缘,周的族祖姜原本身就是个羌人。这正应了吕思勉先生的一句话:"惟我中华,合极错杂之族以成国。"[5]全国各族民众中血脉的你中有我、我中有你,这是历史赋予我们的最可珍贵的文化遗存。

---

[1] 《左传·昭公元年》。
[2] 《礼记·祭法》。
[3] 《国语·鲁语上》。
[4] 《史记·周本纪》。
[5] 吕思勉:《中国民族史两种》,上海古籍出版社2008年版。

精彩的"三色世界"

在人们的心目中,颜色是一种极为奇妙的东西。人一睁开眼,首先映入眼帘的就是颜色,而各种颜色又会极大地影响人的心情,甚至决定一个人或某一群体的生命意向。正如德国伟大的哲学家黑格尔深刻指出的:"颜色的观念性较强,所以宜于表现观念性较强的内容。"[1]

可以说,颜色意识的觉醒是一个民族走向文明的重要一环。大约是到了五帝时代,人们开始将所有的颜色归结为黑、青、黄、赤、白五种基本色,并将这些基本色赋予各自的特别的含义,《书·益稷》中说的"以五采彰施于五色,作服,汝明",已经不是简单的反射客观存在的五色,而更多的是以主观的意愿去理解和雕琢色彩了。中国古代的各个族群也开始"观念性"地彰显色彩的内涵了。在《礼记》一书中,有这样一段明确记述夏、商、周三个主体族群不同色彩观念的文字:

> 夏后氏尚黑,大事殓用昏,戎事乘骊,牲用玄。殷人尚白,大事殓用日中,戎事乘翰,牲用白。周人尚赤,大事殓用日出,戎事乘騵,牲用骍。[2]

这段文字基本上把夏、商、周三个族群各自的色彩观念讲清楚了。这里,一个族种的主体颜色已经不是简单的认可不认可的问题了,而是把它融会于经济、政治、军事、文化以及日常生活的一切领域,讲它是一个族种的主旋律也未尝不可。

夏人崇尚黑色。

夏人办丧事入殓时选择黄昏时分,出征作战时驾乘黑马,祭祀杀牲也要选用黑色的动物。夏人在出征、集会和有重大活动时喜欢打出旗帜,他们的旗帜在杆头著有牦牛尾,《礼记·明堂位》中称为"夏后氏之绥"。牦牛多为黑色或深黑色的,因此夏人旗帜的标志是黑色。

---

[1] 黑格尔:《美学》第三卷上,朱光潜译,商务印书馆1979年版。
[2] 《礼记·檀弓上》。

夏人的崇黑情结是与这一族种的生活状态联系在一起的。大禹"劳身焦思，居外十三年，过家门不敢入，薄衣食，致孝于鬼神"[1]，"面目黧黑"。不只大禹一个人是"面目黧黑"的忧患圣人，跟他一起治水的千千万万夏人实际上都是忧患圣人。这样，久而久之，"黑"成了夏人招牌式的标志，成了他们的一种崇拜。

夏人的崇黑情结又是与这一族种的俭朴生活习性联系在一起的。黑色在古代又称为玄色，在祭天或祀祖的时候，少不得要奉上酒水。夏人之祭与后来的商、周人都不同，他们给上天或祖宗奉上的是一杯玄酒，也就是一杯白开水。孔子是赞赏夏人的祭祀风格的，他反对奢华的祭祀。

夏人的崇黑情结不只影响了以后的华夏子孙，也影响了与夏族有一定关联的其他民族，包括少数民族族群。颛顼被南方的楚人奉为始祖，因颛顼与夏道同风合，因之被称为"黑帝"。

匈奴是夏的后裔，也以黑为尚。十六国中的前赵君主刘曜是匈奴人，定国号时宣布："牲牡尚黑，旗帜尚玄。"[2] 夏禹生自西羌，羌人有相当部分是夏族的后裔。徐中舒说："古代蜀人原以穿青衣著称，因此又有青羌之称。""青之与黑，色极近似，故诗人称黑发为青丝，称眼珠为青眼。"[3] 这种崇黑崇青的风格直到唐代羌人仍如是。东女国是西羌之别种，居于今四川西部金川一带。"其王服，青毛绫裙，下领衫，上披青袍。"[4]

殷人与夏人的崇尚黑色刚好相反，崇尚的是白色。

殷人办丧事入殓选择在中午时分，出征作战要驾乘白马，祭祀杀牲要选用白色的动物。据《礼记·明堂位》记载，商人的旗帜是白色的，称为"殷之大白"。白旗代表着光明，白旗代表着胜利。商代的代表性物品是白陶。数量并不多，但十分的考究，十分的细腻，很富有贵族气。

在殷人看来，白色的象征意义在于光明和纯洁，有学者认为，这实际上是太阳崇拜的一种表现形式。殷人崇日，还可以从殷王以日命名上得到明证。王国维说："（殷王）首甲次乙次丙次丁，而终于壬癸，与十日之次全同。疑商人以日为名号，乃成汤以后的事。其先世诸公生卒之日，至汤有天下后定祀典名号时，已不可知。乃即用十日之次序，以追名之。故先公之次，乃适与十之

---

[1]《史记·夏本纪》。
[2]《晋书》卷一〇三。
[3] 徐中舒：《论巴蜀文化》，四川人民出版社1981年版。
[4]《旧唐书》卷一九七。

次同。否则不应如此巧合也。"[1]《广雅·释天》："甲乙为干,干者日之神也。"殷人以日为名号,既是说自己的王位来自天命,也是太阳崇拜的一种反映。

崇尚白色与崇尚东方(东方是太阳升起的地方)是一致的。"考古发掘表明,在殷墟,东西向的房屋多见于早期,南北向的房屋盛行于晚期。"[2]殷墟早期的房屋是原原本本地体现了殷族的颜色崇拜和方位崇拜的,后期的房屋不是建于周代就是受周人观念的影响。

商人的白色崇尚也含有纯朴的思想观念,在这点上又是与夏人的黑色崇拜体现的朴素观念相一致的。商人的车辆用原木制成,不加修饰,在《礼记·礼器》一书中称之为"素车",即朴素之车也。

白色崇拜除影响了商人后裔外,还影响到与商人关系密切的少数民族。鲜卑人与商人长期打交道,关系十分密切,鲜卑尚白,"世人呼鲜卑为白房"[3]。夫余族与鲜卑族接壤,"在国衣尚白"[4]。白色崇拜还影响了神话传说,传说中的蓬莱三山"其物禽兽尽白""其上禽兽皆纯缟"。[5]如果真有一块净土一切物种都是白色的话,那倒真是别有一番风情了。

周人在颜色上又是另一道风景线,崇尚红色。

周人办丧事入殓时要选在日出时分,出征作战要驾乘红身白腹的马,祭祀杀牲要选用红色的动物。周族的旗帜也是红色的,《礼记·明堂位》："周之大赤。"周的习俗与崇尚对中国历史的影响是最大的。红旗飘飘,一直影响到当今社会。当时周天子对属下赏赐时,也以红色物品为最珍贵。晋文侯保护周天子东迁有功,赐"彤弓一,彤矢百"[6]。

红色代表热烈,代表吉祥,代表喜庆,这也是周人留给中华民族的文化遗产。西周时期流行用琉璃管和珠串连起来,作为耳、颈、胸、腕、腿侧的装饰品,常常与玛瑙、玉石、蚌壳等彩色物组成串饰。从宝鸡地区的一些发掘物来看,也是以染成红色为主。在歧山贺家村发现的西周墓中,发现了每平方厘米经纬分别为二十二根和二十六根的家蚕丝织品,而且是染上了丹砂的,成了很好看的大红色。

红色崇拜与以南为尊是联结在一起的。以西北半坡遗址为例,它的

---

[1] 王国维:《殷卜辞中所见先公先王续考》,见《观堂集林》卷九。
[2] 《殷墟妇好墓》,文物出版社1984年版。
[3] 《晋书》卷一一四。
[4] 《三国志》卷三十。
[5] 《列子·汤问》。
[6] 《尚书·文侯之命》。

住房都是坐北朝南的。《诗经》中有十首诗提到南山,《齐风·南山》《秦风·终南》《召南·草虫》《召南·殷其雷》《小雅·天保》《小雅·南山有台》《小雅·斯干》《小雅·节南山》《小雅·蓼莪》《小雅·信南山》。南山(终南山)的神圣化由是而始。

尚南向的政治化就是以面南而坐为正位。君主南向,称为南面而王。面北为卑,臣下面北,称为北面之臣。"昔者周公朝诸侯于明堂之位,天子负斧依南向而立。三公,中阶之前,北面东上。"[1]周代形成起来的这一观念影响了中国几千年。

可以说,五帝时代的"三色世界"是精彩的,而且各有各的精彩。黑色的深沉和朴实,白色的纯真,红色的热烈和喜庆,形成了五帝时代天下的空前瑰丽。在长期的发展历程中,"三色世界"也在变化,其大趋势是相互补充和吸纳。在《史记》中有一段很有意思的描述:"殷契,母曰简狄,有娀氏之女,为帝喾次妃。三人行浴,见玄鸟堕其卵,简狄取吞之,因孕生契。"[2]这里说的"玄鸟",指的是燕子或者是乌鸦,总之是通体墨黑的鸟类。不是说殷人崇白吗?怎么会认为自己的族祖是出于黑色物类的呢?这一方面与契母简狄本身出生在西部地区,西部地区的狄人和羌人本身往往视乌鸦类的"玄鸟"为神鸟,把这类神鸟视为自己的祖先有关。另外,这也表现了在族群发展过程中文化上的互相借鉴和吸收。夏族的资格要比殷族老,影响也比殷族大,因此吸收夏族的黑色崇尚也是理所当然的了。还有,《仪礼·士昏礼》记的应该是周礼,可是在文中却要求在婚礼上的人们戴黑色的礼帽,穿黑色的服装,连衣带也必须是黑色的,新娘乘坐的车辆也是黑色的。主人这样,客人也是这样。可见,夏礼对三代影响至深至远,在特殊场合连婚礼也染"黑"了。这种"三色世界"的融通,是民族文化兴旺的表现。

起始于黄帝时代的黄色崇拜

这里要纠正一个观点,有些人以为一个族种只能有一种颜色崇拜。其

---

[1]《礼记·明堂位》。
[2]《史记·殷本纪》。

实不是这样的。一个族种会有多种颜色崇拜,当然其中会有某种颜色是它的主色调。上面说的夏崇黑、商崇白、周崇红,都是它们的主色调。除了族种的主色调之外,还会有神州大地上各族种共通的民族底色。这种共通的民族底色也不是原本就有的,它是在民族融合中自然而然形成的。到了黄帝时代,或者说是五帝时代,神州各地的各族公认的底色形成了,它就是黄色。

　　黄色崇拜的初因是黄土崇拜。黄象征大地。"天玄地黄。"[1] 黄土是土壤中的一种。我国西北是世界上有名的黄土地带,土层厚度达到二三百米。在我国距今一万年到五千年的漫长历程中,这块"高高在上"的黄土高原成了神州大地的圣地,成了地处低湿的东部人的天然避难所,成了孕育中华文明的伟大摇篮。但是,神州大地上不只是黄土地,按照《禹贡》一书的分法,除了"厥田惟上上"的黄壤外,还有呈黑色的"青黎壤",还有稀松含水过多的"涂泥壤",还有红色富于黏性的"赤埴坟壤",还有含有过多盐分的"白坟壤"。在各种土壤的不同地域都居住着热爱自己家乡故土的神州子民。基于这种情况,黄土崇拜就实现了泛化,凡是热爱自己脚下那一片故土的都称之为黄土崇拜,或者说是对大地母亲的崇拜。《说文解字》:"土,地之吐生万物者也。"因为大地生育了万物,因此人们就没有理由不崇拜它。后来,人们把"吐生万物"进一步作了宽泛化,把大地比作人类和一切物类的母亲,于是就有了"地母"这样无所不能的神祇。有学者认为,地母的出现实际上也是土地崇拜和生殖崇拜的完美结合。

　　人的想象力是伟大的。在远古时代,尤其是黄土高原的子民们,他们看到自己脚下的那一大片土地是黄土地,再对比自身的肤色也是黄色的,最后人死后还得"入土为安",最后归于黄土地。于是,就产生了一种了不起的联想,认为人也是由黄土(泛指一切土壤)造出来的,这就有了被世人津津乐道的"女娲抟黄土造人"的神话故事。

　　黄色崇拜渐次被归结为黄帝崇拜。人们知道得很清楚,黄土地不可能自然而然地"吐生万物",最后还得靠人们的辛勤劳作。而黄帝就是带领人们在黄土地上创造奇迹的中华民族独一无二的人文始祖。他被说成"始制冠冕,垂衣裳,上栋下宇","始蒸谷为饭","始造釜甑","始吹律以定姓","始作宝鼎三","始造车"的神人。[2] "天下有不顺者,黄帝从而征之,平者

---

[1]《周易·坤》。
[2]《太平御览》卷三六二、卷七五七、卷八四七、卷八五〇。

去之",他组织民众"时播百谷草木,淳化鸟兽虫蛾,旁罗日月星辰水波土石金玉,劳勤心力耳目,节用水火材物。有土德之瑞,故号黄帝"[1]。

在中国传统认可的黑、青、黄、红(赤)、白五大基本色中,黄代表中央正色,引申为不偏不倚,无过与不及,从道德层面上讲它就是中庸之道,是一种"至德"。各种基本色都有自己的"帝",而黄帝居其中,其地位是至高无上的。后来黄帝被充分的神化了,认为其居于众帝之上,无所不能,郭沫若先生甚至极端地说:"黄帝即上帝。"[2]

张光直先生在《黄土期中国高级旧石器文化与现代人类的出现》一文中说:"中国人不但是黄种人,而且自称是'黄'帝子孙,吃的是黄米(粟)、黄豆,住的是黄河沿岩、黄海之滨。位到至尊则穿黄袍、走黄道,死了以后的去处,叫黄泉。中国文化黄色是其一大特征。黄土高原和黄河之水,孕育了中国的黄色文化。"张光直先生基本上把黄色文化的由来说清楚了。不过,在远古时代,黄河还没有被黄土地染黄,因此那时就叫"河"。黄海也还没有泛黄,因此就叫"海"。与黄色文化搭界的主要是脚下的那片黄土地和中国人通体的那身黄皮肤。

这样看来,中华远古时代的黄色崇拜,既是一种黄土地崇拜,又是一种对人文之祖黄帝的崇拜。当时的局面是"诸侯咸尊轩辕为天子",这当然也会体现在夏商周三大族种身上。他们都虔诚地认同黄帝是自己的共祖。《礼记》有载道:

> 有虞氏禘黄帝而郊喾,祖颛顼而宗尧。夏后氏禘黄帝而郊鲧,祖颛顼而宗禹。殷人禘喾而郊冥,祖契而宗汤。周人禘喾而郊稷,祖文王而宗武王。[3]

禘祭是怎么回事,到孔子那个时代已经弄不太清楚了。但是,它是祭天和祭祖的最高规格这一点大概是可以肯定的。上面这段话肯定无误地告诉人们,不论是夏族,还是商族和周族,他们都异口同声地称"禘黄帝""禘帝喾",也就是认可五帝是自己最尊重的祖宗,而把自己本族最有作为的祖宗放在等而次之的郊祭地位。

---

[1]《史记·五帝本纪》。
[2] 郭沫若:《中国古代社会研究》,人民出版社1977年版。
[3]《礼记·祭法》。

黄色是夏商周三族的底色

这就产生了一个问题,上面说到,夏、商、周各族都有自己的颜色崇拜,那么他们会不会置黄帝崇拜为中心的黄色崇拜于不顾呢?笔者以为那是不可能的。这里涉及一个族群的主色调崇拜和它的底色崇拜的关系问题。

夏的创始人大禹对自己脚下的这片黄土地充满着深深的敬意和爱意。当时洪水泛滥,民不聊生,大禹首先想到的是怎样保护这块黄土地。史书上记载,"禹平水土,主名山川","禹敷土,随山刊木,奠高山大川"。[1] "禹于是疏河决江,为彭蠡之障,于东土所活者,千八百国,此禹之功也。"[2] 大禹是为这片黄土地而生的。他的一生,就是为黄土地竭尽心力的一生。"禹劳天下,死而为社。"[3] 在中华文化中,所谓"社",指的就是"后土之神",通俗地讲就是土地神。大禹这个黄土之神,为夏代立下了基本色调。

这里有一则关于大禹治水的神话故事,涉及了黄色崇拜和黑色崇拜交相融会和交互为用的问题。

> 禹尽力于沟洫,导川夷岳。黄龙曳尾于前,玄龟负青泥于后。玄龟,河精之使者也。[4]

虽说是神话故事,却深刻和精到地刻画出了夏人在颜色崇拜上的观念和分寸。在大禹治水过程中,除了禹和他的治水大军的"尽力于沟洫"外,对之助力最大的是象征黄色崇拜的"黄龙"和象征黑色崇拜的"玄龟",两者是缺一不可的。黑色是夏族的主色调,黄色是华夏黄土地上各族种的底色。这则神话故事中把黄龙置于前,而把玄龟置于后,是不是意味着两种颜色崇拜相较之下前者更重要些?其实这是共性与个性的关系问题。任何情况下都不能忘记黄色崇拜这一共性。正因为如此,其他一些关于大禹治水

---

[1]《尚书·吕刑》《尚书·禹贡》。
[2]《吕氏春秋·爱类》。
[3]《淮南子·氾论篇》。
[4] 晋·王嘉:《拾遗记》卷二。

的神话传说中,"玄龟"不见了,只见黄龙在。有载:

> 禹省南方,济于江,黄龙负舟。舟中人五色无主。禹仰视天而叹曰:"吾受命于天,竭力以养人。生,性也;死,命也。余何忧于龙焉!"龙俯首低尾而逝。[1]

同类的故事还见于《淮南子》和《吴越春秋》。这些故事编织得比较曲折。先是"黄龙负舟",翻江倒海,差不多把大禹治水的船都掀翻了,实际上是在考验大禹及其同僚们。面对急风巨浪,大禹朗声说出一番气宇非凡的话来。一听那话,黄龙放心了,就"俯首低尾而去"。在这些故事中,玄龟再也没有出现。可见,比起共通的黄色崇拜来,族群个体的颜色崇拜就显得微不足道了。

殷商个性化的颜色崇拜是白色,但在其发展历程中也受到夏族黑色崇拜的影响,因此才会有"玄鸟生契"之说。但这些都并不排斥共通的黄色崇拜。文献中有这样一段文学化的记述:"汤沉璧于洛水,黄鱼双跃。黄,土色,明土归汤也。"[2]为何双双跃出水面的不是其他色彩的鱼,而偏偏是黄鱼?为何汤会由黄鱼联想到黄土,联想到政权的归属?这只能解释为黄色崇拜在起作用。

周族的黄色崇拜要更加显见一点。可以说,周人氏族是一个以黄土崇拜为信念的典型的文化族群。周人本身就发祥于陕西的岐山地区,我们说的黄土高原其核心区域指的就是周人生存和活动的地方。有载:

> 弱水既西,泾属渭汭,漆沮既从,沣水攸同。荆岐既旅,终南敦物,至于鸟鼠。原隰厎绩,至于都野。三危既宅,三苗丕叙。厥土惟黄壤,厥田惟上上。[3]

《禹贡》指的雍州地区,相当于现今的陕西北部以及甘肃、青海地区。这里是沣水与渭水的会合处,这里有名山荆山、岐山和终南山,这里有别具一格的都野湖。这里有在《禹贡》中唯一称为"上上之田"的黄壤。可以毫不夸张地说,周人是黄壤的真正儿女。

---

[1]《吕氏春秋·知分》。
[2]《唐开元占经》卷一二○引《尚书中侯》。
[3]《尚书·禹贡》。

现存的周史就是一部充分利用黄土地发展农业、改善民生的历史。

周族的始祖叫后稷。据说，他初生时吃了很多苦头，但是在大自然的保护下生存了下来。他被放置在狭小的小巷，路过的牛羊保护养育他；他被放置到树林里，那些伐木的人照料了他；他被放到河中寒冷的冰面上，飞鸟用翅膀来覆盖他。为周的始祖设置那么多苦难，似乎是在说，一个民族、一个人要干出一番大事业来，从来就不是风平浪静的。后稷长大了，特别的有智慧，特别的有能力，他"奄有下国，俾民稼穑"，"奄有下土，缵禹之绪"。[1]被认为在利用黄土地为民造福上是仅次于大禹的人物。周的第二个圣王是公刘。公刘把国都迁到更广阔的豳地，使"居者有蓄积，行者有裹囊"。周的第三个圣王是古公亶父。"古公亶父，来朝走马，率西水浒，至于岐下。"这里说的岐下，也就是周原。周原是个好地方，是种了苦菜也会长成饴糖的地方。至此，"周"这个族名才肯定了下来。大多学者认为，"周"和"原"两字形同义同，都寓意把美好的黄土地划成一块一块的，供民众种植，从而让民众过上好日子。周三代圣王迁来迁去，艰苦创业，最后以周原为基地建国立业，表现的就是那种强烈的黄土地情结。有学者说："周人国名曰周，母名曰原，姓为姬，图腾神为后土，男祖为后稷，等于公开打出了黄土图腾的旗帜。"[2]

以上种种都充分地说明了，黄帝是中华民族的共祖，黄色崇拜是夏商周三族的共同底色，这与夏人尚黑、商人尚白、周人尚赤的种族特色是毫不矛盾的。

---

[1]《诗·鲁颂·閟宫》。
[2] 王增永：《华夏文化源流考》，中国社会科学出版社2005年版。

第六章 先夏族的发展和壮大

"夏后氏禘黄帝而祖颛顼"

　　《礼记》，又称《小戴礼记》，是目前留存下来的一部较为完整、较为可靠的反映先秦时期社会风貌，尤其是礼仪状况的文献汇编，该书中说到的"大同""小康""礼尚往来""禘祭黄帝""禹、汤、文、武、成王、周公六君子"等观念，影响了中国整部历史，成为至今为止了解先秦社会的一把钥匙。

　　《礼记·祭法》中有这样一段至关重要的话："有虞氏禘黄帝而郊喾，祖颛顼而宗尧。夏后氏禘黄帝而郊鲧，祖颛顼而宗禹。殷人禘喾而郊冥，祖契而宗汤。周人禘喾而郊稷，祖文王而宗武王。"这段话大致上描画出了"三代"（或说是"四代"）时期的族群领袖和族群关系。被推上庄严肃穆的大祭台的，绝不会是等闲之辈，而是那个时代的风云人物。当时的人们规定了进入祭祀门槛的"五德"准则，即所谓"夫圣王之制祭祀也，法施于民则祀之，以死勤事则祀之，以劳定国则祀之，能御大菑则祀之，能捍大患则祀之"[1]。在先秦，被公认够得上"禘、郊、祖、宗"的，也就是为数不多黄帝、颛顼、帝喾、帝尧、帝舜（有虞氏）、鲧、禹、冥、契、汤这样一些足以影响历史进程的伟大人物。他们都是五德昭昭的伟人，不只代表个体，也是某种族群精神的象征。

　　透过上面这段话，可以按图索骥地去寻访先夏时期族群关系的脉络，这里我们把重心放在先夏族上面。

　　在整个五帝时代，黄帝和黄帝族群始终是神州大地的轴心，左右着社会发展的走向和进程。"海内昆仑之虚，在西北，帝之下都。"[2]这里很明确地

---

[1]《礼记·祭法》。
[2]《山海经·海内西经》。

指出了，黄帝是居处在作为帝之下都的昆仑之虚的，它地处神州大地的西北。这里也是当时黄帝居"中央之极"，"日月之所道，江汉之所出，众民之野，五谷之所宜，龙门、河、济相贯，以息壤堙洪水之州，东至于碣石，黄帝、后土之所司者，万二千里"[1]。特别值得注意的是，这里提出了"中央"的概念，也就是说，到五帝时代，已经事实上有了中央政权和中央管理人员以及中央辖区，黄帝就是当时中央的代表人物和代表族群。当时的中央辖区非常之大，"所司者万二千里"，夏、商、周这样一些最有名望的族群都居处于中央辖区里面，受到黄帝族群的监管和保护。中央辖区大致囊括了中华文明的"两河流域"——江、汉地区和河、济地区，西北和西南都在里面了。当然，从天下的广阔视野看，与中央相对应的还有南、北、东、西四方的地方区划和地方势力。这些在文献中虽是语焉不详，但概貌是说清楚了。

夏族群与黄帝族群毗邻而居，关系很"近"。这里说的"近"，首先是从族缘关系上讲的。按照太史公的说法，"夏禹，名曰文命。禹之父曰鲧，鲧之父曰帝颛顼，颛顼之父曰昌意，昌意之父曰黄帝。禹者，黄帝之玄孙而帝颛顼之孙也。"[2]这里说的祖孙关系当然不是后世家庭意义上的血亲关系，而是一种族群与族群之间的婚姻关系。从族的姻亲关系角度讲，黄帝族与夏族之间的关系是十分紧密的，甚至可以说是非同一般的。文献资料告诉我们，在每年祭祀时，对黄帝实施"禘"礼和对颛顼实施"祖"礼的，只有有虞氏和夏后氏两族，这充分证明了夏族与黄帝族的非同寻常的紧密关系。

其次，从地缘角度讲，夏族与黄帝族之间也是"近"的。两者的共同点是都在西方，不同点是一个在西北方，一个是在西南方。黄帝族发源的所谓"昆仑之虚"，说法种种，但大致的方位是在陕甘地区。夏禹的生身处按照扬雄《蜀王本纪》的说法是"禹本汶山郡广柔县人也，生于石纽"，处于成都西北部，由此可见，两族的相间距离是不太远的。再加上族种间的不断交融，处于你中有我、我中有你的状况，两族间的距离就更小了。《庄子》中有一则很有名的"黄帝遗珠"的故事，很值得一读。

黄帝游乎赤水之北，登乎昆仑之丘而南望，还归，遗其玄珠。使知索之而不得，使离朱索之而不得，使喫诟索之而不得，乃使象罔，象罔得之。[3]

---

[1]《淮南子·时则训》。
[2]《史记·夏本纪》。
[3]《庄子·天地》。

这段故事说的是，一次，黄帝在赤水以北地区巡游，登上了昆仑之丘向南眺望。返回的时候，丢失了他那颗珍贵的黑色宝珠（所谓"玄珠"）。黄帝有点着急了，就派聪明绝顶的那个叫智的人去寻找，可没有找到；让明察秋毫的离朱去寻找，也没有找到；让能言善辩的喫诟去寻找，也没有找到；最后让糊里糊涂的象罔去找，倒是把玄珠找到了。黄帝慨叹道："奇怪啊，无知无识的象罔竟然把珠找回来了。"因为写这则故事的庄子是哲学家，人们解读这则故事时总是往哲学议题上想，以为玄珠寓"道"，"道"这个东西十分玄妙，甚至是"可遇而不可求"的，有心寻者寻不到，无心者却不期而遇，一切要讲缘分，正所谓"踏破铁鞋无觅处，得来全不费功夫"。这是一种传统的说法。但是，研读这则故事却使我们产生了别开洞天的想法：黄帝登上昆仑之丘向南眺望，他看到的是临近的夏族欣欣向荣的景象，于是便产生了"遗其玄珠"之感。由其所在的西北地区"南望"，望到的当然是相邻的夏族了。请注意，"夏后氏尚黑"，黄帝把夏族当作"玄珠"（意为"黑色的珍珠"）是完全可能的。这是一种别解，可供读者诸君参考。

另外，从夏、商、周三族不同的祭祖对象中，可以推测出它们之间族种古老程度的差异来。有虞氏是"禘黄帝而郊喾，祖颛顼而宗尧"，最权威最古老的黄帝族、颛顼族、帝喾族、尧族都是其"慎终追远"的对象，可见这一族群本身的古老程度了。夏后氏是"禘黄帝而郊鲧，祖颛顼而宗禹"，能把五帝中的第一帝黄帝和第二帝颛顼作为"慎终追远"的对象，它在当时众多族群中的地位也就可想而知了。殷人是"禘喾而郊冥，祖契而宗汤"，周人是"禘喾而郊稷，祖文王而宗武王"，他们都只能以五帝中的第三帝喾作为"慎终追远"的对象，可见，商族种和周族种比起夏族种来说，那就要年轻多了。

在对夏、商、周三族的文字表述中，往往有很大的差异。上面《礼记·祭法》中，称夏为"夏后氏"，而称商和周分别为"商人"和"周人"。这样的称呼似乎在先秦文献中成了一种惯例，《论语》有载："夏后氏以松，殷人以柏，周人以栗，曰：'使民战栗。'"[1]在中国古典文字中，"后"是一个极其尊贵的称呼，是君主、帝王的特称，《书·说命中》曰："树后王君公，承以大夫师长。"孔颖达疏："后王，谓天子也。"可见，不称夏人，而称夏后；不称夏氏，而称夏后氏，这是有其特殊的意义的。司马迁在《史记》中把夏后氏的命名放在夏王朝建立以后，如果是那样，那为什么商朝建立后不称商后氏

---

[1]《论语·八佾》。

呢？周朝建立后同样不称为"周后氏"呢？看来，要解开"夏后氏"之谜，只有从夏这个族种本身的地位和贡献上去寻找。可能夏族在五帝时代对黄帝族的一统天下起过非同寻常的作用，最后被五帝中的某一帝称为"夏后氏"，这一称号后来成了夏族永远的荣耀。

夏人东进北上路线图

我们在前面说过，大约在距今10 000年前及其之后的相当长一段时间里，神州大地上曾经有过一段"水往低处流，人往高处走"的时期，也就是精英人群大规模西行的局面，出现了司马迁在《史记》中指明的"收功实者常于西北"的状况。黄帝，以及之后的颛顼、帝喾、尧、舜这些传说中的精英人物在高爽的西部建功立业，在西部扎下了根，成为名副其实的"收功实者"，而且与神州大地的东、西、南、北各地建立了紧密的联系，成为公认的"天子"。同时，夏、商、周三大族群在其首领的带领下也在西部扎下了根，并且有了长足的发展。尤其是夏这个部族被尊称为"夏后氏"，地位非同一般。这段距今约五千多年的历史时期，是中华民族文明发展的起步期，也是远古时期"西部大开发"的时期。读中国文明史，不能忘记我们的文明是从西部起步的，不能忘记西部民众对中华文明的奠基性贡献。司马迁特意把"收功实者常于西北"这一条写进《史记》，可见功业甚伟！当时"西部大开发"的状况究竟怎样，有待进一步的研究。但是，神州西部曾经有过这样一个可以称得上辉煌的时段，那是不争的事实。

总体来讲，这段远古时代的"西部大开发"，当在距今万年到五千年期间。到了距今约五千年的时候，黄帝族不只在西部有了绝对的权威，而且在"东至于海，……西至于空桐，……南至于江，……北逐荤粥"[1]这样的广阔领域里建立了权威，以至于"诸侯咸尊轩辕为天子"。

这是一个很好的文明开局。文明的巨大成果之一是产生了神州大地的"天下共主"黄帝。

接下来，就是从黄帝被公认为"天下共主"到建立第一个多民族的统一

---

[1]《史记·五帝本纪》。

王朝夏，其间大约有一千来年的历史。这是一段为建立统一国家奠基的时期。在这段时期里，继黄帝之后的"天下共主"颛顼、帝喾、尧、舜做了很多有益于巩固和发展统一的事，而雄踞西部地区前三位的夏、商、周三个族群也做了很多，这段历史现今一般称为先夏史、先商史和先周史。在这段时期，夏、商、周三个族群共同的作为是走出西部高地，走向东部、南部、北部，把自己进一步融入这些地区的族群之中，这个过程我们姑且名之为"孔雀东南飞"吧！

这个过程比之于前面说的"西部大开发"来说，可能要更加艰辛些。可惜现在掌握的资料实在太少了，对其了解也太模糊了，我们只能追求模糊中的大致清晰了。

这里重点讲一讲先夏史。大而言之，先夏时期的发展是一个北上东进的历程，我们大致上可以把它划分为四个发展阶段。

第一阶段：在西部本土发展壮大。

前文已述，夏这个族群最初始是生存于羌人地区的，即现今的四川汶川一带，地处神州大地的西南。但是，后来是发展了，从一些资料看，向西、向南、向北都有所发展。《吕氏春秋·本味》中说："大夏之盐，宰揭之露，其色如玉。"这里出现了"大夏"这个名号。何为"大夏"呢？汉高诱注："大夏，泽名，或曰山名，在西北。"谭戒甫曰："大夏，在葱岭以西，为国名，盐泽，在玉门关外。"这里涉及两个地域名称：葱岭、玉门关。葱岭是古山脉名，据说因山上多青葱的树木而得名，很可能在先夏时期已经有此地名称呼了。《山海经》中说的边春之山，《穆天子传》中说的春山，可能都指的是葱岭。葱岭地域很广，北起热海、千泉的南天山、西天山，往南绵延可包括帕米尔高原等地。玉门关的故址在今甘肃敦煌西北的小方盘城。玉门关建于汉武帝时，但"玉门"这个地名古已有之。看来当时真的已有了"大夏"之名，历史上留存下来的大夏山、大夏河、大夏地，还有大夏歌、大夏舞，都是很古的。如果当时夏人的活动范围真的到达了葱岭和玉门关一带，那么，说明夏人在走出西土之前已经是一股特别强大的势力了。

夏族群在西部的强势崛起，必然会危及另外两个强势族种的势力范围。相传夏、周同源。禹为羌人，其母为羌女修己。而周祖先弃为西羌人姜嫄所生，故周人常称"我有夏"。夏与周远祖的血统是一样的，而且口语也差不多。虽说同在西土发展，但长期一个处身西南，另一个处身西北，有点井水不犯河水的味道。可是，后来不对了，夏人跑到葱岭和玉门关一带来了，于是，发生领土之争是必然的。夏、商之间的关系更奇妙。《左传·昭公元年》有一段文字：

> 昔高辛氏（帝喾）有二子，伯曰阏伯，季曰实沈，居于旷林，不相能也。日寻干戈，以相征讨。后帝（尧）不臧（看不过去，）迁阏伯于商丘，主辰。商人是因，故辰为商星。迁实沈于大夏，主参。唐人是因，以服事夏、商。其季世曰唐叔虞。

这段文字很有意思，一是说夏、商是兄弟之邦，二是说两者"日寻干戈，以相征讨"，三是讲由帝尧出面进行调停。一个到大夏去，一个到商丘去。这段文字有很大的真实性，也是日后夏、商、周三族走出西土、走向更加广阔的活动空间迈出的第一步。

第二阶段：走向江、汉地区。

夏、楚两族都发祥于巴蜀，后来又都沿着长江迁徙，进入了巫山所在的江汉流域。夏是黄帝子孙，又是更直接一点的颛顼的子孙。楚人也是颛顼的后裔，可以理解成在颛顼当政时期（五帝中的第二帝），颛顼把他们引领出了巴蜀，走向广阔的江汉平原。

在走向江、汉的过程中，巫山是一个枢纽。当时夏人在那里一定有相当频繁的活动，不然不会有那么多的故事留存下来。在《山海经》一书的《海内南经》《大荒南经》《大荒西经》中，提到了"轩辕台""轩辕国"的相关故事，说明江汉流域的人们当时已经承认归属于黄帝统治的了。在这些篇章中，还一再提及颛顼的名字，并讲述了"颛顼令重黎绝地天通"的故事。至于夏人在巫山一带活动的故事就更多了。《山海经》中有这样一段文字："夏后启之臣曰孟涂，是司神于巴。巴人讼于孟涂之所，其衣有血者乃执之，是请生。居山上，在丹山西。丹山在丹阳南，丹阳居属也。"[1]据专家考证，这里的丹山就是巫山。后来巫山人为了纪念夏人孟涂的德政，还在当地为他立了祠。《巫山县志》卷十七："孟涂祠在县南巫山下。"夏人在江汉地区执法、当政、经商、交往的故事还真不少，当然时间上有时难免会张冠李戴。

"禹娶涂山女"的故事家喻户晓，但"涂山"在何处却历来争讼不休，有

---

[1]《山海经·海内南经》。

说是会稽涂山的,有说是濠州涂山的,也有说是寿春涂山的。但更多学者认定当是江汉流域的江州涂山。"禹娶于涂山,辛、壬、癸、甲而去,生子启,呱呱啼,不及视,三过家门而不入室,务在救时。今江州涂山是也,帝禹之庙铭存焉。"[1]相传老君洞岩间石穴,即涂山氏生启处,在那里很早就建有夏禹庙、涂君祠。学者认为:"禹生于西羌之石纽,在今成都西汶川县界,不可能远娶于淮水流域。至于当涂县之涂山,始见于《汉书》颜注……颜注亦误引也。惟江川涂山,与石纽同在梁州。州界通中原路,为'浮于潜(嘉陵江),逾于沔(汉水),入于渭,乱于河'。江州,正是江潜会处。则禹治水,三过此山为可能。"[2]

夏族来到江汉流域,对中华民族的形成其功甚伟。在中国领域内,楚人占于半壁江山。他们的血统其实是很"杂"的,既有黄帝系统颛顼氏的根基,又有炎帝系统的血脉,而源自西羌的夏人一掺入,进一步促成了民族的融合,其意义是极为深远的。而且,江汉地区"界通中原路",有过这样一段经历的夏人,为其日后进入中原提供了便利条件。

第三阶段:进入中原。

关于夏的渊源,历来说法不一,而以主张发源于中原为主流,依据就是《国语》上的一句话:"昔夏之兴也,融(祝融)降于崇山。"[3]这句话被人简单地解释为,夏族兴起的时候,祝融代表上天到崇地去祝贺。至于夏在封于崇之前情况怎样?祝融在"降于崇"过程中扮演了怎样的角色?祝融代表的上天意味着什么?这一系列的问题就很少有人去思考了。

我们现在的思路和视角就不同。这些年来,史学研究的丰硕成果告诉我们,司马迁在《史记》中明确提出的"收功实者常于西北"的历史性结论是正确的。远古时期多少年间统治的中心是在西部,夏、商、周这华夏三部族的根基也在西部,问题是:那么后来又怎么来到中原,来到其他地域了呢?

结论可能是:中央政权的委派。请注意,当时的确已经有了"中央"的概念,黄帝不就被公认为"中央之帝"!

很凑巧,把夏人带到中原来的是祝融这个人。把夏人带到江汉流域去的也是祝融这个人。

---

[1] 东晋·常璩:《华阳国志·巴志》。
[2] 东晋·常璩著,任乃强校注:《华阳国志校补图注》,上海古籍出版社1987年版。
[3] 《国语·周语上》。

那么,祝融究竟何许人也?从文献资料看,他的出身、身份、角色、地位十分的特殊。《山海经·海内经》:"炎帝之妻,赤水之子听訞生炎居,炎居生节并,节并生戏器,戏器生祝融。"

《山海经·大荒西经》:"颛顼生老童,老童生祝融。"

读了这两段文字,大家一定会说,不对啊,怎么这里说他是炎帝苗裔,那里又说他是黄帝苗裔了呢?错了吗?没有。其实,黄帝和炎帝本是同根生。对有些炎黄子孙来说,是出于炎、还是出于黄,了了分明。但也有一些炎黄子孙的确分不清是炎还是黄(也有可能是故意模糊了的)。祝融就是属于既炎又黄的人物。在当时条件下,这样的人物往往可以派大用场,在处理一些问题时可以左右逢源。祝融在中国传统神话人物中又被尊为火神,如果把火神之"火"品格化的话就是办事公平、公开、光明磊落且光芒四射。当时处理国之大事时正用得着这样的人物。

那么,祝融在夏人入江汉和夏人入中原中究竟扮演了怎样的角色呢?

我们可以将《国语》中的"昔夏之兴,融(祝融)降于崇"这段话,与《山海经》中的"戏器生祝融,祝融降处于江水"对照着读。从中我们发现,当时中央要派哪个部族到某地去的时候,祝融这个身份特殊又铁面无私的人物就出现在哪里。他是不是就是充当了类似"钦差大臣"之类的角色呢?完全是可能的。当时的天下共主颛顼要夏族到江汉去,祝融是那里的老土地,就提前一步"降处于江水",做好种种疏通工作。后来,天下共主尧要任命鲧为崇伯,祝融又不失时机地"降于崇"宣布了中央的委任状。

夏进入中原以后,迅速发展壮大了自己的部族。"禹为姒姓,其后分封,用国为姓,故有夏后氏、有扈氏、有男氏、斟寻氏、彤城氏、褒氏、费氏、杞氏、缯氏、辛氏、冥氏、斟戈氏。"[1]这么多的同姓部属大概就是进入中原以后迅速分化和发展起来的,有了这些同姓部族的帮衬,夏在中原的地位更稳固了。"自洛汭延至伊汭,居阳无固,其有夏之居。"[2]"实沈之墟,晋人是居。"[3]政权的核心地带是在河南与山西,但从考古发掘看,夏文化的面还要广得多。以陕西华县南沙村遗址为代表的遗存,集中分布在关中东部的华山周围地区。这里出土的陶器明显与属于夏文化的二里头类型和东下冯类型相似,说明夏人的活动范围已到达了陕西东部。

---

[1]《史记·夏本纪》。
[2]《逸周书·度邑解》。
[3]《国语·晋语四》。

差不多在同时,五帝时代的"三色世界"中的另二色——商与周——也来到了中原这块宝地。商人历来有"玄鸟生契"的始祖传说,打着"寻根漳水"(商丘在漳水附近)的旗号,商人就理直气壮地向中原进发。周人的始祖名弃,也就是据说从小喜欢种植谷物的后稷。后稷的子孙们先是北迁于豳(今陕西彬县),到了古公时代就大踏步地东进了。这样,"三色世界"一下变成了"三驾马车",最古典的"逐鹿中原"就此开打。当时中原地带气候温和,原野上的确有野鹿出没,说是三个族群之间的逐鹿的确是很神似的。

第四阶段:大踏步东进。

夏人的东进是晚一些的,一个直接的东进理由是鲧治水的失败。当时洪水滔天,"四岳举鲧治洪水",尧认为此人不行,可是四岳都说他行。最后达成妥协,让他试一试吧!结果呢,鲧搞了九年一点成绩都没有,相反洪水越闹越厉害。最后尧大发其火,"殛鲧于羽山,以变东夷"。这话说得有点曲曲弯弯,把鲧送到东夷去不说是惩处,而说是"以变东夷",而且后来有了效果,"天下咸服"了。

看来这只是个由头。五帝中的任何一帝都想把自己的势力实际地伸向东方广阔的地域。现在尧帝是借处理治水不力的鲧的机会,把鲧及一大宗夏人送到东方去,以形成对东方的实际统治。这事发生在尧帝的晚年,再经过舜帝时期向东方的不断渗透,尤其是到禹治水成功以后,夏人实现了对东部地区的实际统治。

夏族在五帝时期的显赫地位

在夏、商、周相继建立王朝以后,这三个王朝史称"三代"。在夏、商、周还未建立王朝之前,夏、商、周作为五帝时代起主心骨作用的"三族",并存于天下。而并存的三族中,夏无疑是为首的。

在西部方言中,"夏"本身可以训为"大"。在当时存在的诸多国家中,夏人历来被看作是龙头老大。我们在前面说过,在五帝时代的列国中,敢于说自己是黄帝直系子孙、并祭以禘礼的,只有有虞氏舜和夏后氏。这是一种特殊的地位。舜后来继承了黄帝的"圣统",成为五帝中的第五帝,而大禹为首领的夏族后来创建了中国历史上第一个统一的王国——夏王朝。称

"夏"为"大"并非偶然的。

"夏"之"大"差不多经历了五帝时期的千年历程。前文说到了夏族发展的四个阶段。现在从时间序列上再梳理一下夏的发展史。

第一阶段是在西部本土的发展壮大。这可能就是在五帝时代的黄帝时代。按照传统的"黄帝三百年"的说法（这里的黄帝不是简单的个人，而是黄帝族领导天下的时期），那么这段时期也有三百来年之长。当时，商、周二族正在形成之中。这种一家独大的气象对夏族的发展特别有利。夏的最早的根子是扎在西南的成都地区（汶川县），后来又是向南发展，又是向北发展，到黄帝后期的时候，有些史料说夏族已经插足于大西北地域的事务了。

第二阶段是走向江、汉地区的阶段。这一阶段无疑是在五帝中的第二帝时期。《山海经》中的《大荒南经》《大荒西经》相当部分讲的是巫山一带的风物。讲巫山风物时，一是大讲颛顼的故事，二是大讲夏人的故事。其中关于颛顼氏的故事特别多。包括颛顼之子淑士、颛顼的太子长琴和重黎的谱系、颛顼与孟翼之战、颛顼死而复生、颛顼之子三面一臂、颛顼之子建季禺国和伯服国。这些《山海经》的篇章中除大讲颛顼外，还大讲夏族的故事，包括夏鲧的故事，夏禹的故事，夏战斗英雄的故事。有学者认为："这说明，颛顼及其后裔是进入了江汉流域的。""还说明夏族是很早就进入了江汉流域，它的后裔还在那里建立了诸侯国，夏族的褒姓就是南临汉水建国的。"[1]上面我们还说到，颛顼为了把夏的势力引向江汉地区，还特地让祝融出场呢！ 进入江汉时期是在颛顼帝的时候，证据还是比较充分的，时间也该有两三百年。一个部族在一个地区经营两三百年，以中国传统的三十年为一代，那就有七八代到十来代，影响该有多深远。

第三阶段是进入中原时期。可以比较肯定地说，夏人进入中原是在尧和舜之时。大约到尧帝时，大家对中原的重视程度已经很高了。而在当时，一个地域总有它的标志性的高山供人景仰。尧考察了中原地带以后，认为最足以代表中原气象的是崇山，也就是我们常说的嵩山。《史记》上说："历唐尧于崇山兮，过虞舜于九疑。"[2]张守节《正义》曰："崇山，狄山也。"郦道元《水经注·瓠子河》："尧葬狄山之阳，一名崇山。"这段话的意思是说，崇

---

[1] 李炳海：《部族文化与先秦文学》，高等教育出版社1995年版。
[2] 《史记·司马相如列传》。

山是尧帝的最爱,平时经常到崇山去祭祀,尧死了以后,就葬在崇山之阳。其实,将崇山视为最爱的还有虞舜,他也是崇山的积极祭奠者。

可是,就是尧、舜最爱的崇山一带,封给了鲧。史书上说:"(帝尧)六十一年,命崇伯鲧治河。"[1]"其在有虞,有崇伯鲧。"[2]透过上面两段话,大致的意思还是清楚的:鉴于鲧的能力和治水方面的业绩,尧和舜把鲧封于最有分量的崇山地区,号为"崇伯"。按三代的规矩,在五帝时代和而后的三代,封地、封爵多的是,但称"伯"的为数不多。伯者,霸也。一称了"伯",就大致上只是位在天子之下了,其他的各地诸侯都得听从其调遣。有史料说,这一封可不得了,崇伯不只是封给鲧的,还可传诸后世,后来禹也被称为崇伯;崇伯不只是封给个人的,整个族群也都受封,后来鲧所在的这个族被称为了"有崇氏",夏族也被提升为别族不能有的"夏后氏""夏伯"了。

可见,当时虽然商族、周族,还有一些其他族类都进入了中原,但相对于夏族来说是尚不能相提并论的。

第四阶段是大踏步的东进。

东方为传说中的太昊和少昊,统称为"两昊集团"。《左传·昭公二十九》谓少昊"遂济穷桑",意思是来到曲阜地区发展。《左传·定公四年》:"命以伯禽,封于少昊之虚。"《左传·昭公十七》:"郯子曰……我高祖少昊挚之立也,凤鸟适至,故纪于鸟,为鸟师而鸟名……"是以鸟为图腾的部落,其中各部落各以一种鸟为图腾。这与夏、商两族也有某种相似之处。东夷文化与五帝时代相对应的,当是考古学时的龙山文化,主要分布在山东省,河南及江苏北部,辽东半岛和河北唐山一带也受其强烈影响。轮制黑陶特别发达,器表往往为素面或打磨光亮,显得十分的素雅大方。鼎、甗、鬶、盆、豆、碗、杯等陶制品虽然与中原地带有明显差异,但影响也是显而易见的。继山东龙山文化的是平度东岳石遗址,时间上与五帝晚期的夏人东进差不多。它分布于海岱淮地区(今山东全境和豫东、皖北、苏北)。东岳石遗址已进入青铜时代,发掘出土的有青铜刀、锥、环、镞。郝家庄遗址发现有一块容器残片,表明岳石文化已有用合范冶炼青铜的技术。二里头文化出土的青铜鼎与斝,造型和表面装饰均有岳石文化陶器的风格。岳石文化的城址,章丘龙山镇城子崖的城址,都是在龙山文化城址上增筑而成的。城址方形,南

---

[1] 范祥雍:《古本竹书纪年辑校订补》,上海古籍出版社2011年版。
[2] 《国语·周语下》。

北500米,东西400米,全城20万平方米。墙体宽20米,用筑板法起建,墙体内充碎陶片,打实。与夏代二里头的城址很相似。可见,当时夏人东进东夷地区是不虚的。

夏族在自己的发展过程中每前进一步都会打上"夏"的印记。初起于四川时,称"夏"。向西北地区发展后,称"大夏""泰夏"。在中原站住脚跟后,称"中夏"。大踏步地进军齐鲁大地后称"东夏"。[1]

夏族在建立夏王朝之前可以说已经是众望所归。连商、周两族的人士也以炫耀夏人的业绩为荣,甚至把大禹当作自己的祖先。《诗经·商颂·长发》写道:"洪水芒芒,禹敷下土方,外大国是疆。幅员既长,有娀方将,帝立子生商。"这首诗是商族先民祭祀成汤及先王先公的乐歌,可是诗作者却从大禹讲起,把大禹看成是自己的先祖。《诗经·大雅·韩奕》写道:"奕奕梁山,维禹甸之,有倬其道。韩侯受命,王亲命之:'缵戎祖考,无废朕命。'"韩侯姬姓,是武王之子所建的诸侯国。周天子在勉励诸侯继承祖宗优秀传统时首先想到要光耀大禹的业绩。特别令人惊异的是,鲧明明是夏的祖先,而且名声上又不是十分完美,如果夏人祀之,那是理所当然,可是如果商人和周人祀之,就有点难以理解了。可事实却恰恰如此。"昔尧殛鲧于羽山,其神化为黄熊,以入于羽渊,实为夏郊(郊祭),三代祀之。"[2] 这就充分证明了夏族在五帝时代地位是极为崇高的。

---

[1] "东夏"的提法见诸《左传·昭公元年》:"子相晋国以为盟主,于今已七年矣!再合诸侯,三合大夫,服齐、狄,宁东夏,平秦乱。"这里说的"东夏",指的就是东夷所居的齐、鲁地区。

[2] 《左传·昭公七年》。

第七章　空前的大洪灾和早期治水英雄

旷日持久的洪水大泛滥

　　远古时代的洪水大泛滥，是人类历史性记忆中的一个永远的"痛"。有史学家作过统计，全世界包括中国、埃及、巴比伦、希腊、北美印第安在内的600多个地区和民族，都用记实或神话故事的形式，追述过当时洪水泛滥的惨烈情景。

　　希腊人在一本古书中这样描述当时的情景：天一下子黑了下来，黑得分不出天和地，分不清白日和黑夜。人们只觉得黑色的暴雨敲打着整个世界，黑色的狂风席卷着整个宇宙，黑色的巨浪吞噬着世间的一切。出于本能，人们发了疯似的奔跑着。可是，跑上屋顶的，房屋很快就倒塌了，残破的房屋支架和抓着这些支架不放的人们转瞬间被浪涛冲刷得无影无踪。爬上树枝的，随着大树被连根拔起，那里的人们也一下被黑暗吞没了。躲进洞穴的，大部分的洞穴很快被不断上涨的洪水淹没了，从洞穴中漂出的是一具具被污水浸泡得变了形的浮殍。暴雨、狂风、巨浪肆虐了多少时日呢？谁都说不清。只知道当大地重新露出水面时，这里留下的只有一片空白。

　　北美印第安人的历史性回忆是这样的：大雨下了足足四十多天，大地上的一切都被洪水吞没了。几个印第安人不知从何处弄到了一条独木舟。他们在曾经耕种过的土地上划船，在一颗大榆树的树顶上抓到了一条大鱼，就饥不择食地生食了起来。他们划着，划着，忽然看到前面是一座浮在水面的高山的山巅，这可是希望，他们就拼足全力前行。正在此时，在波浪中挣扎的一头狼和一头熊像是抓住了一根救命稻草似的抓住独木舟的船沿不放，企图登上舟来。如果"好心"地让这两头畜牲上船，在波涛汹涌中必然人畜全都覆没。于是，他们"残忍地"猛击抓住船沿的狼和熊，失去凭靠的狼和熊最后只能是任其被洪水吞没了，而这艘独木舟却安然地到达了洪水

古巴比伦的废墟，也许是战争抑或是洪水造成的。

包围中的那个山巅，船上的人们成为北美大陆劫后幸存的唯一生灵。

古巴比伦的苏美尔人作的《史诗》，据传是根据大洪水的幸存者口述而成，记述的是大约公元前3500年的那场大洪水中人们的际遇。《史诗》是这样描述的：一夜之间，狂风裹着暴雨铺天盖地而来。空气中弥散着洪水奔腾而来的巨大轰鸣声，犹如万马奔腾一般，可怖极了。人们完全失去了理智，一边四散无目的地奔跑着，一边在大声呼叫："战争……战争……"当时那里部族间的战争是常有的事，人们错以为是又一场战争来临了。他们哪里知道这是比任何战争要肆虐一万倍的大洪灾。大洪灾肆虐了150多天，眼看那里的生灵要灭绝了，这时从天上飞来一座大山（实际上不是天上飞来的，是地壳变动出现的"造山运动"），幸存的人们上了山，成了新一代苏美尔人。

古巴比伦《史诗》记述的那场大洪灾，是世界各地大洪灾记述中唯一有时间标识的。那场大洪灾发生在公元前3500年前后，恰好与发生在华夏大

米开朗基罗的油画《大洪水》

地上"五帝时代"的那场大洪灾时间上基本契合,这最好不过地说明这场洪灾确是世界性的。

记述那场大洪灾最为生动而富于故事性的是《圣经》。故事大致上是这样说的:上帝看到了人世的种种罪恶,觉得非惩处一下不可了,这种惩处的手段就是发动一场大洪灾。但是据西方宗教界人士的说法,上帝发动这样一场大洪灾的目的不是要灭绝人类,而是要让"善人"统治大地。

可以相信,上述这些多少带有一点神话和宗教色彩的故事,实际上都是有相当的史实为依据的。

相对而言,中华大地上的这场大洪灾,持续的时间更长,而应对的策略也更务实,举措也更为具体。

中华大地上的这场大洪灾,来势汹汹,正如史书上说的:"鸿水滔天,浩浩怀山襄陵,下民其忧。"[1]意思是说,大洪水把整个大地淹没了,到处是滔天的白浪,不但是整个平原地带是"白茫茫一片真干净",就是那些原先的丘陵地也淹没到了水下去了,那些高峻的大山才露出一个小山头,这真是苦煞了百姓、愁煞了众生。还有些史书写得更惨烈,说"往古之时,四极废,九州裂,天不兼覆,地不周载;火爁炎而不灭,水浩洋而不息;猛兽食颛民,鸷鸟攫老弱"[2],不只洪水吞没生民,而且猛兽也乘机肆虐横行,吞食了众多的"颛民"。更为令人不堪的是,这场洪灾的时间也特别的长。如果从五帝中的第二帝颛顼时代算起,那么,中经高辛、尧和舜时期,至少绵延有数百年的时间吧!

我们当然不能单凭后期形成的文献资料和相关的神话传说构架历史。历史需要科学的证明。说尧、舜、禹时期气候反常、洪水频发应该是有相当充分的科学根据的,许多古环境专家的研究结果证明,在距今4 700～4 000年左右,神州大地的广大范围内出现了气温的大幅度降低及降雨量不正常的反常气候。根据竺可桢先生《中国近五千年来气候变化的初步研究》以及其他科学家的相关著作显示,在此一时期,我国的江苏、浙江、上海、内蒙古、北京、辽宁、河南、甘肃等地的确发生了异常的气候状况。还有学者指出,在长江中游发现的距今四千多年的湖北石家河龙山时期的城址,可以理解为是那场大洪灾的历史见证。石家河城址的城墙外往往有宽达十数米乃

---

[1]《史记·夏本纪》。
[2]《淮南子·览冥训》。

至数十米的护城壕,这些护城壕有的是利用了天然河道,有相当部分则是人工挖掘而成的,很明显,它们的主要作用就是抵御洪水。

研究远古文化的著名学者王大有认为:"在距今4 700~4 000年之间,又一次洪水发生,洪水的高峰在距今4 200~4 100年之间。洪水虽然没有距今8 500年那次大,但此时人口较前密集,各氏族经济和文化较前进步,因此留给人们的印象也就比前深得多。当此之时,正是尧舜禹治水期。"这次大洪灾遍及中华文明的"两河流域"(即黄河流域和长江流域),不只是一般意义上的河水泛滥,还结合有巨大的"海侵"现象。在作了详尽细致的考察后,王大有写出了这样一份报告式的文字:

> 距今4 200年时,渤海的海岸线已侵至山海关以东,迁安、蓟县、通县、保定、安国、深泽、深县、武强、武邑、龙华、德州、商河、济南、章丘、淄博、淄河店、益都、昌乐、潍坊、安丘、景芝、柴沟、杜村、马店、沿胶莱河、虎头崖的外面都已为渤海。黄河入海口在武强,今滏阳河就是当时的黄河;黄海海岸线自胶州湾以北基本成为海中孤岛,自胶州湾胶县向南的诸城、五莲、莒南、临沭、新沂、宿迁、洋河,洪泽湖西岸沿盱眙至临淮关淮河段的嘉山、天长、江都、扬州、江阴、常熟、昆山、金山、嘉兴、东苕河、德清、良渚、横畈、天目山溪口、清云、临安、闲林埠、西兴、马山、马渚、慈溪、龙山都已在海边。整个太湖地区,北至常州,西到茅山,南到天目山,皆被洪水淹没。[1]

这样"南北通吃"的现象在中国历史上可能真还没有发生过。济南、淄博、潍坊这些全国知名的大中城市,现在去翻检一下地图的话,那是离渤海湾相当远的,可在大洪水时期却成了抗洪的一线城市。扬州、常熟、江阴在现今的地图上也离黄海和东海远远的,但那时也已成了水害重灾区。

在黄帝时代(五帝时代),考古学上讲北有龙山文化,南有良渚文化。龙山文化以黑陶著称于世,良渚遗址发现的"蛋壳陶"制品到如今还难以复制。良渚人的玉器名闻宇内,良渚人的航海术天下无双,被世界誉为"太平洋航行第一团队"。这些都是中华儿女引以自豪的事。可是,在如此严酷而突如其来的大海侵面前,山东龙山文化受到了重创,而良渚人的命运更惨:全军覆没。无情的历史是这样告诉人们的:良渚文化从距今4 200年开始

---

[1] 王大有:《三皇五帝时代》,中国时代经济出版社2009年版。

中断,至4100年有一道0.3～1.5米的淤泥或泥炭层,从此开始,高度文明区成了寂寞无人烟的无人区,其间是洪水茫茫之时。良渚文化因大洪水和大海侵而打上了一个可悲的休止符号。

历史工作者的笔下也是有温度的。人们并不希望这是真的。可是历史却厚重地告诉我们:这是真的!

满志敏先生对这场海侵的距离感描述得更清晰,他写道:

在环渤海湾地区,距今6 000～6 500年间出现最高海面和最大的海侵范围,高海面延续到距今5 000年左右,侵入到现代海岸线以内数十千米,到达今天津市以西。在长江三角洲地区可能在距今6 500～4 000年间,出现最高海面和最大海侵,苏北盐城地区的海岸线较现代西移了60～100千米。[1]

这是一个数字化的记述。这次海侵延绵长达两千来年,大约是时断时续,时松缓时严峻。到了尧、舜、禹那个历史时期,海面大为升高,海侵现象加剧,海岸线入侵最少是数十公里,最多有百多公里。再加上当时长年的暴雨、洪水、地震,民众真是不堪其苦了。

除了上面这些外,在那个时间段黄河之灾也是严重的。著名历史地理学家邹逸麟先生写道:

黄河下游全面筑堤大约始于战国中期。在没有筑堤之前,黄河由于多泥沙的特点,下游河道在河北平原上来回游荡,有时同时分成几股分流入海。《禹贡》有所谓"又北播为九河,同为逆河入于海"。"九河"泛指多数,是说黄河下游河道分成多股,河口受潮水的倒灌,具有逆河的形象入于海。[2]

黄河是我国的第二大河,干流全长为5 464公里,流域面积达到752 443平方公里。黄河中游流经一片面积约58平方公里的黄土高原。这些黄土经过支流大量的泥沙汇流到黄河里。除了大约有一半的泥沙冲入大海外,还有一半沉积在河床里,日积月累,河床不断提高,黄河就成了一条"悬河"。到五帝时代这种现象已经相当严重,龙门地区不通敞,下游也出现了

---

[1] 满志敏:《中国历史时期气候变化研究》,山东教育出版社2009年版。
[2] 邹逸麟:《椿庐史地论稿》,天津古籍出版社2005年版。

上文说的"播为九河"的现象。又刚巧与海侵现象结合在一起,海平面那么高,黄河水入不了海,那一场大洪灾是势所必然的了。

中西对待洪灾的不同解读和方略

历史地看,中西对于洪灾的解读和方略是很不相同的。总体而言,西方比较的"神化",中国比较的"人化";西方比较的消极,中国比较的积极;西方比较的虚幻,中国比较的务实。

最有意思的是写在《圣经·创世纪》中的那则家喻户晓的诺亚方舟的故事。故事大致上是这样的:上帝造人之后,人类慢慢走向堕落,他们以杀戮为荣,贪婪而傲慢,血腥残酷的战争在大地上肆意蔓延,处处血流成河,民不聊生。上帝看到这一切,对人类的行为感到极大的愤慨,同时对人类犯下的罪孽感到十分的忧伤。他决定惩罚一下人类,但又不忍心看到自己亲手创造的那个世界全部毁灭。于是,上帝在罪孽深重的人群中选取了诺亚一家人作为未来世界的"种子"。

诺亚是一个十分守本分的人。他的三个儿子在他的严格教育下也没有误入歧途。诺亚常常告诫周围的人,应赶快停止作恶,从充满罪恶的世界中走出来。但人们对他的话不以为然,我行我素,一味地作恶、享乐。上帝选中了诺亚,希望他能带领大家重新建立一个理想世界。上帝对诺亚说:"人类的可憎我再清楚不过了,他们使这个世界充满了仇杀。现在我要使洪水泛滥全世界,消灭天下所有活着的人,除了你诺亚一家外,也消灭大地上

描绘《圣经》中上帝命令诺亚将每种动物各带两只到船上以躲避即将到来的大洪水场景的壁画

的万物。"

依照上帝所教的逢凶化吉的办法,诺亚一家早在这场洪灾前120年,就开始打造"诺亚方舟"。这一方舟十分巨大,分为三层,船体的每一部位都涂上了松香,用以保证不会渗水。这艘方舟造了120年。洪水来临时,诺亚一家8口,还有选取世间所有飞禽走兽中的良种7对(雌雄配对),再备足了1年以上的粮食,准备在大洪水中漂流。据《圣经》上说,那年的2月17日,巨大的深渊之源全部冲决,一连40天的大雨浇注在大地之上。洪水淹没平原、高山、森林,淹没了整个世界。

洪水暴发后的第220天,"诺亚方舟"靠在了拉腊山边。又过了40天,诺亚放出了一只鸽子,7天后,鸽子衔回了一根橄榄枝,这是一个美好的信息,表明洪水退尽了。这时,上帝对诺亚说:"你和你的家人从方舟上出来吧,把你带上方舟的各种鸟兽爬虫都放出来吧,让它们滋生繁衍,布满全世界吧!"西方人相信,新一代人都是"善人"诺亚的后代。西方人还有一种解读,"大洪水是上帝的眼泪",既是上帝对人类的惩处,又体现了上帝对人类的深层的爱。[1]

不知大家发觉了没有,面对洪灾,中华人与世界其他地区的人们的不同点是:不多着墨于大洪灾的可怖场景,而是浓墨重彩地展现中华人在抗击洪灾、治理水患中表现出来的英雄气概。

为了治理这场大洪水,当时的天下领导层中专门设立了"水官"。能当上水官的,都是被天下人公认为最能干、最有献身精神的人,也是最有希望晋升为"皇"或"帝"的人。水官可是挺辛苦的,他要统领天下九州的百姓治水,不少场合都得亲自到第一线带领大家一起干。当时的水官名号叫什么?恐怕就叫"共工","共"通"洪",共工也就是治理洪水的官员。《史记·五帝本纪》的《正义》有一个解释:"共工,穷奇也。"也就是说,中国历史上领导治水的那个官员原先叫穷奇,后来成绩出色,就把"共工"这个官名赐给了他。在中国历史上以官为氏的情况有的是。

在中华文化中,治水与为民谋福祉联系得十分的紧密。尧在征求谁可以担当治水大员的时候,一再强调了"下民其忧"。在当时状况下,老百姓的最大忧患就是洪水哪一天会突然冲进他的家园,冲走他家园中的一切,乃至于生命。

---

[1] 高丹:《灾难的历史》,哈尔滨出版社2009年版。

大夏灭

2002年，考古学家在北京发现了一件出土于河南的青铜器，是遂国国主留下的器物。遂国，春秋公国，尧后，鲁庄公十三年为齐所灭。这件器物后来定名为"遂公盨"。铭文里面详细记叙了大禹的情况。它一开头就说："天命禹敷土，随山濬川。""禹敷土"这三个字是见于《尚书·禹贡》的，而"随山濬川"见于《禹贡》的序。这个发现以后，有人说可以把禹的传说推到西周，甚至西周以前。铭文共10行，98字，前9行每行10字，末一行只有8字。讲的都是大禹治水土事。在这98字中，共有五处说到了"民"，如"降民鉴德""自作配享民""厥贵唯德民"" 民好明德，寡顾在天下""民唯克用兹德"，大致的意思是说，禹这个治水英雄之所以足以让人称道，关键就在于他的顾民、享民、贵民之大德，这里还特别将顾民与顾天下联系在一起。

由于时代久远，治理洪水的故事一般都以神话传说的形式出现。神话传说不是空穴来风，它是昨日世界的曲折映像，它是远古时代记忆的变幻，不同的神话传说体现了不同民族的精神气象。正如李学勤先生在《夏商周三代离我们有多远》中说的：

中国古代也有神话，有些还是十分美妙的，但是较之其他古代文明，中国的神话一则数量少，二则类型也不相同。比如世界各地最普遍的神话是洪水传说，中国亦有，且见于《尚书》的首篇《尧典》。不过其他地方的洪水传说都是讲天降洪水，将人类灭绝，惟有少数留存下来，成为现今人类的先祖。而《尧典》却说洪水怀山襄陵，禹受命动员人众将之治理平息。其思想涵义显然有别，不可与其他传说同日而语。这里反映的不同观念，是很值得玩味的。[1]

区别的确是有的。西方的神话传说不管怎么包装，讲的就是神学。就是像洪水这样十分现实的人间事，也要一味地将其"神"化，用神的观念来加以包装。而中国人比较朴素，比较讲实际和实在，面对像洪水泛滥这样的人间极其重大的事，讲的就是"人话"。中国远古时代的治水英雄，比如伯益、共工、鲧，还有最为世代中华儿女折服的大禹，都是一个个"人"的形象。在关于他们的传说故事中，都是有血性有骨肉的，他们都有自己的婚姻，自己的家庭，自己的爱好，自己的个性，有其长处，也有其短处，但是，一旦当时

---

[1] 宫长为编：《李学勤说先秦》，上海科学技术文献出版社2011年版。

的行政集团授之以水官的大任,就得认认真真地为百姓办事。办不好,就得削职查办,有的还得处死。人们称这些人为失败的英雄,在治理洪水的历史上还得有他们的一席之地。

共工和共工治水

从文献资料和古代气象资料的综合分析看,整个五帝时代都存在着严酷的洪水威胁。对当时的当政者来说,抗洪一直是第一位的大事。而长期负责水利工程和预防水患的大臣,就是我国历史上大名鼎鼎的共工。

作为一个部落的首领,共工是一个人名。作为一个长期处于水乡的族群,共工又是一个部落名,甚至是一个相当大的地域的名。史书上说:"共工氏以水纪,故为水师而水名。"[1]

这里讲的是,这个氏族的特色在于一个"水"字,他们连纪年、氏族的名称、氏族武装力量的名号,都带有一个"水"字。又有文献说:"燧人以来,未有不以轻重为天下也。共工之王,水处什之七,陆处什之三,乘天势以隘制天下。"[2]说明共工氏长远地身处水乡,因此对水患的处置也比较有经验。这个氏族的图腾是与"水"紧密相关的"蛇"。而共工族的图腾"蛇"又与黄帝族的图腾"龙"有着某种关系,可见它也很可能就是带有范围意义上的炎黄族人。

说共工氏也是炎黄族人,这一点也不假。"共工诸侯,炎帝之后,姜姓也。"[3]笼统地说是姜姓实际上还很难肯定是炎帝后裔还是黄帝后裔,但综合各类资料看,这个族的确是炎帝的后裔。"炎帝裔孙为诸侯,号共工氏,有地在弘农之间。"[4]看来共工这个氏族是一个很强势的氏族,有的文献说他是"霸",有的文献说他称"王"。如果真像上面所引文献说的那样"有地在弘农间"的话,那他的老家应该在河南、山西一带了。但是,形势在发生变化,后来黄帝战胜了炎帝并最终和好以后,炎帝的势力走向了南方,作为炎

---

[1]《左传·昭公十七年》。
[2]《管子·揆度》。
[3] 三国吴·韦昭:《国语注·周语》。
[4]《新唐书》卷七十五《表》卷十五。

帝族的主力之一的共工族当然也南迁了，也只有在此时，与文献上说的"水处什之七"的地域状况更加匹配和相符。

共工氏的治水本领大约在黄帝晚年充分地显露了出来，并受到了人们的认可。他的治水虽然与鲧一样用的传统的"堵"的方式，但运用上还是得当的。而且他很懂得用人之道。在他的治水队伍中有两个大员，一个是名叫相柳的水利专家，他除了"堵"即修筑堤防外，还开凿了许多出水河道，这是他的创新。还有一个治水大将就是禹，禹的勤勉使治水工程上创造了不少奇迹。最为难能可贵的是他把自己的儿子培养成了一个超一流的、足以名传千古的治水能手。有载：

共工氏之伯，九有也。其子曰后土，能平九土，故祀以为社。[1]

这是一条重要的资料，既使我们读懂了共工，也使我们读懂了共工的儿子。共工的儿子叫句龙，是青史留名的。他起先只是共工治水队伍中的一员，后来由于成绩卓著，而被黄帝任为"土官"，大约位在其父亲共工之上。句龙当了土官以后，历遍了祖国大地进行水的治理，成绩也是好的，所以史书上称其为"能平九土"。这里说的"九土"，明确指的是九州之土，他是到各处去进行治理了的。大约句龙死得比较早，因此在黄帝时代就"祀以为社"了。把他作为天下的土地神来祭祀，这可说是最高的荣耀了。后来的大禹也不过享受"后土"同样的待遇。

这是黄帝时期，后来怎么样，现存的各种资料虽说各异。但是，从纷乱中是可以理出头绪来的。应该说，在颛顼接替黄帝成为天下共主的前期，共工与颛顼之间的关系还是比较和谐的。在《史记》中有几句关键性的话语：

颛顼有共工之陈，以平水害。[2]

这段言简意赅的话告诉了我们诸多信息。其一，说明当时作为天下共主的颛顼与作为臣属的共工之间的关系还是不错的，不然颛顼就不会任命

---

[1]《国语·鲁语上》。
[2]《史记·律书》。

他为治水统领。其二,说明共工在颛顼时代继续发挥着不可替代的治水英雄的功能,事实上在黄帝时代和颛顼帝前期的确没有什么惊天的大水患。其三,对这段文字,《集解》加注道:"共工主水官也,少昊氏衰,秉作虐,故颛顼伐之。本主水官,因为水行也。"原来共工这个水官你管好水事就行了,可是,这次东方的少昊氏地区有些不服中央管教了,颛顼一声令下,共工通过水行迅雷不及掩耳地来到那里,把叛乱弹压了。对《史记》中上面引文中的"共工氏之陈"中的"陈",专家有不同的诠释,有的说"陈"者,"臣"也,说明共工此时还能摆正为臣之道的。有的说"陈"也就是"陈兵"的"陈",是指共工率军听命而去,笔者以后者为是。

也许就是这么些事,共工就此居功自傲起来。先是生活上失检了。在《国语·周语下》中有一段引人注目的话:"昔共公弃此道也,虞于湛乐,淫失其身,欲壅防百川,堕高堙库,以害天下。"这段话学界颇多歧解,有人以为这段文字使"共工氏在历史上被丑化了,成为一个淫佚无度、振滔洪水以祸天下、造成水灾的恶人"[1]。其实,大可不必为共工这样一位治水英雄辩解,昔日的英雄,后来由于行为失检而成为罪人的,在历史上、在现实生活中还少吗?

传说中,共工氏最后是走上了"怒而触不周之山"的英雄末路。这是一段名文,不妨一录于此——

昔共工与颛顼争为帝,怒而触不周之山,天柱折,地维绝,天倾西北,故日月星辰移焉,地不满东南,故水潦尘埃归焉。[2]

这段文字的内涵太丰富了,它的背景大致上是这样的:共工氏功成名就后,就谋求取颛顼之帝位而代之。这当然是不允许的。在颛顼帝的坚决反击下,共工大败,最后做出所谓的"怒而触不周之山"这样的冲动之举。

总体而言,共工的历史功绩是不容抹杀的,一些神话传说及某些典籍中将其列为"三皇"之一也不为过,但其晚年失德、晚节不忠,实为咎由自取,是不应该也不值得同情的。

---

[1] 李玉洁:《中国古史传说的英雄时代》,科学出版社2010年版。
[2] 《淮南子·天文训》。

鲧和鲧的治水

大洪水的爆发,应该说是自然的灾害,但当时人认为是共工的玩忽职守,造成了大洪灾的悲剧。这悲剧给天下人造成的恶果是极大的。当时,尧帝召开"四岳"会议,讨论该怎么办。一个叫谨兜的人进言说:"还是让共工干下去吧,他毕竟是有经验的,也好让他将功赎罪。"尧坚定地说:"不行,治水这件大事是决不能让他干下去了,还是试着让他去当'工师',办点儿具体的事,看他能不能干好。"大家的意见还是相当一致的,都说:"看来是不能让他干下去了,再让他干就是再放任他干坏事。"

否决了共工继续管理治水工程后,尧又征求大家的意见,看何人适合当水利大臣。这时,大多数人的意见认为鲧可以。理由很简单,一是鲧曾是共工的得力助手,他有经验,有这方面的能力。二是这个人有干劲,把任务交给他,他会拼死把事干好。听了众人的话,尧只是摇头,说:"说他有能力、有干劲,这不假,不过这个人有个致命伤,就是'负命毁族',这样的人一旦把权力交给他,会坏大事。"什么叫"负命毁族"呢?原来"负命"指的是违抗命令,就是不听上头的指挥。而"毁族"就是不遵守族规,好自作主张。两句话说的,都是他不听话。当时原始社会已经走到了它的终点站,作为天下共主的"帝"还是喜欢听话的人的。

这时,参加会议的众人用了一句最彻底的话,那就是"等之未有贤于鲧者"[1]。其意是说,我们比较过了,在所有人中间,论治水的经验,论道德水准,没有一个比得过鲧的了。帝尧想了一想,觉得大家说得有道理,于是说:"那就试试吧!"帝尧被人们说服了。

帝尧原先说是"试试吧",可是,后来一试就是九年,说明鲧果真不是个无能之辈。如果他真的无能耐,恐怕干上一年半载早被撤下来了。允许他一干就是九年,至少说明他的治水是称职的。

那么九年间他干出了哪些业绩呢?

第一个业绩是继续用"壅防"的方法治理水患。事实证明,这一方法是

---

[1]《史记·夏本纪》。

有用的，也是不可废止的。共工氏用壅防的方法在颛顼时代实施治理水患长达几十年之久，基本上没有大的水灾发生。在共工氏后期之所以水患频发，不是因为"壅防"不管事了，恰恰是因为疏于"壅防"。鲧是个明白人，他没有因人废事。在长达九年的时间里，他一直坚持着以壅防治水的方略，而且总体效果也是好的。

第二个业绩是改进"壅防"方法，提高"壅防"水平。长期以来，投入水中的泥、石会被湍急的洪水冲走，这是个大问题。有本史书上说，"伯禹乃以息石、息壤以填洪水"。这是个新创造。多少年来，对于"息石""息壤"的解读有多种，而且争论不休。其实，这里的"息"就是停留的意思。怎样使扔进河里的石块、泥土不被水冲走而"息"停在那里呢？鲧发明了制作竹笼或木笼把泥土和石块装在里面，以达到将河水分流的目的。这个方法好得很，它后来被大禹在治水中承继运用，后被历代的水利家所沿用。李冰父子建造"都江堰"分洪工程，把江水分成内江和外江，用的不就是"息石、息壤以填洪水"这种方法吗？

第三个业绩是为治水实行移民政策。有人对"息壤"作了十分符合实际的解读，说："息壤，民众栖止之地也。"所谓"栖止之地"，就是民众世代居住的宅地。中国古代一直认为，世代居住的宅地不可移动，那里有祖宗的庐墓，一移动岂不冲了风水？可是，鲧为了治水的需要，实行适度的移民，这也是必要的。当然，他那样做，也会引来不少人的非难和非议，阻力是会很大的。

第四个业绩是把铜器用作治水工具，大大提高了治水效率。在当时人们的心目中，"铜"是一种神物，在以为"国之大事，在祀与戎"的思想支配下，铜器可以制作兵器，可以制作礼器和祭器，后来也可以制作食器，因为中国是主张"民以食为天"的民族，但不可以制作工具。可是这个不守规矩的鲧偏偏把铜制成了治水用的工具。这本来是应该大加赞扬和肯定的作为，但在保守思想的支配下却受到了强烈的指摘，夸大其词地称之为"鲧堙洪水，汩陈其五行，帝乃震怒"[1]。什么叫"汩陈其五行"呢？就是说鲧在治洪水时没有按照五行的规范办事。这是个大得不能再大的罪名。按"五行"行事是君臣行为的最起码要求，一个治水大臣带头破坏了五行规范，那还了得？怪不得"帝乃震怒"了。其实，鲧的思想是先进的，铜这种新发明的物

---

[1]《尚书·洪范》。

品，不用在治水等大事上，是多么大的浪费啊！

第五个业绩是将治水的范围扩大至"天下"。有这样一种可能：共工时期的治水，大致上只局限于黄河流域，更确切一点说是集中在黄河中下游地区。可是到鲧治水时期就不同了，史书上说他"壅防天下百川"，就是说他的治水工程已走出黄河流域，走向长江流域，乃至更广阔的领域。完全可以这样说，鲧的天下治水为大禹治水打下了基础。

第六个业绩是由"壅防工程"到"城防工程"的发展。很早就有学者指出，城的发明是与治水有关的，或者说"壅防"启发了"城防"。鲧为了治水，不论是水中建造的堤坝，还是建造在河两边的堤岸，一个最基本的要求就是牢固，经得起狂风巨浪的冲击。由此，鲧会联想到经得起敌人冲击的防御工事的建造。如果在自己所在的地域外围上坚实的、经得起敌人冲击的、足以保护自我的"堤岸"一样的工事，岂不安全得多了吗？在一些史书上早有"夏鲧作城"[1]的说法，应该还是可信的。城的发明不只在军事史上有着十分重大的意义，就是在人类文明史上也是不可小视的。

鲧参与治水的历程特别的长。在这场大洪灾中，早期的治水领袖是共工，而鲧当时是共工麾下的一员治水干将，而且两人的关系很不错，有趣的是，一些书籍把共工与鲧写成是一个人，那是有其深层含义的。到共工被撤去水官后，鲧被推举为继任者。史书上说他主导治水九年，其实，在中华文化中，"九"既可以是一个实数，又可以是一个虚数。"九"者，久也。他长久地担任着天下水官之要职。他冒着种种风险，顶住种种压力，创造了许多治水上的奇迹，说他是中华历史早中期的治水英雄，是一点儿也不为过的。

鲧是一个有着独特个性的人。

鲧的所谓的"独特个性"表现在：他既有自己的独立主见，有时又显得有点过分的自作主张，过分的张扬，过分的追逐功利。鲧既有可贵的创新精神，在为人处世上又往往显得有点张狂。鲧办事果敢，特立独行，在处置人际关系上却失之少与人沟通。鲧从不唯上，也不盲从权威，而且口无遮拦，想说什么就说什么，这样就少不得会获罪于上上下下的人，尤其会引起最高权威天子的不满。

个性决定命运。这是真理，也是自古亦然的。

鲧那独特的个性，决定了他那悲剧的结局。与鲧性格相近、命运相

---

[1]《吕氏春秋·君守》。

似的屈原作了这样的归结："鲧婞直以亡身兮！"[1]"婞直"，就是倔强、刚正、直率，这就是鲧性格的本质特点。清代有位大学者释"婞直"为："很也，不听话也。"当时已处于原始社会向阶级社会的转型期，作为天下共主的尧、舜两帝已有着绝对的权威，岂容得下你这个当水官的那样的"很不听话"？

像鲧这样极具个性的人，在那样的社会环境下"婞直以亡身"似乎是必然的。

鲧"婞直"的个性，首先在怎样评价和对待共工上十分充分地表现了出来。鲧是颛顼族的传人，而共工曾经是颛顼的竞争对手，后来由于玩忽职守、造成洪水泛滥而被革了职，最后被流放到北方去了。对这样一个悲剧人物，站在自家族群的立场上理应是拍手称快的，可是，鲧这个人就是与常人不一样，他"称遂共工之过"[2]，他不只不去乘人之危去大骂几声共工以图痛快，以求媚俗，相反，还对共工的"过"（当然，他不认为那是过）大加称许。在他看来，共工主持中原地区的治水几十年，而且是卓有成效，这样的大功臣为何不可以"争帝"呢？在鲧看来，既然是禅让制，就不能不让人站出来去"争"。"争帝"不是共工的罪过。而后来的洪水大泛滥也不是共工一个人的错误。这些话不一定全有道理，但却是他的真心话。他把这话当着众人对尧帝明明白白地说了，而且是大声说的，对此，尧帝当然不高兴。

鲧"婞直"的个性在面对自己职位的不公上也充分地表现了出来。他直白地说："得天之道者为帝，得地之道者为三公，今我得地之道，而不以我为三公。"[3]这话他也是在公开场合当着尧的面说的，其意是说，我就是不能当上天下共主的"帝"，我也该是一个仅次于"帝"的三公吧，怎么把我放在一般诸侯的行列中呢？他这样在尧帝面前大呼小叫地要权要地位，当然引起了尧的极大反感，不客气地把他狠狠批评了一顿，并且加之以一个极大的罪名，谓"欲以为乱"。这就让鲧的火爆性子更是按捺不住，他要尧帝说清楚："我认为你这个当天下共主的办事不公，我怎么就成了谋反作乱了呢？"尧帝气呼呼地作答："你这也不满，那也不满，不是想谋反作乱是什么呢？"鲧一气之下离开了王城，再也不愿回到王城来了。

---

[1]《离骚》。
[2]《国语·周语下》。
[3]《吕氏春秋·行论》。

公正地说，鲧的确做得有点过分了，后来尧跟他打招呼，要他来王城谈谈，消除误解。这原本是双方下台阶的一个极好机会，可是，"婞直"的鲧一点儿也不领情，就是"召之不来，仿佯于野"。尧召他，他不来；一天到晚在野外游荡，实际上是示威，好像是在说："我就不来，看你把我怎么样？"尧帝知道鲧有能力，也有治水的实绩，而且还有颛顼传承下来的氏族势力，因此，最后还是想安抚他。几次要他回王城面谈，可是，这个鲧还是不领情，就是"召之不来"，像一匹行空的天马一样毫不受束缚地独来独往。

与尧最大的冲突是发生在传位给谁的问题上。一听说尧真的要把帝位通过禅让传承给舜，鲧马上火冒三丈。尧帝不是一而再、再而三地召他进王城面谈吗，他就是召之不来，他就是不理不睬。可是，这次事关重大，他却不召自来了。他见到尧帝，第一句话就是："不祥者，孰以天下而传于匹夫乎？"[1]鲧的口气很大，而且是先下结论，再讲事实。他认为尧的传位给舜，是不吉祥的，是会给国家造成大的不幸。为什么呢？鲧拿出的事实是：就因为舜只是个普普通通的"匹夫"。当时已处于原始社会走向阶级社会的转折期，不只贫富分化明显，贵贱分化也相当清晰。舜如果穷根究底的话，据说可以与颛顼联上点关系，但是从他往上推七代都是"微为庶人"。他的父亲是个盲人，亲生母亲早已亡故，继母是个连基本礼仪都不懂得的女人。在鲧这种从贵族家庭中走出来的人看来，如此"匹夫"能担当起天下共主的重任吗？他以为是绝对不可能的。同时，此前尧早已将两个女儿嫁给了舜，让舜继承帝位不等于传位给了"女婿"吗？这不是对禅让制度的极大亵渎吗？鲧大声抗争，他认为自己是在保卫传统的禅让制度！

鲧的这些举动，引起了尧的极大不满。此时，尧对鲧是彻底的失望了。这是一次极为无趣的见面，甚至可以说是一次绝情的会见。史书上只写上了"尧不听"三字，可能的情况是，尧根本没有理睬鲧的责难，悻悻然地离开了现场。也有一种可能，尧早已对鲧失望了，"召之不来"那也实在没办法，这次自己送上门来了，这不等于是自投罗网吗？于是，尧下决心当场把他抓起来了。

尧下令抓一个鲧的权威也还是有的。可是，鲧是在当时很有身份的人。一个治水大员，总不能说是与尧一语不合而被抓起来的。对外，对整个社会，尧总得有个说法。尧苦苦地思索了好长一段时间，最后就给他套上最简

---

[1]《韩非子·外储说右上》。

洁,也是最厉害的四个字:"绩用弗成。"什么意思? 就是说你这个鲧,治水都治了九年了,可是成绩呢? 你拿不出,拿不出成绩就是渎职,就得把你抓起来,就得治你的罪。有人说这是尧帝硬生生地强加在他头上的罪名,其实鲧治水是有功劳的,禹是在鲧的基础上再往前走,最后取得了成功。鲧的被抓,有人称之为功败垂成,这当然只是一种说法。尧官方的说法是"绩用弗成"。你把治水这件大事搞砸了,所以要抓你。这样名正言顺,谁都反对不了。

我们无意于对尧帝与鲧之间的是是非非做出直截了当的评判。"此亦一是非,彼亦一是非"。有些是非是一时难以说清楚、道明白的。在私有社会已经呼之欲出的社会环境下,尧在利益的分配和帝位的传承上,肯定是有私心的,这种"私心",不过与日后阶级社会的私心在质和量上都有很大区别罢了。至于鲧的所作所为,也是很复杂的。他的"婞直",在治水上是个普罗米修斯式的英雄人物,他的竞选式地去"争"那个帝位或三公之位,也不能说全是他的错。如果真的让他当上了天下共主,以他的那股子冲劲,也许能创造出种种前人不能有的奇迹来。他的反对尧传位给舜,除了他明摆在台面上的理由之外,可能还有个人的恩怨在里面起作用。而屈原说的"婞直以亡身兮"倒是很实在的,也是被历史证明了的。

鲧被抓起来以后,尧的处理还是相当的宽大的,把他发配到东方的羽山去。东方是夷人的根据地,要鲧以先进的华夏族的身份去影响夷族人,提高夷族人的文化素养。可见,尧对鲧的素养还是有一个基本的评价的。只不知鲧在民族融合方面是否做了些该做的事,史无明文,就不好妄断了。这个早中期的治水英雄,后来是不明不白地死在羽山那里了。这不能不说是个悲剧。

伯益和伯益治水

伯益是大禹治水时期最著名的治水英雄之一。可以这样说,没有伯益的助力,大禹治水也就不可能达到如此完美和辉煌的程度。关于伯益治水及其功绩,在《史记》中有一段具体而微的描述:

秦之先，帝颛顼之苗裔孙，曰女修。女修织，玄鸟陨卵，女修吞之，生子大业。大业取少典之子，曰女华。女华生大费，与禹平水土。已成，帝锡玄圭。禹受曰："非予能成，亦大费为辅。"帝舜曰："咨尔费，赞禹功，其赐尔皁游。尔后嗣将大出。"乃妻之姚姓之玉女。大费拜受，佐舜调驯鸟兽，鸟兽多驯服，是为柏翳。舜赐姓嬴氏。[1]

这段文字对大费作了全面的介绍和评解。大费，也叫伯翳，一般称之为伯益。上面这段话十分简单，略显艰涩，主要意思为：秦的祖先是颛顼帝的后裔，颛顼有个孙女叫女修，她是个善于纺织的小姑娘。一次，她在纺织时看到一只黑色的大鸟生下了个蛋，就拿来吃了，想不到就此怀了孕，生下了大业。大业娶少典的女儿女华为妻，生下了大费，也就是我们常说的伯益。大费最值得一提的是他曾帮助大禹一起平水土那些事儿。后来功成名就，舜帝为了嘉奖大禹，亲自赐给大禹一根象征权力和权威的黑色的玉圭。大禹显得很谦恭，就在那次授奖大会上当着舜帝的面说："平水土的成功不是我一个人的能耐，在辅助者之中，伯益的功劳是最大的。"这时伯益也刚巧是与会者，舜帝就把他叫到身边，对他说："伯益啊，你帮助禹完成了平水土的大业，民众是不会忘记你的。我赐与你一面白色的旗帜。'玄圭'与'皁游'相合，这是种黑与白的相配。只要你坚持干下去，你的子孙一定会昌盛的。"舜帝还当场答应将姚姓的女儿嫁给伯益。这些，伯益都十分恭敬地接受了。后来伯益又辅助舜帝调驯鸟兽，鸟兽都很驯服，因为他办事有成绩，被舜帝赐姓嬴氏。

古人短短的一段文字，包含有如此丰富的内容，而且绘声绘色，十分生动。这里秦的渊源讲清楚了，秦与黄帝族之间的关系讲清楚了，更为重要的是，把秦的始祖伯益（大费）参与大禹平水土的业绩也讲清楚了。

因为当时还处于传说时代，很多传说中的英雄人物其实就是某一个族群的代表。伯益也是这样，他是一个英雄，也是一个英雄族群的代码。作为一个族群，早在尧帝时代就已经显山露水，成为众多族群中的杰出代表。在《史记·五帝本纪》中写道："契、后稷、伯夷、夔、龙、垂、益、彭祖，自尧时而皆举用，未有分职。"在尧帝时最受重用的有八人（实际上是八个有为的族群），其中就有"益"的存在。所谓"未有分职"相当于后来说的没有实施分

---

[1]《史记·秦本纪》。

封。他们都坚定地拥立以尧帝为首的中央政权,但是没有自己的分封领地,在当时情况下也是可能的。

那么,伯益和伯益族的人们有些什么特长足以辅佐中央呢?有的。文献记载称:

> 舜曰:"谁能驯予上下草木鸟兽?"皆曰益可。于是以益为朕虞。益拜稽首,让于诸臣朱虎、熊罴。舜曰:"往矣,汝谐。"遂以朱虎、熊罴为佐。[1]

这是段很有意思的文字,既写出了伯益的特长,又道出了伯益的谦和。文中有"驯予上下"一语,有点儿费解。《史记》的《集解》的说法是:"上谓原,下谓隰。"这就清楚了,原来伯益还是远古时代的一位环保专家呢,他能根据土质状况而区别采取养生措施。平原地带应该种植怎样的"草木",低湿地区又应种植怎样的"草木",得有个区分。这方面别人不太懂,伯益懂。除种植问题外,还有养殖问题,"上谓原,下谓隰",在养殖上该有个合理的安排。伯益这个人很是实事求是,认为单是自己和自己这个部族还不够,还得有一些有经验的人和部族来一起干,"以朱虎、熊罴为佐",实际上就是让这样四个有特色的部族一起来干环保这件大事。我们这样来解读伯益,古来还没有过,我们这里想做一点拓展和创新性的解读,把对历史的理解推向一个更加真实的层面。

话又要回到禹说的"非予能成,亦大费为辅"这句话上来,这绝对不是一般人认为的客套话。在经典的文本中,尤其是讲到伯益助禹时,不是说治水,而是说"与禹平水土"。伯益的巨大的传世之功就是把原先传统观念上的治水推向"平水土"。在整个"平水土"过程中,两人都是全程参与了的,那毫无疑问,但工作的重心有所不同。我们在这里可以作一个大胆地设想:禹的工作重心在于前期的"行山表木","定高山大川",河流改道了,大水横流了,不行,禹的治水大军开山辟道,让河水基本上流回河道去。前期工作当然很不简单,但后期的工作更重要,更与民生息息相关,这就是"驯予上下草木鸟兽"的工作。要把"上下"的各种各类土地平整起来,要把适宜的"草木"种植起来,要把各类"鸟兽"养殖起来。这既是一项大的环保工程,又是一项大的民生工程。前面那些失败的治水英雄"失败"在哪里?

---

[1]《史记·五帝本纪》。

从根本上说就是失败在只求表面的治水,而完全忘记了后期的环保工程和民生工程。从这个意义上说,伯益可谓功劳莫大矣!

伯益助大禹平水土之功,以前的史家弘扬得很不够,我们有责任多做些这方面的工作,让大家了解伯益是怎样一个人,他在帮助大禹平水土方面起了怎样不可取代的作用。其实,如果认真搜寻一下的话,相关的资料还是不少的。"昔伯翳(伯益)为舜主畜,畜多息,故有土,赐姓嬴。"[1]是说他在养育家畜方面是有那么一手的,因此大舜就让他担任了这方面的主管官员。"秦,嬴姓,伯翳之后也。伯翳佐舜怀柔百物。"[2]这里巧妙地用了"怀柔百物"一词,是说伯益在驯化动物和种植作物方面绝对是位高手,"怀柔"一语用得实在是好。"嬴,伯翳之后也……伯翳能议百物,以佐舜者也。"[3]这里又有一种新鲜的提法,叫作"能议百物"。"议"者,议论也,研究也,探讨也。把动植物的养育培植当作一个研究科目来看待,可能伯益是中国历史上这方面的第一人。最有情趣的是,在文献上还有那么一段话:"伯益庙在县西十五里……昔伯益司昆虫草木,曾号百虫将军。"[4]"百虫将军"这种称号用漫画的方式将伯益的精神风貌勾勒出来了。孟子对伯益也崇尚有加,写下了这么一段热情洋溢的文字:"当尧之时,天下犹未平,洪水横流,泛滥于天下。……尧独忧之,举舜而敷治焉。舜使益掌火,益烈山泽而焚之,禽兽逃匿。禹疏九河,瀹济、漯而注诸海,决汝、汉,排淮、泗而注之江,然后中国可得而食也。"[5]伯益助理大禹为中国人解决了"可得而食"的问题,这是最根本的。

在传说中,伯益还有诸多技术层面的作为,如"伯益知禽兽""伯益综声于鸟语""伯益作井",等等。可见,伯益的确是个了不起的人物,无怪乎大禹一度想传位给他了。

---

[1]《史记·秦本纪》。
[2]《史记·郑世家》。
[3]《国语·郑语》。
[4]《山阴县志》。
[5]《孟子·滕文公下》。

第八章 大禹平水土

走出传说时代第一人

像每一个民族一样,中国曾经经历了漫长的传说时代。那时还没有文字,人的意识和观念相对模糊,只能用神话和传说来追忆往昔的岁月。但是,随着人的文明发展,族群共同体的相对稳定,家族世系的日趋清晰,人们终于一步步地走出了传说时代,进入了发展脉络相对清晰的信史时代。

走出传说时代、步入信史时代的标志性人物是大禹。

最早充分肯定大禹是信史人物而不是所谓的传说人物的是孔子。"子不语怪、力、乱、神。"[1]他从来不喜欢去附会和宣扬那些志怪神道人物,在他笔下,大禹是一个实实在在为民办实事、办益事、办大事的伟人。有两段话最能反映他对大禹这个伟人的深深崇敬和无比崇信。

> 巍巍乎!舜禹之有天下也而不与焉。
> 子曰:"禹,吾无间然矣。菲饮食而致孝乎鬼神,恶衣服而致美乎黻冕,卑宫室而尽力乎沟洫。禹,吾无间然矣!"[2]

这两段话堪称是评述大禹这个历史伟人的最具代表性的经典论述。第一段话是对禹的总体评价,说大禹实在伟大,他像泰山一样"巍巍乎",他的"有天下"不是他自己伸手要的,而是他作出贡献后的自然结果。第二段话实际上是对第一段话的经典解释。孔子说了两遍"吾无间然矣",强调的是,像禹这样的伟人、圣人不管是品格、行为、业绩,都是无可挑剔的。

---

[1]《论语·述而》。
[2]《论语·泰伯》。

孔子讲得十分实在,禹的"菲饮食""恶衣服""致美乎黻冕""卑宫室""尽力乎沟洫",一件件,讲的都是切切实实的"人事",而不是虚幻不经的"神事"。

的确,要在禹之前找出一位完全人格化的伟人来,实在没有。孔子选对了。走出传说时代第一人的人选,非大禹莫属。

事实上,从大禹生前到身后,人们都是把他当一个"人"来看待的。从《尚书》看,在他生前由于他的尽力于天下事,他已经被世人尊为"禹王"。有夏一代,他的地位当然是最为崇高的,"声为律,身为度",大家都把禹当作衡量是非的标准。在商、周二代,都普遍的称禹是夏的始祖,也是商、周二代的始祖,这可以《诗经》中的诸多诗篇为证。夏、商、周三代同祀鲧,也同祀禹,可见禹这个人物在人们心目中的地位。秦始皇登极后,想做的第一件大事就是"上会稽,祭大禹"[1]。《史记》中的这一记述,在《会稽县志》中也得到了证实。汉代帝王也都祭禹,尤其是雄才大略的汉武帝多次临江祭禹。为了"塞瓠子决",汉武"自临决河,沈白马玉璧于河,令群臣从官自将军已下皆负薪填决河",作《瓠子之歌》,建宣房宫,明确这样做就是要"复禹旧迹,而梁、楚之地复宁,无水灾"[2]。祭禹最盛的是有清一代。顺治二年(1645),议定祭祀历代帝王礼,除每年春秋遣官致祭大禹外,"夏禹王浙江会稽县祭"。康熙二十八年(1689)康熙帝南巡,二月十四日,"诣庙亲祭"。乾隆十六年(1751)乾隆帝南巡,三月初十,"诣庙亲祭,并授以禹氏后裔姒恒甸八品官,世袭奉祀会稽陵庙"。有人作过统计,自康熙二十一年(1682)到乾隆五十五年(1790),清廷遣官致祭达二十五次,平均每四年一次。而传统的浙江政府负责办理的民祭,那是每岁相传中的大禹生日三月五日都要举行一次。

这就充分证明了,在数千年的中华文明发展史中,不论是官方还是民间,都是把大禹看作是实有其人的祖宗来加以崇尚和祭祀的。所以,李学勤先生明确把传说时代与信史时代的界线划在夏代前后。他指出:

> 具体来说,先秦史又可大致划分为两大阶段:从远古以至唐、虞,是所谓传说时期,与后来的夏、商、周三代有所不同。这只是根据现有研究情况

---

[1]《史记·秦始皇本纪》。
[2]《史记·河渠书》。

来讲的,两阶段间并没有清楚的界限。比如唐、虞有没有可能划下来,和三代合为"四代",像《大戴礼记》说的,便很值得斟酌。[1]

这里说得明确透了,从远古一直到唐虞(尧舜时期)这样漫长的历史阶段,都是传说时期,而一到大禹创建的夏王朝时期,情况和性质完全变了,历史进入了一个确定无疑的信史时期。就拿大禹这个人物来说,说他不再是传说人物的理由是:首先,禹生存的那个时代发生了超乎寻常的大洪灾,这已经被科学证明是客观的事实,而这次大洪灾后来是被中华人征服了,这也已经是被科学证明是客观的事实,既然两者都是不争的客观事实,那么必然可以推导出第三个客观事实:必有一支庞大的治水大军且这支治水大军必有位统军的领袖人物。这个统军的领袖人物就叫大禹。这是最根本的理由。其次,现在留存下来的大禹一生的业迹是具体的,生动的,也是可信的,不像一般意义的传说故事那样的虚妄和随意。现在文献中说的"禹伤先人父鲧功之不成受诛,乃劳身焦思,居外十三年,过家门而不敢入","陆行乘车,水行乘船,泥行乘橇,山行乘檋。左准绳,右规矩",这里讲的都是实实在在的"人"事,与神话传说无涉。再次,也是很重要的,传说时代的那些所谓人物,在世系传承上往往是不肯定的甚至是诡异的,而大禹的家族世系了了分明,鲧生禹,禹生启,启传子太康,太康又传弟仲康(中康),仲康又传子相,相又传子少康,少康又传子予,予又传子槐(芬),槐又传子芒(荒),芒又传子泄,泄又传子不降,不降又传弟扃(禺),扃又传子廑(胤甲),廑又传子孔甲,孔甲又传子皋,皋又传子发,发又传子桀(履癸)。在470余年间,凡十七王、十四世,异常的清晰,异常的分明,连何时是父亡子继,何时是兄终弟及,中间还有

大禹画像

---

[1] 李学勤:《中国古代历史与文明·序》,上海科学技术文献出版社2007年版。

四十年上下的"后羿代夏",都说得明明白白,这在传说时代是不可想象的。应该说,李学勤先生认为的把传说时期与信史时期的分界线划在夏初,是有科学依据和客观的事实凭证的,大禹不是传说人物也是完全站得住脚的。

当然,由于历史上诸多错综复杂的原因,大禹的形象一度被人为地模糊化了,甚至被恶意地亵渎了,中国的史学家有义务还广大读者以一个真实可信的大禹形象。

我们还得说一说所谓的"大禹是虫说"。我们在前面的文稿中明确指出过,这是日本军国主义者在二十世纪初恶意放出的学术烟幕,目的就是要丑化中华先祖,为侵华制造舆论先导。而当时的一些年轻人不知就里,跟着瞎起哄,造成了很坏的历史后果。至今还有一些人不知真相,还以"虫说"说事。

我们在这里要告诉大家的是:中国文化中从来不违避"虫说",不过那与披着学术外衣的那些日本军国主义者说的完全是两码事。

《说文》:"禹,虫也。从厹,象形。"这里似乎有三解:

其一,在自然界确是有一种名叫"禹"的昆虫,一些专家考证,说这种"禹"虫有四条腿,是一种很有坚韧性的动物,它爬行得并不快,但一直在那里爬,有韧性。《广雅·释诂》:"禹、绥,舒也。"王念孙疏证:"禹、舒,声相近,《说文》'踽,疏行貌'。"疏行就是讲它的韧性,它前行过程中的从容不迫。

其二,在中华文化中有一种认知,就是除"禹"名之为虫外,一切生命体都可名之为虫,包括天上飞的,地上走的,水中游的。在传统文化中,叫我们人类是"倮虫",老虎是"大虫",蛇是"长虫",小的爬行生物是"毛毛虫"。在《尚书·皋陶谟》中,王者应在上衣上绣"日、月、星辰、山、龙、华虫","华虫"也者,孔颖达《正义》释为"雉也",也就是很美丽的、很吉祥的山鸡。看,中国文化就是这样的大气,并不把"虫"看成是不登大雅的东西,而是可与日、月、星辰并列在一起的。这样看来,说"禹是虫"不管是从原始意义上讲,还是从衍生意义上讲,都应是没有贬义的。

其三,中华文化中有一个惯例,就是喜欢以某种自己认同和喜爱的动物作为自己的名字,这样称呼并不是说某人就是某动物或某物件了,而是为了以某种动物或物件的明显特长驱策自我。舜的大臣中有叫朱虎的,是在激励自己像虎一样勇猛,有叫熊罴的,是要自己变得像大熊那样力大无穷,还有位叫契的,"契"是什么?是一把刻龟甲的凿子——他多么希望自己就是那把凿子,凿出世间的人文。禹的家人给他取了个"禹"的大名,显然是希望他将来能成为一条踽踽而行、从容不迫、坚韧前行的禹虫,这是一种多么美好、多么富于正能量的人生祝愿啊！

我们在这里讲了三条，意在正确地理解"禹文化"。说"禹"在含义上与虫有关联不是不可以，关键是要正确明白它的文化内涵。

关于大禹的研究，还有一个问题至关重要。在现存的关于禹的文献资料中，有不少资料是属于人文化的资料，但也有不少资料是神话化的资料，有的是人文与神话的交织。这就涉及一个大问题：大禹究竟本质上是人，还是神？潜明兹先生明确指出："关于禹，首先必须有一个明确的观念，即禹绝不是神话人物的历史化，而是历史人物的神话化。"[1]

如果对关于禹的相关资料作一个全面审慎地研究的话，应当说绝大多数的相关资料是务实的，是把禹作为一个历史人物来表述的。这方面司马迁在著述《史记》时作了大量的去伪存真的工作。在《史记》中直接提及大禹其人其事的，有百来处，可见其对大禹这个人物的重视。更为难能可贵的是，司马迁为我们提供的是一个鲜活的、人文的、触手可及的中华伟人的形象，没有虚妄和随意的想象。

司马迁笔下的禹出生于一个姒姓的家族之中，从小就有"敏给克勤"的品格，长大以后被尧帝所重用，成为他手下得力的重臣。一起做事的有"禹、皋陶、契、后稷、伯夷、夔、龙、倕、益、彭祖，自尧时而皆举用，未有分职"[2]。当时禹还很年轻，就担任着"司空"的重要职责。司空是干什么的？大约有三大职能，一是土地管理，大概那时的原始农业也归他管；二是人口管理，包括人员的调度；三是防止各类自然灾害。在当时，这个职务是最务实、最关乎民生的，尧让禹管这些事，除了说明他有很强的能力外，还说明尧帝对他的信任。三十多岁的时候，那时已是舜帝当政了，禹又被委之以治水大员的重任，"禹乃遂与益、后稷奉帝命，命诸侯百姓兴人徒以傅土"[3]。请不要轻看了这短短的二十一个文字符号，这真是字字千钧啊！舜帝下了命令，让最精干的禹、益、后稷三人牵头办平水土这件大事。下面各路诸侯要动起来，全体"百姓"也要动起来。全民动员，就是这二十一字的要旨。禹是把这当作一件最大最大的事办的，于是就有了"三过家门而不入"的故事，有了十三年致力于治水，最后身体也垮了，行走都不便的"禹步"故事。禹治

---

[1] 潜明兹：《中国神话学》，上海人民出版社2008年版。
[2] 《史记·五帝本纪》。
[3] 《史记·夏本纪》。

水走遍了全国,"禹疏九江,决四渎"[1]。治水成功后又巡行大江南北,最后身死于会稽。死后民众没有忘记他,说:"禹之功大矣,渐九川,定九州,至于今诸夏艾安。"[2] 人们永远也不会忘记大禹这个伟人。

司马迁用完全写实的手法写大禹,几乎把大禹写活了。更加了不起的是,他毅然决然地扫除了一切虚妄之辞。有载:

至《禹本纪》《山海经》所有怪物,余不敢言之也。[3]

需要指出的是,司马迁在这里说的意思是,《禹本纪》《山海经》中说的种种"怪物"是不足征信的,因此不"敢"予以采入。但是也不要由此而产生误会,以为司马迁在全盘否定《禹本纪》和《山海经》这两本典籍了。司马迁这样做,充分表明了他治史的严肃和科学的精神。司马迁在《史记》中为后人提供了关于禹的大部分真实可信的资料。当然我们也不排斥从其他典籍中采集一些相关资料,不过在一般情况下都有一个去芜存菁、去伪存真的过程,这里可以举一例。

身定,国安,天下治,必贤人。……得贤人,国无不安,名无不荣;失贤人,国无不危,名无不辱。……禹东至榑木之地,日出九津、青羌之野,攒树之所,揢天之山,鸟谷、青丘之乡,黑齿之国。南至交趾、孙朴、续㭿之国,丹粟、漆树、沸水、漂漂、九阳之山,羽人、裸民之处,不死之乡。西至三危之国,巫山之下,饮露、吸气之民,积金之山,其肱、一臂、三面之乡。北至人正之国,夏海之穷,衡山之上,犬戎之国,夸父之野,禹疆之所,积水、积石之山。不有懈堕,忧其黔首,窮藏不通,步不相过,以求贤人。欲尽地利,至劳也。得皋陶、伯益、真窥、横革、之交五人佐禹,故功绩铭乎金石,著于盘盂。[4]

这是一段采自《吕氏春秋》中的一段话,是写大禹为了办好治水大业,广罗人才的故事。先要肯定,主题是好的,也必然符合历史事实的大体。禹要办那么一件大事,单枪匹马干,肯定不行,要有助手,找助手是件

---

[1]《史记·孝武本纪》。
[2]《史记·越王句践世家》。
[3]《史记·大宛列传》。
[4]《吕氏春秋·求人》。

大事。这是这段文字的意义和价值所在。再细细地读、慢慢地品,最后人们发现它至少有三点价值:一是说"天下治,必贤人"这个定义很有道理。治天下要贤人,治水也要贤人。二是求贤人要眼睛向下,到民间去找,要千方百计,竭尽全力,所谓"步不相过,以求贤人",这方面这段文字会给人以启发。三是求得的人恰与其他史书上说的相符。"得皋陶、伯益、真窥、横革、之交五人佐禹。"后来经过专家求证,发现:"真窥"即直成也。"横革"与不少史料中名同。如"之交",有人说,也许就是支父,也就是《庄子·让王》《吕氏春秋·贵生》中说到的子州支父。这样一考证,对丰富和丰满大禹的真实故事都是有利的。至于一系列生僻的地名,如"揩天之山""裸民之处""续樠之国"之类实在难以考清,揆情度理,当属于较为偏远之地吧。

鲁迅是伟大的文学家,在史学方面也有很深的造诣和独到的见解。他在晚年,创作了著名的历史小说《理水》。在这篇小说中,是把禹当成实有的英雄人物来处理的。他把"乡下人"与躲在"文化山"上胡说八道的"学者"对比着写:

学者对人们说:"你们是受了谣言的骗的。其实,并没有所谓禹,'禹'是一条虫,虫会治水的吗?我看鲧也是没有的,'鲧'是一条鱼,鱼会治水的吗?"讲到这里,他把两脚一蹬,显得非常用劲。

"人里面,是有叫阿禹的。"乡下人终于说话了,"况且'禹'也不是虫,这是我们乡下人的简笔字,老爷们都写作'禹',是大猴子。"

"人有叫大猴子的吗?……"学者跳了起来,鼻子红得发紫,吆喝道。
"有的啊,连叫阿狗阿猫的也有。"[1]

在这篇作品中,鲁迅站在民众一边,断然地回击了疑古派学者的胡言乱语。文中"乡下人"说的,也正是鲁迅先生想说的。禹是实有其人的一个历史人物,历史上第一等的英雄人物。大禹形象的塑造过程,是人的神化过程,这是完全可能的,但绝不是、也不可能是神的人化过程。

对西周青铜器秦公簋、遂公盨铭文的考释,提供了关于大禹治水传说的最早物证。郭沫若释秦公簋铭文为:"秦公曰:不(丕)显朕皇且(祖)受

---

[1] 鲁迅:《故事新编》,《鲁迅全集》第二卷,人民文学出版社1991年版。

秦公簋及其铭文拓片

西周青铜器遂公盨及铭文

遂公盨铭文拓片

天命,鼏宅禹责(迹),十又二公,在帝之坯,严恭寅天命,保业厥秦,虩事蛮獶(夏)。"其意是说,我伟大英明的皇祖接受天命,占有大禹治过洪水的地方,到如今已经过十二位先公了,祖先的神灵在上帝身边,恭恭敬敬地遵循天命,保持秦的世系不断,协和蛮夏各族。据此,郭沫若先生认为:"上言'禹迹',下言'夏',则夏与禹确有关系。"[1]李学勤先生认为,遂公盨铭文所言"天命尚敷土,随(堕)山浚川",说的就是夏禹治水之事,说明大禹受命治水,功不可没,泽及当世,传颂万代。遂公盨的发现,将大禹治水的文献记载提前了,说明早在两千九百年前人们就广泛传颂大禹的功绩。夏代为

---

[1] 郭沫若:《郭沫若全集·历史编(一)》,人民出版社1982年版。

夏、商、周"三代"之首的观念早在西周时期就已经深入人心了。人们为表达对禹的感激之情，尊称他为"大禹"，即"伟大的禹"，并建"大禹陵"。

"三过家门而不入"

早年的禹，就是一个崭露头角的年轻人。据史书记载，他是尧帝手下最得力的青年团队中尤为引人注目的人物之一。这个青年团队中有皋陶、契、后稷、倕、益、龙这样一些杰出的人物。他们来自天下的四面八方，有来自华夏地区的，也有来自四夷的；他们各有各的特长，各有各的才华，后来成为尧手下分管各部门的主要成员；他们在气质上也各有千秋。在这个群体中，禹以办事认真又谦恭有礼赢得了人们普遍的赞誉。他与他的父亲鲧在性格上有很大的差异。鲧外向、鲠直、锋芒毕露，又好功利，而作为儿子的禹却是一个谦谦君子，史书上记载他是个"其仁可亲"的人，就是说，禹这个年轻人既有仁心，又和蔼可亲。

鲧既是治水的英雄，又是名利心很强的人。他一直以自己的行动挑战当时的最高权威尧，并坚决反对尧把帝位禅让给舜。尧在忍无可忍的情况下，采取了断然措施——以治水"绩用弗成"的罪名革去了鲧治水大员的官衔，同时把他抓了起来，发配到边远的羽山去，最后是死在了那里。

这大概是尧晚年的事。

家庭的重大变故使禹这个年轻人承受了很大的压力。但他没有消沉。他还是在自己的岗位上克勤克俭地劳作着，少言寡语，埋头苦干。在这种情况下，原本已经到了结婚的年龄了，可他还是顾不上去考虑个人的私生活。他的同事后稷、契等人是理解他的，总是不时地安慰他，开导他。年迈的尧和即将继任的舜，也没有因为他父亲的原因而对他另眼看待（当时的社会究竟还处于原始社会末期，公有观念还是根深蒂固的）。作为天下最高的行政长官，他们默默地考察着他，一致认为禹的确是一个了不起的好小伙。

从鲧被革除治水大员，到舜登上帝位，有好几年的时间，这段时间并没有任命新的治水大员。从共工到鲧，两任水官都出了事，这使当政者在新的任命上显得特别的郑重和小心翼翼。他们得好好考察。在暂时还找不到合适对象的情况下，宁缺毋滥，先空缺下来，由尧和舜自己代理一下吧！

到了尧三年丧毕，舜的帝位也坐稳了，他觉得任命新的治水大员再也不能拖下去了。他召开了一次最高的议事大会——"四岳会议"，专门讨论新的治水大员的任命问题。会议一开始，舜就说："我们的先帝尧非常重视治水这件事，认为这是当今天下头等的大事。大家看看，谁是能担当起这一重任的人，请推举给我。以后谁能把水治平了，他就是光大先帝尧事业的人，我要让他当司空，让他站到辅佐政事的高位上来。"

这时，差不多所有参加会议的人都异口同声地说："除了禹之外，没有别人了。只有禹才可以当司空，相信他能够光大尧帝的事业。"

禹想不到大家会对自己如此的信任，谦虚地向大家摆动着双手。

舜看到禹已是众望所归，就随和大家投了赞成票："好吧，就这样吧！禹啊，决定由你负责治水大业，你可得好好干啊！"

禹站了起来，十分真诚地向大家深深一鞠躬，诚恳地对大家说："谢谢列位对我的信任，但是我认为，如果让后稷、契、皋陶中的哪一位去担承这个重要职务，他们都可能会比我干得好。"

整个会场热闹起来，大家总的意见是一致的，坚持认定禹最适合当司空。最后，舜一锤定音："不要议而不决了，现在就定下来了，由禹当司空，总揽治平水土这件大事。禹，你去上任吧！"

既然是舜的一锤定音，禹还有什么可说的呢？在众人的认同声中，禹默不作声——他默认了。

上面这些情节都写在《史记·五帝本纪》中，而且写得很具体、很真实，很富有情节感和现场感。

回到住处，禹的心情怎么也平静不下来。他知道"司空"这副担子的分量，它表面上与大理、礼官、稷官、工师、司徒等职官平起平坐，但在"汤汤洪水滔天"的特殊历史背景下，治水是压倒一切的。水患威胁到了全体人民的生命安全，不把水患治平，一切都说不上，这样，"司空"一职实际上成了一人之下万人之上的高位。正因为如此，舜要召开"四岳"的专门会议讨论"司空"人选。禹深感自己肩头担子的沉重。他想到了父亲鲧。鲧是个治水的专家，也可以说是治水的英雄，说他治水"绩用弗成"多少有点欲加之罪的味道，但是，客观地说，由于父亲的争职官、讲名位，多少影响了治水大业，这该是个极大的教训。这就是禹后来常向人说的"伤先人父鲧功之不成受诛"一语的深意之所在。父亲那样的争名、争利、争地位，最后因损害了公共利益而"受诛"，这使禹十分伤感，也可以说是对自己的一种极大警示。

为了不使历史的悲剧在自己身上重演,禹必须从父亲身上吸取沉痛的教训。他是没法推脱这一重任的,但必须比父亲干得更好、更出色,而关键在哪里呢？他想了又想,觉得关键还在于"孜孜"两字。

《史记》上有一段文字,记录了禹的治水精神。禹虽然身居高位,可他在生活上很刻苦,也很自律。他与所有民工一样吃的是粗粮,穿的是粗麻布的短打衣服,住的是茅草屋,每到一地,第一件事就是带领大家诚心诚意祭祀山川鬼神,然后亲自带领大家一起治山治水。舜对禹的作为很满意。在治水基本成功后召开的一次会议上,舜要禹说说治水的经验,这时君臣间有一段颇具深意的对话。

> 帝舜谓禹曰:"女亦昌言。"禹拜曰:"于,予何言,予思日孳孳。"皋陶难禹曰:"何谓孳孳？"禹曰:"鸿水滔天,浩浩怀山襄陵,下民皆服于水。予陆行乘车,水行乘舟,泥行乘橇,山行乘檋,行山刊木。与益予众庶稻鲜食。以决九川致四海……"[1]

这里讲了自己怎么带头,怎么刻苦,还讲了与同行的益这样一些治水干员怎么互助合作。而这段话中的核心语词是"予思日孳孳"五个字。

"予思日孳孳",这是一种境界,也是一种品格。

"三过家门而不入"正是"予思日孳孳"品格的具体表现。

按照战国时代大思想家孟子的推算,禹被任命为主管治水的"司空"时,大约是26岁,一路治山治水,工程推进到涂山地区时,已是禹接任治水大臣的第四个年头,正合了"三十未娶"这个数。婚姻是要讲缘分的,有缘千里来相会,禹在离故乡千里外的涂山(不管涂山在何处,或有多少种解读,但离禹故乡有千百里之遥那是肯定的)遇上了"涂山女",俩人一见面就互相钟情,过不多久就成婚了。

新婚的第四天(连头搭尾是四天,实际上完整的只有两天),禹就带着治水大军要走了,好心的部属劝他多待几天,他的回答还是:"思日孳孳。"他日夜思索的是治水,他孜孜以求的是治水。他说什么也不答应,那么多事等着他去办,他怎么能因私废公呢？

就这样,他带着治水大军又出发了。

---

[1]《史记·夏本纪》。

一年后，涂山女生下了一个男孩，起名为开，又名启，合起来刚好是"开启"，这大概是当父亲的对他的一种期望，要他日后肩负起开启新时代的重任。这个启就是日后开启中国私有制社会的第一人——夏启。

这时，禹带着治水大军又来到了涂山自己的家门前。禹分明听到了儿子的哭声，只要他离开治水大军短短的一刻钟，他就可以踏进这个家，与久别的妻子和心爱的孩子见上一面。可是，他没有这样做，他迈开步履径自往前走去。史书上是这样记述这次"过家门而不入"之事的："启呱呱而泣，而弗子，惟荒度土功。"[1]禹是分明听到了孩子的啼哭声的，他也不是不想与从未谋面的儿子见上一面，但是，他没有动摇，为了不荒废"治水"（亦称"土功"），他只能以身作则，他只能身先士卒。如果自己为了满足私欲而进了家门，那么广大治水将士要求回家该怎么办呢？

据说，他第二次经过家门时，妻子怀抱着儿子等候在家门前的院子里，告诉孩子爸爸回来了。当治水大军路过家门时，妻子指着那领头的对儿子说："那是你爸！"儿子冲着他直招手。然而这时工程正进行到紧要关头，禹只是朝妻子和儿子微微一笑，挥手打了下招呼，就随治水大军走过去了。

第三次经过家门时，儿子已长到六七岁了，听说禹率领的治水大军要经过家门前的大道，孩子就早早地等在大道旁，一见到父亲便使劲地要把他往家里拉。禹深情地抚摸着儿子的头，告诉孩子："水患未平，爸不能回家！"于是又匆忙离开了。

"三过家门而不入"的故事是感人的，百姓对禹的崇敬可以说是历千年而不衰。在鲧、禹的家乡嵩山一带，至今还流传着这样的歌谣："一过家门听'骂声'，二过家门听笑声，三过家门捎口讯，治平洪水转家中。"歌谣虽朴素，却传递出百姓对大禹公而忘私精神的极端崇敬。

其实，"三过家门"云云有两种版本，而且两种版本都是经典文献记载的，应该说是可信的。一种是民间的版本，就是上面表述的民间广为流传的大禹"三过家门而不入"的故事。一种是文书的版本，也就是记述在《史记》中的大禹的那段带有自述意味的文字：

禹伤先人父鲧功之不成受诛，乃劳身焦思，居外十三年，过家门不敢入。[2]

---

[1]《尚书·益稷》。
[2]《史记·夏本纪》。

两者一对照,还是有些不同的。前者强调的是"三过家门而不入"中的"三"。在中华文化中,"三"者,多也。也就是说,他是原本有多次机会可以顺道回家看看自己的妻子和儿女的,但是为了治水大业,他没有回去。后者原文中的那个"三"不见了,却把"不入"改写成了"不敢入"。而这"不敢"两字又用得何其好啊,它表现了一种主体的自觉精神——甘心情愿地舍家为国。

　　每个国家都有属于自己国家的独特的国情,从而形成了不同的民族情感。中国是一个多灾多难的国家,许多的灾难是不能靠个人或单家独户的力量去克服的。它需要个人和家庭对集体、对社会、对国家的依存,而国家也有义务去护卫每个家庭的生存安全。中国又是一个有着五千年悠长文明发展史的古老国家,从而形成了一种特别的家国情怀:个人、家庭是归属于国家的,每一个民众都有义务为自己的国家作出应有的贡献,当这个国家面临外敌入侵或其他种种不可预测的灾难时,民众个体,尤其是民众团体的带头人要有以天下为己任的精神,舍家为国。

　　中国的传统文化把维系社会稳定繁荣的那种社会组织称为"国家",那是很有个性的。在中国社会,"国"与"家"的关系是一种相辅相成的紧密关系。没有"国"的强盛和繁荣,哪有"家"的安定和富足?在正确处理家国关系上,大禹以"过家门而不敢入"的精神为我们民族树立起了一面光辉的旗帜。数千年来,这种家国情怀一直是推进社会发展的巨大原动力。中华民族最核心的价值观中,最深层、最根本、最永恒的就是爱国主义。爱国主义是常写常新的主题。拥有家国情怀的作品,最能感召中华儿女团结奋斗。在当今我们谈到家国情怀的时候,可切莫忘了"过家门而不敢入"的大禹。

由"治水"到"平水土"

　　从禹开始治水一直到功成名就,一共用了十三年的时间,不算短,也不算太长。这进一步说明了鲧的治水是为禹打下了一定的基础了。同时,他的成功也是与他的聪明才智分不开的。"禹为人敏给克勤",他这个人一是思维敏捷,想出了许多新点子,二是勤奋刻苦。有了这两条,还有什么艰难困苦不能克服？

禹把整体的设计和局部的治理结合起来。以前的治水都是注重于局部性的，反正治到哪里就是哪里。如果是小规模的洪灾，那样做还可以，但是，这次大洪灾是全中华乃至全球性的，那就必须有一个全面的规划。禹是这样做了，"行山表木，定高山大川"。这就是说，登上全国各地的高山，在山上树立标志，用当时看来比较科学的方法测定全国各高山大川的形势，查明发生洪患的原因，然后根据不同的局部情况，定出局部的治水方略来。

大禹治水图（汉石刻）

这是件比治水本身可能要花费更大精力的活儿，显然，单靠禹率领的这支队伍是不够的。但是，要治水取得真正意上的成功，非这样做不可。禹把情况向舜作了汇报，并要求各部门积极配合。舜一听，感到有道理，就马上派了最得力的干将去支援他。"禹乃遂与益、后稷奉帝命，命诸侯百姓与人徒以傅土"。益是东夷的著名首领，又是天子舜帝麾下主管山林河道的虞官，有了他出面，山川的普查和治水工程的开展方便多了。后稷是周部落的始祖，又是天子舜帝麾下主管农业的最高长官，有了他的助力，治水工作就更会得到广大农民的帮助了。

为了从全局上把握治水工程，禹还积极调动各路诸侯的力量。契是商部族的始祖，他就是因为"佐禹治水有功"而受到奖掖的。当然，他的助禹治水对他自身也有好处，这样提高了他的威信，"百姓以平"，没有人闹事，社会就太平了。秦地处西陲，当时在经济上和政治上都相对要落后些，但是，在协助禹治水上很积极。当时秦的首领叫大费。他不只分担了川地的治水要务，还为禹出了许多好主意。后来禹平水土成功，舜帝赐给禹一根玄圭，禹却说："治水能成功，不是我有多少能耐，倒是很大程度上仰仗于大费的辅助。"大禹说的是很实在的话。

在大禹十三年的治水过程中，有一个由承袭父亲的"堵"治法，到实施"堵"和"疏"治理方法结合的过程。

有不少资料表明,禹接手初期,仍然想用"堵"的老办法治水。在《淮南子》中有这样一则著名的史料:

> 四海之内,东西二万八千里,南北二万六千里,水道八千里,通谷六,名川六百,陆径三千里。禹乃使太章步自东极,至于西极,二亿三万三千五百里七十五步。使竖亥步自北极,至于南极,二亿三万三千五百里七十五步。凡鸿水渊薮,自三百仞以上,二亿三万三千五百五十里,有九渊。禹乃以息土填洪水。[1]

这是段很有名的文稿,具体"四海之内"东西南北的里程限于当时的科学水平不一定准确,但要表述的思想还是很清晰的。大禹接手治水任务后,雄心勃勃,准备大干一番。具体负责测绘的人选也有了,那就是文中说的太章和竖亥,他们是总负责,下面一定还有大批的具体工作人员。要把四海之内的名川、鸿水、渊薮统统实施"以息土填洪水"。这个计划大约最多实施了一两年,接下去就改变了。

在《楚辞·天问》中有这样两问:"洪泉极深,何以填之?""应龙何画,河海何历?"不少学者都认为,这里的"两问"体现了一个转变的过程。第一问是批评,是说,洪水泛滥那么厉害,到处都是洪水"怀山襄陵"的现象,你堵得了、填得尽吗? 这不只是来自诗人屈原的批评,一定也来自禹那个时代一些有识见的人的批评。第二问是指点,一定是禹那个时代就有高人出来指点迷津。王逸在注"应龙何画"一语时说:"禹治洪水之时,有神龙以尾画地,导水所注,当决者因而治也。"神话故事中的那条"应龙",如果作现实主义的解读的话,那就是位姓应的"高人",他向大禹提出了堵、疏结合,以疏为主的战略方针。从此,大禹走上了正道。承《天问》之说,《拾遗记》另外还有一种更加具体的说法:

> 禹尽力沟洫,导以夷岳,黄龙曳尾于前,玄龟负青泥于后。[2]

学者在诠释这段文字时,有十分精到的看法,认为:"'黄龙曳尾',是为

---

[1]《淮南子·地形训》。
[2] 晋·王嘉:《拾遗记》卷二。

疏;'玄龟负泥',则为堙。青泥,当为息壤。是禹仍堙疏并举。"[1]这是极有见地的,也是比较符合大禹治水的实际的。

当然,禹治水是以疏为主,那是肯定的。《墨子·兼爱中》中有一段长文记述,大致说出了大禹时代疏通河道的情况。大禹在天下的西部,疏通了西河和渔窦,用以泄出渠河、孙河、皇河之水。在天下的北部,为了防止原水、泒水的泛滥,经过疏导使之注入昭余祁和滹沱河之中。在黄河中的砥柱山分流,凿为龙门,以有利于燕地、代地、胡地、貉地以及河西的老百姓。在东部则穿泄大陆的积水,防止孟诸之泽的水泛滥,分流为九条河,以此限止东土之洪水,以利冀州之民。天下的南边,就要疏通的是长江、汉水、淮河、汝水,让它东流入海,以此灌注五湖一带的地方,用以造福于荆楚、吴、越和南夷的民众。

墨子为我们描绘了一幅天下疏河的全景图,虽然说不上很准确,但大致的状况应该说是符合实际的。

在解决洪水泛滥问题上,更大的转变是由单纯的"治水"走向"平水土"的问题。我们在读一些关于大禹治水的经典著作时,发现一个很有趣的问题,在比较正式的提法中,很少有"大禹治水"的提法,而"平水土"及相类似的"敷土""土功"一类说法却比比皆是。不妨略举数例:

帝曰:"俞,咨!禹,汝平水土,惟时懋哉!"[2]
禹曰:"启呱呱而泣,予弗子,惟荒度土功。"[3]
禹敷土,随山刊木,奠高山大川。[4]
舜曰:"嗟,然!禹,汝平水土,维是勉哉。"[5]

夫成天地之大功者,其子孙未尝不章,虞、夏、商、周是也。虞幕能听协风,以成乐物生者也。夏禹能单平水土,以品处庶类者也。商契能和合五教,以保于百姓者也。周弃能播殖百谷蔬,以衣食民人者也。[6]

---

[1]袁珂:《中国神话传说辞典》,上海辞书出版社1985年版。
[2]《尚书·尧典》。
[3]《尚书·皋陶谟》。
[4]《尚书·禹贡》。
[5]《史记·五帝本纪》。
[6]《国语·郑语》。

乃命三后恤功于民。伯夷降典，折民惟刑；禹平水土，主名山川；稷降播种，农殖嘉谷。三后成功，惟殷于民。[1]

洪水滔天，鲧窃帝之息壤以堙洪水，不待帝命。帝令祝融杀鲧于羽郊。鲧复生禹，帝乃命禹卒布土，以定九州。[2]

这里举了七例，说禹"平水土"的有四例；说禹"敷土"和"布土"的各一例；说禹有"土功"的有一例，而称之为"治水"的一例都没有。这说明，大禹的事业既在于治水，还在于治土，而且重点在于治土。大水以后的改良土壤，利用好土壤种植各种作物，那是事关民生的大事，说大禹"平水土"是全面地说，从根本上说的，事实上大禹十三年间干的也是"平水土"那样一件大事。至于"布土""土功""敷土"只是"平水土"的简约说法罢了。

"平水土"的五个义项

面对滔滔洪水，大禹的除弊兴利思想渐次成熟。由洪水引发的民族大灾难，使他懂得了：为了求得国泰民安，当务之急必须治水；但是，为了求得长治久安，要办的事又不能只限于治水。在治水的同时又必须做好与民生相关的诸多事项，于是就有了"平水土"的更富于深意的提法。

所谓"平水土"，大致上有五个义项：治水，治山，改良土壤，发展农耕，划分九州。下面分别进行阐说。

一是治水。

洪水泛滥，吞没了民众的生命财产，甚至连人的生存立足之地都成了问题，因此首先是得让洪水退下去。这方面大禹花的力气很大。所谓"昔禹之湮洪水，决江河，而通四夷九州也，名山三百，支川三千，小者无数"[3]。当然，所谓的"支川三千，小者无数"只是个大约的说法，真正治理河道的时候，花费的精力和财力是极其巨大的。这里有一则大禹锁水妖无支祁的故

---

[1]《尚书·吕刑》。
[2]《山海经·海内经》。
[3]《庄子·天下》。

事,很有意思:

> 禹理水,三至桐柏山,惊风走雷,石号木鸣,五伯拥川,天老肃兵,不能兴。禹怒,召集百灵,授命夔龙。桐柏千君长稽首请命。禹因囚鸿蒙氏、章商氏、兜卢氏、犁娄氏,乃获淮涡水神,名无支祁。善应对言语,辨江淮之浅深,原隰之远近。形若猿猴,缩鼻高额,青躯白首,金目雪牙,颈伸百尺,力逾九象,搏击腾踔疾奔,轻利倏忽,闻视不可久。禹授之以章律,不能制;授之以乌木由,不能制;授之以庚辰,能制。鸱脾桓木魅水灵山祇石怪,奔号聚绕,以数千载,庚辰以战逐去。颈锁大索,鼻穿金铃,徙淮阴之龟山之足下,俾淮水永安流注海也。[1]

这显然是神话故事,但也告诉了人们治水过程的无比艰辛。当时桐柏山一带大水频发,"惊风走雷,石号木鸣",看来那里是个重灾区。大禹率治水大军来到那里,"禹怒,召集百灵,授命夔龙",神话故事中说的是禹把当地的土地神请来,实际上当是向当地的父老乡亲了解水情、灾情。"辨江淮之浅深,原隰之远近",这是实地的考察,在实地考察的基础上制定治水方略。这则神话故事中说到禹断然地把水妖无支祁"颈锁大索,鼻穿金铃,徙淮阴龟山之足下",这当然是大快人心的事,但做起来可不简单。

关于大禹的理水,史学家有诸多分析,如吕思勉先生有一个概括性的说法:

> 当时治水,实在是禹为主,而益、稷佐之。至于治水的法子,大概是疏导诸水,使之各有去路。当时江淮两流域的水,本来都是相通的,就其天然的趋势,叫小水归大水,大水东流入海。那么,江、淮、河、济四水,就是诸水的纲领。所以这四条水,就唤做四渎。[2]

这是治水工程,但是正如上面说到的,治水不能是单打一的,得与其他方面的工作结合起来,得多方并举,才会有实效。

---

[1]《太平广记》卷四六七引《戎幕闲谈》。
[2] 吕思勉:《中国通史》,上海古籍出版社2009年版。

二是治山。

山水相连,"穷山"与"恶水"总是关联在一起的。客观地说,洪水滔滔的一个原因就可能是因为山的挡道引起的。《诗经》中说的"奕奕梁山,维禹甸之",说的就是大禹开凿吕梁山的故事。吕梁山位于今山西省的西部,处于黄河和汾河之间。这么大一座山,它的余脉长到了黄河和汾河中去,造成河水不畅。一到洪水时节,就会泛滥成灾了。中国有则"愚公移山"的故事,其实,这一故事就发生在龙门一带,故事中的"愚公"的真实身份有人说就是大禹,也是有一定道理的。

大禹治山过程中,最大的移山工程大概莫过于"凿龙门"这一工程了。在黄河的三门峡一带,黄河的河心长着一座高耸入云的大山,因为它状若砥柱,因此被人们称作砥柱山,"中流砥柱"一语,就典出于此。那个地方人们称之为三门峡,因此也叫三门山。《水经注·河水四》:"砥柱,山名也。昔禹治洪水,山陵当水者凿之,故破山以通河,河水分流,包山而过,山见水中若柱然,故曰砥柱也。"

在整整十三年的治水过程中,凿通砥柱山的工程大约至少花了两个年头。有这样的传说故事:为了考察黄河水情,大禹亲自驾一叶扁舟,到砥柱山一带去考察。一看,原先那么开阔的河水,到了砥柱山一带就狭窄了不知多少。整整一座山长到河道里去了,河道还能不狭窄吗?禹驾着小舟前后左右看了个够。该怎么办啊?众人都注视着禹,禹想了想,斩钉截铁地说:"靠谁都不行,只有靠自己!"众人问:"怎么个靠自己法呢?"禹还是那样的斩钉截铁:"靠自己的一双手,用我们大家的一双双手,把这山凿出个通道来,让水分流出去,那样就不再会有洪灾了。"有人问:"那行吗?"禹从身边摸出一把铜凿——当时已有了制铜业,也有了铜制工具。大禹就倚在山崖上,"当、当、当"地凿了起来,一会儿工夫,就凿下一块不大不小的山石来。禹高擎在手说:"看,不是凿下了那么大一块吗?"有人笑了:"凿一块容易,要凿通一座山不容易。"禹顺势鼓动大家:"能凿下一块,就能凿下十块、百块、千块、万块,就能把整座山凿通,大家说对不对啊?"大家的劲头一下被他的话鼓起来了,大家以移山填海般的气势回答:"对,我们就跟着你干了。"

禹带着十万治水大军就在那里凿山。砥柱山的半山腰刚巧有一块伸向半空的石台,禹就站在那石台上指挥凿山,久而久之,那块横空出世的石台被大禹的脚板磨得光光的,简直光可鉴人。因为它是整个凿山工作的指挥台,后来就有了"相工坪"的美名。这"相工坪"一直留存了下来,直到今天还是龙门一景观呢!

也不知凿了多少时日,终于凿出了一个门阙状的大口子。有了这个大口子,黄河水得以分流,这是治水工程的一大胜利。砥柱山的这个门阙状口子是禹带领民工凿出来的,因此人们称之为"禹门"。后来,人们发现时有成千上万尾鲤鱼集于"禹门"下,就传说有能耐的鲤鱼往上一跃,就成了龙,这样,"禹门"又渐次在民间演化为"龙门"了,而"鲤鱼跳龙门"又成了人们有志趣、有追求、有梦想的隐喻。可以这样说,"鲤鱼跳龙门"是中华儿女实现中国梦的"第一梦"。

一转眼,十三年的时间过去了。在这十三年间,禹的治水大军,跨过大河,越过长江,翻过崇岭,穿过群山,活跃在天下的南北东西。禹是一个与民众打成一片的治水英雄。十三年间,他与治水的民众吃在一起,住在一起,也劳作在一起。当治水工程结束后,他回到了舜帝那里。出现在舜帝面前的是一个面色黧黑、衣衫褴褛,走起路来一拐一拐的中年人。这就是我们民族的英雄!按孟子说法,禹26岁开始治水大业计,他此时正是四十岁左右。

三是改良土壤。

中国是一个大陆面积十分广阔的国家,人民对自己脚底下的那片土地十分钟情。天上最高的神是天帝,而地上最高的神是后土。前者高深莫测,看不见摸不着,而后者随时随地就在自己的身边,很实际。实际上中国人最敬重的神还是后土。正因为如此,水土常连用,谈治水也不能离开土壤。这使我们想起了鲧,鲧治水的业绩其实还是可以的,最后还是因"息壤"而被处以极刑。《山海经》上是这样写的:

洪水滔天,鲧窃帝之息壤以堙洪水,不待帝命。帝令祝融杀鲧于羽郊。[1]

这是有一点历史知识的人都知道的一段掌故性文字。关键是"息壤",究竟是一种怎样的好东西,鲧动用了一下,就惹得尧帝生那么大的气?郭璞给出的权威性解读是:"息壤者,言土自长息无限,故可以塞洪水也。"这个解释虽然历来被认为是权威的,但实际上并不确切,含意也有点含混,倒不

---

[1]《山海经·海内经》。

如后人说得爽快明白:"《山海经》所云'鲧窃帝之息壤',盖指桑土稻田,可以生息,故曰息壤。"[1]说得清楚而得当。鲧把那么好的"桑土稻田"铲掉了去筑河堤,帝尧怎会不生气?

大家公认《禹贡》篇是实录大禹"平水土"全过程的经典文献,其中最引人瞩目的是对各地区土质的不同表述。如说到冀州是"厥土唯白壤",说到兖州是"厥土黑坟",说到徐州是"厥土赤埴坟",说到扬州和说到荆州是"厥土惟涂泥",说到梁州是"厥土青黎"。如此细致地考察各地不同的土壤,倒不尽是为收取赋税提供依据,更主要的是以此制定改良土壤的方略。这在现存的夏代文献《夏小正》中可以略见端倪,在记述南方地区大禹平水土的相关文稿中也有改造"涂泥"的记载。

四是发展农耕。

农田水利是大禹平水土的一出重头戏。

民以食为天,国以农为本,这是中国古今的不易之理。禹是深明此理的,因此,他总是一手抓治水,一手抓水利,力求把两者紧紧地有机结合在一起。

大约在黄河流域治水的时候,禹把主要的精力放在了治平洪水上,而到了长江以南治理的时候,他考虑的问题又深入了一步:怎样在治水过程中周全考虑农田水利的因素。这样虽然在具体实施时要复杂一些,但却是长远之计啊!

经过相当长一段时间的思索和实践,大禹发明了"区"这个既蕴含治水系统又囊括农田水利的人类新社会生存模式。现在,"区"的观念已经习以为常,如:社区、地区、区域、区分、区别、行政区、区长,等等,可是,要知道,在禹之前,是没有"区"这个概念的,这是禹在治水过程中发明出来的一个新概念。有研究者对作为农田水利的"区"作了较为细致的研究分析:

"区"有三部分组成:

（1）堤防系统,即区字的部首"匚"。在上游支流以下建上游堤,在下游支流以上建下游堤,另有一平行主河道与顺坝相联系,上游堤端略伸出顺坝,以"丁坝"形式防止水流对顺坝的冲刷。

（2）沟洫系统。在堤坝系统内,即繁体字"區"字中部的"品"字,象征

---

[1] 明·朱国祯:《涌幢小品·息壤辩》。

田块及其间的蓄水沟。

（3）来水系统。即区字开口部分所对的高坡集雨面积。将这块收集到的降水蓄在"区"内的沟中。这种"区"，既有防洪的作用，又有蓄水的功能。其最早出现在太湖边上，后来推广到南方各地。[1]

一些古典文献的实录证明了"区"制的存在。《尔雅》："吴越之间有具区。"《山海经·南山经》："有浮玉之山，北望具区。"《周礼·职方氏》："扬州薮曰具区。"这些都说明，在历史上，尤其是在南方地区，"区"制的确是存在过的。而这种"区"制为农业的发展创造了十分有利的条件。《尚书·康诰》说："显民，用肇我区夏。"这就进一步证明，"区"的实施肇始于"夏"，因此被称为"区夏"。

这样的农田水利模式一直延用到当今，也一点点从长江流域扩展到黄河流域，甚至更为广泛的地域。

五是应急救民和助民。

在夏王朝存在的471年中，绝大多数的君王是能关注民生的。在关注民生上，禹开了个好头。在治水过程中，禹就打出了"厚生"的旗帜。所谓"厚生"，就是重视民生，就是把民生放在压倒一切的位置上。

禹关注民生的措施是很实在的：

一些应急措施的出台。"食少，调有余补不足，徙居。"这可是个好办法。物品，尤其是食品，那样的匮乏，怎么办？就临时实行类似"配给"的调拨制度吧。粮食多的地区，你该拿出来一点，粮食少的由组织给予补足一点。"调有余补不足"是为了渡过这个难关。有的地方被洪水冲击得什么都没有了，一时也住不得了，就集体搬迁，到更加适合居住的地方去建设新家。

鼓励民众生产自救。不能把治理水患与农田生产绝然分裂开来，应该一边治水一边生产。"与益予众庶稻鲜食"。这是一个大动作。益是一个有经验的实践家，禹就与益联手在一些治水已经取得相当成功的地方播种稻谷，取得成功以后再推广。稻是南方的食粮，后来推广到了北方，打破了自古亦然的"南稻北粟"的传统格局。

禹还号召人们寻找"鲜食"解一时之难。洪水之灾使大片的田园荒芜了，却给飞禽走兽创造了更为广阔的生存和衍生条件。禹号召有余力的民

---

[1] 陈瑞苗、周幼涛：《大禹研究》，浙江人民出版社1995年版。

众上山擒兽,下河捕鱼,猎取飞鸟,这些"鲜食"也可让人们渡过难关。

围海造田也是一大出路。事实证明,这次延续那么长时间的大洪灾是一次遍及全国的大海侵。到大禹治水成功的前后,大海侵退潮了,原先被大海吞没的大片农田重又浮出了水面。禹看到这个好势头,就号召民众围海造田。《越绝书》里说:"大越海滨之民,独以鸟田,大小有差,进退有行。"而"教民鸟田"者,正是大禹,这可以与《史记·夏本纪》中的"可种卑湿"相互印证。在古文中,"鸟"与"岛"可相通,因此,"鸟田"也就是"岛田",而"岛田"在越民中又称为"丘田"。原来海侵退去以后,海边留下了一大片的滩涂地,这些滩涂地如山丘、如小岛一般镶嵌在海边的大片湿地里。潮涨即被水淹没,潮落就露出海面。据一些史书记载,大禹就亲自率领越民进入水中的孤丘,建上围堤,平整丘土,播上百谷。因为当时这些"鸟田"都还是生土,禹与民众一起发明了种一年、养一年,种一丘、荒一丘的轮作方法,这就是所谓的"大小有差,进退有行"。直到当今,这样的耕作方式还在一些地区实行着。

这里讲了五条,一是治水,二是治山,三是改良土壤,四是发展农耕,五是应急救民和助民,合起来,叫"平水土"。

禹平水土的地域范围

这一直是一个争论不休的课题。从至今为止的总体情况看,大家是把禹平水土的地域范围看小了,不少人认为在当时的条件下要在华夏大地的整体范围内治平洪水是不可能的,更难以做到上述"平水土"的五个义项了。

最主流的一种说法是,大禹治水基本上在中原地带,也就是黄河的中游地带。有的说得还要具体些,认为治水主要是指河、济之间的兖州及其附近地区。还引用《书·禹贡》中的一段话:"导沇水,东流为济,入于河,溢为荥。东出于陶丘北,又东至于荷,又东北会于汶,又北东入于海。"这是当时大禹治河的主要工程。有的提出所谓的"导淮"说。说禹那个历史时期淮河流域水患严重,一些学者依据"禹娶涂山女"的传说,认为禹当时把治淮当作了重点。还有一些学者以为,治水大军的踪迹主要在山东禹城一带:

"在徒骇河沿岸有禹息城（今禹城）、鲧堤、具丘山、夏津、夏口等遗迹为证。"当然也有学者认为治水的范围还要宽一些的，治水大致在江、淮、河、济四水之间，通过小水归大水，大水东流入海解决洪灾问题。

其实，治水的范围有多大，不是个主观随意的命题，它取决于当时洪水泛滥的区域有多大。如果洪水泛滥就在中原地带，那作为主事者就将中原的水治好了就行了。如果不是这样，洪水的范围很广，而主事者只是有选择地治水，那么别的地方不会起来造反吗？看来关键还是要弄清洪水的范围。

科学已经给了我们相当确凿的结论。

古环境专家的研究结果证明，在距今4 700～4 000年左右，神州大地的广大范围内出现了气温的大幅度降低及降雨量不正常的反常气候。竺可桢先生《中国近五千年来气候变化的初步研究》以及其他科学家的相关著作显示，在此一时期，我国的江苏、浙江、上海、内蒙古、北京、辽宁、河南、山西、甘肃等地的确发生了异常的气候状况。还有学者指出，在长江中游发现的距今四千多年的湖北石家河龙山时期的城址，可以理解为是那场大洪灾的历史见证。石家河城址的城墙外往往有宽达十数米乃至数十米的护城壕，这些护城壕有的是利用了天然河道，有相当部分则是人工挖掘而成的，很明显，这些壕沟的主要目的就是为了抵御洪水。

洪灾遍及中国的"两河流域"，甚至东北等地也有所波及。面对这样的灾情，大禹岂能把平水土的范围框定在中原地带？在历史进程中，不少有识之士也是看到了这一点的。庄子就认为禹的治水"通四夷九州"：

昔禹之湮洪水，决江河，而通四夷九州也，名山三百，支川三千，小者无数。[1]

庄子认为禹治水的范围超过了九州，甚至兼及四夷。话虽出于臆测，但也符合情理。东汉的王充则从《山海经》推知禹治水是"无远不至"。他说：

禹、益并治洪水，禹主治水，益主记异物，海外山表，无远不至，以所闻见，作《山海经》。非禹、益，不能行远，《山海》不造。然则《山海》之造，见物博也。董仲舒睹重常之鸟，刘子政晓贰负之尸，皆见《山海经》，故能立二

---

[1]《庄子·天下》。

事之说。使禹、益行地不远,不能作《山海经》,董、刘不读《山海经》,不能定二疑。[1]

《容斋随笔》的作者对《尚书·禹贡》篇所说的大禹治水遍于九州的说法深信不疑,但是在治水的顺序上提出了自己独到的看法:

《禹贡》叙治水,以冀、兖、青、徐、扬、荆、豫、梁、雍为次。考地理言之,豫居九州中,与兖、徐接境,何为自徐之扬,顾以豫为后乎?盖禹顺五行而治之耳。冀为帝都,既在所先,而地居北方,实于五行为水,水生木,木东方也,故次之以兖、青、徐;木生火,火南方也,故次之以扬、荆;火生土,土中央,故次之以豫;土生金,金西方也,故终于梁、雍。所谓彝伦攸叙者此也。与鲧之汩陈五行,相去远矣![2]

墨子是我国古代的伟大思想家,被公认为"平民圣人"。在平民化这点上,他被认为是大禹思想观念的继承者。他说到大禹治水时,东、南、西、北说得特别的具体细致,可信度是很高的:

古者禹治天下,西为西河渔窦,以泄渠孙皇之水。北为防原、瓠,注后之邸、嘑池之窦,洒为底柱,凿为龙门,以利燕代胡貉与西河之民。东方漏之陆,防孟诸之泽,洒为九浍,以楗东土之水,以利冀州之民。南为江汉淮汝东流之注五湖之处,以利荆楚干越与南夷之民。此言禹之事,吾今行兼矣。[3]

大禹于黄河流域治水,大家不会有任何的疑惑,可是,是否真的到长江流域甚至更南部的地方实施治水呢?在一些人心中还是有疑虑的。有这样一份文献资料相当有说服力。有一位名叫郑澶的昆山人,他在向宋神宗奏论苏州水利时,大段地介绍了当年大禹开发苏州水利一事,值得关注——

昔禹时,震泽为患,东有冈阜以截断其流,禹乃凿冈阜疏为三江,东入海,而震泽始定。然环湖之地尚有二百余里可以为田,而地皆卑下,犹在江

---

[1] 汉·王充:《论衡·别通》。
[2] 宋·洪迈:《容斋随笔·禹治水》。
[3] 《墨子·兼爱中》。

水之下，与江湖相连。民既不能耕植，而水面又复平阔，足以容受震泽下流，使水势散漫，而三江不能疾趋于海。其沿海之地，亦有数百里可以为田，而地皆高仰，反在江水之上，与江湖相远。民既不能取水以灌溉，而地势又多西流，不得蓄聚春夏之雨泽以浸润其地。是以环湖之地常有水患，而沿海之地每有旱灾，如之何以种艺邪！古人遂因地势之高下，井之为田。其环湖卑下之地，则于江之南北为纵浦以通于江，又于浦之东西横塘以分其势而棋布之：有圩田之象焉。其塘浦阔者三十余丈，狭者不下二十余丈；深者二三丈，浅者不下一丈。且苏州除太湖外，江之南北，别无水源。古人使塘深阔若此者，盖欲取土以为堤岸，高厚足以御其湍悍之流，故使塘浦因而阔深，水亦因之而流耳；非专为阔其塘浦以决积水也。故古者堤岸高者须及二丈，低者不下一丈。……借令大水之年，江湖之水高于民田五七尺，而堤岸高出于塘浦之外三五尺至一丈，故虽大水不能入于农田。既不容水，则塘浦之水自高于江，而江水亦高于海，不须决泄而水自湍流矣。故三江常浚，而水田常熟。其冈阜之地，亦因江水稍高，可以畎引灌溉。此古人濬三江治低田之法也。所有沿海高仰之地，近于江者，既因江流稍高，可以畎引；近于海者，又有早晚二潮可以灌溉。故亦于沿江之地，及江之南北，或五里七里而为一纵浦，又七里十里而为一横浦，其塘港之阔狭，与低田同，而其深往往过之。且冈阜之地，高于积水之地四五尺七八尺，远于积水之处四五十里至百余里，固非决水之道也。然古人为塘浦阔深若此者，盖欲畎引江海之水，周流于冈阜之地，虽大旱岁亦可车畎于溉田，而大水之年，积水或从此而泄之耳；非专为阔深塘浦以决抵低田之水也。至于地势西流之处，又设岗门斗门以潴蓄之。是虽大旱，冈阜之地皆可耕以为田。此古人治高田畜雨泽之法也。故低田常无水患，高田常无旱灾，而数百里地常获丰熟也。[1]

我们虽然无法证明上述这些资料和说法的真实性，但是，于情于理都可以肯定，由于当年洪水泛滥是全方位的，因此，大禹的平水土也是全方位的。作为一个伟大的民族英雄，他的恩泽遍于四海。当年舜在为中央的二十二人评功论赏的时候，经过比较，得出"唯禹之功为大"的结论，也是理所当然的。

---

[1] 钱穆：《古史地理论丛》，三联书店2004年版。

第九章 定九州和铸九鼎

从黄帝"划野分州"到禹定九州

大禹成为天子以后,干的第一件大事就是"定九州"。所谓"定九州",就是根据需要和可能,把天下划成若干个地块,以利于管理,更是为了发展生产,改善民生。划定九州可以说是禹平水土大业的继续和发展。

在大禹之前,有没有进行过地理区划呢?肯定有。任何形式的管理都离不开适时和适当的行政区划。据文献记载,这种区划大概是起始于黄帝时代的,尧舜时期又有所改进,禹是在继承前人行政区划基础上加以发展和深化。

昔在黄帝,作舟车以济不通,旁行天下,方制万里,划野分州,得百里之国万区。是故《易》称"先王建万国,亲诸侯",《书》云"协和万国",此之谓也。

尧遭洪水,怀山襄陵,天下分绝,为十二州,使禹治之。水土既平,更制九州,列五服,任土作贡。[1]

这段话很有史料价值,它讲了一个过程,讲了一个从黄帝时期到大禹治平洪水期间区划变化的全过程。

区划起于黄帝,"方制万里,划野分州,得百里之国万区"。"万国"之说,见于《尚书》,也见于《史记》,《汉书》的这段话是重在说明来龙去脉。这里要说的是,"州"最原始的意思是水中的陆地。《说文·川部》有这样的话:"州,水中可居者曰州,水周绕其旁。"在四周环水之中有一块或大或小的陆

---

[1]《汉书·地理志》。

地冒出水面，那就是所谓的"州"了，人们居住在那里，就自然而然的成了一个区划单位了。当时所谓的"先王建万国"，不过是承认这些居住的各自"州"上的人们的合法正当地位而已。

州多，矛盾也多，问题也多。黄帝是伟大的，他"协和万国"，把那么多州协调好，统为一体，自己当上了天下共主，了不得。这中间也有策略，就是把多少个州合起来，形成了大的利益共同体。夏、商、周就是在多少个州基础上联合起来形成的大的州和大的利益共同体。有了夏、商、周这样大部族的支撑，黄帝这个天下共主就当得顺当了。因此，所谓"万国"云云，实际上也就是万州，与后世意义上的"国"是很不相同的。

"万州"时代大约沿袭了好长一段时间，至少到颛顼时代、帝喾时代都没有大的改变，不过那时在万州(万国)之上有一个荣誉性的"天下共主"存在着。

尧在黄帝承认万州的基础上大大向前跨了一大步，建立了比原先大得多的州。《尚书·尧典》有一种说法，尧时"为十二州""肇十二州"，"肇"就是起始、创始。这是一个大举措。《汉书》将这种"肇十二州"之说又演化为通过治水而划十二州，这也是顺理成章的事。要治水，就要统一领导，就要划大的州，以集中更多的财力、物力、人力来抗洪救灾，这也说得过去。如何划分呢？史籍上说就是凭借名山大岳来划分。《书·舜典》上说："肇十有二州，封十有二山。"就是在天下选出十二座名山，连带名山及其周边地区分别划定为一个地理单元，称为"州"，归并起来一共就是十二州。

这从理论上来说是简单的，但在具体操作和实施过程中还是有很大难处的。说某座山是名山，那大家可能会承认，但山的周边地区却是个模糊概念。山脚下往外推多远算是这座山的领域呢？说不清。可能谁占有在先，就算谁的吧！那样，就易于引起地域与地域之间的矛盾和冲突。

地域的模糊是个大问题。禹是一边平水土，一边设计新的州制和州界。他十分重视提高州界的明晰度。他确实做得很具体细致：

命诸侯百姓兴人徒以傅土，行山表木，定高山大川。……左准绳，右规矩，载四时，以开九州，通九道，陂九泽，度九山。[1]

---

[1]《史记·夏本纪》。

在划定州界上，大禹亲力亲为，他亲自攀山越岭，驾舟渡河，进行实地的考察，然后通过对"高山"和"大川"的综合考察来划定九州的四至和疆域。在州与州的交界线上，还进行"随山刊木"，就是在分界线所在地区的树木上刻上特殊的、永久性的记号，这相当于后世树立的"界碑"了。为了使划界准确而有说服力，禹带领大队人马进行实地测绘"左准绳，右规矩"，活像后世人们看到的翻山越岭的勘察队员。

从相关资料看，禹是做了两件事。一件是根据实际情况，将尧、舜时代的十二州制改造成了九州制，区划是更大了。九州源于十二州，但又不同于十二州。具体怎样个变法，恐怕没人弄得清楚了。另一件大事是把九州的界线通过"行山表木"彻底划清了，那样当州牧的管理的区限明确了，州与州之间就不会因为界限不清而闹纠纷了。

九州制是一种历史的客观存在，从某种意义上说也可算是大禹平水土的一大必然成果。这应当是没有什么疑问的。

可是，那些持疑古观点的人就是不认同。他们一不认同大禹治水这个历史事实，二不认同治水成功后建立的九州制度。顾颉刚认为："中国古代并不真有九州这个制度，因为夏、商两代都偏在中国的东部。"[1] 在笔者看来，这种观点是完全站不住脚的，因为他提出的"夏、商两代都偏在中国的东部"就完全没有根据，本书在前几章已做了细致的分析。夏、商兴于西部之说首见于《史记》，也已为百年来的考古资料所证明。为了证明禹定九州是客观真实的，并且已经是人们长久以来的共识，这里还可列举诸多的相关文献加以说明。

《禹贡》是反映大禹平水土的最直接、最真实的文献。它里面具体讲述的九州，还是比较靠得住的。该文对九州的四至、水土治理、物产、交通、贡赋作了相当精到的介绍。"九州攸同，四隩既宅，九山刊旅，九川涤源，九泽既陂，四海会同。"九州是大禹创建我国第一个王朝的前提条件。

《诗·商颂·玄鸟》说到"九有有截"。此"九有"，注者都以为即是九州，说明时人是相信九州的存在的。

《左传·宣公三年》有载："昔夏之方有德也，远方图物，贡金九牧。"杜预注："使九州之牧贡金也。"说明当时不只建有九州，还设有州牧呢。州牧

---

[1] 顾颉刚：《禹贡注释·序》，收入中国社会科学院地理研究所编辑之《中国古代地理名篇选读》第一辑，科学出版社1959年版。

的一大使命就是向中央"贡金"。作为地方的州,服从天下共主,这就被认为是"德"。

《左传·襄公四年》有载:"芒芒禹迹,画为九州,经启九道。"九州的划分是与禹平水土的足迹一致的。有了"芒芒禹迹",才可能"画为九州",也才会有九州之间交互为用的"九道"的存在。

《左传·昭公四年》有载:"四岳、三涂、阳城、大室、荆州、中南,九州之险也。"这里道出了九州中的险阻之关隘:四岳指东岳泰山、西岳华山、南岳衡山、北岳恒山。三涂,指太行山一带。阳城,在今河南登封县东南。大室,即北嵩山。荆山,在今湖北南漳县西。中南,在今陕西南部的终南山。时人既有"九州之险"的观念,又怎能想象没有"九州"的存在呢?

《礼记·礼曲下》有载:"九州之长,入于天子之国曰牧。"这与《左传》中说的意思是一样的,州牧有义务定期向天子汇报、进贡。

《礼记·王制》有载:"凡四海之内九州,州方千里。"说明禹划定的"九州"区域的范围很大。"州方千里",事实证明确实如此。

《楚辞·天问》有载:"鲧何所营?禹何所成?九州安错?川谷何洿?"诗人屈大夫也是承认九州的客观存在的。

汉代"九州"已成定说。

《史记·五帝本纪》:"唯禹之功为大,披九山,通九泽,决九河,定九州,各以其职来贡,不失厥宜。"《史记·越王句践世家》:"禹之功大矣,渐九川,定九州,至于今诸夏艾安。"《史记·匈奴列传》:"尧虽贤,兴事业不成,得禹而九州宁。"《史记·太史公自序》:"维禹之功,九州攸同,光唐虞际,德流苗裔。"司马迁在这里用了"定九州""九州宁""九州攸同"这样三个美好的词汇,不只充分肯定九州的客观存在,而且赞誉有加了。

上述这些文献有的出自西周,有的出自春秋战国,《史记》则是反映了汉代的主流文化观念。人们众口一词的说法是:的确存在九州建制。

考古学家邵望平在《〈禹贡〉"九州"的考古学研究》中明确指出:"黄河、长江流域龙山时代是文明的奠基期,而龙山文化圈恰恰与《禹贡》九州的范围大体相当。"他还说,"总的看来,说《禹贡》'九州'是黄河长江流域公元前第3000年间已自然形成的人文地理区系当不致十分谬误。"[1] 这是中肯之论,也是符合历史实际的。

---

[1]《考古学文化论集》,文物出版社1989年版。

禹定九州的地望及其价值

关于禹定九州的地望,现今有着诸多的版本,当然,最原始也是最靠谱的应属《尚书·禹贡》所提供的版本了。

在《禹贡》中,冀州被列为九州之首,这主要是因为传说中尧帝和舜帝的政治中心在该区划内,鲧与大禹进军中原后受封地大致也在该区划内。"既载壶口,治梁及岐。既修太原,至于岳阳。覃怀底绩,至于衡漳。"文中的壶口、太原、岳阳在今山西一带。文中的梁山、岐山,当在今陕西。文中的覃怀、漳水,当在河南。文中说到的恒山、碣石当在今河北地区。但其中心地带该在山西、河南,即传统意义上的中原。这一带发现的著名的陶寺文化、二里头文化以及河北龙山文化,都与大禹的活动有关联。

"河、济惟兖州"。说明兖州在黄河与济水之间。济水源出河南济源的王屋山,后汇入黄河。兖州地当在河北、山东间。当时据说黄河水势很大,于是疏通九条河道入海,这就是所谓的"九河既道"。据考古工作者称,在河北黑龙港地区发现了九条古河道,说明这项治河工程的确是存在的。

"海、岱惟青州"。这个州的地理位置比较清晰。"海"指的是黄海与渤海,"岱"当然指的是泰山,大约地界指的是山东半岛一带,以及其附近的一

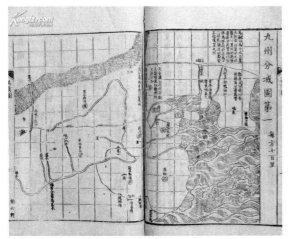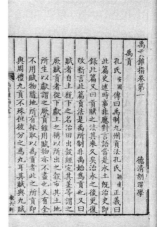

《禹贡》书影

些地方。"莱夷作牧",这里是夷民集中居住的地方,民族成分很复杂。

"海岱及淮惟徐州"。东至于黄海,北至于泰山,南至于淮河流域,这一带称为徐州,其地域大约在今江苏北部、安徽北部和山东南部。徐州因徐人而得名。徐人是淮夷的一支,据说是皋陶氏的后代。夏人与徐人联姻,这样夏的势力就达到了徐州地区。考古发掘告诉我们,在徐州地区多处发现有具有二里头文化特征的遗物,说明当时中原的夏人与海岱的徐人的交往的确是密切的。

"淮、海惟扬州"。淮河与黄海之间的地区,相当于今天的苏南、皖南、赣东一带。文中说到"彭蠡既猪"中的"彭蠡"指的就是鄱阳湖,当时利用鄱阳湖当蓄水池("猪"通潴,蓄水意)治水,实在是伟大的工程。"三江既入"中的"三江",有人释为松江、娄江、东江,那就说明治水已差不多治到今上海郊外了。"震泽底定"中的"震泽"是指江浙之间的太湖,当时太湖的治理也是成功的。

"荆及衡阳惟荆州"。荆指的是荆山,在今湖北南漳县一带。衡阳,湖南的衡山之南。其地域当在今江西西部和湖南、湖北一带。这里有许多有特色的地名,如长江、汉水、洞庭湖、潜江、云梦泽,都是有一点神秘色彩的地方。但现在也"江汉朝宗于海"了。这是一种象征意义,说是像江海朝宗于海一样,这地区归附于夏了。

"荆河惟豫州"。荆还是指湖北的荆山。河指的是黄河。荆山与黄河之间称为豫州,地在今河南省和湖北省的北部。由东向南,再折向西,兜了一个大圈子又差不多到达了它的原点。"伊、洛、瀍、涧既入于河",这是重头工程。谁都知道,夏人进入中原以后,封于崇,伊洛地区是其根据地。因此上述四河"入于河"的工程一定是十分着力的。

"华阳黑水惟梁州"。华阳,当然指的是华山之阳。黑水,有以为是怒江的,也有以为是金沙江的。梁州地区当在陕西南部、四川省和云贵两省的北部地区。传说中说禹出生于成都平原的石纽,三星堆遗址又直接可以与夏文化连接,可以想见当年梁州地区的开发是并不虚妄的。有考古学家认为:"在成都平原,三星堆遗址出土的陶盉和玉璋、玉、圭、玉戈,其文化源头都可能追寻到二里头文化中去。三星堆还出土两件铜牌,其中一件镶嵌着绿松石,其造型、风格、图案等都与二里头出土的青铜牌饰十分相像。"[1]

---

[1] 中国社会科学院考古研究所编著:《中国考古学·夏商卷》,中国社会科学出版社2003年版。

"黑水西河惟雍州"。在甘肃西南、青海北部,有党河、黑河、大通河。有学者认为黑水即指党河。西河,今山西、陕西间黄河南北流向的一段当地人称为西河。黑水与西河之间地域为雍州,西当于今陕西北部,以及甘肃、青海地区。在甘青高原的齐家文化中,也可见到若干二里头文化的因素。

我们相信,《禹贡》所言之九州及九州疆域,是最符合大禹的本真思想的,也较符合客观实际。其他的一些说法虽有所不同,但还是以《禹贡》为底本的。

《周礼·夏官司马·职方氏》:东南扬州、正南荆州、河南豫州、正东青州、河东兖州、正西雍州、东北幽州、河内冀州、正北并州。这个版本大部分照抄了《禹贡》的看法,合并掉了徐州、梁州,在北部新辟了幽州、并州。这可能与周代建立以后北部地区有较大的发展有关。

《尔雅·释地》:"两河间曰冀州,河南曰豫州,河西曰雍州,汉南曰荆州,江南曰扬州,济河间曰兖州,济东曰徐州,燕曰幽州,齐曰营州。"这里又新生出了一个"营州",其实就是原来的青州,因为齐在春秋战国时期强大起来了,《尔雅》的编写者就将其突现了出来。

《吕氏春秋·有始》:"何谓九州?河汉之间为豫州,周也。两河之间为冀州,晋也。河济之间为兖州,卫也。东方为青州,齐也。泗上为徐州,鲁也。东南为扬州,越也。南方为荆州,楚也。西方为雍州,秦也。北方为幽州,燕也。"吕不韦并掉了梁州,另立幽州。这也没有多少新意。《有始》中将卫国列入,其实卫是于公元前254年被魏兼并掉的,而所列的鲁国也于公元前256年为楚所灭。由此可见,吕不韦用的是战国后期的资料。

这些论说告诉了我们些什么呢? 一是雄辩地说明了九州确实是存在的。谁都没有那个本事把不存在的东西述说得那样清楚和准确。二是说明当时禹所达到的疆域的确是大得很,不像有些专家所想象的那样只限于中原地带。禹(也就是后来的夏)实际控制的区域有多大呢?《汉书》上有极为重要的话:

所言山川,不出《禹贡》之域。[1]

汉代的疆域是空前广大的,但是,《汉书》的作者认为,汉代实际控制的

---

[1]《汉书·地理志》。

山川,"不出《禹贡》之域",也就是说与《禹贡》描述的差不多。笔者以为这是可以相信的,中华民族的大致疆域,是通过大禹治水实际形成的,后来历代王朝只是进一步加固而已,并不像国外有些别有用心的史学家所说的那样,所谓"一部中国史是不断扩张的历史"。中国的历史由大禹治水大军写下了浓烈的第一笔,以后只是加深加浓而已。

禹划定九州的依据除了众所周知的自然地理因素外,看来更为重要的是:当时天下多个文化区系的基本形成。苏秉琦先生以为,新石器时代在中国的广大领域内已经形成了文化的六大区系,那就是:以燕山南北长城地带为重心的北方文化区;以山东为中心的东方文化区;以关中、豫西、晋南为中心的中原文化区;以环太湖为中心的东南部文化区;以环洞庭湖与四川盆地为中心的西南部文化区;以鄱阳湖—珠江三角洲一线为中轴的南方文化区。苏氏强调:"中原影响各地,各地影响中原。"李学勤先生在此基础上又增加了西北文化区,合称七大文化区。[1]这些文化区大致上是与禹划分的"九州"相对应的。可以想见,通过禹对九州的划定必能更好地促进各大文化区特色的显现和交融的加速。

禹是一位办事特别认真的人,他认为"定九州"是件特别重要的事,必须亲自带领僚属去干。划定州界的工作是从冀州开始的,那是五帝中的尧舜二帝的政治中心地带,也是自己生身的那个华夏族的生存故土。他这样做,一是为了表示对尧舜两帝的尊崇,二是为了张扬以夏文化为主体的中原文化。他要通过划定冀州拿出个标本来,嗣后的区划都得按这样一种模式来办。事实上也是如此,后面其他州的划定取的都是"冀州模式"。

问题在于:禹为何要花那么大的劲划定九州呢?《左传·襄公四年》曰:"芒芒禹迹,画为九州,经启九道。"西晋人杜预注:"启开九州之道。"

其一就是要明确"芒芒禹迹",也就是证明十三年治水的业绩。当时是,普天下的民众都在说大禹治水怎么的了得,都在说禹的功绩是谁都比不上的,可是事实呢?他要用事实来加以证明。一边巡视一边划定州界的过程,也可以说是向世人证明治水业绩的过程。

应该说,记录在《尚书·禹贡》篇中的证明材料还是十分丰富、具体、生动而有说服力的。比如在介绍兖州时说:济水与黄河之间的一大块土地称为兖州。此时,黄河下游的九条河道已经疏浚,畅通无阻,用以蓄水的"雷

---

[1] 张耀南编:《李学勤讲中国古代文明》,东方出版中心2008年版。

夏泽"已经建成,并且已经发挥作用。大洪水时期有大批的民众到丘陵高地上去避灾,现在已经扶老携幼地回到了平原上居住。在那里,野草生长得特别的茂盛,树木的枝干特别的修长。人们在宅前栽种上桑树,开始养蚕织布了。这是一幅农家乐的全景图,也可以理解为是对治水成就的歌功颂德图。听到这样的描述,还有谁还会怀疑大禹治水的成果呢?

大禹刚当上天子,为何就匆匆忙忙的要"证明"这一切呢?从根子上说,还是为了巩固统治的需要,树立禹的个人权威的需要。禹要废止行之久远的禅让制,开创传子制度的新时代,没有崇高的威望是办不到的。他必须这样。

二是为了有利于"经启九道"。治水的成功不是整个事业的终结,而是新的事业的开始。可以说,禹在划定和巡视九州的过程中,也不时地寻找着尚且存在的问题,以求及时地加以解决。即使一时还找不到解决问题的良方,大禹也要把问题提出来,让后人适时地加以解决。

其实,好多事情都不是十三年间所能解决的。大洪水带给人们的灾难是极为重大的,甚至是毁灭性的,非要经过数十年甚至上百年的治理才能得以恢复,在这一点上,大禹表现得既自信又清醒。在讲到冀州的状况时,既指明壶口工程已经启动,梁山和岐山已经开凿,又强调这两大工程都还没有完工,需要作长期的努力。在讲到扬州和荆州的状况时,指明这两州都存在着大量的"涂泥",也就是滩涂的低湿地。这些低湿地如果不去利用,可能会成为滋生病害的基地,而如果好好利用将可以增加大量的可耕土地。在讲到冀州、青州的状况时,都提到了"厥土唯白壤"的问题。中原和山东半岛一带的土壤应该是"黄土"或"黑土"才对,怎么变成"白壤"了呢?原来这是大洪灾以后必然的现象。大洪灾把大量原先在海水中的盐分带到了陆地上,大洪水退去后,就在土壤的表层留下了白茫茫的一片。要清除已经渗入土地内部的盐分,可能比治理洪水更困难些。要大禹马上解决这个问题当然是不现实的,但话要说回来,大禹敢于面对这个现实,就是极为了不起的。

他要"推进"自己的事业,有些话显然是讲给子孙后代听的。比如,他说"壶口工程"已经启动,但是他没有说已经完成,完成壶口工程那是千百年后子孙的事。大禹把这个问题提出来,可以看成是对后人的深情嘱托。两千余年后,雄才大略的汉武帝一生中的重大举措就是"壶子负薪",就是亲自背着柴草去堵塞壶口的决水,从这个意义上讲,汉武帝也是"大禹治黄"遗嘱的一位杰出执行人吧！

三是为了有效地"监管天下"。这是定九州的根本目标。黄帝时代是天下万国。黄帝是名义上的天下共主，那么多的"国"存在在那里，怎么管也管不了。后来黄帝为了强化天下的一统性，"置左右大监，监于万国"。结果也收效甚微。天高皇帝远，你怎么管也管不了他们。到了尧、舜时代，好了一些，设立了"四岳"，由他们代表天子管理四方。但是，由于这种管理缺乏经济上的联络和政治上的依托，以及文化上的认同，还是形同虚设。

而禹设立的九州制度就很不相同了。它把天下紧紧地联结在一起，使之成为一个利益攸关、步调一致的经济、政治、文化共同体。

九州制度首先是一种政治制度，它宣告了"九州攸同"的政治原则，也就是九州域内的所有人，不管你是来是何个氏族、部族、民族，不管你来自东方、西方、南方、北方，你都得"攸同"于"九州"。你首先是个"九州人"，然后才是冀州人、青州人、扬州人……这个观念是禹创造的。正是从这一观念出发，防风氏不把"九州"的"天下共主"当回事，大禹认为该杀、该戮！为了防止类似的事件发生，建立九州后，马上建立了严密的州牧制度。这样就不再是天高皇帝远了。州牧就是天子的代表，你听天子的就得听州牧的。

九州制度也是一种经济制度。各地的气候条件不同，地理自然环境不同，矿物资源条件也不同，这样发展经济的状况也会不同。这种不同，要受到中央政权的督察，看是不是充分利用了本州的有利因素，回避了不利因素，同时也要看与中央的整体规划是否有抵触。因此，这种经济制度又是一种民生制度。禹是历来以重视"厚生"著称的，哪个州玩忽民生，他是决不答应的。禹是把"九州攸同"与"四奥既居"连起来用的。他告诉天下的各路诸侯，如果你真心赞同九州和睦相处，那你首先要让天下四方（四奥）的百姓安居乐业，有吃有穿。这就是民生。

九州制度也是种文化制度。以中原为中心，认同中央的权威，这本身是一种文化。建立九州制度，加强各州际、各地区之间的交流和走动，这也是一种文化。文化最终促成了中华民族大家庭的形成。

九州制度更是一种贡赋制度。《史记·夏本纪》有："自虞、夏时，贡赋备矣！"贡赋制度是禹的一大发明。在他之前，贡献是献给上帝和鬼神的。祭祀时放在供桌上的那些吃的用的，就是贡献。现在，禹是把贡献制度大大世俗化了。你不是承认天下一统吗，你不是对天下共主怀有敬畏之心吗，那好，就请你献上你的贡赋来。下面，我们就来讨论大禹创立的贡赋制度吧！

禹铸"九鼎"和王权建设

在远古时代,铸鼎是有为天子政权建设的重要环节。

鼎,原是古代社会的一种炊具又可作为盛熟食之器,多用陶土或青铜制成。圆鼎为两耳三足,方鼎为两耳四足。中国人信奉"民以食为天",因此后来鼎就渐渐地演化为一种宗庙的礼器和墓葬的明器(即冥器)。再后来,就演变为一种代表政权的神器了。

鼎作为一种传国的神器,有一个发展过程。

据传,在很古的时候,有个叫太昊帝的统一了天下。天下的老百姓过着十分安康的生活,有感于此,太昊帝制作了一个神鼎。他之所以制作"一个"神鼎,意思是"一者壹统也",希望天下永远太平,永葆一统天下。

这当然只是个美好的愿望,太昊帝死后,天下大乱。在大乱中"太昊鼎"也不知哪里去了。黄帝来到人世时,当时仍旧是诸侯间你打我、我打你,战事绵绵不绝。黄帝想:那不行,整天的战争最终不是苦了老百姓吗?于是,他一面以德喻天下,一面习用干戈,去征讨那些害国害民害天下的诸侯。最后把那些诸侯征服了,天下算是太平了。在一次黄帝封禅天地的祭祀活动中,他"获宝鼎",也就是那久已失传的太昊鼎。他认为这是上天的启示,太昊宝鼎就是上天赐与他天下的明证。

受到这一启示,黄帝后来就制作了三只宝鼎,以象征自己能成为天下共主,是得到天、地、人三个方面的允诺的。

到了禹平定水土成功后,禹为了仿照太昊帝和黄帝故事,也开始筹备铸鼎。怎么铸?铸多少个鼎?对他来说是个难题。他召开"九牧会议"征求意见。一听说要像太昊、黄帝那样铸神鼎,所有的人都表示拥护。铸怎样的鼎呢?大家一致的意见是:太昊铸一只鼎象征统一,黄帝铸三只鼎象征天、地、人三者的和谐,那我们就要铸九只鼎象征九州天下一统。大家都说这个意思好。"九"者,"久"也。九鼎也含有国运恒久的意思。[1]

有位州牧(州的行政长官)提出的意见也至关重要。他说:"我们铸的

---

[1] 后世学者对所谓的"九鼎"是一只鼎还是九只鼎,有着截然不同的看法,笔者取九只鼎一说。

鼎也要把太昊帝的'天下一统'和黄帝的'天地人贯通'的精神融会进去，因此，这铸鼎的铜不能来自一地，应取九州产的铜，浇融而成九鼎。"这位州牧的意见马上获得了一致的赞同。

天子禹最后总结说："哪一州所贡之金（青铜），就拿来铸哪一州的鼎，将该州内的山川形势都铸在上面，让后世的人们懂得这江山如金属浇铸出来的一样永固。我从前治水时在那里所遇到的各种奇禽异兽、神仙魔怪等，也一一刻出。至于形象，我和伯益都有草图画出，现在一并铸在鼎上。将来鼎成之后，设法将图像拓出，昭示给九州百姓，使他们知道哪一种动物有益，哪一种动物有害。免得他们跑到山林、川泽里去劳作，遇到不好的东西，自己也不知道，受了魑魅魍魉的害，还不知道是怎么回事，懵里懵懂，不知利害。这样，岂不是也为百姓做了一件有益的事情吗？"

于是，"禹收九牧之金，铸九鼎"[1]这件夏代历史上也许是最伟大的事件就产生了。

宝鼎作为传国的重器，作为国家政权和帝位的象征，在夏王朝的王宫里安放了471年。

天命无常。

作为传国的重器，它的归属也是无常的。后来，夏桀昏聩惑乱，九鼎变成了商的宝器。再后来纣王暴虐不堪，九鼎又成了周的宝器。

在相关典籍中，有一则"楚子问鼎"的故事，讲的是：楚庄王时代，周王室已经十分的衰弱。楚庄王趁攻打戎人的机会，驻兵于洛水，在周王室的领地里耀武扬威地举行阅兵仪式。这时，宽厚而软弱的周定王还是派王孙满去慰劳楚国军队。而野心勃勃的楚庄王竟大声问周王的使者道："不知禹制作的九鼎有多大有多重？"王孙满不客气地回答："问题根本不在于鼎的轻重大小，而在于执政者是否有仁德。当年大禹是个有大德的君主，正因为有大德，远方的人们才会甘心情愿地把各种物品奉献给中央，九州的牧长才会进贡贵重的青铜，大禹就把这些青铜铸成九鼎让老百姓懂得何为善、何为恶，让老百姓懂得天下一统的重要性。后来夏桀不争气，鼎就流到了商，再后来又流到了周。现在，周王朝的仁德虽然在衰微，但是天命还没有改变，鼎的轻重难道是你楚庄王可以随便问的吗？"楚庄王无言以对。[2]

---

[1]《史记·封禅书》。
[2]《左传·宣公三年》。

写在《左传》这部史书上的王孙满的这段话,捍卫了"禹鼎"的庄严性,它的内涵是十分丰富和深刻的。所言"在德不在鼎",正说明了有仁德的人才能制作出这样的鼎来,也只有有仁德的人才能得到"禹鼎"这样的传世重器。王孙满的说辞中还包孕着"鼎新革故"的社会发展变迁观。"革,去故也;鼎取新也。"[1]这是历史的必然。夏与商、商与周之间的不断"鼎迁",正好说明了"鼎新革故"的历史发展常规。

对于这段历史,考古学家张光直先生有一段十分精到的论述:

其一,《左传·宣公三年》讲"远方图物、贡金九牧,铸鼎象物,……用能协于上下以承天休"这几句话是直接讲青铜彝器上面的动物形的花纹的。各方的方国人民将各地特殊的"物"画成图像,然后铸在鼎上,正是说各地特殊的通天动物,都供王朝的服役,以"协于上下,以承天休"。换言之,王帝不但掌握各地方国的自然资源,而且掌握各地方国的通天工具,就好像掌握着最多最有力的兵器一样,是掌有大势大力的象征。其二,《左传》里的"贡金九牧"和《墨子》里的"折金于山川",正是讲到对各地自然资源里面的铜矿锡矿的掌握。"铸鼎象物"是通天工具的制作,那么对铸鼎原料即铜矿锡矿的掌握,也便是从基本上对通天工具的掌握。所以九鼎不但是通天权力的象征,而且是制作通天工具原料与技术的独占的象征。其三,九鼎的传说,自夏朝开始,亦即自中国历史上第一个王朝开始,也是十分恰当的。王权的政治权力来自对九鼎的象征性的独占,也就是来自对中国古代艺术的独占。所以改朝换代之际,不但有政治权力的转移,而且有中国古代艺术品精华的转移。[2]

这段论述是十分精辟的,把"禹铸九鼎"的初衷、原委以及发展脉络讲清楚了,也把后世王家为何那样看重九鼎讲清楚了。

"禹铸九鼎"的说法已被当代考古发掘的成就所证实,本身就改写了中国青铜时代的历史。史家认为:"在文献中,有夏代冶青铜的记载,如'禹铸九鼎'和夏后启命人在'昆吾铸鼎'的说法,出土的铸造铜器的遗存可以为证。"[3]二里头大量青铜器以及制作青铜器工场的发现,完全证明了"禹铸

---

[1]《周易·杂卦》。
[2] 张光直:《中国青铜时代》,三联书店1999年版。
[3] 唐长孺、李学勤、周一良、邓广铭:《中国历史通览》,东方出版中心1996年版。

九鼎"的历史真实性。因为禹铸造九鼎,直到现在,"一言九鼎""问鼎中原"等还是人们常用的词汇。

禹,一个新历史时期的领军人物

正像西欧的但丁是中世纪的最后一人,又是近代历史的第一人一样,大禹也是一个"一身而两任焉"的人物。他可以说是中国原始社会的最后一人,同时,他又是新的阶级社会的第一人。

禹的可贵之处在于,他在抛弃一个已经不符合时代潮流,即将被淘汰的社会的同时,又充分地从传统社会中吮吸了多少万年传承下来的丰富的思想养料。这样,作为一个新历史时期打头阵的领军人物,他的血管里流淌着的仍然是人们所熟悉的列祖列宗的血,音容笑貌,酷似乃祖,精神气质,一如圣贤,而他所作所为,又是在悄无声息地埋葬一个旧世界,打造一个新世界。

他在传统社会中,是道德的楷模。帝舜时,就提倡"令民皆则禹。""则禹",就是以禹为榜样,让大家都学习大禹精神,这是对的。

他在新生的私有制社会中,是个勇敢的先行者。他不怕别人说三道四,把君位传给了自己的儿子。

禹,他的一生业绩本身就为何谓批判的继承写下了最好的注脚。

春秋战国时期的那些文化大家,是读懂了大禹的——虽然各人所取的视角并不相同,认识上也有很大的差异。但对他的赞誉可说是众口一词。

孔子是禹的精神膜拜者,《论语·泰伯》有:"禹,吾无间然矣!菲饮食而致孝乎鬼神,恶衣服而致美乎黻冕,卑宫室而尽力乎沟洫。禹,吾无间然矣!"可以想见,孔子是带着十分激越的心情说这番话的。他赞许禹的刻苦、耐劳、大公、无私。他所说的"无间然矣"相当于说,这样的人我没有任何可挑剔的了。

而孔子的私淑弟子孟子不只倾倒于大禹的人格魅力,还直接为禹的传子制度一辩了。文献记载他是这样说的:

万章问曰:"人有言:'至于禹而德衰,不传于贤,而传于子。'有诸?"孟子曰:"否!不然也。天与贤,则与贤;天与子,则与子。昔者舜荐禹于天,十有七年,舜崩,三年之丧毕,禹避舜之子于阳城,天下之民从之,若尧崩之后,不从尧之子而从舜也。禹荐益于天,七年,禹崩,三年之丧毕,益避禹之子于箕山之阴,朝觐讼狱者,不之益而之启,曰:'吾君之子也。'讴歌者不讴歌益而讴歌启,曰:'吾君之子也。'……启贤,能敬承继禹之道。"[1]

原来孟子的学生万章对老师传递了这样一个信息:说现在不少人都以为禹之传子是一种"德衰"的表现,说明禹的品格不及前圣。面对世人的责难,孟子断然否定。他的意思很清楚,认为义与不义是相对的,在不同的历史条件下"义"的内涵可以有不同的解读。到了私有制的存在已经成为公开的秘密的情况下,像禹那样顺乎潮流实施传子制度,相反倒是"义"的表现。孟子还提出了一个极为重要的命题——"天与贤,则与贤,天与子,则与子",这就等于公然承认了传子制度的合理性,是符合历史发展潮流的。而孟子在这里又把"天"解释为"天下之民",禹传子是"天下之民从之"的光明正大的事,没有什么不正当的。孟子维护了大禹的圣人形象。

墨子则俨然以禹的继承者自命,"昔之圣王禹汤文武,兼爱天下之百姓,率以尊天事鬼,其利人多,故天福之,使立为天子。"[2]认为自己力主"兼爱",其源盖出于"其利人多"的大禹。墨子的巨子们从穿衣、吃饭、行事,全都以大禹为榜样,他们是大禹精神的最忠诚信徒。

集各家思想之大成的吕不韦,一般不轻易赞誉人,可是,一提及大禹时却佩服得五体投地。他着重赞颂了禹的礼贤下士之风,他写道:"昔者禹一沐而三捉发,一食而三起,以礼有道之士,通乎己之不足也。通乎己之不足,则不与物(人也)争矣!"[3]禹那样看重"有道之士",无怪乎他治水时总是有那么多人帮他了。

连历来甘心于寂寞人生的庄子也出来凑热闹,盛赞禹的品格和道德精神。他赞扬禹之湮洪水的伟业,在当时极其困难的条件下,大禹能通四夷九州,把治水的范围推向天下,这是极不容易的事。他认为,禹治名川三百,支川三千,小者无数,而且禹亲自操橐耜而九杂天下之川,沐甚雨,栉疾风,置万国,结果成了个走路不便的跛子,即便那样,他还是奔走在治水大道上。

---

[1]《孟子·万章上》。
[2]《墨子·法仪》。
[3]《吕氏春秋·谨听》。

庄子的结论是:"禹大圣也!"他对禹的总体评价是:禹是个非同寻常的"大圣",他的作为影响了天下大势。这个评解出自孤高自傲的庄子之口,实属难能可贵。

我们列举诸子对禹众口一词的表彰,是想破译一个千古的秘密:为新时代的诞生冲锋陷阵的前驱人物,一般都会被世人所诟骂,而禹却是个特例,他是被保守派人士和激进派人士都认同的人,在他的身上,熠熠闪光的是那种普世的价值观。

只有具有普世价值观的人,才能赢得普世的认同。

禹没有因为要抛弃一个旧世界而抛弃旧世界的一切。他牢牢地把握了传统的、普世的价值精神——大公精神、无私精神、利他精神、民生精神——使他真正成为民众心目中的"大圣"。既然禹是这样的一个人,人们就不会去怀疑和反对他的事业了。

大禹的这种普世精神,一直延续到他的晚年,排除了在不少先驱人物身上存在的晚节不忠现象。

大禹的晚年是"夕阳无限好"的光辉灿烂的晚年。

十三年的治水摧残了他的身体健康,被阳光灼伤了的变得暗红色的皮肤时常发生溃烂,他的背脊是永远地直不起来了,他的腿关节出了问题,走起路来永远是一瘸一瘸的,人们笑称为"禹步"。他瘦弱,但精神还好。事关民生的九州大事,禹从来不肯搁置到第二天去办。疲乏了,禹就拿出治水成功后舜赐于他的那支"玄圭",独自把玩一通,那样精力顿时充沛了许多。

"五载一巡狩。禹遵之。"[1] 这是禹晚年生活的写照。那时他已年过六旬,身体更加病弱。可是,他的脑子仍旧很管用,他记得很清楚。这一年应该是他巡视九州和大祭天地的年份,他要他的部属为他早作准备。部属感到很为难,都病成那个样子了,还出去巡守?他的回答响亮而明确:"五载一巡狩,这是黄帝开始定下的规矩,不能因我而废了规矩。"这就是司马迁写《封禅书》时写上"禹遵之"一语的出典。

这次巡狩,禹特地带上了儿子启。在定九州、铸九鼎中,启都参与其事,并赢得了"夏启贤"的美名。这次巡狩也许是禹的最后一次了,不能没有启的参与。一切让启去张罗,禹只在一旁指点。他心中明白,经过这次巡狩的历练,启一定会成为众望所归的新一代君王的。

---

[1]《史记·封禅书》。

"禹行自冀州始。"[1]九州山山水水,都是禹熟识的。投入九州的山水怀抱,使禹的精神反而好了许多。禹与儿子启一起,每天都要接见民众,从闲聊中体察民情、民心、民风。启年富力强,上上下下跑个不停,一如禹当年一样的活跃热情。他的与民众的贴心,也一如父亲,这是让禹最为高兴的。

这次巡狩的重头戏是要进行一次封禅大典。"封"就是封土为台,祭上苍;"禅"就是辟土为场,祭地王。从三皇五帝以来,祭天的地方在泰山,这已经约定俗成,不可更改。而禅地可因情势而变。在封泰山之后,禹问启:"你看,禅地放在何处为妥?"启不假思索地说:"会稽是父亲治水的最后一站,又曾是会合诸侯的处所,把禅地放在会稽吧!"禹笑了,满意地说:"你说的正是我想的,就把禅地放在会稽这块风水宝地吧!"

在"禹封泰山,禅会稽"过程中,启一直是打前站的。忙完了泰山之祭,启马上奔赴会稽山。等大禹一行来到会稽山时,启已经在会稽山顶辟出了一块三丈见方的平坦的祭地,香烛等也一应俱全。禹缓缓地上得山来,神态自若,而体态虚弱。

禹在祭地的东首坐北面南,让启站立在自己的身边,九牧和各路诸侯就站立在他们的身后。司仪官宣布"禅地大典"开始,当司仪官要禹讲述祭词时,禹却把目光投射向站在自己身边的启。司仪官心领神会,邀请启口述祭词。启也不谦让,只是在讲述过程中申明是代表父亲口述祭词的。

当禹回到会稽的住处的时候,他已无力坐起。他平静地口述了自己的身后事。嘱咐随员丧事一定要俭办。后世的墨子根据民间传说记下了禹的临终嘱托:禹说,在他的尸体上,只要穿三套衣服就可以了,棺材板只要三寸厚就够了,不要建坟,埋在地下不太深的地方就可以了,那样农夫还可以在上头种地。请注意最后一句话:"则止矣。"什么意思呢?禹是要告诉大家,丧事办完以后,你们就应该去办自己应该办的事了,一切到此为止,不要再哭哭啼啼、悲悲切切了。

大禹就葬在会稽山头,简简单单的。

大禹走了,他什么都没有带走。

大禹走了,他留下了许多——

他留下了神州禹域。

他留下了天下九州。

---

[1]《史记·夏本纪》。

他留下了无私无畏、一往无前的"大禹精神"。

他留下了礼义诗书的华夏人文。

他留下了一个时代。一个以家天下为标志的新时代。

人们深深地怀念着他,于是就有了中国文化史上极为丰富的文化遗存。在安徽怀远县境内有禹墟和禹王宫,在陕西韩城有禹门,在山西河津县有禹门口,山西夏县中条山麓有禹王城址,在河南开封市郊有禹王台,禹县城内有禹王锁蛟井,在湖北武汉龟山东单有禹功矶,在湖南长沙岳麓山巅有禹王碑,甚至远在四川南江县还建有禹王宫,而河南洛阳更有大禹开凿龙门的传说……这些遍布中国各地的大禹遗迹,深深地记刻着人们对大禹丰功伟绩的思念。大禹是中国古代最受人们崇敬的伟人之一。

第十章 神州大地的首次统一

统一起于黄帝成于大禹

中国首次统一实现于何时？比较传统的观念一直认为，是秦始皇建立了强盛的秦帝国，统一了全国。但是，随着对国史学术研究的不断深化，尤其考古发掘给人的提示，秦首次统一中国的观念已难以成立，中国首次统一的年限差不多往前挪动了二千年。著名历史学家、考古学家李学勤明确指出：

统一本来就是中国历史的一个值得自豪的特点。纵观几千年的古史，统一是经常的、主要的，分裂是暂时的、异常的现象。有些人主张秦始皇第一次统一中国，这是不够确切的，因为夏、商、周已经有了统一的局面，秦不过是在春秋五霸、战国七雄的并峙分立之后，完成了再统一而已。长期的统一，为中国文化带来了相当普遍的共通性，由中原以至于边远，在很大程度上道一风同，这就反过来使政治、经济的统一更加持久巩固，成为中国人凝聚力的基础。但是，普遍存在的文化的共通性，和各地区、各民族的文化的多样性，并不是相排斥的。正因为中国是一个统一的多民族的国家，中国的历史文化才这样的丰富多彩。[1]

这是一个还没有被人们普遍接受的学术新论，就笔者看来，这是完全正确的，也是符合中国历史发展的客观实际的。正如本人在本书前面几章中说的，中华文明有着一万年的根系，五千多年的文明发展史，总的趋向是一步步走向统一。经过长时期的融会和交汇，到了夏禹时代统一已是水到渠

---

[1] 宫长为编：《李学勤说先秦》，上海科学技术文献出版社2009年版。

成的事了。

中华各族间的融会和交汇从一万年前进入"全新世"开始。大地暖意融融,一场"新石器革命"闹得热火朝天,中华大地上出现了万年陶、万年稻、万年菜、万年猪、万年狗。当时的神州人以"点"状居住于祖国大地的四面八方,呈"多元"状态。而这"多元"又不隔绝,尤其是在"水往低处流,人往高处走""树挪死,人挪活"观念的支使下,有向西部大迁移的壮举,更有勤于走动和交往的习惯。这样,"多元"中的"一体"倾向就十分明显。这是中国远古史区别于世界其他地域史的特点,也是鲜明的优点。这些在前面相关章节中已经详说,于此不赘。

到了黄帝时代,趋向统一步入了快车道。

黄帝时期可以说是统一局面的草创阶段。从相关资料看,黄帝至少为统一做了这样六件事:第一,黄帝用武力统一了天下,"习用干戈,以征不享,诸侯咸来宾从"。尤其征服了蚩尤和炎帝两大集团,使统一局面最终得以形成。上面我们已经讲了,神州大地上各族间是长期融会和交汇的过程,所以这里的"征服"不是哪个吃掉哪个的问题,而只是一种权力和势力的再分配。炎帝被打败后,相反加快了炎黄两族的融会,后人公认自己是炎黄子孙。蚩尤被击败后也没有被否定与丑化,而是公认的"战神",并与炎、黄一起被公认为华夏"三始祖"。第二,形成了空前开阔的统一大局面,"东至于海,西至空桐,南至于江,北逐荤粥"。范围是相当大了,当时所谓"天下"的观念也形成了。第三,形成了以黄帝为首的中央核心领导集团,"举风后、力牧、常先、大鸿以治民",虽然这些所谓的"人名"都具有象征意义,不一定是具体的个体,但领导核心在一点点形成那是肯定的。第四,实行了对地方的监管体制,"置左右大监,监于万国"。第五,创造了天子巡游制度,这也是一种对地方的监管,据说黄帝还有"合符釜山"之举,就是把各地诸侯集中到釜山开会,这也体现了中央的权威。第六,开创了着重发展农业生产的新局面,"时播百谷草木,淳化鸟兽鱼虫","有土德之瑞,故号黄帝"。中国以农为本,自黄帝起。

颛顼、帝喾是五帝中的第二、第三帝,他们继承黄帝优先发展农业的政策,"养材以任地,载时以象天",培养农业人才,大力进行历法研究。传说中的中国最古历法是"颛顼历",但得不到相应的实证。颛顼和帝喾时期在统一上最大的成就是疆域的进一步拓展。"北至幽陵,南至交阯,西止流沙,东止蟠木。"东、西、南、北四个方位上都要比黄帝时代向外延伸,"溉执中而遍天下,日月所照,风雨所至,莫不从服"。可能社会的满意度比黄帝时期还要高些。颛顼时期还有件事引起学界普遍关注,就是实现了意识领域的深层次改革。在之前,是"家为巫师",意味着人人可以当巫师,人人可以与天神交接。这在人人平等的原始社会是当然的事,但到了氏族权力已高度集中的颛顼时代就开始被禁绝了,这在文献中都有记载,或称为"绝天地之通"[1],或名为"依鬼神以制义"[2],今人则称之为"五帝时代的宗教改革"。江林昌有言:

> 颛顼进行了宗教改革,其结果是颛顼自己以酋长、巫师一身兼任,又命大巫"黎"任"火正"之职负责传达民间的请求,又命"重"任"南正"之职,将"黎"收集的民间请求,上报给天神。也就是说,原来人人可以沟通天神,现在不行了,沟通天神必须通过"黎"和"重"两道关卡。[3]

张光直对颛顼和颛顼时代进行的"宗教改革"有一段相当精到的分析:

> 《国语·楚语》中观射父讲的"绝天地之通"的古代神话,在研究中国古代文明的性质上具有很大的重要性。神话中的绝天地之通并不是真正把天地(与人)完全隔绝。这个神话的实质是巫术与政治的结合,表明通天地的手段逐渐成为一种独占的现象。就是说,以往经过巫术、动物和各种法器的帮助,人人都可以与神相见。但是社会发展到一定程度以后,通天地的手段便为少数人所独占。[4]

这不只是中国古代思想史上的一个大转折,也是民族统一史上的一个大转折。自从颛顼的这一宗教性质的大改革以后,天下共主成了能"通神"的唯一人选。谁要是反对天下共主,谁就是违背神的旨意,那是不能容忍的。从"朕能通神"到"朕即神",几千年古代社会走的就是这样一条道路。但是,从民族团结和"天下一统"的视角看,颛顼的"绝天地之通"是有积极意义的。

---

[1]《国语·楚语下》。
[2]《史记·五帝本纪》。
[3] 江林昌:《中国上古文明考论》,上海教育出版社2005年版。
[4] 张光直:《考古学专题六论》,文物出版社1986年版。

尧舜时期又是进一步走向统一的重要时期。这时期有几点是值得注意的：第一，坚持了黄帝开创的节俭之风。"以俭养德，以德平天下"，这是中华文化的传统，它就起始于五帝时代。五帝时代的尧舜"富而不骄，贵而不舒。黄收纯衣，彤车乘白马，能明驯德"。作为天下共主，尧舜戴的是田夫野老戴的黄冠，穿的是普通百姓穿的深黑色的衣服，坐的是很简朴的彤车，乘的是纯白毛的马匹。俭能兴邦，史书上说，尧舜能俭朴然后能"合和万国"。第二，尧舜创导了以孝治国和以孝平天下的方略。在《史记·五帝本纪》中用了大量的篇幅讲述舜大孝于父母的故事。"舜父瞽叟顽，母嚚，弟象傲，皆欲杀舜。舜顺适不失子道，兄弟孝慈。欲杀，不可得；即求，尝在侧。"舜把中国式的孝道发展到了极致，后来成了中国历代帝王"以孝治天下"的凭借，后人编"二十四孝"，舜是名副其实的第一孝。"孝"成了中国社会凝聚人心的无可取代的最佳黏合剂。第三，在《史记·五帝本纪》中有一句很关键的话语，叫作："天下明德皆自虞帝始。"就是说，天下讲求以礼治国（所谓"明德"），讲求礼仪之邦，是从大舜开始的。文献上有这么一段话："昔者舜弹五弦之琴，造《南风》之诗，其诗曰：'南风之薰兮，可以解吾民之愠兮；南风之时兮，可以阜吾民之财兮。'唯修此化，故其兴也勃兮，德如泉流至于今。"[1]舜的治天下主张像温和的南风那样"修此化"，只有"德如泉流"，才能让万物"其兴也勃"。"天下明德自虞帝始"，是的，舜开始推行的温和如南风的德教，是实现天下一统的最可靠的基石。

禹承继了黄帝以来的精神和物质财富，尤其是舜帝的"天下明德"观念，在平水土的同时，也实现了天下首次统一的千年之梦。一接任天下共主的位子，"禹乃兴九招（韶）之乐，致异物，凤皇来翔"[2]。禹这样做，是最得民心的。

禹平水土加速了"道一风同"的统一进程

禹平水土在当时，甚至在整个中国历史上是一件牵动民族兴亡的大事。就拿治水来说，当时的洪水发于神州大地的南、北、东、西，这样，禹带领的治

---

[1]《孔子家语·辨乐解》。
[2]《史记·五帝本纪》。

水大军治理的也就不是一地一处的一山一水,而是神州大地广袤领域的万水千山。关于治水的线路,后世有种种说法,但总的来看,还是《禹贡》所描画的线路比较靠谱。治水大军初起于中原,然后这支大军由西而东,由东而南,由南而西,由西而北,在当时所谓"天下"的范围内留下了他们的足迹,这是极为了不起的历史性壮举。

"禹居外治水十三年",可能这只是个约数,笔者甚至怀疑这是文献上的笔误。有记载说:"世传禹病偏枯,步不相过,至今巫称禹步是也。"[1] 说明禹在治水后期时已是老态毕露了。初率治水大军时还是二十多岁的青年人,加十三年也不至于老成那个样子。笔者怀疑十三年当是二十三年或三十三年之误,因为那么大的洪水按常理说十三年确是治不了[2]。

李学勤在讲到统一时,用了"道一风同"一语,此说贴切。"道一"指的是目标的一致性。"风同"指的是民间风俗习惯的同一化。总之,统一是建筑在利益和目标一致的认同基础上的。没有这种认同,统一是怎么也实现不了的。就是硬生生地捏在一起,这种所谓的"统一"也是不稳固的。尧、舜、禹时期长达百余年的大洪灾造成了历史的大困局,而治理洪水又是加速促成大统一的大机遇。如果没有这支治水大军,没有这支治水大军的领袖大禹,那么的确"人为鱼鳖"了。是治水大军,是大禹,把人们从苦海中拯救了出来,同时共同的目标又把大家凝聚在了一起。这是统一的最可靠的基础。

神话传说故事是"昨天"生活的印记,正是从这个意义上说,神话传说中有着历史的真实性。在关于大禹治水的神话传说故事中,大禹的治水会有"神"助,也会有"人"助,这些故事都在告诉人们,大禹治水时期人与人之间、民族与民族之间的交融在加深。据说,禹治水之初,仍然以堵截为主,这时"有神龙以尾划地,导水所注",这条"神龙"让禹走上了堙疏并举的正确道路。在治水过程中还有不少高人指点禹的故事,有载:

洮水又东径临洮县故城北,禹治洪水,西至洮水上,见长人受黑玉书于斯水上。昔大禹治水,观于河,见白面长人鱼身,出曰:"吾河精也。"授禹河

---

[1] 明·董斯张:《广博物志》卷二五引《帝王世纪》。
[2] 在《古本竹书纪年》上有"禹立四十五年"的说法,如果此说成立,那么禹把二十三年甚至三十三年时间花在"平水土"上是完全可能的,余下还有十余或二十余年可以用来巩固当时业已形成的统一局面。

图而还于渊。[1]

不管是"长人"也好,或者是"白面长人鱼身"的河精也好,这些神话传说故事都是在诉说着同样的一段历史:在大禹治水的多少年中,禹和他的治水大军历尽了艰难险阻,为民众办了许多实事、好事,同时,他们在办实事、好事的过程中也得到了广大民众的鼎力相助。正是在拯民众于水火之中和民众的全力相助过程中,民族的感情加深了,统一的根基夯实了。

大禹治水的队伍从中原出发,走向神州大地的各个角落,这就必然会把中原的物质文化和精神财富带向全国各地,也会把全国各地的物质文化和精神财富带回到中原地带。中华大地长期处于多元一体的格局中,多元文化的交流和交融一直在进程中,但是,大禹治水期间因为人口在频繁的走动中,因此这一期间的多元交流和交融会千百倍于平时,百年来的地下考古发掘为我们提供了丰富的相关证据。

冀州地区和豫州地区大约在五帝时期就被认为是天下之中了,也就是所谓的"中州"。这里有黄帝一脉的后裔,有尧、舜等帝曾经建设的故都,夏人、商人、周人在这里都各自据有一席之地。这里的族属相当复杂化。就拿二里头遗址来说,这里罕见统一安排的死者的公共墓地,遗址发掘中发现有单独的墓葬或若干成排墓葬组成的小型墓群。墓群遍布于遗址各处,见于宫室建筑的院内,也见于一般居址近旁、房基和路边。对这些墓葬情况推测,二里头工作队队长许宏认为:"二里头都邑是最早集聚了周边人口的中心城市,也就不难理解这些早期移民是来自众多不同的小型血缘集团,而在它们的上面并没有联系所有都邑社会成员的血亲纽带。缺乏稳定的墓地和同一空间内墓葬与房屋的不断更迭,暗示着人口的频繁移动。二里头都邑的人口应当是由众多小规模的、彼此不相关联的血亲族群所组成,同时它们又集聚并受控于一个城市集合体。从某种意义上讲,二里头是中国最早的大规模移民城市。"[2]事实上,不只是二里头这座城市是中国最早的大规模移民城市,就连当时冀州,乃至于豫州地区,也是最早的移民地区。这正应了一句古话,"树挪死,人挪活",这一地区当时能走到华夏地区的前列,是与移民城市与移民地区有关的。

---

[1]《水经注·河水》。
[2] 许宏:《最早的中国》,科学出版社2009年版。

大禹就是带着这么一支由早期移民组成的朝气勃勃的队伍从冀州出发的。

大禹治水的第一、二、三站是所谓的兖州、青州、徐州地区，大致上当在今天的山东、苏北、皖北地区，时间与区域都与岳石文化相对应。岳石文化因平度东岳石遗址而得名，继山东龙山文化而起，分布于海岱淮地区。其时已进入青铜时代，发掘出土的有青铜刀、锥、环、镞。属岳石文化的郝家庄遗址发现有一块铜容器残片，表明岳石文化时已有相当先进的用合范冶炼青铜的技术。

在大禹治水期间，二里头文化地区与岳石文化地区在多方面出现交融现象。二里头文化出土的青铜鼎与斝，造型和表面装饰均有岳石文化陶器的风格。还有，器表带有篦珍刮痕的夹砂褐陶器，以及半月形双孔石刀，都可以在岳石文化中找到其同类物品，而在二里头文化中却无其此类器物。对这类器物做中子活化分析表明，这些器物是受岳石文化影响而生产于二里头当地的。

大禹治水的第四站是当时的扬州地区，相当于现今的苏南、皖南、赣东地区。《吕氏春秋·有始览》有载："东南曰扬州，越也。"时间与地域上大致相当的是良渚文化。

良渚文化位于江苏南部和浙江北部。因最初发现地在浙江杭县良渚镇（今属余杭县）因而得名。分布于太湖流域。当时农业、竹木制作、养蚕、丝织、麻织，都有很大发展。黑皮灰胎并非纯黑陶，也没有龙山文化那样的蛋壳黑陶。陶器种类主要有鼎、豆、圈足壶、单把带流杯和小口高领瓮。玉器多为通体磨制，并普遍使用切割法和管钻法。玉器特多，在一个墓地获玉器数以千计。种类有琮、璜、璧、钺、镯、环、管、珠、杖头及各种装饰品。雕工之精、数量之多、品种之繁杂，为同时代之冠。航海业发达，距今四千多年，越人不仅开辟了东南沿海的航线，与台湾有了密切和频繁的交往，而且到了大洋洲、美洲等地。[1]可是，到了距今四千年前后，良渚镇地区的文化神秘消失，只留下厚厚的淤泥层。这明确地告诉人们，大洪水的确是到达了这个地方，并造成了巨大的灾害。大禹的治水大军也不是万能的，它不可能战胜一切。

但是，可以证明治水大军是到了扬州地区那一带的。二里头文化中存

---

[1] 张小华：《中国与大洋洲美洲等地交往之探索》，《中国民族学院学报》1984年第5期。

在一些印纹硬陶和原始瓷，这些物品的始源地公认在江浙地带。现在来到了北方地区，显然是有人带过去的。二里头早期墓葬中出土有一种鸭形壶，它也是源于江南地带的，可能也与大禹治水的南下有一定关系。在二里头贵族墓的随葬品中发现有海贝，这当然不会是河南那里的出品物。在《尚书·禹贡》篇的"扬州"章中说："岛夷卉服，厥篚织贝。"这里的所谓"织贝"是指将精美的小贝壳，以线串联起来织于锦上，成为一种装饰品。二里头也有作为装饰品的海贝项饰，是否来自扬州的岛夷，还有待于考定。

扬州地区不只与冀州、豫州等中原地区有文化交流，与东部的其他州也有文化交流。余杭反山最大的玉琮现藏中国历史博物馆，高49.2厘米，纹饰分十九节，其上端正中刻有圆圈下加火形符号，与大汶口文化陶尊上的图画文字完全相同；底部内侧刻有斜三角记号。此器形状、风格都是大汶口的，可见其间的交往是何等密切。

大禹治水的第六站是荆州。人们读《三国演义》，留给人印象最深刻的一句话是"大意失荆州"。古荆州在哪里？大致上就在今湖南、湖北地区，当然也部分的涉及云贵地区。长江中游的石家河文化大致可以代表这一时期和这一地区的文化。石家河文化因首次发现在湖北天门山石家河而得名。石家河是包括二十多个地点的遗址群。以灰陶为主，同时有相当数量的橘红色粗陶和黑陶。泥质陶多为轮制，到多素面碗纹，只有少数有篮纹和方格纹。大量的陶塑动物，包括鸡、长尾鸟、猴、象、狗、猪。这是鲜明的特色，很值得研究和引起注意。石家河文化相当于传说中的三苗集团的活动地区。《战国策·魏策一》："三苗之居，左彭蠡之波，右有洞庭之水，文山在其南而衡山在其北。"这完全与石家河文化的区域相合。

就在大禹治水时期，石家河文化与中原文化发生了互渗的现象。在二里头遗址的贵族墓中，出土了玉鸟形饰，还有一些美丽的玉柄形器，而这些在中原本土是没有的，专家认为，它是来自石家河文化的"舶来品"，而这些"舶来品"进入中原的时间节点恰是在大禹治水期间。

大禹治水的第七站是豫州。豫州在荆山与黄河之间，据有今河南的大部和湖北的北部。豫州与冀州同为当时的所谓中原，毗邻而处，两者本来就你中有我、我中有你，大禹治水期间其文化同属于中原龙山文化。

大禹治水的第八站是梁州。梁州位于今天的陕西南部、四川、云贵两省的北部地区，实际上就是司马迁一直强调的中华文明兴起的地方之一。这一地区的文化最让人不能忘怀的是大溪文化。大溪文化以四川巫县大溪遗址而得名。大溪人在步入文明前后的数千年间，一直是神州大地最活跃的文化力量之一。大溪文化居民区不只与川陕地区广为交流，还同四川、江西腹地、广东和位于淮河流域的河南及安徽部分地区有所往来，甚至通过中间媒介而同长江下游的同时代居民进行经济文化交往。有的专家通过大溪文化与长江下游的河姆渡、崧泽及良渚文化玉器种类、形制、用途的比较研究，认为大溪文化的玦、璜这些玉饰品，是长江下游文化传播的产物。当然，大溪人是聪明的，不是依样画葫芦，而是有所创新。在湖北江汉和峡江地区已发现具有中原文化要素的陶器礼器盉、觚等。位于成都平原的三星堆文化现已确定是我国新石器时期晚期的中心遗址之一，它的文化直接与夏文化相衔接，而且与中原文化有着千丝万缕的联系，其中一些玉器、嵌松花石铜牌及陶制酒器盉等，都具有中原特色，这方面的研究还远未深入。

大禹治水的最后一站是雍州。梁州和雍州地处神州大地的西部、西南部、西北部，在"水往低处流，人往高处走"的那个特殊岁月里，曾经长期是中华古文明之源头，大禹及大禹族的老家也在西部地区。因此，大禹到雍州等地治水，在心理上应该有"回家了"的愉悦感觉。这里在历史上出现过辉煌的马家窑文化，这种文化延续了仰韶文化的一支又糅进了地方特色。以甘肃为中心，东至陕西西部，西达河西走廊和青海东北部，北及甘肃北部和宁夏南部，南抵四川北部，延续至齐家文化。在甘肃秦安有大地湾文化，也与中原文化休戚相关。在甘肃省天水市，考古工作者采集到了一件兽面纹铜牌饰，与中原出土物相类。铜牌饰上部的一对相背外卷云纹，有学者认为应是与西北地区土著文化密切相关的"羊首纹"，这是同一物件上的本土与外来文化的结合。甘肃东部齐家文化遗址中曾出土二里头式的陶盉或其仿制品，这些或者都与禹治水到达该地不无关系。[1] 这里由于地势高爽，水患的灾情不会太重，禹带着治水大军回来，多少带有一点"回娘家"的意味。

雍州"其土黄壤，田上上"，这是一块植土深厚的黄土地，是黄帝的本土，是炎黄子孙的最古老的"家"。大禹平水土到此功德圆满，也是情理中的事。

大禹治水的路线图，说法种种。本书主要依据《史记·夏本纪》说的"禹行自冀州始"和《尚书·禹贡》对九州的排列顺序，加以推演成序的。大禹平水土出发时从冀州带走的本是一支杂有各种族的队伍，在治水的行

---

[1] 关于九州各地与当时的中原地区物质文化方面交往和交融的考古资料，部分地转引自许宏著《最早的中国》一书，也有部分是笔者自己的考察资料。

进过程中当然会有各地人员的加入,这就会使这支治水大军的部族构成更"杂"。这当然是好事,平水土是各族民众的共同意愿,各色人等的加入,成为首次统一的一种强劲催化剂。

"禹贡"制度为统一中央政权的确认

　　大禹发明的贡赋制度,在中国历史上被称为"禹贡制度"。

　　"禹贡制度"的特点就是将原先的"祭神祀祖制度"世俗化。在道理上也说得过去。管理整个天地间的最高权威是上帝,而地上的最高统治者是天子,也就是上帝之子。尧、舜、禹这些人,都是天子,都是上帝派到人世间来统治民众的。因此,敬上帝,就要按时祭祀;敬天子,就要按时交贡赋。这样一套理论是禹发明的,后来一直沿用了几千年。

　　禹贡制度见之于一系列先秦经典。在《书序》中有"禹别九州,随山浚川,任土作贡"的说法,《禹贡》篇实际上将"任土作贡"具体化,落实到除冀州之外的各州中去。近年发现的西周青铜器豳公盨的铭文,进一步证明禹贡制度是存在并一定程度上实施了的。铭文中有这么一段:

> 天命禹敷土,随山浚川,乃差方设征,降民监德;乃自作配享民,成父母,生我王,作臣。[1]

　　这里没有用"禹治水"一词,而是用了"禹敷土"一语,这是与《禹贡》篇中的提法一样的。在有些古籍中用了"布土"[2]、"傅土"[3]等提法,意思是差不多的。强调的都是,大禹的牵头平水土,其目的还在于统一规划、部署和利用好天下的土地。这方面,统一是前提,没有统一的局面,就说不上对天下土地的规划、部署和利用。从豳公盨的铭文看,似乎禹在着手率治水大军前行的时候就已经在考虑"任土作贡"了。不过,在豳公盨的铭文中用了一个新的提法,叫作"差方设征",就是根据不同的方域情况,设定不同的赋

---

[1] 沈长云、张渭莲:《中国古代国家起源与形成研究》,人民出版社2009年版。
[2] 《山海经·海内经》。
[3] 《荀子·成相》。

征,意思还是与"任土作贡"一样的。另外一些文献则不太一样,把任土作贡放在治水成功之后。

> 尧遭洪水,怀山襄陵,天下分绝,为十二州,使禹治之。水土既平,更制九州,列五服,任土作贡。[1]

这里认为是一步步来的,先是平水土,等到"水土既平",才有"制九州"之举,九州划定以后,才实施"任土作贡"。可能这种说法更加符合实际一些,"任土作贡"当在九州划定之后。

"禹贡"表面上是一种经济关系,实质上代表了一种上下级的政治臣属关系。孔颖达为"贡"字作疏时说:"贡者,从下献上之称也。"你献上贡物,首先在思想上就得承认自己是"下",而对方是"上"。当时禹划定的是九州,九州的中心是冀州,那是中原之地,是王城之所在,是尧、舜、禹时代的政治中心,因此它是不需要进贡的。禹贡只能是除冀州之外的八州向禹领导的中央政府进献,进献物的接收地也是冀州,是王城。

"禹贡"是一个总的称谓,从实际情况看,它大约包括两个层面:一是赋,二是贡。两者有一定联系,如两者都与当地的土质有关,但也有相当的区别。"赋"既决定于本州的贫富状况,又决定于土地的好坏,还决定于年成。而"贡"则与一州一地的特产更多地挂钩。对中央所在地的冀州来说,说不上纳贡,因为"贡"的接纳地就在冀州。但是,交赋这点上就一律平等了,冀州也毫不例外的要交纳,而且因为冀州土壤不错,还得交纳"上上"之赋呢。

据说,禹把九州的耕田和赋税等级划分为三级九等:上上、上中、上下;中上、中中、中下;下上、下中、下下。这当然只是理论上的,实际划分时未必每级每等都有。我们可以看一看文献给我们提供的实际资料:

冀州:厥土惟白壤,厥赋惟上上错。厥田惟中中。
兖州:厥土黑坟,厥田惟中下,厥赋贞(下下)。
青州:厥土白坟,厥田惟上下,厥赋中上。
徐州:厥土赤埴坟,厥田惟上中,厥赋中中。

---

[1]《汉书·地理志》。

扬州：厥土惟涂泥，厥田惟下下，厥赋下上上错。
荆州：厥土惟涂泥，厥田惟下中，厥赋上下。
豫州：厥土惟壤，厥田惟中上，厥赋错上中。
梁州：厥土青黎，厥田惟下上，厥赋下中三错。
雍州：厥土惟黄壤，厥田惟上上，厥赋中下。[1]

从这组材料可以看出：其一，田的分为九等和赋的分为九等，每一等都有了着落，没有一个等次是重复的。想来当时一定是有专人进行分析比较的。这得花大量的人力，不只中央要定下来，还要得到地方的认可，这是十分不容易的。其二，田地质量的高低不同，没有一州的与赋税同步，而且有的差异很大，如冀州田的质地是中中，而赋却是上上。雍州田是上上，而赋只有中下，可能主要的依据还是富庶程度，这也是实事求是。其三，在赋税的收取上，有一定的弹性。比如拿扬州来说吧，土地是涂泥地，因此耕地定为"下下"，在定赋的时候作了最大的灵活处理，叫作"赋下上上错"。这里的"错"是浮动的意思。大约当时大洪水重创的是扬州，不是一下把"良渚文化"从地球上抹去了吗？于是，定赋税时定了个"下上上错"，什么意思？就是在下上、下中、下上三者之间浮动。这种浮动税率制也可以看成是大禹对灾民的保护政策。

"禹贡"定下的规矩是"任土作贡"。不要求一律进贡什么，也不要求进贡多么珍异的东西。只要贡上你这个州的土特产就可以了，这是所谓定"任土"。土特产代表了一方水土，代表了社稷江山。现在看来，记录在《尚书·禹贡》中的许多贡物的确是很平常的，只能代表一方土产。如，兖州贡的漆和丝，青州贡的盐和葛布，徐州贡的五色土，扬州贡的鸟的羽毛和兽的皮革，荆州贡的磨刀石和柏木，都算不上是什么稀世珍品。但是，它因为是一方土特产，它的象征意义远远要大于实用意义。王者需要的正是那种深层的象征意义。一定意义上说，禹贡就是表明了一方臣服和四方归顺的思想观念。据说，禹看到徐州献上的五色土时特别的兴奋，因为他把五色土当成了"社稷之物"。一个地区把社稷之物都献上了，那里的一方诸侯肯定是臣服的了。

"禹贡"一般规定为一年一贡。夏朝是以正月为岁首、十二月为岁末

---

[1]《尚书·禹贡》。

的。岁贡放在岁末。先是由天子举行一个庄重的仪式，亲自接收贡物。后来逐步制度化，由礼官专管此事，不过天子仍然十分关切此事。如果一个地方到时没有送上贡品来，就可以谋反的罪名治其罪。后来夏桀就是以商汤迟迟不交贡品的罪名把他囚禁在夏台的。可见，一年一贡的规矩在夏代471年的流程中是坚守了的。

在贡品中，被夏王朝的天子最视为珍物的是玉石。在远古时代，"玉"和"王"相通，读音大约也比较一致。当时还没有成熟的文字，人们也就"玉"与"王"混着念。从观念上讲，玉为王者之物，除王之外的人是不配佩玉的。因此，从《禹贡》篇看，凡是产玉的州，都要贡玉。

在贡品中，还有一样也是被夏王朝的统治者特别珍视的，那就是铜。当时，不只产铜的州要贡铜，不产铜的州也要贡铜，连位置处在中央的冀州也要贡献出一定分量的铜来。这是怎么回事呢？原来夏禹是要用这些进贡来的铜来铸"鼎"。

统一的机制性建设

这是神州大地上的第一次统一，谁都没有经验，包括大禹。但是，大禹在实践中深深地懂得了，统一不为别的，就是要让从平水土中得以重生的广大民众过上更好更安稳的生活。这是最重要的，也是最基本的。

统一的局面是怎么形成的？首先它是民心所向。大禹平水土（也就是通常说的治水）使大家懂得了一个最浅显也是最重要的道理：在那么大的自然灾害面前，单靠一个人的力量是无能为力的，单靠一个族类的力量也是单薄和无所作为的，只有靠各族各地的合力，才能把平水土这件大事办成。在长期的平水土的实践中，大家形成了一个可贵的共识：

唯禹之功为大！披九山，通九泽，决九河，定九州，各以其职来贡，不失厥宜。方五千里，至于荒服。南抚交阯、北发、西戎、析枝、渠廋、氐、羌、北山戎、发、息慎、东长、鸟夷。四海之内，咸戴帝舜之功。[1]

---

[1]《史记·五帝本纪》。

大家的心向着禹、舜这样的大圣人，赞誉他们的功德，服膺他们的领导。四海之内，"敬禹之德，令民皆则禹"。人心是同一的，都希望统一在大禹的旗帜下过太平舒坦的好日子。

有道是，人心就是江山。人心所向的大禹担当起了统一江山的重任。

当然，除了人心所向外，在统一上还要有相应的机制性建设。

其一，"协和万邦"首先帝王要"克明俊德"。

怎样才能使天下长安久治，维护好国家和社会的统一和安定？这是人们一直在考虑的问题。人们在考究古代史事讲到尧的治理政事时，曾经推断出这样一番言辞：

克明俊德，以亲九族，九族既亲，平章百姓，百姓昭明，协和万邦，黎民于变时雍。[1]

这是段后来在不同场合一直被禹提到过的话语，可以看成是维护社会统一和安定的不二法门，也是我们民族文化宝库中的珍品。这里提出的命题是：怎样使万邦协和，怎样让民众安安稳稳地过好日子。这段文字设置了这样几个台阶：第一个台阶是"克明俊德"，就是说那个主要领导人要有"俊德"，也就是要有大才大德，要以身作则，要镇得住局面。第二个台阶是"以亲九族"，这里的九族在中国是一种特指，即高祖、曾祖、祖、父、自身、子、孙、曾孙、玄孙。就是要管好自己的亲属，管好自己身边的人。第三个台阶是"平章百姓"，这里的"百姓"是一个历史名词，在古代（至少在先秦）"百姓"是指有身份的贵族，那时贵族才有姓，进入"百姓"圈的人是有头有脸的人，往往也是当官的人，这段话说要管好这些"百姓"，不让这些人枉法，更不能让这些人闹事。第四个台阶是"协和万邦"，万邦，就是当时存在的部族、种族、民族，要在"万邦"间建立协调机制。第五个台阶是"黎民时雍"，这里说的"黎民"才是现代意义上的百姓。要关心黎民生活，让他们和谐（时雍）相处，让他们过上幸福美满的好日子。这里有五个台阶，一圈要比一圈放大：

王者自身—身边的九族—当官的"百姓"—天下的万邦—四海的黎民。

要维护国家和民族的统一，王者就得带领天下人走好这五个台阶。

在舜帝即将传位给大禹的时候，舜与禹之间有过一席谈，就其实质而

---

[1]《尚书·尧典》。

言,讲的也是这样"五个台阶":

> 帝曰:"毋若丹朱傲,维慢游是好,毋水行舟,朋淫于家,用绝其世。予不能顺是。"禹曰:"予娶涂山,辛壬癸甲,生启,予不子,以故能成水土功。辅成五服,至于五千里,州十二师,外薄四海,咸建五长,各道有功。苗顽不即功,帝其念哉。"帝曰:"道吾德,乃女功序之也。"[1]

这段话的大致意思是:舜帝说,"可千万不能像丹朱那样傲慢,没事找事,成群结党的在家中乱来,我可不能顺着他,于是断绝了他世袭的待遇。"禹回答道,"我记住这个教训了。我不能忘记,当年娶涂山氏的事,结婚四天我就离家带大队人马治水去了。后来生下孩子启,我也无暇照料他,正因为这样才能"成水土功"。后来辅佐帝王建立五服制度,使国土达到五千里之外,九州之外达到四海,靠的都是这种精神。只有苗族的那些首领愚顽不听话,帝可防着点啊!"舜帝说:"弘扬我的道德精神,让老百姓过上好日子,那都是你的政绩。"

很明白,这段舜帝与都禹之间对话的宗旨也是:当帝王的人首先要垂范于世,管好身边的亲人,管好那些当官的人,"外薄四海"的统一局面才能长治久安。

一句话,用民间的谚语讲就是:打铁还得自身硬。当帝王的做出了样子,"四海之内"还会乱来吗?

其二,建立行之有效的巡守、朝聘制度。

要维护统一,就要有相应的维护统一的制度。因为是首次统一,可供借鉴的经验不多,很多都要靠自己去创造和创新。典籍中有这样的记载:

> 诸侯之于天子也,比年一小聘,三年一大聘,五年一朝。
> 天子五年一巡守(狩)。[2]

巡狩和朝聘制度究竟是怎么回事?尽管时间久远,典籍多少有记载。史书中曾有"禹会诸侯于江南"的故事,可见巡狩之事还是实有其事的。

---

[1]《史记·夏本纪》。
[2]《礼记·王制》。

"巡"就是巡行，预先不通知，巡查到哪里就是哪里。这对各路诸侯来说是个很大的约束。"狩"就是打猎，表面上是打猎，实际上是考察，有点儿像后世的微服察访的味道。

东汉经学家郑玄所注《王制》认为："五年一小聘（慰问），比年一大聘，此晋文霸时所制。虞夏之制，诸侯岁朝，而虞五年一巡守，夏六年一巡守。"[1]他这段话至少说明了一点，虞夏时已有巡狩和朝聘制度，至于制度的具体情况，那是可以讨论的。

孟子有两段关于巡狩的话，很重要，也值得一读。

一段说："天子适诸侯曰巡狩；巡狩者，巡所守也。诸侯朝于天子曰述职。述职者，述所职也。无非事者。春省耕而补不足，秋省敛而助不给。夏谚曰：吾王不游，吾何以休？吾王不豫，吾何以助？一游一豫，为诸侯度。"[2]这里最有意思的是那段"夏谚"，说如果王不出游的话，我们怎能得到恩惠？王不干预的话，我们怎能得到救助？还说，没有王的干预，民众怎么能得到救助？

还有一段说："天子适诸侯曰巡守，诸侯朝于天子曰述职。春省耕而补不足，秋省敛而助不给。入其疆，土地辟，田野治，养老尊贤，俊杰在位，则有庆；庆以地。入其疆，土地荒芜，遗老失贤，掊克在位，则有让。一不朝，则贬其爵；再不朝，则削其地；三不朝，则六师移之。是故天子讨而不伐，诸侯伐而不讨。"[3]这里讲了巡行对地方官员来说是极大的约束，能使实干的官吏得到嘉奖，贪官污吏得到惩处。

其三，采取开放主义，让民众勤于走动。

长期以来人们一直弄不明白，中国是一个以农立国的国家，民众应该是不善于走动和迁徙的。可是，事实并不是这样的。在古代，尤其是远古时代，中国是以"迁徙往来无常处"[4]著称的民族，长程跋涉，千里迁移，在古代史上是常有的事。《汉书》为我们提供了一条极为重要的信息：

古有分土，亡分民。[5]

---

[1]汉·郑玄：《王制正义》。
[2]《孟子·梁惠王下》。
[3]《孟子·告子下》。
[4]《汉书·地理志》。
[5]《汉书·地理志》。

这一信息的文字表达只有短短的七个字,但是,它包含的信息量之大,信息走向之明晰,比长篇大论更顶用。只是略感可惜的是,文稿没有注明信息来源。那也不要紧,证明一种说法是否靠得住的,不是这样那样的文字立论依据,而是历史本身是否与之相契合。颜师古在为此七字作注时曰:"有分土者,谓立封疆也。无分民者,谓通往来不常厥居也。"意思是说,在中国"古时",行政地划上会有十二州或九州之分,但州与州之间民众走动时没有阻隔,可以自由走动,不少人常常居无定所。这是一种极有利于统一的传统。《汉书》说的"古时",当然指的是先秦,更具体地说是在三代和三代之前。仔细研读一下三代史,的确是这样的,从地域上讲有秦地、楚地、晋地之分,而人员上讲,除了名门大族外,无绝然的秦人、楚人、晋人之分,入秦为秦人,入楚为楚人,入晋为晋人,对普通民众来说,如此而已,岂有他哉?!这就是"亡分民"的本质意义之所在。这一点,也是促成我国古代统一加快到来的重要机制性因素之一。

第十一章 华、夏、华夏

六千年前勃兴的"华"崇拜

中国人又一广为人知的称谓叫华人。中华民族由五十六个民族组成,统而言之为华族。华族的每一个个体,称华人。华人久居海外为华侨。华人加入了他国国籍,其后人称华裔。总之,只要你的血脉里曾经流淌有中国人的血液,你就与这个"华"字搭界,且有着永远的不了情怀。

华人之名由何而来呢?原来,在漫长的历史流程中,"华"与"花"同义。而且,在魏晋南北朝之前,只有"华"字,没有"花"字,当人们讲到"华"时,指的就是"花"。中华民族是以农立国的,发展到一定阶段,就会形成对与农业有着密切关联的"花"的崇拜,并自以为是花神的后裔。学者王增永指出:

华夏之华,源自于花,应该说是非常清楚的事。华夏民族的远古祖先为何自称为花的后人呢?依据原始文化学和文化人类学的理论,世界上任何文明民族,都有一个以图腾为氏族标志氏族称号的文化时代。华夏民族也不例外,华夏民族的祖先,就是一个以花为图腾的古老民族。[1]

作为一个自古以来就以农立国的国家,对花的敏感是理所当然的事。《诗经》中有"实发实秀,实坚实好"[2]的说法,这里的"秀"是指谷类植物的开花抽穗,可见当时的人们已经懂得,只有花开得好,果实才会丰硕,花直

---

[1] 王增永:《华夏文化源流考》,中国社会科学出版社2005年版。
[2] 《诗经·大雅·生民》。

接关系到人们的生计。孔子也说过："苗而不秀者有矣夫！秀而不实者有矣夫！"[1]对种植的庄稼来说，长出了苗不一定能开花，开了花也不一定结果。花的功效太奇妙、太不得了。一个以农立国国度里的子民，自然而然地产生对花的崇拜是毫不足怪的。

人们对花的崇拜始终与农业的发生和发展紧密关联。到了距今约六千年的时候，原始农业大致成形，于是相应地出现了"华"崇拜勃兴的势头。至今为止，考古发现饰有花瓣纹的陶器最早出现在约六千年前山西芮城的东庄村。东庄村文化遗址属于仰韶文化的后期，具有半坡文化向庙底沟类型的过渡时期的特征。这里出土的彩陶器物上，明显地绘画有硕大而鲜艳的花瓣纹饰。与此同时，或稍后，又有多处文化遗址发现花瓣纹彩陶。有学者做过统计：

约公元前4000年的大汶口文化遗址中，出土有花瓣纹彩陶壶，花瓣有四瓣的，也有八瓣的，花瓣中间的花蕊呈圆形，非常清晰。出土的八角星纹彩陶豆，其中的八角图形实际上也是八个花瓣的花朵。

同时期的地处黄河中上游的仰韶文化庙底沟类型遗址中，也出土了饰有花纹的陶制器皿，花瓣明晰可见。

同时期的地处黄河上游甘肃青海地区的马家窑文化遗址中，也出土了大量绘有花瓣的陶品。陇西昌家坪出土的尖底陶瓶的瓶身上绘满了六瓣花朵，重重叠叠。永靖三坪遗址出土的彩瓮外壁上的一个个向外拓展的同心圆也可理解为绽开的花朵。

同时期的由瞿塘峡两岸向外延伸、东达洪湖之滨、北自荆山南麓、南抵洞庭湖的大溪文化遗址出土的红陶，陶品上多绘有带S、X、夔形图案的画面，也可依稀见到某些花卉的图形。

同时期发现于上海青浦崧泽村的陶器制品中，也有不少具有江南水乡特色的花瓣绘图，十分生动有趣。

从上述地下发掘资料可以推知，距今约六千年前后，神州大地上的"华"崇拜已经是遍地开花，至少已经囊括了黄河、长江两大流域的主要地域。对彩陶花瓣纹的文化内涵，考古学者普遍认为这是华夏民族以花为图腾的原始证据。

花崇拜和以花为图腾在祖国大地上的勃兴，是与原始农业的高速度

---

[1]《论语·子罕》。

黑陶壶形盉　　　　　　　　　　石磨盘、石磨棒
（酒器，伊川县南寨出土，河南省文物考古研究所存。）　（裴李岗文化，新郑裴李岗遗址出土）

发展紧密联系在一起的。六千年前，上面提到的这些区域内，原始农业的确有了不小的成就，粟、稷、麦、稻这样一些主要农作物的种植已经有了几千年的历史，神州人正勃勃生机地向文明的大门挺进。随着粮食产量的提高，食品的加工也已经相当精细。就拿地处甘肃青海的马家窑文化来说，那时的马家窑人用作谷物加工的已有磨盘、磨棒、石杵、石臼，家家户户都饲养有牛、羊、猪、狗等家畜和鸡等家禽，这样的景象，似乎到20世纪人们过的生活也不过如此。人们把这一切归结为是"华"（花）的赐予，花的崇拜实际上可以理解为对花的赐予的一种回报和感恩。陆思贤指出：

> 仰韶文化的庙底沟类型距今约6 000年左右，已进入以农业为主的聚落公社，而以花为族徽或图腾形象，明显反映了采集经济或原始农业萌芽时期的特征，狩猎或渔业还应相当发达。[1]

原始农业是"华"文化最直接的媒介。没有原始农业，就不会有"华"文化。对神州大地来说，"华"是无处不在的最普及的装点，可以说是随处可见。《诗经》中说："皇皇者华，于彼原隰。"[2]翻译成白话就是：在神州大地上，不管是广袤的原野，还是低湿的沼泽地（隰，指低湿地），到处都绽开着美观艳丽的鲜花。花是各种地块的人们观赏和品味大自然的最大

---

[1] 陆思贤：《神话考古》，文物出版社1995年版。
[2] 《诗经·小雅·皇皇者华》。

马家窑文化彩陶几何网格纹壶
（半山类型，上海博物馆收藏）

崧泽文化黑陶刻纹盖罐
（青浦崧泽出土，上海博物馆收藏）

鸟纹彩陶壶
（青海省海南藏族自治州出土）

公约数。不管是居于原野的人们，还是居于湿地的人们，或者是居住于山陵的人们，都能观赏到大自然"华"的美好赐予。当时的人们已经走出洞穴，在地面上已经盖起了居室，聚族而居，用自己勤劳的双手，种植着多样的农产品。当一种种农作物从播种，到抽芽，到成长，到开放出各种色彩、各种形态的花朵时，谁都会感恩大自然，谁都会崇拜大自然。由此可见，六千年前的祖先他们的智商和情商已相当高，他们激情地把对花的崇拜之情绘画在那些陶品上，使之成为永恒的纪念。

神话传说中的"华"崇拜

神话传说是对过去时日的朦胧追忆，当然其中也会有夸张和扭曲的成分存在。中国古典神话中的不少神话传说，正好证明着"华"崇拜的确实存在。

"华"崇拜大约经历了三个阶段：第一个阶段是对花实体的崇拜，我们看到的描画在彩陶上的四瓣花、六瓣花、八瓣花种种，实际上是对这些花的实体崇拜。《礼记》上说的"天子树瓜华"[1]，是对瓜之花的崇拜，大概是因为早先的人们过着"瓜果半年粮"的生活的缘故。第二个阶段是"华"的抽象化阶段，就是凡像花一样绚烂、美丽的东西，都可名之为"华"。比如"日月光华"，就是把日月之光辉比之于花，无怪乎在一些古典的陶制品的彩画中很难将画的是日月还是花瓣区分开来。《礼记》上说的"乐者，德之华也"[2]，也是花的抽象化，说礼像花一样富于光华。第三阶段是"华"的人格化。就是通过艺术夸张的手法，塑造出一个个鲜活的、以"华"命名的人物形象来，此时，以"华"命名的族群也已经是呼之欲出了。

第一个以"华"冠名的是女娲。在中国的神话传说中，女娲被认为是最高的神，也是这块黄土地上的人们最早的祖宗，世间长期流传着"天地开辟之时，未有人民，女娲抟黄土造人"[3]的故事，除此之外，还有女娲补天之说。据专家考证，女娲之"娲"，实为"华"的转音，也就是说，女娲即女华，她是以"华"命名的神州大地第一人。闻一多先生以为，女娲是最崇尚颇具神秘色彩的葫芦的。葫芦在远古又称"瓜"，这样，瓜、华、娲音近义同的三字成了三位一体。人们一说到女娲，就想到其钟爱的葫芦，就想到五彩缤纷的"华"。闻一多甚至说："女娲与伏羲是一对葫芦精。"[4]

公认的华氏之祖是华胥，相传她也是女性，还说是伏羲氏的母亲呢！神话学家陆思贤这样说："华胥氏即花胥氏。华、花一字，本源于花图腾的鲜艳花朵，如日之晔。其名胥。《说文》：'胥，蟹醢也。'华醢也即花醢，今言花蜜，华胥义为光华而又甜蜜的花朵，伏羲氏的母亲是一枝花。"[5]这是很有趣的，大概华胥是个颜值极高的女性，而且永远是年轻美貌的女性。相传华胥所生的伏羲氏又称为皇雄氏。《尔雅·释言》以为："华，皇也。"这样，皇雄氏又可称为华雄氏了。这个伏羲氏是"华"中之"雄"。在《列子》一书中，还说到华胥创立了自己的国家，名为"华胥氏之国"。这是再美好不过的"华之国"，可以名之为中国的理想国：

华胥氏之国，在弇州之西，台州之北，不知斯齐国几千万里也。盖非舟车

---

[1]《礼记·郊特牲》。
[2]《礼记·乐记》。
[3]《太平御览》卷七八引《风俗通》。
[4] 闻一多：《伏羲考》，见《闻一多选集》第一卷，开明书店1948年版。
[5] 陆思贤：《神话考古》，文物出版社1995年版。

足力之所及,神游而已。其国无帅长,自然而已;其民无嗜欲,自然而已。不知乐生,不知恶死,故无夭殇;不知亲己,不知疏物,故无爱憎;不知背逆,不知向顺,故无利害。都无所爱惜,都无所畏忌。……乘空如履实,寝虚若处床,云雾不硋其视,雷霆不乱其听,美恶不滑其心,山谷不踬其步,神行而已。[1]

这段文字历来没有被人们重视过,其实,这真是一段极为理想主义的妙文,它所表达的文义比《礼记·礼运篇》中表述的大同之世的思想要更深刻些。而且,它又是直接以"华胥氏之国"命名的。华胥氏之国者即华国也。作者心目中的"花之国"原来是应该如此美好、如此绚烂的。这是一个梦,一个民族的美梦。我们说花的崇拜,最终追求的就是那样一种大境界。

"华胥氏之国",对一般人来说是可望而不可即的,《列子》的作者以为只能"神游而已"。可是,中华的文明之祖黄帝就不一样,他"昼寝而梦,游于华胥氏之国",得出的结论是:"此神仙国也。"从此,黄帝立下一宏愿,要建设一"天下大治,几若华胥氏之国"那样的太平世界。这是黄帝的心愿,也是所有黄帝子孙的心愿。

神农被称为炎帝。炎帝的母亲是华氏族的女子。《玉函山房辑佚书》辑《春秋纬元命苞》有载:"少典妃女登游于华阳,有神龙首感之于常羊,生神农。人面龙颜,好耕,是谓神农,始为天子。"《史记·五帝本纪》正义引《帝王世纪》也载:"神农氏,姜姓也。母曰任姒,有蟜氏女,登为少典妃,游华阳,有神龙首,感生炎帝。"华阳应是华氏领地。从这个神话传说看,炎帝的父母都常游于华氏领地,他们本身也该是华氏青年男女。

黄帝与炎帝一样也是华氏后代。华盖是帝王的专用伞盖,传说为黄帝所创造。《古今注》曰:"华盖,黄帝所作也。与蚩尤战于涿鹿之野,常有五色云气,金枝玉叶,止于帝上,有花葩之象,故因而作华盖也。"[2]华盖上"有花葩之象",可见是以花朵为纹饰的车盖,也是花图腾的一种形态。后来相传黄帝在"金华山作鼎",金华山即华山,鼎是权力的象征,可见黄帝当时的权力中心在华山一带。

帝喾是最早以"华"(花)为题材书写古乐的制作者。在很古的时候,就有"六艺"之说,即礼、乐、射、御、书、数,中国是礼仪之邦,礼当然是第一

---

[1]《列子·黄帝》。
[2] 晋·崔豹:《古今注》卷上。

位的,接下来第二位的就是乐,可见乐在人们心目中的地位多么崇高。"帝喾命咸黑作为声,歌《九韶》《六列》《六英》"[1]。英就是华,也就是花。所谓"英乐"就是以花为题材的乐曲,"六英"也就是赞颂六种名花的乐曲。在当时"英"之乐的地位很高,它能与韶乐并称,可见其地位之崇高。

唐尧与"华"文化的关系要更加密切些。华表的出现大概是很早的事。据说,华表"状若花",树立在当时村社的通衢的交叉路口,以指示路径,并表明这里是以花为图腾的氏族群体。学者认为,华表实际上是一种图体柱。后来尧帝加以改造,使之成为"诽谤之木"。史载:"程雅问曰:'尧设诽谤之木,何也?'答曰:'今之华表木也。以横交柱头,状若花也,形似桔槔,大路交衢悉施焉。或谓之表木,以表王者纳谏也,亦以表识衢路也。秦乃除之。'"[2] 经尧帝的改造,华表成了王者纳谏的标志,也是对大臣警示的标志。之所以"状若花也",可能有着以花寓真、寓善、寓美的意味。

唐尧有两个女儿,一名娥皇,一名女英。前面说到了,皇有花义。《尔雅·释言》曰:"华,皇也。"古人将初生的花蕊称为皇莩。《诗经·郑风·有女同车》曰:"有女同车,颜若舜英。"尧不只有两个以花命名的女儿,还有以花命的夫人。《世本·帝系篇》曰:"尧取散宜氏子,谓之女皇。女皇生丹朱。"

舜时以花为图腾的情况十分明确。"舜"字本义是一种花蕊突出的植物。《说文》曰:"舜,草也。楚谓之葍,秦地谓之藑,蔓地生而连华,象形。"舜取名于一种紧紧地贴在地面生长的花草,是否以之喻不忘民本、紧贴民心呢? 看来这是肯定的。

舜通蕣,木槿也,是一种落叶灌木或小乔木,花可入药。《说文》:"蕣,木槿,朝华暮落者。"这种"朝华暮落"的品性,与后来孔子说的"朝闻道,夕死可矣",在思想境界上是何其相似乃耳!

大禹的生平也与花图腾有着不解之缘。"禹母修己,吞神珠如薏苡,胸拆生禹。"[3] 崇拜和吞食薏苡,实际上是崇拜薏苡仁,而崇拜薏苡仁的终极是崇拜薏苡花,这里讲的也是一种花崇拜。

还有一则禹平水土过程中发生的故事,故事是这样写的:"禹凿龙门之山,亦谓之龙门。至一空穴,深数十里,幽暗不可复行。禹乃负火而

---

[1] 《吕氏春秋·卷五一仲夏纪·古乐》。
[2] 晋·崔豹:《古今注》卷下。
[3] 《世本·帝系》。

进。……见一神,蛇身人面。禹因与语,神因示禹八卦之图,列于金版之四。又有八神侍侧。禹曰:'华胥生圣子,是汝邪?'答曰:'华胥是九河神女,以生余也。'乃探玉简授禹,长一尺二寸,以合十二时之数,使量度天地。禹即执持此简,以平定水土。蛇身之神,即羲王也。"[1]这则故事的精粹在于肯定了"华胥生圣子"的身份。禹不是别人,而是华胥的后裔。这就告诉世人,禹不只是一般意义上的花的崇拜者,而且本身就是花的精灵的化身。华胥既是禹的保护神,又是禹的祖先神。

上面这些绝不是文字游戏,它告诉人们,在神州大地上,花的崇拜与花的图腾源远而流长。传说中的那些远古王者,都是华氏族群的传人,他们一代又一代地传承着"华"的容颜和"华"的精气,以"灼灼其华"和"皇皇者华"来策励自我,来凝聚人心。到了大禹的那个时代,完整意义上的"华族"即将形成了。

"自禹兴而修社祀"

禹从列祖列宗那里承继下来的"华"文化,应该说是一种积极、向上、华美的文化形态。当然,从文化形态来说,从来只有更好,没有最好。"华"文化的建设到了大禹时代,进入了一个由单纯的"华"文化,走向"华"文化与"土"文化相结合的新时期,史书上说的"自禹兴而修社祀"宣示的就是两种文化的有机联姻。

道理原本就很简单,大家都认为"华"(花)是神州大地上的光耀万物的精灵,"灼灼其华",夺人眼球。可是,"华"文化是一点也离不开"土"文化的。花再美,离开了大地,它就枯萎了,正如汉代蔡邕在《释诲》文中所言:

夫华离蒂而萎,条去干而枯。

这话说的是古今常识之理,代表了一切世人对物象的通识,当然也代表了三代及三代以前人们的通识。花儿再华美,离开了平常不过的泥土,它最

---

[1] 晋·王嘉:《拾遗记》卷二。

终的结局只能是走向"萎"和"枯"。这个道理并不深奥,但要融会在生活实际中,并不简单。

"华"文化与"土"文化的融会是一个过程。

上面说到,尧帝有两个如花似玉的女儿,一个叫娥皇,一个叫女英,都是以花命名的。尧还有一个花容月貌的妻子,叫作女皇,也是以花命名的。这样的命名没什么不对,也符合那个时代花崇拜的时尚,但是,"其知如神"的尧帝总感到还有所不足,也许是谓补其不足吧,于是就将自我定名为"尧"。《正字通》曰:"垚,同尧。"尧由三个"土"组成。从"尧"字直接会让人联想到尧治洪水。"当尧之时,水逆行,泛滥中国,蛇龙居之,民无所定。下者为巢,上者为营窟。《书》曰:'洚水警余。'洚水者,洪水也。使禹治之。禹掘地而注之海,驱蛇龙而放之菹。水由地中行,江淮河汉是也。险阻既远,鸟兽之害人者消,然后人得平水土而居之。"[1]可以这样说,尧帝是第一个把"土"文化融入"华"文化的领袖人物。

禹是那个时代平水土的主角,他更懂得"土"文化融入"华"文化的重要意义。如果听任洪水"怀山襄陵",一切生灵都淹灭了,还有什么"华"文化可言?如果说尧时的"土"文化与"华"文化的交融更多的具有象征意义,那么,到大禹治水成功时,这种交融已是具有相当的实践意义了。

> 周公既相成王,郊祀后稷以配天……自禹兴而修社祀,后稷稼穑,故有稷祠,郊社所从来尚矣。[2]

这里涉及中国远古文化中的两种礼制:郊祠和社祀。由于事涉远古,很多礼制有点模糊了,说法也往往不一,但郊祠和社祀还是相对清楚的。郊祠也称郊祀,一般是在帝王之都的郊外,祭祀王天后土,特点是把祭天与祭地合在了一起。《汉书·郊祀志下》曰:"帝王之事莫大乎承天之序,承天之序莫重于郊祀。"意思很清楚,虽名之为天地共祭,但是重头戏还是祭天。大禹是平水土的第一人,他懂得大地对于人类的第一等的意义,他勇敢地把社祀从郊祀中分化出来,变成一种独立的大祭。社祀又称社祭。这里的"社"就是土地神,这个土地神往往就是对民众事业作出最大贡献的人死后

---

[1]《孟子·滕文公下》。
[2]《史记·封禅书》。

的追封。"自禹兴而修社祀",这是中国远古时代礼制上的一次革命性的变革,也为崇尚"华"文化的那个时代注入了新的内涵。"华"这种文化不再只是华美,更加注重于朴实,注重于对大地母亲的保护,注重于对民生的保护。"芒芒禹迹,画为九州。经启九道,民有寝庙。"[1]后人一直追念着禹这个为民造福的传奇人物,没有禹,哪有民众安身立命的"寝庙"? 后来禹是第一个被祀为土地神祇的历史传说人物,也是不奇怪的。

"土"文化融进"华"文化的第一个标志是"华"(花)的农事化。

走向农业社会是一个漫长的历史时期。早在距今一万年前,我国的先民就用自己一双灵巧的手拓展了农事的第一幕,培育出了震惊世界的"万年稻"。在此后的漫长岁月中,我们的先祖一直在原始农业的途程中摸索着前行。直到大禹平水土成功,我国才真正进入了农业社会。南怀瑾指出:

我们现在说到禹,以我们中国文化自己的讲法,在道家的观念里就更多了。道家说禹本事大得很,当时特画符念咒,役使鬼神,把黄河长江的水利治好,把土地开发出来。究竟事实如何,便不得而知。这方面的传说太过虚玄,太过神话了,所以一般人难以相信。不过我们现在不管这两方面——禹是爬虫或是能役使鬼神的神人,有一点要认识:中华民族奠定了农业社会的基础,发展成就了后来几千年以来以农立国的民族精神,是禹开始的。到了禹治水以后,农业基础奠定了,文化才开始成长。所以孔子说对禹是"无间然矣",没有一点办法可以挑他的毛病。[2]

进入农业社会以后,整个社会就会环绕着农业生产运转,也势必会影响到"华"文化的格局和内涵。此时的"华"(花)已不是简单地说一些花花草草,而是更多地与农事的发展和农业的改良结合在一起了。我们可以以被大多学者认可的"夏代遗书"《夏小正》中的"华"文化为例加以详尽的说明。

在《夏小正》一书短短的四五百言中,言及花的地方有数十处,涉及花的品种也相当多,如梅花、杏花、桃花、菊花、柳花、野菜花、苦菜花、荼花、梧桐花、王瓜花、小草花、野山花,等等,而这些花又无不与节令、与农事、与民

---

[1]《左传·襄公四年》。
[2]《南怀瑾选集》第一卷,复旦大学出版社2003年版。

生紧密关联着,这里的"华"文化与之前相比有着另一番气象。

《夏小正》昭示的"华"文化往往与农时节令相联系,提醒人们不忘农耕。

正月,也就是农历的一月,绽开的"华"有"柳稊"和"梅、杏、柂桃,则华"。意思是说,春天来到了,柳树飞花了,梅花、杏花、野山桃花都绽放了。这时,春耕的时节也该到了。

农纬厥耒。
初岁,祭耒,始用畅。[1]

文字十分简单古朴,有点难读。但细细辨之,就会觉得描述得太有画面感了。这十余字的经文是在告诉人们:人们看到柳头飘絮;梅花、杏花、桃花接连绽放时,就想到一年的农事又开始了。人们拿出歇息了一冬的耕田用的主要农具"耒",加以修理(所谓"纬")一新。修理好农具"耒"以后,农夫们集中起来就以村为单位举行"祭耒"仪式,愿上天保佑民众能有一个好年成。

这等于是一年春耕春种的一个开幕式,接着便是一系列的农事。"囿有见韭",韭菜是古时农家的当家菜,春韭是农家餐桌上最时新的菜肴,把菜园子管理好在当时是一件大事。"农率均田",农夫们牵家带口地出现在田头,除去田地里的杂草,为春耕春播作准备,这就是所谓的"均田"。"初服于公田"。公田,也称共田,也称籍田。当时的人形成了一种先公后私的规矩,先大家一起把公田耕种好了,再到私田里劳作。可以说,在《夏小正》的十二月的述说过程中,花开花落都是与农耕紧紧地联系在一起的。[2]

《夏小正》昭示的"华"文化与当时的民生环环相扣,十分强调花的食用、药用、生活日用效应。

在正月的经文中提到"缇缟"。按照何新先生的考释,"缇"是一种草名,一般称为莎草。这种莎草泥土下的蒂部结成块状,因称为"缇",是很好的香料,兼可药用。大约正月底的时候它开出了白色诱人的鲜花(称"缟"),告诉人们底部的根块快要成熟了。二月的经文提到"荣堇"。据考,"堇"是一种可食的野菜,可蒸食亦可煮食,味道也还不错。二月份的时

---

[1]《夏小正·正月》。
[2] 何新:《夏小正新解》,北京联合出版传媒(集团)股份有限公司2014年版。

候,它的花("荣"指的就是花)开了。堇花一开,给民众带来福音,人们可以割而食之。四月经文中有"王萯莠"。王萯指的就是王瓜。当然不是现在我们常吃的那种黄瓜,而是古代人常吃的一种葫芦科植物。这里的"莠"当是"秀"的异文,意思是,当王瓜开出花朵的时候,就可以趁嫩食用王瓜了。

四月的经文中有"取荼"一语。专家认为这是中国传统文献中最早食用茶的记载。"取荼",就是采茶。《尔雅》称之为"苦荼",注者曰:"其叶可煮羹饮,早采者为荼,晚取者为茗。"五月的经文中有"乃瓜"一语。这里的瓜是一种特指,指的是葫芦。乃瓜的"乃",有专家训为"嫩"。如果这种说法能成立,那就是叫人在花蒂未落就乘嫩食之了。

芦苇是古代与民众关系十分密切的一种植物,其叶可当柴烧,枝干可铺在屋外面上防风防雨,亦可垫在床席下保暖,作用可大着呢!七月的经文中有"秀藿苇"。藿苇就是我们通常说的芦苇,"秀者,指芦苇开花"。这里把"秀"字放在芦苇的前面,是在提醒人们:芦苇开花了,快好好地保护它们吧,可以收割的就收割,不要浪费了这些好东西。

《夏小正》昭示的"华"文化有的本身并不是直指农事,但是意在通过"花事"来提示"农事"。

《夏小正》的经文中,有这样三组很有意思的、带一点连环色彩的文字,不妨取来一读:

摄桑。
妾子始蚕。
祈麦实。[1]

这三段文字如果散着看,似乎没有多大关联,但是,排比在一起,就可以看出其中的玄机了。"摄桑"是一个很有动态感的词汇。有专家作如是解:"摄桑,急桑也。"就是说,到了三月阳春天,桑树繁茂,桑树头开出一簇簇桑花,鲜嫩的桑叶亭亭如盖,好像是在催促桑农:"摄桑!摄桑!"(快采嫩桑,快采嫩桑)受到这样的召唤,便有了"妾子始蚕"这一幕。家里的妇女(妾)、孩子(子)一齐上阵,养起了新蚕。这是妇女与孩子的事,那么男人们呢? 这时正是越冬的小麦抽穗将秀(开花)的时候,男人们一面精心护理麦

---

[1]《夏小正·三月》。

苗，一面在祈求上苍的赐福。

看啊，在这里花事与农事融会得多么紧密啊！这里还有一段妙文：

荣鞠，树麦。[1]

这四个字合在一起，真是太有意思了。两两相对，前两个字写的是花事，后两个字写的是农事。而且不是硬生生凑在一起，是真正的天合之作。我们先讲前面两个字。关于"鞠"，何新先生作解道："鞠，菊也。"《说文》："菊，日精也，以秋华。"九月正是秋日，是菊花怒放的时日。经文中荣鞠的"荣"，人们解读为"开花也"。把"荣"放在"鞠"的前面，引向田间地头。这时的男人们正在地头播种冬小麦。时不我待，得赶快播种。"王始裘"，王者已经把裘衣都穿上了，不马上"树麦"，天将要一下子冷下来了。注者有言："鞠荣而树麦，时之急也。"一定要在"荣鞠"时分"树麦"，这是人们多少年摸出的规律。等菊花谢了再去树麦，那就为时晚矣！

把"华"文化深深地植根在大地之中，深深地植根于农事之中，这是大禹平水土成功后对"华"文化的改造和推进。这一切都肇始于"自禹兴而修社祀"。把社会的关注点聚焦到大地上来，把被视为国之大事的祭祀活动的重心移到土地神那里来，这样，"华"文化就更具人文色彩了。

"华夏一也"——华夏族的形成

孔子的第三十二代裔孔颖达在解说华夏族时，说过这样一段有名的话：

中国有礼仪之大，故称夏；有服章之美，谓之华。华夏一也。[2]

孔颖达的解读具有相当的深刻度。他从礼仪的角度来定义"夏"，相当得体；他又从服饰、衣冠的视角来定义"华"，很有心得。礼仪表征真善，服

---

[1]《夏小正·九月》。
[2]《左传·定公十年》孔颖达疏。

章彰显华美,短短的一段文字,把华夏民族的真、善、美本质都揭示出来了。至于"华夏一也"则说得相对有点儿含糊,是历来就"一也",还是在发展过程中渐次"一也",注疏者孔颖达没有说清,而就在这一点上,是有必要加以探讨的。

似乎有这样一种可能性:原先,夏氏集团和华氏集团是有所区分的。夏氏集团的来龙去脉前面已经讲过了,它源自炎黄,五帝时代是当时的"三色世界"中夺目的一色。后来,夏族人北上东进,在中原的崇山一带站住了脚跟,鲧、禹父子两代都被封为"崇伯"。而华氏集团的渊源就不太说得清楚了。但是,据学者考证,大约到了夏族人进入中原的时期,华族人也来到了中原一带发展。著名考古学家苏秉琦先生在《关于仰韶文化的若干问题》一文中有这样一种说法:

> 庙底沟类型遗存分布中心是在华山附近,这正是和传说华族发生及其最初形成阶段的活动和分布情形相像。所以,仰韶文化的庙底沟类型可能就是形成华族核心的人们的遗存。庙底沟类型的主要特征之一的花卉图案彩陶可能就是华族得名的由来。华山则可能是由于华族所居地而得名,这种花卉图案是土生土长的,在一切原始文化中是独一无二的,华族及其文化也无疑是土生土长的。[1]

苏秉琦先生是根据神话传说和考古资料综合分析后得出上述结论的。如果这一结论可以成立,那么,有一段时间夏族在今河南的崇山一带为中心活动,华族在今陕西的华山一带为中心活动,可以说是毗邻而居了。因为崇山和华山只是各自的中心,从活动的大范围而言两者必是交叉的。因为是毗邻而居,交往和交融一定是十分频繁的,很多情况下是"你中有我,我中有你"。这样看来,"华夏一也"倒是历史的大趋势。

就拿上面说到的仰韶文化的庙底沟类型来说吧,它的内部文化色彩也是很纷杂的,它涵盖的范围也很大。大致包括三个地域:一是华山和渭河流域的庙底沟类型,二是伊洛地区的庙底沟类型,还有汾河流域的庙底沟类型。三者都属于庙底沟文化,但又有各自的特色。我们常说的庙底沟遗存的陶器中的花卉图案,主要见于华山和渭水地区。那里的花纹图案具有

---

[1] 苏秉琦:《苏秉琦考古论述选集》,文物出版社1984年版。

极大的抽象性和模糊性,图案以阴纹为花,还是以阳纹为花,实在"抽象"得让人说不清,"如果把阴纹视成图案,那么阴纹本身就成了'阳纹',阳纹成了有意涂成的底色;如果把阳纹视成图案,那阴纹变成了烘托阳纹的底色。而且,亦可把这类图案视为由阴阳纹合成的纹饰"[1]。大概创造这类花文化的人们追求的也是一种抽象美、模糊美。同样风格的美的追求还见之于汾河流域的庙底沟遗存中。可是,在伊洛地区的庙底沟遗存中,文化风格就不一样,那里除抽象风格外,还有不少写实题材和写实性

新石器时代仰韶文化庙底沟类型
鹳鱼石斧图彩陶缸
(现收藏于河南省博物馆)

画面。最著名的是那幅《鹳鱼石斧图》,绘画于陶缸的一侧,画高37厘米,宽44厘米,其画面中的鹳、鱼、斧都十分明晰,这就大有夏人的古朴之风了。可见,就是在夏与华两种文化的早期,两者也是既有区别又有交融的。

要将这两种文化真正融为一体,需要有一伟大的社会变动为其背景。这次伟大的变动就是大禹平水土(一般人说的"大禹治水")的伟大成功。大禹带着数万以至于数十万人的治水大军,纵横于神州大地十数年或是数十年。平水土的大业把原先的格局完全打破了,也打乱了。平水土的大军中,会有华族人,也有夏族人,还会有其他各族人,在行进过程中更会有各种族类的人加入,久而久之,族与族之间的界限磨去了,最大的文化成果就该是华夏族的形成。华夏族的形成过程,实际上也是"新华族"和"新华人"(比之于华山地区的华族与华人而言)的形成过程。

《山海经》历来被称为"禹书",认真读该书,尤其是该书的《山经》部分,就会发现它的确是了解夏文化、华文化、华夏文化的最好教科书。我赞同这样一种说法:"《山海经》是知识的山,是知识的海,是古代的一部百科全书,其中蕴藏着极为丰富的知识矿藏。"[2]鲁迅先生少年时对该书也爱不释手,称其为"最心爱的宝书"。套用一句,它也是华夏族族源的一部"宝书"。

---

[1] 白寿彝:《中国通史》第二册,上海人民出版社1994年版。
[2] 任孚先、于友发:《全注全译山海经》,新世界出版社2009年版。

可以说，《山海经》是一部宣示"华"文化的书。笔者粗粗统计了一下，在这部作品中直接记述和描画"华"文化的地方，就有一百多处。"华"的文化遍布于四荒八野。这说明"华"文化已经完全走出它的原点——华山地区——走向了神州大地的各个角落和各个方位。这里略举数例——

在神州大地的南部：在一座名唤"招研山"的山上漫山遍野地开着草花和树花。"有草焉，其状如韭而青华，其名曰祝余，食之不饥。有木焉，其状如榖而黑理，其华四照，其名曰迷榖，佩之不迷。"[1]说那种草花是青色的，十分的奇特。说那种树木上开的花，"其华四照"，可以照亮四面八方，更奇特。

在神州大地的西部：在一座名唤符禺山的山上，也是开遍了花朵。"其上有木焉，名曰文茎，其实如枣，可以已聋。其草多条，其状如葵，而赤华黄实。"[2]花是红色的，果实是黄色的，而且有药用价值。

在神州大地的北部：在那座单狐之山上，"多机木，其上多华草"[3]。虽地属北方，但还是像其他地区一样的"多华草"。

在神州大地的东部：有一座叫北号山的大山，"其上有木焉，其状如杨，赤华，其实如枣而无核，其味酸甘，食之不疟"。

在神州大地的中部：有一座甘枣山，"其上多枞木，其下有草焉，葵本而杏叶，黄华而荚实"[4]。

这里只是略举数例，说明随着大禹治水的成功，花的崇拜和花的图腾早已走出了华山地区，在祖国的山山水水，都有繁花在开放着，都有花神在守护着。南、西、北、东、中，莫不如此。可以看出，《山海经》的作者不是单纯地在以"华"点缀自然景观，更多的是强化"华"的人文精神。在这里，有三点是值得加以思索的。

其一，"华"（花）的护民、利民、药用作用的夸大化。

在这里，"华"既是实际生活中客观存在的那种赏心悦目的自然景象，又是被神圣化、神灵化的民众的守护神，因此在《山海经》中描述"华"本身的体态之美的同时，总要讲一讲它（包括花与相关的果实）的护民功效。有的花和花实"食之使人不惑"，有的花和花实"食之已疥"，有的花与花实

---

[1]《山海经·南山经》。
[2]《山海经·西山经》。
[3]《山海经·北山经》。
[4]《山海经·东山经》。

"食之已癔（精神疾病）"，有的花和花实"服之不忘"，有的花和花实"服之不忧"，有的花和花实"食之已聋"，有的花与花实"食之已风（风寒病）"，有的花与花实"服之可以美人色"，有的花和花实"食之已疟"，有的花和花实"服之媚于人（变得讨人欢喜）"，有的花和花实"食之不噎"，有的花与花实"食之不厌，可以御兵（刀枪不入）"，有的花和花实"食之不蛊（不受蛊惑）"，有的花和花实"食之可以走马（像马一样飞奔）"……食了一朵花，或食了一朵花结成的果实，能使精神病人变得健康吗？能使一个正常人像马一样飞奔吗？能铜身铁臂、刀枪不入吗？不能！这完全是一种花的崇拜和信仰，是把"华"民团结在一起的一种文化凝聚力。

其二，"华"（花）的色泽的多元化。

以往华山地区的花是抽象的，而且绘于陶器的表面是不鲜明的，究竟什么色泽，讲不清楚。曾有学者观察了庙底沟类型花纹图案后，认定那是玫瑰花和菊花，认为华族先祖也许是玫瑰花和菊花两个姻亲集团的联姻，但很快因为证据不足而被否定了。总之，庙底沟类型花卉的色泽是模糊的。

而《山海经》显示的是色泽多元化的花崇拜。

赤华——赤色的花

《西山经》曰：其草多条，其状如葵，而赤华黄实。

《西山经》曰：浮山，多盼木，枳叶而无伤，木虫居之。有草焉，名曰薰草，麻叶而方茎，赤华而黑实，臭如蘼芜（香草也），佩之可以已疠。

《西山经》曰：有木焉，员叶而白柎，赤华而黑理，其实如枳，食之宜子孙（吃了以后有益于生育子孙）。

《东山经》曰：有木焉，其状如杨，赤华。

《中山经》曰：有草焉，其状如葵叶而赤华，荚实，实如棕荚，名曰植楮。可以已癙（瘘管病），食之不眯。

《中山经》曰：其木多桃枝、钩端。有草焉，状如葵而赤华。

《大荒北经》曰：大荒之中，有衡石山、九阴之山，上有赤树，青叶赤华，名曰若木。

《中山经》曰：半石之山其上有草焉，生而秀，其高丈余，赤叶赤华，华而不实其名曰嘉荣，服之者不霆。

《中山经》曰：又东南十里，曰太山，有草焉，其叶状如荻而赤华。

青华——青色的花

《南山经》曰：其状如韭而青华（青色的花朵）、其华四照。

《中山经》曰：有草焉，其状如蓍而毛，青华而白实，服之不夭。

白华——白色的花

《西山经》曰：石脆之山，其木多棕、楠，其草多条，其状如韭，而白花黑实。

《西山经》曰：竹山多乔木。有草焉，其名曰黄雚，其状如樗，其叶如麻，白华而赤实。

《中山经》曰：泰室之山，其上有木焉，叶状如梨而赤理，其名曰栯木，服者不妒。有草焉，其状如苍，白华黑实。

《中山经》曰：有草焉，名曰蔿草，叶状如葵，而赤茎白华，实如蘡薁，食之不愚。

《中山经》曰：敏山，上有木焉，其状如荆，白华而赤实，名曰葪柏，服者不寒。

《大荒南经》曰：有盖犹之山者，其上有甘柤，枝干皆赤，黄叶、白华、黑实。东又有甘华，枝干皆赤。

黑华——黑色的花

《西山经》曰：有草焉，其叶如蕙，其本如桔梗，黑华而不实，名曰菁蓉，食之使人无子。

黄华——黄色的花

《西山经》曰：爰有嘉果，其实如桃，其叶如枣，黄华而赤柎，食之不劳。

《西山经》曰：崇山，其上多丹木，员叶而赤茎，黄华而赤实，其味如饴，食之不饥。

《西山经》曰：有木焉，其状如棠，黄华赤实，其味如李而无核，名曰沙棠，可以御水，食之使人不溺。

《中山经》曰：其上多杻木，其下有草焉。葵本而杏叶，黄华而荚实……

《中山经》曰：历儿之山其上多橿，多枥木，是木也，方茎而员叶，黄华而毛（毛茸茸的细毛），其实如楝，服之不忘。

《中山经》曰：有草焉，其状如葵，而方茎、黄华、赤实，其本如藁本，名曰葥草。

《中山经》曰：沦水之滨有桑焉，大五十尺，其枝四衢，其叶大尺余，赤理黄华青柎，名曰帝女之桑。

《中山经》曰：又东二百里，曰姑瑶之山。帝女（炎帝）死焉，其名曰女尸，化为瑶草，其叶胥成，其黄华，其实如兔丘，服之媚于人。

《中山经》曰：其上有木焉，名曰黄棘，黄华而叶员，其实如兰，服之不子。

《中山经》曰：少室之山其上有木焉，其名曰帝休，叶状如杨，其枝五衢，黄花黑实，服者不怒。

华絮——状如禾稼的花絮

《中山经》曰：有草焉，名曰鬼草，其叶如葵而赤茎，其秀如禾（开的花像禾稼的花絮），服之不忧。

黑、青、黄、赤、白五种最基本的色泽的花都有了。中国传统文化中历来就有以五色表征五方、以五方表征五族的思想。在《山海经》中的各种色泽的"华"，实际上代表着神州大地上的各个族群。这一思想，在该书中表现得十分清晰明白。该书往往是通过讲述神话故事的形式来表征这一思想的。这里也可以举些例子。

黄华是中庸之色的花儿，因涉及"黄"，就与炎黄族有着不解之缘。在《中次十一经》中作者为我们讲了个使人动情的神话故事：南方赤帝的女儿，学道成仙以后，居住在南阳的桑树上。赤帝为了让她早日升天，用火将桑树点燃，赤帝的女儿就这样升天了。当然这棵仙树桑树，还是永远地活了下来，后来这棵开着黄花的桑树就被称为"帝女桑"。

神话传说总有它的荒诞性，就在同一本书的同一篇章中，作者又为我们提供了炎帝之女的又一版本。在神州大地中心的东二百里，有一座姑瑶之山。当时帝女（炎帝之女）登上了这座高山，不幸在山地里死去了。死后，人们尊其名为"女尸"。帝女死后，化为山上的一株株瑶草，开的就是可爱的黄花。如果谁采食了这种黄花，就会变得活泼可爱，讨人欢喜。

还有关于青华的故事。帝尧、帝喾、帝舜葬于岳山。爰有（那里有）文贝、离朱、丘久、鹰、延维、视肉、熊、罴、虎、豹；朱木，赤枝，青华，玄实。有申山者。（《大荒南经》）这是说，中国五帝中的帝喾、帝尧、帝舜，他们死后都葬在同一座岳山中，由于他们的显灵，于是这座山中就有了熊、罴、虎、豹这样的猛兽，也有了"赤枝、青华、玄实"的朱木树，这可是三帝的精灵所在啊。

《山海经》中还有后稷化成花草百兽的故事。"西南黑水之间，有大广之野，后稷葬焉。爰有膏菽、膏黍、膏稷，百谷自生，冬夏播琴（冬天夏天都可以播种）。鸾鸟自歌，凤鸟自舞，灵寿实华，草木所聚。爰有百兽，相群爰处。此草也，冬夏不死。"（《海内经》）后稷是不死的，所以此草此花也不死。

这样的故事还很多。从这些故事我们完全可以得出这样的结论：到了大禹时代，出现了某种意义上的"百花（华）齐放"的大好局面，而每一种色泽的"华"，各代表着某一族群。"百花（华）齐放"局面的出现，正好象征着民族的大融合和华夏族的形成。

其三,中央地区"华"(花)的密集化。

实际上,《山海经》所呈现出来的地域方位观,相对于他们那个时代来说,既古典,又时尚。《山海经》的方位序列,不是按常理的东、南、西、北顺序,一开首就是《南山经》、接下去是《西山经》,再接下去是《北山经》,再接下去是《东山经》,最后是《中山经》。习惯上的东、南、西、北,改成了南、西、北、东、中。于是有学者说《山海经》的作者搞错了,搞颠倒了。还有学者怀疑《山海经》的作者是南方人,因此把"南"放在首位。错了!

《山海经》这样编排,正是体现了中国历史的古序。司马迁不是说"收功实者常于西北"吗,其实,更确切地说是"收功实者常于西南与西北",大禹就起于西南的川地。因此,被称为"禹书"的《山海经》以南、西、北、东为顺序,是很合乎古理的。

在讲述地理方位时,《山海经》又是十分的时尚。作者审时度势,在讲述南、西、北、东、中的山海时,大大强化了中央地区的表述。这是所有先秦典籍中从未有过的。这里有两点要突出地讲一讲:一点是《山海经》所言的"中",大大突破了中原的观念,是一个"大中国"的概念。这里我们暂不加分析,在以后的"夏王朝的疆域"文稿中要详述。但是,有一点是肯定的,《山海经》的作者把中央的观念大大强化了,本身就体现了华和夏的合流,华夏族正式形成了。第二点是,《山海经》把《中山经》分成了十二经来讲,在篇幅上比南山经、西山经、北山经、东山经的总和还要多,在《中山经》中又大讲华(花)经和五帝的活动和丧葬,这本身就是在揭示华夏的合流,这是一个渐进的过程,而这在中国历史上是一件了不起的大事。

第十二章 中国龙与大夏文化(上)

从"华"图腾说到"龙"图腾

人是生存于大自然中的。早期的人类,吃、穿、住、用的一切都有求于大自然。大自然是人类真正意义上的衣食父母。基于这种境况,在人类的心灵中自然而然地产生了对自然物的崇拜,某种崇拜发展到极致,就转而成之为我们通常说的图腾。图腾一词是英语totem的音译,意为"他的亲族",也就是把某种自然物或源于自然物的图形视为自己的"亲属",实际上就是视为自我的祖先,进而变成自我的保护神和本氏族、种族、民族的标志。郭沫若说过:"凤是玄鸟,是殷民族的图腾,夒,我把它认定为龙,龙是夏民族的图腾。"[1]

上面一章主要讲到了"华"(花)崇拜与其相关的图腾的形成和发展的问题。"华"的崇拜与图腾起于花的艳丽和对大自然的妆点。不管是春夏秋冬,也不管是南北东西,只要有空气、水分、土壤的地方,就有鲜花的绽放,就有繁花的妆点。《诗经》中说的"皇皇者华"和"灼灼其华"都是对妆点江山的鲜花的颂扬和美的感受。不过自从人类步入农业社会以后,人类对"华"的感受也渐次向农业上靠,"春华秋实",没有春之花,哪有秋之实。此时的"华"崇拜和"华"图腾,大都着眼于"五谷丰登"和"六畜兴旺",比较趋向于实际了。人们最看重的"华"也渐次变为与农耕相关的那些花花草草了。

有人一定会问,华夏族既然有了"华"的崇拜与图腾,怎么又来了个"龙"的崇拜与图腾呢?两者是否有所矛盾呢?

一点也不矛盾。

图腾固然源于对大自然的崇尚和感受,但更多的是寄寓着人类自身的向往与意愿。人类的向往与意愿常常是多元的,于是就会产生多元的崇拜

---

[1]《中国现代学术经典·郭沫若卷》,河北教育出版社1986年版。

和图腾。这是人类历史的常规。有专家指出:"通常,一个氏族、部落、家庭(家族)或个人只有一个图腾,但也有崇拜两个或两个以上图腾的。一般认为,一个群体或个人崇奉一个图腾的现象较早,崇奉多个图腾的现象是较晚产生的。"[1]

从中国远古社会看,崇拜多种自然物并以之为图腾的现象比比皆是。就拿黄帝来说,至少有四种崇拜和四种图腾:一是熊崇拜和熊图腾,据说他的父亲就是有熊国的国王,可见熊图腾是黄帝族的一贯图腾;二是云崇拜和云图腾,据说黄帝降生时有云瑞,故后来以云纪事,又以云命官。三是龙崇拜和龙图腾,据说他来到人世时其母看到有黄龙没出于云端。还有,四是花的崇拜和花的图腾,那是华夏族形成以后的事。黄帝的故事告诉我们:一族而多崇拜和多图腾是很正常的事。

其实,花的崇拜及图腾,同龙的崇拜及图腾,是可以互为补充的,也可以说后者是前者精神境界上的进一步提升。

花的崇拜与图腾总体而言是比较面向现实的。花有五色,绚烂无比,妆点世界,也妆点人心,给人一种极大的愉悦感。"暮春三月,江南草长。杂花生树,群莺乱飞。"[2] "杂花生树",活脱脱地画出了一幅"花"景图。"华而实","华"(花)谢之后带给世界的是累累硕果,这对"民以食为天"的中华子民来说,是最现实的祈求。

相对于比较现实的花的崇拜和花的图腾来说,龙的崇拜和龙的图腾是偏向于理想的。世间本没有龙这个实物,是理想的追求"创造"出了龙这种异物。有专家指出:

> 不少学者利用大量的文物图片和文献资料,对龙的原型、发展、演变、种类等,作了细致的分析和研究,取得了可喜的成果。然而这些研究却忽略了龙与中国人性格的本质联系,忽略了龙实在是一种文化现象。生物界压根儿就没有龙这种怪物,它的外形虽然是动物的,它的内涵却是神话的和社会的。因而对此种庞然大物的真正文化含义缺少认识,更少揭示其作为民族象征与崇拜物的奥秘所在。[3]

---

[1] 何星亮:《中国图腾文化》,中国社会科学出版社1992年版。
[2] 南朝·丘迟:《与陈伯之书》。
[3] 刘毓庆、赵瑞锁:《龙的文化解读》,人民出版社2009年版。

正如不少专家指出的,龙作为一种独特的文化现象,它与"中国人的性格有着本质的联系",也可以说,它是中国人性格特征的一种外化与重塑。龙文化总体上是一种理想文化,它是一种积极的、向上的、向往腾飞的文化形态。我们十分欣赏对龙的这样一段既简洁又精到的解说:

龙,春分而登天,秋分而潜渊,物之至灵也。[1]

不是说龙与中国人的性格有着"本质的联系"吗?上述所引文献说的,既是龙的性格,又是中国人的性格。"龙"既是陆上的物类,但是它向往着"登天",向往着"潜渊",苍穹登天揽月,大海潜渊捉鳖,大地万里巡行,这是龙的性格,也是中国人的理想人格,这真是"物之至灵也"。

华夏族人的性格的确是中庸的。"华"的崇拜体现了身心兼备的现实主义追求,"龙"的崇拜体现了一种形神兼具的理想主义梦想。两者兼而有之,名之为中庸。

"龙生于水"

龙的出处何在?得到的较为一致的观念是:"龙生于水。"《管子》中有这么一段话:

龙生于水,被五色而游,故神。欲小则化为蚕蠋,欲大则藏于天下,欲尚则凌于云气,欲下则入于深泉。变化无日,上下无时,谓之神。[2]

中国是一个极为注重水文化的国家,提出"龙生于水"这个命题,实际上本身就把"龙"这个神物的出现和发展提到了一个极高的境界。这里说的"龙生于水"至少含有四种深层的意义:

---

[1]《尔雅翼·释鱼》。
[2]《管子·水地》。

其一，是说龙的原生态时期出现在神州的水区，即南部地区。

与龙关系最密切的是"水"。龙为水中物，离开了水，也就失去了其最基本的生存条件。《左传·昭公二十九年》载："龙，水物也。"《淮南子·泰族训》曰："蛟龙伏寝于渊而剖卵于陵。"《荀子·劝学篇》曰："积水成川，蛟龙生焉。"

汉水流域屈家岭文化有鳄鱼的造型，文化学者王大有说这就是龙。他还考证，湖北鄂城，与鳄鱼有着密切的关系，在古代鳄、鄂相通。那时的鄂国人，以捕鳄为生，并以鳄为图腾，湖北的鄂城大约是鳄鱼造型的龙的原生态。后来鄂地虽几经变迁，但始终断不了与鳄鱼即原生态龙种的干系。[1]

我国的越地是著名的水乡，也理所当然地成了龙和龙文化的故乡。越人的断发文身就与龙和龙文化有着直接的关系。这在经典中有所记述。《墨子·公孟》曰："越王句践，剪发文身。"《庄子·逍遥游》曰："越人断发文身。"《左传·哀公七年》载："（吴）断发文身，赢以为饰。"《战国策·赵策》曰："被发文身，错臂左衽，瓯越之民也。"《说苑》一书说得更清楚了，谓："（越人）翦发文身，烂然次章，以象龙子者，将避水神也。"[2]这里说的"以象龙子者"，指越人的一种聪明智慧，就是把自己的身上刺上龙纹，让那些龙真假难辨，以为那些文身的人真是龙的子孙了。越人黄道成《大越史》中说了一则故事——"子崇缆是为貉龙君，生雄王，以川泽立国"，但是，这个"以川泽立国"的国度里的民众"多为蛟龙所伤"。于是，越王就教民众"墨刺水怪于身以免害，文身之俗始此"。文身之后，可以让蛟龙发生误判以为是自己的同类而免受其害。[3]

同样的情况还发生在南国的广东和南海地区。在一部笔记小说中有这样的记述："南海，龙之都会，古时入水采贝者皆绣身面以为龙子，使龙以为己类，不吞噬。"[4]那些广东地区的采贝人，不只文身，还文脸，为的是让那些蛟龙误以为在水中浮游采贝的人员是"龙子"，从而不敢伤害他们。

从上面这些资料看来，原生态的龙出现在水乡的祖国南部、东南部地区那是没有问题的。人们把龙的出现与当地人的文身习俗联系在一起，也是

---

[1] 王大有：《三皇五帝时代》，中国时代经济出版社2005年版。
[2] 汉·刘向：《说苑·奉使》。
[3] 转引自彭适凡主编的《百越民族研究》一书，江西教育出版社1990年版。
[4] 清·屈大均：《广东新语·鳞语》。

说得过去的。

其二,"龙生于水"中说的"水"是一个全方位的概念。

不只是讲龙生活在江湖河海的"水"域之中,同时理所当然地也指一切有水分的地方,都可成为龙的生存处所。《管子》一书中说到的龙"欲尚(上)则凌于云气,欲下则入于深泉",讲的就是龙生存领域的广阔。是深泉(泛指地球上的一切江湖河海)它当然能生存,在高空,只要有"云气"它也能生存。

《易经》的第一卦是乾卦,也称为龙卦,因为它是以龙为轴心展开论述的。该卦把龙活动范围之广,论述得淋漓尽致了。

乾:元、亨、利、贞。
初九:潜龙,勿用。
九二:见龙在田,利见大人。
九三:君子终日乾乾,夕惕若。厉,无咎。
九四:或跃在渊,无咎。
九五:飞龙在天,利见大人。
上九:亢龙,有悔。
用九:见群龙无首。[1]

这里列举了龙的种种生活状态:或"潜龙勿用",或"见龙在田",或"终日乾乾",或"或跃在渊",或"飞龙在天",或"亢龙有悔",或"群龙无首",但最终的结果必然是"元、亨、利、贞"。这是在说龙是民族的吉祥物,它不论出现在何个空间和何个地点,都是大吉大利的事。

其三,更为重要的是,正因为"龙生于水",龙就具有水的一切品格。

在中国传统文化中,水文化被认为是一种至高无上的本真文化。老子曾经以极大的热忱颂扬过水,说:"上善若水,水善利万物而不争,居众人之所恶,故几于道。"[2] 道是老子精神世界中最崇高的境界,说水的品格"几于道",这是一种至高无上的评价了。春秋时期的大思想家管仲对水的评述更精到、更全面:

---

[1]《周易·乾卦》。
[2]《老子·第八章》。

水者,地之血气,如筋脉之通流者也。故曰:水,具材也……是故具者何也? 水是也。万物莫不以生,唯知其托者能为之正。具者,水是也。故曰:水者何也? 万物之本原也,诸生之宗室也。[1]

管仲可以说是把水的地位抬到了极致,认为只有水才是"万物之本原,诸生之宗室"。这里是在颂扬水的品格,但其目的还不在于此。作者颂扬水的根本目的还在于颂扬人和龙。作者以为,"人,水也","(水)凝塞而为人,而九窍五虑出焉"。所谓"九窍五虑"就是指人的聪明才智,这些都出于水。与人一起得水之精气的是龙。龙生水中,因之而"神"。水作为地之血脉无处不在,龙和龙的精气也四通八达;水有明水,也有暗泉,而龙一样"伏暗能存而能亡者也",正如《易经》中说到的有潜龙,也有在田之龙一样;水是最变化无穷的,龙也是变化无穷的,小则变得像一只蚕茧一样,大则可以充斥于整个天地之间。作者说"人,水也",可以套用一句:"龙,水也。"

上面说的这些,意在强调,在中华传统文化中,大自然中的"水",社会生活中的"人",虚拟世界中的"龙",实际上是三位一体的。这样看来,强调"龙生于水",实际上是一个民族的文化命题。

其四,"龙被五色而游"的奥义在于融各色族类于一体。

中华典籍中的"色"的观念,实际上也是一个文化的命题。上面讲到"华"(花)文化的时候,说到了花有五色。《山海经》中讲到的五色之花,实际上是各种族类的图腾色泽。"华"文化融五色花于一炉,所表达的宗旨就是神州大地上的各族类之间的共容和融会。"华"文化的积极意义就在于此。"龙被五色而游"也是一种文化品格,它象征着龙是神州人的共祖,"龙的传人"不是指众多族类中的某一族类,而是指生活在神州大地上的所有族类。

由"龙被五色而游",很容易会使人想到《龙的传人》那首歌中的那段著名歌词:"古老的东方有一条龙,它的名字叫中国;古老的东方有一群人,他们都是龙的传人……黑眼睛黑头发黄皮肤,永永远远是龙的传人……"这是全体中国人的心声,而这一心声就来自文明初创的远古时代。

---

[1]《管子·水地》。

"中华原龙"的三个发展阶段

学者知原有一个这样的观念:"汉代人有龙有'九似'之说,史前人心中的龙,还没有如此复杂的形象,有些学者称之为'原龙'。原龙发展到商代,已有了比较固定的形态,有了完美的造型,具有完全意义的龙在人们的思维与艺术中终于形成了。"[1]这一观念是符合客观实际的,也是可以接受的。不论是从能够采集到的相关文献资料看,还是从地下发掘的"物证"来看,一直到夏代,龙文化还是处于比较朴实的"原龙"时期,或者可称其为"中华古龙"的时期。

我们把中华"原龙"的下限定在禹平水土成功和夏王朝的建立时期,那是距今大约4 000年的时期,而现在最早在考古发掘中发现的龙,是距今大约8 000年的查海遗址的一条用花岗岩石块摆塑的,长20米,可隐约看出头、身、足、尾。西南至东北走向。再后面就是距今7 200多年内蒙古赤峰赵家沟遗址出土的刻有龙形图案的陶尊。龙形呈长嘴鸟首、引颈鹿首合而为一,龙体上有龙纹。这样长达4 000年间(即从距今8 000年到距今4 000年),我们都称它为原龙时期。为了认识上的清晰,我们又大致地把原龙时期划分为相互联系、难以绝然分割的三个阶段:

第一个阶段:蛇升华为龙文化的阶段

这一阶段的上限大约在距今8 000年上下,下限在7 000～6 500年上下。这段时间的龙,从考古发掘看,大体上还不失蛇的胎记,或者说蛇是龙的主体原型。这一时间段也与神话传说中的女娲、伏羲时期相当。

关于女娲蛇身的记载很多,如:

女娲人头蛇身。[2]
女娲蛇躯。[3]

---

[1] 知原:《人之初》,四川教育出版社1999年版。
[2] 《楚辞·天问》王逸注。
[3] 《文选·鲁灵光殿赋》。

女娲氏……蛇身人面。[1]

关于伏羲蛇身的记载也很多,如:

太昊帝庖羲氏,风姓也,蛇身人首。[2]
伏牺氏人头蛇身,以十月四日人定时生。[3]
庖牺氏……蛇身人面。[4]

女娲、伏羲并称为中国最原始的"二皇",这些文献中说他们是蛇身,实际上就是以为他们龙身。当时是"龙蛇之蛰,以存身也"[5],龙蛇已经混称了。在《山海经》中更有大量讲到以蛇图腾影射龙图腾的——

《海外北经》曰:"北方禺疆,人面鸟身,珥两青蛇,践两青蛇。"

《海外西经》曰:"西方辰收,左耳有蛇,乘两龙。"

《海外西经》曰:"巫咸国在女丑北,右手操青蛇,左手操赤蛇,在登葆山,群巫所从上下也。"

《海外东经》曰:"雨师妾在其北,其为人黑,两手各操一蛇,左耳有青蛇,右耳有赤蛇。"

《大荒西经》曰:"西海渚中有神,人面鸟身,珥两青蛇,践两赤蛇,名弇兹。"

《大荒南经》曰:"南海渚中,有神人面,珥两青蛇,践两青蛇,曰不廷胡余。"

《中山经》曰:"夫夫之山,……神于儿居之,其状人身而手操两蛇。"

《大荒北经》曰:"西北海之外,赤水之北,有章尾山,有神,人面蛇身而赤,直目正乘,其瞑乃晦,其视乃明,……是谓烛龙。"

《海外北经》曰:"钟山之神,名曰烛阴,视为昼,瞑为夜,吹为冬,呼为夏,不饮、不食、不息。息为风,身长千里。……人面蛇身,赤色。"

在《山海经》中还有著名的"蛇吞象"的故事。《山海经·海内经》曰:

---

[1]《列子·黄帝》。
[2]《太平御览》卷七八引《帝王世纪》。
[3]《太平御览》卷七八引《帝系谱》。
[4]《列子·黄帝》。
[5]《周易·系辞下》。

"又有朱卷之国,有黑蛇,青首,食象。"郭璞注:"黑蛇,巴蛇也。"《山海经·海内南经》曰:"巴蛇食象,三岁而出其骨。"后来屈原在《天问》中也重复了这一故事:"一蛇吞象,厥大何如?"这更证明了,这里说的"蛇",已经完全"龙"化了。

以蛇为龙,这是原龙的最初阶段,也是永远存在的一种文化现象。之后龙体不管如何变化,龙的基调永远是蛇体。潜明兹认为:"究竟是什么原因使蛇有资格成为龙的基调?我认为,作为升华为龙的对象的蛇,不仅超越了蛇的自然性,甚至也超越了其原有的图腾性质,至少说明蛇图腾具有多民族性,它并不只是某一原始民族的崇拜物,而是几大族团共有的崇拜物。蛇成为龙的主体原型,本身便是原始民族多元文化结合的生动体现。"[1]

第二阶段:龙文化中融入猪文化要素的阶段。

距今6 000～5 500年前的内蒙古地区出现了考古学意义上的红山文化。拥有发达琢玉工艺的红山文化居民,开始用坚固晶莹的玉石制作玉龙。玉龙猪头形半环形身躯,无足爪,被称为"玉猪龙"。最著名的玉猪龙出土于内蒙古翁牛特旗三星他拉遗址,高26厘米,整体圆润光滑,是珍品。这是龙的猪形化。

还有猪的龙形化。在红山遗址群的中心部位,也就是女神庙那里,女神庙主室的中部偏前,最显著的地方有一头大肥猪平卧在那里,神态自若,怡然自得。猪的一对前足上扬,足前部塑成龙爪状,这是把猪神化为龙了。如果前者称为"猪龙"的话,那么静卧在女神庙主室中的该称为"龙猪"了。

被誉为"中华第一龙"的玉龙
(出土于赤峰,新石器时代红山文化代表作品,现收藏于中国国家博物馆)

玉猪龙的出现显然不是偶然的。它代表了龙文化发展的一个新阶段的到来。

红山玉猪龙出现的那个历史时期,是神州大地上发生重大变化的时间段。这种变化表现在:

---

[1] 潜明兹:《中国神话学》,上海人民出版社2008年版。

第一，社会构架的变革，个体小家庭正处于诞生的关键时刻。在河南淅川下王岗遗址发现有一列长屋：长屋深刻体现了个体化家庭的分化。这房子坐北朝南，通长约85米，进深6.3～8米不等，面阔29间，东头向南伸出3间，共32间居室，如果加上门厅，共有49间。这是史前房屋遗迹中最长、分间最多的一座。这房子的正房都有门厅，因而形成十七个单元的套房——其中十二个是双套间，即两间内室带一个厅；五个为单套间，即一间内室带一门厅。东头伸出的三间没有门厅，是单门房。有十个房门发现有竹席，是睡卧之处。有十一房间有灶。面积最大的房间18.79平方米，最小的双间套房内室面积的总和只有13.6平方米。这与家庭人数有关。

第二，原始农业进入了高速发展阶段。在与玉猪龙差不多同期的河姆渡遗址居住区中，发现大量碳化稻谷、谷壳、稻秆、稻叶的堆积，厚约0.2～0.5米，最厚的地方超过了一米，还有米粒。估计，稻谷总存量有120吨以上。

第三，经过长期的发展，猪的饲养业成了农业中的最主要副业。猪成了一些个体家庭财富的象征。在半坡氏族的一些家庭遗存中，甚至发现有一家养有多头至十几头猪的现象。猪不只用于食用，还大规模地用于祭祀。以猪的形态制成的陶品也时有所见，可见猪已经成为人们喜爱甚至崇拜的动物。

中国文字中的"家"字，是代表居室的"宀"，下面养着一头"豕"，豕就是猪。在距今六千年前后的历史时期，正处于小家庭形成的关键时刻，此时会出现浓浓的猪崇拜，出现猪龙文化的合流，那是一点也不奇怪的了。也有专家指出，"家"的本义应是宗庙，或者是祭祀的地方。原始农业发展到了一定程度，随着猪在人们生活中的地位的提高，祭祀常用猪为祭品，称为上牲，猪被视为圣洁之物由此可见一斑。

猪长得肥头大耳，自古以来（尤其是在民间）被视为有福的象征。在《山海经》有载："有儋耳之国，任姓，禺号子，食谷。"[1]"聂耳之国在无肠国东，使两文虎，为人两手聂其耳，县居海水中。"[2]郭璞在为这两段文字注释时指出，这些国家的人耳朵极大，因此走路外出时必须用双手提着双耳，这就叫作"聂耳"或"儋耳"。事实上，这是对猪的人格化或曰神格化的描写。

---

[1]《山海经·大荒北经》。
[2]《山海经·海外北经》。

远古的人们还把猪作为生殖之神来加以崇拜。猪有十分旺盛的生殖能力，一胎能产十几头。在远古时代人口稀少的情况下，尤其会使渴望人口发展的先民羡慕不已。这也是把猪文化融入龙文化的缘由之一。

第三阶段：龙文华与牛文化交融的阶段。

这一阶段从时间段讲当是中国的五帝时代一直到大禹治水的成功时期，即距今五千多年到距今四千年的时间区间。这一阶段的龙文化发展到了龙文化与牛文化交融的重要阶段。这一观点现今也已经得到了考古资料的有力实证和支撑。河南新密新砦遗址出土陶器上的龙图像是耐人寻味的。在新砦遗址出土的一只破碎的陶器盖上，器表阴线刻画龙头图像，扁目圆睛，蒜头鼻，腮有勾须。头前刻画图案呈牛角状。这是很典型的一种与前不同的龙文化。这里有以蛇身为主体的龙身，有"扁目圆睛，蒜头鼻"的猪形象的遗存，同时又加进了"牛角状"图案的新元素，也许这正昭示着龙、牛文化交融的新时代的到来。

新砦文化是二里头文化的直接前身，属于夏代早期文化，这是许多学者的共识。可见，夏早期的新砦文化和夏晚期的二里头文化，都是龙文化。这证明禹、启、孔甲"御龙"的神话，并非空穴来风。而这里所言的龙文化已与之前的龙文化大相径庭。

更为重要的是，现在所能见到的大量相关的神话传说告诉我们，随着文明社会的渐次步入，农耕社会的到来，龙文化与牛文化的交融期也如期而至了。

此时，已居于正宗地位的黄帝族理所当然地被说成是"龙"。有这样一段文字很值得我们加以注意：

昔者黄帝合鬼神于西泰山之上，驾象车而六蛟龙，毕方并辖，蚩尤居前，风伯进扫，雨师洒道，虎狼在前，鬼神在后，腾蛇伏虎，凤凰覆上，大合鬼神，作为《清角》。[1]

黄帝"驾象车而六蛟龙"，为其侍从的有另一部族的头领，还有属天庭管辖的风伯、雨师，还有万物世界的虎狼、鬼神，气派是够大的了。黄帝不只是后世所言的龙的化身，而且是龙的主人。黄帝如此，与黄帝相关的一些族

---

[1]《韩非子·十过》。

群也纷纷与龙搭上了界。《左传·昭公十七年》载:"太皋氏(风神)以龙纪,故为龙师而龙名。"《山海经·大荒西经》写道:"伯夷父生西岳,西岳生苗龙,苗龙生氐羌。"《初学记》引《诗·含神雾》中说到尧帝:"庆都与赤龙合婚,生赤帝伊祁尧。"这是黄帝系统。

不只帝王系统可以与龙打交道,平民百姓似乎也行。楚大夫屈原在《离骚》中就抒发了与龙共舞的那种壮阔无比的情怀,"饮余马(坐骑,龙也)于咸池兮,总余辔乎扶桑","为余驾飞龙兮,杂瑶象以为车","驾八龙之婉婉兮,载云旗之委蛇","麾蛟龙使梁津兮,诏西皇使涉予(指挥蛟龙在渡口搭桥,命令西皇帮我渡过河流)"。在其他一些诗章中,这位屈大夫写道:"驾青虬兮骖白螭,吾与重华游兮瑶之圃。"(《涉江》)"玄螭蟲并出进兮,形蟉虬而逶蛇。"(《远游》)"仰观刻桷,画龙蛇些。"(《招魂》)"应龙何画?河海何历?""焉有龙虬,负熊以游。"(《天问》)"日安不到?烛龙何照?"(《天问》)"螭龙并游,上下悠悠。"(《大招》)

那么与黄帝系统既相合又相对的炎帝系统呢?在《潜夫论·五德志》一书中有这样的说法:"(炎帝)后嗣庆都与龙合婚,生伊尧。代高辛氏,其眉八彩,世号唐。""有神龙首出常羊,感任姒,生赤龙魁隗,身号炎帝,世号神农氏。"这些资料告诉我们的是,炎帝与黄帝一样也是龙的传人。但是,炎帝这条"龙"又有别于黄帝那条"龙",有资料为证:

神农氏姜姓也,母曰姙姒。有蟜氏女,登为少典妃。游华阳,有神龙首,感生炎帝,人身牛首。[1]

炎帝神农氏,姜姓,母曰女登,有娲氏之女,为少典妃。感神龙首而生炎帝,人身牛首。[2]

这里,人身、龙首、牛首交替出现,说明了龙文化的一种新形态的面世:龙牛混杂文化的登堂入室。而这种混杂文化又体现在以重农为特色的神农氏身上,那就更加耐人寻味了。

在中国,对牛的重视乃至于崇拜可以说是源远流长。牛的传说故事也可以说是层出不穷,与牛有关的谚语多达数百。在中国的十二生肖中名列

---

[1] 晋·皇甫谧:《帝王世纪》,辽宁教育出版社1997年版。
[2] 唐·司马贞:《三皇本纪》,见《史记会注考证附校补》上册,上海古籍出版社1984年版。

第二，在诸多动物中它是唯一被人世设有"牛日"的动物。在人类社会的早期，牛就具有社会、礼仪和宗教的意义。这是人类最早征服的大体量动物，是肉食的主要来源。在众多社会礼仪活动中，如命名礼、成人礼、婚丧娶嫁礼等，牛都充当着主角。当人类懂得畜牧时，牛是首选的对象，因此"牧"、"牢"两字都从"牛"。凡祭祖、祭天、祭地都用牛，因此就有了"牺牲"两字。而从整体而言，牛对人类社会最大的贡献在于牛耕。

由牛文化从黄帝时代起的勃兴，不禁会让人产生一种遐想：神话传说在说"炎帝人身牛首"时，是否预示着牛耕时代的到来呢？这显然只是一种猜想。

我国的原始农业最早萌生于约一万年之前，考古学上发现的"万年稻"之类是一个明证。发展到距今七八千年的时候，在河北武安磁山遗址、河南新郑裴李岗遗址、浙江余姚河姆渡遗址，都发现有耕地用的石耜和骨耜，证明祖先进入了耜耕农业时期。到了龙山文化和良渚文化时期，也就是通常说的距今四五千年的炎黄时代，以至于顺延到禹治水时期，此时期地下不只发现了石耜，还破天荒地发现了石犁。在汉文中，"犁"这个字的下半部是个"牛"字，这是否意味着牛耕的开始呢？

大家比较认可的观点是，大约春秋时期牛耕已经普及了。孔子有一个学生叫司马牛，他的字为"子牛"。还有一个学生"冉耕，字伯牛，孔子以为有德行"。这是很好的证据，在一个人的名字中把"牛"与"耕"连在一起了。后来郭沫若先生经过精心研究，在《青铜时代》一书中把牛耕提前到了商代。那么，炎帝时代的传说，是否还可给人产生一些新的想象空间呢？这里想摘出两则颇有价值的神话故事：

有西周之国，姬姓，食谷。有人方耕，名曰叔均。帝俊生后稷，稷降以百谷。稷之弟曰台玺，生叔均。叔均是代其父及稷播百谷。[1]

有人无首，操戈盾立，名曰夏耕之尸。故成汤伐夏桀于章山，克之，斩耕厥前。耕既立，走厥咎，乃降于巫山。[2]

后稷是播百谷。稷之孙曰叔均，是始作牛耕。大比赤阴，是始为国。禹、鲧是始布土，均定九州。[3]

---

[1]《山海经·大荒西经》。
[2]《山海经·大荒西经》。
[3]《山海经·海内经》。

这是三条极为珍贵的材料。这里说的"叔均",大约指的就是炎帝。三条资料虽然有的地方有点模糊不清,有些意思讲得很清楚:"叔均是始作牛耕。"还有"夏耕之尸"的故事,也似乎在告诉人们,夏代时已实施牛耕了。在《山海经·东山经》中还有"鯩之鱼,其状如犁牛"的说法,这些都可以与四五千年前牛文化的勃兴联系起来加以考察研究。

龙腾虎跃,勃勃生机

大约到了五帝时期,"原龙"时期的龙文化达到了鼎盛时期,而这种鼎盛又是与龙、虎共同出现在一个历史画面中相关联的。

距今5 000多年的河南濮阳西水遗址,出土有三组大画面蚌塑图形。

第一组蚌图摆塑在该遗址的45号墓死者的左右两侧,左边为龙,右边为虎。龙身有足有尾,张牙舞爪,十分生动逼真。

第二组蚌图的位置是在该遗址的45号墓以南20米处,图形中有龙、虎、鹿、蜘蛛四种生物。龙背向北,头向南。虎背向东,头朝北。龙虎联为一体,有鹿形卧于虎背。龙前又有一蜘蛛形,在蜘蛛与鹿之间放一精致的石斧。

第三组蚌图的位置是在第二组蚌图的以南25米处,图形有"人骑龙"

蚌塑龙虎陪葬图

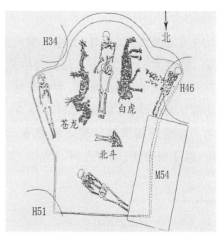

墓葬示意图

画面。龙背向北,头向东,一人骑在龙身上,双手一前一后,十分的富于动态感。

最为引人注目的是龙与虎出现在同一画面之中。

在远古时代,龙与虎是属于不同种属和民族的图腾。上面已经说到,龙图腾属于黄帝属,也属于少昊等其他种属。黄帝属越是强大、发展,信奉龙图腾的民族和种族也就越来越多。原来以牛为图腾的炎帝属和蚩尤族,后来不是也说自己是龙的传人了么? 而虎的图腾就不同。在远古时期的西部地区,当时当地气候比现在要热好多,因此常有猛虎出没于山间平原地带。当时正当"水往低处流,人往高处走"的历史大时期,西部成为人们最向往、也是人口最密集的处所,民族也最复杂。这时,西部的古老民族中的若干民族形成了对虎的崇拜和虎的图腾。许多学者通过大量的历史文献和民族学、文化人类学的材料对西部民族的虎文化进行研究,其结论告诉我们,在号称"亚洲人摇篮"的我国楚雄地区,以及川滇其他地区,自古流行虎图腾崇拜,是我国虎崇拜的渊薮。这些地区不同民族又大多是古戎狄(古羌人)的后裔,如彝族、白族、土家族、纳西族、拉祜族、傈僳族等,现在还不同程度地保留着崇虎的信仰和习俗。虎作为西部民族的信仰,随着民族的迁移、民族融合的脚步,渐渐往东传播,最终融入华夏文化。[1]河南濮阳西水遗址蚌塑图形中龙虎共处,正好反映了这种民族文化的融合进程。

《易经》的释文中,对龙与虎的关系作了如此的经典解说:

> 同声相应,同气相求。水流湿,火就燥,云从龙,风从虎,圣人作而万物睹。本乎天者亲上,本乎地者亲下,则各从其类也。[2]

现在,"云从龙,风从虎"已经成为求同存异的经典说法。龙与虎都是世间的最强者,但是又各有各的"同声"和"同气"可以供其去相应和相求,不会也不应该发生大的碰撞和裂变。在此过程中,圣人的协调作用是至关重要的。只要"圣人作",那么,龙、虎必能"各从其类"。

从我国的历史发展和民俗文化来看,长期以来龙、虎之间是遵循了"龙从云、虎从风"这一轨迹的。龙、虎的和谐导引出了诸多具有积极内涵

---

[1] 相关资料部分地转引自常峻著《生肖》,上海辞书出版社2014年版。
[2] 《周易·乾卦》。

的民谚，如"龙腾虎跃""生龙活虎""龙韬虎略""虎踞龙蟠""藏龙卧虎"，等等。

河南濮阳西水遗址出土的三组大画面蚌塑图形蚌壳龙，似乎是对距今八千年到距今四五千年的原龙阶段龙文化的一个小结。这时期的龙文化虽然没有汉以后的龙文化那样强调"七似"或"九似"，但这种龙文化一直以古朴的精神融合着神州大地上各民族之间的关系，弘扬着一种民族包容精神。尤其值得注意的是那幅人骑龙的画面，说明此时的龙还不是凌驾于人们头上的一种统治力量，而是可以被民众驾驭的超自然精神。

第十三章 中国龙与大夏文化(下)

二里头遗址所见的龙崇拜

河南二里头遗址是大家基本认同的夏墟所在地。在二里头遗址的发掘过程中,发现了数量相当可观的龙文化崇拜和龙文化图腾的遗存,给人以广阔的想象空间。

2002年中国社会科学院考古研究所在清理偃师二里头三号宫殿南院的墓葬时,在墓主的骨架上发现了1件绿松石片组成的龙。

该"龙"置于墓主人尸骨上,头朝西北,尾向东南。由2 000余片各种形状的绿松石片组合而成。龙身长63.5厘米,中部最宽处4厘米。龙头置于由绿松石片粘嵌而成的近梯形托座上。托座长11厘米,宽13.6～15.6厘

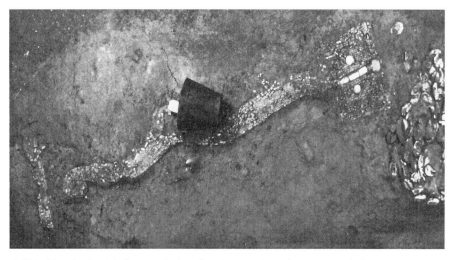

嵌粘绿松石龙形器(偃师二里头遗址出土)。此绿松石龙形器放置在墓主人骨架之上。龙身略呈波状起伏,中部起脊。龙为巨头,卷尾,以白玉为眼睛,以绿松石及白玉为鼻梁,由两千余片各种形状的绿松石片嵌粘而成,色彩绚丽,是罕见的早期龙形象文物。

米。龙头隆起于托座上,略呈浅浮雕状,为扁圆形巨首,吻部略突出。以三节实心半圆形的青、白玉柱组成额面中脊和鼻梁,绿松石质蒜状鼻端硕大醒目。玉柱和鼻端根部均雕有平行凸弦纹和浅槽装饰。扁目圆睛。龙身略呈波状起伏,中脊微凸,外缘立面粘嵌一排绿松石片。由颈至尾至少连续装饰有12个单元的用绿松石片构成的菱形花纹。距龙尾端3.6厘米处,还发现一件绿松石条形饰,长14.5厘米,宽2.1厘米,与龙近于垂直。此条形饰的上部由一排横长方形石片和一排纵长方形石片平行嵌合而成,下部则表现出连续的似勾云纹的图案,作为衬托是在表现龙飞云端的意境。由龙首至条形饰总长70.2厘米。在龙首半圆形玉柱的底面发现白色和浅黄色附着物,可能是黏结剂的痕迹。

这座墓葬的主人是谁呢?墓主为成年人,墓底撒有朱砂,墓内随葬品十分丰富,包括铜器、玉器、松花石器、白陶器、漆器。有一铜铃,置于墓主的腰部,这一切可见,这是个有较高社会地位的人。《夏商周考古学研究》一书的作者杜金鹏推测,这可能是一位高级宗庙的管理人员。

上面这组富于画面感的材料,令人想到《易经·乾卦》中"飞龙在天,利见大人"的名句。画面所制作的那条龙的龙头隆起,龙身曲伏,龙睛圆睁,前端又有云状物,这是一条飞龙那是毫无疑问的了。飞龙与"大人"相配,想来躺在龙身下的那位贵人必是飞龙所"利见"的那位"大人"了。人与龙之间的联袂互动,这本身就是龙文化走向成熟的主要标志。

二里头出土的陶品上,也出现了不少"龙图像"。

1959年,在二里头遗址二号宫殿南面发现的陶片上,刻有龙和龟图像。龙头近似苹果状,鼻吻前凸近似三角形,竖式扁目圆睛,额部有菱形纹。身体细长,亦有菱形花纹。龙龟组合在同一图像中,这在地下发掘中不少见。

1963年,在二里头遗址Ⅴ区一号宫殿南面出土的一件陶片上,刻画的龙纹十分生动。发掘者描述道:"一条线条纤细流畅,已残缺,周身起鳞纹,巨眼,有利爪。"实际上此龙身体粗壮作弯曲状,扁目圆睛,背腹均有钩状鳍,近头部有爪,爪有四趾弯钩锋利,生动飘逸,似有腾云游走之势。

也是1963年,与上述陶片一起出土的一件陶器残片上,刻画着一条龙,蛇状,扁目,昂首曲身。发掘简报说此龙"两头一身",唯实物的一头残缺。这种状态的龙,在《山海经》中也时被提及。

在同年出土的一件陶器残片上,用粗阴线勾出的龙是"一首两身",鼻吻突出,扁目圆睛,自颈后分为左右伸展的双身,身体细长,身上细线阴刻双曲线夹不规则菱形花纹。龙身下面是粗阴线勾勒出的勾云纹,龙身之下另有一团身小兔。眼眶内涂成翠绿色,可以想见当时的形象是何等的艳丽和神秘。从花纹组合看,似在表现飞龙在天之情状也。腾云驾雾,直探月宫(兔子)。陶器残片上的"一首两身"龙或是"一身两首"龙,在《山海经》中多次提到了,这里得到了实证。

还是1963年,在二里头Ⅳ区的铸铜遗址出土的陶片上,也有刻画的龙纹。从残存图像看,应是一组蟠龙图像,头残失,身体细长蜷曲,有菱形花纹。

1984年,在二里头遗址Ⅳ区出土的一件小型陶鼎,鼎身刻画有太阳纹和龙纹。龙蜷曲尾,昂首,口中伸出分叉舌。

1992年,在二里头遗址Ⅲ区出土2件造型奇特的陶器,在器体外壁上,攀附着立体雕塑的龙。皆为蛇形,小三角头,细长身,身上有菱形花纹,均呈昂首游动状,自器壁逶迤至肩上。其中一器有六龙,另一器有三龙。器身并饰有云雷纹。

1994年,在二里头遗址Ⅸ区出土一件陶塑龙头,应是某种陶器上的装饰件。龙头作正面脸庞,圆形脸,额部刻菱形纹。

2003年,在二里头遗址Ⅴ区出土一件陶盆,盆作侈口浅腹,在盆内侧浮雕一条长龙,形体如蛇,昂首勾尾,身上有鳞纹,龙身上阴刻鱼纹一周。在Ⅳ区铸铜作坊遗址出土的陶范上也见到了龙纹。一件外范内壁上刻有龙头,龙口大张,露尖齿。前肢粗短,有利爪。

在二里头遗址出土的铜牌饰上,也见有龙图像。这些铜牌饰铸成圆角凹腰长方形,瓦状隆凸。器铜两侧各有两个系纽。

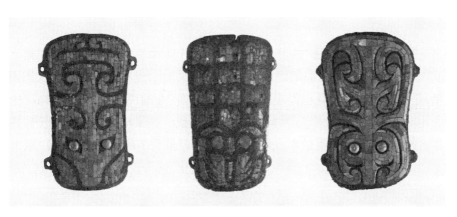

绿松石镶嵌兽面纹牌饰
(偃师二里头遗址出土)

1981年，在二里头遗址Ⅴ区的M4中出土一件绿松石牌饰。长14.2厘米，宽9.8厘米，依靠镶嵌的绿松石，勾勒出龙的形象。一排宽直的绿松石片，勾勒出龙的脊梁，龙圆脸长颌，双目圆睁，背部有勾云形花纹，意在凸显龙腾云天。

　　1984年，在二里头遗址Ⅵ区M11中出土一件铜牌饰。龙颌前凸，扁目圆睛。纵向排列的绿松石把龙鳞表现得栩栩如生。龙身体上的勾回弯曲的图案，也是意在表现飞龙在天的意境。

　　1987年，在二里头遗址Ⅳ区M57中出土一件铜牌饰，上有龙的前半身俯视图像。龙长颌，利齿尖长，圆目弯眉，身有三排鳞片。[1]

　　在英、美、日等国家，也收藏有多件带有龙纹的铜牌饰。学术界一致认为应属于二里头文化，甚至有的可能就是出土于二里头遗址。

　　这些刻画在陶器或铜牌饰上的龙，密集程度是空前的，描绘的古朴、生动，富于朝气和活力。这些龙大多有腾飞感，已经具有水、陆、空三栖的品性。

　　从不少历史文献可知，到了大禹治水成功的时间段，龙的图像不只出现在宫廷之中，也出现在寻常百姓的日常生活之中。当时所谓的"夏后氏之绥"，可能就是顶端设有牦牛尾的龙旗。"其勺，夏后氏以龙勺"，吃饭和喝汤用的勺是龙状的勺。"夏后氏之鼓足"，"夏后氏之龙簨虡"，就是说那时用的是龙图形的钟磬架子。这些都说明龙文化正在走向成熟。

龙的民族品格

　　有学者认为，龙是"中华民族精神的一个生命实体"，是"中国文化之根"[2]，这是确实的。我们之所以热衷于大禹治水成功后龙文化的状态研究，是因为该时龙文化已经走向了它的成熟期，龙的民族品格基本形成，中华儿女是所谓"龙的传人"的观念也基本形成。如果从龙体现整个民族的品格这一点来看，大禹治水成功后的龙观念是最完美的，而秦汉以后"朕即龙也"的那种观念实际上是一种理念上的退化，这个我们以后还要讲到。

---

［1］二里头遗址相关的龙纹饰资料，大多转引自杜金鹏先生《中国龙，华夏魂》一文，见《夏商周考古学研究》一书，科学出版社2007年版。

［2］王海龙：《龙图腾与中国政治的深层结构》，见《中华文化源》一书，百家出版社1991年版。

"龙生于水",水是与土分不开的,治水是为了保土,因此从根本上可以说,龙生于水土。大禹平水土关乎民生,关乎一个民族的生存和希望。龙的创造和龙文化的创建,那是在距今八千多年的时日,这理所当然地也与漫长岁月中的中华先民的治水平土相关联。而大禹平水土的成功,大大催熟了前期的原龙文化。因此,我们发现在大禹平水土的相关神话传说中,神龙是与大禹的行为交互为用的。

这里至少有三则禹与龙交互为用的感人故事。

第一个故事:大禹接手治水大业以后,仍然继承父辈"以息壤填洪"的老办法,结果当然成效不大。这时"有神龙出焉",告诉禹不能一味地用那堵塞的老办法了,这就是所谓的"神龙以尾画地,导水所注"。[1]解决了疏还是堵这样一个带根本性的大问题。神话故事把大禹治水土过程中的转折之功劳归之于神龙。

第二个故事:是说禹凿龙门的故事。在凿龙门时,走进了一个大空穴,有数十里,幽暗不可复行。禹仍负火而进,这时,"有兽状如豕,衔夜明珠,其光如烛。又有青色犬,行吠于前,禹计行十余里,迷于昼夜。既觉渐明,见向来豕犬变为人形,皆著玄衣。又见一神,人面蛇身。禹因与之语,神即示禹八卦之图,列于金板之上。又有八神,侍于此图之侧。禹问曰:'华胥生圣子,是汝耶?'答曰:'华胥是九江神女,以生余也。'乃探玉简以授禹,简长一尺二寸,以合十二时之数"。[2]虚虚实实、真真假假,中心意思是说:龙是大禹平水土的天助之神。

第三个故事:据说大禹平水土曾"三至桐柏山",那里"惊风走雷,石号木鸣,五伯拥川,天老肃兵,功不能兴"。这时,禹大怒,乃召集龙神以及桐柏山君商议如何对付。在龙神的帮助下,先把作乱的鸿蒙氏、章商氏、兜卢氏、犁娄氏抓起来,最后把兴风作浪的水妖无支祈捉拿归案。在龙神的配合下,"将水妖颈锁大索,鼻穿金铃,徙淮阴龟山之足下,俾淮水永安流注海也"[3]。治淮是大禹治水的大工程之一,也得到了龙神的大力配合。

通过大禹治水中的这样一些故事,还有二里头发掘出的种种陶制品和铜制品上诸多龙所展示的形象,以及五帝以来一系列的神话故事,中华龙的品格渐次形成并清晰起来。

[1]《楚辞·天问》王逸注。
[2] 晋·王嘉:《拾遗记》卷二。
[3]《太平广记》卷四六七引《戎幕闲谈》。

中国龙的品格有哪些呢？

第一，龙的和谐聚合的品格。

不少学者对"龙"的原始意义进行了一系列的探究。以笔者之见，"龙"的初义，即是"拢"，也就是把一些原本不同的元素拢聚在一起、集合在一起，通过融会贯通，形成一个新的统一体。"龙"就是通过"拢"的手段加工组合成的世间本没有，但又被大家公认为"有"的一种物类。

就拿夏王朝建立之前的中国龙来说，它至少汇"拢"了氏族中的蛇图腾群体、猪图腾群体、牛图腾群体，还可能有羊与鱼图腾的群体。把这些群体组合起来，就是一种龙的文化了。大家在龙的图腾面前，就会感觉到我中有你、你中有我。这就是一种和谐。

多种图腾的和谐糅合，必然会涉及地域的和谐相处。有学者根据考古相关资料，再参之以文献典籍，认为龙的原形分布大致上是这样的：

鱼形：陕西、甘肃、新疆、黑龙江等地。

猪形：内蒙古、辽宁、长江中下游地区等地。

马形：甘肃、宁夏、内蒙古等地。

鳄形：江淮、湖北、湖南等地。

狗形：江淮、华南等地。

蛇、蜥蜴形：分布地区极广，可以说凡有水的地方，就有蛇文化。

牛形：吴越地区等。[1]

由此可见，每一种崇拜所据有的地域都是相对的，还有许多是交叉的，比如内蒙古，既有猪的崇拜，又有马的崇拜。甘肃，既有鱼的崇拜，又有马的崇拜。江淮，既有鳄的崇拜，又有狗的崇拜。这说明中华的地域文化本身就是杂交文化，有着历史发展形成的共融性。这是中华文化的优势。龙文化的意义在于在原有的文化共融性的基础上再大大地推进一步，形成一种统一的龙文化。可以这样说，大禹平水土的成功，为中华大地的第一次大统一创造了条件，而龙文化的成熟正是这种统一局面到来的重要标志。

第二，龙的为民除害、为民造福的品格。

自古及今，龙的历史已有七八千年，各个历史时期，各个地域，创造出了

---

[1] 王从仁：《龙崇拜渊源论析》，见《中国文化源》一书，百家出版社1991年版。

不知多少条龙。如果单一的从美观的视角去考量，也就是单纯从外观的形态学角度去定位，龙，说不上是一种很美的物类。它的美是内在的，是品格化的。人们崇拜龙，并以之为图腾，这是因为它能为民除害、为民造福。上面大禹平水土过程中龙都成了为民除害的"英雄"。

> 大荒东北隅中，有山名曰凶犁土丘。应龙处南极，杀蚩尤与夸父，不得复上。故下数旱。旱而为应龙之状，乃得大雨。[1]

这里"应龙"（一种有翼的龙）成了无私无畏的英雄的典范。这种龙原先是管理雨水的神物，因而得到人们的崇敬。后来，应龙为民除害，杀掉了蚩尤和夸父（不一定就是与黄帝相对的那个蚩尤），上帝为了惩处它，不再让它上天宫，而是把它安置在荒凉的凶犁土丘山那里。没有了应龙，天旱时就没龙来管雨水了，这时人们制作了酷似应龙的外型龙图，上帝感到老百姓那样的热爱应龙，也就让雨神下起了大雨。在这个故事中，应龙、上帝都成了通人性的神圣。

> 东海中有流波山，入海七千里。其上有兽，其状如牛，苍身而无角，一足，出入水则必风雨，其光如日月，其声如雷，其名曰夔。黄帝得之，以其皮为鼓，橛以雷兽之骨，声闻五百里，以威天下。[2]

郭沫若认为夔是龙的一种，古器物上多夔龙。这种夔龙的一大功劳是"其光如日月"，给世界带来光明。另一贡献是"其声如雷"，以壮声威。在黄帝伐蚩尤的故事中，黄帝制作了夔龙鼓八十面，一面鼓声震五百里，八十面鼓一起敲，声震三千八百里，一下把蚩尤"震"垮了。夔龙把自己的皮也献出来了，还有什么比龙更无私的呢？

> 西南海之外，赤水之南，流沙之西，有人珥两青蛇，乘两龙，名曰夏后开。开上三嫔于天，得《九辩》与《九歌》以下。此天穆之野，高二千仞，开焉始歌《九招》。[3]

---

[1]《山海经·大荒东经》。
[2]《山海经·大荒东经》。
[3]《山海经·大荒西经》。

这里是说，龙不只在物质上助力于人，在精神生活方面也给人以助力。中国是礼仪之邦，乐文化是礼仪文化的主干，而乐文化的形成也曾得益于龙。上面那段文字讲了这样一则故事：大禹之子夏后开为了取得天上之乐《九辩》和《九歌》，必须上一次天。可是夏后开是个人啊，怎么上得了天呢？这事让龙知道了，就向夏后开献策：我可以帮你送上"天穆之野"（即天庭），但你必须带上三个美女（所谓"三嫔"）献给上帝，博得上帝的欢心，上帝一高兴，定能将天上之乐送给你。夏后开认为这样做很妙，就乘着两条龙，登上了高二千仞的"天穆之野"。上帝见了夏后开和"三嫔"，果然高高兴兴地把天乐给了夏后开。夏后开带了乐曲回到所居的"西南海之外"，经过一番融会贯通，就形成了经典的《九招》大乐。在这过程中，龙被说成是人世与上帝之间的牵线搭桥人。透过这一故事，龙为民造福的精神也表现得淋漓尽致了。

第三，龙的神通广大的品格。

中华民族是一个多灾多难的民族，只有奋斗，才能生存，才能发展。因此，必须创造出一种神通广大的、充满生命力的、善应万变的神物来应对种种灾异，这种神物后来就被人们称为"龙"。

关于对龙的神通广大品格的理解，我们想引用一下某些有卓见的西方学者的见解。不要以为西方世界都是排斥龙文化的。一旦人们摆脱了民族的偏执之见，就会对龙文化有一种公允而接近科学的解说。英国著名文化学者劳伦斯·比尼恩经过对中国龙的多年研究，得出了这样有价值的结论："中国龙的本质在于它的奇妙的生命力。中国人生命力观念是如此之强，以致世间所有的生灵都不能使他满足，必须发明一种像云、水那样行动敏捷、体态弯曲的生灵，发明一个以无限广阔的空间为家、永远运动不息的生灵。"这位文化学者还说："龙是这样一种力，它表现为水和云的力，永远运动，永远变化，既在破坏，又在结果，还在保存。"[1]说得实在太好了，中国人需要龙，是因为它有"奇妙的生命力"，而这种奇妙的生命力就发源于它的"永远运动、永远变化"。

讲到"永远运动、永远变化"，又会使我们想到我国最早的经典《易经》。《易经》就是讲变与不变的。这部经典的第一卦就是乾卦，也就是龙卦。龙卦中的这条中国龙，一忽儿"潜龙勿用"，一忽儿"见龙在田"，一忽

---

[1]［英］劳伦斯·比尼恩：《亚洲艺术中人的精神》，孙乃修译，辽宁人民出版社1998年版。

儿又"或跃在渊",一忽儿又"飞龙在天",一忽儿又是"群龙无首"。通过千变万化,达到"元、亨、利、贞"的最高境界。二里头遗址遗物上的种种龙形图,正好证明了龙的"永远运动、永远变化"的特点。

中国龙的品格,实际上就是我们民族的品格。这种龙的民族品格,到了大禹治水成功和夏王朝的建立,也就趋于成熟了。中国原龙的真正成形,与中华民族第一次大统一的到来是同一的。杜金鹏认为:"二里头遗址出土的龙文物,可以视为中华民族共有的最早的龙图腾。海内外华人皆以'龙的传人'自居,以龙作为中华民族的象征,这是有着数千年历史渊源的文化传统,是伴随着中华文明形成而产生的民族情怀。"[1]

"龙的传人"观念的确立

"我们是炎黄子孙,我们是龙的传人",这一观念的渊源深不可测,甚至可以推前到五千多年前,但这一观念的真正形成,大约当在大禹治水成功之后。统一的局面带来统一的观念,大禹治水的成功和第一次大统一的夏王朝的建立,让龙的崇拜和龙的信仰成为华夏人共同的信念,然后才会有所谓的"龙的传人"观念的确立。

"龙的传人"的观念是龙文化不断发展的产物。

从距今八千年前的裴李岗文化期,到距今约四千年上下的二里头文化期,龙文化一直是一种活跃的主流文化,它的主旋律是对大自然造成的种种灾难的高调抗争,前文已说了,人创造龙,是为了借助于龙这种有着"奇妙生命力"的圣物来战胜灾异,推进人类社会的前行。从观念形态上讲,龙是人创造的,而一旦被创造出来又成为相对独立于人之外的一种虚拟的生命体。这种虚拟生命体与人之间的关系一直有着千丝万缕的联系和变化。我们从逻辑顺序的视角分析大约有这样一个进程:

龙的人化—人的龙化—龙的传人。这个顺序当然只是从逻辑意义上讲的,难以分出时间的孰先孰后来。

龙的人化。

---

[1] 杜金鹏:《夏商周考古学研究》,科学出版社2007年版。

龙被虚拟创造出来以后,都说龙的原形是蛇,后又融入了猪、牛、马等动物因素,如果仅止于此,那么它的神力还是难以服人的。早在东汉时王充就说:"世俗画龙之像,马首蛇尾,由是言之,马蛇之类也。"又说:"天地之性人为贵,则龙贱矣。贵者不神,贱者反神乎?"[1]这一问问得实在好,如果"龙"文化中不加进"人"文元素,龙是怎么也"贵"不起来、"神"不起来的。这就提醒人们"龙"中要有人性和人味。事实上,在王充之前人们早已注意到了这一点。在一些著名的龙的神话故事中,都有人的影子在。

西北海之外,赤水之北,有章尾山。有神,人面蛇身而赤,身长千里,直目正乘,其瞑乃晦,其视乃明,不食,不寝,不息,风雨是谒。是烛九阴,是谓烛龙。[2]

钟山之神,名曰烛阴,视为昼,瞑为夜,吹为冬,呼为夏。不饮,不食,不息。息为风,身长千里。在无启之东,其为物,人面,蛇身,赤色,居钟山下。[3]

这两段都是讲烛龙的,并且完全注重了龙的人化。这里当然有诸多的龙的元素,比如说这种烛龙是神,是"蛇身而赤",说这种龙"身长千里",可以不吃,不喝,不睡眠,也不呼吸,只要"风雨是谒"就可以了,就是说吃的是"雨",喝的是"风"。它的光芒能照亮四荒八野,即所谓的"是烛九阴"。这龙真是了不得,神通广大。如果只讲这些,可信度就很难说。于是,在这烛龙身上又加以相应的"人化"。蛇身上配以"人首","视为昼,瞑为夜"也讲的是人的生活,人是昼时行动、夜间睡眠的,这条烛龙也是这样。

人的龙化。

这是另一种趋向。就是让那些有大作为、有大胆略的人们身上带有一点龙气,甚至说他就是一条龙。

权,轩辕。轩辕,黄龙体。[4]
黄帝轩辕代炎帝氏,其相龙颜,其德土行。[5]

---

[1] 汉·王充:《论衡·龙虚篇》。
[2] 《山海经·大荒北经》。
[3] 《山海经·海外北经》。
[4] 《史记·天官书》。
[5] 汉·王符:《潜夫论·五德志》。

前面一段史料是太史公在讲到星象的时候说到轩辕星的。说权星指的就是轩辕星。古人相信，地上有一人，天上有一星。黄帝在天之星就是权星，就是轩辕星，说他就是"黄龙体"，这无疑是把黄帝这个人完完全全地龙化了。后面一段史料是说黄帝的容颜体态，很像一条有土德的龙。事实上，不只讲黄帝是"黄龙体"，在许多典籍上，说到伏羲、女娲、盘古、雷神、春神、祝融、共工、鲧、禹等人物的时候，都会把他们与龙纠合在一起。他们或有龙体、龙姿、龙颜，或本身就是一条龙。

龙的传人。

龙的人化或者是人的龙化，只是说人龙难以割舍而已，再进一步就是衍化为人与龙之间的血脉相通、血亲相连了。

说到血脉相通、血亲相连，似乎也有一个过程。比较早的一些说法是说人与龙之间有血亲关系。

黄帝生苗龙，苗龙生融吾，融吾生弄明，弄明生白犬，白犬有牝牡，是为犬戎。[1]

流沙之东，黑水之西，有朝云之国、司彘之国。黄帝妻雷祖，生昌意。昌意降于若水，生韩流。韩流擢首、谨耳、人面、豕喙、麟身、渠股、豚止。取淖子曰阿女，生帝颛顼。

伯夷父生西岳，西岳生先龙，先龙是始生氐羌，氐羌乞姓。

帝俊生晏龙，晏龙是为琴瑟。[2]

共工氏有子曰句龙，为后土……后土为社……自夏以上祀之。[3]

这里都讲到了带有虚拟性质的血缘世系，目的无非是想说明人与龙之间是有血脉之亲的。但是，究竟是龙生人还是人生龙呢？有点搞不太清楚。从"黄帝生苗龙"角度看，是人生龙。而如果从"苗龙生融吾"角度看，又似乎是龙生人。下面一条资料中的韩流"擢首、谨耳、人面、豕喙、麟身、渠股、豚止"那个模样看，它肯定是一条相当完整意义上的龙。韩流这条龙的生父是昌意，这样看来是人生龙。而韩流又"取淖子曰阿女，生帝颛顼"，从这

---

[1]《山海经·大荒北经》。
[2]《山海经·海内经》。
[3]《左传·昭公二十九年》。

角度看，又是龙生人。"西岳生先龙""帝俊生晏龙""共工有子曰句龙"，讲的都是人生龙。

到了略后一个时期，似乎人与龙的关系进一步理顺了：

有神龙首出常羊，感妊姒，生赤帝魁隗，身号炎帝，世号神农。

后嗣庆都，与龙合婚，生伊尧，代高辛氏。

后嗣握登，见大虹（即大龙也），感而生重华虞舜。

大星如虹（亦龙也），下流华渚，女节梦接，生白帝挚青阳，世号少昊。代黄帝氏，都于曲阜。[1]

看来是越来越理得清楚了，不管是黄帝，还是炎帝，还是其他在历史发展中起过重大作用的重量级人物，都是与龙血脉相连的，都是龙子龙孙。这样一来，"龙的传人"的观念清楚地形成了。从历史层面看，中国的第一次大一统发生在禹治水成功和夏王朝建立之际，那么，与统一相关的"龙的传人"的观念也当成熟于此时。

龙文化的历史发展

中华文化的多元发生和发展，不仅是在神话传说故事及文献中得到淋漓尽致的彰显，也在考古发掘中得以印证。梁启超说："华夏民族，非一族所成，太古以来，诸族错居，各去小异而大同，渐次化合以成一族之形，后世所谓诸夏是也。"[2]植根于中国大地上的龙文化，也是一种杂交文化，它是由不同种族、不同地域的文化长期糅合而成，因此一些学者称中华龙是"混血的龙"，是"中华民族共同尊奉的至上神"[3]，这也是很有道理的。

中国龙的发展自有它的轨迹。在八千年上下的发展历程中，它会有哪些变异呢？大致上它经历了哪些发展阶段呢？作为一种民族的"至上神"，它会对我们民族产生怎样至深至远的影响呢？这些都是大家想知道但又是

---

[1] 汉·王符：《潜夫论·五德志》。
[2] 梁启超：《饮冰室合集》第十一册，中华书局1989年版。
[3] 冯天瑜、何晓明、周积明：《中华文化史》，上海人民出版社2005年版。

相当模糊不清的,需要我们花大力气加以厘清和梳理。闻一多先生在《伏羲考》一文中有过一段著名而发人深省的论述:

> 龙究竟是什么东西呢?我们的答案是:它是一种图腾,并且是只存在于图腾中而不存在于生物界中的一种虚拟的生物,它是由许多不同的图腾糅合成的一种综合体。这综合式的龙图腾团族所包括的单位大概就是古代所谓的诸夏,和至少与他们同姓的若干夷狄。
>
> 龙族的诸文化才是我们真正的本位文化,所以数千年来我们自称"华夏",历代帝王都说是龙的化身,而以龙为其符应,他们的旗章、宫室、舆服、器用,一切都刻画着龙文。总之,龙是我们立国的象征。直到民国成立,随着帝制的消亡,这观念才被放弃。然而说放弃,实地里并未放弃。正如政体是民主代替了君主,从前作为帝王象征的龙,现在变成为每一个中国人的象征了。也许现在我们并不自觉。但一出国门,假如你有意要强调你的生活的"中国风",你必用龙文图案来点缀你的服饰和室内的陈设。[1]

应该说,这是一段很有民族精气神的妙文,大致上将中国龙的基本的价值观及其历史的发展变化概貌描述出来了。"龙族的诸文化才是我们真正的本位文化",这话既是对所谓的"龙文化是一种外来文化"这种不负责任的主观臆说的断然否定,也是对龙文化在中国历史发展中起到的作用的充分而热忱的肯定。不能想象,中国如果没有龙文化的策励,中国的历史会是怎样的一种情状。

闻一多先生的《伏羲考》创作于20世纪30年代,在当时条件下能对龙文化作如此精细而有分量的分析,实属不易。至今近八十年过去了,学界对中华文化的研究有了相当可喜的进步,尤其数以千万计的地下发掘点的出土遗存,给了龙文化的研究以极其丰富的实际支撑。现在我们有条件对龙文化作出大致的分阶段解说。

笔者有这样一个设想:如果我们把龙文化的起始到大禹治水成功到夏王朝的建立,称为"原龙文化"的话,那么,从夏商周三代到清的灭亡可以称为"王龙文化"。民国建立,帝制推翻,直至现今,可称为"民龙文化"。这样划分,既与闻一多先生在《伏羲考》中的说法大致合拍,又比较明晰而有

---

[1] 闻一多:《伏羲考》,见《闻一多全集》第一卷,三联书店1982年版。

所发展了。

原龙文化阶段延绵的时间最长,大概长达三四千年的时间,涉及的地域很广,凡是大禹治水所到过的地方,都会有龙文化的显现。即使治水未到的边远地区,后来受龙文化影响也归附了龙文化。所以说龙是中华民众心中的"至上神"还是很有道理的。这种原龙文化后来浓缩在《易经》的《乾卦》中。原龙文化的着重点大约有三个方面:

第一,原龙文化是一种朴素的全民文化。

原龙文化是一种原生态文化。在当时,还不存在谁可以称龙或谁不可以称龙的问题,关键倒在于你配不配称龙。只要你奋斗了,为当时最大的治水事业做出贡献了,都可以称为龙。龙可以是当时社会每个人的一种志向,也可以是对为社会作出贡献的人的一种褒奖。在《山海经》中,有些断了头的英雄,还不肯放下武器,最后倒下之后被说是化成了一条大蛇。当时龙蛇并称,化成大蛇就是化成为人所称道的龙。在《庄子》一书中,思想家庄子说了一个有趣的故事:

宋人资章甫适之越,越人断发文身,无所用之。[1]

这个故事很有趣。说古时候(庄子往上推的古时候)有一个宋国的商人,制作了一大车"章甫"想到越地去卖。章甫是殷人式样的帽子,在当时是很名贵的。他想:我有那么好的帽子,又来到千里之外的商人罕至的越地,生意一定会很好的吧。哪里会想到,越人个个都"断发文身",哪里用得到这种帽子? 这里且不说帽子的事,"文身"的习俗已是够有意思的。可贵的是,庄子在这里对"文身"一点儿也没有讥讽的意思。在讲这个故事的前一段刚讲了"乘云气,御飞龙,而游乎四海之外"的龙文化。说实在的,越人的"文身"本身就是一种了不起的龙文化。他们认为,把龙刺在身上、臂上,甚至是脸上,就成了"龙子",成了龙的同一族类了。这本身就说明了,在三代和三代之前,龙文化就是一种人人可为之的全民文化。

禹带领的那支治水大军至少是几十万人甚至上百万人的队伍吧。据著名历史地理学家邹逸麟在《椿庐史地论稿》一书中的估计,我国人口在公元初有6 000万人,再往上推两千年,少说也有1 000万上下的人口,十取其一,

---

[1]《庄子·逍遥游》。

禹带领的治水大军也有百万之众。这是一支了不起的队伍，他们"开九州，通九道，陂九泽，度九山"，这些人十年、二十年、三十年地能够坚持下来，很重要的一条是因为心中有一个最高的神——龙的支撑。这个龙当然不仅是大禹一人，还包括了所有参加平水土的英雄。

第二，原龙文化是一种以奋进和腾飞为主旋律的英雄文化。

在《易经》中有那么一句著名的话语：

天行健，君子以自强不息。[1]

这里讲的是龙的品格和龙的传人的品格。意思是说，天道的根本点在于永远不停顿地运动、变化、发展，谁也阻挡不了。作为龙的传人的君子要效法天道，要自立自强、奋发向上、永不停步。

《象传》对"龙"在不同境况下的"自强不息"作了具体的剖析。"潜龙勿用，阳在下也"，就是说龙在潜伏期间，就要好好养精蓄锐，一点也急躁不得。"见龙在田，德普施也。"意思是说，龙出现在田野，犹如阳光普照，要利用好这种天赐的机会。"终日乾乾，反复道也。"意思是说，事情是复杂的，胆子要大，心要细，要反复考虑，把事业做得更好。"或跃在渊，进无咎也。"意思是说，龙在水中，如鱼得水，可以大干一番了。"飞龙在天，大人造也。"意思是说，龙既已经飞上了高空，就要利用这一机会大干一番，力求能取得巨大的成功。"亢龙有悔，盈不可久也。"意思是说，要奋进，要大胆前行，但不能当不计后果猛冲猛撞的"亢龙"，把事情做得过头了，用力过猛，即使一时看来有成绩，也是持久不了的。

这是对"自强不息"多么朴实的分析啊！可见，当时的人们对龙文化在具体实施过程中的把握已经考虑得很精当了。

第三，原龙文化是"华""龙"交融的华表文化。

中国人崇尚"华"（花），也崇尚"龙"。"华"是色彩斑斓的现实，而"龙"是神采飞扬的虚拟；"华"是农业文明的表征，是一种"土"文化，而"龙"文化的涉及面要更广些，是一种无处不在的"水"文化。大禹平水土，既是"土"文化，又是"水"文化。因此，大禹平水土成功后，必然有一个华文化与龙文化融会结合的过程，具体表现为一种以华表为标志物的文化。文献

---

[1]《周易·乾卦》象传。

上有一种说法：

> 程雅问曰："尧设诽谤之木，何也？"答曰："今之华表木也。以横木交柱头，状若花也，形似桔槔，大路交衢悉施焉。或谓之表木，以表王者纳谏也，亦以表识衢路也。"[1]

别的不说，这里只说三个意思：首先这段文字说"华表"起于尧时，与大禹平水土在时间上比较靠近；其次，"华表"两字可能各有含义："华"指的是花文化，"表"指的是华表通体都是的龙纹，代表龙文化。再次，华表的创设"以表识衢路也"，也就是指路牌。这三点的核心是，在尧、舜、禹时期中华大地上两种最基本的文化——华文化与龙文化——结合在一起了。而具体的表现形式是华表的产生。

这样看来，植根于中华大地的原龙文化的确是一种十分重要的文化，它是我们的老祖宗留给我们的一份最可宝贵的文化遗产。一般认为，原龙文化的下限是大禹平水土的成功，到得夏王朝的建立，就渐次向"王龙文化"转型了。所以，有学者以为："夏王朝将自己的政权与王位跟这些神龙联系。氏族社会时期的龙崇拜在奴隶社会转化为政权的保护神，它成了政权的标志而不仅仅是民族的象征。"[2]

对于王龙文化，简言之，就是以王者为真龙天子的文化。闻一多先生也讲得够清楚了，他说："历代帝王都说自己是龙的化身，而以龙为其符应，他们的旗章、宫室、舆服、器用，一切都刻画着龙文。"然而，龙文化是民族文化的观念，即使在"王龙文化"张扬的历史时期也没有泯灭。原龙文化所主张的龙文化是民族文化的观念一直在起着作用，且一直是人们心目中的主流文化。在封建统治的两千年间，龙的民族文化无处不在。以龙命名的山川城池不计其数，如龙山、龙岗、龙阳、龙渊、龙池、龙洲、龙城、龙泉等。以龙为号的亭台楼阁比比皆是，如龙堂、龙壁、龙祠、龙亭、龙门、龙楼、龙邸、龙塔等。以龙命名的民俗文化畅行无阻，如龙舟、龙灯、龙笛、龙香、龙骨车、龙尾砚、龙吟曲、龙爪书等。

最重要的是，"王"者想把龙文化占为己有，事实上根本就办不到。民

---

[1] 晋·崔豹：《古今注·问答释义》。
[2] 田兆元：《神话与中国社会》，上海人民出版社1998年版。

间自以为是"龙的传人"者比比皆是。《三国志》中有一段关于诸葛亮的记述：

  时先主屯新野。徐庶见先主，先主器之，谓先主曰："诸葛孔明者，卧龙也，将军岂愿见之乎？"[1]

  一个大知识分子徐庶，在所谓的王亲刘备面前，敢于说"诸葛孔明者，卧龙也"，可见，在民间以龙自谓、以龙相称者当不在少数。在《世说新语》中还说到有一个叫刘淑的普通百姓，生有俭、鲲、靖、焘、汪、爽、肃、敷八子，都很有才气，"时人号曰八龙"[2]。在草野间，把自己的儿孙命名为大龙、小龙、龙儿、金龙、银龙、海龙、山龙的，更是不计其数。可见，中国的老百姓一直把龙文化当作自己的文化。

  帝制被废除，进入现代社会以后，龙文化又提升到了更高的境界，进入了"民龙文化"的新时期。这一时期更要充分吸收原龙文化的丰富养料，在新时代民众当家做主的历史条件下，形成一种更加辉煌灿烂的龙文化。

---

[1]《三国志·蜀书·诸葛亮传》。
[2]《世说新语·德行》。

第十四章 大夏的疆域

典籍所示的大夏疆域

中国考古事业的先行者李济先生说过这样一段很有分量的话："安阳发掘的结果,使这一代的中国史学家对大量早期文献,特别是对司马迁《史记》中资料的高度可靠性恢复了信心。在满怀热情和坚毅勇敢地从事任何这样一种研究工作之前,恢复这种对历史古籍的信心是必要的。"[1]在文明古国中,中国是"早期文献"和"历史古籍"最丰富、最齐全的国家,这是祖先留给我们的一份最可珍视的文化遗产。我们曾经深受疑古思潮之害,把老祖宗留给我们的那么丰富、那么宝贵的文化遗产看得一钱不值。随着史学研究的深入,尤其是考古发掘事业的进步,我们对中华典籍所昭示的内容的真实可靠性越来越有信心了。

展示大夏疆域的第一手也是第一等的典籍,当然要数《尚书·禹贡》了。李学勤先生说:"《禹贡》记述的九州,在很大程度上与当时的文化区系相对应,其内容之古老、真实,绝非后人凭想象所能杜撰。"[2]虽说《禹贡》述说的仅是大禹平水土的历程,但是,透过这一历程,却让后人看到了大禹的足迹所至,也看到了大夏王国的疆域的概貌。在《禹贡》中有这样具体的表述:

冀州:既载壶口,治梁及岐。既修太原,至于岳阳。覃怀底绩,至于衡漳。
济河惟兖州:九河既道,雷夏既泽,灉沮会同。桑土既蚕,是降丘宅土。
海岱惟青州:嵎夷既略,潍、淄其道。

---

[1] 李光谟、李宁编:《李济考古学术随笔》,上海人民出版社2008年版。
[2] 李学勤、郭志坤:《中国古史寻证》,上海科学技术出版社2002年版。

海岱及淮惟徐州:淮沂其乂,蒙羽其艺,大野既猪,东原底平。
淮海惟扬州:彭蠡既都,阳鸟攸居。三江既入,震泽厎定。
荆及衡阳惟荆州:江汉朝宗于海,九江孔殷,沱潜既道,云土梦作乂。
荆河惟豫州:伊、洛、瀍、涧既入于河,荥波既猪。导菏泽,被孟猪。
华阳黑水惟梁州:岷、嶓既艺,沱、潜既道。蔡、蒙旅平,和夷厎绩。
黑水西河惟雍州:弱水既西,泾属渭汭,漆沮既从,沣水攸同。荆岐既旅,终南惇物,至于鸟鼠。[1]

  虽说典籍所用的语言是极为简洁的,但在规范九州中的某一大州的方位和疆域的时候,大致上还是清楚的。我们不求其详,也难求其详,也许一味地求其详是会钻进死胡同的,适当地粗一点倒能柳暗花明。[2]把《禹贡》所述的九州,与现今的地理相校核,则大致的疆域还是清楚和明晰的。冀州当是今河北一部分、山西大部,是个相当大的跨省区域;兖州跨今河北、山东两省;青州是当今山东省的东北部;徐州是当今山东省南部,以及江苏、安徽两省的北部;荆州最大,大略是当今湖北、湖南两省;豫州大略是当今河南全部,以及山西的一部。这些在学界都是无异议的。只有雍、梁两州的"黑水"地区、扬州的所谓"海"域,是一个疑问。较为一致的看法是,扬州的疆域当在今江苏、安徽的大部分,梁州包括四川全部,以及云南的南部。这样看来,《史记》中说禹平水土成功后疆土"东渐于海,西被于流沙,朔、南暨:声教讫于四海",倒并不是虚言。

  这是一个多么辽阔的江山啊!

  《禹贡》中说得比较靠得住,而诸子们讲大禹最靠谱的当属墨子了。南怀瑾说过:"中华民族几千年来,固然受了孔孟思想很大的熏陶,但在无形中影响最大的,还有墨子思想。我们讲了几千年的中国文化,民间所流传的许多观念,并非孔子思想,乃是墨子的思想的传承。墨子这套思想的源流,是远溯自夏禹的文化,我们真正研究起上古史的中国文化来,便很费事了。"[3]

---

[1]《尚书·禹贡》。
[2] 吕思勉先生有言:"我以为,古代的事情,都不过传得一个大略,都邑之类亦然,不过大略知道它在什么地方,区区计较于数十百里之间,实在是白费心血的。所以阳城到底在登封,还在禹县,这个问题,暂可不必较量。至于所论禹都晋阳一层,实在非常精确。"此言见之于吕著《中国通史》中,我以为,吕先生的这番话可谓治远古史之至理名言,谁能将远古的历史说出个大致不错的道理来,已算是很有心得的了。
[3]《南怀瑾选集》第一卷,复旦大学出版社2007年版。

的确，墨子的思想比较接近于大禹，是大禹的最大的崇拜者，他的"强本节用""兼爱天下""交利万民"都是从大禹那里学来的。他的为人、为文都实实在在，讲求根据。因此，看看他对"禹域"的主张，是很有价值的。

古者禹治天下，西为西河渔窦，以泄渠孙皇之水。北为防原狐，注后之邸、嘑池之窦，洒为底柱，凿为龙门，以利燕代胡、貉与西河之民。东方漏之陆，防孟诸之泽，洒为九浍，以楗东土之水，以利冀州之民。南为江汉淮汝东流之注五湖之处，以利荆楚干越与南夷之民。此言禹之事，吾今行兼矣。[1]

这是段极为有意思的文字。第一，墨子在这里不说禹治水，而是说"禹治天下"，这里包含着一个思想，是在说大禹不只是到了这些地方去治水，还实际地在这些地方实施了有效的统治，所以说是"禹治天下"。第二，墨子讲禹治天下重在讲利民、爱民，讲了哪些地方的百姓受到大禹所赐予的实利。从文献角度看，倒为我们提供了大夏疆域的最有价值的史料。第三，也是最有意思的，讲了一大段历史以后，又笔锋一转，讲到了自己。说大禹行兼爱，我墨子要好好学习他，也要施民于兼爱。讲历史讲到了自己头上，墨子真是个性情中人，他写的历史有"温度"。

从墨子写禹治天下范围之大，利及民众范围之大，可见大夏疆域之大：先说西边，文中说的西河，约略在今山西、陕西之界。照《禹贡》的说法"黑水西河惟雍州"，那该是川陕一带了。"泄渠、孙、皇水"，当然也是指雍州泽薮。"水在塞外"。都是指西部、西北部以及西南部，很大的一片土地。北面主要是在黄河中游的砥柱山一带治理，最大的工程是开凿了龙门，大大有利于燕、代、胡、貉以及西河的民众。学者认为，内蒙古、三韩之地、河北等地都包括在里面了。东面，指的是今山东及沿黄海、渤海湾一带。南面是一大片，一直到太湖一带，还包括洞庭湖一带都在里面，整个的长江中下游也都在里面。以人种论，用墨子的话来说包括了"荆楚、于越与南夷之民"。

读墨子的这段文字，可以看出它与《禹贡》中所说的大夏之疆域是完全吻合的。墨子承继了大禹的遗风，什么事都喜欢亲作亲为，墨家弟子足迹遍天下，又重视科技，大家公认墨子是中国科技之祖，因此他说的大夏之疆域是经过科学考察的。

---

[1]《墨子·兼爱中》。

对大禹治水和治水成功后的治国颇为关切的还有一位孟夫子。在《孟子》一书中好几处讲到了禹和禹的平水土。史学家吕思勉为他作了概括：

《孟子》说："水由地中行，江、淮、河、汉是也。"这十一字，最能得概括的观念。上句是治水的方法，下句是水的统系。至于详细的情形，要带起许多麻烦的事情来，现在暂不必讲它。[1]

吕思勉先生还是主张抓粗不抓细的古史研究方法。他把孟子的看法归结为"水由地中行，江、淮、河、汉是也"十一字，这十一字中要领又只在于"江、淮、河、汉"四字，长江流域、淮河流域、黄河流域、汉江流域都治理了，都囊括到大夏疆域中去，它的领域还小得了吗？

写到这里又使我们想起了2015年12月在上海召开的"第二届世界考古论坛"。在这次大会上，被论坛授予终身成就奖的英国著名考古学家、剑桥大学教授伦福儒勋爵提出一个新论："中国的新石器时代是被远远低估的时代。"我们觉得这位英国学者的说法是实事求是的。不只是中国的新石器时代被"远远低估"了，就是中国第一个王朝夏的统一也被"远远低估"了。这种低估表现在：要么不承认那时已有统一的局面，要么只承认夏的实际统治区只限于所谓的中原地区。而事实证明不是这样的，不论是《禹贡》论述的，还是墨子、孟子考察的，都认为那时已有一个"东渐于海，西被于流沙，朔、南暨"的大统一的局面。

还可以运用比较的方法。

黄帝的统一与大夏的统一的比较。黄帝时期是"东至于海，西至空桐，南至于江，登熊、湘，北逐荤粥"。东面到了大海边的泰山地区，西面到了地处陇右（甘肃一带）的空桐山地区，南边到了长江中游的长沙益阳一带，北边到了匈奴所居的内蒙古一带。地域不能说不广大。但是，这时的统一只是在军事压力下"诸侯咸尊轩辕为天子"而已，象征意义大于实际意义。而大禹平水土成功后的大夏的统一，一是疆域进一步扩大，西南深入川地，南部惠及"荆楚、于越与南夷之民"；二是更重要的，这种统一是因为建筑在大禹平水土成功的坚实基础上的，因此统一的实际意义大于象征意义。

可以说，大夏王朝的出现，表明中华民族统一国家的雏形已经形成。

---

[1] 吕思勉：《中国通史》，上海古籍出版社2009年版。

还可以将大夏的统一与三代其他两代作比较。三代之中,地域最广最大的是谁呢? 是大夏。有学者在评述周代时说:

> 成周之世,中国之地最狭。……其中国者独晋、卫、齐、鲁、宋、郑、陈、许而已,通不过数十州,盖天下特五分之一耳。[1]

成周可以作两解:一是特指西周王朝的东都洛邑。《尚书·洛诰》:"召公既相宅,周公往营成周。"二是借指周公辅成王后的兴盛时期,实际上是指周代。这里说的"地最狭"指的当然是周王朝了。周王朝为何比起夏王朝和商王朝来都"地最狭"呢? 可能关键在于它的分封制。把大量土地分封掉了,最后势必日久会产生尾大不掉之势,如果是那样,怎么可能地不狭小呢?

而夏人就比较大气,没有搞分封制,在对血族的处置上也还比较公道。这都是与大禹有关的。葛剑雄先生说过:"我们有一种积极的传统,并不过于重视血统,任何异族只要与汉族认同,接受汉族文化,就可以成为汉族的一员。"[2] 这在夏人身上体现得特别明显,夏人的共融性强,夏人与各族人的杂处是一种常规和长规。这点上周人做不到,周人是非常重血统的。

还可以将统一的大夏与之后的汉王朝作比较。司马迁在《史记》中对"中国"和"中国人民"两个概念作了界定。他说,当时的"中国"包括太行山以西的大片土地,包括太行山以东直到大海的大片土地,包括长江以南的广阔山河,包括龙门、碣石以北游牧部落所居的大片土地,大致涵盖了黄河流域、长江流域,以至于粤江流域的部分地域。之后的东汉王朝也如此。在汉人看来,"所言山川,不出《禹贡》之域"[3]。这样看来,从版图角度讲,说大夏的统一为中华民族的统一定下了基调,那是不为过的。

九州和考古文化区系

李学勤先生指出:"被公推为地理典籍之祖的《尚书·禹贡》,将天下划

---

[1] 宋·洪迈:《容斋随笔》。
[2] 葛剑雄:《统一与分裂》,三联书店1994年版。
[3] 《后汉书·地理志》。

分为九州,详细记述其山川、土壤、物产和民众生活的情况。这篇文字,曾有人怀疑以为不早于战国时期,但近年有学者指出,《禹贡》九州的区划,竟与史前考古文化的分布多相暗合,说明《禹贡》的记载非出杜撰,实有着古老的渊源。"[1]

我国的考古事业已经有了一个多世纪的历程。经过考古工作者的长期梳理,渐次梳理出了若干大的考古学意义上的文化区系。这些古文化区系既相对独立又紧密联系,形成了具有中国特色的古文化发展模式。

有学者把神州大地上公元前6000多年到公元前2000年前后,这样长达4 000年岁月里先民们的聚散离合、生息繁衍的历程,归结为六大古文化区系,这不失为一种有益而具有科学精神的尝试。

第一区系:仰韶文化的发祥地、黄河中游地区,即今河南西部、山西南部、陕西东部,大约可以统称之为中原文化吧。这里早在公元前6000年就形成了农业相当发达的裴李岗文化,农具有石器的,有骨器的,也有陶器的。在墓葬的死者身边还有农具作随葬品的。到了公元前5000—3000年期间,这里是典型的仰韶文化期,仰韶人的大村落是很有气派的,其中有居住区、墓地、窑场。大约到公元2500年时,进入了中原龙山文化时期。

第二区系:紧贴中原那个区系的西面,以陕西关中地区为中心地带,随着时间推移不断向河西走廊方向扩展。

专家普遍认为,仰韶文化中期以后的居民不断西移,发展为"马家窑文化(命名地甘肃临洮)—半山文化(甘肃和政)—马厂文化(甘肃民和)—齐家文化(甘肃广河)"系统。这也许是古羌人活动的区域。

第三区系:黄河下游地区,在东夷基础上发展为齐鲁文化。大汶口文化(命名地山东泰安)—山东龙山文化—岳石文化(山东平度)。岳石文化是一种青铜文化。发掘出土的青铜器有青铜刀、锥、环、镞等。郝家庄遗址发现有一块青铜的容器残片,表明岳石文化已有用合范冶炼青铜的技术。二里头文化出土的青铜鼎与斝,造型和表面装饰均有岳石文化陶器的风格。

第四区系:内蒙古长城地带,农牧业交汇的地带,后来周人在此建燕。地在燕山南北、长城内外。包括内蒙古中东部、山西北部、河北北部、北京、天津、辽宁西部。汉文化与北方骑马民族冲突和交融地带。

---

[1] 李学勤:《重写学术史》,河北教育出版社2002年版。

在夏、商、周时期,这里活跃着的是被称为夏家店文化的一种文化形态。

第五区系:长江下游,环太湖周边,孕育出吴越文化。包括浙江、上海、苏南、安徽等地区。这里较早的是马家浜文化,起始于公元前5000年上下,紧接着发展起来的是公元前3300年的崧泽文化(命名地上海青浦)。公元前5000年这里还活跃着河姆渡文化,到公元前3300年被良渚文化所取代,夏、商之交的时候演进为马桥文化。

第六区系:江汉平原,鄱阳湖畔,楚文化。考古学上主要有大溪文化,约活跃在公元前4400—3300年期间(命名地在四川巫山),活动地区和影响面都极大。

这里还有彭头山文化(命名地湖南彭头山),约于公元前7000年,早于中原已知所有新石器文化,并已有了一定发展的稻作农业文化。屈家岭文化活跃在公元前3300—2600年(命名地在湖北京山),也以农业文明著称。接下去是石家河文化(命名地在湖北天门),不仅有龙山文化时的土城,而且有罕见的同时代50余个大小聚落围绕中心聚落分布,发现有冶铜遗址、图形符号、祭祀遗迹。

在中国远古历史上存在一定的文化区系,这是客观的,是被一百多年来的考古实践所证明了的。当然,是不是一定划分为六大文化区系,那可不一定。也可划分为七个、八个、九个,问题是怎样划分更科学些,更接近于实际些。李季先生认为:"我们所说的这些文化区系,具有难以分割的自身整体凝聚性,同时又具有对周边文化的开放性。这一点对于我们理解后来这六个区系,可能再加上周边的一些文化系统,最终造就了大一统的中华文明,尤为重要。"[1]

从公元前6000来年到公元前2000年前后一直存在着和发展着的若干文化区系,是大禹划分九州的最基础的蓝本。没有这些客观存在的蓝本,就不会有大禹的九州说和九州的区划。我们从冀州、豫州的区划中,隐隐然看到了上面说到的黄河中游地区、甚至内蒙古地区的古文化遗存。从豫州、雍州的区划中,隐隐然看到关中地区的古文化遗存。从兖州、青州的区划中,隐隐然看到黄河下游的齐鲁文化遗存。从扬州的区划中隐隐然看到长江下游,尤其是环太湖地区的文化遗存。从荆州的区划中,隐隐然看到江汉平原的古文明遗存。

---

[1] 李季:《中国文化的起源》,四川教育出版社1998年版。

举个例子来说，《禹贡》中说的兖州和青州，就是考古文化中所说的黄河下游的齐鲁文化。在《禹贡》的兖州篇中所说："桑土既蚕，是降丘宅土。"这说明洪水过了以后，人们开始种植桑树，准备重新振兴养蚕业了。在《禹贡》的青州篇中，"岱畎丝"，就是说泰山一带的民众贡献物中有丝织品。而在考古发掘中，正是在山东的大汶口文化、龙山文化以及后起的岳石文化中，发现了最早的蚕茧和最早的丝织品。

当然，文化区划具有相对性，中国古代乃至远古文化的活跃程度大大超过了原先人们的想象。就拿大溪文化来说吧，它的命名地在四川巫山县的大溪村，属于江汉平原为中心的楚文化，"荆及衡阳惟荆州，江汉朝宗于海"，大禹在《禹贡》中把它归在荆州区划内。可见，作为一种非常活跃而富于生命力的楚文化，它走得很远很远。大溪文化居民区的人们同四川、江西腹地、广东和位于淮河流域的河南及安徽部分地区，甚至通过中间媒介而同长江下游的同时代居民进行经济文化交往。有的专家通过大溪文化与长江下游的河姆渡、崧泽及良渚文化玉器种类、形制、用途的比较研究，认为大溪文化的玦、璜这些玉饰品，是长江下游文化传播的产物。当然，大溪人是聪明的，不是依样画葫芦，而是有所创新。这就告诉我们，生长在大禹划定的荆州的大溪人，走向了扬州，走向了青州，走向了徐州，也走向了兖州。如果以当代考古学家说的古代文化区系论，也已经处于第六文化区系，走向第五文化区系、第三文化区系和第一文化区系了。

我们国家的先民既在一定的文化区系中安定生活，又时时"不安分"地突破文化区系的束缚作勇敢的万里天下行，正是这种气概，促成了大禹时期统一国家的建成，而在诸多的因素中，平水土的成功是第一位的。

夏"中心区域"新说

一般的夏史文本，都附有一幅"夏中心区域图"。而那些所谓的中心区域图，基本大同小异，都是以嵩山地区为核心地域，再加上夏氏各族——有易氏、有仍氏、有莘氏、涂山氏的居住区，合成一个范围十分狭小的中心区域。这一中心区域，基本上是不会超出传统意义上的中原地区的。

大夏的疆域那么大，而中心区域就那么小？

这里有必要对所谓的"天下"和不同时代的天下观作一极简单的介绍。

大约黄帝时代有了天下的观念,这是与当时有了名义上的统一相关联的。"万国"的诸侯都尊黄帝为天子,那么万国合起来就是天下了。至于具体的,说不清。

经过颛顼时代、帝喾时代、尧时代、舜时代,到了大禹平水土成功的那个时代,天下的观念就明晰多了。在《禹贡》中称"天下九州",又将九州按不同的"赋纳"定为"五服",大致情况是:

五百里甸服,百里赋纳总,二百里纳铚,三百里纳秸服,四百里粟,五百里米。五百里侯服……五百里绥服……五百里要服……五百里荒服……[1]

这就是所谓的"五服",讲述得还不太清楚,司马迁写《史记》时作了一定的加工,从文字角度讲是明晰多了。

今天子之国以外五百里甸服……甸服外五百里侯服……侯服外五百里绥服……绥服外五百里要服……要服外五百里荒服……[2]

司马迁真不愧为我们民族语言通俗化的大师,经他加了"今天子之国以外"一语,又在推介新的每一"服"前冠之以"某服外",层次清楚多了。这里说的"服"就是我们现在经常用的"服务"的那个"服"字。帝王赐给了你土地和百姓,你就得有反馈,包括赋税和劳役。但是那样的区划显然也不符合实际,哪有以"天子之国"(一般解释为王城、都城)为圆心,一层一层往外推的地理构架?实际上可能不是那样的,尤其是大禹治水成功,实现了实质性的统一以后,那样的区划的"空想"色彩进一步显现出来了,于是就有了《山海经》的天下构架形势图。

当然要真正搞清楚当时的地理构架也难。因为要弄清《山海经》的作者就不易。有说他的最原始作者为大禹、伯益的,因之这部书又被称为"禹书"。有说该书的整理者为老聃的,如果那样,那是一千多年后的人参与整理了。有说后来的整理者是刘秀、刘歆的,那是更后的事了。现在通行的版

---

[1]《尚书·禹贡》。
[2]《史记·夏本纪》。

本据说是晋代的学问家郭璞整理的。说是整理，实际上都加进了整理者那个时代的元素，可能使作品离本来面貌更远。但是，大家公认的是，在整部《山海经》中《海经》部分比较靠谱，再参以其他各经，就可绘出一幅禹时天下的概貌图了。

如果把整个地理状况简单化的话，实际上作者要告诉人们的是：禹那时的"天下"已经大不同于以前，大致可以分为这样四个层次：

中心层次，即中山十二经所述的地域和范围。这是作者写《山海经》的重心所在，也是主旨所在。

中心层次往外推的那个层次，即《山海经》上所写的《南山经》《西山经》《北山经》《东山经》。写山，包括了水，也包括了大地。在"水往低处流，人往高处走"的大局面下，"山"是人的栖身之地。《山海经》的总序就告诉人们："禹曰：天下名山，经五千三百七十山，六万四千五十六里，居地也。"[1]请注意，大禹说了，在那个历史时期，山就是民众的"居地"。至于写山不是习惯的东、南、西、北的序列，而是南、西、北、东的序列，这似乎也是在告诉人们：我们的祖先是起于西、起于南的。

南、西、北、东四方位的山再往外推，是所谓的"海外"了。海外有南、西、北、东四经，大约地域远大了。

由"海外"再往外、往远推，就到了"大荒"之地了。这"大荒"之地的说法，大约是参考了《禹贡》的"荒服"的说法的。

那么，《山海经》这本书作者最想讲清楚、最想告诉读者的是什么呢？很显然，就是那中山十二经。作者是在告诉后世读者，到大禹平水土成功后，即夏王朝建立之时，中央对地方控制的能力已大为加强，中央区已不再是拘于中原地带，而是囊括了中山十二经所指认的那些山山水水。

我们说作者最想告诉人们的是中山十二经所指认的那个地域，还可以作"数"的解析。整部《山海经》的经文为39篇，其中《山经》就占有26篇，占整个篇幅的66.66%，而其中《中山经》又独占了12篇，差不多占整部《山海经》的三分之一。这就清楚了，《山海经》的重头戏是《中山经》，而《中山经》的主旋律是中心区域的扩大和加强，这些都是与神州大地上第一次大统一的到来密切相关的。

为了弄清《山海经》所言大夏国的中心区域究竟有多大，我们对中山

---

[1]《山海经》。

十二经逐一进行解析和排比：

中山一经：内容已有所缺失，但从残篇看，这里指的地理方位大致上是在今日的秦岭南麓，汉水、丹水的上游地区，也可能在今湖南地区。《中山一经》中有历儿山，史家认为即历山。文献上有"舜耕历山"的说法，其地就可能在今湖南的桑植县境内。

中山二经：共记有九山、五水、六地望。本经的第九节说到一座蔓渠山，其山"伊水出焉"，就是说它是伊水的源头。伊水发源于熊耳山西端与伏牛山西端的交汇处，熊耳山属于秦岭东段支脉之一，是洛水与伊水的分水岭。

中山三经：记述的山脉总称为荥山，由五座山组成，它的地理方位在今洛水与黄河交汇的洛阳、孟津、偃师一带。主要山脉是洛阳东北的邙山。在"青要山"一节中说："又东十里，曰青要之山，实惟黄帝之密都。北望河曲，是多驾鸟，南望掸渚，禹父所化，是多仆累、蒲卢。"可见，这里曾是黄帝、大禹的政治中心。

中山四经：记述有九座山、六条河、七处地望，其中标志性的山脉是熊耳山，表明它在河南省境内的熊耳山脉地段。这座山"西流注于洛"，另有一座谨举山，也说是"洛水出焉"，可见该地区离洛水是不远的。

中山五经：记有十五座山、五条河流、九处地望。本经第二节讲到了首山，这是一座名山，相传黄帝采首山铜铸鼎即在此地，在今河南宝鼎县境内。

中山六经：共记有十四座山、二十条河流、二十八处地望。该经的第一节就说"平逢之山，南望伊、洛"，表明它在伊水洛水的北侧。此地伊水和洛水平行而流，其间距不足一千米也。第十三节的夸父山"其北有桃林焉"，这桃林又称邓林，即当年夸父逐日所弃之杖变化而成，在今河南灵宝县。

中山七经：记述山十九座、河十一条，地望十三处。本经所述诸山当在今河南境内的黄河以南、伊水以东、北汝河以北的区域里，其主要山脉是嵩山，其地望在今登封市，称崇地，是鲧与禹所封地。登封王城岗遗址出土了大量的夏代文物。

中山八经：记述有二十三座山、四条河、六处地望。本经所述地域当在今日之湖北省的荆山、大洪山一带。本经第一节景山所出之睢水即今日湖北省西北部的沮水。第二节的荆山所出漳水今仍叫漳水，两水汇合后称沮漳水，南流入长江。荆山山脉的北面是武当山，西面是大巴山，著名的神农架就位于荆山与大巴山之间。

灰陶甑　　　　　　　　　　　灰陶盆

灰陶瓮　　　　　　　　　　　灰陶鼎

灰陶鼎　　　　　　　　　　　灰陶罐

（左）灰陶豆、（右）灰陶盘　　　　　　灰陶器盖

（以上均为登封王城岗遗址出土）

中山九经：记述有十六座山、八条河、十处地望。本经中的岷山、崃山、崌山、崏山，都位于今日四川的眠山、大巴山一带，距著名的三星堆、金沙文化遗址不远。巴山蜀水，尽在此地。

中山十经：记述有九山，无河流。本经的第一节便是"首阳山"。这里有一个著名的中国故事：周武王讨殷纣王，伯夷、叔齐两人力劝武王不要做以下乱上的事。武王不听。武王伐纣成功后，伯夷、叔齐为了表示忠贞，"不食周粟，饿死首阳山"。其山当在山西省永济县境内。但也有说中山十经之地望在河南的。

中山十一经：记述了四十八座山、十四条河、十三处地望。其地域当在今伏牛山及其余脉桐柏山、大别山一带。淮河即发源于桐柏山。

中山十二经：记述有十五座山、八处地望。该经说到了洞庭山，当处于长江中游地带，九江一带。经文第七节讲了尧帝之女的故事，"帝之二女居之，是常游于江渊。澧沅之风，交潇湘之渊，是在九江之间，出入必以飘风暴雨，是多怪神，状如人而载蛇，左右手操蛇，多怪鸟"。讲到洞庭山、九江、澧沅之风、潇湘之渊，可见其地当在两湖地区。[1]

这就是《山海经》中大夏的中心地区。从登封王城岗遗址出土的鼎、瓮、甑、罐、盘等陶器足可说明。（见上图）

一些学者认为，《山海经》实际上是大禹平水土过程中写下的一份地理考察报告，其可信度是相当高的。在中山十二经中，作者彰示的夏时中心地

---

[1] 本章中关于"中山十二经"所示的地望的认定，部分地参阅了王红旗著《山海经鉴赏辞典》的一些内容，该书由上海辞书出版社2012年版。

域的范围有根有据,与现代地理学也相符合。夏的中心地区人们一直认为在豫西、晋南一带,现在看来完全不对了,中山十二经涉及了五六个省份,地域遍及黄河长江"两河流域"。

中山十二经告诉我们的夏中心地带的特点之一是,它没有否定原先的中原中心观,其中二经、三经、四经、五经、六经、七经、十经、十一经的地望都还在中原地带,甚至还强化了伊洛平原在夏统一疆域中的地位。这是一种文化的继承。中山十二经的又一特点是突破了原先的中原中心说,指出大禹治水成功后出现了新的经济文化中心,一经、八经、十二经都讲的是湖南和湖北地区,九经讲的是四川,可能还有一些其他地区。这是夏初统一局面带来的新气象,也是大夏王朝新的中心地带。

"启以夏政,疆以戎索"

夏统一后的疆域是空前广大的,可以说是前所未有的。怎样治理好这么宏大的统一体,没有前人的任何现成的经验可以借鉴,只能在实践中一步一步地摸索。

按照郭沫若先生的观点,大禹一开始就能把这么大的一个王国治理得那样的好,有其自身的优势。

一个优势是夏民族与犬戎族有着长久的渊源关系,甚至可以说是"同祖"。前面已经多次提到过"禹生石纽","石纽为夷人共营之地",说明禹从小就是在夷人堆里长大的,既有夷、戎人的血脉,又了解夷、戎人的生活环境。除此之外,郭沫若又从《山海经》上找到了两条夏戎同祖的资料。

> 黄帝生骆明,骆明生白马,白马是为鲧。[1]
> 黄帝生苗龙,苗龙生融吾,融吾生弄明,弄明生白犬,白犬生牝牡,是为犬戎。[2]

这两条文献中说到的白马、白犬,学者解说时多有歧见,我认为所指的都是有夷族血统的人,不然白犬怎么会生出牝牡来,牝牡又怎会生出犬戎来

---

[1]《山海经·海内经》。
[2]《山海经·大荒北经》。

呢？根据这两条资料，郭沫若认为："此言犬戎与夏民族同祖。案黄帝即皇帝，上帝。后人以为轩辕，轩辕又为星名，即西方之狮子座，其最大一星亦称'王星'，与黄帝号有熊，鲧化黄熊，禹化黄熊等传说，均有关系。"有熊、黄熊之类的称谓，大约都与夷人的习俗有点关系，因此，郭沫若说"犬戎与夏民族同祖"还是很有道理的。

另外，郭沫若引述了《左传·定公四年》的一段话：

> 分唐叔以大路、密须之鼓、阙巩、沽洗，怀姓九宗，职官五正。命以《唐诰》，而封于夏虚，启以夏政，疆以戎索。

这段话说的是周初分封的故事。说当年周成王把唐叔分到旧有的夏地去，分赐给唐叔专用的大车、密须国的鼓、阙巩产的皮甲、沽洗钟，还给了他怀姓的九个宗族，封了他五正的职官。并以《唐诰》这篇誓词来训诫他，对他说，那时的夏王朝领导这个国家还是很有办法的，你要沿用夏朝的政事，按照戎人的习俗来管理这片土地，这就叫"启以夏政，疆以戎索"。

郭沫若依据这条史料，发挥说："夏政与戎索对文，并于夏虚施行戎法，可知戎夏确有攸关。"[1]郭沫若先生把"戎索"释为"戎法"，当然还是讲得通的，但是，我以为"索"与"俗"音近，且可互训，因此，"戎索"还是作"戎俗"解更加妥帖些，文义上也更通畅和深刻。因为夏人与戎人同祖，因此大禹在实现天下大一统之后，既"启以夏政"，就是按夏人的老规矩办事，又"疆以戎索"，照顾到戎人的风俗习惯、思想感情，这样就能达到《尚书》说的"协和万邦"的境界了。

这里实际上是讲了两条：

第一条：在整个统一国家中，华夏族是大族。要团结好这么大一个国家的各邦各族，作为大族的华夏族要做出好的样子来，尤其是这个大族的首领要做出表率，正是"打铁先得自身硬"。这一点大禹做到了。

> 禹为人敏给克勤，其德不违，其仁可亲，其言可信，声为律，身为度，称以出；亹亹穆穆，为纲为纪。[2]

---

[1] 郭沫若：《中国古代社会的研究》，见《中国现代学术经典·郭沫若卷》，河北教育出版社1996年版。
[2]《史记·夏本纪》。

这是一段很有分量的文字，高度评价了大禹的人格、品格、性格。这段话翻译成现代文就是：禹为人敏捷勤俭，他的行为从来不违反大道，他仁爱可亲，他说话诚信，声音的高下快慢，都合于律吕。大禹的进退曲伸，都合乎法度；他的一举一动，皆能适合事理。他勤勉敬谨，可以作为社会的纲纪。最为重要的是，具有如此人格和品格的不只是禹一人，而是整个领导群体。这个领导群体又代表着整个族群的品格。尧、舜时这个领导群体是二十二人，每三年要审评一次。禹时肯定也有这样一个群体，多少人？史无明文。

华夏族及其领导群体的素养至关重要，这个族群善处与其他族群的关系也意义重大。"疆以戎索"，作为最大族群的华夏族对其他族群风俗、习惯方面的尊重是各族改善关系的黏合剂。这方面，大禹堪为典范。

禹入裸国的故事在古代广为流传。这是同一个故事可能资料最为丰富的一例。《战国策·赵策》："禹袒入裸国。"《吕氏春秋·贵因》："禹之裸国，裸入衣出，因也。"《淮南子·道因训》："禹之裸国，解衣而入，衣带而出，因之也。"在《淮南子·地形训》中讲明了裸国所在的方位，"自西南方至东南方，有结胸民、羽民、裸国民、三苗民、交股民、不死民、反舌民……"《述异记》卷上云："桂林东南边海，有裸川，海上有裸人乡。"唐代段成式著《酉阳杂俎·黥》引《天宝实录》云："日南厩山，连接不知几千里，裸人所居，白民之后也。刺其胸前作花，有物如粉而紫色，画其两目下，去二齿以为美饰。"

综合上述资料可知，这个所谓的"裸国"地处神州大地的南方，与其差不多在同一区域居住的还有三苗等族。在治水过程中，大禹可能不止一次地到过那里，而且入乡随俗，到了那里"袒入裸国"，从那里出来后又"衣带而出"。当有人问大禹为什么要这样做时，禹的回答很简单，就是"因也"两字。说得实在好极了。"因"是一个多义词，其中有一义可以解释为"亲近"。这是讲得通的，为何到了那里也要像裸人一样"裸入"？就是为了表示对对方的尊重，为了与对方建立亲近的关系。

可以这样说，在大禹治水过程中会遇到各种各样的民风民俗，只要大禹和大禹的部队在实际的处置过程中能真心实意地采取"因也"的正确态度，那关系的改善和紧密化是必然的。大夏建国后和谐局面的出现就是一个最好的明证。

第十五章 传子制度的确立

上古时代的禅让制度

关于人类社会和社会组织及其管理的研究,春秋战国时期的诸子百家都有所涉及,而尤以荀子的说法最为精到和切合实际。他说,人的力气还不如牛,奔驰起来也不如马快捷,可是到头来牛马都会为人所役使,道理何在呢?就在于"人能合群,彼不能群也。人何以能群?曰:分。分何以能行?曰:义"[1]。这段话的大致意思是:人所以能成为万物之灵,役使牛马那样的大动物,就是因为人能合群,能够团结起来抵御来自外部的种种侵袭,而其他动物都不能做到这一点。人不但能合群,而且人与人之间懂得分工,人人都有属于自身的那个名分;分工和名分的安排和推行,靠的是道义。

荀子是中国古代了不起的大思想家和大学问家,他在这里讲了人类社会的三大要件:合群、分工、礼义。那么,由谁来组织"合群"呢?由谁来安排"分工"呢?又由谁来倡导"礼义"呢?对于这些,荀子都想到了,他认为这就是必须通过民主的选举制度推出既能"善群"又会"使下"的贤能君王来。

问题是,这些能"善群"、会"使下"的贤能君主,到了一定年龄要衰老,要死亡,需要新一代的君主去接替权力。怎样顺利地实现新老君主之间的权力转移和接替?一些思想家以为,办法还是有的,那就是实行"禅让"制度。

何为"禅让"?"禅让"这个词实际上由"禅"与"让"两字组合而成。《史记索隐》称:"禅者,传也。""禅"道出了"禅让"制度的主旨,就是要实现统治权的自然传承。"让",是讲统治权传承的具体方式和方法。表面上

---

[1]《荀子·王制》。

看,"让"有谦让、推辞的意思,实则是:"推贤尚善曰让。"[1]最后通过礼让,通过民主推举,选出会"使下"、能"善群"的贤人善人来引领整个社会的发展和前行。

自从禅让制度被一些研究上古史的学者"发现"以后,就有种种不同的声音:一种看法是,氏族制度下,氏族的领导权是世袭的,根本说不上禅让的问题。另一种观点有所不同,认为禅让制是客观存在的,而这种制度主要推行于唐虞时代,到禹传位给自己的儿子夏启时,这种制度就终结了。还有一种观点是根本否定禅让制的存在。战国时期一些思想家甚至极端地认为,历史上统治者之间只有"篡夺",而根本不可能有所谓的"禅让",包括尧舜时代也如此。

我们认为,上面三种说法都有一定的道理和事实依据,但是,问题的关键在于没有从历史发展阶段的角度去认知中国历史上的社会管理,把不同历史阶段的人和事搅和在一起,那么事情就人为地复杂化了。要弄清禅让问题上的是与非,首先要把原始社会不同历史时期的管理状况和体制梳理清楚。

根据我们的初步考察,从原始社会走向家天下的私有制社会,从管理层面讲可能经历了三个阶段:

第一个阶段是氏族首领的世袭管理制时期。这一时期占的时间可能最长,也许占了原始社会的主要时间段。当时"天下"有着无数的聚落,每一个聚落就是一个氏族或部落,有经验的氏族或部落首长,世袭地负责管理各自的聚落。在长期发展中,聚落的数量是很多的,从考古发掘看,单是黄河流域至今就发现有上千个聚落,实际数字必然还要多得多。这样看来说当时天下存在着"万国",是不虚的。从考古学意义上讲,从最早的元谋猿人、蓝田猿人到北京猿人,发展到后来的智人如丁村人、柳江人,再发展到裴李岗人、老官台人、河姆渡人,直到早期的仰韶人,他们大约都还在规模不太大的氏族中生活,管理他们的是氏族首领,这些氏族首领从现有的资料看的确是世袭的。因为规模小,管理简单,世袭制的管理体制是有利少弊的。说当时社会是"大同社会"实在有点不大相称,最多只能算是"小同社会"而已——在一个又一个很小的范围内人们过着同吃同住同生活的日子,而一个聚落与另一个聚落之间又是各不相同的。那些世袭的管理者本事也不一

---

[1]《尚书·尧典》孔颖达疏。

定要很大，因为人实在很少，只要有一定的威信就可以了。有些人把原始社会前期的氏族首领的世袭管理说成是整个原始社会的管理体制，未免有以偏概全之嫌。

第二个阶段，就是原始社会后期的禅让制时期。距今一万年的时候是个分界线。整个地球进入了伟大的"全新世"时期，地球上最后一次大冰河期结束，气候变暖，环境改善。人类进入了空前活跃的发展期，或者称之为英雄时期。英雄们通过各种手段，尤其是战争的手段实施有效的兼并。人类视战争为游戏。世界权威社会学家约翰·赫伊津哈说："我相信文明是在游戏中兴起和发展的"，而战争是一种"最猛烈的、最有力量的，同时也是最明显、最原始的游戏"。[1] 差不多整个世界都是这样：通过战争这样一种"游戏"，氏族很快聚合成了部落，部落又聚合成了部落联盟。部落联盟与部落联盟之间再经过战争和联姻，一点点形成了所谓"天下一统"的局面。

在中国古代，"玩"战争这种"游戏"玩得最得法的可能要算是黄帝了。黄帝是个很有才气的人，他看到那些诸侯"相侵伐，暴虐百姓"，就开始了备战活动，叫作"习用干戈，以征不享"，可见他不仅善战，且频繁作战。他很能打硬仗，与炎帝战，"三战，得其志"。与战神蚩尤战，也获取了胜利。这样在中华大地上就出现了最大也是最强的部落大联盟——炎黄集团。

形势变了，管理的手段和方法也得变。一个氏族就是百来人，最多是数百人，世袭的管理制还行，现在是数以百万的人聚合在一起，世袭式的管理不适时了。于是，大约从距今六七千年前，一直延续到距今四千年的禹传政于儿子启为止，一直实现着带有民主色彩的禅让制度。正如白寿彝先生明确指出的："据《尚书·尧典》载，尧和舜是两头军事首长；尧死后，舜与禹是两头军事首长。我国古代尧舜禅让的传说，实际上就是部落联盟中的民主选举制。"[2]

只有在部落联盟占社会生活的主导地位，并逐步形成走向统一的条件下，美好的大同世界才是现实的（这里特别值得指出的是，把漫长的原始社会都说成是"大同社会"，是一种历史的误读）。《礼记》上说得很清楚，大同社会是与"选贤与能"的管理体制紧紧捆绑在一起的。

---

[1]［荷兰］约翰·赫伊津哈：《游戏的人》，多人译，中国美术学院出版社1997年版。
[2] 白寿彝：《中国通史》第三卷，上海人民出版社1994年版。

大道之行也，天下为公，选贤与能，讲信修睦，故人不独亲其亲，不独子其子，使老有所终、壮有所用、幼有所长……[1]

这里是环环相扣的。前提是"天下为公"。所谓"天下为公"，过去只限于理解为实现原始公有制。是的，原始公有制是必要的，但这种"公"必须是大公，就是建筑在广泛联合以至于走向大范围统一前提条件下的"天下为公"。如果搞"小公"，搞小国寡民，那"老有所终、长有所用、幼有所长"的目标还是达不到。有了"天下为公"这个前提，还要有一个最基本的条件，那就是通过"选贤与能"，让那些足以当天下大任的人来管理这个社会，这也是孟子说的"天将降大任于斯人也"。

那么，这种"选贤与能"的禅让制是否真的实现了呢？可以肯定地说是实现了的。《尚书》中有这样一段文字：

帝曰："咨，四岳，朕在位七十载，汝能庸命，巽朕位？"岳曰："否德忝帝位。"曰："明明扬侧陋。"师锡帝曰："有鳏在下，曰虞舜。"帝曰："俞，予闻，如何？"岳曰："瞽子，父顽，母嚚，象傲，克谐以孝，烝烝乂，不格奸。"

帝曰："我其试哉！"女于时，观厥刑于二女。厘降二女于妫汭，嫔于虞。帝曰："钦哉！"[2]

我们可以把这段简古而艰深的文字翻译出来——帝尧说："啊！四方的诸侯之长，我在位七十年了，你们谁能顺应天命，接替我的职位呢？"四方的诸侯之长回答："我们德才鄙陋低劣，我们接位的话，是会辱没帝位的。"帝尧说："请大家都着意明察贤明之人，举荐隐匿民间的人，就是出身卑微也没关系。"有人进言于尧说："民间有位光棍汉，名叫虞舜，是很不错的。"帝尧说："对啊，我也有所耳闻了，他的情况究竟怎样呢？"四方诸侯之长说："他是一个瞎子老汉的儿子，父亲行事愚蠢而固执，后母悖谬而放肆，兄弟叫象，十分骄横，而舜却与他们能和谐相处，用孝行来感化他们，约束他们使之不至于陷于邪恶。"帝尧说："我想试用他。"就把二个女儿嫁给他，观察他与二女相处所循的法则。帝尧对二女说："你们要必敬必戒，谨慎啊！"这段话说

---

[1]《礼记·礼运篇》。
[2]《尚书·尧典》。

明,当时禅让制的确是有的。

在《孟子·万章上》中,孟子与他的学生万章之间有一段十分精彩的讨论"禅让"的文字。学生万章问老师:"当年尧垂老时,把天下送给了舜,有这样的事吗?"孟子回答道:"那是不可能的事,天子不可能把天下轻易地送给哪个人。"万章又问:"如果真像老师说的不是尧送的,那么,舜得到天下,是谁给的呢?"孟子回答:"是上天给的。"万章又一次追问:"上天凭什么把政权给舜而不给别人呢?"孟子说:"上天就是凭舜的优秀的品德和行为来决定这样做的。"最后,孟子得出了禅让是"天受(授)之"和"民受(授)之"兼而有之的结论。

综合相关典籍我们可以知道,"禅让"制的实施过程大致上是这样的:先是在日常生活中涌现出了一批德才兼备的优秀人物,他们"以行与事示之",也就是说他们的德行和办事能力,使其成为社会上崭露头角的优秀人物,引发了人们的崇敬和钦佩。老一代的君主(首领)利用"巡行"天下的机会对这些优秀人物进行考察和筛选。到一定时候,君主召开"四岳"会议,或由君主提议,或由"四岳"提名,经过充分讨论,决议出"禅让"的人选来,这就是所谓的"天受之"。名单提出后,还得征得本人的同意,在当时,因为当首领没有什么特别的好处可得,而对当选人的要求又十分高,责任特别重大,因此"让"而不任的人一定是有的,传说中的许由就是这样的人。没有谦让,"禅让"的那个"让"字就无处着落。庄子写了那么长的一篇《让王》,多多少少反映了那个时代的一点现实。如果"让"的结果,人们还是要他担当,那一般人也会认同,原先的君主也会委以重任,让他去办大事办实事,以得到民众的认同,这就是"民受之"。最后水到渠成,老的君主去世后,他就当起了新的君主,就这样一次"禅让"算是完成了。一定也会有那样一种情况,原先大家都看好他,但试用一段时间后,大家感到不适合,他自己也感到勉为其难,那就另请高明,他也会高高兴兴地卸任。这也是很自然的事。

要有上头"天"的认同,要有下头"民"的赞许,还要有当事人的自觉自愿,还要经受相当长一段时间的考察,由此可见,这是一种原始社会流行的民主选举任职制度。"禅让"的要点是通过"让"把权力的接力棒传授到那些愿意为众人服务的大贤人的手中,因此,"禅让"制又被人们称为"禅贤"制。《史记集解》有言:"五帝官天下,老则禅贤,至启始传父爵。"到夏启时才彻底把这种禅让制取消了。

在不少人的心目中，好像"禅让"制是五帝时代实行的一种君主传贤制度，其实，它应该更古老一些。宋代"三苏"之一的苏辙说过："自古帝王有禅让之礼。"[1]这里说的"自古"理所当然地指的是五帝之前的漫长岁月，包括传说中的所谓"有巢氏时代""燧人氏时代""伏羲氏时代""神农氏时代"，而且可以相信，在这些时代，由于贫富分化还没有出现，氏族和部落的首领更纯粹的具有公共服务的性质，因此，"禅让"推行的客观条件就更完备。

第三阶段，就是原始社会末期到向文明社会过渡的时期。这时期贫富分化，那些部落联盟首长也逐步从人民的公仆向统治者转化。这时既存有禅让制的痕迹，又出现了阶级社会争权夺利的新现象。

禅让制度的衰微

客观地说，到得五帝时代，尤其是到了尧禅舜、舜禅禹的时代，实现"禅让"制的土壤和根基已经松动。纯粹意义上的"禅让"制只能植根于公有制的土壤里。没有私有财产、没有贫富分化、没有君主的个人利益，只有那样，"禅"才可能出现"让"的局面。反观尧禅舜、舜禅禹那两次"禅让"活动，简直可以说是刀光剑影，简直可以说是"山雨欲来风满楼"。

我们可以对尧禅舜、舜禅禹两次"禅让"作一点粗略的剖析。

"尧禅舜"。

其实，号称"富而不骄，贵而不舒"的帝尧，是很早就在考虑"禅"位给谁的问题的。在一次由多人参加的会议上，尧一开场就提出了"谁可登用嗣位"的问题，事实上当时尧年岁还不高，提出这个问题多少使与会者感到突兀。而就在这次会议上，一个叫放齐的人提议："嗣子丹朱开明。"可以说，放齐其人提出的可算是个石破天惊的新命题：既然是"禅让"，那怎么可以称帝尧的儿子为"嗣子"呢？部落联盟首领的儿子再"开明"，开天辟地以来从未有人把帝位"禅"给自己的儿子的。不知是帝尧与放齐唱双簧呢，还是帝尧的确感到自己的儿子不适合，帝尧马上站出来说："吁，顽凶，不用！"意思是这小子太顽皮太凶劣了，不能用。参与会议的不再说什么，丹

---

[1] 宋·苏辙：《龙川略志 龙川别志》，中华书局1982年版。

朱接班的事也就不再成为议题了。然而,从历史学的角度看,有人公然在庄严而神圣的、帝尧亲自主持的议事大堂上提出传子的问题,这不能不说是一个重大事件。

客观地说,帝尧在他的中年期就迫不及待地提出"嗣位"问题,以及放齐堂而皇之地提出由尧帝的儿子丹朱接班,是当权者放出的一只改变君王继任制度的政治气球。但是,由于原因种种,尧的目的没有达到。

经过一番周折,最后"禅让"的对象落实在了"有矜在民间"的虞舜头上。有趣的是,在基本确定舜为"禅让"对象后不久,尧把自己的两个女儿嫁给了舜,名义是很美妙的,叫作"吾其试哉",意思是说,我将两个女儿放在他身边,是为了测试他的品质啊!可是这样说,多少是有点儿欲盖弥彰的。可以作这样的理解:丹朱当不了嗣子,那么让"少有孝名"的舜当自己的女婿不是也一样吗?对此,历史学家不高兴了,说尧是在玩"女婿传位"的把戏,实际上是"曲线传子",这样做事实上突破了"禅让"即"禅贤"的那条底线。

从一定意义上讲,这可以说是日后自禹开始的传子制度的一次先导,也是一次流产了的演练。

到得尧去世后,按照规定授舜以天下。可是,这时又有了这样一个过程:"尧崩,三年之丧毕,舜让辟丹朱于南河之南。诸侯朝觐者不之丹朱而之舜,狱讼者不之丹朱而之舜,讴歌者不讴歌丹朱而讴歌舜。舜曰:'天也夫!'而后之中国践天子位焉。"[1]对舜来说,这样做可以视为不乏"作秀"的成分,但是从帝舜的不得不"让辟丹朱"这一行动看,当时社会传子的呼声已相当高了,人们的"不之丹朱""不讴歌丹朱"不是不喜欢传子制度,而是不喜欢丹朱这个尧之不争气的浪荡子。

"舜禅禹"。

"舜禅禹"的过程也曲折而充斥着喜剧色彩。舜刚即帝位,就问四岳"有能成美尧之事者使居官",意思是说,有哪一个能继承和宏大帝尧事业的人,就可以当我手下的第一大官,将来就很有可能接我的班。大家都说,禹行。这时,禹谦虚了一番,"让于契、后稷、皋陶"。这个"让"还是很正常的,体现了大禹的谦虚态度。最后还是舜一锤定音:"你就大胆地干起来吧!"言外之意是,你大禹也不要推让了,最重要的是把治水这件事办好,这个江

---

[1]《史记·五帝本纪》。

山就是你的了。禹感到自己肩头的担子很重,"居外十三年,过家门不敢入",历尽千辛万苦,终于把滔滔洪水给治平了。

这时出现了天下升平的大好局面。在以往的困顿之中,大家尚能齐心协力,天下太平了反倒出现了钩心斗角。当时舜封的二十二个大臣"咸成厥功",功劳都不小,最突出的有这样几个人:官为大理的皋陶,主礼的伯夷,作为工师的垂,主政山泽的益,负责百谷种植的弃,这些人实际上都成了禹的竞争对手。面对权力原先是"让",现在是"争",这是一大变化,也是"禅让"制已走向末路的反映。

在这关键时刻,帝舜当机立断,召开了一次由舜亲自主持的,让禹、伯夷、皋陶为代表的三股强劲势力都出席的会议。这次会议其实做了两件大事:一是充分肯定了大禹在平定天下中的功劳。"唯禹之功为大","道吾德,乃女功序之也"[1]。意思是说,宣导我的德教,以感化人民,这都是你大禹的功劳。二是借批评尧的儿子,打压了一下气焰正盛的皋陶其人,舜在那次会上提出"毋若得朱傲",显然批评的不只是丹朱其人,而是"若"丹朱的那个人,主持会议的舜的矛头所向,是十分明显的了——就是要敲打一下"傲"气十足、自以为有功于天下的皋陶。

由"让"而"争",本身说明禅让制度此时已衰微到何等田地!大家可以想象一下,数百年洪水滔天,大家都在生死线上挣扎,能积累财富吗?显然不可能。而通过尧、舜、禹近百年接力棒式的治理,天下已出现了安定的气象,各部落的首领此时已经有条件拥有"私产",而且数目一定不小了。想想后来的"禹贡制度",各地还有那么多贡品上交"中央"呢!此时,天下共主一职大家当然要"争",因为如果"争"上了,真有不少好处可得呢!由"让"而"争",这是历史性的进步。

社会物质条件的变化,必然会引发人的精神世界的变异。个体化家庭财富的拥有,必然会产生以家庭为轴心的内心情感。只要家庭至上的情感一产生,家天下的到来只是个时间问题,其到来是必然的。孟子与他的弟子万章之间,曾经有过一段关于人的情感世界发生变化的对话,读来颇发人深省。

万章问曰:"象日以杀舜为事,立为天子,则放之,何也?"孟子曰:"封之也,或曰,放焉。"万章曰:"舜流共工于幽州,放驩兜于崇山,杀三苗于三危,

---

[1]《史记·夏本纪》。

殛鲧于羽山,四罪而天下咸服,诛不仁也。象至不仁,封之有庳,有庳之人奚罪焉? 仁人固如是乎? 在他人则诛之,在弟则封之!"曰:"仁人之于弟也,不藏怒焉,不宿怨焉,亲爱之而已矣! 亲之,欲其贵也;爱之,欲其富也。"[1]

这是个很值得发人深省的历史掌故。大舜有个同父异母的弟弟,名字叫象。这是个什么坏事都干得出来的恶棍。以前几次三番地要杀舜。可是,舜一旦当了天子之后,不但没有惩处他,相反还封了他的官。孟子弟子叫万章的,他不服气地问老师,共工干了坏事被流放于幽州,驩兜犯了错误被流放于崇山,三苗不服从中央政令被杀于三危,鲧治水不成被殛杀于羽山,为何象这样的恶人不仅不处分,相反让他当上了官呢? 孟子说了一大番辩解的话之后,最后归结道:"亲爱之而已矣! 亲之,欲其贵也;爱之,欲其富也。"就因为象是舜的"亲"人,舜就要无原则的去"爱"他。在孟子看来,到大舜那时,以血缘为纽带的那样一种"亲爱"观已被视为真理。

从历史唯物主义观点看,这当然是一种历史的进步,传子制度正是建筑在"亲情"至上的基石上的。之后中国两千多年的阶级社会,无不崇尚的是"亲情至上"。然而,我们又要清醒地看到,这种"亲情"至上,是建筑在牺牲"大公"的基石上的。几千年来,种种作恶也往往是以它为借口的。

尧与舜时已成型的那种"亲爱"观,即以血亲为最爱的那种观念,到大禹当政时当然是日甚一日了。

当禹通过"禅让"即帝位时,禹又仿舜"作秀"了一把。先是大禹为了辞让帝位给舜子商均,自己躲到阳城去了。天下的诸侯都不答应,"皆去商均而朝禹"。禹这时才即天子位,南面朝天下,并定国号为"夏后"。很显然,禹的"辞辟舜子于阳城",是进一步说明传子制度已是大势所趋,而民众的"去商均而朝禹"也不是不满于传子制度,而是不满于商均其人的德性。

总而言之,正宗而纯粹的"禅让"制度应该是存在过的,而且存在了相当长的历史时期。在原始社会的漫长历史过程中,人们都是通过"禅让"这种方式推举、选择自己满意的首领的,而到了五帝时代,社会的贫富分化已经相当明显,站立在社会顶尖上的被称为"君""皇""帝"这样一些既富又贵的头面人物,在他们身上虽然还保留着原始氏族长的圣人气质,但"私"

---

[1]《孟子·万章上》。

念已在他们身上萌发,而传子制度正是人们的"私"念发展到一定时期结下的一个果实。

"涂山大会"和传子制度

传子制度其实到了尧、舜时期,已经是呼之欲出了,只是由于某些条件的不具备和不够成熟而没有转化为活生生的现实罢了。这里所说的条件主要指两项:一是指所传之"子"是优秀的,甚至是众望所归的,能够担当起带领天下大众迅猛前行的。只要所传之"子"的确是优秀的,90%以上的民众就不会去死扣是"禅让"还是"传子"的问题。中国人历来是讲实际的,甚至是讲实惠的,关键的是看继任者能否将大家往正路上引导。二是指在从"禅让"到"传子"的过渡过程中,要有适当的、恰到好处的铺垫,使大家不感到突兀,使社会的绝大多数人士都能接受这种转变。

第一个条件,在帝尧和帝舜时都不具备,他们两位都没有生下一个好儿子。"丹朱傲",他有几条致命的缺点:态度傲慢,谁的话都听不进去,是个小霸王式的人物;喜好游侠戏谑,甚至在没有水的陆地上行舟,那简直是胡闹;结交了一帮小流氓,成天在一起干那些淫乱不经的事。把天下交给这样一个帝子,谁都不会放心。史书上说,"舜子商均亦不肖。"当年尧把两个女儿嫁给舜,大女叫娥皇,无子。次女叫女英,生商均。舜膝下就这样一个儿子,把他娇惯坏了,成了个长不大的不肖子。在这种境况下,传子制度当然实施不了。尧、舜两帝都是明白人,因此主动"用绝其世",即打消了世代相继的念头。

禹之子启却是个不一样的人物。《史记·夏本纪》写道:"禹子启贤,天下属意焉。"意思是说,大禹的儿子启是个有贤德的年轻人,普天下的民众都把希望寄托在他身上。至于"贤"在何处,天下人如何的"属意"于他,则语焉不详。不过,通过对一些零星资料的勾勒和剖析,对夏启其人还是可略知一二的。

夏启自小接受了一种艰苦奋斗、自主独立的生活。"禹曰:'娶于涂山,癸甲,启呱呱而泣,予弗子。'"禹三十而娶,现在有了一个孩子,他当然是高兴的,但为了治水大业,他必须迅速离家,让母子俩在涂山老家艰难地生活。

但是，这样做客观上使启从小受到了艰难困苦的磨炼。他的母亲也一定会告诉他，当父亲的为何要在生下他数天后就匆匆离去，这又是一种多么实在的公而忘私的家教啊！禹说的"予弗子"，用通俗的话说就是"我没有娇生惯养这个孩子"，这是十分重要的早期教育。

"启贤，能敬承继禹之道。"[1]可以相信，孟子的这段话不会是空穴来风，"能敬承继禹之道"应是实实在在的。所谓"禹之道"，《史记》上是写得很具体细致的，那就是劳身焦思、过家门不敢入之道；薄衣食、致孝于鬼神之道；卑宫室、致费于沟壑之道；开九州、通九道、陂九泽、度九山之道；予众庶难得之食、调有余补不足之道。可以想见，禹通过禅让取得帝位后的漫长岁月中，启一直是禹的助手和"禹之道"的切实推行者，"众民乃定，万国为治"中有启的一份功劳。不然，禹崩后老百姓怎么会坚定地"去益而朝启"呢？

传子制度能如期到来的第二个条件是要有相应的铺垫，要让民众接受这样一个新事物。在《史记》中有一段不太被史家应用的文字：

禹荐益，已而以启人为吏。及老，而以启人为不足任乎天下，传之于益。已而启与交党攻益，夺之。天下谓禹名传天下于益，已而实令启自取之。[2]

这段话大概许多史家以为会影响大禹的正面形象而不予采用，其实它应该是真实的。从历史唯物主义观念看，禹这样做也是可以理解的。这段话的宗旨是：顺应潮流实现家天下，这是大禹的心愿。但是，为了应付多少年来"禅让"的传统习惯，大禹耍了个让人可以接受的政治手腕：一面推荐长期当他主要助手的益为继承人，一面又委派启以及启身边的人去当有实权、干实务的"吏"，以架空益。老百姓看到的是干实事的启和启手下的吏。禹晚年的时候，表面上仍冠冕堂皇地宣布要把帝位禅让给益，同时又让羽翼已丰的儿子启不失时机地夺取政权。事情显得有点复杂了。

这样做，大禹不是成了耍政治阴谋的人了吗？不，这应当说是一种政治智慧。政治智慧与政治阴谋之间有时只隔着一张纸，就看你的作为是否符合历史潮流。"舜、禹、益相去久远，其子之贤不肖，皆天也。"[3]这里所说的

---

[1]《孟子·万章上》。
[2]《史记·燕召公世家》。
[3]《孟子·万章上》。

"天",实际上指的是历史潮流。禹推行传子制度,在当时显然是符合历史潮流的,大禹那样做,既减少了社会生活中的摩擦和抵抗,又成全了传子制度的实施,的确很有智慧。传子制度也随着启站立到历史前台,而成为现实了。

这段话的真实性在一些文献中得到了部分的证实。有史书上曾有这样的记载:"益干启位,启杀之。"[1] 可见,当时启的势力在禹若明若暗的助力下,已大大超过其他人。而"启杀益",说明传子制即世袭制的确立最后还是要靠武力解决问题。最能说明传子制度的终结还是要靠武力解决问题的,是禹的涂山之会和杀防风氏两件大事。

  禹合诸侯于涂山,执玉帛者万国。[2]
  昔禹会涂山,执玉帛者万国。防风氏后至,禹诛之。其长三丈,其骨头专车。[3]

这大约是在禹晚年的事。启以儿子的身份继帝位已成气候,但禹还是不太放心,于是借涂山之会再为传子制度添一把火。涂山在何处?历来有争议。明代学者王楸认为:"涂山有四:一会稽,二渝州,三濠州钟离县,四宣州当涂县。"[4] 如是会稽,即浙江绍兴市西北四十五里处。如是渝州,即今重庆市东不远处。如是濠州,即在今安徽怀远县东南八里的淮河东岸。如是宣州,即在今安徽当涂县。四处都有一些纪念性的历史遗存,都以禹在此有所作为而深以为荣。

其实,作为一个历史事件来说,涂山究竟在哪里远没有大禹为何要选涂山为开会的会址来得重要。涂山是以大禹为首的夏人的一块风水宝地。在涂山,大禹结缘涂山女,成就了美满的婚姻。在当时,婚姻已具有浓郁的政治色彩,大禹与涂山女的婚配,意味着夏族人与涂山族人的联盟关系的建立,这对于夏实力的增强乃至夏王朝的建立是至关重要的。再说,涂山又是大禹喜得贵子的地方,启的"孤孤而泣"在这里,禹的"三过家门而不入"在这里。通过涂山大会,张扬禹的声威,为启的继位造一造声势,都是最佳的时机和处所。

---

[1]《晋书·束晳传》引《竹书纪年》。
[2]《左传·哀公七年》。
[3] 梁·任昉:《述异记》卷上。
[4] 明·王楸:《野客丛书》。

不用多作解释，人们对禹的心机是心知肚明的，不然就不会有"持玉帛者万国"这样的壮观场面的出现。在这次大会上，禹是否说出了让启继位的话呢？史无明文，也难以定夺。但是，大家是领会了大禹的意思的，不然就不会那么多人早早地来到了涂山表示祝贺。持玉帛而至，本身具有巨大的归顺和祝贺之意。在这次大会上，启出席了没有呢？史无明文，难以断言。但是，从大趋势角度看，应该是参加了的，因为即将到来的家天下时代，他才是真正的主角。一个大时代正在款款向人们走来，岂有主角不出场之理？

有道是，识时务者为俊杰。不识时务或压根儿不愿识时务的人还是有的。这个人就是身高马大的防风氏。一些野史类的书上说，"今南中民有防风氏，即其后也，皆长大"，这"长大"两个字，可作身材高大解，也可作经济和政治实力强大解，可能是两者兼而有之吧！据说防风氏生得"龙首牛耳，连眉一目"，可见其还是龙的传人呢！正是因为是龙的传人，正是因为有实力，所以他才敢大摇大摆的"后至"，大有"我偏偏迟到了，看你禹能拿我怎么样"的派头。而禹也正想借个由头开个"头刀"，让别人再也不敢效尤。这就有了为历史记上一笔的"防风氏后至，禹诛之"这样历史性的一幕。

暴力不是万能的，但没有暴力是万万不能的。大生物学家，也是大历史学家的摩尔根曾说过这样的话："世袭制的最初出现最可能是由于暴力才建立起来的，而不大可能是由于民众的心甘情愿。"[1] 斯言甚是。世界上没有十全十美的事，要让举国上下"一致同意"，那要等到猴年马月呢？

历史究竟是公正的。历史没有因为防风氏的冒失和冲撞之举而全盘否定他。在民间流传着许多有声有色的神话故事，还把他当作无所不在的"风神"来加以纪念。后世人在南方还为他建庙纪念。"防风氏庙，在武康县东南封、禹二山之间，祀夏时防风氏之神。"[2] 一个当年被大圣人大禹诛杀的人，在后世人心中却意想不到地成了"神"。另据《绍兴府志》一书中记载，在古会稽（绍兴）城的东北二十五里处，也存有防风氏庙，与大禹庙一样享受着人间的不绝香火。

---

[1]［英］路易斯·亨利·摩尔根：《古代社会》，人民出版社1960年版。
[2]《古今图书集成·职方典》卷九七一。

第十六章 大夏王朝的初创

伯益与夏启之间的权力之争

夏启创立夏王国,是一个翻天覆地的大事变。它不只是一般意义上的改朝换代,而是标志着原始公社制社会的终结、阶级社会的开创。虽说建立与原始氏族制度迥异的国家制度的条件大致已经成熟,但是,人们在与原始公社制相对应的"禅让"制的旧轨道上行进的时日太久了,要一下改弦更辙,实在不易。习惯是一种可怕的力量。当一种新制度面世的时候,它总会面临种种巨大的阻力和挑战。

万章问曰:"人有言,至于禹而德衰,不传于贤,而传于子。有诸?"孟子曰:"否,不然也。"[1]

孟子的学生万章提出这样的责难,不只后世会有,在禹与启父子政权交接的当时,也完全会有。原先是禅让,现在破天荒地要搞传子了,是不是意味着一种道德的沦丧?刚刚站立到历史前台的夏启,必须在这样的诘难面前做出回答和解释。虽然孟夫子是作了否定的回答,但大部分的民众还是会有疑惑的。舆论对正在开启新局面的启并不有利。

承继了禹之道的夏启,甚至可以说比他的父亲禹更懂得舆论的力量。"至于禹而德衰",这是一种对新制度的舆论上的挑战,而回答这种舆论的挑战的,只能是新的舆论的武器。

思想只能用思想的方式去解决,舆论的挑战只能用舆论的武器去回击。在这点上,年轻的夏启显得从容而练达。他在寻找舆论的武器。而一

---

[1]《孟子·万章上》。

旦寻找到了这种舆论的武器,他就毫不留情地给对手以致命的一击。

夏启的建国之路确实不平坦。从大量史料来看,伯益与启之间,是爆发了激烈斗争的。开始是不同的见解,后来形成了势不两立的对立性观念,甚至于发展到兵戎相见。站在启对立面的益不是个能轻易对付得了的角色。他有许多属于他自己的特有的优势。

益与启一样,是正宗意义上的黄帝子孙。《秦本纪》上说:"秦之先,帝颛顼之苗裔,孙曰女修。女修织,玄鸟陨卵,女修吞之,生子大业。大业取少典之子,曰女华,女华生大费。"这个大费就是益。古史就是这样,它在世系的排列上往往是错乱的,但是却道出了一定的真谛,益与炎黄的祖宗少典有着血亲关系,益与五帝中的第二帝也有着一定的渊源关系。明乎此,就可以了。同时,他又是秦族的远祖,这是个极有生气和活力的族种。像夏族一样古老,像夏族一样的有活力。

益的资格特别的老,可能比禹还要出道得早。在尧时,他已经出现在大臣的队伍之中。如果这是同一个"益",那他是禹的前辈了。后来,"益与禹臣于舜",都是舜的最得力的助手之一。这样一排算,启在益面前只能算是后生小子了。

益是个多才多艺且刻苦自励的人。前后数十年,益可以说是全方位地为社会、为国家做出了不可磨灭的贡献。

益在干农牧期间,熟悉了一切生物的习性,人称"百虫将军"。弄懂了预测年事[1],史书上说"后益作占岁"。他还是个发明家,典籍上有"伯益作井"的说法。

另外,谁都知道的,益还是个治水的英雄。《孟子·滕文公上》中说:"禹疏九河,瀹济、漯而注诸海,决汝、汉,排淮、泗而注诸江,然后中国可得而食也。"大禹治水到哪里,哪里同时也会有益的身影。以至于有人说,作为一面治水治山,一面实录其事的《山海经》一书也是他俩共同的作品。禹说的"非予能成,亦大费为辅",这是实在的。在十几年的平水土过程中,禹为正、益为辅,谁都少不了谁。

公平地说,要是在正常的禅让制时代,禹与益两人之间哪一个成为统领天下的人物,都是正常不过的事情。可是,时势使然,时局发展到了由禅让制向传子制转换的时代,再加上禹之子启又非等闲之辈。这就决定了益的

---

[1]《尚书·尧典》。

悲剧命运。有学者指出：

> 夏禹死，其子启继王位。这种废"禅让"而实行父传子的王位继承方式，引起了夏朝争夺王位的激烈斗争。东方偃姓集团首领伯益（益是东方偃姓集团首领还是西方嬴姓集团首领，学界观点不一——引者），首先起而反对夏启占居王位，结果伯益被杀。[1]

这种大变革情况下的权力之争是必然的，权力之争最后演进成武装冲突也是必然的。一种势力是要维护久已存在的那种社会管理体制，另一种势力则要求变革这种社会管理体制。双方都以为自己的行为是符合道德的，而认为对方是"德之衰"，也就是不符合道德的。这本身是一场你死我活的斗争，矛盾不可调和。问题只在于谁开第一枪。

> 益干启位，启杀之。[2]

按照《古本竹书纪年》的说法，还是益耐不下性子，首先发难，向夏启动了武。结果是启早有准备，毫不留情地杀了这位大功臣。

上海博物馆藏战国楚简《容成氏》有这样的记载：禹先是让位给益，可是启不答应，等禹一去世，马上采取了突然袭击，一举击败了益。这在历史上被称为"攻益自取"。一些学者依据孟子说的"益避禹之子于箕山之阴"，认为益被启击败后，并不甘心退出历史舞台，也没有回到自己的故乡夷地去，而是带着他的队伍徘徊于新都（阳城）的郊甸，试图伺机东山再起。启看情势不对，就断然地下手杀了益。屈原在他的《天问》中就告诉后人另一个故事，也描绘了一种新的斗争格局：他说在这场你存我亡的斗争中，一度夏启的势力居于下风，启猝然间遭到了益的囚禁，可是说来也怪，正当夏启大难临头之时，启却借助于军界的某种势力竟从拘禁的祸难中逃离了出来，然后重新积聚力量，把益打败和杀死。上述种种，由于年代久远，具体的史实可能略有出入，但却道出了这场斗争的剧烈和曲折。

为何益那样老资格的人物，在这场夺权斗争中不堪一击呢？有种种说

---

[1] 唐长孺、李学勤、周一良、邓广铭：《中国历史通览》，东方出版中心1994年版。
[2] 范祥雍：《古本竹书纪年辑校订补》，上海古籍出版社2015年版。

法，但比较可靠的一种还是夏启依仗了军事的力量。大禹是一个老谋深算的人物。据说，在他的晚年，对当时的政治体制进行了一些切实有效的改革。原来最高行政首长是酋长，管理天下政务。军事首长管理军事和宗教事务。名义上是酋长统领一切，实际上军事首长的权力也很大，从一定意义上讲是"两元管理"体制。从禹开始，禹在任酋长之职外，还兼任军事首长，另任一军事首长作为自己的助手协助工作。这样，就成了"军政"一手抓的态势。启是得益于其父亲的这一改革的，或者说，禹的这一改革就是为传子制度保驾护航的。

夏启的成功是历史的必然，而军队是成功的最有力保障。平定了"益干启政"这一大事件后，这个新建立的以传子为基础的王朝得以暂时喘上一口气。从根本上讲，启与益之间也说不上有多大的生死情仇，他们在平定水患上，在发展农耕上，在促进疆域的一统上，都是大功臣。益被杀后，"启岁善牺牲以祠之"[1]。"善牺牲"大约是指牛、羊、猪、狗等对人类不可或缺的畜类。年年岁岁启都要用这些来祭祀益。启这样做，无疑是很得人心的事。

"涂山之兆从，而夏启世"

强势的皋陶其人虽然死了，可是，他的集团势力犹在。企图干扰启继位的益，虽然被启以迅雷不及掩耳之势杀了，但其旧部还在。尤其是与夏同姓的一些氏族在关键时刻竟然起兵闹事，同族外势力遥相呼应。而不少百姓也还对传子制度的合法性充满着疑虑，对旧有的禅让制度怀着一定程度的留恋。这些，都要求夏启作出应对和决策。

在山雨欲来风满楼的危急形势下，夏启去了一次涂山。在此时，夏启还有情趣游涂山吗？众目睽睽，人们的目光转向涂山。

严格地说，这次夏启的涂山之行，不是浏览自然风光的"游涂山"，而是到涂山去寻找舆论的武器。涂山对夏族来说永远是一块福地——这是启母涂山女的故乡，这是启的生身之地，最为重要的是，这是大禹曾经大会诸侯

---

[1] 汉·袁康：《越绝书·吴内传》。

的风水宝地。民间一直有一种说法,"夏之兴也以涂山。"[1]国家每有兴亡事,必问于涂山。夏族人视涂山为圣地。启的此次故地重返,是要寻找建国受命的"祯祥"。对此,《史记》作了言简意赅的记述:

> 自古圣王将建国受命,兴动事业,何尝不宝卜筮以助善!唐虞以上,不可记已。自三代之兴,各据祯祥。涂山之兆从而夏启世,飞燕之卜顺故殷兴,百谷之筮吉故周王。王者决定诸疑,参以卜筮,断以蓍龟,不易之道也。[2]

占卜之习,大约古已有之。它源于人普遍存在的迷信心理。而将占卜用之于社会国家,大约是起于三代的。"夏殷欲卜者,乃取蓍龟,已则弃去之,以为龟藏则不灵,蓍久则不神。"用作"卜"的是龟壳,从烧灼后龟壳上的纹理中测定吉凶。用作"占"的是一种蓍草,称为神草,从神草的变化和倾倒的方位中测定弃取。有时为了庄重和严谨起见,要将蓍占和龟卜综合起来定夺。在夏殷时期,占卜完后,就要把占卜物"弃去之",以强化其神秘感。当然,国之大事的占卜,要由能通天的专门的神职人员来实施。

夏启真是个绝顶聪明之人,为了"建国",为了"事业",他要利用"卜筮以助善",就是说,通过占卜来证明自己继承父亲王业的正当性,开创传子制度的合法性。在中国历史上,夏人以信鬼、信神、信上天闻名。夏启显得很大气,他要告诉世人:谁说了都不算数,只有通过卜筮,让上天来说话,这是"不易之道"。

在夏启的主持下,卜筮仪式在庄严的气氛中在高耸入云的涂山顶上开演。焚香祝告,夏启带领众人向上天祷告,最后是巫师宣告"涂山之兆"的结论:从上天那里获取的结论是一个"从"字,这就是中国历史上著名的"从兆"。

何谓"从兆"?中国的古典文献《仪礼》中的解释是:"从者,求吉得吉之言。"又说:"从者,纵心所欲也。"巫师按照"从兆"作了解释:上天的意思是,传子是"求吉得吉"之道,也就是当下最大的吉利事,当政者完全可以放开手脚"纵心所欲"去做,不要顾忌一些人的反对。同时也在告诫那些反

---

[1] 汉·刘向:《列女传》。
[2] 《史记·龟策列传》。

对传子制度的人,可再也不要坚持禅让制度了,那样做是逆天行事啊!

夏启的舆论造势声势浩大,正气凛然,且天衣无缝。告诉天下人,"从兆"并不是启的意思,是上天的昭告!

在"信天"观念达到高度迷信的那个历史时期,夏启这样做的精神力量可以说是奇大无比,《史记》说"涂山之兆'从',而夏启世",这么一次涂山之兆,胜过十万雄兵,原先振振有词说禅让怎么好怎么好的那些人,大多顿时噤若寒蝉,不敢再张声了。

接着夏启召集天下万国的部落酋长开了一次"钧台大会"(河南禹县北门外)。史书上记述道:"夏启有钧台之享,商汤有景亳之命,周武有孟津之誓。"[1]这是三代历史上最有名望的三次大集会,最终都促成了由集会的召集者兴建的一个新王朝的诞生。对这样一次集会的评价怎么说也不为过。

我怀疑"钧台"这个地名原本是没有的,是夏启为了适应统一的新形势而新起的地名。何谓"钧"?指的就是天下的中央,因为自古以来就有"中央曰钧天"[2]的说法,在天下之中的地方召集天下诸侯"大会",召集者的身份不是再明白不过了吗?

从形式上看,这是一次新主上台举办的大型酒会,为的是笼络人心,更重要的是统一认识。在这次"钧台大会"上宣示了"涂山之卜"的祯祥,表明传位给启完全是上天的意思。"钧台大会"在中国历史上又被称为"钧台之享"。"享"是享受、享乐、享用,除了有诸多的美味菜肴供大小诸侯们享用外,还有美妙的乐曲助兴。在宴集上,启用了怎样的乐曲呢?没有一部经典直接写到此事,但是,《山海经》上的一段文字却给了我们极大的想象之余地。这段文字是这样写的:

西南海之外,赤水之南,流沙之西,有人珥两青蛇,乘两龙,名曰夏后开(启)。开上三嫔于天,得《九辩》与《九歌》以下。此天穆之野,高二千仞,开焉得始歌《九招》。[3]

这段文字有诸多合符历史逻辑的地方。《山海经》相传即是"禹书",是禹平水土成功后留下的纪实文学。这段文字中说夏后启"珥两青蛇",在中

---

[1]《左传·昭公四年》。
[2]《吕氏春秋·有始》。
[3]《山海经·大荒西经》。

华古典文化中,"青"通"黑",暗指夏后氏是崇尚黑色的族群。"乘两龙",表明夏后启是龙族。他乘龙并带着三嫔上了"天穆之野"以后,上帝对他这个来自华夏的客人十分感兴趣,赐给了他天乐《九辩》和《九歌》。夏后启回到华夏大地后,又将天乐改编成了人间最崇高的乐曲《九招》。所谓《九招》,其中的"招"字应读成"韶",即我们熟知的《九韶》之乐也。舜从尧手里接过政权来,被称为"韶",现在,启即将从禹手中接过政权来,理所当然地也应称为"韶"了。据此推测,在那次"钧台大会"上,夏后启演奏的乐曲的主旋律当是《九招》无疑了。在如此庄重的宣示统一的大会上,必奏《九招》无疑也。

后来,为了暂时避开夷族进犯的锋芒,夏启又西迁大夏(位于汾浍流域),建都安邑(山西安邑县西)。这些都可以看成是在为进一步巩固统一大局、反对某些地方势力的分裂活动在作必要的准备。

经典的《甘誓》

不料,百密一疏,同姓的有扈氏还是起兵反启。一场战争在所难免。这是一场同族之间为继承权而展开的战事,它从一个侧面表明了禅让体制在人们心目中的影响是根深蒂固的。

按照司马迁的说法,禹这一脉为姒姓,后来由姓而氏,发展和分化出了夏后氏、有扈氏、有男氏、斟寻氏、彤城氏、褒氏、费氏、杞氏、缯氏、辛氏、冥氏、斟戈氏,等等。[1] 其中最为有名的是夏后氏、杞氏和有扈氏。夏后氏以创建我国历史上第一个王朝而永垂青史。杞氏以"杞人忧天"的典故而被世人念念不忘。而有扈氏则以反对传子制度终被灭族而为后世所知。

同姓兄弟夏启从父亲手中赢得了天下,一般认为同姓同族的人应当是高兴的,可是,有扈氏的头领不是这样想,文献有"昔有扈氏为义而亡"[2] 这样的记载。这里所言的"义",当然是禅让制了。多少代以来就是实行禅让制的,你夏启突然来个突破,搞什么传子制度,有扈氏想不通,于是起兵,与

---

[1]《史记·夏本纪》。
[2]《淮南子·齐俗训》。

启兵戎相见,最后是败走甘地,后人评之为"为义而亡"。汉代学者高诱作注时说得更明白:

> 有扈,夏启之庶兄也。以尧舜举贤,禹独与子,故伐启,启亡之。[1]

战争势在必发。夏启与有扈氏虽说是兄弟骨肉关系,但是思想观念是极不相同的。夏启以创立传子制度为"义",义不容辞,他当然要把传子制推行下去。在涂山他不是获得了上天赐予的"从"兆嘛,在他看来传子是合"义"的。而有扈氏就完全不是这样想,他以为,禅让制是老祖宗传下来的,历来如此,这就是"义",他宁愿为义而亡,也不愿屈从于夏启的权威。这样,两个姒姓之氏族间的战争在所难免。

为了保证战事的必胜,在反击有扈氏前夕,夏启发表了声势凌厉、措辞严峻的文告,这也是一种舆论的造势。这篇文告虽说只有88个文字符号,但在中国历史上极为著名,这就是极为经典的《甘誓》。不少学者认为,这是夏启发布的战争动员令,也是决一死战的宣言书。《甘誓》中虽然没有滔滔以言的长篇大论,也没有华美的豪言壮语,其征服人心之处就在于奉天行事。原文简洁而震撼人心,好在不长,不妨照录于此:

> 大战于甘,将战,作《甘誓》,乃召六卿申之。
> 启曰:"嗟!六事之人,予誓告女:有扈氏威侮五行、怠弃三正,天用剿绝其命,今予维共行天之罚。左不攻于左,右不攻于右,女不共命。御非其马之政,女不共命。用命,赏于祖;不用命,僇于社,予则帑僇女。"[2]

如果把这段文字翻译成白话,其意是说:夏启将要在甘地进行一场决战,于是召集六军的将领会议。在会议上发布了后来被称为《甘誓》的号令。号令是这样说的:啊,六军的主将和全体官兵们,我要向你们宣告,有扈氏违背天意,轻视关乎民生的金、木、水、火、土这五行,竟然敢怠慢天子所任命的三卿。上天因此要断绝他们的国运,没有别的办法,我只能代表上帝对他们实施惩罚。你们是战士,可得奋勇杀敌啊!左边的将士如果不去用

---

[1]《淮南子·齐俗训》高诱注。
[2]《史记·夏本纪》。

箭射杀敌人,你们就是不奉行我的命令。右边的将士如果你们不用矛刺杀敌人,你们也将被看成是不奉行我的命令。驾车的将士如果不能使车马进退得当,也把你们看成是不奉行我的命令。服从命令的人,我将在祖庙的神主牌前奖赏你们,不服从命令的人,将在社神的神主牌前受到惩罚,或者是把你们降为奴隶,或者是把你们杀掉。

这篇文告古朴而措辞严厉,敌人是谁,将士的职责是什么,尽职和渎职的处置怎样,在短短的数十字中都写清楚了。

这篇文告的关键词有两:天命无常、天罚无情。

先说天命无常。在夏人(后来的历代王朝统治者都这样认为)看来,一个人、一个氏族、一个部落、一个国家,它的生存、发展或夭亡,都是有"天命"管着的。天命是无常的。"天"会根据你的言行决定让你生存发展呢,还是让你凋谢灭亡。文告强调,由于"有扈氏威侮五行,怠弃三正",决定"天用剿绝其命"。文告说,有扈氏有两大罪状:一是"威侮五行"。五行是金、木、水、火、土,都是与民生关系最密切的东西。你有扈氏破坏了民生资料,这个罪大得不能再大了。二是"怠弃三正"。这里说的"三正"是指天子任命的三卿,是为民办事的最高层官僚。有扈氏有这样两条大罪状,那么天命肯定不是属于他的了,必须"剿绝其命"。

剿绝其命就是采取"天罚"的强力手段,来剥夺其生存的权利。在这篇文告中,"天罚"的对象有两种人:一是罪不可赦的、作恶多端的有扈氏。他竟敢起兵谋反,起兵反对上天定下的天子继承人;二是不去身体力行实施天罚的人,即所谓"弗用命"的人,对这些人也决不宽容,有的要被杀死,有的则被降为奴隶。而代表上天实行天罚的,就是夏王。

这种"天命无常""天罚无情"的理论,在中国漫长的封建社会中一直运用了两千多年。在一段时间里,你可能是天命所在,但是,如果谁敢"威侮五行,怠弃三正",那么对不起,天会"剿绝其命"。"天命无常说"对历代的统治者起到了警戒的作用。"天罚无情"又是对起义者起到了鼓舞的作用。哪个统治者如果敢于违抗天命,胡作非为,那么天下人人得而诛之,可以打起造反的大旗,推翻逆天行事者,建立新的王朝。

两千年的中国封建社会就是在夏启发明的这种理论指导下,实现"几度夕阳红"的改朝换代的。

夏启构建的"天命无常""天罚无情"的理论,一下把企图起事的有扈氏逼到了历史的死角。大约对有扈氏的战争如风卷残云一般,十分顺利,

《史记·夏本纪》只是轻描淡写地用"遂灭有扈氏,天下咸朝"九个文字符号了结。而正是这九个文字符号,宣告了一个新王朝的诞生。当然要说明的是,这里所谓的"灭有扈氏",并不是说把这一族的人全都斩尽杀绝,而是取消这个族的徽号,把这个族中的犯罪分子没为人奴外,族中的大小各式人等就会并入姒姓的其他族类之中,这样做对这个失败了的族类来说,已是够大的刺激和侮辱了。如果原先的族中人有能耐,将来复族也是有可能的。

"用岁四百七十一年"

夏王朝的诞生,在中国历史上无疑是一个大事件。它宣告了一个旧的历史时期的终结,也昭示了一个新的历史时期的到来。

随着夏王朝的建立,在中华大地上推行了几十万年甚至可以说是上百万年的原始公社制社会终结了,它渐行渐远,成了留存在子孙后代心目中的一抹历史记忆。

随着夏王朝的建立,在中华大地上创建起了阶级社会的新时代。当时的社会分化已经十分显见——分出贫富来,分出尊卑来,分出强弱来,分出上下来。这样,以夏王朝的建立为标志,贫富分化被肯定了下来,私有制度被肯定了下来,尊卑上下被肯定了下来,传子制度被肯定了下来,王朝世系被肯定了下来。过去,包括五帝时代相对混沌的家族体系和王族体系,到夏王朝建立时,也就相对清晰起来。

夏王朝就是私有制度下王朝体系的第一个产儿。

夏的王朝体系是怎样的?由于年代久远,更主要的是当时还没有文字,因此显得有点模糊,目前尚未找到当时人的记录,唯一的希望是后人相对可靠的回眸性笔录了。

我国历来有编写世谱的传统,但存留下来的却十分罕见。晋武帝咸宁五年(279),在汲郡(今河南省汲县)发掘战国时的魏襄王坟墓时,发掘出了大量失传的古籍,其中就发现了后来命名为《竹书纪年》的一组竹简。竹简上录有上自黄帝开始的世谱,其中当然也涉及夏王朝的世谱,据考证,其中古代部分可能是战国中叶时人所著。可惜这部《竹书纪年》后来失传了,其中一些内容散佚到后人的其他著作中去了。20世纪初,著名学者在前人研究成果的基础上,发表了《古本竹书纪年辑校》。在该书中,论及夏王朝世系时,录有这样一段极为重要的话语:

> 自禹至桀十七世,有王与无王,用岁四百七十一年。[1]

虽然语焉不详,但它应该说还是留存下来的最为珍贵的夏王朝的世谱资料。一是它相对出处较早,如果真是出于战国时人之口的话,还可以算是去夏未远,它的准确性也相对要大些。二是这一典籍资料写得比较具体,"十七世""有王与无王""四百七十一年",都是具体而微的说法,要伪造也是很难的。另外还有一种说法也值得引起重视:

《竹书纪年》有关"自禹至桀十七世……用岁四百七十一年"的记载

> (夏)纪年并穷、寒,四百七十二年。[2]

这种说法的可取之处在于,把后羿和寒浞"代夏"期间的历史也计入了夏世系之中。不管其计年的精确度怎样,都称得上是史学上的一大进步,也是实事求是地看待夏史的一种表现。

在一些资料中,也有人试图讲清"自禹至桀十七世"的状况,在《竹书纪年》中还提供了残缺不全的夏王在位年数,如禹45年,启39年,芒58年,不降59年等。就是同一个夏王,各种典籍的计年也极不一样,如启,有说是在位10年的,有说是在位25年的,还有的说是35年的,最多的如《竹书纪年》说是在位39年的。而这些说法都没有注明其出处,都是难以求证的,只

---

[1]《太平御览》卷八二引《纪年》。
[2] 宋·罗泌:《路史·后纪十三》。

能留存待查了。

"读万卷书"的司马迁是一定读到了我们现在不能读到的不少书的。经过他的梳理，夏王朝的世系大致上浮出了水面。在《史记·夏本纪》中，他把十七世的脉络理出来了：

一世是大禹。

二世是"禹之子启"。

三世是太康，所谓"夏后帝启崩，子帝太康立"。

四世是中康，"太康崩，弟中康立"。

五世是帝相，"中康崩，子帝相立"。在太康、中康、相其间有一段东夷入主的时期，在司马迁的笔下却有意无意地被"省略"了。

六世是少康，"帝相崩，帝少康立"。

七世是予，"帝少康崩，子帝予立"。

八世是槐，"帝予崩，子帝槐立"。

九世是芒，"帝槐崩，帝芒立"。

十世泄，"帝芒崩，帝泄立"。

十一世不降，"帝泄崩，帝不降立"。

十二世扃，"帝不降崩，帝扃立"。

十三世是廑，"帝扃崩，帝廑立"。

十四世是孔甲，"帝廑崩，立帝不降之子孔甲"。

十五世是皋，"孔甲崩，子帝皋立"。

十六世是发，"帝皋崩，子帝发立"。

十七世，"帝发崩，子帝履癸立，是为桀"。

对夏史的研究，司马迁功不可没，就是理出十七世的世系来，其功亦可言之为至伟至巨。他一定是综合了多方面的资料，加以分析研究后，才会得出这样的具体结论的。其实，从夏亡到司马迁在世的那个时期，历史之长河已经流淌了1 700多个春秋，要把那么久远的一段历史恢复原貌，且理出头绪来，实在不是件简单的事。他在夏史研究方面的功迹，主要表现在这样三个方面：

一是用无可争辩的事实证实了"自禹至桀十七世"。之后，对其认定的那十七世以及十七世的序列，没有任何人提出过异议。可以说两千年来的夏史研究基本上是在司马迁研究成果的基础上起步的。

二是司马迁继承了孔子的春秋笔法，在写十七世人物时，一褒一贬，颇见功力。颂扬夏启的立国,批评太康的失国,针砭孔甲的"德衰",斥责夏桀的"武伤百姓",这些都为后世所接受,大致上定下了对夏史人物的评判基调。

三是证实了夏代实行的已是完全意义上的传子制度。十七世,其中十五世是父子相继的,另有两世是兄终弟及的,而兄终弟及的本质仍然是传子制度,在往后的历朝历代的传承中也是屡见不鲜的。

20世纪末,国家启动了"夏商周断代工程"。关于夏代工程的预期目标,是要求定下基本的年代框架。"夏代年代学研究主要遵循两条途径,一是文献中对夏年的记载,二是对夏文化探讨的主要对象河南龙山文化晚期以及二里头文化进行碳-14测年,同时参照文献中有关天象记录的推算。"[1]

"断代工程"专家组首先确定武王克商年,即周始年为公元前1046年,然后参照和综合有关商积年的几种说法,再参照碳-14测年数据,向前推出商始年为公元前1600年,这也应是夏亡之年,参考文献所见夏积年,向前推471年,则夏始年应为公元前2070年。从考古学角度看,基本上落实在河南龙山文化晚期第二阶段,和二里头文化存在的年代也十分的吻合。这样推算,又比司马迁《史记》对夏史的研究大大推进了一步,夏商周三代文化才真正地连成了一片。有了夏文化的年代立足点,比它更古远的五帝时代的纪年也不再那么虚无飘渺了。

由夏"用岁471年",会使人想到整个三代史。这段历史实际上就是从原始社会向阶级社会的转型期,真正的转型成功一直要到秦帝国的建立为止。这是一个漫长的过程。夏积年471年,商积年555年,周(包括春秋、战国时期)积年825年,三代积年凡1851年,接近于2000年,与秦以后的整部中华文明史差不多长。一个伟大时代的降生,其艰难困苦、其曲折迷离、其反复征战,是难以用言辞来表达的。而我们对这段转型期的历史研究,恰恰至今还相当的肤浅。

转型期的第一个王朝,由于经验的不足和保守势力的强大,往往是短命的。而夏王朝不一样,它不仅很快就站稳了脚跟,还持续了471年,成为尔后数十个王朝中除商、周外最长寿、最具勃勃生机的一个王朝,这一历史经验也是值得我们去认真探讨的。

---

[1] 夏商周断代工程工作组:《夏商周断代工程1996—2000年阶段性成果报告》,世界图书出版公司2000年版。

第十七章 起自太康的『三世之难』

夏启留下的文化遗产

夏启在夏代历史上是一个传奇式的人物。他上承大禹开基立国之功,下拓组建华夏第一王国之业,把中国历史转入到了传子制度的新轨,并在他的带领下使中国古典社会真正进入了农耕时期,世传的夏历"夏小正"可能就成之于夏启时期。夏禹"立四十五年",而夏启"即位三十九年,亡年七十八"[1]。在夏王朝的历史上,禹和启是担任王位最长的两位。然而,夏启的晚年似乎很不如人意,腐败现象滋生,疏于国事,"启九辩与九歌兮,夏康娱以自纵"[2]。楚国的屈大夫评述这段历史时很不高兴,认为正是启晚年的迷恋于声色犬马,直接影响了他的儿子太康,夏启要对"夏康娱以自纵"负责,甚至要对太康开始的"三世之难"负责。这话当然没错,但不全面。这里有必要对夏启的三十九年夏政作一点粗线条的扫描,以求更全面地了解和评论这位中国历史上的早期伟人,同时也可以剖析一下这位伟人给中国历史留下了一些怎样的文化遗产。

一是维新求变,开创家天下的新格局。

启小的时候,是吃了一些苦头的。生下四天,大禹就带着治水大军离家走了。大禹自己说,"予不子",就是我对这个儿子生下后没有顾得上照料,让他与母亲涂山氏一起在田里地里打滚。大了些,就跟着治水大军一起走。他也是踏遍了华夏大地的山山水水的。在治水历程中他也是出了力的,不然就不会有众人对他的"禹子启贤"[3]的评价。正因为如此,禹驾崩后人们才会纷纷归附于他。

---

[1]《古本竹书纪年·夏后氏》。
[2]《离骚》。
[3]《史记·夏本纪》。

及禹崩,虽授益,益之佐禹日浅,天下未洽。故诸侯皆去益而朝启。[1]

夏启能在很短时间内击败益的进攻,同时也迅速地平定有扈氏的叛乱,主要得益于民众的拥戴,按照孟子的说法,"人助即天助",民众的拥护是最重要的,说的就是"人心就是江山"的道理。值得指出的是,这里所说的"禹子启贤",集中表现在求新求变,应顺时代之潮流,开创家天下的新格局上。社会生产发展到青铜时代,"家"已经成为人们心目中温馨的暖巢,此时不搞家天下,更待何时?

二是折金山川,铸鼎昆吾,打造永固江山。

这也是夏启时期的一大文化成就。他的父亲曾铸鼎,现在史书上说夏启也铸鼎,因此,不少史家怀疑是否就是一回事。我们觉得:不是一回事,但为的是一个目标。《汉书·郊祀志》上说,"禹收九牧之金,铸九鼎,象九州",《说文》说"昔禹收九牧之金,铸鼎荆山之下"。而夏启的情况就很不同,有载曰:

> 昔者夏后开使蜚廉折金于山川,而陶铸(铸鼎)之于昆吾,是使翁难卜于白若之龟,曰:"鼎成三足而方,不炊而自烹,不举而自臧,不迁而自行,以祭于昆吾之虚,上乡!"卜人言兆之由曰:"飨矣!逢逢白云,一南一北,一西一东,九鼎既成,迁于三国。"夏后氏失之,殷人受之,殷人失之,周人受之。夏后、殷、周之相受也,数百岁矣![2]

这里说的禹之铸鼎与启之铸鼎,在用以象征江山永固这一点上,是完全一致的。但是,从实际情况看,这的确是两回事:禹铸鼎所用的铜来自"九牧之金",也就是各州的牧长进贡的青铜,而启是不同的,"使蜚廉折金于山川",专门让一个叫蜚廉的专家去各地山川中开发铜矿,用开发出来的铜铸鼎。禹是"铸鼎荆山",应在南方的某个地方,而启是"陶铸于昆吾"。据史学家考证,《后汉书》注、《文选》注、《艺文类聚》、《初学记》都作"铸鼎于昆吾","陶铸"云云是唐、宋后文人的误改。启铸鼎的"昆吾"据说就是"帝丘",因之启所铸之鼎在《吕氏春秋·应言篇》中被称为"帝丘之鼎"。更为

---

[1]《史记·夏本纪》。
[2]《墨子·耕柱》。

重要的是,禹铸九鼎,意在"象九州",强调的是九州一统、天下一家。而启鼎"三足而方","四方"代表"一南一北,一东一西",四海攸同;"三足"代表"迁于三国(三代)",意在求新求变,这是与传子制度刚创立的时代要求相吻合的。

夏代最早的陶器多圜形。到青铜时代始出三足而方的方形物。《淮南子》认为:"天道曰圜,地道曰方。"[1]启鼎强调的是地道,从中国的实际出发,地道就是农业之道,或者叫作重农之道。启鼎应该包含有重农的意味。《山海经》上说:"又西二百里,曰昆吾之山,其上多赤铜。"郭璞注:"此山出名铜,色赤如火,以之作刃,切玉如切泥也。"[2]据说关羽使的青龙偃月刀,用的就是昆吾铜。既然昆吾铜可以制成如此利器,那么对促成农业的发展也是势所必然的了。

三是征西河,固一统。

统一和传子制度,在当时来说都还是新生事物。多少万年来,各地区、各部族都是各自为政,说不上谁管谁。到黄帝时代,开始迈出了神州大地统一的第一步。到大禹时,真正实现了全国的第一次大一统。人们还不习惯,传子制度更是个新事物,不习惯也是很正常的事。益的分裂活动,有扈氏的反叛,镇压下去后,平静了一段时间,到启当政二十五年的时候,风云又起。

二十五年,征西河。[3]

这是怎么回事呢?历来对"征西河"的故事的解读有点模糊。出征的主帅是谁,那是没有问题的,理所当然地是夏启了。那么被征的对象呢?大多说是一个叫"武观"的王族,他被封在"观"这个地方,又崇武,因此人们就以"武观"名之。因为后面说到"五子之歌"的时候会讲到五子又名为"五观",于是又会将"武观"与"五观"混在一起了。有的人说"武观"与"五观"是一回事,有的又说不是。那么,他的身份和辈分如何呢?这就又说不太清楚了。《今本竹书纪年》上有这么段话:"启十一年,放王季子武观于西河。十五年,武观以西河叛。彭伯寿帅师征西河,武观来归。"这段

---

[1]《淮南子·天文训》。
[2]《山海经·中山经》。
[3]《古本竹书纪年·夏后氏》。

话的意思还是比较清楚的,既然武观是"王之季子",也就是禹王的小儿子,那么他该是启的小弟弟,比太康同辈份的"五观",大了一辈呢,由此得出结论,武观非五观,"征西河"的武观,与五观"须于洛汭,作《五子之歌》",两个事件时间上至少要相隔二三十年。

征西河是夏初历史上的一件大事。武观如何"以西河叛",不太清楚。总之,他是不服从中央的统一调度,想以"观"地为基地另立山头。如果出于亲情而对武观的不规范行为取放任态度,听之任之,那么后果将不堪设想。启果断地以自己为统帅,派出大将彭伯寿,一举把武观擒拿到京。观地军失了主帅,当然就一败涂地了。启又痛下决心,把武观当众杀死了。这是稳固统一局面也是稳固传子制度的重要举措。

四是淫逸康乐,晚节不终。

晚年的启放松了对自我的要求走上了淫逸康乐、不务政事的末途。说他是晚节不终,是很适宜的。史书上有这样的记述:

于《武观》曰:启乃淫溢康乐,野于饮食。将将铭苋磬以力。湛浊于酒。渝食于野,《万》舞翼翼,章闻于大(天),天用弗式。[1]

这段文字是说:在逸书《武观》中说到,晚年的启荒淫无度,耽于享乐。野外设置宴席,以获取野味为乐。宴席上弦管和磬声一并交响。《万》舞是古代天子最高礼仪的舞曲,启常组织万人跳这种舞曲,歌声、舞声、喧哗声响彻云霄,连上天也不能容忍。

这里历数了启晚年生活的种种失检。一是批评他过于追求生活享受,"野于饮食",不满足于吃饱穿暖,还要享用野味。二是批评他沉溺于酒色,夏代饮酒成风,一般人可以,你当天子的就不该这样。三是过度追求声色之乐。

《武观》这部书谁都没有见过,是一部逸书。但是,这部书既然定名为《武观》,就很可能是启的政敌武观所著。如果真是这样,它的真实性就要大打折扣了。不过话又要说回来,说启晚年生活腐化的,不只是《武观》一书,连屈原也在《离骚》中批评启晚年的失节,可见,关于启晚年生活上失节的说法流传甚广。

---

[1]《墨子·非乐》。

夏启无疑是中国历史上的一个伟大人物。它给夏王朝以至于整部中华文明史,留下了十分宝贵的文化遗产,包括对统一事业的维护,对新事物的求索,但是,除了这些正能量的遗产之外,夏启也给历史留下了遗憾,那就是晚年的失节。正是他的晚年失节,直接导致和促成了所谓的"三世之难"的出现。

这是永远值得人们深思的。

太康的"第三代腐败现象"

对夏王朝来说,如果大禹是第一代的话,那么夏启算是第二代,而太康就是第三代了。实际上也刚巧是祖辈、父辈、孙辈三代人。祖辈是创业者,一切都要从头开始。父辈半是创业者,半是守业者,比如夏启就是这样,他参与了艰辛的"平水土"伟大工程,也享受了大禹为他这一辈人打下的江山。孙辈就完全不同了,像太康一生下来就已是洪水治平的太平景象,一生下来就是夏王朝的王家子弟。

历来都说屈原是个伟大的文学家,其实他也是个伟大的史学家。他在《离骚》中对三代人的剖析实在太中肯了。

汤禹俨而祗敬兮,
周论道而莫差;
举贤而授能兮,
循绳墨而不颇。

启九辩与九歌兮,
夏康娱以自纵。
不顾难以图后兮,
五子用失乎家巷。

原先《离骚》的文字顺序是先讲夏启、太康,后讲大禹。现在我们为了说明问题,把它倒过来,文意和文义是不变的。屈原说,三代开国的那三位——夏禹、商汤、周先王(包括文王与武王),他们的品质近乎完美。"论道而莫差",规规矩矩地循道而行不差分毫。"严而祗敬兮",对自己要求十分的苛严,同时又异常的敬业。"循绳墨而不颇",循规蹈矩,不会突破为人的底线。"举贤而授能兮",凭德才选用贤臣,决不与那些奸幸小人为伍。

而第二代的夏启就差远了。上天送给他《九辩》和《九歌》之乐,原本是要他用这种神圣之乐来滋润灵魂、教化民众,结果启回到地上以后,就把这种天乐当作寻欢作乐的工具,这是天帝怎么也没有料想到的。

到了第三代夏康(即太康)时局面就完全失控了,屈原称之为"夏康娱以自纵",一味地放纵自我,迷恋于声色犬马不能自拔。"不顾难以图后兮",不居安思危,不预防后患,过一天算一天,国家怎么会不出问题。"五子用失乎家巷",最后落得个"五子"都失去了自己的家园。

屈原这哪里是在写诗,他是在为人们讲述生动实在的中国故事,讲夏王朝的兴衰史。夏王朝的第三代腐败达到了惊人的地步,由于太康和他身边人的腐败,造成的社会恶果也是难以言喻的。

启去世后,传位给他的大儿子太康,结果是"帝太康失国"[1]。夏王国历史上出现了第一次重大的危机,而这种危机与其说是国家的危机,毋宁说是传子这种新制度的危机。

关于"太康失国"相关的史料有点凌乱,皇甫谧《帝王世纪》认为:"太康无道,在位二十九年,失政而崩。"这里把"失国"与"失政"等同起来了,就是说,这里所谓的"失国"并非亡国,而只是由于为政不当而失去国家的领导权而已,因此称其为"失政",统治权旁落他方了。

至于太康为何会"失国"呢?综合各种资料,看来主要是太康这个第三代新王自身的素质素养引发了新建王国的重大危机。

(太康)盘于游田,不恤民事。为羿所逐,不得反国。[2]

太康尸位以逸豫,灭厥德,黎民咸贰。乃盘游无度,畋于有洛之表,十旬弗反。有穷后羿,因民弗忍,距于河。[3]

---

[1]《史记·夏本纪》。
[2]《史记·夏本纪》集解引孔安国疏。
[3]《尚书·五子之歌》。

这里列举了太康相互关联的数大罪状:

第一大罪状是"太康尸位"。这是极为生动的形容词。尸位的最原始含义是指祭祀的神主,多以活人充任,享受祭拜,自己不必作为。所以尸位比喻如尸居位,只受享祭而不做事。太康即位以后,整天忙于游山玩水,不理政事,这种尸位之君,必然会把国家搞乱搞垮。尸位是对太康的一个总评价。

第二大罪状是"盘于游田"。所谓"游田",大约相当于后世的游乐场,其中有各种好玩的把戏,尤其可以游猎。太康整天盘旋于游乐场中,乐此不疲,国事当然会荒废了。太康这个人特别喜欢打猎,这大概也是他的父亲启留给他的一笔负面遗产。

第三条罪状是"不恤民事",这是进一步的发挥了,说他不关心民生,不体恤民众倒悬之苦。这里说的"民事",在这个以农立国的国度里,当然主要指的是"农事"了。农业生产搞不上去,整个国家的基础就不牢固,人们为此而担忧,也是有道理的。这里有一条极为重要的史料,一些研究夏史的书籍都没有引用这条资料:

后稷卒,子不窋立。不窋末年,夏后氏政衰,去稷不务。不窋以失其官而奔戎狄之间。[1]

这条资料说明太康这个夏王朝的第三代天子实在荒唐到了极端。这简直是一个大得不能再大的政治玩笑。根据尧舜以来的规矩,中央各职官大约五年上下就要考核一次,决定是否继续任用。太康接任以后,也有这样的一次活动。在开展那次活动时,太康急着要外出"游田",草草了事地把很多重要的事马虎过去了。从后稷开始,大夏国的农官都是由周邦世袭,因为该邦有这方面的丰富经验。太康执政的时候,农官的接立棒传到了周族的不窋手里。也许太康与不窋之间的个人关系不太好,也有可能太康对农事根本不感兴趣,当讨论到谁当农官时,太康发出了惊人之语:农夫在农田里耕作,是天经地义的事,根本用不着去管理它。因此,我认为可以取消农官,就是"去稷不务"。大家一下被惊呆了。有人怯生生地问:"大王,你是说要取消农官?"太康大声说:"对了,就是要取消农官,让农民自己干去。"要知

---

[1]《史记·周本纪》。

道,当时已不是禅让时代的民主协商制,而是夏王说了算。就这样,定下来了:"去稷不务。"《史记》集解引韦昭的话说:"夏太康失国,废稷之官,不复务农。"这个注释是精当的,表面看来是废除了一个稷官,实际上是等于废掉了整个农业,使百姓再也不能丰衣足食。

周的首领不窋从农官的位置上被废下来,首先受到损害的是整个大夏王国治下的农业。太康统治的那几年,没有多大的天灾,但农业却大幅度地减产。这"去稷不务"给周邦的打击也是够大的。失官后的不窋"奔戎狄之间",不敢再谈农事,生怕遭到夏王的打击。直到不窋的孙子公刘时,才"复修后稷之业"。

《五子之歌》

太康整天无所事事只知"盘游",根本不理"民事",民众怨恨他,诸侯、方国也产生了离心。一部分亲族产生了与他抗衡的心理,另有一部分亲族还寄予一定的希望,要他改过自新,于是就有了夏朝历史上著名的《五子之歌》。

> 帝太康失国,昆弟五人,须于洛汭,作《五子之歌》。[1]

这段历史本身就有点混乱,异说纷起。首先是说五子是太康的"昆弟",那是没有问题的。但是,五子中是否包括太康本人呢?如果包括,那太康之外另有"四子";如果不包括,那加上太康该是"六子"。

另外,这里涉及"须于洛汭"的"须"作何解的问题。如果把"须"解成等待、期盼,那么就有规劝太康改恶从善的意思了。如果把"须"解成拥兵止于洛汭之地,伺机夺取政权,那就有分庭抗礼的意味了。这就涉及"五子"其人的品行问题。也是两种观点,一种是认为"兄弟五人,皆有昏德,不堪帝事,降在洛汭,是为五观"[2]。"国语曰:启有五观,谓之奸子。"[3] 称五子

---

[1]《史记·夏本纪》,同样的文字亦见于《尚书·五子之歌序》。
[2] 汉·王符《潜夫论·五德志》。
[3] 汉·桑钦《水经》水注。

为"昏德""奸子",取完全否定的态度。另外一种观点则完全相反,以为"太康五弟与其母待太康于洛水之北,怨其不反,故作歌"[1]。一个"怨"字,道出了五子的爱国情怀。综合各种典籍资料看,还是后面那种说法比较合情合理。不能因为太康的昏庸而把他的弟兄们都一棍子打死。这个新建立的王朝的希望在于不只老百姓是清醒的,统治层中的不少人也是站在"昏德"的对立面的。

面对不思进取且昏德的太康,"五子"联合了母亲一起向他发动舆论攻势,还是希望他能改过自新。应该说,这种做法是有人情味的。

其一,五子拥着他们共同的母亲站到洛水边上规劝太康,他们是要

后人注《史记·夏本纪》有关"作五子之歌"的记载

以母爱的力量来感化与打动对方。原始社会发展过程中有很长一段时间是母系氏族社会,到太康时虽然已经树立了父权政治,但母系的余威还在。尤其在作为父亲的夏启已经亡过的情况下,母亲的影响力还是很大的。这是"五子"非要把母亲请出来的初衷。

其二,《五子之歌》的核心思想是大禹精神。他们想以祖父大禹这个榜样来打动太康,所以张口闭口就是"皇祖有训"。这里说的"皇祖"就是大禹。"五子"是要太康想一想,大禹的祖训你还记不记得?

其三,我们国家历来是诗之国,也是诗教之国。孔子说过:"诗可以兴,可以观,可以群,可以怨。"[2]五子不是对太康"怨其不反"吗,他们就在"五子之歌"中以歌吟的形式抒发自己心中的"怨情"。很有意思的是,他们五个人,每人对太康唱了一首劝诫太康改恶从善的诗歌,目的就是国家的复兴。

---

[1]《史记·夏本纪》引集解孔安国语。
[2]《论语·阳货》。

对此历史学界虽有一些不同的见解和说法，但大多认为《五子之歌》所包孕的思想是积极可取的。据说，唐人同谷子曾经改写过《五子之歌》，其目的是更加突出"民惟邦本，本固邦宁"的思想，强化以人为本，而不是以神为本。这些都是有积极意义的。现在我们看到的《尚书》一书中的《五子之歌》，可能掺和了一些后人的思想和观念，但其基本的气韵还是属于夏王朝那个时代的。

"五子咸怨，述到禹之戒以作歌。"[1] 兄弟五人各说一段话，各作一首诗，各唱一曲歌，用以表达他们共同的怨情。

其一曰：皇祖有训，民可近，不可下。民惟邦本，本固邦宁。予视天下愚夫愚妇一能胜予，一人三失，怨岂在明，不见是图。

这是五子中的第一人吟咏的。意思是说，祖宗大禹有遗训，民众应该去亲近他，不可以去轻贱和小视他。民众是国家的根本，根本牢固了，国家才能安宁。有些人把普天下的民众看成是"愚夫愚妇"，实际上禹祖说了，这些"愚夫愚妇"胜于我们这些人多倍。一个人为何会一而再、再而三地犯错误，问题往往出在不注意细小的过失。这五子中的第一人要太康记住"民惟邦本，本固邦宁"这个治国安邦的大道理。这是明显针对太康"不恤民事"之举说的。

其二曰：训有之：内作色荒，外作禽荒。甘酒嗜音，峻宇雕墙。有一于此，未或不亡。

这是五子中的第二人吟咏的。意思是：祖宗遗训中有这样的话：在内为女色所迷乱，在外为田猎所迷乱。喜爱美酒不知节制，嗜好歌舞不知休止。住进了高敞宽大的楼宇里，还要雕饰墙壁。为王者在这几项中只要犯了一条，就没有人会不亡国的。这里讲的就是我们通常说的"生活问题"。追求吃得好、用得好、住得好、玩得好，还有好玩女色，乐此不疲，结果走上了英雄末路。"玩物丧志"，不可不戒也！

---

[1]《尚书·五子之歌》，本节引文皆出于该书，后不注。

其三曰：惟彼陶唐，有此冀方。今失厥道，乱其纪纲，乃厎灭亡。

这是五子中的第三人吟咏的。意思是：帝尧（陶唐氏）是治国安邦的典范。他"富而不骄，贵而不舒"，穿的是黑色的"纯衣"，戴的是粗劣的"黄收"（夏人称冠为"收"），乘的是朴素的"彤车"，骑的是纯色的"白马"，与老百姓打成一片，最后拥有了冀州这块宝地。要知道，尧都平阳、舜都蒲坂、禹都安邑，都是建在冀州的啊！现在有些人把尧推行治国安邦的大道都扔掉了，就必然会招致国家的灭亡。这是用帝尧这个典范来说服太康，要他坚持古圣人的崇高风范。

其四曰：明明我祖，万邦之君。有典有则，贻厥子孙。关石和钧，王府则有。荒坠厥绪，覆宗绝祀。

这是五子中的第四人吟咏的。意思是：我们圣明的祖先大禹，是天下万邦的君主。有治理国家的典章法则，遗留给他的子孙。使关口通畅计量统一，人民互通有无，公平交易，日用品不缺。天下富足了，王府自然富足。现在有人废弃祖宗勋业，说穿了，那是覆灭宗族的根基和断绝祖宗祭祀的危险之举啊！这第四人的话比较严厉，告诫太康之辈，再不改悔，就会带来灭族之灾。

其五曰：呜呼曷归？予怀之悲。万姓仇予，予将畴依？郁陶乎予心，颜厚有忸怩。弗慎厥德，虽悔可追！？

这是五子中第五个人吟咏的。意思是：啊呀呀，现在我们正在走向何处呀？我心里真的感到悲痛。民众是那样的仇怨我们，我们还能依靠谁呀？我的心中郁结哀思，面带羞愧而内心又是那样的悔恨。现在再不修养品格，怕将来就追悔莫及了。这一位真可说是晓之以理，动之以情了。认为这是最后的机会了，如果再不悔改，就真的无药可救了。

通读《五子之歌》全文，觉得这篇文稿的真实性是不容怀疑的。当时，传子制度确立不久，总体上正处于欣欣向荣的上升时期，太康的失政是传子制度发展中的曲折，而不是一种制度的穷途。因此，当一个王者在错误的道路上徘徊不前的时候，必有勇者站出来指点迷津。在这关键时刻，试图突破时代的"瓶颈"的人物中,就有几位被称为"五子"的王族人员,这是不足怪的。从文辞的古朴、措辞的坦率和扭转局势的急切角度看,说是"五子"的原版,也不为过。再从文义角度讲,全文充满了教科书式的正能量,要人们戒骄、戒躁,要人们克勤、克俭,要人们承继先祖美德,不忘先祖创业之艰辛,这些都是应该加以肯定的。说这样的文典是伪文,实在有失根据了。

长达数十年的"三世之难"

太康此时身在何处?这是人们关注的。

太康是实在太昏聩了。当他带着大队人马在洛水之南"盘于游田"兴致正高的时候,"五子"(他的五个弟弟)来到了洛水之北。一南一北,隔水相望,也隔水相呼。"五子之歌"唱响的是"魂兮归来"式的招魂曲,希望他早早回归京都斟寻,理政复国。此时此地,早已灵魂出窍了的太康是否动心了呢?实在无从知晓。能够告诉读者的是,此时他即使想回归斟寻,他也回不去了,因为当他游兴正浓的时候,后羿进入了斟寻城,断了他的后路。当时的情况是,"太康居斟寻,羿亦居之"[1]。后羿作为一股了不起的势力,早已西下进入了中原腹地,与夏人相杂而居,这原本是好事。现在华夏人的头儿太康不管事,后羿就乘虚而入,也是情理中的事。

太康很无奈,只得带着一小股人马向东部流落。过些时候,就在河南的一个地方筑了座不大不小的城,取名为阳夏,这个地名秦汉时还用。落魄到这个地步,他倒是想起了自己是夏人,是夏禹的传人,因其地在大河之阳,就取名为"阳夏"了(即今天的河南省太康县)。有家归不得的日子实在不好过,在阳夏居了大约有十来年,太康这个中国历史上的第一昏君,在郁郁中离世了。

后羿进了斟寻城,明确说了只是"代夏政",就是说夏还是夏,不过权在我后羿氏手中,你不好好干,我后羿就来代理。既然这样,就要由一个人出来当夏王,这就是中康。司马迁大约是从正统论出发考虑问题的,在《史

---

[1]《古本竹书纪年》。

记》中只含糊其词地写上"太康崩,弟中康立,是为帝中康"。其实此时太康还没有"崩",正被驱赶在河南之地的一个角落苦苦地在那里艰难度日。司马迁没有将这一实情写进史书,后人对此是有批评的。

从太康的失国,到中康在后羿的挟持下为帝,再到中康的儿子相继位,一共是三世的沦落,在历史上被称为"三世之难"。

在中康为君的一段时间里,社会虽然有点乱,但由于后羿的干预,政局还是得到控制的。主管农业的官员早被太康取消了,因此农业处于无人管理的状态。到中康为君不久,又发生了一件惊天大事,即羲氏、和氏"废时乱日"的大事件。这在《史记》中写到了。

帝中康时,羲、和湎淫,废时乱日。胤往征之,作《胤征》。[1]

在《集解》中孔安国说:"羲氏、和氏,掌天地四时之官。"这一官职既关乎天文,又关乎地理,最终涉及大众的民生。在当时社会风气败坏的大背景下,这些要害部门的官员也腐败变质了。又是整天喝酒,寻欢作乐,常常是擅离职守,在灾害到来的时候,根本就找不着这些人。对此,《胤征》篇有较为翔实的记述。

惟时羲、和颠覆厥德,沈乱于酒,畔官离次,俶扰天纪,遐弃厥司。乃季秋月朔,辰弗集于房,瞽奏鼓,啬夫驰,庶人走,羲、和尸厥闻知,昏迷于天象,以干先王这诛。[2]

这段话的意思是,此时的羲氏与和氏已经完全丧失了本色,品德败坏,整日酗酒,追求物质财富,违背官责。还常常擅离职守,有事要找他们的时候,他们不知到哪儿去了。天道运行的秩序是最重要的,此时已完全被搞乱了。事件出现在这一年的夏历九月初一,天昏地暗,出现了日全食,同时还发生了地震、山体滑坡等现象。这时全国大乱:乐官无目的地击鼓,那些田夫乱奔乱跑,民众在慌乱中互相践踏,死者不计其数。而主管"天地四时"的羲氏与和氏正在寻欢作乐,当时一无所知,事后若无其事,一走了之。为

---

[1]《史记·夏本纪》。
[2]《尚书·胤征》。

了怕受到惩处,偷偷地跑回自己的封国去了。

民愤很大,都要求严惩羲氏与和氏。

这当然是夏王朝内部的一件大事,实际掌权的后羿当然不能不加以干预,当时后羿的策略是让夏人来处置犯了大罪的夏人,自己在背后支持其事。这时,掌握着六师的胤侯站了出来,愿意出兵征服羲氏与和氏,还人间一个公道。后羿认同了这一点。胤侯写了一篇名为《胤征》的檄文,檄文的一开头就写道:"惟仲康(中康)肇位四海,胤侯命掌六师。羲、和废厥职,酒荒于厥邑,胤后承王命往征。"意思是说:正当中康刚即帝位的时候,发生了历法混乱、天象不明而造成的人间大悲剧。这是羲氏与和氏一手造成的。我胤侯奉命掌管六军,出征羲地与和地,一定要将其捉拿归案。

征战似乎进行得很顺利。羲、和两地没有多少武装力量。大军到处,罪犯就束手就擒了。当罪犯被押解到都城斟寻的时候,有人问该怎么处置他们呢?胤侯毫不迟疑地向中康建言:"大王,《政典》上有这样的规定:'先时者杀无赦,不及时者杀无赦',此两人非杀不可。"中康听了,觉得有道理,就决定杀羲氏与和氏以谢天下。

中康是个无所作为的帝王,他一直在后羿的制约下办事,心里肯定是很不舒畅的。据一些专家推测,中康大约只活了二十多岁,就在郁闷中死去了。中康死后,就由他的幼子相继位。相继位以后,唯一一件可记的事是徙居商丘。

> 帝相自大康已来,夏政凌迟,为羿所逼,乃徙商丘。[1]

帝相徙商丘一事,《古本竹书纪年》《通鉴外纪》《通鉴地理通释》等书都提及了,看来是真的。商丘不少学者认为即帝丘,也就是现今的河南濮阳。至于为何徙出、如何徙出,都没有说清楚。"为羿所逼"是个不成理由的理由,事实上,在斟寻受后羿的制约,外出到商丘仍然在后羿的制约之下。有些专家说,当时帝相尚年幼,外徙肯定是某些忠于夏王朝的大臣借故所为。虽然商丘还是在后羿的掌握之中,但比在斟寻直接受后羿监控要宽松得多了。这种说法是有道理的。如果一直困守斟寻,那么日后少康母亲后缗氏的外逃是否能成功也得打上一个问号了,那整部夏史也许得重写。这

---

[1]《太平御览》卷八十二引《帝王世纪》。

样看来,相徙商丘还是有价值的。

相徙商丘(帝丘)以后,暗中渐次发展了一些亲夏的势力。相渐渐长大,此时的东夷势力已被一个叫寒浞的阴谋家夺得了实权,他对相的不放心程度越来越高。最后还是把外逃的相杀害了。

相的被杀,标志着一个历史时期的终结。太康、中康、相,三世是被称为夏王朝早期"夏政凌迟"的特殊历史阶段。跨越了这"三世之难"的几十年艰难岁月,也吸取了历史赠予的经验教训,夏王朝就真正走进了繁荣昌盛的鼎盛时期。

第十八章 后羿代夏政

"世掌射正"的后羿氏

可以说,在夏族的发展过程中,长期以来是与东夷各族相伴而行的。其间有亲密无间的合作,也有相互的争斗甚至杀戮。但是,合作与融合始终是这段历史的主流,就是在争斗过程中仍然还会有夷、夏之间的融会和合作。

夷是一个十分古老的部族,可以说与华夏族一样的古老。很早就有一种说法:"舜,东夷人也。"[1]大家都知道,舜是炎黄的后裔,起于华夏大地的西部,随着时日的迁移,他带着他的一部分部族,实现了北上东进,后来散居于祖国大地的四方八野,东部的一脉,被名之为"夷",它的首领是舜(至少名义上是如此)。就从大舜这一脉来说,华、夷本是同根同源的。此外,治理洪水的大禹被称为"戎禹",本身混杂有华、戎两重的血脉。大禹的那位夫人涂山氏也被说成是东方的夷人,夷人与夏人之间的渊源实在很深。

如果从"夷"字的词源学意义上分析,那就更有意思了。在《诗经·周颂》中有一首《有客》诗,是讲待客之道的。这个客是谁呢?原来是个"孔夷"之人。

> 有客有客,亦白其马。
> 有萋有且,敦琢其旅。
> 有客宿宿,有客信信。
> 言授之絷,以絷其马。

---

[1]《孟子·离娄下》。

薄言追之,左右绥之。
既有淫威,降福孔夷。[1]

如果翻译成现代汉语,这首诗的内容是:有客人来了,有客人来了。客人骑着白马,他的服饰是那样的精美,随从的打扮,也很得体。住了两夜,客人开怀。住了四夜,主人仍认真款待。用绳索把马拴在门前,这样可让客人安心。再设大宴,让客畅饮。这客人有大德("淫威"这里释为大德),主人希望上天降福给这"孔夷"之人。当然,历来的注释者都把这首诗中的"客"解释为殷亡后殷族人的后裔微子,那么主人该是周王了。仔细想想,这实际上是不太可能的,周王也不会给战败了的商微子那样的热情款待。这里该是讲的一则民间普通的待客之道,这次的对象是一位有大德的夷人。朱熹集传:"夷,大也。"马瑞辰通释:"《说文》:夷,从大从弓。"这样看来,夷这个民族与夏民族一样,可以释之为"大",夏称大夏,夷称大夷,这是说在气韵上是共通的,这实在很有意思。"夷"这个民族好张弓射箭,因此夷字是从"弓"的。

夷人的文明程度应当说是很高的。夷地不只较早的有了青铜文化,后来的黑铁文化也是领先的,证据是古体的"铁"字是从"夷"字。据《管子》上说,恶金制成的农具中就有一种叫"夷",可见其农业生产也不错。人们发现在甲骨文中有"方于仁"一语,大多专家认为语意不太清晰,很难理解。章太炎先生则以为"仁通夷",把"方于仁"通假为"方于夷",其意是方国中有夷人。这样看来,很早的时候人们就认为夷人是仁人了,这是对夷人的极高的评价。

在五帝时代,夷族的首领益,曾经与中原的华夏族有过十分紧密的合作关系。在大禹治水过程中,益曾经是禹的主要助手之一。他的刻苦耐劳和大公无私,得到了禹的赞赏。在治水过程中,他"予众庶稻,可种卑湿",他是把南方的水稻移植到北方来种植的第一人,此功永不可没。治水成功后,益得到大禹的重用,让他去当掌管山林川泽兼祭祀的官员,责任是很重大的。可他干得很出色。禹晚年,如果实行的是传统的禅让制度,那益理所当然的是主要人选之一。但是,当时传子制度已是大势所趋,由于"益干启",最后启杀了他。从历史的大势看,启还是做得对的,因为他顺应了历史的潮

---

[1]《诗经·周颂·有客》。

流。但是,这样夷夏之间也可以说是结下了一定程度的怨仇。当然,和谐与交融始终为华夷关系发展的主流。

按《竹书纪年》的说法:"夷有九种,曰畎夷、于夷、方夷、力夷、黄夷、白夷、赤夷、玄夷、风夷、阳夷,故孔子欲居九夷也。"孔子"欲居九夷"之说见于《论语》,这本身说明华夷之分是相对的,甚至是难辨的。孔子老家所处的曲阜,本身就是夷人所居的核心地带,而作为华人的孔子与夷人相处安然。九夷族大致分布在今山东、江苏和安徽的北部地区,而每个地区又都是华夷杂处。史前的大汶口文化和山东的龙山文化中,有着古代夷人的大量文化遗存。不论是从考古还是从典籍角度看,华夷之分都是相对的,其间的矛盾和斗争当然会有,但合作和融合始终是主流。

在夷这个大族中,最为活跃也最为华夏人器重的是后羿氏,世称"有穷后羿"。这个夷族部落称有穷氏,它的首领叫后羿。因居于"穷"地,而称有穷氏。有专家考证:"因山东半岛为海水所环抱,限制了其活动范围,故称有穷。"[1] 既然大海限制了他们活动的范围,在当时的条件下,他们是难以向更东边的海上伸展自己的势力的,唯一可以发展的方向是西方,这就会与地处西边的夏的核心地带发生摩擦和交融。他们当时既然已是夏王国的一部分,他们的西进也只能算是这个王朝内部的斗争而已。

后羿虽称为"有穷",但其活动的能力却是"无穷"。在整个五帝时代,后羿部族一直是最活跃、最有生气的部族之一。带有神话色彩的诸多大事件都与后羿有关。

其一是:羿射十日——

尧之时,十日并出,焦禾稼,杀草木,而民无所食。猰貐、凿齿、九婴、大风、封豨、修蛇,皆为民害。尧乃使羿诛凿齿于畴华之野,杀九婴于凶水之上,缴大风于青邱之泽,上射十日而下杀猰貐,断修蛇于洞庭,擒封豨于桑林,万民皆喜,置尧以为天子。[2]

这是一个大事件。尧那个时代,"十日并出",发生了少见的大旱灾,庄稼都活不了了,而那些猛兽恶禽却开始横行于人世。后羿用他的那把箭征

---

[1] 徐中舒:《先秦史论稿》,巴蜀书社1992年版。
[2] 《淮南子·本经训》。

服了天上的十日,也征服了地上的猛兽。这真可谓功莫大焉!后羿射日的故事也见于《楚辞·天问》,在这篇诗章中作者问道:"羿焉彃日?乌焉解羽?"王逸注:"羿仰射十日,中其九日,日中九乌皆死,堕其羽翼。"[1]后羿是成功者。

大约就是因为"后羿射日"的故事,后羿氏受到了人们普遍的重视,据《史记·夏本纪》的《正义》考定,后来"帝喾以上,世掌射正",这是为后羿一族专设的职务。中国历史上还真有射正这一官职。《仪礼·大射礼》:"射正莅之。"注:"射正,司射之长。"三代都设有这一职官,不过,已经不是单单管教射手了,还得兼管一点礼仪。

有学者主张要把神话故事中"后羿射日"的那个后羿,与远古历史上东夷族的那个后羿区分开来。这是很滑稽的事。远古的历史本来是神话与史实混杂的时期,如果把描述那段历史的神话故事一概排除了,那时的历史之泉也就枯竭了,历史就成了干涸的不毛之地。远古时代的神话留下了远古历史的模糊记忆,留下了历史的源头活水。神话把历史和历史人物"神"化了,我们史学工作者的任务是从中梳理出反映历史真实的精品来,而不是刻意地排斥神话故事。应当说,"后羿射日"中的那个神话化了的后羿,与历史现实中那个英雄主义的"恤下地之百艰"的后羿,其血脉、气韵和品格是完全一致的。

其二是:羿平定不规部族——

到得五帝时期,虽说表面上已经是"天下一统",但矛盾还是此起彼伏。在这种情况下,后羿成了维护天下安定团结的一股重要力量。比较著名的有后羿平定凿齿之役。

羿与凿齿战于寿华之野,羿射杀之。在昆仑虚东。羿持弓矢,凿齿持盾,一曰持戈。[2]

对这一资料的解读,说法很不一致。有人认为,"凿齿"大约是一种凶猛的动物,羿射杀凿齿是射杀一种猛兽,没有别的意思。但是,更多的学者认为羿战凿齿是人与人之间的斗争。郭璞为此加注道:"凿齿,亦人也,齿如

---

[1]《楚辞·天问》。
[2]《山海经·海外南经》。

凿，长五六尺，因以为名。"在汉代人写的《淮南子》一书中，专门对"凿齿人"作了描述，与郭璞说的大同小异。这可以说明，后羿征战凿齿之战是实有其事的。凿齿是一个不守规矩的部族的首领，后羿代表天子予以天罚，一举将其剿平。不过，在这里故事也是被神话化了的。

其三：羿杀死害国害民的河伯、风伯——

五帝时期是自然灾害频发的时期，尤其以水灾、风灾为烈。人们希望有一个神人能为他们消灾除害。这个想象中的神人就是后羿。

羿，古之诸侯。河伯溺杀人，羿射其左目。风伯坏人屋室，羿射其膝。又诛九婴、窫窳之属，有功于天下，故死托祀于宗布。[1]

这些都具有一定的神话色彩，而且语焉不详，后人的解读也各异。但是，把挺身而出地为民除害之功绩集于一个后羿部族，说明这一部族的素养的确是不差的。在《淮南子》中明确写上了"羿有功于天下"，这也说明了后羿其人其族在人们心目中的极为崇高的地位。

其四是：羿被授以"以扶下国"的专职——

羿及其部族干了那么多的利国利民的好事，这就引起了天子的注目，认为要治平天下，是要有一个这样的部族辅佐天子，于是就有了这样明确的册封：

帝俊赐羿彤弓素矰，以扶下国。羿是始去恤下地之百艰。[2]

这又是进一步升华了。前面的种种利国利民的作为类乎是见义勇为。作为一"古之诸侯"的后羿族，看到世间不忠不孝、不仁不义的种种恶行，就挺身而出，这也可以说是后羿和后羿部落的自然品性。而到了"帝俊赐羿彤弓素矰"时就大不一样了。他受命"扶下国，诛不臣"，帝俊给了后羿"彤弓素矰"，这是尚方宝剑，是钦定的。那么，帝俊是何许人也？这也是个亦神亦人的脚色。说是"神"，那么帝俊就是上帝，代表着上天的意志。说是"人"，那么帝俊常被释成是人间的最高统治者，有的文献上还指名道姓说帝俊就是尧帝的别号，"以扶下国"的命令是尧帝下的。帝俊就是尧帝的说法

---

[1]《淮南子·氾论训》高诱注。
[2]《山海经·海内经》。

得到大多学人的认可。如果这样,那么说来后羿部族在尧帝时代地位就很是显赫了。

尧的"以扶下国"这一条政令很重要,其意说,"下国"(可以解释为"天下之国")哪里出了问题,你就可以管到哪里。这道命令是尧时下的,到了夏王朝建立后还管用不管用?当然管用!既然还管用,一旦夏王朝内部自身出了问题时,从道理上讲是可以干预的,甚至于可出兵平乱。后羿族这样一种特殊的地位和态势,为日后的所谓"羿干夏政"和"羿代夏政"埋下了伏笔。

上面所述,既是有趣的神话故事,也是真实的历史事实。经过长期的历史发展,在中华大地上会涌现出一两个威信特别高的部族,这是完全可能的。天下这么大,没有这样特别有威信的、具有定海神针式功能的部族,要维护天下太平实在是很艰难的。在相当长的历史时期中,后羿就是这样一个强悍的部族。

从"干夏政"到"代夏政"

循着对后羿"以扶下国"的特权认真的考虑和分析,大夏史的这一段"后羿代夏政"的几十年历史,差不多就得重写。过去是雾里看花,总觉得"羿代夏政"是一件不怎么好也不怎么光彩的事,但是,与上述后羿的一些史料加以参照,简单的说对与错就不是历史唯物主义的观点了,得作一点具体的分析才好。

夏统一了天下,建立了地域辽阔的大夏王国,后羿只是大夏王国辖下的一个地方区域。但又是一个很特殊的区域,可以称之为"特区"吧!这个特区,在夏禹时期,安安静静地躺在那里,循规蹈矩。夏启的时候也基本上安安静静地躺在那里,作为地方势力,后羿部族是服从中央的。只是到了夏启的晚年,治道松弛、主政者怠于治国,后羿才开始不安定起来。他们的部族也一点点由东向西迁移,渐次逼进到了夏王国的核心地界。靠近些,再靠近些,后羿要认真地看个究竟再作定夺。

夏启的儿子太康一登上王位,就乱来了。什么正经事也不干,就是一味地游山玩水,一味地胡闹,农业也不搞了,把农业的主管官吏也赶跑了。这还了得。这时,后羿部的民众、官员、军队都已在夏都斟寻那里住下了,就是史书上说的"太康居斟寻,羿亦居斟寻"。这中间一定还有很多细节,后羿与作为大夏国天子的太康一定有所接触,后羿对太康一定有过规劝。但没有效果,太康听不进,且愈演愈烈。这才让后羿下了决心,乘太康外出的时机,断了他的归路,并把部队开进了斟寻城里。这就是著名的"羿干夏政"的故事。

"羿干夏政"是属于怎样性质的一个事件?历来的史家似乎不愿断然定性。其实,仔细地读一读一些史著,这个性还是可以定下来的。在屈原的《天问》中,有这样两句关键性的话:

帝降夷羿,革孽夏民。[1]

这两句话说得太深刻和击中要害了,把后羿进入中原的夏都的原委点清了。郭沫若先生在释文中这样写道:"上帝把后羿遣下凡尘,为的是革除夏民的忧困。"[2]这里很清楚了,太康给夏的民众造成了种种忧困,现在后羿是来救民于水火,帮助大家解除忧困的。这也与神话故事中说的"恤下地之百艰"相呼应。在这里,"革"作解除解,"孽"指的是罪孽、罪过、灾难。老百姓在受苦受难,后羿奉帝俊之命出面帮老百姓解除灾难来了,这说什么也是正当的事。

那么,后羿这样做,老百姓高兴不高兴呢?欢迎不欢迎呢?从文献资料看,是既高兴又欢迎的。《左传》上有这么一段很有意思的话:

公曰:"后羿何如?"对曰:"昔有夏之方衰也,后羿自鉏迁于穷石,因夏民以代夏政。恃其射也……"[3]

这是晋悼公与魏绛之间的一段对话。晋悼公问对方:"后羿这个人(或部族)怎么样啊?"魏绛回答说:"那时候夏正处在衰落时期,后羿从鉏地迁徙到穷石,依靠夏朝民众的力量取代了夏朝的权力。"关键是要读懂"因夏民"的那个"因"字。"因",是个多义项词,但最基本的意思是顺应、依靠和凭借。就是说,后羿的"干夏政"和"代夏政",不是随意而为的心血来潮,

---

[1]《楚辞·天问》。
[2] 郭沫若:《屈原赋今译》,上海书店出版社2003年版。
[3] 清·梁玉绳:《汉书人表考》卷九。

而是"因"了夏王朝民众本身的要求和呼声。没有民众之支持，后羿要想那样做是很难办到的。

有穷氏的首领后羿，既可以理解为是一位部族的首领个体，也可理解为是一个领导集团的群体。据《左传》称，后羿是"恃其射"而征服夏王朝领导集团的。这大约与"后羿射日"故事中的后羿是一体的。射日的后羿是神话传说中的英雄，而进军中原并一度掌控夏政权的后羿是现实中的勇士，两者不必区分得过分清楚。

后羿进入中原夏的中央机构，大约不到半个世纪的时间，涉及太康、仲康、相三世。在这段时间里，大致上可分为两个阶段：

第一阶段是"后羿干夏政"。

那是太康和中康时期。后羿依仗武力进入斟寻城以后，虽然把太康驱赶在外，但还是承认太康是夏王，而自己只是当太康的"相"。相就是国王的助手，但实际权力操在后羿手中了，基本上要按他的那一套去办。这段时间应当说还是不错的。《左传》上在说到"因夏民以代夏政"后，马上连着说"恃其射也，不修民事，而淫于原兽"，这显然是不符合实际的。后羿部族的"恤下地之百艰"和"以扶下国"的品性不是形成于一朝一夕，怎么会说变就变了呢？很显然，这是把后面的寒浞专权混在一起了。

"后羿代夏"一共持续了大约四十多年，可以肯定地说，太康被迫滞留在外的十来年间，夏的经济政治状况应该还是不错的，至少要比太康实际当政时好。

太康在外病死后，后羿就立太康的弟弟中康为夏王，自己仍然当助手。中康是比较听话的，反正当傀儡，一切听后羿的。在中康时期，上面说到了，发生了"羲、和湎淫，废时乱日"的重大事件，如果不是后羿在那里实际掌权，那么，犯了大罪的羲氏与和氏也不可能那样坚决地得到处置，"天地四时"的历法的推行也不可能那样快地得以恢复。这个账理应记在后羿头上。中康名义上为夏王的这段时间大约也有十来年。太康时期的十来年和中康时期的十来年，局势都在后羿的监管之下，情况当是不错的。

中康似乎与后羿配合得很不错，从处置羲氏与和氏这件事就可以看出来。中康得了个善终，一直到后来因病死去。中康死后，后羿又让中康之子相继位。

第二阶段是"后羿代夏政"。

大约相年少气盛，不太听话，也许相还是当年羲、和闹事的背后指使人，不多久后羿就把他废除了，自己在穷石（一说是今洛阳东，一说是今偃师）这个地方当起夏王来了，相就出走到商丘了。这就进入了第二阶段，即"后羿代夏政"阶段，也就是史书上说的"有王与无王"中的"无王"阶段。"干夏政"是干涉夏的政治，至少在名义上还是禹王世系的人在当政。"代夏政"是直截了当，把大禹世系的人赶下台，自己当上了夏王，一切都得听他的，一切按他的路子去走。

正当后羿雄心勃勃地想大干一番的时候，他自己的夷部族内部却生出了枝节。与后羿一起来到中原打天下的另一个名叫寒浞的部族首领趁后羿不备发展了自己的势力，并勾结后羿的"家众"，把后羿给杀了，也把原先的夏王相废了，自己当起了夏王。这段历史也应算在"后羿代夏政"的账上。历史学家作了统计，后羿代夏一共有四十来年的时间，后半段的"寒浞擅夏政"，少说也在十年以上，这是一段令人寒心的岁月。

寒浞擅夏政

在一些史籍和史著中，说到了后羿如何落后野蛮，进入夏都后又如何"不修民事"，那恐怕是要打上一个大大的问号的。诸多的史著，都把"后羿代夏政"称为"入侵""进犯""作乱"，这本身就是一种民族的偏见。试问：当年的夷人伯益进入舜的中央机构"主虞政"，管理整个天下的山川河道，算不算"进犯"？如果当年作为夷人的伯益真是继了禹的帝位，话又该如何说？看来，只有从狭隘的大汉族主义的观念中走出来，对"后羿代夏"才会有一个正确而合理的说法。

至于对后羿在主政中华的后期，有着不小的失算，尤其在重用寒浞上的重大失误，倒是很值得作为历史经验教训加以好好总结的。

关于寒浞擅夏政的前因后果，《左传》上有极为精细的记述，兹录于此：

（羿）弃武罗、伯因、熊髡、尨圉，而用寒浞。寒浞，伯明氏之谗子弟也。伯明后寒弃之，夷羿收之。信而使之，以为己相。浞行媚于内而施赂于外，愚弄其民而虞羿于田，树之诈慝以取其国家。羿犹不悛，将归自田，家众杀而烹之，以食其子。其子不忍食诸，死于穷门。靡奔有鬲氏。浞因羿室，生浇及豷,恃其谗慝诈伪而不德于民。使浇用师,灭斟灌和斟寻氏。处浇于过,处豷于戈。靡自有鬲氏收二国之烬,以灭浞而立少康。少康灭浇于过,后杼灭豷于戈,有穷由是遂亡,失人故也。

这是记述寒浞的兴亡历程最系统又最全面的文献资料。从中我们可以粗略地知晓这段不同凡响的历史的一个梗概。

寒浞原是寒国的一个奸诈子弟。寒国大约在今山东潍坊市的寒亭区一带,是东夷诸多部落中的一个并不起眼的氏族。大禹平水土成功,统一了全国,"寒"就自然而然地成了地处山东的一个小小方国。寒国的首领叫伯明,伯明对寒浞吹牛拍马、搬弄是非的恶习很是反感,就把他逐出了寒国,这就是文献上说的"伯明后寒弃之"。

当时的社会环境很宽松,从这一方国到另一方国可以自由出入。寒浞看到夏国的都城斟寻那里很热闹,也很乱,他就钻到了斟寻,七钻八钻,投到了后羿的门下。寒浞什么都不行,就是对骑马打猎在行,也很有能耐,这也是后羿的爱好。寒浞就是利用这一点,博得了后羿的好感,并渐渐成为后羿的心腹。寒浞这个人真会耍手腕,只一年上下,就把原先后羿身边的"四大忠臣"——武罗、伯因、熊髡、龙圉——一个个都废掉了,最后自己当上了后羿的"相"。在这方面,看来后羿也有自己的不足和弱点,不然怎么会被这样一个小人迷了心窍呢?

一旦大权在握,寒浞的本性马上暴露无遗了。据后人的记述,寒浞为后羿相以后,干了一系列恶行,"羿收以为相,取其国家,灭夏后相,袭有穷之号"[1]。这里列了三大恶行,都是灭绝人性的。

寒浞的第一大恶行是"取其国家"。当时后羿以有穷国的名义掌握着天下的大权,寒浞被提升为相以后,就千方百计培植自己的势力,以达到用阴谋手段"取其国家"的目的。当时后羿是天下有名的射手,收了不少门徒,把自己的本领教给他们。其中有一个弟子叫逢蒙的,他的本事已经很大,说是仅次于师傅后羿。寒浞就收买了逢蒙,计算一起谋杀后羿。《孟子》上说,"逢蒙学射于羿。尽羿之道,思天下惟羿为愈己,于是杀羿。"[2] 逢蒙本来就有罪恶心,与寒浞一联手,更是胆大包天了。他们乘一次后羿游田归

---

[1] 清·梁玉绳:《汉书人表考》卷九。
[2] 《孟子·离娄下》。

来不备之机,射了后羿,夺取了国之大权。这还不算,还将其"杀而亨之,以食其子",就是把后羿煮熟了分给大家吃,还故意要后羿的儿子也来吃。后羿的儿子哪里吃得下父亲的肉,于是寒浞又把后羿的儿子杀了。这还不算,还把后羿的妻子占为己有,生了两个儿子,大的叫浇,小的叫豷,长大后勇力过人,寒浞"恃其谗慝诈伪而不德于民",这两个小子比他们的父亲干的坏事还要多。

寒浞的第二大恶行是"灭夏后相"。后来寒浞把大儿子浇封在了"过"这个地方(今山东掖县北),小儿子豷封在"戈"这个地方(即今河南杞县与太康县一带),一东一西,追杀夏王朝流落在外的势力。当时名义上的夏王相正流落在斟灌氏和斟寻氏一带。寒浞的大儿子先是灭了斟灌氏,后又攻打斟寻氏,两军"大战于潍",正当相一宗人准备渡过潍水时,浇的大军已到,"覆其舟,灭之"。这样,太康、仲康、相三世之夏王都在忧患中亡过了。

寒浞的第三大恶行是"袭有穷之号"。我们上面说了,寒浞原是"伯明氏之谗弟子也",也就是东方伯明氏部落中的一个无赖,被伯明氏的领袖驱赶出境,相当于一个无国籍者。伯明氏与有穷氏无涉,这个无赖的寒浞与有穷氏更是一点儿也不搭界。我们在上面说了,有穷氏是一个古老的族群,而且是极为优秀的族群,以"恤下地之百艰"闻名的族群。可是,寒浞为了实现自己的阴谋,竟自称自己是有穷氏的当然继承人,公然打出了有穷氏的旗号。这样一来,有穷氏的名声被败坏了,当夏少康复国成功,剿灭了寒浞这股恶势力以后,"灭有穷氏",这样一个古老而优秀的族群,成了历史演绎中的无谓的牺牲品。就此以后,有穷、后羿氏再也不彰于史乘。这不能不说是历史的一出大悲剧。

太史公的一大缺笔

后羿代夏政四十余年,事实上切断了夏王朝的世系,对新生的传子制度也是一个巨大的考验。这至少给夏以后的统治者一个警示:要想使传子制度实行下去,那是需要一定的社会文化条件的。

有学者认为,"后羿代夏政"四十余年,是神州大地上第一次以夷人(也就是现在所说的少数民族)的身份主政华夏的大事变。这应该说是一次伟大的尝试。神州大地是属于植根于神州的所有族种的。华夏族可以主政,夷人也可以主政,关键只在于在一定条件下谁更适宜、谁管理得更好。中华五千年的文明史是一部色彩斑斓的历史,有华夏(即汉人)主政的,也有少数民族主政的,他们都用自己的方式推进了中国历史的发展。

我们可不可以这样说,夏王国的建立是华夏族主政统一国家的初始,而"后羿代夏政"是夷人主政这个统一国家的一种有益尝试。事实证明,当时的人们"华夷之分"的观念并不严重,大有谁干得好就让谁去干的味道,"因夏民以代夏政"表明,当太康无道,后羿自告奋勇地"革孽夏民"时,民众是举双手欢迎的。后来事情走向逆转,那是后羿用错了人,政权又落入了无赖寒浞之手,与后羿的初衷无关。把这段历史厘清,从中探究中华民族大家庭共荣之道,还是很有价值的。

有人会说,就那么四十余年,值得在史书中大书吗?我们认为,值得。因为这是第一次,它的经验教训就更值得总结和分析。一个不算太大的有穷族,以"恤下地之百艰"的精神站到了神州大地的将帅坛上,纵横四十余年,这是值得大书的。说四十年,也不短了,赫赫的秦帝国从公元前221年始皇帝登极,到公元前206年子婴被杀,只有十多年时间,我们不照样可以书于竹帛吗?

"后羿代夏政"这段历史的被遗忘,应该说与司马迁在写《夏本纪》时的故意缺笔有很大的关系。在《史记·夏本纪》中,"三世之难"这一段历史是这样若隐若现地书写的:

夏后帝启崩,子帝太康立。帝太康失国,昆弟五人须于洛汭,作《五子之歌》。太康崩,弟中康立,是为帝中康。帝中康时,羲、和湎淫,废时乱日。胤往征之,作《胤征》。中康崩,子帝相立。帝相崩,子帝少康立。

在这段讲述世系的文字中,不是没有细节,昆弟须洛汭、羲、和"废时乱日",都是有细节的,就是偏偏疏漏了"后羿代夏政"这一节。道理何在?就在于司马迁的故意违避,故意地照夏世系的系列往下写,而不愿把后羿这一段落穿插进去。

是不是当时司马迁对后羿代夏这一节无所了解呢?看来也不是。他在《史记》的其他地方就写到过:

> 昔有过氏杀斟灌以伐斟寻，灭夏后帝相。帝相之妃后缗方娠，逃于有仍，而生少康。少康为有仍牧正……[1]

这是伍子胥谏吴王时说的一段话，可见，一千多年过去了，到得春秋战国时期，不论是南方还是北方，不论是东方还是西方，人们都还记得"后羿代夏政"和"寒浞擅夏政"那些事。这些事最早被写在《左传·哀公元年》中，司马迁一定是读了《左传》的这段文字后，写进《吴太伯世家》中去的。写进《世家》中而不写进《夏本纪》，应该说司马迁是有意而为的，客观上说，这一缺笔也是《史记》的一种不足。

对司马迁的这一大缺笔，历史上早有批评。在《史记·夏本纪》的《索隐》中，有这样的批评："然则帝相自被篡杀，中间经羿、浞二氏，盖三数十年，而此纪总不言之，直云帝相崩，子少康立，疏略之甚。"在《正义》中，批评说："帝相被篡，历羿、寒二世，四十年，而纪不说，亦马迁所为疏略也。"后世还有人批评说："不载纪表，而别出于世家，亦失作史之体。"[2] 这些批评当然都是不错的，但都没有点评到要害处，关键在于，怎样看待夷人的主政华夏？如果坦荡地承认不管是华人还是夷人，都有权主政华夏，只要为中华历史发展作出贡献的，都应予以褒奖，有了这样的观念，就不会故意"疏略"历史的某些重要情节了。

---

[1]《史记·吴太伯世家》。
[2] 汉·司马迁撰、[日] 泷川资言考证、[日] 水泽利忠校补《史记会注考证·夏本纪》引宋代《黄氏日钞》，上海古籍出版社1986年版。

上海文化发展基金会图书出版项目

大夏史

（下）

郭泳 著

上海大学出版社
·上海·

图书在版编目(CIP)数据

大夏史：上下册/郭泳著．—上海：上海大学出版社，2020.1（2021.10重印）

ISBN 978-7-5671-3511-6

Ⅰ.①大… Ⅱ.①郭… Ⅲ.①中国历史－研究－夏代 Ⅳ.①K222.07

中国版本图书馆CIP数据核字（2019）第259901号

责任编辑　庄际虹
封面设计　柯国富
技术编辑　金　鑫

大夏史

DA XIA SHI

郭　泳　著

上海大学出版社出版发行
（上海市上大路99号　邮政编码200444）
（http://www.press.shu.edu.cn　发行热线 021-66135112）
出版人　戴骏豪

*

南京展望文化发展有限公司排版
江阴市机关印刷服务有限公司印刷　各地新华书店经销
开本 710mm×1000mm　1/16　印张43.5　字数712千
2020年1月第1版　2021年10月第2次印刷
ISBN 978-7-5671-3511-6/K·204　定价　158.00元（全2册）

下 册

第十九章 少康中兴

生于忧患　长于困顿

少康中兴是大夏历史上的一件大事,是承上启下的壮举伟业。成就这一壮举伟业的轴心人物是大夏历史上的英主少康。在少康之前,已历禹、启、太康、仲康、相五世,少康其人处于大夏王朝的第六世。由于其开创了中兴伟业,才有其身后的大夏王朝的十一世王业。少康在大夏王朝历史上,其功不亚于其先祖大禹与夏启,甚至可以说在中国文明发展史上,其功亦甚伟!然而令人不解的是,在作为正史的《史记》一书中,对少康的记述仅为寥寥数语:

帝相崩,子帝少康立。帝少康崩,子帝予立。[1]

这种"走过场"式的记述,理所当然地引起了历代人们的不解和不满。你太史公写那个十分混账的孔甲花了那么多笔墨,为何对这样一位世所罕见的英主不愿多置一词呢?缘由何在,大约只有太史公自己心中最清楚了,后人的种种说法,都只是猜测而已。宋人黄震心有一疑:

《夏纪》多概括《禹谟》《禹贡》之书。少康中兴,书所缺者亦缺。自仲康(中康)、帝相、少康,直以世次相承,若守文无事者。意者少康之事,迁时已无所考与?[2]

---

[1]《史记·夏本纪》。
[2] 宋·黄震:《黄氏日钞》卷四十六,见《历代名家评史记》,北京师范大学出版社1986年版。

这是一种善意的问难。你太史公对少康中兴事不置一词,是不是到你那个时代"少康之事"已经难以考释了呢?少康之世离太史公之世近二千年,很多事已说不太清楚了,那也在情理之中。宋代的学者对太史公那样做既表示理解,而又心有质疑。另有一些学者,尤其是近世学者,则批评多于质疑了。

自中康以下凡十三帝,其中惟孔甲时载刘累豢龙一事,此外诸帝皆一事不载。夫事无可载而不载,固史裁应尔,不足为子长病。惟少康为古来间出之英君,亦有夏一代之肖子,当寒浞弑相,后缗方娠,逃归有仍,乃生少康,有田一成,有众一旅,艰苦万端,卒复旧迹。其践位也,夏统中绝已三十九年,而《史记》载笔,但曰"帝相崩,子帝少康立,帝少康崩,子帝予立",似不知有少康之事者何耶?[1]

这是对太史公明确的批评了。你明明知道少康中兴的"艰苦万端,卒复旧迹"那些事的,为何视而不见、知而不书呢?"似不知有少康之事者何耶?"这种批评还是中肯的。如果当时太史公对少康中兴有足够的重视,锐意搜索、搜集少康的相关资料,那后人研究这一段历史时一定要省力得多。其实,比较靠得住的资料还是有的,举例来说:

浞因羿室,生浇及豷。恃其谗慝诈伪而不德于民,使浇用师,灭斟灌及斟寻氏。处浇于过,处豷于戈。靡自有鬲氏收二国之烬,以灭浞而立少康。少康灭浇于过,后杼灭豷于戈,有穷由是遂亡,失人故也。[2]

昔有过浇杀斟灌以伐斟鄩,灭夏后相。后缗方娠,逃出自窦,归于有仍,生少康焉,为仍牧正。惎浇,能戒之。浇使椒求之,逃奔有虞,为之庖正,以除其害。虞思于是妻之以二姚,而邑诸纶。有田一成,有众一旅,能布其德,而兆其谋,以收夏众,抚其官职。使女艾谍浇,使季杼诱豷,遂灭过戈,复禹之绩。祀夏配天,不失旧物。[3]

---

[1] 高燮:《吹万楼文集》卷二,见《历代名家评史记》,北京师范大学出版社1986年版。
[2] 《左传·襄公四年》。
[3] 《左传·哀公元年》。

这两段文字基本上把少康生于忧患、长于困顿的生活场景勾勒出来了。

少康流亡的故事是那样的凄楚而动人，真说得上是荡气回肠。少康的父亲相外逃以后，躲在夏人同姓斟灌氏那里。杀了后羿并夺得夏的政权的寒浞还是不放心，认为相的存在必然是对他的一个潜在威胁，于是就派人在斟灌氏那里杀死了相。寒浞妄想斩草除根，大禹一脉的后人似乎是被斩尽杀绝了。

没有，没有杀绝。

值得庆幸的是，此时相的妻子后缗已经有孕在身，那是大夏王朝第五王相的血脉。在情急之下，相知道自己的目标大，逃脱不了，于是自己留守在斟灌氏那里，静候着杀身之祸的到来，而让妻子后缗先行逃出斟灌氏地域，向西南直奔两百多里，来到了也是夏王族同姓的斟寻氏那里，在那里藏身了下来。

在斟寻氏那里大约过了大半年相对平稳的日子。可是，寒浞还是穷追不舍。天底下没有不透风的墙，当寒浞知道相的妻子后缗流亡在斟寻氏时，追杀的兵众马上来到了那里。也是天不该绝夏，相妻后缗早一步得知了消息，当大兵已经包围了整个村庄的时候，后缗竟神不知鬼不觉地从一个小地洞中钻出了包围圈，从此后缗其人似乎在人间蒸发，再也没有她和她的随从的信息了。寒浞也无可奈何，在外围地带实行血腥的大屠杀，以剿灭斟灌氏和斟寻氏来作为泄愤的手段。

其实，那时的后缗来到了更为安全的娘家有仍氏，在那里生下了属于夏王相的遗腹子，那就是日后的少康。少康在娘肚里时就经受了常人难以忍受的颠沛流离之苦，这对他来说，是一部多么珍贵的人生教科书啊！

少康在有仍氏那里生活的时间最长，也懂得了许许多多的人生道理。孩子一点点长大了，有缗氏不只要让孩子生活得好，还要让他懂得生活，懂得生活的爱与恨。她大约是把从太康到中康到相，以及寒浞怎样骗取后羿信任、夺取大权然后大开杀戒的那一段历史都告诉了孩子的。作为孩子的少康是深爱着母亲的，但是，单有爱心还不行，在这样的社会中还要学会恨，这个最可恨的对象就是寒浞。在《左传》中，作者用了这么一句话对孩提时代少康的心态加以概括："惎浞，能戒之。""惎"者，恨也，你无休无止地追杀我少康，非得让夏王国绝祀而后快，少康心中岂有不恨之理？但是，单是恨有什么用呢？关键还是要以敌为戒。敌人的凶残，要戒备，要防备自己落入敌人之手。"戒"的另一层意思是戒备自己,使自己不松不懈、不腐不败,永远保持那样一种精、气、神。少康的"能戒之"是他绝处逢生的最强劲的精神力量。

这种"以敌为戒"的观念,是中华民族传统文化宝库中的珍品。古来小至个人,大至集团、民族、国家,从不曾有被敌手打败过的,要败,就是败在自己手里,自己打败了自己。唐人柳宗元后来发挥了少康的这一思想,写出了历史不朽文稿《敌戒》,中心议题就是"敌存灭祸、敌去召过"。把敌人当作自己生命历程中的一块磨刀石,时时砥砺自己,这是一种最积极的人生。

在相对平静中,少康与他的母亲在有仍氏生活了好多年(究竟有多少年,由于史料残缺,有待考证)。这时,为少康恨之入骨的寒浞又找上门来了。寒浞的嗅觉还是相当灵敏的,他打听到了后缗是逃亡到了娘家有仍氏,而且还为夏王相生下了一个儿子。在寒浞看来这是不能容忍的。寒浞认为剿灭一股小小的孤儿寡母的势力,不用自己亲自出征,只派了一位叫椒的将军前往拿捉。哪里知道少康早得知了消息,还没等椒将军的队伍到来,早已潜出了有仍氏的区域。多年前从斟灌氏潜到斟寻氏是由东北向西南跑,再从斟寻氏到有仍氏是西南向东北跑,现在从有仍氏来到了有虞氏是由北向南跑。完全像捉迷藏一样,根本让寒浞摸不着门道。

有虞氏是大舜后裔的封地,与大禹一族关系密切。这里的人们待少康很好,舜的后人把两个女儿嫁给了少康,又一次实现了两大部落的联姻。还把少康封在纶地,这样,少康就有了属于自己的立足之地。

以后少康在流亡中不断为苦难所折磨,同时也不断地接受着人生的砥砺。这种砥砺不亚于当年大禹经受的治水的考验,也不亚于当年启面对新老制度交替时的考验。少康经受住了这种考验,他成了夏王朝历史上除禹、启之外最杰出的一位王者。这是真正的人生精彩。可惜,司马迁没有写出这种精彩,仅以"帝相崩,子少康立"一语带过,后人称"此亦马迁所为疏略也",批评得有理。

少康有了立足之地后,就努力实现复国计划。他组织军队,发展武装力量。他收集原夏人的旧部,安抚和组织他们。他还派女艾到浇那里去做间谍,派自己的儿子季予去迷惑寒浞的小儿子豷。经过长期的努力,他终于从敌人手里夺回了政权,实现了复国的宏愿。

艰难的中兴之路

寒浞的政权是残暴的,也是脆弱的。寒浞杀戮成性,以为可以靠杀戮征服人心,其结果恰恰相反。他越是残暴,就越是不得人心。正如后人在总结历史经验时说的,寒浞之亡,"失人故也。"[1]这里说的"失人",就指的是失人心。少康把力量组织起来,少康亲自率军"处浇于过",少康的儿子予率军"处豷于戈",那里所有的老百姓都倒向少康一边,只花了几个月时间,寒浞这股恶势力就铲除了,大夏王国的旗帜重新在斟寻城的城头飘扬,实现了复国的大目标。

复国是重要的,更重要的是中兴,就是把国家实实在在地振兴起来。

为了振兴大夏,少康要求民众学会干实事,他自己也学着干实事。

在一般情况下,生在帝王家的少康会顺理成章地长大、接班,然后办帝王通常办的那些事。而少康不同,他的幼年、少年,甚至青年时期,都是在颠沛流离中度过的。他必须学会干实事,才能生存下来。

这里要说一说的是少康在其母亲的母族有仍氏的生活年限问题。史书上写得太模糊,"后缗归于有仍,生少康焉,为仍牧正",把"后缗归有仍——生少康——少康当牧正"三件事连在一起讲了,读史者也一般不问情由,认可了。后缗到有仍氏后生下少康,那必是几个月内的事,因为那是与夏王相一起怀的孩子,可是,从少康出生到少康为有仍氏牧正,就至少要二十年的时间。"古人二十而冠",不能想象,一个未冠之人能当"牧正"这样的大官的。再对照寒浞杀后羿后与后羿之妻生的那两个孩子浇和豷,此时也都已成人,说其间有二十来年的间隔是完全合理的。在有仍氏生活的这二十来年间,少康饱经沧桑,而这对他的砥砺可能是最大的。

他学干的第一件实事是在有仍氏当"牧正"。有仍氏地域不大(相当于现在的一个县),当牧正就是管理六畜的养殖和培育,这事还与祭祀有关,他必须负责选出毛色最纯正的牺牲上祭台。这些,如果是在王家的宫廷里长大的人,是不太可能知道的。据说,他的那个牧正当得很合格,还受到有仍

---

[1]《左传·襄公四年》。

氏氏族长的赞扬呢！

　　他干的第二件实事是出逃到有虞氏以后当上了庖正。中国是"民以食为天"的国家，庖正管理的就是吃喝这样的细碎事，可能还与民众的收益分配有关。老子说"治大国如烹小鲜"，当"庖正"的学问实在太大了，从中可以获取养生之道，且能获取治国安邦之道。中国古代有不少治国安民的宰相是出身于"调五味"的庖正的。

　　据史书记载，少康还是个很有创造力的发明家。"少康作秫酒。"中国的传说故事以为，最早发明酒的是大禹时代的杜康，不过那时的酒是米酒，如果真是少康发明"秫酒"的话，那是烈性的高粱酒了。还说："少康作箕帚。"[1]这是完全可能的，因为少康长期生活在民间，了解民众的疾苦，发明扫地用的"箕"和"帚"，正是其亲民精神的反映。

　　有了办实事的品格和能力，再带领大家一起办实事，把那些年折腾过程中丧失了的元气恢复过来。

　　史书上都写到了，从夏王朝的第三代国王太康时开始，之所以有"三世之难"（太康、中康、相），除了外部条件外，实在是咎由自取。启是一个了不起的君王，但是，大约到启的晚年，功成名就的启也已经有了追求享乐、不事进取的苗头，这一点有些史著已经指出了。到他的儿子太康时就变得很不像话了，"盘于游田，不恤民事，为羿所逐，不得反国"[2]，这个说法是贴切的，也是写实的。少康上台后，要真正站住脚，就要狠煞奢靡之风，使夏王国的立国基础回归到夏族重"朴"、重"俭"、重"实"的原点上来，回归到夏禹"薄衣食，致孝于鬼神；卑宫室，致费于沟壑"的轨道上来。

　　少康这样做了没有呢？一定是做了的。

　　史书上说，少康复国后，做的头一件大事，就是"祀夏配天，不失旧物"。许多史家都疏忽了，没有考虑到他所说的"不失旧物"就是要把大禹乃至夏民族原本就具有的办实事和艰苦奋斗的"旧物"重新拾起来，用以实现中兴大业。

　　艰苦奋斗是要从夏王这个"第一把手"做起的。少康在这方面做得不错。当时总的形势是北富南贫。"江南瘴疠地，逐客无消息"，这种状况一直到唐代都如此。可是，少康为了表明他的中兴决心，硬是把自己心爱的儿子送到最艰难困苦的越地去。这可是史有明文的。《史记》中写道："少康之

---

[1]《世本·作篇》。
[2]《史记·夏本纪·集解》。

子,实宾南海,文身断发,鼋鳗与处,既守封、禺,奉禹之祀。"[1]这个少康之子名字叫无余,就是越王勾践的二十世祖。少康让儿子无余到那里去,是动了真格的。"实宾南海",是要他到那里去创业,到那里去开发江南,造福后世。"文身断发",是要他断绝思归之路,融入当地的风俗中,世代在那里扎根。"鼋鳗与处",是要无余同普通百姓打成一片,一样的打鱼捉蟹,一样的吃苦耐劳。少康要儿子那样做,可以说是造就了刻苦勤劳的一代越人。后来越国历史上出了一个由于种种缘由失国后"苦身焦思,置胆于坐,坐卧即仰胆,饮食亦尝胆也"的越王勾践。太史公说,勾践的这种"卧薪尝胆"的精神,"盖有禹之遗烈焉!"应该明确地指出,这种禹之"遗烈"是少康给予的,因此也可以说是少康之"遗烈"也。

由此可见,少康时期进入了一个天下全面开发的大时代。中原地区当然是开发的首选,但边远地区也要开发。少康这个"天下共主",当得实在,他给天下人带来了实实在在的利益和好处。

夏族最重大的"旧物"之一是治水精神,而在太康开始的"三世之乱"中,水利也大多被废弃了。少康所说的"不失旧物",意味着要重整旧山河,重抓水利建设。夏王朝组织民众进一步治水,任用商侯冥治水,颇得时人称赞。据史料记载,冥是先商族的一员首领,少康时任夏王朝的水利官员,在治水过程中不小心落水身亡,以身殉职[2]。治水的最高长官会因治水而身亡,可见当时水患大有卷土重来之势,要不是少康下了大决心治水,真不知"鸿水滔天"的危象是否会重现于天下呢!

治水与发展农业经济是连在一起的。据《国语·周语上》记载,"太康时废稷之官,不复务农。"说太康刻意的废除农官和农业,那是他的荒唐之处,所造成的恶果也是可想而知的。少康复国后,干的第一件大实事、大好事就是重设田官。"(少康)三年,复田稷。"[3]"田稷"即田官。这里的"复田稷"也不能简单地理解为重新任命田官,而是对那些不管事的田官下通令,命令他们要尽职尽力地把农事抓好。作为以农立国的夏王朝,农业抓好了,就什么都有了。

由此可见,所谓"少康中兴","兴"在大禹克勤克俭风气的回归,"兴"在天下南北大地的共同开发,"兴"在水利的重建,"兴"在农业的发展。由于相关史料的缺乏,我们还不能完整地勾勒出这次中兴的全景图来。但历

---

[1]《史记·太史公自序》。
[2]《史记·殷本纪》。
[3]《今本竹书纪年》。

史上的确存在过这样一次中兴,那是完全可以肯定的。

为了中兴,除了动员全民苦干实干外,少康还着力于切实发展军事实力,团结一切可以团结的力量,用以打击主要敌人。

少康在有虞氏那里干得很出色,于是,有虞氏的地方长官就将自己的两个女儿许配给他,并将名为"纶"的这个小地方作为封地给了他。到这时,少康才有了自己真正的立足之地和发展空间。"有田一成,有众一旅","一成"是方十里的地盘,"一旅"当时是五百人的家众。有了这小小的地盘,有了这不多的家众,他就一步一步地往大里发展了。这就叫"而兆其谋",他的复国之谋就肇(兆)始于此时此地。他让这些"家众"习武,后来成了他的最基本的一支武装力量。

少康的第一步是"以收夏众"。"夏众"就是那些受到寒浞及其儿子浇打压而流亡在外的夏人武装力量,在当时可以说是散兵游勇。他们中有上层贵族,也有底层平民。他们流散在各地,无依无靠,过着十分凄苦的日子。现在少康以"复禹之绩"为旗帜召集他们,势必是振臂一呼、应者云集了。他把这些人组织起来,有的有才能的还给予一定的职官。队伍从500人起家——这是少康的基层队伍,再招募上大量的"夏众",很快就发展成为一支为数可观的强大武装部队了。

少康的第二步是把矛头对准了主要敌人。一个是凶残的寒浞的那个大儿子浇,一个是浇的弟弟豷(即寒浞的小儿子),他们手里有着过、戈这两块小地盘。少康用武力或离间的手段消灭了过、戈两国,使这两个凶残的敌手因失去根据地而处于危急的境地。

最后,少康收拢了被夷族灭亡了的、与夏同姓的斟灌氏和斟寻氏的"二国之烬"(两国当年被寒浞击败了的残余部队),调动起了自己苦心组建起来的新军,与友好的有鬲氏组成联军,浩浩荡荡地向中原地区进发。这里得感谢那位始终不渝地支持夏政权的老臣"靡"。这个叫靡的老臣在寒浞最狂暴时悄无声息地离开了当时的夏都,远走到他最有根基的有鬲氏部落,在那里组建了第一支义军,这支队伍后来加入了少康的大部队,他自己又悄无声息地退隐了下去,从此不再现身。这是个无私无畏的老人家。我们不能忘了"靡奔有鬲氏"[1]的那时那景,也不能忘了靡在组建新军中的特殊作用。从而"复禹之绩,祀夏配天"揭开了序幕,一点点把敌军消灭,一步步走

---

[1]《左传·襄公四年》。

向"少康中兴"。

在太康到少康的历史资料中,夹杂着诸多传说故事,有些传说故事也过于离奇,因此有人会怀疑它的真实性。其实,《左传》《史记》等史籍所载的这些故事自有其深刻的历史内涵,其中涉及的部族和地名也大都有据可查,太康、仲康、少康诸王的称谓也符合古代用天干命名的那种传统礼制,正如李学勤先生说的:"我们认为这段故事有它的真实性,这可以从它的名号——太康、仲康、少康中得到证明。夏王朝世系中还有孔甲、胤甲、履癸,也是用天干命名的,这种命名法不是造假的人想象的。"[1]

"天下共主,九夷来宾"

经过太康、仲康、相三代半个世纪的折腾,到相之子少康时期,夏王朝终于走上了繁荣发展的康庄大道,出现了"天下共主,九夷来宾"的中兴盛况。

尤为可贵的是,所谓的"少康中兴"不只是简单恢复大禹一脉政治统治的问题,更为主要的是夯实了这一王朝的统治基础,在治国方略上有一个较为彻底的回归——回归到勤俭立国、艰苦创业的正确轨道上来,回归到天下一统、各族互助共进的正确轨道上来。

史书上说:"少康即位,方夷来宾。"[2]这是一条十分值得珍视的史料。这条史料告诉我们,在大夏王

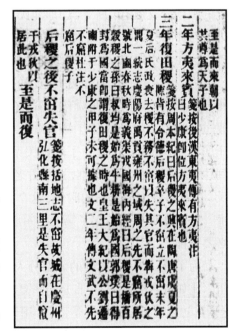

《竹书纪年》有关"少康即位,方夷来宾"的记载

---

[1] 李学勤:《中国古代文明十讲》,复旦大学出版社2003年版。
[2]《古本竹书纪年》。

朝时期,天下一统的局面是真正形成了的。在大乱半个世纪以后,一旦有人出来重新收拾"旧河山"的时候,华夏的各族民众是认同的。因此"少康即位"时,方夷(九夷中的主要一夷)才会自觉自愿地"来宾"。据《路史》上还说,这些方夷作为贵宾来祝贺的时候,还"献其乐舞"呢。在少康即位的那个典礼上,有各民族的人士在那里起舞,那场景该是何等的壮观啊!

从少康复国,到少康中兴,是一个长达半个世纪的过程。这个过程中,有痛苦,有流血,但更多的是民族与民族之间的进一步融合和相互支撑。

一个丈夫被杀的寡妇后缗,一个在外乡产下的孤儿少康,这对孤儿寡母为何最终能存活了下来?最终为何还能得天下?靠的不是运气,靠的也不是天命,靠的是各族民众的支持。寒浞搞阴谋,搞杀戮,那是不得人心的,而少康是要搞统一,恢复大夏的"各族一家"气象,因此就会处处得到救助。

为了统一大业,原先姒姓的各族联起手来了。数一数,联手救助后缗母子的姒族分支就有:斟寻氏、斟灌氏、有缗氏、有仍氏、有莘氏,等等。他们为了与邪恶势力斗争,出钱、出力、出兵,像斟灌氏和斟寻氏一度还被寒浞灭族。远在淮水边的涂山氏是姒姓的姻亲,这时也向少康伸出了援手。

为了统一大业,原先更大范围的华夏族也团聚在一起了,共同起来抗衡邪恶势力。有虞氏是舜的后裔,在少康最困难的时候,接纳了他,使他渡过了难关。如果没有有虞氏的助力,少康此时真不知往何处去呢。在少康居有虞氏期间,还建立了联姻关系,两大族进一步融合了。少康也一度到达帝丘附近的昆吾避难,这个古老的族种也给了他许多方便。还有有鬲氏,在寒浞势力最疯狂的时候,这个古族无私地接纳了夏王朝的忠贞老臣靡。是靡在那里集结起了第一支军队,为日后的少康复国准备了军事上的必要条件。

为了统一大业,夷族的大部分人众也加入了支援少康的复国大业的队伍。比如说有穷氏吧,一直是与华夏族友好相处的,在处置太康的腐败问题上,其初衷也是好的。但是,后羿用人失策,造成了巨大的社会恶果。在少康复国过程中也曾得到其或明或暗的助力。少康就曾短期的避难于有穷氏。老臣靡远走北上有鬲氏,必然要路经有穷氏管辖区,有穷氏也给予了方便。这些都是不容置疑的事实。

在汉人写的《后汉书》中,以充满着感情色彩的笔触写道:"夷者,柢也,言仁而好生,万物柢地而出,故天性柔顺,易以道御,至有君子、不死之国焉。

夷有九种。"[1] 这段话中可以说全是对夷人的赞誉。其一,"夷者,柢也",柢,就是树根,是说夷人是有根有柢的人,不是飘忽不定、不负责任人。其二,"言仁而好生",是说夷人的品性,既有仁德,又热爱生命,与之相应的就有君子之国、不死之国。其三,"易以道御",就是说容易在"道"这一点上与华夏人统一认识。这三点应当说是实事求是的,而这种美好的夷夏情感,正是"少康中兴"时打下的基础。

综观五千年文明史,中国历史上有"少康中兴""宣王中兴""昭宣中兴""光武中兴""元和中兴",等等。这些中兴局面,与历史上的"成康之治""文景之治""贞观之治""开元之治""康乾之治"交相辉映。王朝的大治局面值得赞颂,而王朝的中兴局面更难能可贵。有学者指出:"中兴之主面对的是王朝由盛转衰、社会问题丛生、民族矛盾异常尖锐的乱局,他们为了振兴王朝,开创新局面,拨乱反正,积极做了许多创造性的工作,值得加以好好总结。"[2] 所言甚是,值得予以重视。

---

[1] 南朝·范晔:《后汉书·东夷列传》。
[2] 刘太祥:《论中国古代王朝"中兴"》,见《新华文摘》,2006年第22期。

第二十章 六世七王的兴盛期

兴夏道复禹绩的帝杼

在前面我们已经说到，所谓"少康中兴"，"兴"在大禹克勤克俭风气的回归，"兴"在天下南北大地的共同开发，"兴"在水利的重建，"兴"在农业的发展。由于相关史料的缺乏，我们还不能完整地勾勒出这次中兴的全景图来。但历史上的确存在过这样一次中兴，那是完全可以肯定的。

这里必须指出的是，所谓"少康中兴"不是一个简单的"代"的概念，而是指一个长达六世七王的相对繁荣、相对稳定的历史时期。周一良、李学勤等著的《中国历史通览》也认为少康中兴是"一段较长时间的中兴稳定局面"，直到"十四世孔甲时这种局面才被打破"。从少康往后推，经历予、槐、芒、泄、不降、扃、廑，时间约长达百年有余，其间的夏王都比较清明，出现了不少有为之君，这也许是夏王朝的黄金时段。

在这延续"六世七王"的兴盛期间，最值得大书的是少康之子帝予。

可能作为少康后继者的予统治时期，是比少康时期要更为安宁富足的时期。他被称为帝予，或称为帝杼。在《古本竹书纪年》和《史记》中又有一个很特殊的名称，叫"帝宁"，或直称"宁"。一名之得，皆有缘由。看来，予那时的确是天下太平、百姓安宁了，不然人们怎么会称之为"宁"呢？

予究竟做了哪些宁国安民的事呢？由于史料的缺失，我们在这里只能为读者提供一个大概的情况。

第一，协助父亲少康讨平寒浞势力、重建夏王朝。

当年寒浞用阴谋手段杀害后羿后，又杀其子、夺其妻，"浞因羿室，生浇及豷"。受寒浞的影响，这两个孩子长大后都成了十分凶残的角色，"诈伪而不德于民"，这也正好是寒浞所希望的。寒浞派大儿子浇驻守于"过"这个地方，地在今山东地区，又派他的小儿子豷驻守于"戈"这个地方，地在今河南境内。后来浇残忍地杀害了少康的生身之父相,豷也在中原地带无恶不作。后来,少康在老臣靡的助力之下,积聚了足够的力量,就开始对寒浞这股恶势力进行反击。

少康组建的反击部队主力有两支。一支为东翼部队,主攻那个杀害相的浇;另一支是西翼部队,主攻那个无恶不作的豷。东翼部队由少康亲自率领。少康是定然要报这杀父之仇的。这一意愿是实现了。而西翼部队的主师就是年轻有为的予。史书记载:"后杼灭豷于戈。"[1]予不只追杀了豷这个独夫,还收复了中原的大片领土。

据有些史书说,予是个极有才干和极富于创业精神的明君,可惜其寿不永,他死时三十岁还不到。如果真是这样的话,那么他率军驰骋中原、英勇杀灭顽敌豷时,估计只有二十来岁了。

第二,发展农耕,"复禹迹"。

这一条没有多少现成的资料,但是要写帝予,又是不能不写的。有不少著作有这样一种说法,认为予与少康不同的是,少康重农,做了不少劝农的善举,而予就不同了,他的主要精力放在关注军队建设上。这种观点未必准确。应当是农业与军事建设并重才更接近于事实。现在学界公认,夏是中国进入农耕社会的标志性王朝,到此时,农耕业才真正成了社会的主业。而在夏王朝存在的四百多年间,长达百年之久的连续平静安康的社会时间段,也只有起始于予的"六世七王"时期。如果这一时间段不发展农耕,不以农耕为主业,那么夏的进入农耕社会这种说法也就没有着落。在2015年召开的第二届世界考古学研究会上有外国学者批评中国的古史研究过分依赖古籍,还是有一定道理的。对远古史的探讨,思辨和设想的运用还是有必要的。

这虽然是一种推论,但无论怎样说是言之有理的。有学者认为:

> 在原始社会的发展中,无论从考古材料还是从文献记载,"东夷"的文化往往高于"华夏"的文化。但后来为什么中原地区的夏族集团发展快了,超过了东夷集团,出现了第一个阶级社会的国家——夏朝呢?这种情况,并没有什么奇怪。在世界古代和近现代,落后的民族或国家,由于内外条件发生变化,发展速度加快和超过原来先进民族或国家,是不乏其例的。[2]

---

[1]《左传·襄公四年》。
[2] 田纪周:《先秦民族史》,四川民族出版社1996年版。

这是确实的。在距今八九千年前的相当长一段时间里,南方以至东部,生产事业遥遥领先于后来被称为中原的北方地区。就拿水稻和其他粮食来说吧,南方与东部的种植要早于北方地区两千来年。但是,事物是会发生变化的,其根据在于"内外条件发生变化"。一是起于西部的夏族本身就吸纳了南方和东部各民族的先进文化,使这个"夏者大也"的民族具有宏大的气概。二是自从夏的鲧和禹二世被封为"崇伯"后,就集中精力实施以崇山为中心的那一地域的开发,因此,可以说,到了鲧那个时间段河南、山西地区已经与神州大地上最发达的地区平起平坐了。三是大禹治水是从河南、山西一带出发的,归结点又在那里。大禹平水土的成功,使中原地带受到了特别的青睐。虽说据《山海经》所示,在神州大一统的前提下,大禹心中的"中"已大大超越于中原,但中心中的中心无疑还是中原地带。四是大禹和启两代的重农政策,使中国社会真正走入了农业社会,而走在最前面的理所当然是鲧与禹原先的封地一带了。

笼而统之地说,禹建立夏王朝后,中国就进入农业社会了。如果更细致一点的话,那当是在少康中兴后的"六世七王"时期,尤其是予时期。有农则安,有农则宁,予时期称为"宁"时期,道理也就在于此。

文献有载:"杼,能帅禹者也。"[1]"帅"者,循也,即遵循也。"后缗归有仍,生少康。其子予复禹绩。"[2]又是遵循禹之道,又是恢复禹之业绩,这些说的无疑都是恢复和发展农业生产。

第三,文武之道并兴,实行强军政策。

所谓文武之道,就是发展农耕和加强军队建设两手一起抓。农业发展了,民众的生活改善才有基础。而要让发展农业所取得的成果真正落实到民众身上,就得强军。强军,在战事多发的古代尤为重要,"国之大事,在祀与戎"[3]。这话虽出于春秋时期的人之口,而真正从心底里懂得此言真谛的,当是帝予。

强军的重要一着是创新武器装备。予有两大发明。

"杼作甲"[4]。在此之前,战士就是穿着一般的服装与敌人对阵,被对方的刀、箭、石器打伤的可能性很大。予根据实践经验发明了甲革,也就是皮

---

[1]《国语·鲁语上》。
[2]《史记·三代世表》之《正义》。
[3]《左传·成公十三年》。
[4]《墨子·非攻下》。

革制的战甲,士兵一穿上,防身的作用强多了。自予发明甲后,迅速传到了各国,此后的士卒,一般都称为甲卒,也是无卒不穿甲的意思。

"杼作矛"[1]。矛在古代也是一种重要的武器。一般都是在长柄上装上矛头,用以刺杀敌人。矛的发明也证明夏那个时代已进入了青铜时代,因为真正能成为矛头的一定是青铜制品。当然在大汶口文化中也发现过骨矛,但那是非典型的,典型意义上的矛是青铜的,到战国时则是铁制的。

甲与矛,是冷兵器时代最重要的两种兵器。"甲"用以防身,在于保护自己。"矛"在于攻击,在于刺杀敌手。保存自我、消灭敌人,战争的要旨都集中体现在这两件兵器上了。对这两件兵器的功效,后人有着并非完全虚构的场景式的描述:

> 完成了强兵政策以后,杼开始向东夷部族发动战争。因为夏兵都身穿皮甲,手持长矛,防御严密,武器精良,所以很快就征服了今天河南东部、山东和江苏北部一带的许多东夷部族,一直杀到海边。[2]

从这段话中可以想见,予的发明甲与矛的实用价值是很大的。不仅在当时有实用价值,可以说在整个冷兵器时代都有极大的实用价值。"帝予居原,自原迁于老邱。"[3]原,在今河南济源县城西北之原村。老邱,在今开封界内。予的都城的东迁也不会是没有道理的,他是要强化对东部中国的统治,使天下一统更具有实际的意义。正是予在结束寒浞专政、发展农耕、继承禹业以及军事征战上的重大贡献,他才会被"夏后氏报焉"[4]。注者称:"报,报德,谓祭也。"据说,报祭在国家祭祖的仪式中规格是最高的,夏人大概除了祭大禹外,最隆重的就是祭帝予了。

始于帝予的百年强国梦

包括帝予在内的"六世七王"有一个共同点,就是严守禹道,关注民

---

[1]《世本·作篇》。
[2]赤军:《文明的曙光——从三代到春秋》,山西人民出版社2012年版。
[3]《古本竹书纪年》。
[4]《国语·鲁语上》。

生,与民众一起兢兢业业于民族与国家的振兴事业,在处理本族上下关系以及处理本民族与其他民族关系上,都能谨慎从事。我们可以统称为那个时代的"百年强国梦"。这是名副其实的"百年梦",有专家作过这样的统计:

名　字	世　系	在　位
予(伯杼、帝杼)	少康子	17年
槐(后芬、帝槐)	予　子	26年
芒(后荒、帝芒)	槐　子	18年
泄(后泄、帝泄)	芒　子	16年
不降(帝不降)	泄　子	9年
扃(帝扃)	不降弟	21年
廑(帝廑)	扃　子	21年[1]

作者是依据《史记》《竹书纪年》《通志》这样一些典籍所示的资料加以通盘考虑后列出这一表格的。其间似有一些偏差,如予在位的时间似多算了一些,但总体上是可以作参考的。如以此表所列在位时间为准,那么"六世七王"在位时间的总和是128年,大致上与我们说的"百年强国梦"相合。

予的儿子槐,槐的儿子芒,芒的儿子泄,泄的儿子不降,不降的弟弟扃,扃的儿子廑,可以说一直继续着夏王朝的强国梦。有一条史料还是很值得引起我们注意的:

后荒即位,元年,以玄珪宾于河(祭河神也),命九东狩于海,获大鸟。[2]

这里讲的后荒即是帝芒。这是一条难得的十分重要的史料。帝芒即位的第一年,就"以玄珪宾于河"。夏人重玉,以为玉是通天、地、人的神物。以玉作为祭祀,那是最重的礼节了。珪是制作成柱状的美玉,玄珪是深黑色的珪玉。夏人尚黑,玄珪标志的是国家级的祭礼。有人以为,"以玄珪宾于

---

[1] 田纪周:《文明的曙光——从三代到春秋》,山西人民出版社2012年版。
[2] 《古本竹书纪年》。

河"是渔猎业的祭典,所以历来有"获大鸟"还是"获大鱼"之争。其实这是农耕业的祭典。大家知道,水患是农业的大忌,大禹平水土的第一关是平水患。因此,这里说的"宾于河",实际上是祈求老天爷风调雨顺,这样就可以五谷丰登、国泰民安了。我们觉得,这样的祈农大典是每帝、每年都会举行的,只是没有在典籍中着墨罢了。

这一条资料中有"命九东狩于海"句,似乎有点不好读。王国维作考曰:"疑九字下有夷字。"这是完全正确的。加了"夷"字含意就十分清楚了。帝芒是提出了这样的要求,让华夏人与九夷人一起在海边进行祭天仪式。华夷同祭天,这正是"六世七王"时期社会安定、国泰民安的表现。

在少康中兴的"六世七王"时期,夷夏关系总体是和谐的,可能是中国历史上最和谐的一段时期,给后人留下了美好的历史回忆。

少康即位,九夷来宾。[1]
后芬即位,三年,九夷来御。[2]
后发即位,元年,诸夷宾于王门,诸夷入舞。[3]
后泄二十一年,命畎夷、白夷、赤夷、风夷、阳夷,由是服从。[4]
帝泄二十一年,加畎夷等爵命。[5]
不降即位,六年,伐九苑。[6]

在上面所引的六组资料中,五组资料是说华夏人与夷人关系密切和谐的,说有战事的仅为一组。可见,在整个"六世七王"时期,华夷关系总体是好的,友善的合作是主流,矛盾与冲突是支流。

这里需要加以说明的是,不要忘记夏的时代背景。夏王朝的建立,意味着中国历史上第一次统一局面的形成。这里说的华夏与夷族的关系,已经不是一个国家与另一个国家之间的关系,而是一个国家内部的华夏族与夷族之间的关系,也就是主体民族与少数民族之间的关系。夏王朝与夷人之

---

[1]《古本竹书纪年》。
[2]《古本竹书纪年》。
[3]《后汉书·东夷传》。
[4] 王国维:《古本竹书纪年辑校》。
[5] 宋·刘恕《通鉴外纪》第二。
[6] 范祥雍:《古本竹书纪年辑校订补》,上海古籍出版社2011年版。

间的关系,也不是国别之间的关系,而是中央与地方之间的关系。上面所引的"命九(夷)东狩于海",这个"命"字,力重千钧,充分表现了中央的权威和地方对中央的服从。"少康即位,九夷来宾。"这是夷人的一种主动性,说明夷人是愿意看到一个统一的、强大的夏王朝的出现的。之后,"后芬即位三年,九夷来御"。九夷指的是居于东方的各种夷人,他们趁少康孙子槐(后芬)登夏王位三周年纪念的机会,集体来到中原祝贺,这可能是夏王朝历史上的一大盛事。"后泄二十一年,加畎夷等爵命。"加爵命意味着提高夷人的政治地位,也说明夷夏间的关系进一步亲密化。中央给地方势力加爵,地方势力乐意接受这种爵位,因此,不少专家说,我国在夏代时已经形成了统一的多民族国家。一些外部势力居心叵测地想否定这一点,那是枉然的。铁的事实放在那里,也是否定不了的。

在汉人写的《后汉书》中,一篇《东夷列传》充满着感情的色彩。文中称:"夷者,柢也,言仁而好生,万物柢地而出,故天性柔顺,易以道御,至有君子、不死之国焉。夷有九种。"这段话中可以说全是对夷人的赞誉。其一,"夷者,柢也。"柢,就是树根,是说夷人是有根有柢的人,不是飘忽不定、不负责任人。其二,"言仁而好生",是说夷人的品性,既有仁德,又热爱生命,与之相应的就有君子之国、不死之国。其三,"易以道御",就是说容易在"道"这一点上与华夏人统一认识。这三点应当说是实事求是的,而这种美好的夷夏情感,正是"少康中兴"时打下的基础。

我们注意到,在中国历史上,有过两次"十日并出"的记述。一次是在尧时,据说当时是:"尧之时,十日并出,焦禾稼,杀草木,民无所食。"情况够严重的。另一次就是夏代中兴期"六世七王"的最后一王廑(即胤甲)时期。

胤甲轴位四十岁,后居西河,天有妖孽,十日并照于东阳,其年胤甲陟。[1]

这两次"十日并出"的情况几乎是一模一样,都是发生在历史上的盛世——尧是五帝时代的盛世,胤甲是夏代的盛世。这两次实际上都是极为严酷的大旱灾。尧时有"羿射九日"之举,那是神话,实际上应该是在一个叫羿的人带领之下战胜了灾情。胤甲时期的情况没有具体介绍,但从当时

---

[1]《路史·后纪》。

龙山文化红陶鬶
（潍坊姚官庄出土，上海博物馆收藏）

盛世的实况和民族团结一致的情况看，一定是战胜了的。

在夏代，华夷之分实际上是不严密的。事实上，华中有夷、夷中有华，实在难以断然切割。这也是已被近百年来的地下考古发掘所证明了的。1930年，著名考古学家梁思永来到了山东城子崖的龙山镇，发现了震惊中外的"龙山文化"。龙山文化是龙的文化，理应似乎该在华夏中原地区发现，可它偏偏发现在东夷人世居的山东地区。龙山文化存在的时间上是距今4 000多年，大致上与先夏晚期与夏王朝初期相吻合。龙山人发明了飞速旋转的快轮，这在当时是领先的。龙山人掌握了先进的封窑技术，大大提高了窑内的温度，使这里出品的陶制品水平明显高于其他地区。最为有意思的是，这里的黑陶艺术让人拍案叫绝，朴素中匠心独具。大家都知道，尚黑是夏人的正宗，而我们这里的夷人比夏人还尚黑，这不正好说明了华夷文化的交融吗？黑陶中有件稀世珍品，那就是闻名世界的蛋壳黑陶杯，人们形容它"黑如漆，亮如镜，薄如纸，硬如壳，掂之飘忽若无，敲之铮铮有声"。它的体重还不到50克，被世界考古界誉为"4 000年前地球文明最精致的作品"。这件作品出于夷人之手，但其光荣是属于中华大家庭的。

与山东龙山文化相交叉又有某种承接关系的是山东岳石文化。它虽首先发现于山东平度的岳石村，但其同类文化现已发现了四百多处，以山东为中心，延伸到江苏、河北一带，东北到达辽东半岛。它的年代大约在距今3 900～3 500年间，正好是夏王朝时期。这说明，在夏王朝时期，夷人的活动是那样的自由自在，活动范围也十分的广泛。岳石文化已进入青铜时代，发掘出土的有青铜刀、锥、环、镞。郝家庄遗址发现有一块容器残片，表明岳石文化已有用合范冶炼青铜的技术。二里头文化出土的青铜鼎与斝，在造型和表面装饰均有岳石文化陶器的风格。这些都以铁的事实告诉人们，华文化与夷文化是交互为用的。

"华夏,中国也"

"中国"的观念是一个历史发展的观念,也是在不断发展中逐步完善的观念。

大概最早的所谓"中国",指的就是京师,也就是京都。"惠此中国,以绥四方。"[1]说的是,只有建设好作为京城地区的"中国",才能让四面八方的人们得到安定。这大约反映的是五帝时代人们的观念。《史记》中说到,黄帝被人们推举为天下共主之后,"而后之中国,践天子位"[2],这里说的"中国",指的就是京都。至于当时的"中国"在哪里?因为当时的人们还处于"迁徙往来无常处"的状况,也就说不清楚了。

到了大禹治水时期,尤其是治水成功定九州后,"中国"的观念就明确与中夏、中州、中原挂钩了。由于治水与划九州采取的是"行山表木,定高山大川"的方略,因此名山就成了认定"中国"的一个最重要的标志。学者认为,五岳之称,只有到大禹平水土成功之后才可能有。传统意义上所谓的五岳是指:中岳嵩山(崇山)、东岳泰山、西岳华山、北岳恒山、南岳衡山。这里最重要的是中岳的认定,哪座山当上了中岳,那么封在那里的一方诸侯就成了人们心目中的"中国""中土""中原"。

中岳在哪里?在嵩山。嵩山也就是鲧与禹被封为"崇伯"的那座崇山。

夏、商、周三个族种中,嵩山地区是夏自从西土北上东进后世居的地方,也是因功被五帝所册封的地方。商族从西土北上东进后,世居于嵩山以东偏北的地域,与这座中岳无涉。如果以商族为准定中岳的话,泰山当是中岳。周族从西土北上东进之后,世居于陕西岐山一带,后来的丰镐则在今西安地区。如果以周族为基准定中岳的话,把华山定为中岳还差不多,说什么也不会以嵩山为中岳的。

很显然,以嵩山(崇山)为中岳,这是夏人的观念。因此,人们习惯地把中岳地区称为中原,也称中夏。

---

[1]《诗·大雅·民劳》。
[2]《史记·五帝本纪》。

大禹平水土（习惯意义上的"大禹治水"）绝对是中国历史上的大事件，也是观念形态上的大变革。大禹平水土成功，理所当然地被推举为天下共主，后来又实施家天下，建立起中国历史上第一个统一的、多民族的王国。夏王国的建立，同时也意味着华夏族的形成。华，就是后世所说的花。华夏族的形成，意味着"花"崇拜的普遍被认可，似乎告诉人们这样一个事实：凡是鲜花盛开的地方，居住着的都是华夏人，这才有了"华夏，谓中国也"[1]这样的新观念。被世人解读为"禹书"的《山海经》中展示的"中国"，已经远远超越了原先人们认定的中夏地带，走向夏王朝实际控制的广阔领域。

以华夏族的实际控制领域为"中国"，这大概是夏王朝建立之后的事，而这一观念的巩固和在民众中的普及，那应该是在夏代"六世七王"的兴盛期。这时期，生产发展、社会安定，更重要的是神州大地上的各族都认同自己是夏王朝的子民，不然就不可能出现"九夷来御"这样的盛举。这里说的"御"有治理的含义在。九夷都到夏王朝的京都来，共商天下治理大计，相当于后世所谓的共商国是。这种多民族和谐相处的局面下，华夷之分是已经十分相对的事了。

"中国"观念的最后成型和成熟，那是西汉王朝建立以后的事。在司马迁笔下，"中国"包括了太行山以西的大片土地，包括了太行山以东直到大海的广袤疆域，包括了长江以南的广阔山河，还包括了龙门、碣石以北游牧者所居的地域。[2]正像汉族脱胎于华夏族一样，汉人的"中国"观是直接由夏人那里引申出来的。

---

[1]《尚书》《正义》卷十一。
[2]《史记·货殖列传》。

第二十一章 『孔甲乱夏,四世而陨』

孔 甲 乱 夏

天底下没有不散的筵席。物盛而衰,是事物发展的客观规律。夏王朝发展到孔甲时,已历十三世,孔甲本人是夏王朝的第十四世王。一个王朝的气势将尽,它的衰亡,以至于走向末路,是不可避免的事。史书有云:"昔孔甲乱夏,四世而陨。"[1] 从孔甲算起,夏王朝就跌入了衰微的深谷,后历皋、发、癸(桀)三世,最后为另一个古老而富于生气的族群商所灭亡,完成了中国历史上第一次王朝更替。

在司马迁笔下,夏王朝的十七世国君中,重墨而书的只有两人:启和孔甲。启是开国之君,中国实施传子制度的第一人,开启中国王朝世系的第一人,理应重墨。孔甲则是夏王朝由盛而衰的转折性人物,自孔甲之后,夏王朝江河日下,不可挽回。前者是历史正能量的楷模,后者是历史负能量的标本。而且,两个人物都有具体而生动的故事,司马迁把两个人物都写活了。启征伐有扈氏,召六卿,作《甘誓》,神采飞扬,气壮山河。而孔甲其人,"方鬼神",触犯众怒;"事淫乱",众叛亲离;"食龙肉",自食其果。

孔甲是夏代十七王中在位时间较长的王之一,有些专家考证说他当了三十多年的夏王。从实际情况看,孔甲是处于百年昌盛后的"盛极而衰"的时间拐点上,说他一下子变得怎么坏似乎与实际不太相符。有一条史料引起我们的注意:

夏后氏孔甲田于东阳萯山,天大风晦盲,孔甲迷惑,入于民室,主人方乳,或曰:"后(君主)来是良日也,之子必大吉。"或曰:"不胜也,之子是必有

---

[1]《国语·周语下》。

殃。"后乃取其子以归，曰："以为余子，谁敢殃之？"子长成人，幕动坏橑，斧砟斩其足，遂为守门者。孔甲曰："呜呼，有疾，命矣夫！"乃作为《破斧》之歌，实始为东音。[1]

这是一则相当生动的中国故事，有场景，有人物，也有细节。故事的大概意思是：夏后氏孔甲在东阳萯山那里打猎，天忽然刮起了大风，天色昏暗，看不清周围的地方。孔甲迷失了方向，不知不觉走进了一户老百姓的家中。这家的主妇正好在生孩子，有人说："君主到来，这可是个好日子啊！"有人却说："恐怕享受不了这个福分啊，这个孩子将来一定会有灾祸。"主人相信了后面那种说法，准备不要这个孩子了。夏君孔甲把这个孩子带回家去，说："把他当作我的孩子，谁敢害他？"孩子长大成人了，一次家中的帐幕掀动导致屋橡裂开，一把斧子从上头掉下来，一下砍断了这孩子的脚，这孩子什么事也干不了了，孔甲让他当了个看城门的人。孔甲叹道："呜呼，发生这样的事，是命运啊！"于是创作了一首《破斧》之歌，这实际上是东方音乐之始。

我们不能小视这段文字的史料价值。那时刚从氏族制走向家天下的阶级社会，原始社会的余风犹在。这时的孔甲与之前几个明君一样，还是比较亲民的。国君到了寻常百姓家，老百姓会七嘴八舌，各说各的，这也符合那个时代的实情。最可贵的是，那时的孔甲还有那么一点爱心、慈善心，人家说孩子怎样怎样，他就领回家养了。最后孩子为斧所伤，应验了"之子必有殃"的谶言。真是一语成谶，有点迷信色彩，但故事本身也似乎在告诉人们，孔甲的未来将并不妙。

人是会变的，包括君主。当了三十多年君主的孔甲后来是变得一塌糊涂了。但上面这段史料，再加上诸多反面的史料，为我们勾勒出了一个立体的孔甲。不过，晚年（或者说后期）的孔甲肯定是个昏君，这个铁案翻不了。司马迁综合各种资料，给孔甲下了这样的负面的千古结论：

帝厘崩，立帝不降之子孔甲，是为帝孔甲。帝孔甲立，好方鬼神，事淫乱。夏后氏德衰，诸侯畔之。[2]

---

[1]《吕氏春秋·音初》。
[2]《史记·夏本纪》。

司马迁不记述孔甲早年的作为,而专记其作为一个昏君的罪孽,那应是经过慎重取舍的。孔甲一生对夏代历史,乃至对整部中国历史的影响,不在于其早年是否领养过一个平民的孩子,而在于由他开始把中国历史上第一个王朝拖入了历史的死胡同。"孔甲乱夏,四世而陨",其罪孽之深,无与伦比。所谓"孔甲乱夏",就是说孔甲把大禹、夏启、少康、"六世七王"积累下来的精神财富乃至物质财富,统统丢掉了,使夏后氏走上"德衰"之路,诸侯也由此"叛之"了。孔甲的可悲可恨之处就在于此。

孔甲"乱夏",表现在三个方面。

其一,"方鬼神"。

夏代是中华礼仪文明的肇始,这种礼仪文明的极为重要的方面就是"敬鬼神",就是"慎终追远不忘祖"。夏人信鬼,重于敬鬼。按照中华的礼仪制度,对祖宗,要按时祭祀。对上天及山川神灵,要顶礼膜拜。这种从远古一直传承到夏代的礼,集中反映了当时人的生活方式,以及精神信仰和风俗习惯。可是,孔甲视这一切如粪土,采取了"方鬼神"的做法。对"方鬼神"中的"方"字,历来的学者解释得含含糊糊,其实,"方",同义于"谤"。就是不只不按时实施祭祀,还轻慢地毁谤、讥讽鬼神。这当然是不允许的,因为它触动了中国传统社会信仰的根本,当然也触动了夏王朝立国的根本。

夏历三月五日是夏代始祖大禹的诞辰,到孔甲时虽然大禹已去世四百来年,但百姓仍然没有忘记他,每到其诞辰的时候,人们纷纷涌向禹穴、禹陵、禹庙,奠祭这位治水的大英雄。礼官提前一天早早地向孔甲打了招呼,可是,他却轻慢地说:"明天我正忙着呢,祭祖的事,你们去办吧!"孔甲是专横的,他定下的事,谁还敢说个"不"字?

年节对华夏族来说是最重要的节庆,夏王理所当然地要主持送旧岁、迎新年的庆典,孔甲原先也答应要亲自主持年节大典,可是,到得除夕那天,他一大早就离开了宫殿,到深夜也不知所踪,年节大典只得草草了事。

孔甲的"方鬼神",实在是"乱夏"之举。它扰乱了夏人的精神世界,扰乱了夏王朝的立国之本,这样荒诞不经之举,当然是被世人所不能容忍的。

其二,"事淫乱"。

"方鬼神",触动的是虚拟世界,而"事淫乱",则描述的是现实生活。从某种意义上说,人更多的是生活在虚拟世界中的。一旦失去了虚拟世界,他将也会失去现实世界。孔甲对鬼神世界那样的轻慢,在现实生活中的既"淫"且"乱"也就不足怪了。可惜的是,史书只是声讨式地匆匆忙忙地把孔甲送上神圣的道德法庭,说"夏后氏德衰"却忘记告诉人们孔甲的淫乱实况。这样使我们对孔甲的批评多少流于概念化。

其三,"食龙肉"。

这是比上面两条"乱夏"罪状具体得多的荒诞故事。为了讲清这一故事,历来惜墨如金的司马迁花费了八十多个文字符号讲述此事。另外,在《左传》中把孔甲"食龙肉"的故事讲得更具体细致:

有夏孔甲,扰于有帝。帝赐之乘龙,河、汉各二,各有雌雄。孔甲不能食(饲养),而未获豢龙氏。有陶唐氏既衰,其后有刘累,学扰龙于豢龙氏,以事孔甲,能饮食之。夏后嘉之,赐氏曰御龙,以更豕韦之后。龙一雌死,潜醢以食夏后,夏后飨之。既而使求之,惧而迁于鲁县。[1]

故事是这样的:也许是为了测试孔甲吧,或者说是上天要给这个昏王某种征兆吧,上帝派两条龙降临到了夏宫,一条是雌龙,另一条是雄龙。两龙在夏宫的庭院里游动,来来往往,不肯离去。昏庸的孔甲对此可感兴趣了,他对下属说:"把这两条龙养起来吧!"下属傻了眼,历来有养鸡、养牛、养犬的,可从来没听说能养龙的,于是问他:"大王,龙怎么养啊,我们可不会。"孔甲固执地说:"你们不懂得怎么养,不等于天下没人懂得怎样养龙,快去,去找能养龙的人来。"按照孔甲的指令,派几路人马外出到处寻找养龙方面的专门人员。据传,在远古的时候,有专门豢养龙的人氏,他的名字叫"豕韦"。陶唐氏尧以后,有一个叫刘累的人,学得了驯养龙的本领。费了许多周折,孔甲手下的人找到了刘累(不知此人是真是假,也许是个大骗子),让他前来为孔甲养龙,孔甲为了表示重视,还赐给他"御龙氏"的姓,这当然是极为荣耀的事。

不料,过不多久,一条雌龙死掉了。刘累为了讨好孔甲,偷偷把死龙煮了给孔甲吃。孔甲吃了后,感到味道分外鲜美,就对刘累说:"我还想食更多的龙肉。"刘累一听,感到这事坏了,夏王孔甲如此的贪婪,将来无龙肉给他吃的时候可怎么办?刘累越想越不对劲,三十六计走为上,于是就

---

[1]《左传·昭公二十九年》。

"惧而迁去"，按照《左传》的说法是迁到鲁县去了，从此隐姓埋名，不敢出来。

这当然是一个荒诞的神话故事，但是，它的寓意却是深刻的。龙是华夏族的图腾，也就是全民族和整个国家的崇拜对象，它是上天（上帝）赐予的神物。孔甲连龙都敢食，而且妄图一食而再食，可想而知，他还有什么事不敢为呢？

值得研究的是，这里豢养的、可以成为人的美食的"龙"究竟为何物？关于"龙"的原生态物，有蛇说，有猪说，有鱼说，还有"九似"说。我们以为，这里说的可以豢养的"龙"，实际上就是野猪。理由有几条：第一，野猪生龙活虎，颇有龙姿，俗语说"豕突狼奔"，它的生气和活力引起人们崇拜是完全可能的，不是在龙山文化的墓穴中还有"人猪同穴"的现象吗？第二，龙的驯养称"豢"，"豢"字的下头是个"豕"字，"豕"者，即猪也。可见，豢"龙"即豢"猪"，也是说得过去的。第三，养龙的机构称"豢龙氏"，《史记集解》引贾逵言："豢，养也，谷食曰豢。"谷食的"龙"，不就是猪吗？猪是谷食的，"豢"符合猪的性状。第四，任职于豢龙氏这个机构的人姓名叫"豕韦"，这显然是以职业为姓的。"豕韦"一词中的"韦"同"围"，"豕围"也就是"猪圈"，名叫"豕韦"，就是管理猪圈的人。"豕韦"是被人们神秘化的所谓"龙围"。第五，还有考古上的依据。在距今6 000年的内蒙古赤峰红山文化遗址中，出土的"中华第一龙"，就是一条"玉猪龙"，这更进一步证明"猪"确实是神秘化了的"龙"的原形（至少在一些地区的一些部族中如此）。野猪肉比家猪肉味道更鲜美，孔甲这个不务正业的"美食家"，食"龙"不厌也是势所必然的了。

按照神话传说的思路，"天降龙二"是为了试探孔甲的，而孔甲为了一己之私利，竟至于食龙，这样看来，夏王朝到孔甲时的江河日下，也是不可避免的了。

"武伤百姓"的夏桀

从孔甲到亡国之君夏桀，中间隔着皋和发两代，这两代之君也许都是碌碌无为之辈，历史上没有留下任何一点值得一书的痕迹。

夏代的第十五帝是后皋，史书上只有"孔甲崩，子帝皋立"[1]。"帝皋。《索隐》宋衷云：墓在崤南陵。"[2]寥寥数语。除了说明的确存在过一个叫"皋"的夏王外，不能说明任何的实质性问题。

夏代的第十六帝是后发。"后发一名后敬，或曰发惠"[3]。一些史家考证说他一共当了十九年的夏王，似乎当时的国力还不差，在四夷中的威信也还不错。"后发即位，元年，诸夷宾于王门，再保庸会于上池，诸夷入舞"[4]。这些记述不知是否属实，殊不可考，但它宣示了一个基本的事实——直到夏第十六帝后发时，夏王国虽然已经大为衰微，但中央政权的实力还是有一点的，对地方四夷的控制力还是有的。

可是，到了夏王朝的第十七帝——夏桀时，情形发生了实质性的大变化。"后发子立，为桀"[5]。夏王朝亡于无道的桀。

司马迁在《史记·夏本纪》中除着重提到夏桀之外，在他处提及他的竟还有29处之多。司马迁并不是简单地把夏桀写成是一个暴君了事，而是要从这位亡国之君的所言所行、所作所为中，提炼出"国所以亡"的历史经验教训来。我们可以看出，司马迁在《夏本纪》中写下的"武伤百姓，百姓不堪"八个大字，是用历史的血泪凝成的。何为"武伤"？根据《汉语大词典》的解释就是"以武力伤害"。夏桀成天浸泡在花天酒地之中，根本不关心民众的死活，是个道道地地的昏君。民众过不下去了，要出来讲话，甚至于反抗，夏桀就派武装力量出来镇压，毫不留情，从这个意义上说，他又是个暴君。昏君加暴君，就是"武伤百姓"的真谛。历史上的任何英雄好汉，他一旦站到民众的对立面，敢于挑战民众，挑战历史，那么最终必然会闹到国破家亡、身败名裂的地步。

夏桀据史书记载，是个身材高大、体格强壮、武艺高强的人物："夏桀、殷纣手搏豺狼，足追四马，勇非微也，百战克胜"。可见就是这样一个貌似十分强势的人物，一旦站立到民众的对立面，那他势必"威尽势极，闾巷之人为敌国"[6]。

夏桀的"武伤百姓"首先表现在穷奢极侈、劳民伤财上。据说，夏桀不

---

[1]《史记·夏本纪》。
[2]《史记·三代世表》。
[3]《太平御览》卷八十二，在《路史·后纪》中亦有类似说法。
[4]《古本竹书纪年》。
[5]《古本竹书纪年》。
[6]《史记·律书》。

只体格健壮,还颇有点小聪明,建房用的瓦当还是他发明的。如果真是这样,这在人类生活史上,可是个了不起的创造发明。这一发明本可以用来为天下寒士和民众造福,让更多的人有所居。可是他不这样,他把这一发明用作谋取私利的手段,为自己造了连他自己也说不清有多少间的行宫。《古本竹书纪年》说他,为了"筑倾宫,饰瑶台","殚百姓之财"。何为"殚"?从语意上讲就是用尽。为了自己的享乐,他把百姓的钱财都用尽了。他敢于这样做,老百姓就敢起而反抗,这就是历史的辩证法。据一些史书记载,夏桀的享乐腐化达到了令人发指的程度:

夏桀(汉石刻)

> 昔者有洛氏(即夏桀)宫室无常,池囿广大,工功日进,以后更前,民不得休,农夫失时,饥馑无食。成商(即成汤)伐之,有洛以亡。[1]

有专家估计,当时中原地带的民众最多只有几十万人,而夏桀为了筑"宫室"、建"池囿"所需的民工至少也得十数万,就是说,除了老少病弱者外,全都被强迫征用去建造供夏桀腐败集团享用的宫室了。在这种情况下,老百姓"饥馑无食"那是必然的,老百姓"民不得休"也是必然的,不少人为此病死和饿死在道路上。除建造宫苑外,夏桀腐败集团的豪饮也是达到了令人瞠目结舌的地步。

> 昔者桀为酒池糟堤,纵靡靡之乐,一鼓而牛饮者三千人。[2]
> 桀为酒池足以运舟,糟丘足以望七(十)里,一鼓而牛饮者三千人。[3]
> 夏桀以酒为池,一鼓而牛饮者三千余人,醉而溺死。[4]

---

[1]《逸周书·史记解》。
[2]《韩诗外传》。
[3] 汉·刘向:《新序·节士》。
[4]《帝王世纪》。

这是一个巨大的腐败集团,他们一饮就是"三千人",为这些人享用的酒池"足以运舟"。这些人根本不顾民众死活,过着醉生梦死的糜烂生活,这些人中一些人甚至不怕"醉而溺死"。让这些人掌国柄,国非亡不可。一面是成日里喝着美酒,一面又是无休止地听着"靡靡之乐",夏桀统治集团的昏庸达到了登峰造极的地步。何为"靡靡"?初意是草木随风倒下,形容于人物就是指精神状态的轰然倒塌。"靡靡之乐"说的就是欣赏后会使人的精神世界全都垮了的那种乐曲。"靡靡之乐"这个词原本就是为桀、纣这样的昏君兼暴君专设的,古人痛心地说:"闻此声者,其国必削。"[1]

夏桀作为一个国君,不去组织生产,而是沉湎于奢糜无聊的游乐生活之中,尤其是迷恋于女色。"桀之时,女乐三万人"[2]。这个数字虽不一定是实指,也可能含有某种夸大的成分,但是,桀生活的极为荒淫那是可想而知的。

桀把一个古老的部族有施氏攻打下以后,就把有施氏的"国花"末喜纳入自己的后宫,从此日夜与这个美貌的女孩子嬉戏在一起,再也不理国事。

末喜者,夏桀之妃也。美于色,薄于德,乱孽无道;女子行,丈夫心,佩剑带冠。桀既弃礼仪,淫于妇人,求美女积之于后宫,收倡优侏儒狎徒能为奇伟戏者,聚之于旁。造烂漫之乐,日夜与末喜及宫女饮酒,无有休时。置末喜于膝上,听用其言。[3]

一些大臣提醒他,他看作是故意跟他作对,就动不动把人杀了,到最后大家连讲话的勇气也没有了。史书上有一种说法:"桀之放也以末喜(即妹喜)。"[4]这种说法当然并不公允,把夏之亡、桀之被放逐归结为女人误国是不对的。中国历史上还有一种"女兵"或"女戎"说。其意是,夏桀之亡,果然亡于汤相伊尹所率的百万"雄兵",同时也亡于其后宫的上万"女兵"和"女戎",尤其是那个倾城倾国的末喜。《国语》有言:

---

[1]《韩非子·十过》。
[2]《管子·轻重甲》。
[3] 汉·刘向:《列女传·夏桀末喜》。
[4]《史记·外戚世家》。

戎,兵也,女兵,言其祸由姬也。

伊尹欲亡夏,末喜为之作祸,其功同也。[1]

　　读这样源自历史本真事实的文字,着实足以让人痛定思痛,且发人深省。无论怎么说,桀的迷恋于声色犬马之乐,的确是其自取灭亡的极重要原因之一。

　　从个性上讲,桀是个暴虐狠戾之君,他就任夏君后,很快就在他周围形成了一个崇尚空谈、文过饰非、打压正气的谀臣小团体。桀有一个谀臣,名字叫赵梁。这个赵梁真可称他为无恶不作。一,他"教为无道,劝以贪狼"。当时桀还年轻,所有的"无道"之事,都是赵梁这位老臣教唆的。后宫的那些宫女,也大都是他从民间弄来的。二,他让桀"系汤夏台",也就是借故把商汤关押在夏台这座监狱里,使夏中央王朝与属下的商族之间的矛盾大为激化了。三,"杀关龙逄"。关龙逄是桀身边最忠贞的老臣,曾为夏王朝服务了三朝,可称为"三朝元老"。关龙逄看到桀大肆搜刮民脂民膏,又过着荒淫无耻的生活,就手捧"皇图"来到倾宫,要求面见桀。什么叫"皇图"?就是指古代帝王绘制的宣扬祖先功绩的大幅图画,要求后代效法祖宗建功立业,勿懈勿怠。关龙逄捧去的图画绘有大禹治水、涂山诸侯大会等宏伟的图景,目的是要桀改过自新,效法禹祖。关龙逄一面把皇图展示给桀看,一面亢声说:"古代的人君,身行礼义,爱民节财,故国家安定自身也长寿。现在你作为一国之君,用财如流水,杀人如斩麻,长此下去,执迷不悟的话,天必将降大祸于夏,你作为国君,也会被上天抛弃。"关龙逄说这些时,就有一些奸臣在那里挤眉弄眼。事后,在赵梁的挑唆下,关龙逄被遗弃、被关押,最后被杀害。关龙逄一死,就再也没有人敢面对桀直言谏争了。

　　在这个小团体中,除赵梁其人外,还有干辛、推哆等人。他们控制了朝政的方方面面,谁要是不听从他们的,轻则被监控,重则被杀害。造成了"桀之狗可使吠尧"的那种可悲局面。在桀的那个朝廷里毫无是非曲直可言,你要是当上了桀麾下的一只"狗",你对像尧这样的大圣人都能狂"吠"呢!

---

[1]《国语·晋语一》韦昭注。

"伊洛竭而夏亡"

桀的晚年，天灾频频，夏王国的中州地区又适逢连年的大旱。中州的伊洛地区地势要比四周的其他地区高爽一点，其他地区有水灾时，这一地区多次免于被淹。可是，地势高爽也有它的弱势，一遇大旱就难以忍受。圣人有言：

> 昔伊洛竭而夏亡，河竭而商亡。今周德若二代之季矣，其川源又塞，塞必竭。夫国必依山川，山崩川竭，亡之征也。[1]

这段我们称为圣人之言的话语，还是很有价值的。它一方面说"山崩川竭，亡之征也"，意思是，巨大的自然灾害，它可能是国家败亡的征兆，但是最后起决定作用的还是当政者的"德"性。"今周德若二代之季"，"二代之季"显然指的是夏代之桀和商代之纣，三代出了周之幽王、商之纣王、夏之桀王，又加上巨大的自然灾害，那是"国亡必矣"！

伊洛是夏王朝的生命源泉，大旱，大旱，接连两百多天不下雨，使横贯华夏大地的伊洛这两条大河都枯竭了，夏王朝还有几天的生命力呢？这样的大旱在尧时出现过，即所谓的"十日并出，焦禾稼，杀草木"，但尧时政治清明，民众团结一心抗灾，结果这大灾大难安然度过了。这样的大旱在夏王朝的第十三帝廑时也发生过，所谓的"天有妖孽，十日并出"，但那时的国力强盛，夏德还被世人所称道，最后也是依靠民众的力量战而胜之了，渡过了一大难关。导致"伊洛竭而夏亡"这个结局的，最终因由是夏德的衰亡。"桀不务德"，"桀有乱德"，其结果当然是可想而知的了。

司马迁之所以在那么多篇章中一而再、再而三地提到桀这个反面人物，目的是要后人从中吸取历史的教训。我们的古人在总结历史经验中懂得了一个最基本的道理："人视水见形，视民知治不！"[2]就是说，一个人在水面

---

[1]《国语·周语上》。
[2]《史记·殷本纪》。

前就显出了他的原形,而看老百姓是否满意就知道国家该如何治理了。民心向背是决定一切的。桀是失尽了民心,当然最后必然是失去江山。史书上说:

> 夫桀纣虐乱,天下之心皆归汤武,汤武与天下之心而诛桀纣,桀纣之民不为之使而归汤武,汤武不得意而立,非受命为何?[1]

桀晚年,他的所作所为已经丧尽了民心,可他还不自知。桀高傲地自称为是一颗光芒万丈的太阳,可是,民众不需要你这样的"太阳",民众的回答是:

> 是日何时丧?予与女皆亡![2]

民众是那样的憎恶桀这颗狠毒的"太阳"啊!人们甚至这样说:你桀这颗太阳什么时候会陨落啊,我们愿意与你同归于尽!这是彻骨之恨,这是不共戴天之恨。到了这样的地步,武器再精美,个人再强悍,也已是不顶用的了,民心决定国运,民心当然也决定着帝王个人的命运。《山海经》中有两则"刑天舞干戚"的故事,真实地道出了民众不畏桀的暴虐、至死不屈的英雄主义精神。

> 刑天至此与帝争神,帝断其首,葬之常羊之山。(刑天)仍以乳为目,以脐为口,操干戚以舞。[3]
>
> 有人无首,操戈盾立。名曰夏耕之尸。故成汤伐夏桀于章山,克之,斩耕于厥前。耕既立,无首,走厥咎,乃降于巫山。[4]

这实际上可能是一则故事的两个版本。"刑天"可能即是"夏耕",帝即是夏桀。讲的是夏桀末年商汤攻打夏桀的故事。刑天或者说是夏耕,原先都是夏属下的农民("夏耕"是耕种之夏民也),后来商汤带领各族民众作推

---

[1]《史记·儒林传》。
[2]《山海经·海外西经》。
[3]《山海经·海外西经》。
[4]《山海经·大荒西经》。

翻夏政权的斗争时，夏耕也参加了这场斗争，而且是打头阵的。"斩耕于厥前"，谁斩杀了他？这段古文字有点不明确，因此各家注者有不同的说法。我们看来可能有衍文，按情理讲，当然是被夏桀斩杀了的，"耕既立"，这是多么了不起的英雄气概。至于说刑天"以乳为目，以脐为口，操干戚以舞"那是更了不起了。

刑天精神是我们的伟大祖先留给我们的优秀的民族精神，值得永远纪念和弘扬，"刑天舞干戚，猛志固常在"[1]！抗击强暴、弘扬正气的刑天精神，将鼓舞我们奋勇前进。

---

[1] 晋·陶渊明：《读〈山海经〉》。

第二十二章 商汤代夏

夏 商 同 宗

由于中华大地上族群迁移异乎寻常的频繁，族群与族群之间的区划具有极大的相对性。经历几百万年的交往、交流和交融，到五帝时代，事实上已经找不到一个纯种的部族了。从这个意义上看，可以说所有部族之间都有或近或远的亲缘关系。至于说某两个族群同宗，实际上是说它们之间宗族关系比较近罢了。

《礼记》中有这样一段至关重要的话："有虞氏禘黄帝而郊喾，祖颛顼而宗尧。夏后氏禘黄帝而郊鲧，祖颛顼而宗禹。殷人禘喾而郊冥，祖契而宗汤。周人禘喾而郊稷，祖文王而宗武王。"[1] 这段话告诉我们，从有虞氏起到周人之间的"四代"，他们的宗族渊源都与五帝中的黄帝、颛顼、帝喾、尧（这里唯一没有提到的是五帝中的舜）有或近或远的关系，如果我们大致承认司马迁说的五帝间有一定的血亲关系的话，那么，我们就不会怀疑这段文献资料的历史真实性了。夏后氏是禘黄帝，又是祖颛顼。而殷人是禘喾。黄帝、颛顼、喾之间本身关系密切，都起于西土，它们之间甚至会有一定的交叉的血亲关系，那应该是没有多大问题的。

在《左传》中则说得更具体了，切实地把夏之祖和商之祖定位在兄弟关系上："昔高辛氏（帝喾）有二子，伯曰阏伯，季曰实沈，居于旷林，不相能也。日寻干戈，以相征讨。后帝（尧）不臧，迁阏伯于商丘，主辰。商人是因，故辰为商星。迁实沈于大夏，主参。"[2] 这里透出了两个重要的信息：一是表明夏、商之间是同宗的，说他们是"兄弟"那是从广义上讲的，不是后世同一个

---

[1]《礼记·祭法》。
[2]《左传·昭公元年》。

父亲或同一个母亲的那种"兄弟"，而大致上是一个族与另一个族有婚姻关系的那种"兄弟"，大致与说炎帝与黄帝是兄弟是一个意思。只要两个部族之间通婚，那么这两个部族的男男女女之间就是"兄弟姐妹"了。

商人记得起来的第一个远祖是契，契的母亲是来自有娀氏的简狄。史书是这样记述的：

> 殷契，母曰简狄，有娀氏之女，为帝喾次妃。三人行浴，见玄鸟堕其卵，简狄取吞之，因孕生契。契长而佐禹治水有功。帝舜乃命契曰："百姓不亲，五品不训，汝为司徒而敬敷五教，五教在宽。"封于商，赐姓子氏。[1]

这段文字已半是神话半是信史了。有趣的是，殷原本是尚白的，可是这段文字偏偏说有娀氏因吞"玄鸟卵"而生。"玄"者，黑也。这明明是在告诉人们，殷人既尚白，又尚黑，夏、商之间的确是有同宗关系的。而且，契又是大禹平水土的最主要助手之一，其关系就更密切了。

在契往下传的过程中，有几个人物是值得记住的。

契的儿子是昭明，昭明的儿子是相土。这一族群的"封于商"实际上是在相土时期。既封于商，这个族群就有了牢固立足点，同时又长足地发展了自我。相土时期正好处于夏王朝的创建时期，它一面作为夏王朝的一个巨大的地方势力，一面又在不断地发展壮大自己。

相土之后，著名的首领是冥。冥担任过夏王朝的最高水利大臣，功勋卓著，他常常实地考察，一次不小心淹死了。"殷人禘喾而郊冥"，给了冥以祭祖中的最高待遇——郊祭。后人一提到商人，往往把冥与契、汤等并提。

到王亥时期，商人的经济又有了重大的发展。这时商人已经能够驯养牛来拉车了，文献中称作"作服牛"。商人此时的居住地与有易部相邻。在一次冲突中，有易氏的首领杀死了王亥，并夺走了商人的牛羊。王亥之弟王恒率军夺回了牛羊，并杀死了有易氏的首领。商人认为王亥在商的发展史上是有功的，世代予以祭祀。

王亥的儿子是上甲微，他在调和商内部矛盾方面作出了贡献。

在《史记》中有这样的记述："微卒，子报丁立。报丁卒，子报乙立。报乙卒，子报丙立。报丙卒，子主壬立。主壬卒，子主癸立。主癸卒，子天乙

---

[1]《史记·殷本纪》。

立,是为成汤。"汤前面的五世被称为"三报二主(示)"时期。这时期经济上有了进一步的发展,在文化上的进步是开始以十个天干来记日,称"十干日"。他们为商汤的崛起准备了充分的条件。

商部族的第十四代传人——商汤

从契的助大禹治水,到"代夏"的商汤,其间一共经历了十三世,汤是商部族的第十四世传人。

桀的倒行逆施,结果走向了他意愿的反面。夏桀无道,众叛亲离。原先与华夏族关系长期良好的夷族,也与桀关系疏远了。商原本是夏王国的属下之国,现在也闹起独立来了。秦国的首领大费是大禹治水的最主要助手之一,一直与夏关系良好。桀时是大费的孙子费昌主政川地,这时也宣布"去夏归商,为汤御",甘愿充当商汤的先头部队,去摧毁腐败不堪的夏王朝。最使桀伤透脑筋的是他最心腹的一些地域也正在准备起事。在十分危急的形势下,他在自己的娘家之地召开"有仍之会",结果连历来最为心腹的有缗氏部落都不参与大会,显露了其反叛之心。为了显示夏王朝中央的权威,桀亲率部队征服了有缗氏,然而,"桀克有缗以丧其国"[1]。桀虽是把有缗氏的地方势力打了下去,可他的威望却一落千丈。夏王朝的寿数已是屈指可数的了。

夏桀政权最后是被作为夏王国部属的商部族打败和灭亡的。

夏与商的关系历来十分密切。在五帝时代,夏、商、周三个部族是五帝掌控的天下的三驾最有影响力的"马车"。商在东方,周在西部,夏居其中。大禹治水成功后,夏启子承父业,水到渠成地继承了天下的领导权,实现了由氏族公社制到家庭私有制的转化,建立了中国第一个父子相传的王国。在夏王国存在的四百多年间,商、周与夏的关系实际上就是中央与地方的关系。夏是天下共主,即所谓天子,商、周则是一方诸侯。商的始祖契曾是禹的治水助手。周的始祖后稷曾是舜时的农官,夏王国建立后仍任农官。这种局面一直维持到夏桀时代,夏桀的无道引发了自下而上的革命,在商汤的

---

[1]《左传·昭公十三年》。

带领下,爆发了推翻旧王朝、建立新王朝的一场伟大的斗争。

夏桀与商汤是同时代人,两者表面上还保持着君臣关系。汤是商部族的第十四代传人。汤看到夏桀无道,就着意发展自己,并准备取而代之。

商汤大量吸纳能人、才人,其中一个叫伊尹,一个叫仲虺,两人分别被汤任命为左右相。关于伊尹的身世以及与商汤的关系,史书上有这样的记述:

> 伊尹名阿衡。阿衡欲奸汤而无由,乃为有莘氏媵臣,负鼎俎,以滋味说汤,致于王道。或曰,伊尹处士,汤使人聘迎之,五反,然后肯往从汤,言素王及九主之事。汤举任以国政。[1]

这是关于同一个人的两则不同的故事,情节生动,富有情趣,且发人深省。第一则故事说的是:伊尹生于民间,但知道天下大势。他看到桀的腐败和汤的清明,认定将来的天下该是商汤的。他想见商汤,可又找不到适当的门道。后来他灵机一动,使了个怪招,把自己装扮成有莘氏的奴隶。汤娶有莘氏之女为妻,伊尹作为陪嫁的所谓"奴隶"来到了汤身边。接近了商汤以后,就"以滋味说汤,致于王道"。做菜肴要五味调和才有滋味,实施王道就是要懂得这种"调和"之道。意思是,王道要讲求人际的和谐,不能像夏桀那样专事杀戮。这是一则故事,另一则故事是:有人说伊尹原是个"处士",通俗地讲就是不想当官的隐士。但他的名声很大。商汤知道这是个可用的大才,就"使人聘迎之,五反然后肯往从汤",与后来的刘备"三顾茅庐"的情节差不多,不过这里是"五反",比"三顾"多了两次。伊尹出山以后,就要求商汤学习太素上皇(素王)和三皇、五帝、禹王(九主)的治国方略。这两个故事无论是否真实,都意在说明商汤为了治国平天下,是真正希望有更多来自民间的可用之才辅佐自己成就王业的。

商汤的另一个相是仲虺,他的故事就没有伊尹那样富于传奇色彩了。仲虺是世代夏官,他本人就是夏王朝中负责监造王家车辆的一个官员。看到夏桀的腐败不堪,他几次要求面见夏桀,夏桀不是借故不予接见,就是见而不听属下的忠告。仲虺知道夏桀是没有希望的了,就弃桀投奔商汤而来。汤用这两人为左右相,让他们辅助兴国大计。

夏桀与商汤虽是同时代人,但两人走的不是同一条路。夏桀"武伤百

---

[1]《史记·殷本纪》。

姓"，成天迷恋于美酒和女色，根本不顾及百姓的死活，走的是一条亡国之路。而商汤着力于理民生、施仁政，走的是一条兴国之路。有这样一则著名的历史故事：

汤出，见野张网四面，祝曰："自天下四方皆入吾网。"汤曰："嘻，尽之矣！"乃去其三面，祝曰："欲左，左！欲右，右！不用命，乃入吾网。"诸侯闻之，曰："汤德至矣，及禽兽。"[1]

故事说的是：有一天，商汤外出，只见有人在野外张开罗网抓飞禽走兽。此人在四面都布下了罗网，口中念念有词："我要让天下四方的飞禽走兽，都进入我的罗网！"商汤走上去，对那人说："那样做太过分了，不就是要一网打尽吗？"那人问："那依您的高见，该怎么办？"商汤说："听我的，把三面都撤了吧，只留下一面就够了。"撤了三面以后，商汤祝告道："要左边去的，你就向左边跑吧，要右边去的，就向右边跑吧，只有认同我的主张又没有新的主意的，就到我的网里来好了。"这话很快传到了诸侯那里，大家都说："汤的德性真伟大啊，他施仁政都施到禽兽那里了！"

这个"网开三面"的著名历史故事，用生动的事例告诉人们："汤革夏命"是自觉自愿的事，来不得半点勉强，只有那些真正感到非得"革"夏王朝"命"的人，商汤才会带领他们一起去造夏的反。其实，商汤越是这样说，大家越会感到商汤的大气和仁爱，也越会有更多的人加入反夏桀暴政的行列。

为了削弱夏的势力，商汤步步向西发展。他以帮助夏的亲邻小国葛祭祀为名，以迅雷不及掩耳之势消灭了葛国。汤灭葛后，桀很不高兴，他感到了来自东土的一股势力的威胁，连忙召汤入朝，并把汤囚在夏的国家监狱"夏台"里面。这时，伊尹、仲虺就设法营救商汤。他们投桀所好，搜集了大量珍宝，还有美女，源源不断地送给夏桀，并向桀说明汤并无异心。夏桀是一个贪财而没有一点儿政治远见的人，收到伊尹、仲虺送来的重礼之后，就放了商汤。他身边的人警告桀："商汤是个有雄才大略的人，此人一放，后患无穷啊！"桀的心早被一大堆的金银财宝和那些美女迷惑住了，轻描淡写地说："放了就放了，怕什么。他敢作乱，再抓他也不迟。"他还不知道，正是这

---

[1]《史记·殷本纪》。

个商汤,是他未来的掘墓人。

汤回到商地后,又趁夏桀不注意之时出兵灭了亲夏的韦国、顾国和以冶铜闻名远近的昆吾国。汤的势力所向披靡,"十一征而天下无敌"。这三个夏王国的忠诚属国的被征服,为消灭夏势力准备了条件。而沉溺于酒色中的桀对这些竟一无所知。

汤在取得这些胜利之后,按照伊尹的谋略,突然间停止了对夏的进贡,为的是观察形势。桀为此大怒,说:"怎么,商汤这样做,是想造反了吗?"就令"九夷"发兵攻商。"九夷"的大部分部族都按兵不动,但仍有少数几个部族起而攻商。汤觉得灭夏的条件还没有完全成熟,于是马上又恢复了对夏的纳贡。但第二年又停止了纳贡。桀为此暴跳如雷,马上又命夷军出兵攻商,这次九夷的每一个部族都按兵不动,谁都不愿为夏桀这个暴君卖命了。商汤高兴地拍案而起,说:"夏桀已经陷于彻底孤立的境地,夏亡是旦夕间的事,起兵吧!"于是,商汤发出了动员令,号召全军向夏桀发动总攻。

伐桀的檄文:《汤誓》

两军会战于鸣条(一说河南封丘东,另一说山西安邑界内),在战争打响之前,汤发布了誓师词,这就是中国历史上著名的伐桀檄文《汤誓》。

王曰:"格尔众庶,悉听朕言。非台小子,敢行称乱!有夏多罪,天命殛之。今尔有众,汝曰:'我后不恤我众,舍我穑事而割正夏?'予惟闻汝众言,夏氏有罪,予畏上帝,不敢不正。今汝其曰:'夏罪其如台?'夏王率遏众力,率割夏邑。有众率怠弗协,曰:'时日曷丧?予及汝皆亡。'夏德若兹,今朕必往。尔尚辅予一人,致天之罚,予其大理汝!尔无不信,朕不食言。尔不从誓言,予则孥戮汝,罔有攸赦。"[1]

这篇《汤誓》翻译成白话文是这样的——王说:"来吧,你们这些人,都

---

[1]《尚书·汤誓》,同样内容见之于《史记·殷本纪》。

注意听我讲话。不是作为小民的我敢于发动叛乱,而是夏国犯下了许多罪恶,上天命令我去诛讨他。现在你们众人当中,有的人说:'我们的君主不体恤我们大家,荒废了我们的农事,现在何必要在农忙时去征伐夏国啊?'我已经听到你们大家的话了,但是夏氏是有罪的,上天说要惩罚他,这叫'天罚',我畏惧上天,不敢不去征伐。现在你们将会问:'夏的罪行是怎样的呢?'夏王竭尽了民力,苛刻剥削夏国的城邑。民众消极怠慢不与其合作,老百姓都在说:'你这个太阳什么时候消失,我们愿与你一道灭亡。'夏王的行为如此,现在我一定要去征讨他。我期望你们辅助我,推行上天对夏的惩罚,只要大家尽力了,我将重重赏赐你们。你们不要不相信,我不会说话不算数的。假如你们不遵从誓言,我就要把你们降为奴隶或杀掉,不会有所赦免的。"

　　从夏启建立政权时的《甘誓》,到讨伐夏末代君王桀的《汤誓》,时间流逝了近五个世纪。一个王朝终结了,另一个新兴的、朝气蓬勃的王朝即将建立。虽然时间相隔是那么久远,可是,那笔调,那语气,那语意,那誓词的主旨,是那样的同一,同一得简直会让人认为是出于同一个人的手笔。

　　都五百年了,怎么可能出于同一个人的手笔呢? 不可能,也可能。五百年前和五百年后,代代相传,血脉相通又相连。前后还是唱的同一个调,这说明这个民族正在成熟。这个民族已经形成了一个几乎是永恒的观念——

　　"天命无常",当一个王朝把自己的作为聚焦在民生上,千方百计地为民众谋福利时,它是得民心的,也是顺乎天意的,上天就会把政权交给它,让它来治理下民。而当这个政权走向民众意愿的反面时,上天就会起而剥夺它的领导权,把政权交付给更顺从民意的那些领导人。

　　"天罚无情",当年"有扈氏威侮五行,怠弃三正",必然"天用剿绝其命"。夏末桀"率竭众力,率割夏邑",必然会"致天之罚"!

　　五百年前这话是新生的夏王朝的创建者对逆时代潮流而动的有扈氏说的,五百年后这话是新生的商汤对没落腐败的夏代末代国君桀说的。

　　时代变了,对象已变了,但是有一点没有变:只有新生的、朝气蓬勃的代表人物敢说出"天命无常""天罚无情"之类的话。

　　这是一个民族的心声:正义必将获胜,邪恶终会败亡。

　　当然,《汤誓》比起《甘誓》来,还是有进步的。这主要表现在新生的统治者更加重视民众的力量上。"时日曷丧,予及汝皆亡",谁漠视民众,谁就会倒台,这是一种规律。

从兵败鸣条到葬身南巢

在整个成汤灭夏的过程中，夏桀的败亡完全可以用"兵败如山倒"来形容。从《汤誓》的发布，到夏王朝的轰然倒塌，最多只有一年的光景。但是，夏败亡出走的线路一直是个谜。《诗经》上有一种说法，"苞有三蘖，莫遂莫达。九有有截，韦、顾既伐，昆吾夏桀"[1]。夏桀晚年还是盘据在斟寻城里，也就是大家比较一致认定的二里头遗址。因此，成汤灭夏之战打开后，夏的势力被驱赶出了斟寻，那是没有问题的。接着进行的是剪除所谓的"三蘖"——三个最重要的附属国——韦、顾、昆吾的战斗。问题是这三个附属国的方位何在？也就是夏桀逃向何处，就众说纷纭了。若按郭竹平的说法，则韦国在今河南滑县东南，顾国在今山东鄄城县东北，昆吾国在今河南许昌市的东边。[2] 这样看来，灭夏的路线是自东向西或是自西向东的说法都不怎么妥帖。此时的夏桀已成了一只"无头苍蝇"，东西南北到处乱窜了，哪

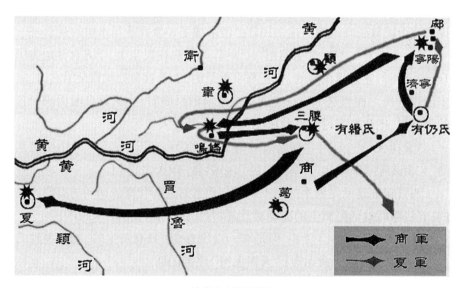

鸣条之战示意图

---

[1]《诗经·商颂·长发》。
[2] 郭竹平：《中国古典名著全译典藏图文本诗经》，中国社会科学出版社2003年版。

里可能有生存的空间,就往哪里窜。一定要画出所谓"正规"的路线图来,反倒显得有点不真实了。

鸣条一战,夏桀的部队被打得落花流水,其主力是在鸣条被摧毁的。他是一路的败北。当然,最难肯定的是鸣条的地望问题。这也是历来争讼不休的一桩历史公案。有持南夷说的,有持东夷说的,有持陈留说的(指今河南开封一带),还有持安邑说的(指今山西夏县安邑西)。这些都有一定的地理学上的依据,但是,从当时的形势来看,陈留说与安邑说皆在夏原先统治的核心地带,那里的民众受夏桀祸害最大,对夏桀的仇恨也最深,"是日何时丧?予与女皆亡"的民谚就出于中原一带,时至今日,夏桀怎能、或者说怎敢还盘桓在中原一带?因此,以笔者之见,较为合理的还是东夷和南夷两说,其中尤以南夷说为中肯。这里说的南夷大约在今安徽、山东一带,这为桀最后的葬身南巢埋下了伏笔。

夏桀带领他的残兵败将一路千里南逃,这在史书上多有记载。"桀奔南巢"[1]。

"汤遂灭夏,桀逃南巢氏"[2]。看来夏桀政权的终结点是在南巢,那是无疑的。但是南巢何在呢?这历来也是个谜。有的说,南巢即南巢之山。南巢之山即历山、中条山,应该在晋南。有的不同意这种说法,认为南巢当在安徽江淮之间以巢湖为中心的地带。南巢地近六安,这一带是文明发展较早的地域。六安夏时即有此地名,南巢之名亦当起于夏代。笔者比较同意南巢即在安徽巢河一带的说法。这种可能性也已被考古发现所初步证明。在传为南巢之地的潜山薛家岗、肥西大墩孜、肥东吴大墩、含山大城墩等遗址,以及距南巢不远的寿县斗鸡台、青莲寺,霍邱小圩堆、红墩寺等遗址,先后发现一些陶器、铜器,与二里头文化器物十分相似,在年代上也相当。这很可能就是夏桀的残部带来的物品的遗存。

在南巢,夏桀一众应该还有一点喘息的机会,也就是说,夏桀的流窜到南巢和商汤的追兵的赶到之间还有一点时间上的间隙。没有这个间隙,夏桀也就不可能放下心来反思自我。他是怎样反思自我的呢?

汤遂率兵以伐夏桀。桀走鸣条,遂放而死。桀谓人曰:"吾悔不遂杀汤

---

[1]《国语·鲁语上》。
[2]《古本竹书纪年》。

于夏台,使至此!"[1]

意思是说,在南巢,走投无路的夏桀对最后伴随在他身边的几个人恨恨地说:"我真后悔啊,当年要是我将商汤杀死在夏台这座监狱中,我就不会落到这个地步了。"随行的人深深地低下头,没有去回答他的话。夏桀在临死前说这样的话,除了进一步证明他的不可救药外,其他什么都说明不了。他永远也不会懂得,一个逆天行事、与民为敌的暴君,是不会因为某一人物的消逝而改变他的命运的。如果当年杀了商汤,会有另一个商汤来承继他的事业的。

夏桀最后是死在了南巢。中国第一个世代相传的王朝终结了,代而兴起的是以汤为开国之君的商王朝。

夏王朝是灭亡了,夏人还在。在尔后的时日里,他们是怎样生活的呢?这是大家感兴趣的。说实在的,在如何处置夏王朝的王族问题上,商统治者是有过犹豫的。"汤既胜夏,欲迁其社,不可,作夏社。"[2]"社"是一个族群祭祀土地神和自己祖先的地方,如果把夏的"社"都迁掉了,那就不只是否定了这一个族群的首脑集团,实际上是把整个夏族群都否定了。胜利了的商统治集团一定是经过了反复、认真的讨论的,最后得出的正确结论是:"不可!"不只不迁夏社,还实行了一个大动作:

昔尧殛鲧于羽山,其神化为黄熊,以入于羽渊,实为夏郊(郊祭),三代祀之。[3]

这样形成了中华民族的一个良好的传统:一个王朝被推翻了,被打倒的只是这个曾经的统治民族的腐败统治集团,而对于这个民族的广大民众来说,是尊重的,宽大为怀的。对这个民族以往有贡献的列祖列宗,是怀念甚至是崇拜的。"三代祀鲧"之风,当开自商初,表现了对初期治水英雄的怀念和崇尚,也表现了我们民族的宽宏和大度。与"三代祀鲧"相辉映的还有"三代祀禹",这实在是了不起的大国之风。

夏桀当然是"国人皆曰可杀"的十恶不赦的人物,但同是禹的传人,总

---

[1]《史记·夏本纪》。
[2]《史记·殷本纪》。
[3]《左传·昭公七年》。

还有不错的人选吧,商汤就择其善者而册封之。"汤乃践天子位,代夏朝天下。汤封夏之后,至周封于杞也。"册封的那个地方叫夏亭,据说"夏亭故城在汝州郏城县东北五十四里,盖夏后所封也"[1]。封地虽说不大,但总是一种很妥善的安顿。

王族中没有受到册封而远走他方的,应该不乏其例。有一种说法:"夏桀无道,汤放鸣条,三年而死,其子獯粥妻桀之众妾,避居北野,随畜移徙,中国谓之匈奴。"[2]这也是可能的,前不久,在内蒙古敖汉旗大甸子夏家店下层文化的一些墓葬中,发现了一些陶鬶、爵,与二里头文化二期同类器物极为相似,这也是夏代末年夏人北移的明证。另外,匈奴也一直自谓"匈奴是汉人的外甥"(更精当地说,"汉人"应是华夏人),可见他们是有与华夏人之间亲缘的遥远民族记忆的。前面引文中说桀子带着"桀之众妾"到北方去,众妾中的某一妾与北人生子,成为华夏人的外甥,在道理上也是讲得通的。

据翦伯赞先生的考证,说"当夏之末季,曾有一部分夏族在殷族压迫下,退回西北老家","即殷时之鬼方"。[3]起于西部的夏族人,在民族命运不景气的情况下,产生怀土之情,带领一家老小回到祖宗故土去扎根,这种可能性也不是没有。

后来的商、周两代都在认真总结夏亡的经验教训。周武王灭商后,第二年就病死了,周成王还年幼,周公不得不摄政。当时天下动荡不安,随之发生了三监和武庚之乱。周公平乱后,就着手总结历史经验教训,以提高统治层的识见。他在总结夏亡的历史经验时是这样说的:

我闻曰:"上帝引逸。"有夏不适逸,则唯帝降格,向于时。夏弗克庸帝,大淫泆,有辞,惟时天罔念闻,厥惟废元命,降致罚。乃命尔先祖成汤革夏,俊民甸四方。[4]

大致的意思是:我听说,上帝是禁止好逸恶劳的。夏桀不节制游乐,上帝就降下教令,劝导其不能这样。桀根本听不进上帝的教导,大肆游乐和实施犯罪活动,上帝看他不行了,不再关心他、怜悯他,最后决定废止夏的国

---

[1]《史记·夏本纪》"正义"引《括地志》。
[2]《史记·匈奴列传》引乐彦《括地谱》。
[3] 翦伯赞:《诸夏的分布与鼎鬲文化》,见《中国史论集》,文风书局1947年版。
[4]《尚书·多士》。

运,降下重罚。上帝命令商王朝的先祖成汤去代替夏桀的统治,任用杰出人才治理四方。这里的关键词是"上帝引逸"。很明确,他们认为,"上帝"是反对统治者好逸恶劳的,民众也是反对统治者好逸恶劳的。夏桀之亡,就是亡在好逸恶劳、腐化堕落上。只顾自己享乐,不顾民众死活,这样的统治者迟早是会垮台的。

第二十三章 夏是王国时代的开启期

古代文明三步曲：邦国、王国、帝国

社会文明的到来，差不多与国家的出现是同步的。"国"这个字眼最初被写成"或"，相对而言，"国"字是比较后起的。有学者作了这样的解释："或，从戈，从口，口示疆域，字象以戈保卫疆域。'或'是'国'字古文，国是后起字。或、国古音职部叠韵，义通。"[1]这就使我们懂得了，国家的出现至少要有两个条件：一是某些社会集团，诸如部落、部落联盟、酋邦之类，他们拥有了属于自己的相对稳定的疆域；二是他们拥有足以"保卫疆域"的武装力量。这两个条件缺了哪一个都不行。

历史学家的研究成果表明，由于上述两个条件在不断变化，"国"的观念也在不断变化着，并显现出其特有的阶段性来。就中国而言，这种阶段性表现为如是的三个逐步提升的大阶梯：

广域王权国家形成之前众多小的政治实体并存竞争的这个时代，有人称之为"邦国时代"，也有人称为"古国时代""万国时代"等，意思大致相近，指的都是"小国寡民"式的社会组织共存的时代。这一邦国时代，与王国时代（夏、商、周三代王朝）和后来的帝国时期（秦汉以至明清），构成了中国古代文明发展史的三个大阶段。在这个过程中，国家实体因兼并而从多到少乃至归一，而中心王朝的统治与影响范围日益扩大。[2]

被称为西方"头号中国通"的史学家费正清先生，在他的史著中也大致

---

[1] 马如森：《殷墟甲骨文实用字典》，上海大学出版社2008年版。
[2] 许宏：《最早的中国》，科学出版社2009年版。

把中国古代文明史划分为这样三个时段:第一时段被他称为"文化英雄"的时代,他说:"三皇五帝常被视为文化英雄,因为早期的文明成就,像用火、渔猎和农业的起源、历法、医药、文字都归于他们的名下。"第二时段是"上古的王朝"时期,始于大禹。他说:"从禹开始,中国历史的可信度就强多了。他建立了夏朝,其时间约在公元前2205年到公元前1766年之间。"继夏王朝的商王朝和周王朝,都被费正清定义在"上古的王朝"期间。第三时段当然是帝国时期了。对此,费正清写道:"秦始皇建立的万世帝国的梦想彻底破灭了,不过他创立的帝国制度却保存了下来,并延续了2 000多年,成为世界历史上保持时间最长的政治制度。"[1] 费正清先生的这种区划,史学界基本上是认同的。

下面我们可以对邦国时代、王国时代、帝国时代分别作一点粗略的解析。

以"满天星斗"来形容邦国时代,既妥帖,又精当。传说中的黄帝时代之前,一万多个居民聚集点(从现有的考古发掘资料看,在当时的神州大地上的确有"万国"存在)就是所谓的一万多个"国"。这些"国"有大有小,小的就是几个村落的聚合,大的是部落与部落的联盟,它们之间基本上是谁也管不了谁,处于各自为政的状态。当然,邦国时代是一个漫长的历史时期,它的后期情况就发生了很大的变化,"万国"渐渐被少数几个武装实力强大的国家所兼并,邦国的数量在大幅度减少,最后还出现了名义上的共主"天子"。这个名义上的共主的第一人就是我们视为华夏人共祖的黄帝。也可以这样说,到黄帝时代,"万国"各自为政的时期走到了末路,开始步入"诸侯咸尊轩辕为天子"[2]的历史新时期。黄帝以后的颛顼帝、高辛帝、尧帝、舜帝都是在为进入王国时代准备条件。五帝时代也是中华文明史的开局时代。

到了王国时代就大不一样了。王国时代的最主要特征是华夏范围内的统一大局面的形成和中央观念的出现。《山海经》一书被人称为"禹书",现在看来大致上是正确的,它是研究中国王国时代这段历史的经典性文献。[3]

---

[1] [美]费正清:《中国:传统与变迁》,吉林出版集团有限责任公司2008年版。
[2] 《史记·五帝本纪》。
[3] 徐旭生先生在《中国古史的传说时代》(文物出版社1985年版)一书中,把中国古史的典籍和相关资料,大致划分为三个等级,明确认为:金文,今文《尚书》中的《甘誓》《商书》《周书》,《周易》的卦爻辞,《诗经》,《国语》,《左传》,还有《山海经》,均可列入第一等级的典籍和资料之中,认为在资料的运用和识别上,"如果没有特别可靠的理由,绝不能用第二、三等级的资料来非议第一等级的资料"。看来,《山海经》的重大文献价值正在逐步为学界乃至世人所认识和肯定。

在《山海经》全书的主要篇章《山经》中把中央与四方的关系定义得十分清楚。"南山经""西山经""北山经""东山经",讲述的是四方,"中山经"讲述的是中央。全书的重头戏是强调中央,中央一下讲了中山十二经,差不多占了全书的三分之一。四方是相对于中央而言的"地方",而不是独立的"他国",这是王国时代与邦国时代的根本区别,可是我们现在有些史著还是没有把这个意思讲清楚。地方政权中有的是属于与中央王室同姓的诸侯,也有的是与中央王室不同姓但关系密切的,还有一些则属于关系较疏远的四夷族类的。但无论哪一类,他们都得服从中央,都得向中央交贡献,都得接受中央的定期检查。这里说的统一是王国时代区别于邦国时代的根本特征。

就我国而言,王国时代的第一朝是夏代,夏已经是一个统一的多民族国家。当时中央的威信是有的,所谓"声教讫于四海"。在《古本竹书纪年》中时不时地会出现"方夷来宾""于夷来贡""九夷来御"这样一些说法,正好说明了夏王与诸夷之间的关系是夏中央政府与地方势力之间的关系,而不是并立的国与国之间的关系。

到了帝国时代,它的根本特点是中央权力的进一步加强。王权变成了皇权,中央集权最后甚至归属于一个专擅主政,这当然有一个漫长的过程,其时间跨度有两千余年。李斯的一段话说尽了帝国时代与王国时代以至邦国时代的大不同:"昔者五帝地方千里,其外侯服夷服,诸侯或朝或否,天子不能制。今陛下兴义兵,诛残贼,平定天下,海内为郡县,法令由一统,自上古以来未尝有,五帝所不及。"[1]这里讲得很明确,帝国时代的标志性举措就在于"海内为郡县,法令由一统"这么两条,这的确是五帝所不能及的,也是王国时代的"三代"所不能及的。

从人类历史发展的大势看,世界上的每一个国家以至于每一个大地域,在古代文明发展过程中都大致上经历了这样三个时期,但是,世界上还没有一个国家或地域能像中国那样明晰地切割出这样三个历史时期来。这是由于我国历来重视历史,重视史料的保存和积累,因此中华文献保存得十分完备,当然,同时也得益于近百多年来的考古发掘所提供的大量实证。

历史行进的步伐是越到后面发展得越快,体现在古代文明的三个时间段上也是如此。

---

[1]《史记·秦始皇本纪》。

最早的邦国时代也就是万国时代,实在是十分漫长的。大约距今一万年的时候,人类进入了地质上的全新世时期,地球上最后一次大冰河期结束,气候由寒冷变得温暖。旧石器时代向新石器时代转化,村落、磨光石器、陶制品、原始农业和饲养业,就是新时代的特征,与此同时,最早的"万国"也开始升起在地平线上。目前发现的最早的新石器时代文化是发现在河北武安县的磁山文化,它生成于公元前5800年,早于仰韶文化。磁山遗址显示,那时的古代先民聚居在一个数十人到数百人的村落里。所有房子都是圆形或椭圆形的半地穴式建筑,每个单元面积只有6～7平方米,近门有两至三个台阶通向室内,居住面、内壁都未加工。有四到八组柱洞支撑屋顶,屋顶用芦苇盖后再抹草拌泥防日晒和雨水。房子内有石磨盘、石磨棒、斧、铲及盂、钵、罐等生产和生活用品。在村落里发现数百个灰坑,多半用来贮存粮食,深1～2米,最深的达5米。发现腐朽粮食堆积,厚度0.3～2米不等,大约有10余万斤。还有猪、狗的骨架。其他动物有兽类、鸟类、龟鳖类、鱼类、蚌类五大类23种动物。在稍后的仰韶文化期,中心聚落和大遗址群大量出现。这种现象也出现在南方的河姆渡文化中,在居民区发现了大量的谷物,数量当在120万斤,那里的养蚕业也已经十分发达。在湖南发现的城头山古城遗址,时间为公元前4000年上下。可见,约距今8 000年到6 000年上下,民居聚落已经密布于祖国大地的四荒八野了,说当时已是万国时期或邦国时代,那是没有问题的。

仰韶文化后期,直至龙山文化时期,我们大致可以定义为由邦国时代向王国时代的过渡期。仰韶文化发现于河南渑池县的仰韶村。仰韶文化主要分布在黄河中游。在河南,有仰韶村遗址,有洛阳王湾遗址和郑州大河村遗址,其中河南西部的伊洛—郑州地区的文化遗址最有代表性。同时,在陕西、山西、河北也分布着丰富的仰韶文化。仰韶文化的后期文化的时间区限是公元前3500年到前2600年之间,这时期不只大型的中心聚落增多、增大,而且遗址中有不少地区出现了夯土的城址。与仰韶文化衔接的是龙山文化,时间区限是公元前2600年到公元前1800年之间。龙山文化的一大特征是分布面积特别的广阔,大致上可以划分为山东龙山文化和中原龙山文化两大块。山东龙山文化主要分布在山东省,南及江苏北部,辽东半岛和河北唐山一带也受其强烈影响。这一文化以轮制黑陶特别发达著称于世。器表往往为素面或打磨光亮,显得十分的素雅大方。陶器主要器形有鼎、甗、鬲、盆、豆、碗、杯等。其中以蛋壳黑陶杯最为精致。石器多舌形铲、长方形石刀、石镰和剖面菱形的镞。房屋多为方形,以夯土为基。传说这是太昊和少昊集团的世居地,号为"两昊集团"。白寿彝认为:"到夏代,这些人民始称为夷,或是夏人统称东方之人为夷。""龙山文化可能是少昊或两昊族系的文化,是夷人的史前文化。"[1]而这种夷人的文化也广泛地存址于中原,形成中原龙山文化。中原龙山文化包括分布在河北南部和河南北部的后岗二期文化,分布在河南中部的王湾三期文化以及河南西部的三里桥类型,山西南部的陶寺类型,河南东部的造律台类型,还有陕西关中地区的客省庄二期文化,陶器比山东龙山文化颜色为浅,愈西愈浅,即黑陶愈西愈少,灰陶愈西愈多,到山西、陕西还有一部分灰褐陶。轮制陶已愈来愈少,大部分陶器有绳纹、篮纹和方格纹。石器与山东龙山接近,但缺少舌形铲而多有肩铲,箭头剖面多三角形。房屋多为圆形,地面及四壁抹白灰,也有分间和长方形的。有公共墓地,大墓与小墓的差别非常大。在龙山文化期间,大型中心聚落增多,夯土城址普遍化。在这么广阔的领域里,在相当长的时间中流行着同一种文化,不正好说明了中华大地在一步步走向统一吗?而这一时间段正是传说和文献资料记载的五帝时代,是黄帝被诸侯们"尊为天子"的那个历史阶段。

有学者指出:"用考古年代来衡量,距今五千至四千年间,正好是中原地区新石器时代的中、后期,是处在进入文明期之前的一个时期,因此从中国早期国家研究的角度来看,无疑地,这个时代是可能有重要表现的时代,非常值得早期国家研究者们注意。"[2]说五帝时代是"处于进入文明时期之前的一个时期",这个提法大致上是对的,但需要补正的是,这一时间段即将进入文明期的不只是中原地区,而且是五帝治下的整个华夏大地。

跨过龙山文化时期,就进入二里头文化时期了。二里头文化的直接分布范围是以河南中西部的龙山分布区域为根据地,以洛阳盆地的二里头王都为中心,其直接控制的范围在直径200公里以内。这当然只是华夏地区中心中的中心,它的文化元素的辐射范围至广至大,北达燕山以北,南至由东南沿海到成都平原的整个长江流域,东及豫鲁交界处,西到甘青高原一带。它是一种统领全国的"王国文化",昭示着以统一为前提的王国时期的到来。而作为王国旗帜的是王都斟寻,也就是被考古学家称为"华夏第一王都"的二里头遗址。在二里头遗址,发现了——中国最早的城市干道网,

---

[1][2] 谢维扬:《中国早期国家》,浙江人民出版社1995年版。

发现了明清"紫禁城"源头的中国最早宫城,发现了最早的中轴线布局的宫殿建筑群,发现了最早的青铜器乐器群,发现了最早的青铜近战兵器,发现了最早的青铜铸造作坊,发现了最早的绿松石器作坊,发现了最早的双轮车的车辙遗痕。此外,大型的"四合院"建筑、玉质礼器、龙形文物、白陶和原始瓷、骨卜习俗、鼎鬲文化合流,等等,都是"中国元素"的大汇聚。[1]从对二里头文化的解读中,我们清晰地窥视到了王国时代的姗姗而至,同时国家也就出现了。有西方学者说:"当一个有限地区里所有的社区逐步从属于单一的政体时,国家就出现了。"[2]中国的大禹把传子制这种"单一的政体"推行于华夏大地时,中国的国家制度也就应运而生了。

王国开启的继承意义

很有意思,禹在平水土的过程中,生了个儿子,给他取的名就是启。启的基本含义就是开拓、开创、创始,在《诗经·鲁颂·閟宫》中就有"大启尔宇"的说法,取名为启,大概是要他这个夏侯启日后能大大拓展夏人的生存空间。后来,到汉景帝刘启称帝的时候,实行避讳制度,就把所有文献中的夏后启字样一概改成夏后开。这事实上反倒成全了他,从他的名字看,"开"也有了,"启"也有了,活活描画出了夏王朝开启历史新时期的崇高历史地位。

这里值得指出的是,开启从来就是继承与创新的辩证统一。只讲创新,不讲继承,那是错误的,也是危险的。有学者指出:"在建设中国最早国家的进程中,前国家的传统仍在顽强地发挥作用。这些对夏朝国家的结构与功能的特征都产生深刻的影响。夏朝国家在整个中国早期国家建设中的阶段性意义也同它的'原生性'特征有关,因此它的建立不等于中国早期国家的结束,而毋宁说是这个进程的发生阶段。"[3]这里实际上涉及了批判与继承的关系问题。

可以这样说,在建设王国的过程中,大部分的夏王都十分重视对邦国

---

[1] 许宏:《最早的中国》,科学出版社2009年版。
[2] [美]乔纳森·哈斯:《史前国家的演进》,求实出版社1988年版。
[3] 谢维扬:《中国早期国家》,浙江人民出版社1995年版。

时期甚至是前邦国时期历史经验的继承。这为中国的文明史开了个好头。五千年文明史绵绵不绝,道理也在于此。

在中国历史上,大禹是一个十分特殊的人物。他既是邦国时代的最后一个领袖人物,又是王国时代第一朝的第一王,世称"禹王"。在夏王朝的十七王十四世的发展历程中,始终存在着一个是否继禹业和怎样继禹业的问题。

古禹、皋陶久劳于外,其有功乎民,民乃有安。[1]
禹稷躬稼而有天下。[2]
尧、禹以身徇天下者也。[3]

这是当时和后世整个社会的共识,所谓继承大禹精神,就是要继承他这种"以身徇天下"的牺牲精神,继承他那种踏踏实实的"躬稼"精神,继承他那种先国后家的"久劳于外"的精神。社会不管发展到何种地步,这种精神是丢不得的。夏启是在开启一个以王国命名的新时代,但是,它的社会基石永远只能是"大禹精神"。作为大禹的后继者,继"大禹精神"则兴,失"大禹精神"则亡,这是实践已证明了的。李斯为了阿谀而让秦二世千万不要"以其身劳于天下之民,若尧、禹然"[4],"二世悦",结果怎么样？秦朝成了一个短命王朝。

启是禹的直接继承人,对大禹的为人、品格感同身受,在继禹业上是做得不错的。到了第三代太康时就出了问题,即所谓"太康尸位,五子咸怨,述大禹之戒以作歌"[5]。少康是夏王朝历史上真正说得上"继禹业"的王者,是他开创了之后七王六世的大夏盛世,他的儿子予则是被公认为"能兴夏道""能帅(循)禹者"的贤王。七王六世的盛世一过,出了"乱夏"的孔甲,出了"武伤百姓"的夏桀,一句话,把大禹精神丢了,就一切都完了。夏代的十七王十四世就是这样在"继禹业"还是"背禹业"的斗争中曲曲折折地一路走过来的。

---

[1]《史记·殷本纪》。
[2]《史记·仲尼弟子列传》。
[3]《史记·李斯列传》。
[4]《史记·李斯列传》。
[5]《尚书·五子之歌》。

《尚书·五子之歌》中说到:"皇祖有训,民可近,不可下,民惟邦本,本固邦宁。"说这是大禹之训,可信。亲民和为民,是大禹精神的本真之义。我们读《山海经》的《禹曰》,觉得此中实在有大禹之训在。

此天地之所分壤树谷也,戈矛之所发也,刀币之所起也。能者有余,拙者不足。封于太山,禅于梁父,七十二家,得失之数,皆在此内,是谓国用。[1]

何谓"国用"?直白地作解,《汉语大词典》释之为"国家的费用和经费",实际上大禹这里说的比这种解释要深刻得多。在我国的经典文献中,"国用""用国"这一词语多次出现,皆作治理国家、管理国家解。《荀子·富国》:"仁人之用国,将修志意,正身行。"大禹这里说的国用,也就是指治国理政的大要。

虽然是短短一段文字,内涵却十分丰富。一讲了经济,二讲了人才,三讲了祭祀,四讲了传统。经济之要在于"分壤树谷",这是农业问题。中国自古以来是以农立国的国家,而真正树立以农为本思想的是大禹。大禹主张根据不同的土壤种植不同的谷物。我们读《禹贡》篇,篇中把土壤分成九等,而且具体标明了土质。过去一直以为禹这样做是为了按不同的土壤等级收取不同贡赋。其实不全是这样的,大禹将土地分类的根本目的还是在"分壤树谷",即按不同土质种植不同作物,以更好地发展农业。事实上只有农业发展了,才谈得上强军,即所谓"戈矛之所发也"。这里讲的"发",是指出发点,转义为基础。只有农业发展了,才谈得上物贸,即所谓"刀币之所起也"。在社会人才问题上,大禹要人们做既勤又俭的"能者",只有能者才可能"有余",如果是不勤不俭的"拙者",那只能饿肚子过苦日子了。大禹要统治者懂得和坚持中华祭祀礼仪制度,既祭上天于太山,也祭大地于梁父,这也是"王"者作为的题中应有之义。大禹要统治者不忘前贤、继承传统,所谓"七十二家"是指自古以来的七十二位圣者(哪七十二位,似乎已说不清楚了),他们都是王者学习的榜样。

大禹说了,"是谓国用",这就是治国理政的大要,也是后世人苦苦追寻的所谓"皇祖之训"。从夏启开始中国社会进入了王国时代,时代变了,但是大禹留下的"皇祖之训"不能丢,也不能变。

---

[1]《山海经》。

关于历史发展的辩证法,马克思主义经典作家有一个众所周知的妙喻:我们在倒掉产妇留下的脏水的时候,不能也不该把新生儿也倒掉了。当一种社会形态取代另一种社会形态的时候,说得更具体些,包括一个旧的腐朽的王朝被一个新的朝气蓬勃的王朝所取代的时候,我们不是否定前者的一切而只是否定它的腐朽、没落的东西,对于其中精华性的东西则可以拿来为我所用。夏王朝虽然进入了王国时代,但对邦国时代并不取排斥的态度。这种做派后来为商、周两朝效法,形成了"殷因于夏礼,所损益可知也。周因于殷礼,所损益可知也。其或继周者,虽百世可知也"[1]的"陈陈相因"的发展模式。在五千年文明发展中,中华民族能长期走在世界的前列,与我们民族从夏王朝开始的那种"陈陈相因"的辩证思维是有很大关系的吧!

"王"字内涵的历史变迁

"王"这个名词可能是夏时新生的。在夏之前,有"皇"的概念,有"帝"的概念,也有"三皇""五帝"的概念。这两个概念含义差不多,因此可以混着用。看先秦时期说到"三皇""五帝"的时候,交叉使用,有时说黄帝是"三皇"之一,有时又说黄帝是"五帝",反正意思差不多,就混着随意用。但是,不管是"皇"还是"帝",有一个基本的意思,那就是"大"。称"皇"称"帝"的人,自以为受命于天,就会有天地间"唯我为大"的感觉,就会有人世间"唯我为尊"的想法。

"王"的基本观念也是"大",即所谓"物之大者,王也"。在这点上,与"皇"和"帝"没有什么区别,因此,古时就有人说:"今之王,古之帝也。"[2]但是,"王"这一观念的出现,必然是有其缘由的,而且,"王"的内涵也随着时代的变迁而变化着。

那么,为何"五帝"后的三代领导人不再称"帝"而称"王"呢?有学者以为,那是因为从夏王朝开始搞家天下,在品位上被认为不及"天下为公"

---

[1]《论语·为政》。
[2]《左传·僖公二十五年》。

时的三皇五帝,因此在名号上应有所区别,不能再称"皇"和"帝"了,另外新生出一个"王"字来加以应对。其实,事实并不全是这样的。这里代表着一种观念上的变化,也可以说是观念的深化和提升吧!称"皇"称"帝"的人的观念还是很浅显的,"皇矣上帝,临下有赫"。他总认为自己是上帝派到下土来统治下民的,权威来自上帝,因此什么都不用怕。而称"王"者就不太相同,孔子曰:"一贯三为王。"汉代的大儒董仲舒说得更加透彻了:"古之造字者,三画而贯中者,谓之王。三者,天、地、人也,而贯通之者,王也。"[1]这明显是比简单地认为自己是上帝派来统治人民的在认识上要深入了一步,思维上也更缜密。你要当"王"吗?你就要学会把天时、地利、人和三者贯通起来,这里尤其重要的是重视了人的因素,天帝认可你了,地皇认可你了,还要看民众是否认同你呢!"一贯三为王",最主要的是看你是否得民心、合民意。失去了民心,你就什么都不是了,你那个"王"当然也就当不成了。"王"是把民心、民意放在第一位的。

　　董仲舒说"贯通之者",事实上是:要在贯通,难在贯通。要把天时、地利、人和三者贯通起来,不容易,做到了,就谁都会承认你是"王"。

　　《大禹谟》相传是舜、禹、皋陶、伯益在一起畅谈治理天下大道的篇章。当伯益说到"无怠无荒,四夷来王"时,禹深有感触地说:"德唯善政,政在养民。水火金木土谷惟修,正德利用厚生惟和,九功惟叙,九叙唯歌。"这就是禹提倡的养民"九事"——一是防治水患(水),二是制作金属器具(金),三是防火用火(火),四是保护山林(木),五注重土木建筑(土),六是播植五谷粮食(谷),七是开展道德建设(正德),八是着重为民服务(利用),九是关注民生问题(厚生)。在大禹看来,只有这九个方面做好了,才可以称"王",人家也才会承认你是"王",关键之处还在于得民心。

　　这样看来,大禹这一代"王",还有上一两代的尧、舜等,他们除了天命观念外,想得更多的是怎样"无怠无荒"地为民做一些实事,怎样为社会办一些好事。可是,到了禹之子夏启一代就又有些不同了。他了解得很清楚,要坐稳王位为民做好事固然很重要,但在斗争如此复杂尖锐的情势下,还得靠掌握在自己手里的武力。当大禹把王位传给启的时候,情势十分危急,要不是禹早就把几万"六军"部队(即六卿所统部队)交给了他指挥,后果很难设想。启在一篇军事宣言中说:"用命,赏于祖。弗用命,戮于社,予则孥

---

[1] 李恩江、贾玉民:《说文解字译注》,中原农民出版社2002年版。

戮汝。"[1]意思是说,全军官兵听着,如果你们听从我的命令勇敢击败叛逆的有扈氏,那我将在祖庙前隆重嘉奖你们;如果你们不听话,不奉行命令,那我就会在社台上严肃地处置你们,根据情节轻重,或者把一些人杀掉,或者把一些人降为奴隶。结果这支军队大显神威,把有扈氏彻底消灭了。

甘地(据传是今陕西户县一带)一战,使启尝到了武力护卫王权的甜头。由此往后,人们对"王"的概念的理解也发生了深刻的变化,变化的趋势是"王"的武装色彩越来越浓郁。至迟到少康中兴往后,直到商王朝建立以后,称"王"者已经全都得借助于武力了。

古文字学家告诉我们,在甲骨文中,"王"字就是"斧""钺"两字的变形。所谓"王"者,就是要动用武装力量,保卫自己"王"的地位和镇压叛逆者。

在夏代的四百七十余年间,环绕着一个"王"字,可说是刀光剑影,争斗不断。有夏王主动征战他方的,也有边远地区的所谓夷狄打到中原来试图取而代之的,更多的为了争夺王位而兄弟相残的。不管怎样,使用的手段就是武装。大概"成者为王败者寇"这个观念,在夏商间已有了。

夏王实际上是三位一体。

首先,夏王的"天下共主"身份。

这个"主"字,比"王"字多了一"点",实际意思是一样的,"天下共主",其实质就是"天下共王"。夏王通过氏族联盟,通过异族联姻,通过政治结盟,通过军事征战,通过经济手段,把那么大的"天下"都"共"在自己这个"主"身边了。据《说文解字》的解读,"主"的初意是油灯的灯心,也就是火苗。王者把自己比作火苗,是在告诉民众:放心吧,把政权交给我,我会给大家带来光明的,所以"天下共王"也被说成是"天下共主"了。这种"王"、"主"混用,在春秋战国时期诸子百家的文献中还可以看到,而其源头可能就是夏代。

其次,夏王的军事统帅身份。

上面说到了,"王"字的古文是"斧""钺"两字的变形,可见王者执掌武装力量是天经地义的。国王这个统帅下面是六卿的军队。那些担任"六卿"的人,也是亦政亦军,平时管理政务,关注民生,战时参与军事,从事征战,但都要对国王负责。其实,夏、商、周三代时"天下"的各方也都有自己

---

[1]《尚书·甘誓》。

的地方军队，国王通过与某方联军以打击另一方的形式，调动他们，使他们为自己所用。

再次，夏王的最高祭师身份。

不是说"王"就是通天、地、人吗？而通天、通神、通鬼，是通过祭天、祭神、祭鬼的形式来实现的。当时，有专职的祭师和占卜师。比如，在祭祀和办理某一大事前，要进行占卜。夏代已有了占卜术，这可以二里头出土的为数不少的卜骨为证。夏代的占卜要比商代的占卜简单些，就是把各类兽骨放在火堆上烤，以显现的各种不同裂痕来加以解读。这些前期事务都可以由专业的巫师去做，而最后的解释权却牢牢把握在王的手中，各类祭祀活动也一样。在《左传》上有一种十分玄妙的说法："《夏书》曰：官占，唯能蔽志，昆命于元龟。"[1]这是春秋时期的楚国人对夏王朝时占卜状况的回顾。大概当时《夏书》这部文献还没有失传，这个《夏书》的读者引用了该书上的上述两句话，大意是说：占卜的官员具体负责占卜事务，但他必须事先明察王者的用意（所谓的"唯能蔽志"，"蔽"就是明确判断，"志"就是王之志愿），然后在解读元龟的纹理时，表达出王者最需要表达的意思来。这说明当时的占卜术是完全被王家操纵的，是牢牢地把握在王者手中的，它完完全全是巩固王权的有力工具，夏王充当着实际的最高祭师的身份。夏启即位时的所谓"涂山之占"，占卜的最后解释权完全掌握在夏启手里，巫师的昭告是不能违背夏启的意志的。

这样看来，"王"的观念是不断进步和发展着的。从简单的天、地、人的"贯通之者"，走向王的武装色彩，这是一大进步。而从王的武装色彩，到王的"天下共主"、最高军事统帅、最高祭师三重身份的三位一体，又是一大进步。而这些进步是通过数百年，乃至上千年的文明演化才得以实现的。

观念是现实生活的抽象。"王"的观念不断以升级版的形式出现，从一个视角说明了王权的提升和强化，也实证了中国王国时代的确立和巩固。

---

[1]《左传·哀公十八年》。

第二十四章 夏代的城市建设

从民居聚落到"城"的建造

每一种动物都要有自己的居住场所,这是生存的必要条件。人类也是如此。人类居住场所的建造和进步经历了一个漫长的发展演变历程。

人类最早是巢居为生的。《韩非子·五蠹》中写道:"上古之世,人民少而禽兽众,人民不胜禽兽虫蛇,有圣人作,构木为巢,以避众害,民从而悦之,使王天下,号曰有巢氏。"在《庄子·盗跖》中也有类似的描述。据推测,巢居的最初形态是"单木巢居",这与鸟兽没有多大的区别,后来才渐渐发展到"多木巢居",即用多根木材构建居住场所。因为巢居的"居室"是木结构的,不可能长期留存于后世,因此现今不可能有实物遗存作为佐证。但是,不论从传说故事看,还是从后世偏远地区少数民族中残留的上古遗风看,巢居这种人类特殊的生存状态确实是存在的。从《魏书·僚传》《通典·边防典》《周书·异域传》的记载来看,直到魏晋南北朝时一些少数民族仍然过着巢居的生活。

大约100万年前,地球上气候发生了剧变,大批森林被毁灭,人类不得不从树头走向了地面,并且走进了洞穴。至今在神州大地的各处都发现有远古时期人居洞穴的遗址。较早的有辽宁营口金牛山岩洞、湖北大冶石龙头岩洞、贵州黔西观音洞等,稍后的有辽宁喀左鸽子洞、贵州桐梓岩灰洞等,距今只有几十万年到几万年前的有北京周口店的龙骨山岩洞、河南安阳的小南海岩洞、浙江建德的乌龟洞,在长达百万年的时间里,天然岩洞曾是人类唯一的"洞天福地"。

如果说人类的历史有300万年的话,人类走出洞穴、在地面营造种种建筑物以聚族而居,至少也有一万年的时间。

最先出现在地平线上的是一个又一个的居民聚落,也就是几十人到上百人的居民点。民居先是半地穴式的，就是一半在地下、一半在地面的那种建筑，后来才有了全部在地平面以上的民居。我国境内现今发现的较为集中的民居聚落，是在黄河中上游及其周边地区，以渭河流域和洛水流域为中心的地带。距今8 000～4 000年前的仰韶文化聚落，在渭水平原上分布最集中，达到每千平方公里约6.5处，在伊、洛平原及晋南平原上也达到每千平方公里约2.8处。而此时间段中，其他地区大约同等面积平均只有一处聚落。[1]

聚落经过各种形式的归并（包括使用暴力），结集为几百人甚至千人以上的大聚落。这些大聚落为了自身的利益，就开始在自己圈定的范围内建造防御工事，就有了"城"的出现。《礼记》中说："今大道既隐，天下为家，各亲其亲，各子其子，货力为己，大人世及以为礼，城郭沟池以为固。"[2]可见"城郭沟池"的出现是与"天下为家"的历史性变迁相关联的。《吴越春秋》上也有"鲧筑城以卫居，造郭以居人，此城郭之始也"的说法。可见，城邑是大约出现在原始社会末期的。"邑"字首先出现在甲骨文中，可能就是护城河和守卫者的形象。

谈到城市的起源，一些专家认为不能不谈及原始社会的氏族制村落。那时的村落，相当于一个氏族或氏族联盟的聚居地。为了安全，为了自卫，必须要有一定的防御设施。种种的防御设施稳固下来，就渐渐地发展为城市。

城市从农村走来。

可以看一看西安半坡遗址。遗址略呈椭圆形，居民点南靠河流，北边有弧形的壕沟环绕。河流和人工开凿的壕沟把村落包围得严严实实。人们可以利用这些防御工事放心地制造陶器，在窖穴中存放粮食和舒心地生活。在河流和壕沟之间，朝东和朝西北，有两个缺口，可以作为村民进出的通道，相当于日后的城门。

临潼姜寨遗址的状况也如此。氏族村落西南靠河流，北、东、南三面被人工壕沟环绕。壕沟的正东有缺口，西北沿河也有缺口，显然是人为留出的通道，作为村落的门户。西部沿河为制陶区，壕沟以东为氏族墓地。村落中心为广场，是氏族集体集会的场所。中心广场周围分为若干个"区"，每

---

[1] 庄华峰：《中国社会生活史》，合肥工业大学出版社2003年版。
[2] 《礼记·礼运》。

"区"都有大房子和若干小住房,其门都对着中心广场。

在这里,孕育着未来的城市,从一定意义上讲,有着后来城市的萌芽状态。

原始社会末期,城市雏形的出现,是一大成就。"城,以盛民也。从土从成。"[1]这里讲到了城市的两个要素:一是"盛民",也就是集中有众多的民众。随着生产事业的发展,人口也发展起来了。原来一个村落少则十余户,多则几十户人家,现在成千上万人聚在一起,形成了"盛民"气象,人气之"盛",是城市的一大景观。二是"从土从成",把土垒起来,夯实,成为城墙,这也是城市形成的必要条件。到了大约距今五六千年前的时候,最原始的城市应运而生了。

说村落中有着后来城市的萌芽,并不是说这些原始村落都将发展为城市。事实证明,原始村落是两极分化的。一极由原始村落发展成为未来的乡村,这是极大多数;另一极是由原始村落发育成未来的城市,这是少数。从中国社会看,"农村包围城市"是自古亦然的。只有条件极为优越的地方——包括水陆交通、当地的人文、周围的环境等条件——才有可能在一定条件下发育为城市。

距今约7 000年前的湖南澧县城头山遗址,发现了我国最早的史前城址,可称为"中华第一城"[2]吧!该城由夯土城墙、护城河、城门和城内夯土台基几部分组成。城垣的平面为圆形,外圆直径为325米,内圆直径为310米,城周长约1 000米,城内面积为7.6万平方米。城外的护城,东南北三面都是利用自然河道,但为了防务上的要求,进行过开拓和疏浚,西面为人工河道,则完全是为了防务需要平地开掘出来的。现存护城河最宽处达3.5米,深约4米。城的中心区为密集的居民区,城内还有道路、制陶区、公共墓地。在长达数千年的变故中,该城的城墙几经兴废,不断改造的痕迹十分清楚。

这座古城引起了全世界学者的关注,世界上大概还没有一座城市会被连续使用上数千年之久。这座城市第一次兴建于距今7 000年前,当时的城高大约只有1米多,只能说是初具规模,或者说是城市的雏形。6 000年前城市进行了一次大翻建,城墙升到了大约2米来高。大约5 100年前又一次修

---

[1] 许慎:《说文解字》。
[2] 龚良:《中国考古大发现·湖南城头山文化遗址发掘记》,兵器工业出版社2001年版。

建，城墙的材料更新了，牢度大大提高。4 600年前最后一次修建，城墙升到3米多高，还挖起了宽宽的护城河，成了功能与气派与后代人们所见差不多的城池了。

距今6 000年前的上海福泉山文化遗址中出现了土坯砖。原先的建筑物包括城墙，都用泥土和合上草木垒成，原始人居住的村落都如此。后来，为了强化建筑物的牢度，人们发明了夯筑技术，就是在建造建筑物时，在地基中加进不等量的石子，然后加以夯实。等基地板结后，再往上建造，建造到一定的高度时，再夯实一次，并停下来让它板结一段时间，然后再往上筑，再加以夯实。这样筑筑停停，并不断加以夯实，日后建筑物就明显地分出一层层的建筑痕迹来。直到上海福泉山文化遗址时期，聪明的人类才发明了土坯砖，使包括城墙在内的一切建筑物的牢度大大提高。可以肯定地说，这是受到了制作陶器的启示，原始先民在土坯墙建成后，用火烧烤，结果牢度是大大增加了。但是，那样做实在太费事了，而且那么大的范围，烧烤起来难度也实在太大。最后不知哪个聪明人想到了一种新方法：把制成一小块一小块的泥块，先放在太阳底下晒干，然后投入到窑中去烧制，这就是"砖"了。

距今5 000年前的山东寿光孙家集镇边线王村文化遗址出现了一座古城，在20世纪80年代发现时定名为"边线王古城"[1]。古城坐落在弥河两古道之间的高岗上。城址为大小两层，大城套在小城外面。两城的结构与构筑方式基本相似。推倒已经败朽不堪的城墙，挖开尘封数千年的大小城的城墙基，让人大吃一惊的是：在大城的墙基槽内，多处发现有长方形或椭圆形的土坑，土坑内除了埋有猪和狗的骨架外，更多的是儿童和成人的骨架。原来按照当时的习俗，建城（包括建房）时要举行一个隆重的奠基仪式。举行这一仪式时要当场杀牲口和杀人殉，以奠于城基下，他们以为这样城基才坚实牢靠。这当然是十分残酷的，那些奠于城墙下的人殉，在入殉前必须强行被砍去头盖骨，血淋淋地被埋入城基之中。从现今翻出来的尸骨的情状看，这些人殉被埋入土中之时，还没有完全失去知觉，还在作痛苦的挣扎呢！

到了距今5 000～4 000多年前的龙山文化时代，城市建设渐渐地成熟起来。现在我们在山东、河南、内蒙古、湖北、湖南见到的十余座古城，显然

---

[1] 张自成：《复活的文明》，团结出版社2000年版。

都已经有了相当严密的规划了。[1]我们以距今约4 200年的河南平粮台城作为例证,来加以说明吧!

平粮台城建造得十分坚固,城墙的墙基宽度有13米。高度至少在4米上下,墙的顶部宽也有10来米宽,与后世见到的城墙差不了多少。这是一座不太大的城,方方正正的,每边也仅180多米,可所需土方不会少于4万立方米。如此浩大的工程,没有统一规划和统一指挥是难以想象的。

王城——王国权威的旗帜

夏族从西土东进北上以后,据有了地理位置十分优越的崇山地区,它处于洛阳盆地的东部,背依邙山(即著名的"北芒山"),南望嵩岭,安然坐落在古伊、洛河上游交汇处北岸微微隆起的高地上。伊河和洛河的交汇处,史称"夹河地区"。据《偃师县志》载曰:"夹河地区,历朝历代,洪涝灾害不断。"这是伊洛交汇处的总体地理条件,可是,由于夏族人所居之处的一大片土地高出四周有百来米,因此这里得天独厚,生态环境极佳。尤其是大禹治水成功以后,这里成了一片被绿色覆盖的大地。山上是郁郁葱葱的森林,平原上是肥沃的湿土,被后人称赞为是形胜甲天下的"地理王国"。有记载称,1982年伊洛河流域发生了洪灾,多处决堤,受灾严重,唯有二里头、圪垱头、四角楼、北许这四个村安然无事。原来当时发大水时水位线在118米上下,这四个村周围的其他地区皆在水位线之下,只有这四个村在水位线之上,故不受淹。这真是一块"高勿近旱而水用足,下勿近水而沟防省"的风水宝地。

优越的地理位置使这里成为了文化杂交融合之所。这里地势平坦开阔,交通便利;气候温暖,物产丰茂,保证了农业生产的丰收,使之能养活密集的人口,也有利于军事防守。又是四方文化的辐辏之地。农耕社会和畜牧型农耕(游牧)社会的交流交融;粟作农业与稻作农业的交流交融;鼎文化和鬲文化的交流交融;青铜文化与玉石文化的交流交融……文化的杂交,使这块土地上的人们充满着勃勃生机,并率先进入了阶级社会,建立起

---

[1] 白寿彝:《中国通史》第三卷,上海人民出版社1994年版。

了一套完整的国家机器。

夏王国建立之后，为了确立国家的权威，就着手在伊河之滨进行王城的建设，以作为王国权威的一面旗帜。如果说伊洛平原一度被称为"天下之中"的话，那么王城所处的位置则是中心中的中心了。在夏王刻意建造的王城中，集中体现着夏王国的礼仪、饮食、服饰、交通、婚娶、庆典、丧葬、娱乐、建筑、教化、律令等制度，通过这些制度的展示，达到垂范天下的目的。在王城建设中，最为核心的是宫殿的建设。《周易·系辞》："上古穴居而野处，后世圣人易之以宫室。"在中华大地的地平线上，第一个建筑起宫室的是夏王。

有人说，王城和宫室的出现，是国家产生的重要标志，这话是有道理的。

据传说和一些文献资料显示，夏曾在阳城（今河南登封）、帝丘（今河南濮阳）、安邑（今山西夏县）、斟寻（今河南偃师）等地建立王城（相当于后世的国都），在豫东的商丘、帝丘、原、老邱也可能建立过王城。有人说，夏人在那么多地方建设王城，适足证明夏人当时还没有过上定居的生活。笔者认为这一推论是并不十分准确的。夏王朝的农业那样发达，早已过上定居生活是毋庸置疑的。这个王朝在四百七十多年中建都处达到七八处是不足为奇的，这也从客观上多层次、全方位地展示了夏王国的权威。至今为止，这些夏代王城的庐山真面目还没有全面揭开，不知这多处王城的规模、特色、次序如何，这只能留给日后的人们去解读和认知了。

至今为止，有一座王城的面貌是清晰的，那就是二里头王城遗址（不少专家推测，它就是文献中说的斟寻王城）。我们就以它为例证，约略剖析夏王城建设的初衷吧！

先要研究的是，夏先王为何会想到建王城于偃师？"河洛毓秀地，古亳帝王都。"偃师即古帝王喾、尧、舜的都城亳。偃师地区土地肥沃，气候暖和，且四塞坚固，南依嵩岳，北临黄河，东控虎牢，西扼崤函，伊、洛两水在境内逶迤百里，最易守而极难攻，是一处"河山拱戴、天成帝居"的理想之所。最早在偃师建都的帝王，乃是传说中的五帝之一帝喾高辛氏，"帝喾，都亳"。《集解》注曰："都亳，今河南偃师是。"[1] 之后，先后有夏、商、东周、东汉、曹魏、西晋、北魏等七个朝代在此建都，正所谓"洛阳十三朝，古都半在偃"。而二里头等几个村落所在的地区，四周环山，中间是一道狭长的盆地，它坐

---

[1]《史记·五帝本纪》。

落在伊、洛两河之间的夹河滩上,地势既高爽又平坦,土地肥沃,环境优美,正是一块建设王城的风水宝地。

笔者以为,夏王在此地建王城,本身是在向天下万邦发布夏王朝山河永固、无可撼动的积极信息。

二里头遗址,绝对称得上是一座保存完好的"中国第一王城"。开阔的地域、坚实的宫墙,大片的居住地,纵横的道路,巍峨的宫殿,大型的铸铜遗址,级差分明的墓葬,这些都用无声的语言告诉人们,这座静静地躺在地底下四千年的城池,正是座夏代王城。

二里头遗址位于偃师市西南9公里的地方,整个遗址包括二里头、圪垱头、四角楼、寨后和辛村五个自然村。这个古城遗址面积很大,东西约四里,南北约三里。这是一个相当广大的城市区域,虽然没有发现城墙,但从华美而坚固的宫墙看,建筑者是完全有能力和技艺建造城墙的。有能力建城墙而不建,这从一个侧面反映出当时的夏统治者的自负与自信。他们相信没有城墙也能固守自己的领地和城区,保卫城中人们的安宁。

专家称赞二里头遗址是具有王者气派的王都。当年建有各种层次的建筑物,最夺人眼球的是壮丽无比的宫殿和宗庙,还有祭祀用的特殊建筑。尤

二里头遗址主体殿堂基址

二里头建于宫城南墙上的7号基址

二里头3号基址中院主殿

(以上三幅图均引自许宏《最早的中国》,科学出版社2009年版。)

其是一号宫殿和二号宫殿,真让人叹为观止。就拿一号宫殿来说吧,坐北朝南,东西长108米,南北宽100米,总面积在1万平方米之上。宫殿面宽8间,进深3间,殿堂正南70米处是宫殿的大门,在东西北三方还有侧门呢!雄伟殿堂的四周是围墙和廊庑,殿堂前面是开阔的庭院。宫殿区四周均有宽达10米到20米的大路向外部延伸。大路纵横交叉,大体呈井字型,这样使王都的内部和外部都贯通起来。如此精细合理的配置,就是四千年后的人看来也还是了不起的。

对于这样一个具有王都气派的大都会,有专家估计,这里的居民至少有6 200户,总人口在31 000人以上。[1]真是了不得。在4 000年前,夏的一个王都的人口能达到3万多人,这在当时的世界上也是少有的吧!据西晋学问家皇甫谧在《帝王世纪》一书中的权威估计,夏禹时"天下"的人口有13 553 923人,而一座王城(当时肯定不止一座王城)就占了全体人口的差不多四百分之一,这是很了不起的现象。

我们说王都是夏王国权威的一面旗帜,正是从二里头这座王都人口的众多、物业的兴盛、手工制作的先进、宫殿的巍峨这样一些方面说的。天下的人只要到王都来走一走,看一看,那么,肯定会被那里的王家气象所征服的。

研究一下王城中居民的身份,那是十分有意思的事。居住在这座王城的31 000多个居民,按身份划分大约有三大类:以国王为首的贵族阶层;以手工业者为主体的自由民身份的平民阶层;由无业者组成的城市贫民和以家内奴仆现身的贱民阶层。

贵族在夏代是一种客观的存在。在夏王朝建立之前,万邦林立,作为天下共主的夏首领进行了一系列的征伐战,"用命,赏于祖"[2],凡是在战争中立了功的,都可以受到嘉奖,从而使一些人步入了贵族阶层,他们的居住地大都在王都内。官僚系统的日益完善使更多的人进入了贵族营垒。原先"公仆"性质的任职者,蜕变成了骑在民众头上作威作福的"主人"。

这些贵族,生时居华屋、食美食,死后还要把荣华富贵带到另一个世界去。现在二里头发现唯一的一座大型墓葬,面积在200平方米以上,墓深6米多,墓内填土全为夯筑。墓内应该有大量随葬品,可惜已被盗空,仅余

---

[1] 宋镇豪:《夏商社会生活史》,中国社会科学出版社1994年版。
[2] 《尚书·甘誓》。

下少量朱砂、漆皮及蚌饰品,还有随葬的狗骨架一具。即使如此,还是可以看出墓葬者的气派。恩格斯指出:"文明时代的基础是一个阶级对另一个阶级的剥削。"[1]王城中贵族阶层的出现正是社会进入文明期的一个重要标志。王室,宫廷权贵在王城中是聚居在一起的,对此,有学者作了这样的描述:

>面积达数百至数千平方米的大型建筑基址,都位于宫殿区及后来的宫城城墙范围内。围绕这一王室禁地,分布着众多中型夯土台基或地面式建筑。这些建筑在数十到上百平方米,宽敞且较为讲究,附近发现有随葬品丰富的墓葬,显然这应是贵族的居所。[2]

夏是一个地域广大的王国,由邦国社会向王国社会转化的重要标志就是以夏王为首的贵族官僚阶层的形成。这个贵族官僚阶层中,有当年协助大禹平水土有功的人员,有大禹一族系的亲属及其后裔,有创立王国过程中的有功人员,当然还有当朝的官僚。说是"夏后氏官百",中央一级的官僚大都是居住在王城中的。

这些贵族阶层,不只住的是高敞的华屋,而且锦衣玉食。在二里头遗址的四十八座墓葬的随葬品中,据统计占比例最大的是酒器,其次是炊器和食器,这表明在当时的贵族阶层中饮酒成风。当时贵族穿帛衣,而平民穿麻衣,在地下考古中已发现了夏代的麻衣。有记载说,桀有女乐三千,"无不服文绣衣裳者"[3]。这似乎也不是空穴来风。

二里头遗址展示的居室有四类:一类是贵族居住的宫殿。按《说文》的解释:"宫,室也。"这是最原始意义上的解读,到了夏王国建立以后,宫殿就是特指王家和贵族所居的屋宇了。第二类是平地式房屋,有夯土台基,为土木结构,大约只有在官办的手工业工场中工作的技术型人才才住得起。第三类是窑洞式的房屋,大多选址在断崖、沟崖、高丘之处,有的在山地上掏挖而成,面积很小,一般只有四五个平方米,狭小而简陋。第四类是半地穴式的房屋,半在地上,半在地下,小者只有四五平方米,大者十平方米,可容三到五个人勉强地生活。贵族、平民,还有为数相当大的城市贫民,在居住

---

[1]《马克思恩格斯选集》第四卷,人民出版社1995年版。
[2] 许宏:《最早的中国》,科学出版社2009年版。
[3]《管子·轻重甲》。

条件上明显有着巨大分野。[1]

手工业者是王城中自由民的主体。他们是不小的一个社会群体。他们中有铜器工、玉器工、石器工、漆器工、白陶工、黑陶工、灰陶工、印纹釉陶工（可以说是原始青瓷工）、陶塑工、嵌绿松石工艺工、蚌制品工、海贝加工和制作工。这些手工业者大多聚集在手工作坊之中，当然也会有个体设摊进行手工业活动的。

这些以手工艺谋生的平民的生活境况并不算差，要在王城立足，得有一份不错的手艺，而有了这份不错的手艺，生活也就差不到哪里去。他们的生活状况可以在二里头王城中等水平的居屋中得到体现。他们的住房都是地面建筑，木架，有木柱，柱下有础石，房基由夯土筑成，泥草绊和的墙面。有的住房是单间的，有的几间相连。房间小的是40~50平方米，最阔气的有85平方米。在这样的王城中，这些以手工艺见长的自由民要建造这样的房舍，经济上还行。

显然，王城中还存在着无业者组成的城市贫民。偌大一座王城所占有的土地是最肥沃的，也可以说是人们心目中的风水宝地。这里原先是有农耕者世代居住在那里的，现在为了建筑王城，就会无情地把他们从原先赖以生存的热土上驱赶走。这些人一旦从土地上"解放"出来，立马成了游荡的、无所事事的城市贫民。而战争中的俘虏以及部分赤贫者，则成了主人家中的奴仆。

王城中发现的大部分小型的半地穴房舍，就是城市贫民和家内奴仆居住的地方了。二里头发现的一个破烂的半地穴房舍，屋内东西长2.9米，南北宽2.15米，合6.2平方米。在这么狭小、低矮的居室中，要住至少一家三四口人，他们过的是怎样的日子啊！至于那些当奴仆的，还要时时提心吊胆会被拉去当作牺牲活活杀掉呢！

这里有必要说一说人殉、人牲问题。人殉最早发现于河南濮阳西水坡属于仰韶文化的墓中，时间是公元前4500年。墓主是壮年男子，旁边殉葬的是16岁的少年和12岁的少女各一位，两人的手都被压在骨盆下，似被反绑着，女孩头上被砍，显然是反抗导致的击打。最早的人牲见于西安半坡长方形房子的房基下，作为人牲的带砍痕人头骨被放在祭盘里。这说明人殉、人牲起于夏王朝前一两千年前，到夏代时作为一种文化已相当"成熟"。在

---

[1] 阎崇年：《中国古代都市生活》，九州出版社2009年版。

二里头遗址的王城里,人牲现象比比皆是,人殉现象也更普遍。在二里头遗址大型房子的基址周围发现好多人骨架,有的明显捆绑,有的身首分离,有的与牲畜同埋,这些都是人殉现象。阶级社会的权威是建筑在社会不平等基础上的,用奴隶、城市贫民、城市无业者的躯体去奠基、去祭祀鬼神,这种权威当然是血淋淋的,但在当时看来却是合情合理的。

王城,这里既是王者的天堂,又是贫民阶层和失去自由者苦苦挣扎的地狱。贵贱有等、贫富有差,这本身就是王城这面旗帜所宣扬的必然之义。

城市化和"日中为市"

城市化对当时的人们来说是一个全新课题。就是城市的硬件建设,也是在一步步摸索中前进的。

为了建设像二里头这样一个特大型的王城,据说是动员了全国上下数万到十数万的民工来参与建造。据估算,单是二里头都邑的1号宫殿的建设,就要投入20万个以上的劳动日,可见王城的建筑一定得从周边募集大量的民工。这些民工后来也就成了这座王城的第一批移民。这些民工中的一部分在王宫建设完成后转换成手工业者,另一部分沦为城市贫民,过着朝不保夕的凄楚生活。从二里头墓葬区的杂乱无章看,一些学者认为这里的族属很是复杂化,未尝不可以说这是一座中国最早的移民城市。

也许是出于安全的考虑吧,一般即使最原始的古城,都是城墙外再筑一城墙。这样在防患外敌时,就有了较大的周旋余地。后来的人们把里面一层城墙称为"城",是城市中比较繁荣的地方;外面的一道城墙称为"郭",大约是城的扩大的意思。"城"与"郭"的比例大约是一比两,或者多一点,后来的王城似乎规格还要高一点,即"郭"的规围要更宽大一些。[1]除此之外,一般城外还有"池",或者就叫作护城河。有城就有城门,有城门就得设门卫。平粮台城的防卫设施已经相当严密,这充分体现在城门管理上。这座城专门设置了门卫室。门卫房由土坯砌成,东西相对,两房间的通道仅仅

---

[1] 历史文献上对"城"与"郭"有多种说法,《孟子·公孙丑下》:"三里之城,七里之郭。"《战国策·齐策六》:"五里之城,七里之郭。"实际上这都是较为后起的一些说法,夏时及夏之前,城郭初起,怕是还没有定规,要以实际情况来定城与郭的大小和距离。

只有1.7米，如果有事，两边的门卫一伸手就可以把城门封死。当时设计的人想得很周到，在门卫房中还置有灶头，守门人要吃点什么也不用外出了。如果是隆冬，还可以利用灶头生火取暖，设计者想得多周全！如果说城郭、城池在当时条件下主要是为了防止外敌的侵袭的话，那么，"门卫室"的作用是完全不同的，它主要是为了保卫市民的日常安全，相当于后来的公安系统。但是，在二里头王城，城墙、城郭、城池、城门卫这些都还没有被发现，究竟是出于自信而没有设置呢，还是后世毁灭了没留下痕迹呢？这还很难下结论。

二里头遗址是一组中轴线规划的宫廷建筑群。有人认为"这是中国最早的中轴线规划的大型宫室建筑群"，这种说法不太确切。目前发现的最早实施中轴线规划设计的应是河南平粮台古城遗址。平粮台遗址全城呈正方形，坐北朝南。南门较大，为正门，设在南墙的正中；北门很小，又略为偏西，当为后门。这种格局显然是精心设计和规划的。平粮台城所体现的方正、对称、面南的城建思想，一直影响中国古代城市发展几千年，当然也影响了二里头的王城建筑。

二里头晚期建筑有两组大型建筑基址群，它们分别以1号与2号大型宫殿基址为核心纵向分布，都有明确的中轴线。坐落在宫城西南的1号宫殿基址，与位于其南大门正前方的7号建筑共享同一中轴线，构成西路建筑群。坐落在宫城东部的2号宫殿基址，与位于其南大门正南大门正前方的4号基址，以及位于其北的6号基址，构成宫廷东路建筑群。这两组南北有序的宫殿建筑群，绵延长度达200米。古籍上有"择天下之中而立国，择国之中而立宫，择宫之中而立庙"[1]的说法，看来是不虚的。

二里头王城1号宫殿一般理解为统治者进行祭祀活动、发布政令的礼仪性建筑。它的整个台基东西长107米，南北宽99米，面积约10 000平方米，比一个国际标准的足球场还大。它的中庭可容10 000人同时举行各种典礼。

一座大型城市，除了各类居室建筑外，最重要的是城市道路建设了。城市道路是城市的骨架和动脉。考古学家对二里头王城进行了细致的考察，已发现了四条大路垂直相交，宽阔整洁。其走向与1、2号宫殿基址围墙的方向基本一致。东西向者约东偏北6度，南北向者约南偏东6度。四条大路

---

[1]《吕氏春秋·慎势》。

略呈井字形,显现出方正规矩的布局。保存最好的宫殿区东侧大路已知长度达近700米,大路一般宽10余米,最宽处达20米。

城市排水工程是城市建设的重要内容。在河南平粮台城的发掘过程中,发现了5米多长的一截下水管道。这段下水管道设在南城门脚下,离地面大约有一尺深。下水管道由一节节长约一尺半的陶管制成。陶管一头大一头小,小的一头套在另一节水管的大的一头。整个水管呈南北走向,北端要略略的高于南端,这样便于城里使用后的废水排出去。为了保证有充足的排水量,同一段地下排水管并列有3根,如果同时排水,容量可以是相当大的。那样齐全的地下排水管道,说明当时这座城市的人口相当稠密。在史前的村落中,人口稀少,是不会有人想到去铺设地下排水道的。在这座不算大的城市中,有设施相当精良的十多所高级住宅,还有更多的普通民房,以及多处陶窑和宗教活动的场所。推算起来,总有上千人居住在同一座城中吧!那么多人居住在城内,用水量一定是很大的,排出的废水量一定也很大。可以作这样的设想,开初一定有一段污水横流的时期,后来主管部门感到了问题的严重性,才设法在城中排起地下水管来。

二里头遗址表明,这里的人们在吸收前人经验教训的基础上,对城市排水比以往任何时候更加重视。东路建筑群的核心建筑2号宫殿的庭院内的地层下,发现有两处地下排水设施。一处是位于庭院的东北部,由11节陶制水管连接而成,安装于预先挖好的沟槽之内。另一处位于庭院的东南部,是一条用石板砌成的地下排水沟。这里的陶排水管的体量要大于平粮台遗址的陶排水管,且每节陶排水管的接口处涂有黏结性物质。运用石板砌成排水管道,这也是二里头人在城市建设上的一大发明。

我们常说"城市",其实这里有两个概念:一是"城",也就是从原始人构筑的护卫村落的防卫工程进一步发展而来的城墙;二是"市",也就是人们进行货物交易的场所。"市"的下头半边是"冂",文字学家释为货物交易处的围墙,上头的一点一横,大概是表示"日中为市"[1],远古时代没有什么照明设备,只能趁阳光灿烂之时进行货与货的交换。有人还说金文的"市"似"兮",表示一种悠长的叫卖声。我们的古人真伟大,简简单单的一个"市"字,把货物交易的时间、地点、场景,甚至参与交易者的声音笑貌,都表

---

[1] 《周易·系辞》有这样的说法:"日中为市,至天下之民,聚天下之货,交易而退,各得其所。"王国时代是一统天下的时代,"至天下之民,聚天下之货"的盛况只能出现在夏王朝建立之后。

达出来了,你说神也不神?

这样的"市",大约在距今5 000来年前就已经出现了。

大汶口10号墓的开掘,引起了人们普遍的兴趣。这是一位可能是很有身价的老妇人的墓地,随葬品之丰富及质地之优异,堪称为大汶口墓葬之冠。其中除了有大宗的猪头、石器、玉器、骨器、陶器等物外,还有只可能产于异地的象牙器、绿松石及鳄鱼鳞板,其中的白陶制品、玉铲和象牙梳实为精美工艺品。

因其数量之多,考古工作者认定这些随葬品不可能全由其家庭生产。

因其物品之异,考古工作者认定这些随葬品不少来自异地。

因其随葬品之珍,考古工作者推断这位老太太绝非等闲之辈。

象牙器迄今只在曲阜东魏庄、茌平尚庄、滕县北辛庄和湖北郧县青龙泉有少量发现。据信,在新石器时代,在长江以南的一些地方有大象出没,在南方的一些遗址中也偶有象骨发现。可见,大汶口10号墓中的象牙器该是来自长江以南的某处的。绿松石是稀有矿石,至今发现极少。大汶口10号墓发现的绿松石串饰,由19枚大小不等的绿松石组成,如此多的珍品,是不可能在一处采集到的。至于鳄鱼鳞板,经鉴定为扬子鳄。新石器时代黄淮一带有扬子鳄的自然分布,但要进入10号墓地则有相当大的地域距离。

这些似乎都在用无声的语言告诉人们:当时的人们物品交易的范围已经相当的大。当时大约10来里地域有一个"市",就是说在这样一个范围内的物品都可以拿到"市"上去交易。但是,人与人的活跃程度是很不相同的。当时,有一些"活跃分子"会窜到相邻的"市"上去观光和交易。经过"市"与"市"之间的接力,千里之外的域外之物,也能流向远方了。大汶口10号墓中女主人的珍异之物,正是这种"市"间接力的产物。

货物的交易扩大了人们的眼界,丰富了人们的生活,刺激了人们的欲求,促进了生产的发展。"市"的出现在人类生活中是一件大事。

但是,麻烦也还是有的。带着那么一大堆东西到市场去交换,有多不方便! 比如你家有多余的羊,你就得牵了一头羊到集市去出卖,想交换到一匹布。可是,羊倒的确有人要的,可那人手头没有布只有猪,这该怎么办呢? 结果还是交易不成功。

怎么办?

于是,人们就开始寻找一种大家都认同的物品,只要手中拥有了这种物品,就能交换到一切所需的物品,这就是原始货币。

在湖北省京山县屈家岭文化遗址，发现有一种陶质较软的彩陶纺轮，形色多样，色彩柔和。它的制作过程大致为：先在两面涂抹上橙黄色的陶衣，再在单面绘以红褐色或红色的花纹，彩纹图案主要有同心圆纹、漩涡纹、对顶三角纹、平行短直线或短弧线纹。有专家认为，这种彩陶不会单是纺织专用工具，而是屈家岭文化共同体在当时流行的一种原始状态的货币。人们要买什么，先将物品换成"彩陶纺轮"，再拿这种"彩陶纺轮"去换一切自己需要的东西。

这还是不方便。肩着那么大的一架纺轮，到市上去交换，多不好使。有没有更加小巧一点、更加简便一点的物件呢？

有的。并且找到了。

在青海东都柳湾新石器时代的墓地，意外地发现了用海贝、石贝和骨贝随葬的现象。青海远离大海，海贝当然是极为稀有之物。正因为极为稀有，因此它就珍贵。正因为珍贵，它就有资格成为万能的、交换一切物品的东西。看来，后来单是海贝不够用了，就加上石贝、骨贝一起使用，当然，石贝和骨贝比起海贝来，"面值"要小得多。

二里头是中国历史上的第一座王城，在这座王城中有专供交易的"市"可以说是必然的，只是年代遥远，难以求证罢了。这里的交易手段也理应比屈家岭等地更加先进些，这些都有待研究、有待时日。

二里头人的"市"设在哪里？可设"市"的地方实在多得很。现在发现的几座大宫殿都有一个大大的庭院，这庭院除了进行庄严的祭祀和政事活动外，是否也会是由国家主持的定时的集市点？完全有可能。另外，在平民居住的地面建筑的空旷处，在贫民居住的半地穴建筑的广场上，全都可能实施"交易而退，各得其所"的集市活动。

二里头的玉石文化可以说是极一时之盛，但是这种玉石文化之盛实际上是"东风西渐"的结果，也就是其中就透露着市易的痕迹。二里头玉器以玉钺、玉刀、玉璋、玉圭、玉戈为最著名，而这些的源头最早都见之于长江下游的太湖地区的史前文化。比如在钺身上穿双孔和用绿松石圆片镶嵌其中的一孔的装饰手法，就流行于海岱地区的大汶口、龙山文化。这本身就留下了当年集市交易的痕迹。

二里头遗址的发掘中出现的一大奇迹是"五谷"齐全。五谷的说法多达五六种，但通常的说法是粟、黍、稻、麦、豆。在中原地带，甚至北方地区，五谷中的粟和黍是养生的主食，可是，在二里头的发掘中，竟然是粟、黍、稻、麦、豆"五谷"齐全。其中最为令人称奇的是,生长在南方的水稻在二里头遗址出土的农作物中占有总数的1/3,这只能作一种解释,那是当时"交易"的物证。五谷同时出现在王城地区,是形成"五谷"观念的物质条件,大约至迟到了春秋时期,"五谷"的观念已普及于民间,以至于会有"四体不勤,五谷不分,孰为夫子"[1]之讥。

人所共知,"贝"是人类货币的公认的第一承载物,《易·震》:"亿丧贝。"王弼注:"贝,资货粮用之属也。"《史记》也有"农工商交易之路通,而龟贝金钱刀布之币兴焉"[2]这样的说法。从远古时代开始使用"贝"实施交易,到商代后期制作"无文铜贝"以取代天然贝,以"贝"作为货物交换的货币的时间长达几千年,这是历史上使用寿命最长的一种通用货币。商代及之后制作的金属贝币"整个形制仿海贝,币材有青铜、铅、黄金等。始铸于距今3 000年前的商代中后期,沿用到春秋"。人们久久不能忘情于"贝"对人类交易上的伟大贡献。

手持"贝"就可以交易一切物品,故后世有"宝贝"之称。二里头远离大海,可在二里头遗址发现了海贝,这本身就证明了当时交易的发达。二里头出土的海贝,被挂在一位身份高贵的男子的脖子上。90余枚海贝被串连成一条海贝项链,实在太奢华了。不过,时人既已把海贝视为珍品,就很有可能用它来作为交易的中介手段。

---

[1]《论语·微子》。
[2]《史记·平准书》。

第二十五章 夏代的官和官制

从民众公仆到王家官僚

启是中国古代历史上第一个作为酋邦最高领袖的儿子而获取继位的人。而且，启以后夏王朝的最高权力的递嬗，便建立了在启的直系男性后裔中进行的原则。这同以前最高权力一直在不同家族人员中间递嬗的情况形成了鲜明的对比。最高权力的移位方式直接影响到与其对应的国家管理系统的性质与组合。

在禅让制时代，君王（实际上是大大小小的酋长）本质上是民众的公仆。那时的君王全都是"其色郁郁，其德嶷嶷"[1]。什么叫"其色郁郁"呢？是说这些人成日里与民众在一起，又要劳动，又要管理，皮肤被阳光晒得黑黑的，"郁郁"是指疲乏造成的暗黑色。由于过分的操劳，这些领袖人物大多体态瘦瘦的。《索隐》认为"郁郁犹穆穆"，是指仪容美好、行止肃穆，后来多用于形容天子，当是这个词后来的引申义。什么叫"其德嶷嶷"呢？是说这些当君主的道德水平都是最高的，像高山那样的崇高，为了民众的利益，他们可以舍弃自己的一切，包括家庭的利益。这样的君道直接会影响到那时的臣道。禅让时期的所谓臣子，相当于我们常说的公务员。在那种体制下，基本上都是清廉洁净的，如果在自己的岗位上有所闪失，那是要受到严厉惩处的，大禹的父亲鲧治水"九年功用不成"，结果受到了严厉的惩处，就是一个鲜明的例子。

到了王国时代，情况就大为变化了。正如《礼记·礼运》中说的，那是个"大道既隐，天下为家，各亲其亲、各子其子，货力为己，大人世及以为礼"的时代。王国时代的国君当然要实施"大人世及"，也就是把自己的君位传

---

[1]《史记·五帝本纪》。

给自己的儿子,并把"天下"视为自己的家产。在这样的国君治下的官员,本质上是国君私产中的一份"人产"。荀子写到人臣时说"(人臣)以礼待君,中顺而不懈"。意思是说,为人臣的一是要忠诚于国君、顺从于国君,二是要勤政,坚持不懈地把自己的职责尽好。在尽忠与尽责上,王国时代一般又是把尽忠放在第一位的。这就是家天下条件下的臣道。

思想家总是有点儿理想化的,荀子在讲到理想中的君道时有过这样的富于理想色彩的表述:

君者何也?曰:能群也。能群也者,何也?曰善生养人者也,善班治人者也,善显设人者也,善藩饰人者也。善生养人者人亲之,善班治人者人安之,善显设人者人乐之,善藩饰人者人荣之。四统者俱而天下归之。[1]

可以清楚地看到,荀子力图在禅让时代的圣君与家天下时代的国君之间寻找到一个平衡点。也就是既承认"天下为家"的现实,又想在君道(包括臣道)中融会进禅让时代圣君的品格要素。所以,荀子笔下的君道既是现实的,更多的是理想的。他是希望为君和为臣的都能做到"四善"——一是"善生养人",民以食为天,主要是希望老百姓都能吃饱肚子,至少不挨饿;二是"善班治人",就是让社会安定太平,百姓过上安稳日子;三是"善显设人",即善于让不同的技能和特长的人得到不同的安置,所谓各得其所;四是"善藩饰人",也就是善于让人们都得到自己所需要的美的享受。这是很高的要求,也是很现实的要求。历代为人君者,包括为人臣者都把荀子的"四善"视为为政的至境。

君道决定臣道。司马迁称五帝时代的传承为"圣统",那是极有道理的。那时的所谓禅让,就是"选贤与能"。当君主的,第一位的是贤德,第二位的是能力。召开最高的权力机构"四岳会议",最重大的议题就是寻找下一任圣君。有了圣君就不怕没有贤臣。"舜有臣五人而天下治。"[2] 据说,舜就是靠五个得力的大臣的助力达到天下大治的。在邦国时代,凡君都是圣君,在圣君的引导下就不会有恶臣当道的问题。

到了王国时代就不一样了。由于是父子相继或兄终弟及,王位始终在

---

[1]《荀子·君道》。
[2]《论语·泰伯》。

一个家族中运转,因此,一个家族中就任王位的可能是圣君、明君,也可能是昏君、暴君。如果是圣君,那一般情况下当然是君圣臣贤了。即使有些臣子有些不规的行为,也会被圣君所制止。据传,大禹当政的时候,有人发明了酒,献给大禹。大禹喝了以后,感到这不是个好东西,就疏远了这个发明酒的官员,不再委之以重任。而夏的末代君王桀时就大不一样了。桀自己就是个昏君、暴君,他所重用的就是像赵梁、干辛、推侈这样一些谀臣、恶臣。

更为重要的是,王国时期相对于禅让时期来说,社会治理的机制上发生了根本性的变化。禅让时期的社会治理的出发点和归结点都是为了"护民",也就是保护民众的利益。当尧、舜、禹时期,对民众威胁最大的是水患,所谓"洪水滔天,浩浩怀山襄陵,下民其忧",这时整部社会管理机器就都围着治水这个管理大课题运转起来,分管水利的大禹当然要管,分管礼仪的伯夷也要管,分管山林的益也要管,分管农业的后稷也要管,分管民事的契也要管,总之,当时治水和平水土是治理中的重中之重,大家合力做好平水土这件大事,都是为了"护民"。

到了王国时期就大不同了,社会管理机制转化成了国家机器中最重要的部分——官僚群体。这时的社会管理的宗旨已经聚焦在"护君"上。由"护民"到"护君"是一个极大的转变。在王国时期,民众的利益固然不容忽视,但君王的利益是至高无上的。当社会上的任何利益集团或个人损害到君主的利益的时候,君王就会调动一切力量加以弹压。为此,整个官僚群体中负责司法和军队者的权力被无限地放大了,一旦发现有人图谋不轨,那就要实施无情地镇压和杀戮。桀就是这样做的,当他发现商汤的存在已经在威胁他的王位时,他就毫不留情地"召汤而囚之夏台"[1]。

夏王国是空前统一的一个大王国,因此建立官僚体制的第一步就得建立自己的领导核心。大而言之,任何体制下都要有自己强而有力的领导核心。王国时期如此,王国时期之前的邦国时期也如此。

在《史记·五帝本纪》中,说到五帝中的最后一帝舜的统治状况时,就有"二十二人,敬哉""此二十二人咸成厥功"的说法,表明在舜当政时已经形成了二十二人的领导核心。而且说这些人"皆举用,未有分职",大概只确定这二十二人是核心人物,还没有具体的分工谁个管何事,哪里的事情急了,就派谁去。当时的人大多是全能的,派他干什么就能干什么而且能干得

---

[1]《史记·夏本纪》。

很好。吕思勉先生读了上述这些文字以后，在《唐虞之际二十有二人》一文中，对二十二人作了考定，认为他们是：禹、皋陶、契、后稷、伯夷、夔、龙、垂、益、彭祖这十人，再加上十二牧（相传当时神州大地划分为十二州，其州长称为州牧），刚巧是二十二人。[1]

关于夏代核心官僚统治集团的形成，在一些文献中已有所涉及。在夏启发动征讨有扈氏的战争前夕，夏启曾"乃召六卿"商议大计。后来在书写征讨有扈氏的檄文"甘誓"时，强调了"六事之人"要齐心献力，努力杀敌。这些都写在《尚书》一书中。司马迁在写《史记·五帝本纪》时，照抄了《尚书》的说法，但是没有讲清楚"六事之人"和"六卿"是六个新建立起来的部门还是六个夏启身边的大臣，这样就出现了一件长期争论不休的历史公案。墨子在《明鬼下》中认定是"左右六人"，但没有注明出处，因此也就没有多少说服力。其实，是六人还是六个部门是不太重要的，重要的是在面对国之大事的时候，国王已经有一个核心集团可供咨询、探讨，甚至可命令这一集团去把事情坚决地办妥、办好。这是最为重要的。有了这样的官僚核心集团，也就有了王国官僚体制的骨架，以后的事情就好办多了。

当官的"规矩"

不以规矩不能成方圆。要想使新组建的王国官僚体制行之有效，就得在实践中逐步形成一系列当官的"规矩"。

一般以为，在阶级社会中，官民关系绝对是一种对立的关系，要么是以民为本，要么是以官为本，两者似乎是水火不相容的。其实，历史地看，并不是阶级社会的任何时段官民之间都处于对立状态的。这有一个长期的发展过程。夏是刚跨入阶级社会的初始阶段，原始社会那种"大同世界"的余威还在，"天下为公"的观念还在深刻地影响着人们的思想和行为。这些当然还会影响到官员的选拔以至于官民关系上。对此，我们还是得取实事求是的态度才对。

---

[1] 吕思勉：《吕思勉读史札记》，上海古籍出版社1982年版。

俊乂在官,百僚师师。
在知人,在安民。[1]

这是写在《尚书》中的一段话。舜帝时期皋陶与大禹之间的一段对话,讨论的正是为官之道,其中涉及当官者的素养以及官民之间的关系。他们以为,为官者应当是"俊""乂"兼备的人。何谓"俊"?俊是德的同义词。形容一个人品德极其高尚称俊。《鹖冠子·能天》有言:"是以德万人者谓之俊,德千人者谓之豪,德百人者谓之英。"何谓"乂"?乂的原义是医家治疗创伤和疾病,后转义为治理国家和社会的能力和才干。当官的应俊乂兼备,相当于后世说的德才兼备。这种德才兼备的当官人,具体体现"在知人,在安民"和"百僚师师"上。当官者的使命就在于知民之冷暖,使老百姓过上安定舒心的生活。为此,所有当官的(即百僚)都要相互为师,也都要拜民众为师,这就是所谓的"百僚师师"。这是在邦国时代向王国时代转化的节骨眼上两位时代的风云人物为之后的"官道"定下的基调,当然也可以看成是三代包括夏代在内"官道"的基调。

这一"官道"的基调是被王国时代的三代人所普遍接受了的。记得周武王在伐纣成功后总结历史经验时说过一句话:

建官惟贤,位事惟能,重民五教。[2]

这里直接重申了老祖宗"俊乂在官,百僚师师"的观念,只是改成了三代人比较通用的语词,当官的一定是"惟贤"又"惟能"的人,这已经与我们现在的通用语"贤能之士"差不多了。一直到大乱世的春秋时期,人们还是不能忘情于老祖宗定下的"官道"原则:

亲其民人,明其伍候,信其邻国,慎其官守。[3]

意思是说,当官的人的第一要务是"亲其民人"。春秋时"民"与"人"的观念还有着严格的区分,地位低下以至于为奴为婢者称"民",有一定社

---

[1]《尚书·皋陶谟》。
[2]《尚书·武成》。
[3]《左传·昭公二十三年》。

会地位者称"人"。作者的意思是,不管社会地位怎样,当官的都要亲近他们,关心和爱护他们。接着是"明其伍候",这里说的是把民众组织起来,"伍"是"部伍",即编组成若干人为一部的队伍,这样平时有利于生产,战时有利于征战。"候"是候望,也就是我们现在常说的守望,使民人与民人之间相互关照。最后是"信其邻国",即取信于邻国。这里,在中国历史上第一次出现了"官守"这个概念,也就是当官者的职守所在。在《礼记》中还有这样对当官者的规范性要求:

毋不敬,俨若思,安定辞,安民哉!
敖不可长,欲不可从,志不可满,乐不可极。[1]

这里是一系列的"不能":第一段话的意思是,对民众不能不尊敬,不能不俨然,不能不淡定,这样才能"安民哉"!第二句话的意思是,傲气不可滋长,欲望不可放纵,心态不可自满,享乐不可无极!如果说上面"亲其民人"云云是官守的话,那么这里的"毋不敬"云云则是语重心长的官箴了。是在告诫当官的:不可如此这般!

上面引述种种历史文献,意在说明在夏王朝时期,尤其是在这个王朝的早中期,当时刚从邦国时代跨入王国时代,新组建起来的官僚集团还是有朝气的,他们一方面吸收了原始时期"天下为公"的种种有益的思想养料,同时又多所创新和发挥。三代(夏)人留下的为官之道,即所谓的"官德""官道""官守""官责""官规""官箴",其中有许多精美的思想养料,是很值得后人总结发扬光大的。

孔子关于人生阶段发展的理解,有一段经典性的论述,一直为后世津津乐道,那就是:"吾十有五而志于学,三十而立,四十而不惑,五十而知天命,六十而耳顺,七十而从心所欲不逾矩。"[2] 这段话的经典性在于把人的生理年龄、心理年龄以至于文化年龄有机地融会在一起了,具有普世而永久的思想魅力。后世的人们年届三十,马上会想起"而立之年",年届四十,马上会想起"不惑之年"。孔子留给我们的思想魅力无疑是永远的。其实,在中华文献中,还有一段关于年岁的论述也是极为经典的,其内涵也

---

[1]《礼记·曲礼上》。
[2]《论语·为政》。

是极为隽永的。只是由于不常用,而被人们无谓地淡忘了。其实,这段文字的价值及其普世精神,绝对不会亚于孔子的那段关于人的年岁的论述,很值得加以重提:

> 人生十年曰幼,学;二十曰弱,冠;三十曰壮,有室;四十曰强,而仕;五十曰艾,服官政。六十曰耆,指使;七十曰老,而传。大夫七十而致事。[1]

《礼记》中的这段文字的经典性在于比孔子的那段文字更添加了若干人生的文化和政治要素:比如"弱"而"冠",冠礼在古代一直被放在中国传统的"六礼"之首,那是万万不可忘记的。又比如"强"而"仕",四十岁是身强力壮的年岁,就要想到为社会做些事了,即所谓的"出仕"。我们这里只就这段话的从政意义上的价值发表一点看法,看看三代时期(包括夏朝)人们的"官"念是怎样的。

孔子把人生划分为六个阶段,《礼记》把人生划分为七个阶段,从年龄段上讲其实是差不多的,只是孔子把三十时前的人生以"十有五而志于学"统领,而《礼记》则加了一层"弱而冠",这样三十岁之前就一分为二了。孔子讲的是心性的成长流程,"于学""而立""不惑""知天命""耳顺""从心所欲",基本上讲的是人生流程中心性的变异,强调的是人生的不同年龄段有不同的心理特征。而《礼记》基本上从"学而优则仕"的视角谈论人生的政治进程的。这是一个独特的视角,也是被后世视为"正途"的视角。

《礼记》中这一篇章对人的政治进程描述得十分具体和细致。细细读来,这里跨出的是人生七步:

第一步是"幼而学"。人真正走向社会是从学习开始的。第二步是"弱而冠"。中国是礼仪之邦,谈人的成长不能不谈古代的成人典礼——冠礼。第三步是"壮而有室"。第四步是"强而仕",也就是开始走向仕途。第五步是"五十曰艾,服官政"。第六步是"六十曰耆,指使"。第七步"七十曰老,传","大夫七十而致事"。

李学勤先生说过,"认识古代文明要求助于历史,研究文明的历史更要溯源到三代,因此,三代虽然遥远,又和我们相当切近。"[2]的确是"相当切

---

[1]《礼记·曲礼上》。
[2][美]西摩·马丁·李普塞特:《政治人——政治的社会基础》,张绍宗译,上海人民出版社1997年版。

近"啊。《礼记》说的政治人生七步曲,离我们是多"切近"啊!对我们正确理解当官的规矩,又是何等的重要啊!

"夏后氏官百"

"官"这个观念在《尚书》中就有,在《皋陶谟》一文中还说到了"俊乂在官",意思是官员应是德才兼备的。在原始公社制社会时期,包括晚期的尧、舜、禹时期,所谓的"官",就是公仆,就是利用自己特有的才华为社会做出贡献。到了夏代开始,"官"成了强力机构,成了国家机器的主要部件。东汉许慎释道:"官,事君也。"这个解释是极为精准的。原始社会的"官"是为民的公仆,而夏王朝的"官"是用来助君统治的,两者是不能同日而语的。

夏王朝要宣示自身的权威,就势必要组建自己的官僚系统。"有虞氏官五十,夏后氏官百,殷二百,周三百。"[1] 该书的作者把"事君之官"(即阶级社会的官僚体制)的起点划在虞舜时,有一定道理,因为舜的所作所为已经颇有一点"君"的味道了,作为"五帝"中的最后一"帝",距组建王国的那个"王",已经相去不远了。不过上述这段话的重心不在于"事君之官"起于何时,而是意在说明官僚体制是逐步完善的,而不管是虞时代,还是夏时代,都还是开创性的、不完善的,所以有学者称之为"早期国家形态",也是有相当的道理的。

可以说,夏代已经形成了粗线条的、职责分工较为清晰的中央官僚体系。

先是核心统治集团的形成。文献资料告诉我们,在夏代已经形成了统领全局的、以国王为首的核心统治集团。每当有国之大事时,国王首先与他们商讨,意见形成一致后再推向全国。这个核心统治集团有几人呢?说不清,也不重要,重要的是要有"助君"的衷心。

核心统治集团下面是分掌各部门职能的官员。梳理一下,比较重要的职官部门大致有如次十官:

一是农官,即所谓的"稷官"。夏与以后的商、周一样,是以农立国的国

---

[1] 李学勤:《李学勤说先秦》,上海科学技术文献出版社2009年版。

家,自然要将农官放在特别重要的位置上。据文献记载,夏时当农官的是后稷,这是一个研究农业的杰出家族,早在虞舜时就管理农业事务,在夏代把南方的稻引进到北方来的,也是他。到夏桀时不重视农业,整个国家处于混乱之中,后稷这个家族感到夏王朝已没了希望,就举家逃离了夏的王城。

农官实际上是一个十分复杂的概念。从很早的时候起,我国即设有司徒一职。"司徒主管民事",在中国,民事中最主要的当然属农事了。有学者以为,司徒之"徒",即是土地的"土"字的借字。这样看来最大的农官当是司徒了。《周礼》一书中说到"司徒"一官时是这样说的:

> 大司徒之职,掌建邦之土地之图与其人民之数,以佐王安扰邦国。
>
> 以天下土地之图,周知九州之地域广轮之数,辨其山林、川泽、丘陵、坟衍、原隰之名物,而辨其邦国都鄙之数,制其畿疆而沟封之,设其社稷之壝而树之田主。各以其野之所宜木,遂以名其社与其野。
>
> 以土会之法辨五地之物生:一曰山林,其动物宜毛物,其植物宜皂物,其民毛而方。二曰川泽,其动物宜鳞物,其植物宜膏物,其民黑而津。三曰丘陵,其动物宜羽物,其植物宜核物,其民专而长。四曰坟衍,其动物宜介物,其植物宜荚物,其民皙而瘠。五曰原隰,其动物宜裸物,其植物宜丛物,其民丰肉而庳。
>
> 因此五物者民之常,而施十有二教焉:一曰以祀礼教敬,则民不苟,二曰以阳礼教让,则民不争,三曰以阴礼教亲,则民不怨,四曰以乐礼教和,则民不乖,五曰以仪辨等,则民不越,六曰以俗教安,则民不愉,七曰以刑教中,则民不暴,八曰以誓教恤,则民不怠,九曰以度教节,则民知足,十曰以世事教能,则民不失职,十有一曰以贤制爵,则民慎德,十有二曰以庸制禄,则民兴功。[1]

这里显然说的是大农业的概念,讲的是管理土地、管理物产和管理民众之间关系的问题。这里讲了对农业来说极为重要的几个方面:一是要有大局观念,"掌建邦之土地之图与其人民之数"。这里说的"邦"可能是指天下这个大局,也可能指九州中的一个州的大局,也可能指某一封国、封邦的大局。不管怎样都要心中有"数",充分了解自己掌管的那个地区的土地与

---

[1]《礼记·明堂位》。

人口状况。二是要有明确的区划,这样可以养成并强化分管的人的责任意识。如果区划不清,极容易在不同统治地区的交叉点出现三不管现象。三是要认清不同的土地与不同物产之间的关系。这里把土地分为五大类:山林、川泽、丘陵、坟衍、原隰。又把不同土地的物产分为动物和植物。在王国时代能区分得那样的精细,实在不易。四是强调了教育民众的极端重要性。管理,尤其是农业管理,本质上就是教育民众、提高民众意识,帮助民众了解什么是该干的、什么是不该干的。这个思想在文献中体现得极为明晰。文献具体讲述了"施十有二教焉",其中的文化精神,很值得我们后人加以研究和总结,并从中吸取精神的养料。

二是掌四时之官。这也直接与农业有关。根据相关史料记载,掌四时之官为羲氏与和氏。早在尧帝时代就由这两个家族的相关人员管理这方面的事务,看来,至少在夏兴盛之时,这方面的工作是着力的,不然不可能有传世的《夏历》问世。不过,《史记·夏本纪》说:"帝中康时,羲、后湎淫,废时乱日。"不知是否真实。如果真如《史记》所记录的那样,那倒是个不小的损失。

据《周礼》记载,在三代时设有春官、夏官、秋官、冬官,若此,那当是属羲氏与和氏的属下了。从现在留存的《夏小正》一书可见,夏时对四时的研究已经十分细致而精当,这也是发展农业的需要。[1]

三是掌水利之官。在万国时代,夏与共工是最重视水利的部族,这个传统也一直被继承了下来。在《国语》上还记载有夏的一位叫冥的水官因兴水利而殉职的故事,后来,夏、商两代人都还祭祀他。

四是掌膳养之官,名为"庖正"。这里的"正"也就是"政"的意思。庖正实际上是管理食品卫生、食品营养的官。中国人认为"民以食为天",因此特别重视食道。这也是始于夏的中华传统吧!

五是畜养之官,即所谓"牧正"。牧正是管理六畜的养殖、繁衍、优生的官员。少康的母亲逃到有仍氏,在那里生下了少康,少康长大后,就在那里当"牧正"。在中国文化中,管理百姓也叫"牧",叫"牧民"。从管理和养殖生畜中,也可以懂得不少治国安民的道理。

六是负责官员给养的官,名为"车正"。官员多了,就要考虑官员的给养管理问题。当时官员外出要派公车,除了少数官员外,大部分官员公车不

---

[1]《周礼·地官司徒》。

可能一人一辆,那就要有人调度,因此这方面的官员叫"车正"。原先当夏桀时车正的仲虺,后来看到夏王朝灭亡在即,就逃到商部族去当了"相",成为助商汤灭夏的主要谋士。

七是掌礼仪之官。中国是礼仪之邦,所谓"礼仪三百,威仪三千"。礼的名目大概在三代已经十分繁复,所以圣人孔子会有"礼,与其奢也宁俭"之叹,他是希望礼变得更加简约一点、实用一点的。孔子是以知礼闻名于世的,但是还会有许多弄不懂的东西,以至于不得不"入太庙,每事问"。在三代时,礼官应当是很重头的一个职官,但现在这方面的史料不多。"礼闻来学,不闻往教",从理论上讲,"来学"与"往教"都是礼官管辖范围的事,不一定亲作亲为,但必须负责管理,也可以说是提供服务。礼官除了规定礼仪程式,也应规范不同场合吟咏不同的诗、演奏不同的乐、行不同的礼。另外,夏礼后被商礼、周礼所继承,但又不同于商礼、周礼,这些都有待于进一步研究突破。

八是布告和宣示政令之官,称"遒人"。《左传·襄公十四年》引《夏书》曰"遒人以木铎徇于路"。相当于公示、公告。作为宣示官员的遒人,坐在"公车"里摇响木铎,大声向世人宣布新闻和其他消息,这相当于后世的新闻发言人。在二里头遗址出土了带翼铜铃,有说是青铜乐器,也有说这是一种警示器,用以召集人群。但到了孔子那个时代,"木铎"的观念已经有点泛化和异化,不是那时有人把孔子比作警世的"木铎"吗?

九是卜筮之官。夏人信天、信神、信鬼,在决定国之大事时,总要由卜筮之官"问道于鬼神",经过一番神秘的通神活动,最后宣布相关决定。从一

带翼铜铃。铜铃简单质朴,带有早期青铜器特点,是中国最早出现的有舌青铜乐器。(夏代,偃师二里头Ⅴ区出土,河南博物院收藏)

些典籍的记载看,三代时卜筮盛行,不只王家和官家遇事便卜,就是民间也十分重视卜筮。当时管理卜筮的官方体系十分繁复,有所谓大卜、卜师、龟人、占人、筮人、占梦,等等。他们之间的分工,现在已经弄不太清楚了,总之,在三代时期"卜筮之官"是一个大系统,官员的数量也是很多的,而且据有相当的实权。这种局面大致一直要维持到汉初,据司马迁说,他生活的那个时代民众已经不把卜筮者太当一回事了。

十是刑狱之官,称大理。《礼记·月令》:"命大理瞻伤、察创,决讼狱,必端平。"郑玄注:"治狱官也。有虞氏曰士,夏曰大理,周曰大司寇。"当时将按照相关法律去定罪,称为理正。

夏代整部国家机器是运转起来了,但总的来说还在初创阶段。名为"夏后氏百官",实际上还有许多部门处于无人管理状态。就是上面列举的十个方面的官吏,职责也还不是太明确的。中央的官员是有了,与天下各地的地方官员怎么衔接,也有待研究。当时夏王作为天下共主,管理天下的方式一是会议,二是巡视,但除此之外还需要有更加细密的举措。

第二十六章 养民『九功』

德唯善政，政在养民

在大禹治水成功前后，围绕德治这个大课题，尧、舜二帝与臣下禹、皋陶、益等人有过三次大讨论，最后终于有了养民"九功"这一不朽的重大民族文化成果。

第一次：是尧帝惩处了"九岁功用不成"的鲧后，接见了鲧的儿子禹，并说了一大篇关于治道的话。这记述在《尚书·洪范》中，是以后人追记的方式述说当年情景的。那是周武王荡平没落的商王朝以后，便去拜访博古通今的商遗臣箕子。武王说："啊哟，箕子！我觉得时势的变动都是上帝在冥冥中安排好的，最终是要保护民众，让他们和睦地生活在一起，请告诉我接下去治理国家该做些什么？"箕子是亡国的遗民，不便直截了当地说些什么，只能说说"古"时鲧、禹的故事了：

鲧堙洪水，汨陈其五行。帝乃震怒，不畀洪范九畴，彝伦攸斁。鲧则殛死，禹乃嗣兴，天乃锡禹洪范九畴，彝伦攸叙。初一曰五行，次二曰敬用五事，次三曰农用八政，次四曰协用五纪，次五曰建用皇极，次六曰乂用三德，次七曰明用稽疑，次八曰念用庶征，次九曰向用五福，威用六极。[1]

这里追述的当是鲧治水无功被殛之时的事。鲧因坏了治水大事，被尧帝处决了，接着是尧帝召见了鲧的儿子禹，告诉禹，鲧之所以必须处理，是因为他"汨陈其五行"，即不按五行的规则办事。尧帝赐给了禹一本"洪范九畴"，要他按天地大法办事。这里讲了"九畴"，每一"畴"又有"五行""五

---

[1]《尚书·洪范》。

事""五纪""三德""五福"之类,太繁复了,因此后人也记不了尧帝是在说些什么。

但是,这次君臣会还是有很大的文化成果留存下来的,就是在中国历史文献中第一次相当正式地提出了"五行"之说。鲧因"汨陈其五行"而败,大禹因得"洪范九畴",并按"五行"之说行事而成。"五行"成了事业成败的关键之所在。但是,何为"五行"呢? 没有说清楚,因此后世也会有许多的猜测和歧解。然而有一点是肯定的,当时说的"五行"指的都是实实在在的东西,远不像战国以后那些五行家说得那样玄乎。

第二次:记述在《尚书·皋陶谟》中的一段对话。参与会议的大约主要是舜帝、皋陶和大禹。那时大禹平水土大约已经取得了相当成功,但还是困难重重,尤其是粮食问题时时威胁着广大民众的生存。舜召唤两个最有能耐的大员皋陶与大禹,一起来谈谈治国安邦的大计。当时皋陶的兴致很高,抢在前头围绕"知人、安民"说了长长一大篇话。说的是大道理。舜帝等皋陶说到一个段落时,就点名要禹说说,口气很温和:"来,禹!汝亦昌言!"意思是说,禹,你说点实际的吧!禹很谦恭,先是说:"都!帝,予何言? 予思日孜孜!"说我没什么可说的,只是孜孜不倦地去做我该做的就是。舜帝还是坚持要他说,他才说了这样一段话:

洪水滔滔,浩浩怀山襄陵,下民昏垫。予乘四载,随山刊木,暨益奏庶鲜食。予决九川距四海,浚畎浍距川。暨稷播,奏庶艰食鲜食,懋迁有无化居。烝民乃粒,万邦作乂。[1]

这次大禹讲话的特点是,具体、实在,摆事实讲道理。他说到了,在治水过程中,老百姓没东西吃怎么办,治水大军没东西吃了怎么办?办法是有的,就是"奏庶鲜食",与老百姓一起捕杀鸟兽充饥,这就是"鲜食"。在当时,"鲜食"大概也是个在当时的非常条件下创造的新名词。没得吃的,就抓鸟抓禽兽来吃。这本来是应急的事,但这样一来也好,大大开拓了食源。当然,"鲜食"究竟只是应急的举措,为长久计,还是在荒地上播种作物,让老百姓生产自救,这就是所谓的"暨稷播"。此外,还要"迁有无化居",让大家互通有无,实施民间互助互利。这些都很具体,但确实是平水土能取得

---

[1]《尚书·益稷》。

成功的重要原因。

大禹是个善办实事的人。舜帝不是向他咨询治国大计吗？他认为，在当时条件下，发明"鲜食"就是治国大计，抢着"暨稷播"就是治国大计。没有这一些，也就不会有平水土的成功。

第三次：记述在《尚书·大禹谟》中的是一段对后世影响最大的对话。在对话中，大禹明确提出了"六府三事"的治国观。从语境看，这次已是治水大功告成之后，舜邀集治水的两员最得力的主将一起来共商国是。首先是舜表了个态，"嘉言罔攸伏，野无遗贤，万邦咸宁"，意思是说，现在洪水终于治平了，我有信心采纳各方面的嘉言，结集更多的朝野贤达，使天下真正达到大治。这时益说了一通"帝德广运，乃圣乃神，乃武乃文，皇天眷命，奄有四海为天下君"之类的恭维话，使得舜帝很是高兴，而这时的大禹十分清醒，说出了一套千古留声的善政方略来：

于！帝念哉！德惟善政，政在养民，水、火、金、木、土、谷惟修，正德、利用、厚生惟和，九功惟叙，九叙惟歌。戒之用休，董之用威，劝之以九歌，俾勿坏。[1]

这段话翻译成现代文就是：啊，帝舜呀，您可要深思熟虑啊！善政就是最好的美德，政事之要在于养民。把水、火、木、金、土、谷六件事做好了，把正德、利用、厚生三者的关系处理好了，才是最重要的。

可以看得出，为了这次谈话，禹是做足了前期功课的，因此这次谈话特别有针对性，也更有系统性，在理论上也更缜密。在这次君臣交谈中，大禹明确地把"五行"规定为水、火、金、木、土，并与正德、利用、厚生和合在一起，这就造就了极为完整而行之有效的德治和德政理论。

这三次君臣议政的核心是如何建设和巩固德政。当时的局面是：洪水治平了，天下太平了，国家安定了，下一步该怎么走？作为主政者的舜帝说了很多，作为当时二十二人核心中的骨干分子的皋陶和益也说了不少，但是真正得其要领的是大禹，他提出的"九功"之说，真正是传之千秋万代的不朽高论。

---

[1]《尚书·大禹谟》。

源自"平水土"的五行说

关于"五行"之说,历来众说纷纭。

有的以为,"五行"起于人的五指。人都有两只手,每只手有五根手指。初始的时候,人是学着用五根手指计数的。五根手指长短不同,粗细不同,力的作用不同。在五指计数过程中产生一种莫名的奇妙感,久而久之,就有了"五行"之说。

有的以为,"五行"起于五星。中国是农业社会,所谓"靠天吃饭"与观察星相紧密相连。人们相信:"仰则观象于天,俯则法类于地。天则有日月,地则有阴阳。天有五星,地有五行。天则有列宿,地则有州域。"[1]由水、火、木、金、土五星而衍生出水、火、木、金、土五行,这种观念影响深远,且在战国时期以后,愈演愈烈。

还有人以为,"五行"起于五方。中华民族是好走动的民族,信奉"树挪死,人挪活"的观念,因此种族的迁移和走动是世所罕见的。在迁移和走动中就会产生五方的探求。神州的东方、西方、南方、北方,再加上中方,刚巧是五方。各方的风土人情如何,各有哪些优势和劣势,这些都形成了所谓的"五行"的资料。

这些说法有没有一定的道理呢?当然有。但是,都还没有真正说到点子上。而且,"五行"说在长期的历史发展中演进为带有浓重迷信色彩的"相生""相克"论,这实际上是把这一学说引上了歧途。有学者认为:

> 二十四史中,从《汉书》至《明史》,有十四部史书写了《五行志》,内容有各种各样的自然现象或自然灾害,如山崩、地震、水灾、旱灾、雹灾、虫灾、气候异常、风灾、蝗灾、火灾、日食、月食、生物异常、陨石等。这些都与地学有关,是难得的地学资料。但它们的解释大多数是错误的,甚至是迷信的。它们不是从自然现象中去寻找自然规律,而是在天人合一的思想影响下,把社会现象与自然现象硬扯在一起,认为自然灾害或异常是天对人做了错事

---

[1]《史记·天官书》。

的一种儆诫或惩罚。一千多年中的《五行志》都停留在这个水平上,对地学的贡献除了保存珍贵的史料外,没有特别的发展。[1]

应该说,这个批判是中肯而切中要害的。"五行"所指的水、火、木、金、土这五种具体的物质现象原本是人们日常生活和生产中最为常见的。对人类来说,这五种具体的物质现象可以为利,也可以为害;可以化害为利,也可以失利为害。问题只在于怎样对待和怎样处置这些无法避开的物质现象。正如上面那位学者指出的:可惜的是,从历史的主流看,在相当长的历史阶段中,人们对"五行"物质现象的"解释大多是错误的"。这恐怕是不争的事实。现在我们完全有条件用科学的视野去揭示"五行"物质现象的真谛,并寻找历史流程中祖先留给我们的弥足珍贵的文化遗存。

其实,"五行"之说起于大禹平水土时。也可以说,在大禹之前,可能会有零零星星"五行"的观念。因为人生活在这个世界上,无论是生产还是日常生活,都绕不开水、火、木、金、土这五大类物质。既然绕不过,就会在接触中产生种种想法,这是十分正常的。但是,从现有的文献资料看,我们相信,在大禹平水土前,还没有形成完整的"五行"观念,"五行"是大禹平水土成功的精神产品。这里有若干例证可资参考。

其一,最早的"五行"这一提法,见之于与大禹平水土相关的文献资料。

文献告诉我们,"五行"一词一开始就与平水土的伟业联系在一起的。鲧治水失败,尧帝加在他头上最大的罪名是"汨陈其五行",即把"五行"的运行轨迹搞乱了。舜继位后,命禹"女平水土",授予他以"五行"为主体的所谓《洪范九畴》。何为"五行"? 文献说:

> 五行:一曰水,二曰火,三曰木,四曰金,五曰土。水曰润下,火曰炎上,木曰曲直,金曰从革,土爰稼穑。[2]

在这里,"五行"是什么,"五行"的功效是什么,都十分简洁明了地讲出来了。在《尚书·大禹谟》中,虽然没有点出"五行"两字,但所言"养民"六事中的前五事就明确是指水、火、木、金、土。后来征讨有扈氏的檄文《甘

---

[1] 杨文衡:《地学志》,上海人民出版社1998年版。
[2] 《尚书·洪范》。

誓》中，也明确说有扈氏最大的罪行是"威侮五行"，也就是轻蔑"五行"这五种基本的民生资料。这当然也与大禹平水土有关。大禹平水土的根本目的是为民众有吃有穿而提供更多"五行"财物，而有扈氏之"威侮五行"，不就是全盘否定大禹平水土的成果吗？

其二，"五行"排列的秩序是刻意安排的。

现在能查阅到的与禹相关的"五行"的提法，都是"一曰水，二曰火，三曰木，四曰金，五曰土"这样一种顺序。这是一种刻意，这是一种民生主张的宣示。正如有专家说的："在这里，水、火、木、金、土的排列秩序看来并不是随机的，其始于治水，中于利用火、木、金，终于平土。这恰恰说明，在古代农业社会中，'土'也即稼穑是最后一道程序。但要达到这一目的，首先就要防止水患，故'水'放在排行第一。"[1]"五行"中"水"至"土"五行，不只是农业社会的必须，也符合中国之地理国情。中国是一个多水患的国家，如果不把治水患放在第一位，那农业经济的发展也只能是一句空话。

其三，关于大禹丰功伟绩的表述，早期文献都是说"禹平水土"，而不是简单地名为"治水"。请看文献：

帝曰："俞，咨！禹，汝平水土，惟时懋哉！"[2]

禹曰："……予乘四载，随山刊木，暨益奏庶鲜食，予决九州距四海，浚畎浍距川，暨稷播，奏庶艰食鲜食……"

禹曰："启呱呱而泣，予弗子，惟荒度土功。"[3]

禹敷土，随山刊木，奠高山大川。[4]

皇帝……乃命三后恤功于民。伯夷降典，折民惟刑；禹平水土，主名山川；稷降播种，农殖嘉谷。三后成功，惟殷下民。[5]

舜曰："嗟，然！禹，汝平水土，维是勉哉。"[6]

夫成天地之大功者，其子孙未尝不章，虞、夏、商、周是也。虞幕能听协风，以成乐物生者也。夏禹能单平水土，以品处庶类者也。商契能和合五

---

[1] 夏乃儒：《中国哲学三百题》，上海古籍出版社2000年版。
[2] 《尚书·尧典》。
[3] 《尚书·皋陶谟》。
[4] 《尚书·禹贡》。
[5] 《尚书·吕刑》。
[6] 《史记·五帝本纪》。

教,以保于百姓者也。周弃能播殖百谷蔬,以衣食民人者也。"[1]

很明确,基本的提法是"平水土",少量的是"敷土""土功",但没有简单地名为"治水"的。最值得我们深入思考的是,我们认为"平水土"本身是一种属于"五行"的提法,是"五行"的省文——在水、火、木、金、土"五行"中取一头一尾,就成了"平水土"了。所谓"平"是治平,大禹所做的,当然是五行都要管,但最重头的是"水"和"土"两者,这两者抓好了,"五行"的治理就不成其为问题了。

其四,记述大禹"平水土"功业的文献是《禹贡》,而《禹贡》又是大禹表述"五行"思想的一本活辞典。

在《禹贡》中,无一字说到"五行",而事实上又无一处不在说"五行"。值得注意的是,《禹贡》一文讲九州中的每一州都从凿山治水开始。冀州从"既载壶口,治梁及岐"开始;兖州从"九河既道,雷夏既泽"开始;青州从"嵎夷既略,潍淄其道"开始;徐州从"淮沂其乂,蒙羽其艺"开始;扬州从"彭蠡既猪,阳鸟攸居"开始;荆州从"江汉朝宗于海,九江孔殷"开始;豫州从"伊、洛、瀍、涧入于河"开始;梁州从"岷嶓既艺,沱潜既道"开始。讲了劈山治水后,再讲树木、冶金、火食,最后落实于"土功"方面的建设。对土壤,《禹贡》分析得很细致,土质、土色、土的等第、土的改良,等等,都涉及了。细读《禹贡》,才真正可知何谓"唯禹之功为大"。

其五,"五行"与"六府"。

这是极有意思的,与"五行"提法相关联的是同时提出了"六府"的新提法。"五行"是指养民的五件大事,这五件大事外再加上"谷"一件大事,就称为"六府"了。这里说的"府"是指贮存财物的处所。"府"实际上相当于"富"。富民有六个方面,除水、火、木、金、土外,大禹认为还要加上一条"谷"。这里的"谷"会有种种解读,现在一般认为就是要发展农业生产,多种植谷物类植物,首先满足吃饱肚子问题。还有一种解释则是要多引进谷物类植物,以丰富民众的物质生活。事实证明,大禹时已将南方的水稻引进到了中原地带,极大地改善了北方民众的生活。

其六,关于对禹所说的"五行"的具体解读问题。

---

[1]《国语·郑语》。

"五行"指的是水、火、木、金、土五种物质现象,这现在大家都明白,但是,把"五行"与养民结合起来,当作五件实事来理解,该怎么去解读,那就大有学问了。这里谈一点我们的看法。

水,比较好理解,就是指疏通河道,建造防洪工程,使民众免受水灾之害。有位著名水利专家在研究了禹一生的业绩后说:"禹之功,在用水不在治水。"[1] 这是十分中肯之论。如果单是治水,大水退去后什么事都不管了,那叫老百姓怎么活啊? 因此,治水成功后要把更多的力气放在用水上,让水造福于人类。在江南,据说是大禹时建造了大量的水利工程,农田灌溉工程充分地实现了变水害为水利的问题,形成了有系统有区划的农田灌溉系统,这是更高要求的治水了。

火,据传古代专设有"火正"之官以使火造福于民。如何以火养民,现在有两个方面是可以讲的:一是保证民众能火食,也就是能够熟食。在大灾之后能做到这一点相当不容易,包括要有充足的燃料,还要有熟食的财力和物力。二是实施火田,就是在人少地多的情况下可以放火烧野,一方面是清除杂草,另一方面随之耕作播种。这种方法曾经广泛使用过。

木,封山育林。大灾之后,山林本身被破坏得十分厉害,因此就更需要加强对树木园林的保护了。在五帝时代就有虞官,是专门管理山泽草木的。著名的益就长期当着虞官,在舜、禹两朝都主管山林事,干得很出色。

金,当然是金属器具了。当时初有铜器,铜被看成神圣之物,长期只能制作祭祀器物,大约到了大禹的时候开创了以铜为兵、以铜为农的新时期。使铜器更加实用化,更加与民生相贴近。

土,这是"五行"以养民这篇大文章中最重要的一个环节。包括大水退去以后,土地的及时利用,土地的改良,选择和引进适合的农作物。从现有资料可以推知,当时在江南地区有大量的滩涂地加以利用的问题,这在《禹贡》篇中也提出来了。在大禹时期,"土"的利用是头等大事。从舜开始,就由后稷负责此事,舜曾语重心长地对弃(后稷)说:"弃,黎民始饥,汝后稷播时百谷!"[2] 后稷做得很称职,到了大禹时期,到了夏王朝时期,一直是由后稷及其后人主管"土"。

这样看来,水、火、木、金、土"五行"在当时一点也不玄乎,而是实实在

---

[1] 杜省物:《治河史札记》,见《中华文史论丛》第三辑。
[2]《史记·五帝本纪》。

在的民生大事。把这五件实事办好了,再加上"谷"类食物的大面积种植,"谷"类植物品种的大增,民众生活的改善是指日可待的。

万世永赖的治国"三事"

舜帝对大禹提出的治国安民的"九功"十分重视,称养民的六件大事为"六府","府"者,宝库也。"六府"也就是六座宝库也。有了这六座宝库,老百姓过安居乐业的生活就有了基础。但是,单是"六府"还不够,还得有善政"三事"做保证。没有后者做保证,财物再多、再充裕,也不一定到得了老百姓的手里,老百姓不一定能过上好日子。从这个意义上说,"三事"比"六府"更要紧些。

俞!地平天成,六府三事允治,万世永赖,时乃功。[1]

这是对大禹提出的治国"九功"的充分肯定,也可以说是对这一观念的提升和进一步深化。这段话翻译出来就是:舜说,啊呀,你大禹平水土得以成功,完全是因为顺应了天意。你大禹提出的养民中的六件实事和三大关系,如果真的得以实施,那是千秋万世治平天下的依赖。大禹啊,你的功绩大得很哪!"时乃功"中的"时",可释为"此","乃"就是"你",意思是说,这些都是你的功劳!

说实在的,大禹治平洪水,可以称得上"唯禹之功为大";而在治水成功以后,进一步总结了经验,提出养民"九功",那应该说更是"唯禹之功为大"!后者之功业,可说在千秋万代。

治国"三事",也就是要处理好治国过程中三个方面的关系。孔颖达在疏解中说:

正德、利用、厚生。正德以率下,利用以阜财,厚生以养民。[2]

---

[1]《尚书·大禹谟》。
[2]《尚书·大禹谟》。

孔颖达的这个疏解是极为得体的，也为历代学者所认同，它道出了德政"三事"的真谛之所在。

一是"正德"。

所谓"正德"，就是要整顿社会道德。大禹提出这个问题是有原由的。在"天下为公"到"天下为家"的社会转型期，社会道德会产生混乱，那是不足怪的。一些人会为了"家"的利益而不顾社会和国家的利益，胡作非为。面对这种道德状况，大禹提出要"正德"，既适时又及时。

"正德"，当然要"正"的是全体国民的道德品质，让天下人都有一个道德新风貌。但是，首先要"正"的是上头那些当高官的人的道德品质，孔颖达深明大禹提出"正德"的真意，于是就有了"正德以率下"的说法。高官的风气"正"了，才能率领下面的广大官员共同走正道，最后是影响民风民俗、民情民德。上行下效，"正德"是要处理好高官与下层一般官员的关系问题。"德"之"正"，是要从中央的核心集团抓起的，核心集团风正气清，"正德"的问题就成功了一大半。

可以说，大禹本身就是正德的模范。文献说大禹治水时："过家门而不敢入。"[1]这"不敢入"三字用得多传神啊！治水大军到了自己的家门口了，进入家门只是数步之途，此时入还是不入家门，禹一定也是考虑过的，最后还是"不敢入"。因为他深深懂得上行下效之理，你大禹"入"了这个家门，就会有成千上万人跟着迈进自己的家门，这样，平水土的大业就难以成就了。上层人士深刻了解何为不敢为不当为之事，这是"正德"成功之关键。

二是"利用"。

孔颖达的解释是："利用者谓在上节俭，不为靡费，以利而用，使财物殷阜，利民之用。""以利而用"，说得多好啊，只有有利于民众的才去"用"，不能把财物"用"在官员的日常靡费上，一分一毫都力求为民所用。只有这样，财物才能殷阜。这里看起来是在说人与物之间的关系，实际上还是人与人的关系，即官与民的关系。

大禹的节俭是出了名的，史书上有"薄衣食，致孝于鬼神。卑宫室，致费于沟壑"的说法，民间也广泛流传着大禹节俭的种种故事，"海上有草焉，名蒒，其实食之如大麦，从七月稔熟，民敛获，至冬乃讫，名自然谷，或曰禹余粮"[2]。为了节省粮食，大禹带领民众去采集一种叫蒒的野生植物食用，后来

---

[1]《史记·夏本纪》。
[2] 晋·张华：《博物志》卷六。

民间就称这种植物为"禹余粮"了。如此精打细算，努力开发财源物源，完全是为了"利民之用"。

三是"厚生"。

厚生即是厚民，厚民即是养民。富先得富百姓。让老百姓生活过得好了，国家自然富足了。郭沫若说过："科学的基本要求就是大禹说的利用厚生，为人民服务。"这是有道理的。厚生要处理的是国与民的关系。民生厚实了，国家才能强盛，说到底，民生诸事总是第一位的。

从大禹的"养民九功说"，我们想到夏代的民生问题。至少可以这样说，在夏代向上发展的时期，这个国家的领导层的确是把精力放在解决民生问题上的，大禹打出的"厚生"这面大旗，应该说是有一定实际内容的。

舜帝在大禹治水成功后，在一次会议上曾经全面地评述过他的业绩和品格，要求众官员向他看齐。舜是这样说的：

来，禹！降水儆予，成允成功，惟汝贤。克勤于邦，克俭于家，不自满假，惟汝贤。汝惟不矜，天下莫与汝争能。汝惟不伐，天下莫与汝争功。予懋乃德，嘉乃丕绩，天之历数在汝躬，汝终陟元后。[1]

这段话的意思是说：禹啊，洪水泛滥向我们发出了警示，要求我们重视民生。你大禹信守诺言，完成了治水大业，你是贤能的。对国事不辞辛劳，治家力求节俭，不自满，不自夸，你是贤能的。正因为你不自负贤能，天下没有人来与你争能。正因为你不自夸己功，天下就没有人来与你争功。我褒奖你的品德，嘉奖你的大功，今后的帝王之位当在你身上，你必会登上帝王的大位。这也可以看成是对养民"九功"的全盘肯定。

大禹的遗愿：九功惟叙

大禹开创了传子制度，实现了由"天下为公"到"天下为家"的初步转化。大禹之子创立了一个名之为夏的王朝。这是中华历史上的第一王朝。

---

[1]《尚书·大禹谟》。

这在大禹精神下所创立的王朝该是怎么样的呢？王朝的当政者该有怎样的气度和品格呢？这些都是大禹所要思考的，并记述在大禹的告示后人的遗愿中：

> 九功惟叙，九叙惟歌。戒之用休，董之用威，劝之以九歌，俾勿坏。[1]

短短的二十四个字，却写尽了大禹对后世传承者的祝愿和劝诫。九功，上面一再说了，就是"水、火、木、金、土、谷惟修，正德、利用、厚生惟和"，这样九件事办好了，才说得上"善政"，才说得上"养民"。但是，上面这些还仅仅是道理。这些道理是从大禹长期的平水土的实践中总结出来的。但要让这些道理重新回到客观实际中去践行，则是一个新的过程。对后人来说，先是要弄懂这些道理，然后要把这些理论融会到自己的践行中去，这还有好长好长的一段路要走。在"九功"的践行上，大禹的遗愿很具体，也很实在，这里有几点值得一议：

"九功惟叙。""叙"即是叙说、陈述。《国语·晋语三》："纪言以叙之，述意以导之。"大道理不是说一次就能明白的，要反复"叙之"，还要有人作解释性的"述意"，还要循循然"导之"。"九功"道理我大禹是讲了，但后世的人们要把我讲的这些道理常常叙说。经常地讲，反复地讲，这就是大禹"九功惟叙"的深意所在。有了"九功"之论，将它束之高阁，那还是不管用。一定要常说、常用，才能常新。

"九叙惟歌。"这是讲对待"九功"的态度问题。有的人一面是学习着"九功"，一面心中又是疑虑着，这样做行不行啊？是否吃亏了啊？这种态度不可取。大禹教导后人要"九叙惟歌"，要以歌咏的肯定态度来对待"九功"，相信唯有"九功"，人类才能走向美满的理想社会。

"戒之用休，董之用威，劝之以九歌。"这里讲的是实施"九功"的三大手段。一是以休美的政事告诫人。"休"是休美，转义为动人。历史上有无数动人的事例可以说明，老老实实按"九功"去做，就成功，就会受到世人的颂扬；不按"九功"去做，投机取巧，结果就不会有好下场。二是以威严的刑罚督责人。大禹总体上是主张"德政"，但德政并不排斥刑罚的督责。三是又一次强调用颂扬九功的歌声去勉励人、激进人。

---

[1]《尚书·大禹谟》。

"俾勿坏!"这是一种严肃的警示:"九功"决不可随意败坏。谁败坏了"九功",不只整个社会要遭殃,当事人也必自食恶果。

大禹的遗愿中,有劝勉,有开导,有方法,当然也有严厉的督导。可以告慰大禹的是,启所创立的天下第一朝夏,基本的走向是按"九功"的轨迹前行,在夏代的四百七十一年的十七王十四世中,遵循"九功"前行的为多数,为主流。把"九功"抛在脑后胡作非为的不肖子孙究竟还是极少数。

在夏王朝发展的历程中,时时可见大禹"九功"的思想影子。"昔虞夏之盛,远方皆至,贡金九牧,铸鼎象物,百物而为之备,使民知神奸。"[1]"夫虞夏之主,贵为天子,亲处穷苦之实,以徇百姓。"[2]"昔虞、夏之兴,积善累功数十年(世),德洽百姓,摄行政事,考之于天,然后在位。"[3]这里说到的"积善累功数十世""亲处穷苦之实""使民知神奸",都可以看成是"六府""三事"精神在夏代社会生活中的具体体现。

这里值得一提的是少康和少康之后"六世七王"的中兴。在夏代的列王中,少康是最了不起的,他的经历与思想品格是与大禹最相近的。少康生于忧患之中,一生下来就遭受到寒浞的一再追杀,在母亲的保护之下有幸活了下来。长大后,在异国他乡当起了"牧正"之类的小官,学得了干实事的本领。更为可贵的是,他立志于"复禹绩""兴夏道"。"复禹绩"是一面大旗,这面大旗的骨子里就是养民"九功"。在少康时期,水利得到了兴建,农业得到了发展,神州大地上南北经济的联动也起始于少康时期。少康之功不只在于一世,还带动了"六世七王"的繁荣。夏王朝共十七王十四世,少康中兴就占了"七王六世",没有禹养民"九功"的支撑,如此奇迹的出现是难以想象的。

当然,在夏王朝历史上,也有像孔甲、夏桀这样的并不太多的几个不肖子孙。"孔甲乱夏",其"乱"就乱在把老祖宗大禹的"九功"搞乱了。孔甲"好方鬼神,事淫乱",哪里还有一点"政在养民"的君主样子。那个夏桀就更加过分了,"筑倾宫,饰瑶台","殚百姓之财",完全走到了大禹"九功"之教的反面。当年大禹在遗愿中告诫"俾勿坏",在他的第十四世孙的身上不幸而言中了。

---

[1]《史记·楚世家》。
[2]《史记·秦始皇本纪》。
[3]《史记·秦楚之际月表》。

第二十七章 农耕时代

源远流长的中国原始农业

陶器的发明展示了人类特有的创造力,叩开了人类文明之门。陶器的发明使水和食品得以贮存,从而使定居有了可能。定居生活又为农业的产生创造了最基本的条件。大约在陶器发明的同时,或者稍晚一点,原始农业萌生了。

农业是人类社会发展到一定阶段的产物。植物的驯化种植是采集经济高度发展的必然结果。人们经过长期的采集活动,掌握了野生植物生长的规律,于是开始进行人工选择和人工栽培的尝试,并发明了相应的生产工具。一些神话传说留下了当年人类艰难摸索中前行的依稀记忆——

神农氏尝百草水土甘苦。[1]
神农氏作,斫木为耜,揉木为耒,耒耨之利,以教天下。[2]

这两段神话传说故事十分传神生动地记述了当年我们的祖先迈出农业第一步的艰难和困苦。神农为何要遍尝"百草水土甘苦"？为的就是能识别"百草"中哪种"草"可以驯化种植,也为的是区分出哪种"水土"最适宜于种植。神话故事中说的"斫木为耜,揉木为耒",正是人类走出刀耕火种,走向农耕社会的重要标志。"耒"是一种状如叉子的农具,可作松土使用。"耜"是一种状如锹的农具,可人力翻土使用。正是这两种看来十分简单的农具,把人类带进了一个社会生产发展的新时期——农耕时期。简单地在

---

[1] 汉·袁康:《越绝书》。
[2]《周易·系辞下》。

原野上烧荒、播种,和用耒耜来松土、翻土然后种植,完全是两回事。我们的祖先神农氏实在是太"神"了。

当然,神话传说留给我们的只是远古的依稀记忆,更加可靠切实的证据还得来自地下发掘的实证。

最早的奇迹发生在距今18 000年前。在山西沁水下川旧石器时代晚期文化遗址中,出现了研磨谷物用的石磨盘。[1]这可是一个惊天动地的大发现,说明当时的中华人食品加工已有了相当的发展。当然,它可能是采集加工野生谷物的用品,但也显露出了谷物种植的某种先期征兆。

真正的种植生产的农产品大约发现在距今10 000年前后。在浙江省浦江县的博物馆陈列品中,为我们提供了这样一个梦幻般的信息:一万年前的先民已经懂得了种植水稻。这种"万年稻",被放置在一只陶制容器"料"中。"料"是中国传统的计量单位。把万年稻放在"料"中说明当时人工培植的水稻已经有了相当的经验和规模,生产的稻作物的数量也相当的大。

接着是发现了距今8 000年的"八十当古稻"。这个名字似乎有点怪异,何谓"八十当"?原来它是一个地名,如果不是因为在这里发掘出了8 000年前的古稻遗存,这个小地方可能永远也不会为世人所广为知晓。

"八十当"位于湖南澧县梦溪乡,有山、有水、有平川,气候温和,正是培植和发展农业尤其是水稻业的好地方。考古工作者在不太大的范围里,发现了10 000粒稻谷。这是一种驯化未久的水稻品种,这些稻粒大小参差不齐,最大的是最小的颗粒的4～6倍。现代水稻分为籼、粳两种,而"八十当古稻"还没有明显的籼、粳之分,类似籼稻的稻谷,在显微镜下观察,其微结构又多粳稻的特点。这些都说明了它培育的不成熟性。出自湖南的"八十当水稻"与出自浙江的"万年稻"之间,也说不上有什么承继关系,这说明祖国广袤大地上的先民约在一万年或一万年不到的时间里,各自为了生计开始了水稻的培植。

据推测"八十当古稻"产量相当可观。被发现的10 000多粒水稻颗粒是发现于一条河道中的。这是怎么回事呢?科学家猜测:"八十当"的远古先民,在迎来了一个丰收年以后,喜气洋洋,把大量的稻谷倾入河中,以祭祀天神、水神和河神,而当时他们生产的水稻的实际产量要大大高于我们现今发现的呢!

---

[1] 王建等:《下川文化——山西下川遗址调查报告》,《考古学报》1978年第3期。

种植业每前进一大步，都要经历几百年乃至上千年的奋斗。从"八十当"的似籼似粳的稻粒，到河姆渡的明确无误的籼稻品种，时间又整整过去了1000来年。河姆渡发现的籼稻，在祖国大地上是首见，它是属于距今7000年前的产品。

河姆渡遗址位于浙江余姚河姆渡村。这里气候湿润，河网密集，土地肥沃。我国古人类的一支经过度选择，最后终于选定在河姆渡边安营扎寨。他们建造了牢固而有南方特色的住房，打造了品种繁多的生产工具，种植起水稻，以养家活口。

在河姆渡遗址中，最引人注目的是堆积有1米以上厚度的稻谷、稻谷壳和稻杆。啼，那么多的稻谷！这么多的农耕产品，遗存在那里，是当时人因为太忙来不及收拾呢，还是故意存放在那里的？现在已无法考查了。

当时这些7000年前的农产品被考古发掘出土时，一些稻杆还是金黄色的，十分的鲜活，稻谷颗粒和稻谷的形状也保存得十分完好，像是新近收割下来的那样。稻谷及其稻杆的堆积物是如此的厚，说明当时水稻种植已经相当发达，在这里居住的人也定然不少的了。

人们都说"南稻北粟"，从现有的资料看，南稻要早于北粟两千来年。最早的粟的种植和培养，见之于8000年前的磁山文化。

河北省武安县的磁山遗址，共发现了476个灰坑和窖穴，其中的88个是盛有碳化粟粒的。有粟粒的灰坑和窖大约占了1/5，从一个侧面说明了粟在当地人生活中据有十分重要的地位。

相关学者根据磁山遗址88个窖穴粮食堆积的体积进行了测算，推测可能共有粮食达2.5万千克以上。如果这个村落有300口人（这已是不小的村落了）的话，那么，他们在一段时间内积余下的剩余粮食人均为75千克。这在原始社会时期，是极其了不起的农业成就。据估计，当时的人是半肉食半素食，那么，这75千克的粟米够磁山的先民吃上半年的了。

磁山出土的粟粒外壳十分清晰，颗粒也相当完整。外部形态圆隆饱满。粟的颗粒直径达到2毫米，与现代的粟粒基本相同。可见，在8000年以前，可能会有一个更原始一点的培植粟的时期。这个培植过程如果有2000年的话，那么粟的最原始的栽培也该有万年了。

与粟差不多同时被人工种植的，是历来被称为五谷之首的稷。

"稷"这个字眼，对中国民众来说，显得特别亲切，特别凝重，特别庄严。因为凡是华夏子孙都懂得，"稷"作为一种植物，是我们的祖先最早驯化的谷物之一,它居于五谷之首,对民生的重要性是不言而喻的;"稷事"可以借代农事,泛指五谷之事;把"稷"神圣化,"稷"也就成了五谷之神;五谷之神的"稷",与土地之神的"社"结合在一起,称"社稷",就是国家的代称,《孟子·尽心下》有言:"民为贵,社稷次之,君为轻。"说的就是民众、国家、君主三者之间的关系。

稷的驯化与种植有多久?我们在甘肃省秦安县大地湾遗址找到了答案。在那里的一个陶罐中储存的碳化稷粒,经碳-14测定,它与粟一样古老,栽培时间有8 000年之久。此外,在辽宁沈阳市新乐遗址出土的稷粒,也有近8 000年之久。可见,至少在8 000年前,在我国的西北地区和东北地区,稷已成为当地人们的重要食物。

再过些时日,到距今五六千年的时候,在黑龙江、吉林、辽宁、山东、陕西、山西、青海、新疆,稷的种植也是遍地开花了,到了夏、商、周时代,稷毫无疑问地成为华夏地区首屈一指的主食。在甲骨文中,稷和它同种的黍,它们的出现次数是最多的。文献资料确切无疑地告诉我们,它在远古先民的生活中一度具有最重要的地位。

中国的农业发展真可说是源远流长。迄今在中华大地上已经发现有7 000多处新石器时代的农业遗址,分布于从五岭以南到大漠之北,从东海之滨到青藏高原以及新疆的辽阔土地上,当然尤以黄河流域和长江流域最为密集。

大多数研究者认为,世界农业起源的中心区主要有三个,即西南亚、中南美洲和东亚。东亚的起源中心当在中国。中国农业自有其特点:一,它的起源是独立而自成体系的,中国农业的出现和早期发展,为世界文明作出了独特的不可磨灭的贡献。二,中国农业培植的种种农产品面广量大,日后成了世界性的主食。中国驯化的动植物主要有狗、猪、鸡、水牛、黍、粟、稻、麦、豆等,其影响都是世界性的。

大禹开创了农耕新时代

人类社会的农业生产至今大概走过了三个阶段:第一阶段是所谓"刀耕火种"的阶段。也就是放把火把原野上的杂草和树木烧光,再播上种子,最后是等待收割。第二时期就是农耕时期,也称为传统农业时期。这时期是漫长的。从中国来说,传说中的神农氏时代、五帝时代,都在农业上一步一步地往前迈进,耒耜的发明就是一种极大的文明进步。但是,一个公认的标准是,只有进入了青铜时代,只有当人类真正懂得土地的管理、实行农田灌溉、中耕除草和防治病虫害后,农耕社会才算是真正到来了。在中国,农耕新时代的到来,是属于大禹和他创建的夏王朝的。对此,南怀瑾先生说:

> 有一点要认识:中华民族奠定了农业社会的基础,发展成就了后来几千年以农立国的民族精神,是禹开始的。……到了禹治水以后,农业基础奠定了,文化才开始成长。所以孔子说对禹是"吾无间然矣",没有一点办法可以挑他的毛病。[1]

南怀瑾先生说的完全符合历史事实。我们一直说中国是一个"以农立国"的国家,这样一种民族精神起始于何时呢?毫无疑问,是起始于大禹平水土的成功的。如果不是大禹带领大家平水土,水患何以得平息?"下民其忧"何以得解除?变水患为水利何以得实现?居于山陵上的"丘民"何以得回归家园?中华大地南、北、东、西的广袤领域内的统一何以得实现?大禹平水土的伟举具有重要的历史意义。学者汪子春、范楚玉在他们的作品中则明确地区划出了中西农业转型的时间段:

> 传统农业在欧洲是从公元五六世纪古希腊、古罗马的奴隶制社会时期开始的,直到二十世纪初转化为现代农业为止。中国传统农业延续时间比较长,从公元前二十一世纪发轫,一直延续到近代,至今还处于传统农业向现代农业的转变之中。[2]

这段话一方面通过中西比较,说明中国的农业文明比之西方历史更悠久。在整个西欧世界还处于黑暗的野蛮期之前的1 500年前,东方的中国已经透出了农业文明的曙光。另一方面,明确指出中国的传统农业(即农耕时代)是由"公元前二十一世纪发轫"的。四千年后的炎黄子孙,没有忘记当

---

[1]《南怀瑾选集》第一卷,复旦大学出版社2003年版。
[2] 汪子春、范楚玉:《农学与生物学志》,上海人民出版社1998年版。

年大禹平水土的丰功伟绩。为了阐明大禹开创了农耕时代,我们可以从以下数方面来加以说明。

其一,大禹平水土的成功促成了神州大地第一次大一统的形成,从而打破了南稻北粟的传统格局,促成了"五谷丰登""六畜兴旺"景象的出现。

在神州大地上,稻文化和粟文化的播种有一个"合—分—合"的有趣变化轨迹。在农业发展的初始阶段,稻、粟合播。正如有专家指出的:"稻文化和粟文化同源难分,粟和稻好像是两条道上跑的车,其实不然,在原始农业早期,稻和粟曾一度在一起种植、发展,难解难分。"[1]这种称为"混种"的局面下,不只稻和粟混种,往往有十多种粮食作物同时混种,以保证其中能有一两种获取好收成。大概到了距今七八千年的时候,人们根据收成情况和经验,开始了南稻北粟的种植。从考古资料看,出土旱作物粟、黍的遗址分布于河北、陕西、河南、山西、青海、甘肃、辽宁等省,除河南省外,其他各省都处于黄河以北。出土水稻的遗址则分布在浙江、江苏、上海、河南、广东、江西、湖北、安徽、台湾、云南等省市,除河南省外,其他各省市都位于长江流域及其以南地区。[2]这种作物鲜明的区划大约持续了三四千年。

这种局面到了大禹平水土成功,尤其是夏王朝建立以后,有了很大的改变。前所未有的统一局面为作物种植的交流创造了社会政治方面的条件,栽培技术上的进步更为南北种植文化的交融创造了有利条件。禹"开九州,通九道,陂九泽,度九山。令益予众庶稻,可种卑湿"[3]。过去北方地区比较干旱,因此适宜于种粟之类,现在长达百来年的大水灾,到处都是"卑湿"之地,大禹号召北方引进水稻实在是适宜的。同时粟的栽培也大为扩展,在江苏、湖北、湖南、广西、云南等地,在考古发掘中都发现有粟的遗存,而且时间段基本上都在夏王朝建立之后。

夏王朝统治的中心地带在现今的豫西和晋南一带,偃师二里头、夏县东下冯、洛阳皂角树等二里头文化遗址是夏文化中心区的遗存。遗址出土的大量农业生产工具及农作物遗存,说明夏代已是较为发达的农业社会。二十世纪九十年代在洛阳皂角树遗址的发掘中,发现了二里头时期的小麦、谷子、粟、黍、高粱、豆等旱地农作物,而且发现当时已能够利用河流水利在

---

[1] 游修龄、曾雄生:《中国稻作文化史》,上海人民出版社2010年版。
[2] 范楚玉:《我国古代农业生产中人们对地的认识》,见《自然科学史研究》1983年第2期。
[3] 《史记·夏本纪》。

伊洛平原上进行水稻的种植。[1] 在二里头遗址采集到的一口陶尊上,在其腹部刻画着一穗有6个带芒稻粒和两层稻叶的水稻图像,证明稻文化确被二里头文化所认可。有学者指出:"在包括二里头遗址在内的中原地区多个遗址的二里头时代堆积中发现了水稻、小麦和大豆。其中二里头遗址碳化稻谷的数量约占出土农作物总数的三分之一,仅次于碳化粟粒的数量,说明稻谷在当时人生活中的地位日益重要。"[2] 在二里头遗址中稻谷占了谷类食物的三分之一,这种变化应该说是惊人的。

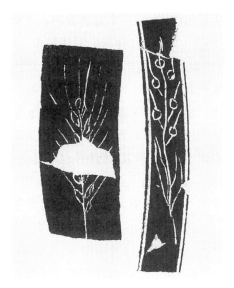

陶器上农作物图像
(二里头出土)

另外,二里头遗址发现的兽骨,以牛最多,其次是猪、羊、狗、鹿等。完整的狗、猪、羊的骨架屡见不鲜,还发现有牛、猪、羊、狗、象形状的陶塑。说此时的夏都地区是"五谷丰登""六畜兴旺"一点也不为过。

其二,"以农为本"观念的确立。

《吕氏春秋》一书中有一《上农》篇,它的宗旨就是以农为本。《上农》篇开宗明义就这样讲:

古先圣王之所以导其民者,先务于农。民农非徒为地利也,贵其志也。民农则朴,朴则易用,易用则边境安,主位尊。民农则重,重则少私义,少私义则公法立,力专一。民农则产复,其产复则重徙,重徙则死处而无二虑。

这篇的题目是"上农",实际上也就是重农,即以农为本。上面引的那段话,作者说不是他说的,而是"古先圣王"说的,这当然指的是三代的大禹了。这里讲了以农为本的三条理由:第一,"民农则朴"。这是从人的品格角度讲的,农民的工作使人的品格朴实。第二,"民农则重"。这是从公私

---

[1] 李玉洁:《黄河流域的农耕文明》,科学出版社2010年版。
[2] 许宏:《最早的中国》,科学出版社2009年版。

关系角度讲的,一个好的农民一定也是一个有公利心的人。第三,"民农则产复"。"产复",注家的说法很多,而且很不一致。依笔者之见,实际上"产复"就是"产富"。"复"是"富"之衍,意思是说,真正要使国家富强起来,非重视农业不可。不管大禹是否说过这样的话,相信这的确是大禹的真实思想。他的一边平水患,一边注意土壤的改良,本身就表明他是重视农业的发展的。大禹不只理论上重农,还是位亲力亲为者,孔子说过,"禹、稷躬稼而有天下"[1]。说其"躬稼"也不是一点没有根据的,把水稻引进到北方来,的确是他提出的主张,而且也是他与后稷一起搞的试验。另外他在水利建设上的贡献也是前无古人的,著名学者胡道静说:"夏禹以治水名,实际上他是一位氏族社会末期的农田水利家。"[2]

其三,土地品类的划分、改良和利用。

《禹贡》的一大特点是对土地品类的异乎寻常的关注。每述一州,必谈及土质。如冀州"厥土惟白壤";兖州"厥土黑坟";青州"厥土白坟,海滨广斥";徐州"厥土赤埴坟,草木渐包";扬州"厥土惟涂泥";荆州"厥土惟涂泥";豫州"厥土惟壤,下土坟垆";梁州"厥土青黎";雍州"厥土惟黄壤"。

在区分各地的土壤时,大禹是观察得很有分寸的。比如讲到扬州和荆州两地的时候,都用了"厥土惟涂泥"这种提法。难道这么大的两个大州,全都是潮湿泥泞的那种土壤吗?显然不是。他是取一方之特色,要人们重点解决这里的"涂泥"问题。在观察上也显得很细致。在讲到豫州的土质时,讲了"厥土惟壤,下土坟垆",既告诉你上土的"惟壤"——疏松柔软;又告诉你下土的"坟垆"——肥沃的黑色硬土。写到这里,我们好像看到一位"平水土"的历史老人行进到豫州时,正弯下腰去扒开足下的热土仔细地端详着、考察着。这就是历史上真实的那个大禹。

这也会使人想起大禹"教民鸟田"的故事。古字"鸟"与"岛"通,"鸟田"即"岛田",也就是把被洪水分割成一个个小"岛"的小块土地利用起来,种上水稻。说当时大禹的"鸟田"活动从会稽山麓开始,一直开发到马鞍、齐贤、马山一带。在一部地方志上有这样的记述:"大越海滨之民,独以鸟田,大小有差,进退有行。"[3] "大小有差",说的是在大禹的带领下,大块

---

[1]《论语·宪问》。
[2] 胡道静:《农史论集》,上海人民出版社2011年版。
[3] 汉·袁康:《越绝书》。

的鸟田和小块的鸟田都不放弃。"进退有行",说的是水进我退,水退我进,表明了"鸟田人"不屈不挠的奋斗精神。今人有这样的一种说法:"寺桥村马鞍遗址的发掘证明,早在4 000年前,这里已从事农耕活动。大禹兴鸟田之利,造福越民,为后世'垦其田畴,民富国强'奠定了基础"[1]。

关于大禹和他的同事们对土地的改良和利用,后人的著作中有一段很是精彩的文字,值得一录:

后稷曰:子能以洼为突乎？子能藏其恶而揖之以阴乎？子能使吾士靖而甽浴士乎？子能使保湿安地而处乎？子能使蘿夷毋淫乎？子能使子之野尽为泠风乎？子能使藁数节而茎坚乎？子能使穗大而坚均乎？子能使粟圆而薄糠乎？子能使米多沃而食之强乎？无之若何？[2]

这真是一段奇文,大意是:后稷说,你能把洼地填高吗？你能收藏起恶土而让下面的湿土见到阳光吗？你能让自己的土地土质改良并用垄沟灌溉土壤吗？你能让种子在土中深浅适中地生长吗？你能使杂草不丛生滋蔓吗？你能让你的田野吹遍和风吗？你能使禾秆分蘖多而禾茎仍坚挺吗？你能使谷穗大而坚实均匀吗？你能使粟粒饱满而麸皮又很薄吗？你能使谷米饭口味好又有咬劲吗？怎样才能做到这些呢？这段屈赋式的发问,惟妙惟肖地把大禹、后稷这些"古先圣"心中的农耕梦描绘出来了。

夏代遗书《夏小正》

德国著名史学家维尔纳·施泰因教授穷四十年岁月,写成了《人类文明编年纪事》一书。在该书的《科学和技术分册》中,历法是作为拓展出人类一个新时代的重大事件被重墨书写的。因为历法的"创造"意味着人类对天体的认识和掌控已经进入了一个新时期,意味着人类对日、月、星、辰的观察取得了巨大的阶段性成果,意味着农业文明的相当程度的发展。

---

[1]绍兴社会科学院:《大禹研究》,浙江人民出版社1995年版。
[2]《吕氏春秋·任地》。

施泰因教授是对世界各国古代的历法进行了深入而严谨的考察的。在他的著作中,写上了"公元前4221年,相传埃及创造了历法"这一条,但是这显然是基于传闻的埃及人自己的说法,没有什么实证,也没有得到世界的公认。施泰因对此的评述是"这一'最早的历史年代'没有实际意义",他一下子站在科学的神圣殿堂上把这一没有任何科学依据的说法给否定了。

在施泰因教授看来,世界上最早也是最权威的历法有两部:一部产生于公元前2772年,在属于新石器文化层的一个骨灰瓮的盖上,发现了刻有可解释为阴阳历的符号,这一年,埃及开始实行365天为一年的历法,无闰年。过了47年,即公元前2025年,中国出现了一部划时代的伟大历法。他在《人类文明编年纪事》一书中写道:

中国人开始使用循环阴历,19年为一循环:在每一循环中,12年各为12个月,7年各为13个月(原先使用的阴历,每年为360天)。[1]

这就告诉我们,公元前21世纪,世界上两个最古老的文明古国——埃及和中国,各自带着自己创造的历法,奔走在世界文明征程的最前列。由于这两个国家的领跑,世界开始走进了历法时代。

施泰因说的"中国历法",就是我们常说的夏历,或称为阴历、农历。很显然,作为一位对世界有影响的史学家,他是对夏代的历法作了仔细的考察和研究的,不然就不可能连"19年为一循环"的运算方程都能知道。可见,夏代的历法不只影响了中国整部历史,还影响了全世界。

在传说中,汉之前有所谓的先秦"古六历":《黄帝历》《颛顼历》《夏历》《殷历》《周历》《鲁历》,这种说法早就有学者表示怀疑,认为"皆秦汉之际,假托为之"。也有人以为,"古六历"或许有之,但已毁于秦火,无可查考了。但是,有一点大家是公认的,的确有一部夏历,而且它的影响力及于几千年后。直到21世纪的当今,中国人还既过阳历的年,又过农历即夏历的年,尤其当谈到农事的时候,还是喜欢以夏历的"节气"来加以推算。

在中国,最闹猛的是除夕夜的辞旧岁,最充满期待的是新一年的正月初一。这个过春节的源头就在夏代,其标志乃是夏历。尽管夏历早已佚失,但它定下的种种"规矩"却通过口耳相传、通过其他一些古籍保存下来了。据

---

[1] [德] 维尔纳·施泰因:《人类文明编年纪事》,龚荷花等译,中国对外翻译出版公司1992年版。

《尔雅》记载,"年"这个名词在中国出现得是比较晚的,在黄帝、帝尧、帝舜时期,称"载",一载就是一年;到了夏代,称"岁","年年岁岁花相似,岁岁年年人不同","岁"指的是人的年龄,把"年"说成"岁"可能与夏人重视以人为本有关吧;到了商代,又改称"祀",因为中国是"慎终追远不忘本"的国家,商人重鬼,认为一年一"祀"是最大的事,因此也就把年称为"祀"了;到了周代,才正式用"年"这个称呼。但是,过年也罢,度岁也罢,意思是一样的,都是按历法定下来的规矩过日子。

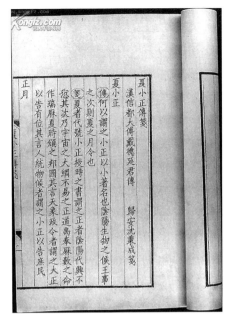

《夏小正》书影

古代农业社会是"靠天吃饭"的,也就是说,农业的发展有赖于天时地利。夏代的农业是比较发达的,其中极为重要的一条靠的就是当时有了比较先进的历法,正因为如此,夏历又被称为农历。有了这部历法,农业的丰收就有希望了。夏代有许多酒和饮酒的故事,二里头出土的物品中又有那么多酒器,这是当时农业有了相当发展的一个明证。农业的发展要求天文历法为之服务;同时,天文历法的制定,又促进了农业的发展。在当时世界上被列为最先进的夏历的制定和推行,证明了当时夏代的农业也是走在世界前列的。

可惜的是,夏历的原件由于当时还没有文字而没有保存下来。它的精华是保留在了现存的《大戴礼记》的《夏小正》一文中。《夏小正》的文献价值是很高的,它是我国最早的天文历法著作。《夏小正》中说的"正",也就是"政"。中国古代信奉"国之大事,在祀与戎",就是把祭祀和战争视为"大正",而以农事及其他经济生活为"小正"。这里实际上没有哪个重要哪个不重要的问题,具体而言,"大正"更渺远,"小正"更实际,对每个人来说,最切身的还是过"小正"日子。

《夏小正》以正月为岁首,因此人们又习惯地用"夏正"指代夏历。古人把十二地支配十二月,十二地支指的是子、丑、寅、卯、辰、巳、午、未、申、酉、戌、亥。以有冬至的那月配子,第二月配丑,第三月配寅,第四月配卯,直到十二月配亥。如果以有冬至的那月为正月,在历法上那就叫"建子",以冬至后第二月作为一年的正月,那叫"建丑",如果以冬至后第三月为正月,那叫"建寅"。传说夏、商、周三朝的历法都不一样,"夏正建寅,殷正建丑,周正建子",也就是说夏代把一年的正月放在冬至后的第三个月,商代把一年的正月放在冬至后的第二个月,周代把正月放在冬至的那个月。那样做,可能各有各的因缘,但从综合考虑,尤其是如着眼于农事的话,还是夏历的"建寅"更妥帖些。因为冬至后的第三个月为岁首,刚好与气候学上的春天相吻合,也与农事的春播相一致。夏历沿用数千年而不衰,道理就在于它的"接地气",且关乎民生。夏历的"建寅"是符合长江流域和黄河流域广大地区的农业生产实际的。

《夏小正》是由"经"和"传"两部分组成的,今天的流传本已是经文与传文难分了。全文总共只有四百多字,但字字珠玑,十分珍贵,现照录于此:

正月:启蛰。雁北乡。雉震呴。鱼陟负冰。农纬厥耒。初岁祭耒,始用畅。囿有见韭。时有俊风。寒日涤冻涂。田鼠出。农率均田。獭献鱼。鹰则为鸠。农及雪泽。初服于公田。采芸。鞠则见。初昏参中。斗柄县在下。柳稊。梅杏柂桃则华。缇缟。鸡桴粥。(86字)

二月:往耰黍禅。初俊羔助厥母粥。绥多女士。丁亥万用入学。祭鲔。荣堇采蘩。昆小虫抵蚳。来降燕乃睇。剥鳝以为鼓也。有鸣仓庚。荣芸,时有见稊始收。(55字)

三月:参则伏。摄桑。萎杨。羕羊。縠则鸣。颁冰。采识。妾子始蚕。执养宫事。祈麦实。越有小旱。田鼠化为鴽。拂桐芭。鸣鸠。(41字)

四月:昴则见。初昏南门正。鸣札。囿有见杏。鸣蜮。王萯秀。取荼。秀幽。越有大旱。执陟攻驹。(31字)

五月:参则见。浮游有殷。鴂则鸣。时有养日。乃瓜。良蜩鸣。匽之兴五日翕,望乃伏。启灌蓝蓼。鸠为鹰。唐蜩鸣。初昏大火中种黍。煮梅。蓄兰。菽糜。颁马。脐。将闲诸则。(58字)

六月:初昏斗柄正在上。煮桃。鹰始挚。(12字)

七月:秀萑苇。狸子肇始。湟潦生苹。爽死。荓秀。汉案户。寒蝉鸣。初昏,织女正东乡。时有霖雨。灌荼。斗柄县在下则旦。(41字)

八月:剥瓜。玄校。剥枣。栗零。丹鸟羞白鸟。辰则伏。鹿人从。鴽为鼠。参中则旦。(26字)

九月：内火。遰鸿雁。主夫出火。陟玄鸟蛰。熊羆貊貉鼶鼬则穴。荣鞠树麦。王始裘。辰系于日。雀入于海为蛤。（38字）

　　十月：豺祭兽。初昏。南门见。黑鸟浴。时有养夜。玄雉入于淮为蜃。织女正北乡则旦。（29字）

　　十一月：王狩，陈筋革，啬人不从。陨麋角。（12字）

　　十二月：鸣弋。玄驹贲。纳卵蒜。虞人入梁。陨麋角。（15字）[1]

　　《大戴礼记》中的《夏小正》版本，它的总字数很少，但是它的信息含量极大，简直可以说是一部夏王朝时代的百科全书。它的内容是按一年十二个月的序列，分别记载每个月的物候、气象、星象和有关重大政事，特别是生产方面的大事。这些的依据主要是天象，天象中除北斗星的不同星象外，主要是月相。"月有阴晴圆缺，人有悲欢离合"，人对月相的关注度是最大的。每个"月"的时间概念来自月亮的圆缺周期，即所谓月之"朔望"。"朔"是月球运行到地球和太阳之间，地球上的人看不到月光的月相，那是每月的初一。"望"是每月的十五日，这时人们能"望"到圆盘般的满月的月相。夏历最大的依据是月相的变化，由此来计时、计日、计月，也计年。

　　《夏小正》一书反映的当时农业生产的内容包括谷物、纤维植物、染料、园艺作物的种植以及畜牧、渔猎。对蚕桑和养马尤为重视，对马的阉割也首次见于该文献。《夏小正》的这些记述的正确性当然还有待考查。在二里头遗址发现的兽骨中，以牛最多，其次是猪、羊、狗、鹿的骨架，还发现有牛、猪、羊、狗、象等形状的陶塑。总之，在兽骨和陶塑品中都还没有发现马。是《夏小正》的误记呢，还是地下发掘还不够周全，现在还不能下定论，让以后的事实来证明一切吧！

　　《夏小正》的文句十分的简约，其省文的程度不下于甲骨文，甚至可以说是有过之而无不及，这也可见其文本的原始性。《夏小正》文本大多数是两字、三字或四字为一完整的句子。其指时标志，以动物变化为主，也以星象指时，那些星象都是比较容易看得见的亮星，如辰参、织女等。

　　孔子非常推崇"夏法"。《论语·卫灵公》中，在回答"为邦"之道时，孔子首先提出要"行夏之时"。《礼记·礼运》载："孔子曰：'我欲观夏道，是故之杞，而不足征也，吾得夏时焉。'"这里的"夏时""夏道"是什么含义呢？

---

[1]《大戴礼记·夏小正》。

郑玄注曰:"得夏四时之书也,其存者有《夏小正》。"《史记·夏本纪》也说:"孔子行夏时,学者多传《夏小正》云。"由此可见,司马迁是读过那时留存的比较完整的《夏小正》一书的,它述说的就是"夏时"。这也表明,《夏小正》在春秋之前已成书,春秋时期的杞国(可能还不止杞国)还在使用它,并用它来指导当时的农业生产和日常生活。

有学者以为,"三代以上,人人皆知天文"[1]。这大概是确实的。进入农业社会以后,人们过的是靠天吃饭的日子,每个务农的人若不知天,就吃不上饭。但是,长久下来,大家又感到,那样的"人人皆知",由于只凭个人经验,"知"的程度是很浅显的、表象的。这种"人人皆知",实际上又是"人人皆不知",这才有了尧、舜、禹时代专门以观天象为务的"官员"的设置。经过数百年的历练(尧、舜、禹时代有数百年),就形成了一定的规律性认知,那就是所谓的"夏时"。《今本竹书纪年》载:"夏禹颁夏时于邦国。"恐怕是确实的。

《夏小正》虽然还没有出现四季和二十四节气的概念,但记载的生产事项,包括农耕、渔猎、采集、蚕桑、畜牧等,都是按物候、气象、星象来指时的。它记载上古先民所观察体验到的天象、气象、物象,形象地反映出上古先民对时令气候的朴素认识,可以说是华夏民族数千年天文学史的初始阶段,《夏小正》就是人们上千年观象授时经验的结集。

有关夏代的文献与考古,经碳-14测定,夏文化与年代即在公元前2070年至公元前1600年,正同《夏小正》星象的大部分记事从天文学测算所得的年代相吻合。在二十八星宿尚未完备之前,先民观察星象并不全是取南天昏中星等为依据,而是以明亮大星的中、流、伏、内移动态势为准的,在一定程度上反映了夏代农业生产的发展水平,在《夏小正》中保存了中国最古老的天文历法知识,这是毋庸置疑的。同时,这也说明中国古代很早有了熟悉天文、制定历法的专职人员,天文学和历法早就很发达。李学勤先生的《〈夏小正〉新证》对此作了分析考证,将《夏小正》的某些经文,与卜辞、金文及《尚书》等文献相对照,证明《夏小正》确实有古老的渊源,它的成书当在夏商之时,甚至更前,而绝不可能如某些学者所说的是在战国时期。[2]

---

[1] 顾炎武:《日知录》,栾保群、吕宗力核点本,上海古籍出版社2006年版。
[2] 李学勤:《古文献丛论》,上海远东出版社1996年版。

夏历把中国社会带入了一个识天象、明农时、勤耕作、实民生的全新的历史时期，夏历所创导的以正月为岁首、以月亮绕地球一周为一年、以十二月或十三月（闰年时）为一年、以三年一闰、五年二闰、十九年七闰为规范的历算过程，一直在中国延续了几千年，对中国农业的发展和中国社会的文明走向，所起的作用是怎么评估也不为过的。它对世界文明史也有着深刻而重要的影响。

第二十八章 酒文化

酒和仪狄作酒醪的传说

可以说,在夏王朝建立之前的所有文献和神话传说故事中,都没有提到过这个"酒"字。这是有道理的,酒业的出现需要相应的社会经济条件,也就是农业经济的一定程度的发展和社会财富的比较充裕。读夏代遗文《夏小正》,你就会深深地感受到那个时代对农业有多重视,农业生产有多发展。我们就拿一月份来说吧!夏历所说的一月(正月)相当于阳历的三月,正是"时有俊风,寒日涤冻涂"的好时光,通俗地讲就是大地回春、万象更新的美好时段,这一时段,也正是农事最可大有作为的好时光。《夏小正》写正月的月事,几乎写的全是农事。

启蛰。
雉震呴。
鱼陟负冰
农纬厥耒。
初岁祭耒,始用畅。
囿有见韭。
时有俊风。
寒日涤冻涂。
田鼠出。
农率均田。
獭献鱼。
鹰则为鸠。
农及雪泽。

初服于公田。

采芸。

……

鸡桴粥。[1]

这仅是《夏小正》提及的正月的农事。在这个月份听到了惊蛰雷声的人们，看到大雁北飞、雉鸟震翅、鱼翔浅水的生机勃勃景象，马上就投入到了春播的繁忙农事之中——修缮好当时最主要的农具耒和耜，举办好带有宗教色彩的"祭耒"活动，割去菜园中的最鲜嫩的头刀韭菜食用，再为菜园松土，与农官一起到大田中去"均田"，以决定土地的休耕与轮作。把农田里冬日留下的积雪污水排除掉，这叫"农及雪泽"。当时的田畴分为公田与私田，夏代的农夫还是很有觉悟的，在农官的带领下"初服于公田"，先把公田的事办妥了，再回到家带领全家老小耕耘私田。耕私田的第一件要干的事就是把私田里的杂草清除干净，这在当时叫作"采芸"。家禽家畜也是农业经济的重要组成部分。此时正是孵育小鸡的好时光，这在当时叫作"鸡桴粥"。这样有组织、有秩序的社会生产状况，只有在大禹平水土成功、天下大一统实现的情况下才有可能。在当时地多人少的情况下，社会财富怎么会不相对富足呢？

我们在前面几章中说到，夏代是中国农耕时代的草创时期，那时的农耕社会生活说不上成熟，但是朝气勃勃的，有生机的。不只是中原地带，在黄河流域和长江流域的不少地方的夏时文化遗址的地窖中，都发现有相当数量的谷物留存。这些日常口粮之外留存下来的粮食，是制作成酒类食品的物质前提。

从不少文献资料看，三代时期一些家庭的经济状况完全可以用"富足"两字形容。在说到三代人处理家庭中长幼尊卑关系时，文献中有这样一些有意思的描述：

（幼辈对长辈）问所欲而敬进之，柔色以温之。饘、酏、酒、醴、芼、羹、菽、麦、蕡稻、黍、粱、秫，唯所欲。枣、栗、饴、蜜以甘之。堇、荁枌、榆、免、薧滫、瀡以滑之，脂、膏以膏之，父母、舅姑必尝之而后退。

饭：黍、稷、稻、粱、白黍、黄粱、稰、穛。

---

[1]《夏小正·正月》。

饮：重醴,稻醴、清糟；黍醴,清糟；粱醴,清糟。或以酏为醴,黍酏、浆、水、醷、滥。

酒：清、白。

羞：糗饵粉、酏。[1]

这几段话的意思是：幼辈对长辈要尊敬,时不时地询问他们需要些什么,为长者提供丰富的生活资料。稠粥、稀粥、酒、醴、加伴有青菜的肉汁、豆、麦、熟麻籽、稻黍、谷子、高粱,只要长辈喜欢,就要为他们端上,让他们选择,使他们满意。在食物中加枣、栗子、饴糖、蜜,以使长辈感到生活的甜美。还要在食物中放进堇菜、粉叶等,使食物柔滑可口。如果加进了膏脂,那会使食物更加香美。

家中吃的饭食要丰富一些,应有黄黍、稷、稻、粱、白黍、黄粱烧制的饭食,其中稻谷又分为早稻和晚稻食品。

家中吃的饮料有：清稻米造的醴酒和糟稻米制的醴酒,清黍米造的醴酒和糟黍米制的醴酒。清高粱造的醴酒和糟高粱制的醴酒。还有用粥酿制的醴酒,也有以黍米煮的酒,还有其他各种酒。

有掺有豆粉、米粉和黍粉合煮成的饼,还有掺有豆粉的糯米饼。

上面这些经典文本书写者的本意,是在提倡家庭孝道,而我们却从中看到了进入农业社会之后家庭和社会发生的深刻变化。这种变化正是酒业发生和发展的社会基础和社会经济条件。

谁是酒的发明者？客观地说,肯定是广大民众。但是,古代留存下来的神话传说往往喜欢把这样的大发明、大创造集结到某一似实有又似虚拟的人物身上,这是可以理解的,因有具体的人物,又有生动的故事,也易于为后世记住和接受了。

酒发明在夏代,现在看来那是没有问题的。酒的发明人是谁？神话传说中是一个叫仪狄的人。史书上有一句相当模糊的话,叫作"昔者,帝女(令)仪狄作酒而美"。这句话现存有两个文本。一个文本这句话中有一"令"字,那么与作酒有关的就成了两个人：一个是下令别人作酒的尧帝的女儿,另一个是具体实施作酒的仪狄其人。另一个文本的这句话中失去了那个"令"字,那么作酒的就成了一个人了,也就是帝女即仪狄、仪狄即帝女

---

[1]《礼记·内则》。

了。曹操和作七步诗的那个儿子曹植，是坚信帝女即仪狄的。据传，夏初"封尧子于唐"，唐的地域当在今天的山西一带。说酒最初发始于山西，那是夏时经济最发达的地区之一，第一桶酒酿成于"唐"地，也是说得过去的。

仪狄发明的酒大约还纯粹是米酒，也就是粟或稻米发酵酿成的酒，也就是我们今天普遍食用的酒酿。到了后来，人的欲望有了进一步的发展，于是又有了更具刺激性的所谓"杜康酒"。杜康既是人名，又是酒名。曹操有"何以解忧,惟有杜康"的名句，后世也就以"杜康"为所有酒品的代名词了。

酒业及其管理

在夏代，甚至在整个三代时期，酒业是一门新兴产业，它又与王国的高层统治者的利益休戚相关，因此在管理上也较为严密。中国古代有一句名言："国之大事,在祀与戎。"[1]而酒恰恰与祀与戎有着不解之缘。当时酒的发明者制作酒的一个最为堂皇的理由就是祭祀天地和祖宗必须具有米酒，不然就不庄重，也难以表达人们对神祇及祖宗的崇敬。"祭必有酒"，这似乎是夏代人一种不易的规矩。后来，每有戎事，则往往要以酒为出征者壮行。这样，酒的管理就显得更为重要了。当时，设立了国家级的酒业最高行政管理部门，这个部门的行政首长称为"酒正"。据史书记载，酒正的职权还是很大的。

酒正：掌酒之政令，以式法授酒材。凡为公酒者，亦如之。辨五齐之名：一曰泛齐，二曰醴齐，三曰盎齐，四曰缇齐，五曰沉齐。辨三酒之物，一曰事酒，二曰昔酒，三曰清酒。辨四饮之物，一曰清，二曰医，三曰浆，四曰酏。掌其厚薄之齐，以共王之四饮、三酒之馔，及后、世子之饮与其酒。凡祭祀，以法共五齐、三酒以实八尊。大祭三贰，中祭再贰，小祭壹贰，皆有酌数。唯齐酒不贰，皆有器量。共宾客之礼酒，共后之致饮于宾客之礼医酏糟，皆使其士奉之。凡王之燕饮酒，共其计，酒正奉之。凡飨士庶子，飨耆老、孤子，皆共其酒，无酌数。掌酒之赐颁，皆有法以行之。凡有秩酒者，以书契授之。酒正之出，日入其成，月入其要，小宰听之。岁终则会，唯王及后之饮酒

---

[1]《左传·成公十三年》。

不会。以酒式诛赏。[1]

　　这是一段难得的文字,集中地论述了三代时期尤其是夏代的酒文化及其管理机制,很具体,也很生动。说当时中央设有"酒正"这一官位,相当于官方办理的酒业管理部部长。酒正绝对是个大官,据文献记载,其下设属官:中士四人,下士八人,府官二人,史官八人,胥八人。这些被称为"胥"的人是搞口语翻译工作的,因为酒要运到各地各族去供人享用,有时还要出国,走向天下,没有"外语"人才显然是不行的。大概这些"胥人"中,包括有一些方言翻译。在酒业管理行政部门中,除了上述三十来人的当官的之外,还有徒员大约八十多人。这些徒员相当于酒业管理部的部务人员,是半官半民的角色。在当时的条件下,"酒正"这个部门有一百多号人,大约也算是个大机关了。

　　酒正下面不是有两名"中士"吗？他们是在酒业管理这个部门中除了酒正之外官阶最高的人,他们被授予"酒人"之官。"酒人"是实权派,具体负责酿造各种酒类,以供王者飨宴、祭祀、日常饮用和赏赐宾客等用。为了保证质量,在酒的制造上有两道关卡把酒的生产质量给卡死了：第一道是实行"以式法授酒材",就是说,造酒的原材料由中央发放,这里说的中央具体到人就是"酒正"。"酒正"不只管人,还管物。那些"酒人"造酒的原材料不能到市场上去买,一律由上头"以式法授酒材",规定造怎样的酒就发放怎样的"酒材"。这是很厉害的一招,这样那些"酒人"想通过办酒材谋私利这条路被切断了,当然更重要的是保证了酒的质量。第二道关卡是由"酒人"严格把关管控造酒的全过程,这是一种责任制。制酒的奖惩很严厉,在制酒过程中犯了事,规定必须严加惩处,最高的处分可以对犯事者加以诛杀。这是酒文化运行的前期过程,对此当时的中央把得很牢。前期如果没管好,后期那就乱了套了。

　　当时的酒,主要是供祭祀用的,祭祀用的酒依据清浊分为五等,在文献中称作"五齐"：第一种是渣滓上泛的薄酒,称为"泛齐"；第二种是汁糟相混、酒母少而米粒多的薄酒,称为"醴酒"；第三种是那种带乳白色的浊酒,称为"盎齐"；第四种是那种乳白色中略带有一点红色的酒,称为"缇酒"；第五种是渣滓都沉在底下因而看上去较清的那种酒,叫作"沉齐"。这里说的"齐",主要是指酒的度量和质量。

---

[1]《周礼·天官冢宰》。

凡是国家一级的供祭祀用的酒,事先都放在八个大樽里。在祭祀时可以而且必须添酒,但有一定规矩。祭天地和祭先王这样的活动,当时被称为大祭祀,可以而且必须"三贰",即添酒三次,每次间隔的时间也有一定的规范。祭祀四望的名山大川的活动,这样的祭祀被称为中等祭祀,可以而且必须"再贰",也就是添酒两次,在时间间隔上也有定规。祭祀山林川泽的风师、雨师之类的活动,这被称为小祭祀,可以而且只能"壹贰",也就是添酒一次,时间放在祭祀活动行将结束之前,有点"送神"的意味。用勺往樽里盛酒时不能太满,也不能太浅,就是所谓的"皆有器量"。酒的质量和添酒的次数体现着酒文化的内涵。这些对具体办理人员来说都要事先培训,以免临时出错。为了实施培训,又有一批人数不少的培训师,这些人的地位也处于官民之间,可以说是亦官亦民吧!

供王家及其官员使用的酒被称为"饮",也就是后人说的"饮料"。当时朝廷制作了四种王家饮用的酒,被称为"四饮":第一种是去掉渣滓的醴酒,也就是较清淡的黍酒;第二类是黄米酿成的较清淡的酒;第三类是微带酸味的清淡的酒,是何原因造成酸味那就不得而知了;第四类是糖分比较多的甜酒,何以会使酒变甜也没有说清楚。这些在当时大约都算是技术机密吧!为何要"饮分四类"?史书上没有具体说明,大约是要根据不同的情况和不同的对象饮用不同的酒类。从酒饮的严格区分上也可以想见,夏代的"官阶"观念已经相当清晰。

酒的饮用要充分注意安全。王家赏赐给臣属的酒,由酒正派下属专人用专车送过去,闲杂人员是不能随意送酒的。送酒本身就是一种资质,送酒员也是酒官,不过是一种属于底层的官员。送到以后要进行登记,这也是一种严格的责任制度。凡是国王自己饮用,或国王与他人一起共同宴饮的酒,则必须由"酒正"亲自送去。国王赏赐给老臣的酒可以发给酒票,暂时不饮时可以存放在那里,要饮用时可以凭票随时领取实物,这样对老年人来说更加随意些,也可说是一种尊重。"酒票"的发明,在中国古代票证发展史上具有特殊的意义和价值,值得一书。

"酒正"支出的造酒材料和支出的酒成品数量,每日都要有统计,每月要呈报给小宰一次,小宰是酒正的顶头上司。一年终了的时候把所结的账呈报给大宰。"酒正"有权监管下属,国家则有权监管"酒正",形成了一条严密的利益链和监管链。一年大约要对酒的生产与管理部门评审一次,好的表扬,差的批评,有严重问题的要"诛之",这实在是够严厉的了,当然从

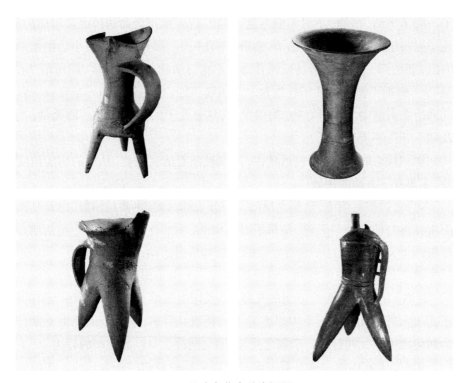

二里头文化中的陶酒器

中也可以看到三代包括夏代时期国家对酒业的重视。

但是,在酒业管理中有一个特殊的规定:"唯王及后之饮酒不会",所谓"不会",就是不汇总,不计量。国王的饮酒是不受限制的,王后的饮酒也是不受限制的。在王权时代,"王"是至高无上的,这在酒业管理上也体现得十分明确。其他所有人在酒的饮用和占有上都有限制,唯独"王及后"是不受限制的。当然,现在看来这并不是一个好的规定,它实际上为王者的腐败开了方便之门。

从上面的文献资料看,在三代之时,尤其是在酒业刚发展起来的夏代,酒业完全是官办的,是牢牢地控制在国家及相关的专职官员手中的。由于酒在当时国家的特别重要性,甚至国王也会出来干预酒业生产。这种状况大约在三代是总体上维持了的,到了群雄割据的春秋战国时期就大为不同了。随着权力的下移,很多问题中央管不了了,制酒业也就走入了市场,留下了大量的陶酒器及青铜酒器。有市场就会有伪劣假冒。大概在孔子那个时代,除了小半部分国营的酒店外,民营的酒店中劣酒、假酒已经充斥市场了。喝了劣酒、假酒，不只不能养老、养病，说不准把老命送掉也是可能的。孔子深叹于此，因此主张"沽酒，市脯，不食"[1]。那种乡鄙小镇小店中买来的酒，即所谓"沽酒"，市场设摊者那里零星打来的土酒和熟食，即所谓"市脯"，一概都不能吃。孔子在饮食上是很谨慎的，他主张喝酒还是要到国营的酒店去买酒喝。喝得好些，喝得少些，这是孔子的基本观念，"酒无量，不及醉"，千万不要喝醉了。

在三代之时，当然也包括夏代，国家控制着的制酒业，从酒的功能角度看，主要有三方面的用处：

第一，是祭祀用酒，这是大量的。一开头的时候，主要是国祭，也就是国王直接参与的那种祭天地、祭祖宗时的用酒，后来肯定是泛化了，包括地方政府的相关祭祀，包括平常百姓家的祭祀和祭祖活动，都需要用酒。

第二，迎来送往的礼酒。这范围也有一个由小而大的扩展过程。最早的"礼酒"是指国王送给臣属的礼品，以及国王送给有功者的赏赐，还有国王为表示尊老而送给七十岁以上老人的礼酒。后来，当然渐渐地由王家行为转化成为了民间行为。亲属之间、友朋之间都会有以酒相赠的行为。

第三，王家用酒。这是夏王国建立以后特权政治的一大反映。在前面这段文献资料中，王家的特权暴露无遗了。这里表现出了三大特权：首先，国王使用的酒当然是最优质的酒，而且得让"酒正"亲自送上门去；其次，国王用的是公款喝酒，自己不用花一点钱。文献中说得很有意思，其他的用酒都要记账，报"小宰""大宰"这些财务部门核记，唯独国王与王后"饮酒不会"，也就是不用掏自己的腰包。其三，国王及王后用酒在数量上不限，可以要多少就供应多少。这也为日后的王家饮酒腐败开了一道方便之门。在文献记载和传说故事中，夏、商、周三代的末代君王都是暴饮酒料的昏君。

酒是贯穿夏王朝的一道文化风景线

留存下来的关于夏王朝的文献资料并不多，但是，其中与夏王朝生存、发展、败亡相攸关的酒文化资料却较为丰富。我们完全可以这样说，酒是贯

---

[1]《论语·乡党》。

穿夏王朝始终的一道文化风景线。夏兴于酒业，夏亦亡于酒业，其中的蕴涵实在耐人寻味。循着这样一道风景线前行，会使人想到很多很多。

夏王朝的建立，给整个中华大地带来了繁荣和昌盛。民众生活在安逸之中。可是，就在这个王朝建立后不久，历史就将大禹卷入了关于酒的第一波纠葛之中，迫使王朝的第一代君主对酒和酒文化做出裁决和判断。

> 昔者，帝尧女令仪狄作酒而美，进之禹，禹饮而甘之，遂疏仪狄，绝旨酒，曰："后世必有以酒亡其国者。"[1]

这是关于禹与酒的一段经典论述，类似的说法见于多种典籍。这则故事说的是：仪狄是封于唐地的尧后代那里的一位官员，由于常与中央的夏政权有联系，因此禹是认识这个仪狄的。一天，仪狄从唐地赶到夏都来，说是他奉帝尧女之命，酿造了一种叫酒的甜美饮料，"进之禹"，就是进贡给夏王大禹品尝。"禹饮而甘之"，禹饮后感到这饮料太甘甜了，人饮之后会产生不好的后果。就因为进酒这一举动不合禹意，禹就此疏远了这位仪狄。面对如此美酒，禹作出了两项决定：

第一项决定是"绝旨酒"。何谓"旨酒"？旨酒者美酒也。孟子有一个说法："禹恶旨酒，而好善言。"[2]在禹看来，迷恋于"旨酒"是一种自甘堕落的一大表现，因此决定"绝旨酒"，一生不饮美酒（必须说明，禹并没有"绝"一切酒，而只是绝旨酒，正常的祭祀用酒，大禹是并不反对的）。作为第一代夏王，他要为后代夏王做出榜样，也要给全体夏民做出榜样。这在禹是终生做到了的。

另一项决定是宣示了这样的大预言："后世必有以酒亡其国者！"大禹的意思是，你要当一个称职的好君主，就不能舒舒服服喝着"旨酒"清闲过日子，想舒舒服服喝着"旨酒"过清闲日子，最后弄不好将会闹得"亡其国"。大禹的语气是那样的肯定："必有以酒亡国者。"大禹真正是个伟大的预言家，最后夏桀不就是以酒而亡国的吗？

在夏代历史上，常有"复禹绩"、"兴夏道"、"继祖训"的说法。这"后世必有以酒亡故其国者"一语，就是最伟大、最深沉的皇祖之训。可惜他的

---

[1]《战国策·魏策第二》。
[2]《孟子·离娄下》。

子孙也没有全都记住这皇祖之训,夏桀的以淫威而失其国可算是不幸而言中了。

夏王朝第二王启究竟是跟着父亲打过天下的,在他当国君的几十年间基本上是不错的。但是到晚年他也松弛了,讲求吃喝玩乐了,把父亲大禹的"绝旨酒"遗训不知抛到哪里去了。一些史书上这样写道:

启乃淫溢康乐,野于饮食。将将铭苋磬以力。湛浊于酒,渝食于野,万舞翼翼,章闻于大(天),天用弗式。[1]

启晚年的确变了不少,"野于饮食"是指好游乐,"湛浊于酒"是指沉湎于美酒,"章闻于天"是指歌舞声一直传到天庭里。他这样的做派直接影响了他的儿子太康,之后夏代半个世纪的曲折,夏启要负一份历史的责任。太康有五子,称"五观",都不太成气候。就是中康时的羲、和失职都与迷恋美酒有关。文献有载:

训有之,内作色荒,外作禽荒。甘酒嗜音,峻宇雕墙。有一于此,未或不亡。[2]

惟时羲、和颠覆厥德,沈乱于酒,畔官离次,俶扰天纪,遐弃厥司。[3]

这里是两段话,第一段话是太康的几个弟兄批评太康的话,他们搬出老祖宗大禹的"训有之",告诉他,你太康又是迷恋于女色,又是迷恋于狩猎,又是迷恋于美酒,又是迷恋于享受,这四样中"有一于此,未或不亡",其意是说四样中有一样国必亡。第二段是批评中康时的羲、和二氏玩忽职守的事,指出问题的关键还在于"沈乱于酒,畔官离次"。这一批评也是切中要害的。

少康中兴是夏代历史上的一个大事件。由少康开创的中兴局面和之后"七王六世"的百年太平景象实在是来之不易,就是在整个中华文明史上,如此平稳发展的长达百年期的繁荣景象也是不多见的。这段历史值得好好加以总结。而正好在这一时间段,中国的酒文化是有所发展的。

---

[1]《墨子·非乐》。
[2]《尚书·五子之歌》。
[3]《尚书·胤征》。

> 古者少康初作箕帚、秫酒。少康,杜康也。[1]

除《说文》有如是记载外,《北堂书钞》《琅嬛记》等书中都有相似的说法。看来少康是个发明家,他发明箕帚,后来成为人们日常生活中的必需品。他首创秫酒也是完全可能的。"秫"一般指的是高粱米,那时大约高粱进入中原地带时日还不长(有一种说法,高粱初产于中国的东北地区,后来才渐次传入中原地带)。少康大约在日常生活中发现以高粱制酒性更烈,才酿制出中国最早的高粱酒的。发明"秫酒"与发明"谷酒"一样,本身应该说并没有什么错,关键还在于人自身是否能洁身自好。中国有句俗话,叫作"酒不醉人人自醉",关键还是在于人自身。

在少康中兴时期,甚至是在"七王六世"的夏代繁荣期间,主政的那几位夏王都是在饮酒问题上有所节制的,从来没有听说过以酒乱政的事。

夏桀是夏王国的第十七君,是一位典型的昏君、暴君。他是中国历史上"以酒亡国者"的典型人物之一。

> 昔者桀为酒池糟堤,纵靡靡之乐,一鼓而牛饮者三千人。[2]
> 桀为酒池足以运舟,糟丘足以望七(十)里,一鼓而牛饮者三千人。[3]
> 夏桀以酒为池,一鼓而牛饮者三千余人,醉而溺死。[4]
> 夏桀昏乱失道,骄奢自恣,为酒池可以行舟,醉而溺死者,末喜笑之以为乐。[5]

材料的出处不同,但所表述的意思差不多。都说夏桀的以酒乱德、以酒乱政已经到了无以复加的田地,也可以说已达到无可救药的地步。夏桀的酒腐败有两个特别显著的特点:一是极端腐败,为了"骄奢自恣",竟发出"为酒池可以行舟"的奇想,连"醉而溺死"都不怕。如此荒唐的酒腐化,如果是一个普通人,那只是害己、害家而已,而作为中华的大国之君,那就是害社会、害整个国家的问题了。历史不会宽恕他,民众不会宽恕他。二是群体性、集团性的酒腐败。三千余人群体性的酒腐败,"一鼓而牛饮者三千余人,

---

[1] 汉·许慎:《说文解字》。
[2] 《韩诗外传》。
[3] 汉·刘向:《新序·节士》。
[4] 《帝王世纪》。
[5] 汉·刘向:《列女传·夏桀末喜传》。

醉而溺死",那实在是太可怖的景象了。

宫廷的腐败是深庭高墙关不住的,这种腐败之风会流向社会,甚至流向社会的底层。有人做过一个统计,夏代从孔甲开始,到夏桀灭亡,一共经历了四世,即所谓的"孔甲乱夏,四世而亡"。这最腐败的四世,大约也有近百年的时间。这百年,败坏了整个王权的统治层,也败坏了社会风气。有记载说:

> 夏人饮酒,醉者持不醉者,不醉者持醉者,相和而歌。[1]

这是一幅十分恐怖的社会风情图。我们相信这并不是夏代471年的全景图,也不是这个伟大的王朝的主场景。但是,我们不能不相信,这样的社会图景的确是在夏王朝的社会生活中出现过的,那一定是在"四世而亡"的特殊的岁月里。

夏代王都二里头遗址发现了大量的酒具:铜酒器、陶酒器、漆酒器。各类酒具种类繁多,其中有储酒器、盛酒器、饮酒器。有尊、罍、鬶、盉、爵、觚、斝,等等。陶器量多,其中鬶、盉、爵很精美。铜盉、铜爵引人注目,还有漆器的酒器,如漆觚也很是别致。酒器那样的繁多,可能也是与最后四世的沉溺于旨酒有一定的关系吧!

---

[1]《尚书·大传》。

第二十九章 青铜时代

走向冶铜业的漫长历程

铜是人类最先垂青、最先认识、最先使用的一种金属。因其闪闪发光,因其既坚又韧,因此在相当长一段时期里人们又直呼其名为"金",或誉之为"美金",在"金"的器物上刻上文字,就被称之为金文。

人类与铜这样一种金属打交道的历史十分久远。从开始垂青铜这种金属,到青铜制品的冶炼成功,前后长达五千多年的时间。

在伊拉克北部与土耳其接壤的扎维·契米遗址发现有一件自然铜饰品,经碳-14测定,是属于公元前9000多年的物品。人类好奇于铜矿石的闪闪发光,于是就顺手取来作为挂在脖子上的饰品使用了。这时,就人的心理而言,只是垂青,只是欣赏,还说不上改造和创新。

大约又过了三千来年——三千年啊,如此的漫长,如此的悠远,其间人与铜这种金属矿石之间的因缘却一无所见。

到了公元前6000年时,有了。在小亚细亚的安纳托利亚地区的一些遗址中,发现了据说是用手工锻造出来的一些零星红铜和砷铜合金,这些虽然零星但却留下了珍贵的人工冶炼痕迹的原始铜。它们是怎么被冶炼出来的,可以作何用处,后人难以知晓。有些学者甚至怀疑这些原始红铜是否真是人工的锻造品。

一些西方学者认为,真正称得上开始步入制作人工铜器时期的,当属公元前约4000年的埃及和美索不达米亚地区的人们。德国著名学者维尔纳·施泰因称之为"地中海东部的铜器时代"。他认为,公元前3900年,"在埃及,人们用含铜的孔雀石制作陶釉时发现了炼铜法",到公元前3700年"埃及人已经懂得用鼓风炉熔炼铜"。[1]这大约是西方人笔下最早的较为具体

---

[1] [德]维尔纳·施泰因:《人类文明编年纪事》,龚荷花等译,中国对外翻译出版公司1992年版。

的冶铜记录了。

公元前2000年,也就是相当于中国大禹治水和夏王朝时期,人工的铜制品在后来世界各地的考古遗址的发掘中时有所见。在中亚地区的捷詹河西岸的阿尔登丘遗址中,发现了数量可观的属于公元前2300—前2000年的砷铜或铅铜合金制品,其中有剑、镰、矛头、管饰等物件,大多是战争和生产用品。这些告诉后人,此时的冶铜业已经进入了实用阶段,广泛应用于战争,甚至是生产过程之中。

我们中国在铜的发现、冶炼,以及铜制品的制作和改进上,一开始就是站在世界最前列的。

青铜时代是一个伟大的时代,是比石器时代和陶器时代更伟大的一个时代。在中国,这样一个伟大的时代是由夏王朝来开启的。正如李学勤先生明确指出的:"二里头文化是青铜文化,没有问题。"[1]

为了迎接这样一个伟大时代的到来,世代生息在这块土地上的中华祖先,从发现铜矿石,到从中冶炼出还留存有大量杂质的、粗糙的铜块来,再到制作出黄铜物件来,最后通过更为复杂的冶炼过程和工艺手段锻造出品种繁多的青铜器皿来,其间足足奋斗了大约有两三千年。

在陕西临潼姜寨一座仰韶文化房子的基址中,考古工作者发现了半圆形的残铜片,含锌,且明显是经过冶炼的。房子经碳-14测定年代为公元前4700年,那是比传说中的黄帝时代还早一千多年的时代,这也从一个侧面证明了蚩尤部落"以铜为兵"的传说还是相当可靠的。

公元前4700年,这是个多么值得中国人引以为豪的年代数字,它比德国学者记载的埃及人于公元前3900年发现原始的"炼铜法"并冶炼出原始的铜块来,早了差不多1 000个年头。

经过一千多年的苦苦摸索,中国的金属冶炼技术有了突破性的进展。考古学家在属于马家窑文化的甘肃东乡林家遗址的一处房子基址的北壁下,惊喜地发现了一把青铜刀以及一些碎铜块。这把青铜刀的长度为12.5厘米。该房子碳素测定为公元前3200年,也就是即将跨入"五帝时代"的前夜了。铜刀为锡和铜的合金制成,系两块陶范浇铸制成,也就是当时最为先进的"合范法"。

这把青铜刀的出现真正是值得中国人自豪的,之前一直认为最早出

---

[1] 李学勤:《中国古代文明十讲》,复旦大学出版社2005年版。

现青铜器具的是古埃及,这个国家是在公元前2600年的第四王朝时开始使用具有实用价值的青铜器具的,而马家窑文化的这一发现明确给世界带来这样一个确定无疑的信息:埃及有的,我们中国早在其之前600年就有了。

当然,在当时,这可能还只是一个个案,不能说当时的中国已经进入青铜时代了。

历史还在前进,人们还在探索。

历史的长河静静地流淌着。到了公元前3000年至公元前2000年的那个被称为铜石并用的时期,即考古学上所谓的龙山文化时期,铜的冶炼和铜器的制造进入了兴旺期。

龙山文化的几大区域,包括山东的龙山文化、中原的龙山文化、西部的龙山文化,以及南部中国的龙山文化,分别与传说中的炎黄、两昊、越蛮、三苗集团有着密切的关系,后来又发展为华夏、东夷、吴越、荆楚等族系。值得注意的是,此时铜的冶炼和铜器的制作,已经遍布龙山时代的各考古学文化中,除了良渚文化外均已发现了铜器。有些地方还发现了铜炼渣。其中山东地区的就有五处:

山东胶县三里河的两段铜锥。

诸城呈子地区的残铜片。

栖霞杨家圈的一段残铜锥,还有一片炼渣和矿石碎末。

日照尧王城的铜炼渣。

长岛店子村的若干残铜片。

虽然山东龙山文化的这些铜制作的规模还不大,铜的一些残片的制作工艺还不精,但铜制品在那么广的地域里出现,就已够让人兴奋的了。说明当时的人们在各自生活的地域中埋头研究着铜器的制作。在同一时间段,中原龙山文化区域内也兴起了对炼铜术的追索,现今已至少发现有四处:

河南郑州董砦地区发现了方形小铜片。

登封王城岗发现有一件残铜器片。

临汝煤山的炼铜坩锅残片。残片分别发现在两个灰坑中,内壁保留有一层固化的铜液,最多的一片上有六层,每层厚约1毫米。经化验,含铜的近似值达到95%,应该算是一种高质量的红铜了。

山西襄汾陶寺的铜铃。这是一座墓葬的随葬品。铃高2.65厘米,横剖面呈棱形,长6.3厘米、宽2.7厘米,系合范铸成。经测定含铜97.86%,铅1.54%,锌0.16%,系红铜。铃外包布,是平纹织法的较细的麻布。

另外,在中华大地上还零星发现了一些原始的残铜和制作铜器的工场。河北唐山大城山文化遗址中,发现两块穿孔铜片。在内蒙古伊克昭盟朱开沟遗址,那里接近于中原龙山文化地域,发现了铜锥和铜手镯。在长江中游石家河文化遗址,发现了许多铜块。黄河上游的多处文化遗址中,都发现铜器,其种类有刀、锥、匕、指环、斧、镜等。

龙山文化时期,相当于传说中的五帝时期。五帝时代有诸多"以铜为兵"的传说:

蚩尤作五兵:戈、矛、戟、酋矛、夷矛。[1]

蚩尤作兵伐黄帝,黄帝使应龙攻之冀州之野。应龙畜水,蚩尤请风伯雨师,黄帝乃下天女曰魃,雨止,遂杀蚩尤。[2]

蚩尤兄弟八十一人,并兽身人语,铜头铁额,食沙石子。[3]

黄帝采首山铜,铸鼎于荆山下,鼎既成,有龙垂胡髯下迎黄帝,黄帝上骑,群臣后宫从上者七十余人。[4]

神话传说故事是久远历史的模糊记忆,有其一定的真实性。黄帝和蚩尤是中国社会即将进入文明期的两个英雄人物。黄帝被公认为是华夏族的始祖,蚩尤是人所敬仰的上古时期的"战神"。他们各自代表着自己的利益集团,从而发生种种摩擦乃至于生死之战,那是一点也不奇怪的。其中值得我们重视的是:两位英雄都被历史塑造成了铜器的发明人。蚩尤被塑造成"以铜为兵"的首创者,那就是所谓的"蚩尤作五兵",而且其人武装到了头颅,至有"铜头铁额"之说。而黄帝被塑造成"以铜铸鼎"的第一人,所谓的"采首山铜,铸鼎于荆山下"。"首山""荆山"之地望众说纷纭,但以"铜鼎"为社稷江山的观念却深入人心。而地下发掘正好实证了上述神话传说的真实可靠性。

---

[1]《世本》。
[2]《山海经·大荒北经》。
[3]《太平御览》卷七八引《龙鱼河图》。
[4] 汉·袁康:《越绝书》卷十一、卷十三。

灿烂的二里头青铜文化

到了公元前2100年前后,石破天惊,中华大地上的青铜器具在多地出现。这是一个让人惊喜、让人惊讶的时代,从青海、甘肃、陕西,到河南、山西、河北、北京、内蒙古,以至于山东,以及大江南北一带,都发现有年代早于或相当于二里头文化的铜器或者制造铜器的遗存。

一个时代,一个以青铜为标志的伟大时代到来了,而足以代表这个时代的是夏王朝,夏王朝的核心文化是二里头文化。

不少文献资料和传说故事诉说了夏代制作青铜器具的情状,而且描述得十分具体和生动:

禹穴之时,以铜为兵。

轩辕、神农、赫胥之时,以石为兵……至黄帝之时,以玉为兵……禹之时,以铜为兵,以凿伊阙、通龙门,决江导河,东注于东海。[1]

定王使王孙满劳楚子。楚子问鼎之大小轻重焉。对曰:"在德不在鼎。昔夏之方有德也,远方图物,贡金九牧,铸鼎象物,百物而为之备,使民知神、奸。"[2]

禹以历山之金铸币,而赎民之无饘卖子者。[3]

这些文献对禹开采铜矿的目的作了全面的解读。这里说到了四点:第一,认为采铜的直接目的就是为了"以铜为兵"。当时的实际情况是"国之大事,在祀与戎",没有好的先进的兵器,想维护国家的统一是不可能的。在当时,铜兵器无疑是最锐利、最具杀伤力的兵器。大禹要建设第一个统一国家,当然要发展铜兵器。第二,把铜制作成治水工具,服务于平水土的大业。"以铜为兵,以凿伊阙,通龙门,决江导河。"史学界一些学者在解读这段文字时,往往把"兵"解读成兵器。其实这是一种误读,这里说的"兵"已不是指兵器而是指平水土的工具了。学界一直争论大禹治水时是否有铜工具的

---

[1] 汉·袁康:《越绝书》卷十一、卷十三。
[2] 《左传·宣公三年》。
[3] 《管子·山权数》。

问题,笔者以为必然有、必须有,从一定意义上讲正是平水土的社会需要促进了铜业的发展。第三,以铜铸币,以改善民生。上面引述的文献讲了一个故事,说禹看到一些百姓由于生活困难而"卖子"艰难度日的,就设法"以金铸币",然后"以币赎民"。这当然是理想主义的,也未必真有其事。但禹时是否真有铜币倒是值得存疑的。第四,以神物、神器来启发教育民众。在当时那个时代,铜被视作神物,以铜铸成的鼎被视作神器,在神器上刻上的图像被视为神圣的昭示。"贡金九牧",用九州之金铸鼎,以象征九州一体、天下一统。"铸鼎象物,百物而为之备",目的就是为了"使民知神、奸"。

传统文献上说的,除了"禹以历山之金铸币"这一条不能得到实证外,其余的都在近百年的考古发掘中得到了很好的证明。

据说,禹的儿子启在发展铜业上是完全承继了禹的路线的。"昔者夏后开,使蜚廉折金于山川,而陶铸之于昆吾。……九鼎既成,迁于三国。夏后氏失之,殷人受之;殷人失之,周人受之。"[1]他曾命人在昆吾铸鼎,而且据说后来传之商、周的那个鼎倒不是禹铸的那个鼎,而是夏后启铸的那个鼎。相传昆吾是一个著名的产铜的地方。可它在哪里呢?现在是弄不清楚了。据查,在太行山,特别是中条山,都是有铜矿的,今天的临潼东南山中也有铜矿。而这些地区又都在夏王朝的控制范围内。不过,青铜是铜和锡的合金,而这些地区又都没有锡可开采。锡从哪里来?从一些考古资料看,很可能是从长江流域转运来的。《尚书·禹贡》说到扬州时说:"贡金三品","其包括橘、柚、锡贡"。看,三种贡品中就有一种是锡。有了扬州贡来的锡,就可拿到中原去合铸青铜了。

青铜的制作本身就是两地或多地协作的产物,我们完全可以说,青铜时代已经是物流的时代,不论是青铜制作过程中原材料的采集,还是技术力量的统筹,都需要物流。没有物流,就难有青铜的制作。

可见,夏的铸青铜还真不是一件简单的事呢!

二里头遗址现今出土的铜器有:

容器:爵13件、斝3件、盉1件、鼎1件。

兵器:钺1件、戈2件、刀36件、镞16枚。

乐器:铃5件。

装饰品:兽面纹(饕餮纹)铜饰3件。圆形版饰3件,泡1件。

---

[1]《墨子·耕柱》。

工具：锥5件,凿7件,锛2件,锯子1件,纺轮1件。

渔具：鱼钩1件。

二里头遗址所见青铜器,其种类繁多,制作精良；当然比起鼎盛时期的商代青铜器来要单薄、粗糙些,但在其工艺上已逊色不了多少了；制作过程中"范"的出现,证明不少青铜器具已可成批生产了,现在发掘出来的可能只是当时实际生产的铜品的极少一部分。处于宫廷遗址东南部的作坊面积达近万平方米,每天生产的铜品数量之多可想而知。

二里头青铜器,已有比较复杂的形制和器种,采取了范铸法及嵌绿松石技艺。二里头制作和浇铸铜器基本上是陶范,要经过制模、制型、合范三道工序。这在当时的世界上,是最为先进的。这三道工序是：

第一步先是制模。用泥塑成要铸造的器形,花纹凹入部分用刀雕刻,凸起部分则用泥琢成贴在模上。泥模完成后烘干,涂以油脂,用以制型。

第二步是制型。先在模外敷土,在敷上的土将干未干时切成若干部分,取下修饰并烧烤,成为外范。同时按照所制器形的要求制成内范。

第三步是合范。就是将各范拼合在一起,内外范间夹以支钉,形成型腔。拼好后,范外敷泥加固,做出灌注铜液的浇口和排出空气的冒口。接下去即可进行浇铸。形成铸件后,还要有清理打磨功夫。如果是大件,还需要"合范分铸"。

考古学家许宏先生指出："在青铜时代,世界上其他地区都没有发明出这种将设计与铸造工艺融为一体的完整成熟的体系。而标准化、协作性和可预见性是这种生产体系的基本特征。复杂的技术与工序,造就了中国青铜器制造过程中高超的控制和管理水平。"[1]

二里头遗址出土那么多铜器,可贵就可贵在不是从别的什么地方运送来的,而是当地铸造的。在二里头发现的青铜器制作工场遗址那里发掘出了有制作铜器用的陶范,有烧制铜器用的坩埚,有铸造过程中残留下来的铜渣。可以想象,当年这里的铸铜工场有多少工人在那里日夜不休地劳作。如果让时间倒流,可以还原出当时的劳作场面的话,一定是很有震撼力的。

夏代青铜兵器的制作和运用,是一件里程碑式的大事。在那个时代,战争不断,谁赢得了最先进的武器,谁就赢得了一大半的制胜权。所以《越绝书》在谈到兵器发展史时说,神农氏"以石为兵"；黄帝"以玉为兵",禹"以铜

---

[1] 许宏：《最早的中国》,科学出版社2009年版。

以酒器为主的青铜器

为兵",春秋五伯"以铁为兵"。可见,夏王朝掌握的是最时尚、最先进的武器,夏天下共主的地位之所以牢不可破,铜武器的制作和在实战中的运用是很重要的原因。有专家认为,二里头这座王城之所以没有城墙,与夏掌握着比敌手更先进的武器有关。夏是青铜武器,对方是笨拙的木石武器,还用得着城墙来抵挡对方吗?这种说法不无道理。

二里头发现的铜制武器有钺、戈、刀、镞等。可以说都是进攻性的武器,从中也可以看出一个朝气蓬勃的新王朝的那种进取和奋发精神。一些专家特别指出,在二里头的青铜武器中,以铜箭镞的出现为最多,也最重要。这里有两个要件:一,箭镞是一种远程的、先发制人的武器,可以射杀敌手于百步之外,这在当时是最具杀伤力的。二,夏敢于制造那么多铜箭镞,说明他的制铜业已经发达到了相当的程度。铜箭镞是一种高消耗品,"开弓没有回头箭",放出去的铜箭镞就一次性的消耗掉了。把铜箭镞运用到战争实践中去,证明他的制青铜业已经承受得了这样大的消耗。

二里头青铜器又一里程碑式的成就是青铜容器的大量出现。现在已发掘出的铜容器有爵、斝、盉、鼎等。铜容器的制作工艺难度要比一般铜器的制作难得多,也比陶制容器的制作难。陶制容器的原料是柔软的泥水混合物,可以用手捏成后烧制,而青铜容器制品就必须以铜水浇灌而成。因此,可以说,铜容器的大量出现是夏代真正走向、并进入青铜时代的一大标志。

青铜容器比起陶容器来说,其优势是明显的。首先是它的坚固性。陶器虽好,但它是一种易碎品,所谓"彩云易散,琉璃易碎"说的也是这么回事。据说,女娲用五色土补天故事的本真,就是把打碎了的陶器用"五色土"修补好。青铜器就真正弥补了陶器的这一弱点。青铜器坚固、不易碎。与坚固相联系的是它的庄重性,进而演变成神圣性,因此青铜容器一问世,它就立马取代陶器成了祭祀用的神器。所以青铜容器,不管是鼎,还是爵,它一开始既是生活中的饮器,又是祭祀中的神器。

二里头青铜器的另一大成就是青铜器作为日常工具走进了寻常百姓家。这些工具有:锥、凿、锛、锯、纺轮。《管子·海王》中说,当时工匠"必有一斤一锯一锥一凿,若其事立"。意思是说,工匠日常最离不开的是一把斧(斤)、一条锯、一只锥、一根凿,其实,人们为了家庭日用之便,也是需要这些常备生活用品的啊!

以酒器为主的青铜器

由此可见,我们说夏代进入了青铜时代,是实实在在的,是看得见摸得着的。青铜给夏王朝带来了强盛,青铜给夏王朝的民众带来了更多的方便和福祉,青铜让夏代文明着着实实上了个台阶。

与夏中央交相辉映的四方铜文化

"王者必居天下之中,礼也。"[1]"古之王者,择天下之中而立国,择国之中而立宫。"[2]这就告诉我们,作为"古者"的夏、商、周三代时期,中央与四方的观念已经相当清晰。夏作为中华大地上第一个统一的大王国,率先进入了青铜时代。而进入青铜时代的标志不只在于居中的"王都"地区有着发达的青铜文化,而且在它广袤疆域的四方都应该有青铜的冶炼和青铜器材的制作。只有中央与四方的交相辉映,才称得上真正意义上的青铜时代的到来。理论上讲,中央地区的青铜文化受到统一国家四方文化的支撑,包括原材料的供应等;同时,中央地区青铜文化的发展又会促进四方青铜文化的组建和发展。在一个统一国家中,中央与四方应是一种互动的关系。对此,李学勤先生作过评论:"长期的统一,为中国文化带来了相当普遍的共通性,由中原以至于边远,在很大程度上道一风同。"[3]在青铜文化上,统一的夏王国各地也是"道一风同"的。

与二里头文化处于同一历史时期的,有东方海岱地区的岳石文化,有地处东南地区的马桥文化,有江淮地区的斗鸡台文化,有江汉地区的大溪文化,有成都平原的三星堆文化,有北方草原的夏家店文化,有长江中游的石家河文化,有山西襄汾的陶寺文化,有河南淮阳的平粮台文化,还有诸多"周边地区"的同期文化。因为夏王国是一个统一的国家,因此这个统一王国四面八方的地域文化像二里头这个中央地区一样也昂然步入了青铜时代。

离二里头最近的当是同属中原的河南淮阳的平粮台文化和山西襄汾的陶寺文化了。平粮台遗址位于河南淮阳县城东南约四公里的大朱庄西南隅。1979年发现,属龙山文化晚期的城址,距今约4 000多年。这是一座平

---

[1]《荀子·大略》。
[2]《吕氏春秋·慎势》。
[3] 张耀南编:《李学勤讲历史》,东方出版社2008年版。

面呈正方形的古城。每边185米,总面积达34 000平方米。城墙残高三米,采用小板筑堆筑法建成,系夯土墙,夯层清晰,约厚15～20厘米。城门设在南、北城墙的中间,门道下有陶制排水管,每根长35～45厘米,为目前中国发现的最早的排水管道之一。在城中的墓葬、灰坑的遗址中,发现有铜渣,并似有冶铜作坊的痕迹,显然当时这座城的居民中已经有人懂得了冶铜。

陶寺文化位于山西省襄汾陶寺林南,于1978年至1983年由中国社会科学院考古所进行发掘。遗址面积为6 000平方米,发现了小型地面、半地穴式和窑洞三种形式的住房和一千多座氏族墓葬,出土了大量陶器、玉器、木器和生产工具。生产工具有很发达的磨制石器,三象犁形器、石铲、石斧、石刀、石镰等,还有骨铲、双齿木耒等。陶寺文化遗址的出土物中有两件珍品:一件是精美的彩绘蟠龙纹陶盘,这是中原地区最早的蟠龙图案。另一件是保存完好的小铜铃,它是迄今为止发现最早的中国金属乐器,也是一件最早用复合范铸造的金属器具。虽然在陶寺文化遗存中还没有发现更多的青铜器物,但是就这一件珍品就可见其青铜文明达到相当的水准了。

东方海岱地区的岳石文化与整个夏王朝相始终。岳石文化因平度东岳石遗址的发现而得名。它继承了山东龙山文化,主要分布于海岱淮地区,包括今山东全境、豫东、皖北、苏北等地。地下发掘表明,夏代时这里也已进入青铜时代,发掘出土的有青铜刀、锥、环、镞,说明铜的使用已经涉及军事、生产和生活各领域。郝家庄遗址发现有一块铜容器残片,表明岳石文化已有用合范冶炼青铜的技术。二里头文化出土的青铜鼎与斝,在造型和表面装饰上均有岳石文化陶器的风格,很有可能是岳石文化影响了二里头文化,当然也有可能是相反。作为一个"道一风同"的统一国家,什么可能性都会有。

夏代江淮地区代表性的文化形态是斗鸡台文化。在安徽博物馆,藏有两件出自肥西的属于斗鸡台文化时期的铜斝。这一器物喇叭口,口沿内侧有一周凸边,口沿前部竖立两个三棱钉状柱,柱根向下延为尖状凸棱。颈瘦高,其下部有两周凸弦纹。腹部上瘦下肥饰有圆形凸饼。三棱锥状空腔足。这些都与二里头出品的斝有神似之处。一些学者把安徽江淮地区遗址、上海马桥遗址所见二里头文化元素,与史传的夏桀奔"南巢",后夏桀与其部属"俱去海外"联系起来,也不是没有一点道理的。

北方草原的夏家店文化。内蒙古敖汉旗大甸子遗址夏家店下层文化墓地出土遗物中,明显含有二里头文化之特征要素。夏家店文化的陶爵、陶鬶和偃师二里头的陶爵、陶鬶器形和使用的质料十分相似，显然是出于一源。夏家店文化出土的鬲上的彩绘同二里头铜牌上的龙纹也如出一辙。尤其是长城以北发现的"鄂尔多斯式青铜器"，在长城以南的夏商周青铜文化中都可以找到它的踪迹。这正好与"桀子奔北狄"的传说相印证。桀子到了北方以后，在青铜文化上也有其独特的创造。那里流行铜装饰品，最常见的是"U"形或盘丝环形铜耳环，这是为其他地方所未见的。

1985年，在赤峰市宁城县甸子乡小黑石沟村，考古工作者发现了一座大型的青铜短剑墓。大小近800件珍贵文物在地下埋藏了数千年后得以重见天日。这是一座全然由石块垒起来的长方形竖穴墓，宽1.4米，深1.8米，墓坑内整齐地摆放着各种器物，大多为精美的青铜器。其中有礼器豆、壶、鬲、尊、瓿等，还有不少青铜兵器，如匕、戈、剑、镞、刀，等等，还有若干生产工具。

过去一直认为夏代铜的冶炼工场只发见于王都二里头遗址。其实不然。在内蒙古夏家店上层文化的先民们，已经在生产实践中学会了冶炼技术。座落在内蒙古赤峰市林西县的大井古铜矿是一处集采矿、选矿、冶炼、铸造于一体的联合作坊。在2.5平方公里范围内有四十余条古采矿坑，矿坑多数达7～9米，且有一定长度，其中最长的一条达102米。铜矿系露天方式开采，采掘工具繁多。冶炼遗址中分布有密集的炼炉遗址，有椭圆形的、马蹄形的，也有多孔串窑式炼炉。为了提高炉温，还设有鼓风设施。另外，在内蒙古的阴山深处也有古铜矿的发现。[1]

西北甘青地区的齐家文化。黄河上游的齐家文化。多处发现铜器，其种类有刀、锥、匕、指环、斧、镜。除镜鉴定为青铜外，其他都是红铜。当时的齐家文化人他们为何要把最好的铜制成镜呢？这可能与中国的传统文化有关。中国最早是"以水为镜"，进入青铜时代以后，才有了"以铜为镜"，而从现有的资料看，最早制作铜镜、实施"以铜为镜"的当是处于黄河上游的齐家文化人。在齐家文化遗址中，现今已发现了两面铜镜，一面是无纹饰的素镜，另一面是七角星纹镜。齐家文化距今约4 000年，距传说中的"黄帝铸镜"时期已经相当接近了。[2]

在齐家文化的皇娘娘台、秦魏家及大何庄遗址和墓地中，共见到了铜制品近四十件，尤其以皇娘娘台的铜制品为丰富，其中有凿、钻头、刀、锥、斧、

---

[1] 王大方：《草原访古》，内蒙古大学出版社1999年版。
[2] 于海广：《追溯文明的星河》，齐鲁书社2006年版。

环、匕及条形的铜器及饰品。在广河齐家坪出土的一件红铜斧，长15厘米、刃宽3.2厘米、顶宽4厘米、厚3.1厘米，首空，内中残留有断柄。

青海贵南尕马台的墓葬中，也都随葬有铜镜、铜斧，还有铜指环、铜泡。其中随葬的一面铜镜直径9厘米，厚0.4厘米，镜面十分光滑，是古代铜镜中的珍品。背面周边有两凸出的同心圆圈，其内圆置七个内填满平行斜线的三角形，镜背面中心置一纽，其与三角形饰之间为一凸形的圆圈。又在镜边缘钻两孔，作系绳悬挂之用。[1] 如此精致的铜镜就是现在看来也是难得的。

齐家文化的铜器经历了一个从红铜到青铜的历程。齐家文化发现的铜器数量，已远远超过同时期中国境内任何一种考古学文化。同时，"齐家人"不仅早已掌握了冷锻技术，还掌握了单范，甚至合范技术。他们的制铜业包括从采矿、冶炼、制模到熔铸一系列复杂的工序。由此看来，地处边远的齐家文化中的青铜文化，是一点也不逊色于中原地区的青铜文化的。

成都平原的三星堆文化。2000年12月17日上午8时，中国中央电视台《东方时空·直播中国》摄制组对三星堆世纪大发掘进行现场直播。这是被世人称为考古界最引人瞩目的一次世纪大发掘活动。从此，三星堆被人们称为"世界第九大奇迹"。

三星堆文化与二里头文化曾经共存了大约四百多年，虽然三星堆文化的中心在川西成都平原，二里头文化的中心在中原的伊洛平原，两处相去千里。但是，两者的文化延伸所达到的边缘则相去不远，再加上夏王朝建立后全国处于统一局面下，因此互相之间的影响还是很直接的。而且，据扬雄在《蜀王本纪》中说，"禹本汶山郡广柔县人，生于石纽"，夏文化的源头又在四川，那么，夏禹创建的夏王朝会对蜀地分外眷顾也在情理之中了。在《山海经》中，成都平原就被描绘成是一块圣人活动的圣地。

又东五百里，曰成山，四方而三坛。
又东五百里，曰会稽之山，四方。[2]
西南四百里，曰昆仑之丘，是实惟帝之下都。
又西四百八十里，曰轩辕之丘。[3]

---

[1] 青海省文物管理处考古队：《青海省文物考古三十年》，见《文物考古工作三十年》（1949—1979年），文物出版社1979年版。
[2]《山海经·南山经》。
[3]《山海经·西山经》。

禹杀相柳,其血腥,不可以树五谷种。禹厥之,三仞三沮,乃以为众帝之台。[1]

在《山海经》中,古代的成都一带就是黄帝、大禹甚至是传说中的"众帝"初期活动和寓居之所,这是与炎黄族起于西土的历史事实相吻合的。《山海经》中多坛、丘、台、堆这样的圣迹,这正好与"三星堆"与成都地区的古代遗迹相一致的。《山海经》把"成山"(成都之山)与"会稽之山"并列在一起说,为的是强化大禹的成都情缘。以三星堆为代表的古成都地区不只是夏王朝西陲之地,还是这个王朝的发祥地。三星堆地区作为夏代的一大都会,处处表现出它的王家气象,道理也在于此。

据考古人员勘测和发掘表明,三星堆遗址内东、西、南三面的土埂均为古城墙,墙基宽40余米,顶部宽20余米,墙高在7～8米。东城墙长1 800余米,西城墙被洪水冲垮,残长800余米,南城墙210米,北面为鸭子河。整个城郭在12平方公里以上。这应该也是一处王都。"据专家测算,三星堆王都内城面积为2.6平方公里,约有16 383户,以户五口计,应有81 915人,如果加上外郭12平方公里的人口,估计有20余万人。世界文明古国的都城,和三星堆王城比起来,都要小得多。"[2]

夏代的青铜文化在三星堆青铜文化中得到了淋漓尽致的发展。与二里头青铜文化显著区别的是,这里的青铜文化是人本的,也就是以青铜来塑造人自身成了三星堆青铜文化的主题。青铜人像、青铜人头像,青铜人面像、青铜兽面像。除了人兽青铜铸品外,三星堆人还注重于有灵性的生灵的塑造,飞禽走兽都可以进入青铜文化之中。在三星堆人看来,太阳神是众神之主,因此圆形的太阳铜图像也一再出现在青铜铸品之中。

三星堆文物中最令人骇异的是那巨大的青铜纵目人面具。形状巨大,铸造精美。在那里出土的还有大、中、小三株青铜神树,最大的一株神树高384厘米,台座直径92.4厘米,枝丫上有鸟、龙、兽、蛇。这是至今世界上发现最早、形体最大的一株青铜铸造的树。三星堆还发现了铜人立像,立于铜方座上,座高80厘米,像高172厘米,冠高10厘米,人像通高262厘米。此外还有众多青铜器物。

---

[1]《山海经·海外北经》。
[2] 胡大玉:《众神之国三星堆》,中国言实出版社2002年版。

三星堆青铜文化起始于距今4 000年的夏王朝,一直延续到商代中期。有专家以为:"三星堆发现之前,有实物证明的中国青铜时代只有3 600年的历史,而三星堆出土的青铜文化打破了这个记录,证明早在信史记载的第一个王朝商朝之前(实际上现在大多学者承认信史时代从夏代开始——引者),巴蜀地区已进入了高度发达的青铜时代。"[1]这里值得着重指出的是,当时的巴蜀已是夏统一王国一部分的巴蜀,因此,三星堆青铜文化的高度发展,只会是为夏代的青铜文化添光加彩。

　　我们在形容中央地区的青铜文化与东南西北四方的青铜文化的关系时,用了"交相辉映"一词。这是恰如其分的。处于中央地位的二里头在发展青铜文化上得天独厚,那是肯定的。总体而言,它要更先进些,更能展示夏代青铜文化的风采。但是,由于夏王朝的统一局面的出现,使青铜的开发和锻铸技术有条件处于流动状态,中原地区的青铜铸造技术很快就流向四方,四方的优势,如四川三星堆的青铜技艺,西北甘青齐家文化的青铜技艺,也很快会流向其他地区,包括中原地区。一句话:就是交相辉映。

---

[1] 王友富:《考古中国110年》,金城出版社2011年版。

第三十章 玉石时代

七千年的玉石故事

著名玉学专家徐正伦先生说过:"懂得古玉就懂得中国人,懂得中国文化。因为玉的文化就是中国七千年的文化,玉的故事就是中国十多亿人的故事!"[1]从一定意义上说,徐先生说的是有道理的。世界上还没有一个国家会如此广泛地"怜香惜玉",也很少有国家的人们会视美玉如人生,说出"宁为玉碎,不求瓦全"这样流传千古的誓言来。

如果说玉文化有七千年历史的话,那么,在这十分漫长的历程中人们对玉的感受和理解前后又是不尽相同的,七千年的琢玉,七千年的体味,"古之君子必佩玉","君子无故玉不去身",玉成了君子心目中须臾不可离的护身神器。

许慎说:"玉,石之美者。"[2]玉,坚实、圆润、光滑、和谐。玉的这些引发美感的特性对具有灵性的人来说是时时能感受到的。这种感受何止于七千年。生活在距今1.8万年前的山顶洞人,他们的日子过得多么艰难,但也懂得将碎玉石(或者就是普通的碎石块)钻了洞孔之后用细绳串连起来,编织成项链挂在胸前,以享受玉石之美。可以想象,当山顶洞人把闪烁着玉石之光泽的项链挂上脖子的时候,脸上一定是洋溢着幸福的笑容的。

在新疆阴山地区,多处发现有距今约10 000余年的珍贵岩画。在岩壁上,刻有一个猎人拉弓引箭,瞄准正在逃跑的野鹿的画面,而三只猎犬则跟着主人奔驰追捕。画面中猎人的颈项上则隐隐然可见玉石项链的随风而动,那情景真可说得上是神采飞扬。

---

[1] 徐正伦:《细说古玉》,香港有成书业有限公司1992年版。
[2] 汉·许慎:《说文解字》。

当然，真正要对玉痴迷到我们常说的"怜香惜玉"的那种程度，真正要懂得"玉不琢，不成器"[1]的道理，那的确要到距今7 000年前的河姆渡文化时期。1973年，余姚县罗江乡在河姆渡村北隅大搞农田水利基本建设，当人们挖土到达3～5米多深的地方时，发现了大批夹炭黑陶片、石器、骨器、木构件、动物骨骼，还有为数相当可观的玉器。这次发掘令人根本意想不到的是，竟然挖出了一个之后以玉石命名的时代。这里的考古发掘表明，生活在7 000年前的河姆渡人曾经率先带领中华人跨入了玉石时代的门槛。

坐落在我国东南海滨杭州湾南侧姚江之畔的这个河姆渡村，原先只是一个鲜为人知的只有几十户人家的小村落，现在因其地下的惊世发现而名闻世界。

河姆渡人除了种植水稻、造船远航外，还制造了大量的玉制品，如玦、璋、璜、珠、管、环、丸等。玦是环形或半环形的玉器，有缺口。大型的可佩于身，小型的可佩于耳。环是圆圈形的玉器，佩戴于手腕就是手镯，还可以作其他饰品用。珠和丸都是圆球形的玉器，似乎丸比珠更细小些。两者都是用玉石的边角料磨制而成的，如在珠与丸上钻洞，则可串连起来组合成玉环，即所谓的"缀珠成环"。璜其状如半璧，在当时条件下一般作祭祀、丧葬用，"以玄璜礼北方"[2]。北方是祭祀和办理丧葬的人所面向的方向。"珮"者，佩也，"珠玉以为珮"。[3]意思是把那一颗颗的玉珠串连在一起就成了所谓的"珮"了。珮是随身佩带的玉饰品，这可能起先是为了美的感受，之后贫富分化加剧，它就是人的身份和品格的一种显示了。璋，状如半圭，古代祭祀和丧葬用。古代有这样一种说法："秉璋以酢。"[4]酢是敬酒的书面用词，在比较正式的祭祀和丧葬场合，是要随身"秉璋"的。当然，后来进入了王国时期以后，玉璋的身价提高了，一般人不能持有璋，一般的祭祀和丧葬场合也不能用璋，璋成了王权的象征。圭和璋都象征权力，圭代表的是多层面的权力，而璋代表的是最高权力。这是以后的事，若对河姆渡人来说，圭和璋都还只是神圣和崇高的象征物。只要你是圣洁的，你就可以持有它。

河姆渡时期的玉器一般呈半透明状，大体上可称得上是玲珑剔透，晶莹润泽。当然，在制作玉器上这只是个可以称道的开始，因此那时选材还不太

---

[1]《礼记·学记》。
[2]《周礼·春官·大宗伯》。
[3]《墨子·辞过》。
[4]《尚书·顾命》。

讲究,制作上也比较粗糙,但朴实无华,具体生动地反映了7 000年前人们对美的追求,以及对礼仪的重视。玉对河姆渡人来说已是一种生活的必需品,河姆渡人生而随身佩带玉,死后则将玉作为一种随葬品带在身边,然后走向另一个世界。

又过了一千多年,玉文化显然又大大跨前了一步。

到了距今大约6 000～5 000年前的时候,大体上接近传说中的五帝时期的那个历史阶段。那时,中华大地上形成了中国玉器的三大系统:

一是辽河流域的红山文化玉石系统。

内蒙古赤峰市东北有一片褐红色的山峰,人们因其色彩的特殊而称之为"红山"。近些年来,红山以其蕴涵的悠久历史文化而受到人们的普遍关注。对红山地区古文化的考察是从1919年开始的,直到1981年才有了实质性的发现:一是发现了红山女神庙。神圣端庄的女神被世人尊称为"中华老祖母";二是发现了红山玉石文化,还发现了第一条玉石打制的龙,号称"中华第一龙"。这里出土的玉器品种繁多,造型多变,内涵深奥。红山玉器不只有做装饰用的玉珠,还有玉制的工具、动物造型、人物造型。最多的是动物造型,有玉鸟、玉蚕、玉蝉蛹、玉龟、玉鸮,等等,表现了红山人特有的那种动物崇拜情结,也一定程度地反映了红山人的性格和品格。

最有意思的是红山玉龙的发现。这一发现具有很大的戏剧性。最有价值的红山玉龙是红山地区三星他垃村的一位名叫张凤祥的普通农民无意中发现的。有一天,张凤祥外出去修梯田时,发现了一个很宽敞的人工砌成的石洞,他就好奇地走了进去,里面是黑糊糊的,怪怕人的。正当他想退出去的时候,他在洞底胡乱摸到了一个黑乎乎的"铁钩子",也没多在意,拿回去给孩子玩。孩子在"玩"的过程中,"铁钩子"外面的黑污层被磨去了,显露出了玉器的真相。这时的张凤祥还是不在意,认为既然是玉,就可以换几个

玉璋
(夏代,偃师二里头遗址出土,洛阳博物馆收藏)

钱，就到翁牛特旗文化馆（相当于乡）以30元卖了出去。文化馆也没引起多大的重视，让这件国宝静静地躺在文化馆的一个角落里达半年之久。后来在红山又发现了一些不大不小的"玉猪龙"，这才引起这个文化馆工作人员的重视，将农民张凤祥发现的那件玉器派专人送去北京检验。他们通过关系找到了考古学界的权威苏秉琦先生，让他进行鉴定，结论是惊人的：这是一件距今6 000年的罕见的玉雕龙，可称之为"中华第一玉雕龙"！红山地区文化馆的工作人员还想把玉龙抱回本地去，有关人士告诉他，这是大国宝，得由国家博物馆收藏。

这可算是中华玉石故事中最为生动有趣的故事之一。

二是长江下游太湖流域的良渚文化玉石系统。

这里又有一个故事：1972年，南京博物馆组织工作队对属于良渚文化的草鞋山遗址进行发掘。当发掘延伸到地下水位之下时，积水导致了大塌方，这给当时的考古发掘工作带来了相当大的困难。塌方发生以后，为了考古发掘的需要，不得不结集大量人员进行先期的清理。可是，真可说是"祸兮福所倚，福兮祸所伏"，一场大塌方给考古队员带来了大福气。谁都没有想到，在清理塌方的时候，竟意外地发现了一件惊世大国宝：六节玉琮。这可是以前只在史书中读到的宝贝。琮被认为是一种瑞玉，方柱形，中有圆孔，用为礼器、符节等。史书上说："以玉作六器，以苍璧礼天，以黄琮礼地。"[1] 琮的方柱形的象征意义就是四方大地，因此琮就被用来祭地了。六节玉琮的发现使大家极为兴奋，顺着这一线索继续探求，就有了大宗玉石器的发现。

到了20世纪80年代，又有了更大的玉琮的发现。这件最大的玉琮的发现也有点意思。那次是连天大雨，使考古工作队难于开展工作。正在大家犯愁之际，有人在大雨冲刷的泥土中发现了一个绿色的庞然大物，玉琮。它的高度为8.8厘米，重达6.5公斤，被考古学家定名为"中华玉琮王"。它表面雕琢了目前为止所见的最完整的"神人兽面纹"，还镌刻有繁缛细致的纹样，其线条纤细规整，有的地方一毫米中就雕有四五条线条，技艺十分高超，做工异常精细。就在发现玉琮的大墓中，发现了著名的"玉殓葬"，随葬品都是真玉。除玉琮外，还有玉璧、玉钺，都象征着权力。

良渚的玉文化是高度发达的，有人称之为"中国史前玉器的巅峰时

---

[1]《周礼·春官·大宗伯》。

期"[1]。这一评价并不为过。良渚玉文化的高度发展及其精细程度是前无古人的。单是在浙江反山遗址的一个大墓中，就有700多件玉器，在反山遗址出土的5 000多件随葬品中，绝大多数都是做工精致的玉器。

三是黄河下游的大汶口文化和龙山文化的玉石系统。

大汶口文化与龙山文化是前后一脉相承的两种文化。大汶口文化约生存于距今6 000～4 500年之前，龙山文化约生存于距今5 000～4 000年之间，中间略有交叉。在大汶口M—10号墓中，在漆黑的棺椁中躺着一位高贵的老太太，她的头上插着象牙梳，颈上围着松绿宝石的项链，手指上戴着玉石指环，左腕上戴着玉臂环，身边有90多件随葬品，其中不少是玉器。这个浑身玉饰的老太太告诉后人，在时人眼中玉有多尊贵，时人怕是已经把玉看成是财富与地位的象征了。

在良渚文化遗址中，玉石还成为原始巫师手中通天地、敬鬼神的法器。这些玉器有玉璋、玉璜、玉璧、玉琥、玉琮。这些玉的礼器，代表了一代的礼仪。当然这些玉器也是葬器。很显然，只有具有相当地位的人才能享受这些玉制品的伴葬。

20世纪30年代，一些著名考古学家主持了山东城子崖遗址的考察和发掘。这是中国近代第一次由中国学者发现和独立发掘的考古活动。城子崖遗址处在龙山镇，因此定名为龙山文化。龙山文化中最著名的是蛋壳黑陶，被认为是"4 000余年前地球文明最精致的作品"。它既是社会进步的明证，又是阶级分化的昭示。使用如此高质量的蛋壳黑陶的当然是贵族高层了。此外，这里的玉文化也相当发达。最具特色的是琮、璧和其他小玉器。龙山时代阶级分化已经加剧，有学者称其为"最后的原始共产主义社会"[2]。它的一切都是为夏王国的建立奠定基础。

在7 000年的玉石故事中，夏王朝的玉石文化具有承上启下的意义，其故事也相当精彩。由于王权的介入，玉石文化的走向发生了巨大的变化。玉石文化起于民间，到了夏代开始就走向宫廷，走向权贵。

夏王朝以后，玉石仍然在演绎着精彩的故事，留在人们心目中最动人的当是"和氏璧"的故事了。说的是楚人卞和，在山上找到了一块璞玉。出于臣民的一片忠心，他把玉先后献给楚厉王和楚武王，二王看后，觉得该玉没

---

[1] 王屏：《中华考古·世界考古大全集》，高等教育出版社2010年版。
[2] 老弓：《发现之旅》，中国言实出版社2001年版。

有什么好,就以欺君之罪剁掉了他的双脚。当楚文王即位以后,卞和又想献玉,但无奈双脚已被剁,此时年岁又高了,只能在山上抱璞痛哭。眼泪哭干了,就泣血。这事不知怎的让楚文王知道了,就让人拿璞过来审视。文王一看连声叫"好玉、好玉",随后请来玉匠,把该璞玉琢成一块璧玉,定名为"和氏璧"。

7 000年间,环绕着玉石所构建成的动人故事,何止千百,其中的精神养料,也是取之不尽的啊!

玉石器的三大功效

玉石文化到达形成三大系统的时期,已有了两三千年的发展历史。人们对玉石的功效也渐渐有了比较明晰的了解。三大系统分别代表着三个地域的玉文化——红山文化代表中国的东北内蒙古一带的玉文化,它的特色是以玉龙和各种动物造型的玉质装饰品为主。良渚文化代表中国长江下游的玉文化,以琮、璧、钺等为特色;大汶口和龙山文化代表黄河下游海岱地区的玉文化,以指环、手镯、臂环、牙璧等实用玉文化为特色。不管三大玉文化系统有何各自的特色,从玉的应用功效角度看,还是有许多共通处的。

中国的玉石文化,至少可以归结为三大功效。

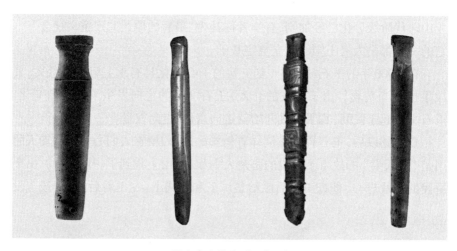

二里头出土的各类玉柄形器

一是玉的美饰功效。

这是玉被人们发现和使用的最初始动因。玉的圆润,玉的闪闪发光,会给人的容貌起到增色的作用。美容用的玉出现的时间最早,数量也是最多,使用的时间也最长。爱美之心,人皆有之。7 000年来人们可以说是从玉那里得到美感,而且以佩戴玉器为美。这种佩戴用的玉器一般都钻有孔洞,以便随身佩带或缀在衣冠上作为装饰。

玉玦圆而有一缺口,其作用相当于现今人们戴的耳环。考古发现,新石器时期的一些墓葬中,常将玦置于人骨架的耳际,可见那是一种耳饰无疑。

玉环和玉镯都是圆状的环形玉器。不过前者穿上线后可以成为挂在脖子上的饰物,而后者一般戴在手腕上。新石器时代的玉镯呈带状或筒管状,外壁有平直、凹弧、凸弧等多种形态。在良渚文化的玉饰中多见光滑而无纹的。

在新石器时代,玉串佩已经相当流行,而且"串"在一起的玉品种繁多,显示出一种多样的综合美。江苏新沂县花厅遗址出土的一件玉佩饰,由琮形管、冠状佩、弹头形管和鼓形珠四种饰品组合而成,除主件外,还有由12颗小玉珠串联起来的一个十分精致的附件。可见,人们为了美的享受,是动足了脑筋的。

还有人和动物形玉佩是一种相当高档的饰品,制作也具有高难度。安徽含山凌家滩出土了距今4 500年的玉人饰品。玉人头戴尖顶的扁冠,方脸蓄有短须,两耳显得略大,各有一孔,双腕戴玉镯,腰系宽带。这是迄今为止发现的一件最完整的玉人立像。大约佩在身上既可作美饰又可驱邪。

二是玉的生活功效。

玉运用于生活,无疑是件很奢侈的事。所以,玉的美饰功效具有全民性,而玉的生活功效则本身就显得相当贵族气了。那些连衣食都发愁的平民百姓,哪里可能以玉石为日常生活用具呢?

玉梳。梳头用玉梳那是非贵族不能为的事。大汶口遗址墓葬中的那位贵夫人死后随葬品中就有玉梳。山西襄汾陶寺文化遗址出土了一枚玉梳。这枚玉梳呈长方形,下端有梳齿11个。这种玉梳既是日用品,还可能兼具欣赏功能。

玉匕,这是一种文绉绉的说法,说白了就是平常使用的食具调羹,也就是一种凹形的取食器。把珍贵的玉石制作成"玉匕",在历史上大约都是不多见的。在浙江余杭瑶山良渚文化的墓葬中发现过一件玉匕,呈弧曲的长条形，前端略呈圆角方形，后端有扁孔，饰卷云纹。平时说贵族"锦衣玉食"中的"玉食"大概就是指以玉匕进食。

玉带钩。这也是贵族用品。那些贵族的穿戴往往是宽袖大袍的，为了扣接腰带，又要显示自己不同平凡响的身份，就会使用玉带钩。在浙江余杭瑶山良渚文化的墓地中出土的玉带钩呈长方形块状，一端有圆孔，另一端琢成一个大弯钩。这当然是一种身份的炫耀，表明自己的与众不同。

此外，还有玉衣、玉枕、玉塞、玉书之类，都是贵族气十足的东西。

三是玉的礼仪功效。

中国是礼义之邦，玉文化的发展必然会与礼文化接轨，这是肯定的。以玉制品为礼仪制度服务，这就是所谓的礼玉。在长江下游的良渚文化发掘中，发掘出的璧、琮、钺等，都是所谓的礼玉。

璧，扁平，圆形，中心有孔，一般要求边阔大于孔径，古代用作朝聘、祭祀、丧葬用的礼器，最早时用作佩带的饰品。古代有"聘人以圭，问士以璧"[1]的说法。当官的士人之间相互问候，往往以赠璧为礼。

钺，本身是一种兵器，圆刃，形似斧而较大，但是玉制的钺又是一种礼器。"一人冕，执刘，立于东堂。一人冕，执钺，立于西堂。"[2] 执刘（亦为兵器）和执钺都不是真的去打仗，而是一种宣示武力与尚武的礼仪。

礼玉还用于丧葬。有琀玉、敛玉、珠襦、玉甲、玉枕等。在原始社会丧葬用玉不多，但社会愈向后发展，这方面的礼玉就日见其复杂了。

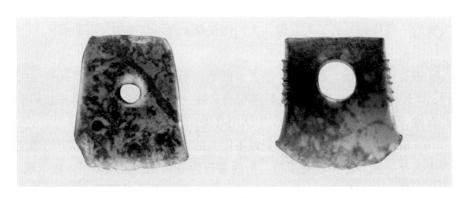

钺与戚
（被认为用于宫廷礼仪之器）

---

[1]《荀子·大略》。
[2]《尚书·顾命》。

玉石文化与王权至上

夏王朝的建立,意味着玉石文化进入了一个全新的历史阶段,只有这时,真正意义上的玉石时期才算开始了。在这个时期,谁拥有了高贵的玉石制品,谁就拥有了财富、地位、权力,甚至王权也是用玉石来昭示的。

上面说到了中国玉器的三大系统。在国家尚未统一的时候,这三大玉石系统基本上还是各自为政的。只有统一的夏王朝才能把三大玉石系统融会为一。总的来说,夏王朝建立后,统一的玉文化很好地吸收了史前期三大玉文化系统各自的长处,剔除了其不足与平庸的成分,形成一种更高层次的夏代玉文化。

就上面说的玉的三大文化功效来说,夏王朝建立后也有所变化。美饰功效当然是有的,但是渐渐地由全民走向贵族化。生活功效本身就不属于民众,而玉的礼仪功效则渐次向王权政治靠拢,玉石文化成了权力至上的象征。

《尚书》中有这样的记载:大禹治平了洪水,划定了九州,制定了禹贡制度,天下的官民也都安顿停当了。东到达大海,西到达沙漠,从南方到北方,王者的政令教化都可以到达了。这时,为了奖励大禹的功绩,舜帝采取了措施。

禹锡(赐)玄圭,告厥成功。[1]

就是帝舜赐给大禹一根玉制的、深黑色的玉石玄圭,一是奖掖其治水的成功,二是以示将权力转交给了大禹。圭是古代帝王诸侯朝聘、祭祀、丧葬等举行隆重仪式时所用的玉制礼器,长条形,上尖下方。其名称、大小因地位、用途不同而不同。这次舜帝的赐"玄圭"具有权力转移的象征意义,也可以说是真正的玉石时代的肇始。

《尚书·舜典》有"修五玉"的说法,孔颖达疏云:"五玉,公、侯、伯、子、

---

[1]《尚书·禹贡》。

男所执之圭璧也。"在舜当时,公、侯、伯、子、男这些称谓未必有,但是,作为天下共主的帝舜给属下的官员授圭璧那是会有的。玉的功能的这一转换,可能就是在帝舜和大禹权力交接的前后一段时间。

至于王者,为了显示自己身份的特殊,更是玉不离身。《礼记·进礼下》:"君无故玉不去身。"孔颖达疏曰:"玉,谓佩也。"不离身,就是一直佩戴在自己的身上。《老子》一书中也有"圣人被褐怀玉"。其意是说,圣人(指大禹及其传人)穿着黑色的粗布服,"被褐"即穿黑衣服,但怀里必须有玉,描述的就是夏代君王的形象。

关于圭的权力象征意义与等级制度之间的关系,在《周礼》上有明确的记述和说明,这是三代前所不可能有的,也就是说是从夏王朝开始形成的权力阶梯。

> 玉人之事。镇圭尺有二寸,天子守之。命圭九寸,谓之桓圭,公守之。命圭七寸,谓之信圭,侯守之。命圭七寸,谓之躬圭,伯守之。天子执冒,四寸,以朝诸侯。天子用全,上公用龙,侯用瓒,伯用将。继子男,执皮帛。[1]

这段话较为明确地阐说了作为礼器的"圭"在形成和维护统治秩序中的作用。该文规定:镇圭一尺又二寸,天子持有并执掌;天子赐的九寸长的圭,称作桓圭,由公爵这一级的人执掌它;天子赐的七寸长的圭,称作信圭,有侯爵的人才能执掌它;天子赐的另一种七寸长的圭,称作躬圭,有伯爵的人执掌它。天子所执掌的瑁,长四寸,以接受诸侯的朝见时使用。天子用的是纯色的玉,上公用的是杂色的玉,即玉与石的比例为四比一;侯爵的圭用杂质较多的"瓒",即玉与石的比例为三比二;伯爵的圭用杂质更多的"将",即玉与石的比例各一半。公爵的孤卿(朝廷高官)在子爵、男爵朝拜之后带着皮帛之类的见面礼去见天子。

这里,礼玉成了界定森严等级的一种物质准绳。同样是圭,有一尺二寸、九寸、七寸之别。不同尺寸的圭又用不同质地的玉制作,虽然文献上说的玉石比例的话是并不科学的,但明显强调的是地位越高,所持玉的质料越好,在这点上,谁都不得越雷池半步,这是从前未曾有过的。为了强调玉的

---

[1]《周礼·考工记·玉人》。

身份价值,后来还提出了一套"以玉比德"的大道理:

> 君子无故,玉不去身。君子于玉比德焉。天子佩白玉而玄组绶。公侯佩山玄玉而朱组绶。大夫佩水苍玉而纯组绶。世子佩瑜玉而綦组绶。士佩瓀玟而缊组绶。[1]

这里把玉的质地与人的地位以及人的品德作了附会,以为其间是有某种必然联系的。不只玉质因社会地位而有别,就是系于玉上的绶带也要打上等级的印记。正因为如此,天子必须佩带白玉,而系玄色(黑色,夏氏族自古以来的主色调)绶带。公侯佩带山形纹理的玄玉,而系朱红色的绶带。大夫佩带苍黑色水纹理的玉,而系缁色绶带。太子佩带瑜玉,而系杂色的绶带。士人佩瓀玉,系赤黄色绶带。这段文字虽说是在描述三代总体的玉文化,但夏族的文化色彩还是很显见的。这段文字中的"玄组绶""玄玉""水苍玉"("苍"亦为黑)"纯组绶"("纯"亦指黑色、缁色),这些都与"夏尚黑"的观念一致的。

在有夏一代,令地方各州贡玉,成为显示王权的一个重要方面。据相关史书记载,除中央所在地的冀州本州是免贡外,基本上每个州要求必须"贡玉":

> 青州:岱畎丝、铅、松、怪石。
> 徐州:厥贡惟土五色,羽畎夏翟,峄阳孤桐,泗滨浮磬。淮夷蠙珠暨鱼。
> 扬州:厥贡惟金三品,瑶、琨……
> 荆州:厥贡羽毛齿革,惟金三品,砺砥砮丹。
> 豫州:锡贡磬错。
> 梁州:厥贡璆、铁、银、镂、砮、磬。
> 雍州:厥贡惟球、琳、琅玕。[2]

大约因兖州实在无玉可贡而除外,其他七个州都贡了玉。这说明在夏朝时玉文化已经十分发达,遍及四面八方,中央王朝对玉文化也特别重视。青州贡的"怪石"即是美玉。徐州贡的"泗滨浮磬"是产于泗水之滨的玉

---

[1]《礼记·玉藻》。
[2]《尚书·禹贡》。

石，淮夷贡的"蠙珠"是一种产于淮水的蚌珠。扬州所贡的瑶和琨是两种优质的玉类。荆州所贡的"砮丹"是一种粉红色的宝玉。豫州和梁州所贡的"砮、磬"是一种中等级别的玉石。梁州所贡的璆可是一种最上等的美玉。雍州所贡的"球、琳、琅玕"代表了玉的三个档次。夏王国的领导层命令地方贡出各种玉的优良的原料，一方面是显示王权，另一方面可以利用这些优质的玉原材料，制作出种种玉器来，主要是供王家使用。

二里头的地下发掘也显示了其玉器品种的繁多和制作的精美。那里出土的玉制品有玉刀、玉钺、圭、玉戈、璋、玉戚等。这些玉器有两个鲜明的特点：第一，有相当部分的玉器是与武器、武力相关联的，这本身显示了玉与夏代国家制度的紧密联系。这些玉制武器不只是在告诫外敌的不可轻举妄动，也在告诫国内的敌对势力要老老实实，顺从统治。有人会说，这些"玉武器"并不是实战时用的兵器，而只是具有象征意义的东西。是的。我们认为，唯其"玉武器"具有鲜明的象征意义，它的威慑力和震撼力才会更大。它似乎是对人们说："玉武器"是神圣的，也是圣洁的，它昭示的是神的意志。谁敢违背神的意志而乱说乱动，那势必受到神灵的"天罚"。"玉武器"把"天罚"这个中国的传统观念实体化了。第二，有些玉器是直接宣示王权威严的，如"圭"，本身就是权力的象征，获得"圭"的人，就可以运用手里的权力，为王国尽力，像夏禹就是从获取玉圭走向赢得天下共主的宝位的。

玉石戈

玉石刀

王室控制下的绿松石作坊

据有关专家透露,近年来,在二里头宫殿区以南的官营作坊区内,发现了一处绿松石器制造作坊,单是堆积绿松石料坑就有1 000平方米的范围,可见其规模的宏大。这一绿松石的制造作坊的南边就是制铜作坊,都紧挨着贵族居住的宫廷区,可见,它的生产和制作是受王室直接控制的,而且受到夏王室异乎寻常地重视。除了这一较大的绿松石作坊外,在二里头都市区域还有一些零星的小作坊存在,他们使用的绿松石料、成品、半制成品,四散各处。从二里头出土的绿松石制品看,有绿松石管、珠以及为数相当多的嵌片之类。这在当时肯定是一个重要的手工业部门。

绿松石算不算玉石?有人会这样问。答案应当是肯定的。有专家表示:"一般地说,自然生成的、加工后能成为细腻匀润、色彩鲜丽、质地坚韧、化学性能稳定的美石,都可以在玉类归属。"[1]绿松石当然是天然美石,而且色彩艳丽,历数千年而质地不变,称之为玉石的一个门类是完全可以的。一些学者称:"绿松石是文化意义上的'玉'而受到关注,在二里头时代,它也的确与玉器一样,作为高端消费品为贵族阶层所使用,具有身份象征的意义。"[2]这种提法也是很妥帖的。至少在夏代,绿松石与其他玉类一样富于贵族气,并被当时的社会上层青睐。

其实,视绿松石为玉是一种世界性的现象。有专家指出:"绿色宝石中有一种使用历史极早的是绿松石,在地中海东部使用已有6 000年之久。西奈半岛的绿松石古矿开采的历史就有那么久远。后来,北非、西伯利亚、欧洲都有绿松

绿松石废料坑
(出土于二里头宫殿区的南部)

---
[1] 张明华:《玉器》,上海人民美术出版社2008年版。
[2] 许宏:《最早的中国》,科学出版社2009年版。

矿。"[1]印度出品的商业上被称为孔雀石、硅孔雀石的，实际上就是绿松石。在古代亚洲西部和地中海沿岸出品的所谓碧色宝石，其中至少有部分是绿松石。

中国绿松石的使用和认定也并非从夏代开始。早在大汶口时代出土的一些骨雕筒上就镶嵌有精致的绿松石。在《山海经·大荒西经》中说到过一种名称叫"琅玕"的矿物，它就是绿松石。这种叫"琅玕"的绿松石后来也出现在《禹贡》所列的贡品中。远古时代楚人常用来装饰自己的那种"玫瑰宝石"（与后世的玫瑰花无关），据考实际上就是绿松石。在《礼记》中说到的"士佩瓀玫"中的"瓀玫"指的实际上也是绿松石。可见绿松石被当作饰品已是由来已久，只是在夏代特别被重视罢了。

笔者以为，夏人对绿松石的分外眷顾，可能与"夏人尚黑"的色彩崇拜有一定联系。"绿"一般解释为"苍黄之间色也"。苍者为青，近于黑；黄则是黄土地的本色。绿色中含着黑色与黄色的某些要素，对夏人来说就更易于有亲近感了。当然这只是一种臆测，虽多为学者所首肯。

二里头遗址中出土的绿松石制品大致上分为两大类：

一类是独立存在的绿松石人体饰品。这些都是小型的，与其他的玉石饰品没有什么两样。这些饰品主要是耳饰和项饰。

另一类是用于玉礼器、漆木礼器和铜礼器上的镶嵌附属品。经过镶嵌处理以后，礼器的色彩和功能进一步得以强化。在一些兽面铜牌饰和圆盘状铜器上，精细地将绿松石镶嵌成动物状或某种几何图案，显示出了很高的工艺水平。

最让人叹为观止的是，在二里头遗址的一座墓葬中，发现了巨型的绿松石龙形器。该器放在墓主人的骨架之上。龙头朝西北，尾向东南。全器由2000余片各种形状的绿松石组合而成，每片绿松石的大小都在0.2到0.9厘米之间，厚度仅0.1厘米。绿松石龙为巨头、蜷尾，龙身起伏错落有致，色彩绚丽。联系到古文献中历来有蛇纹和龙纹是禹和姒姓族群的象征的说法，这是否进一步证明：夏王朝就是龙的传人呢？

夏王朝用丰富的玉石制品昭示世人：当时的人们在对玉石的使用上，已经从实用的层面走向审美的层面，走向礼仪的层面，走向象征的层面。其后数千年，玉石内涵的不断拓展与丰富，玉石文化的不断深化与升华，正是发端于此。

---

[1] 沈福伟：《文明志——一万年以来人类科学与艺术的演进》，上海人民出版社2013年版。

第三十一章 夏代的文字

文字的传说和传承

中国古代有四大发明,指的是造纸、印刷术、指南针和火药。据说,这个提法还是外国人提出的,后来为世人所公认。殊不知,除了这四大发明之外,我们的祖先对人类还有一大贡献,那就是汉字的发明。现在世界上使用的语言文字大约有2 790种之多,而中国的汉语和汉字是世界三种最古老、生命力最强的文字之一。大约距今5 000年的时候,居住在中东地区两河流域的苏美尔人创造了楔形文字。可是,到公元前330年亚历山大大帝的铁蹄征服了两河流域,这种古老的楔形文字也就寿终正寝了。另一种古老文字是距今5 000年的埃及人发明的圣书字。可是,到公元前525年埃及被波斯人征服后,埃及成了波斯帝国的一个行省,从此就改用波斯文了,圣书文由此被历史的尘埃所湮没,一直到19世纪20年代才被释读成功。唯有汉字延绵不绝5 000余年,生机勃勃地除了在本土传承发展外,还走向了世界。今天,汉字除了在13亿中国人中使用外,还外传到日本,经韩国、朝鲜,进而传到新加坡,形成了绵长的汉字地带。再加上欧洲、美洲和澳大利亚等地的华裔、华侨,使用汉字的人数达到十五六亿之多。汉字是现今世界上硕果仅存的古老表意文字。汉字在历史上创造了东方遥遥领先的古代文明,记载了人类先进的文明成果,说汉字是中华民族的"第五大发明",一点也不为过。

那么,汉字是怎样发明出来的呢?

像西方有"上帝造字"说一样,中国也有关于汉字来源的种种美丽的神话传说。有关汉字来源的传说中,"仓颉造字"说最为流行。在古籍中有着对他创造文字的种种说法。

大夏史

> 黄帝使仓颉作书。[1]
>
> 仓颉作书而天雨粟、鬼夜哭。[2]
>
> 黄帝之史仓颉，见鸟兽蹄迒之迹，知分理之可相别异也，初造书契，百工以乂，万品以察。[3]

这里引述了三组资料，比较全面地讲述了仓颉造字的故事。一是说仓颉是黄帝时代的人，而且当着"黄帝之史"的官。所谓"史"相传是一种专门记言记事和掌管国家文书诏令薄书图册的文官。黄帝是传说中的中华民族的共主和始祖，历史时间段是距今约5 000年前后。我们说五千年文明史，其起点就是黄帝时代，也大致上与考古学上的龙山文化期相吻合。因此，黄帝之史仓颉发明文字的神话传说有其真实性，因为一个社会步入文明的一大标准就是文字的发明。不管这个发明人的名字叫什么，正在步入文明期的黄帝时代是该有最初始的文字了。

说仓颉"见鸟兽蹄迒之迹，知分理之可相别异"而初造书契，这也是很有道理的。世界上有各种各样的飞禽，大地上有各种各样的走兽，这个名叫仓颉的大臣细细地加以研究，从中寻找出各种飞禽和走兽的"可相别异"来，把它们各自的别异记录下来（相当于图画文字），就成了"书契"了。神话故事说的这个过程，与后来科学地寻求出来的文字的初始，已经相去不远了。文字的发明对人类的社会生活产生了深刻的影响，神话故事是说"天雨粟，鬼夜哭"。

"百工以乂，万品以察。"这也有相当的道理。有了文字人类就可以把生产和生活的经验记录下来，从而极大地推动了社会的进步。"百工以乂"是说各行各业都得到了治理，"万品以察"，是说万事万物都得以体察。至于"天雨粟"，大概是对农业丰收的一种夸大性的说法。"鬼夜哭"是说此事的影响之大，以至于产生了"惊天地泣鬼神"之奇效了。

当然，神话自归神话。真实的历史告诉人们，真正的文字的创造者不可能是某一个聪明人，而是广大的民众；创造文字也不可能是一蹴而就的事，它要通过千百年的长期积累才能真正一点点有所突破。

关于文字的发明过程，现在已经大致上理出了一点头绪。概而言之可

---

[1]《世本·作篇》。
[2]《淮南子·本经篇》。
[3] 汉·许慎：《说文解字·序》。

能是经历了这样几个发展阶段：

结绳记事。

在氏族社会中，绳子是最重要的生活和生产工具之一，捆绑柴禾要绳，捆绑树木要绳，捆绑野兽要绳，捆绑武器要绳，甚至在战争中捆绑战俘也要用绳。而绳还有一个很重要的功用就是用来记事。在很古的时候，没有"记"字，只有"纪"字，可见纪事的时候是要用绳子的。

从一些民俗学的资料看，典型的结绳记事法有两大类：一类是横列结绳法，就是首先横拉一条绳子，把许多的绳分别系在这条绳子上用以计数、计事。另一种是竖立结绳法，首先竖着吊一根绳索，把一组组的绳结自下而上地系在这条绳索上。按照上古时代的实际情况，记事的内容有三个方面：一是记战事；二是记渔猎、农事和获物分配；三是记祭祀和占卜的情况。

与结绳记事相近的是积石记事。石头是原始人最早的生产工具，也是最早的记事工具。他们把某种小石块堆在一起，以表示对某类事的记录；把另一种小石块堆在另一处，以表示记另外的事情。这实际上与结绳记事的功用是一样的。

"记事桩"记事。

这是一种更加综合一点的记事方法，可以说是集结绳记事、系物记事、刻画记事于一体了。有的"记事桩"在记事的时候利用系物的办法，在记数的时候采取结绳的办法，在记时的时候用刻画的办法。一般说来，在一个氏族的村落口，就会竖一根或几根记事桩，大家约定俗成，到记事桩那里去看一看，就知道氏族里发生什么事了。这时的记事桩的确起到了最古朴的文字的作用。

人生活在某一个群体里，就要读懂这个群体的记事桩。记事桩是一本"书"，要读懂就要学习，氏族中的长者有义务教会幼者读懂记事桩。

对于记事桩，在人们心目中还存有代代相传的思想印记。在一些地方的民间还有这样的口头禅，如形容一个人记忆力不好，会说"这人没有记事桩儿"，把记忆力衰退说成"我的记事桩坏了"，或者说"倒了记事桩儿"！这些话都是来自远古的思想印痕。

岩画记事。

随着考古事业的发展，人们发现了大批记事性岩画，如内蒙古阴山岩画、乌兰察布岩画、黑山岩画、江苏连云港将军崖岩画、刚察崖岩画、云南沧源岩画、麻栗坡岩画、广西花山岩画。可以说这样的远古时代的记事岩画，遍及祖国大地的南北东西。

这些岩画大都属于进入新石器时代以后的作品,时间在距今一万年到五六千年之间。这些岩画一部分是跟原始人的记事有关,有的本身是原始的表意的图示,有的已经接近于图示的文字了。如阴山岩画中猎人手中的弓和箭与后世汉文中的"弓箭"两字已十分相像了。岩画中展示的太阳也与汉文的繁体字"陽"字有某种相似之处了。

表意陶纹和陶器上的刻画符号。

大约是从距今一万年开始,人类进入了制作陶器的伟大时代,这为人类进入农耕社会以至于进入文明时代创造了条件。人们在制作陶器过程中留下了纹痕或纹饰,一种是刻在器皿上的刻画,另一种是画在器皿上的纹饰,实际上都有早期文字的性质。

新石器时期陶器上的纹饰有描述自然现象的,也有描述种种所谓灵兽的。这些纹饰既是写实的,又是抽象的,犹如后世说的写意画一般。比如描述山,它描述的不是哪一座具体的山,而是抽象化了的山,展现的是一座座山的峰峦起伏形状,这样的纹饰已与后来汉文中的"山"字相去不远了。其他如雷、云、水等表现自然现象的纹饰也已有文字的意味了。

刻画在陶器和玉器上的一些刻画符号引起了人们的高度关注,不少专家称之为陶文,是汉字的萌芽。在河南舞阳贾湖遗址出土的裴李岗文化的龟甲上,发现契刻有像甲骨文的"目"字和"户"字的符号。仰韶文化的半坡类型遗址和姜寨类型遗址出土的陶器上的符号资料十分丰富。半坡符号有100多种,青海乐都柳湾的马家窑文化的陶文有130种以上,这都是很值得加以认真研究的。

即将步入文明社会前的陶、玉器上的刻绘资料十分的丰富有趣,其中已经孕含了若干文字的要素,一些专家风趣地称其为"图文并茂"——也就是认为其图画式的构架中显现出了文字的色泽。在黄河下游大汶口文化遗址出土的陶尊外壁上,刻有一幅"日月火"组合图,专家认为此图可鉴定为繁体的"灵"字。江苏、浙江一带的良渚文化时期的玉璧、玉钺上都刻有"鸟立山峰"组合图,专家认为这可鉴定为"岛"字。[1]

裴李岗、良渚等文化遗址出土的陶器和玉器上的刻绘图画已比之前岩画上的画面大大前进了一步。那些岩画上的画面基本上还是写实的,人、

---

[1] 江林昌:《中国上古文明考论》,上海教育出版社2005年版。

物、山、河大都保持了原形，而良渚等遗址出土的陶器和玉器上的刻绘是相当抽象化了的，有时把几个物件组合在一起是要告诉人们一个新的意思，这就是文字的功效了。这些图已不是单纯的图，而是"图"中有"话"，可名之为"图话"。这些都在告诉人们，中国社会正在一步步走向形成文字的文明社会。

文字初创的"图书"时代

夏代建立起了中国历史上第一个家天下的统一国家。全新的统治体制，大大促进和刺激了经济和文化的发展。第一次大范围统一局面的出现，更是有利于社会各方面的文明进步。在夏王朝建立之前，中国范围内的文字萌生过程已经有了几千年的历史。在夏之前，考古所发现的大量原始社会末期的岩画中，在仰韶文化、龙山文化的陶制品和玉制品上的纹饰和刻画符号中，已经有了大量的以"图"写"话"的记录和作品。这些把人们要说的"话"化成活灵活现的"图"像的作品，实际上已经含有文字的要素。到了夏王朝统一天下后，完全有条件把文字的发展再向前推进一步。

对夏代在文字的发展上的贡献，有学者作了这样的表述："夏代是原史时代的开始。史前时期'图与话'的传统在夏代仍然盛行，但由于夏代已开始发明文字，因而在以'话'说'图'的同时，已开始利用文字作简单的记录，于是有了'图'与'书'的初步结合。"[1]从以"图"写"话"，到以"图"表"意"，并将自己所要表达的以"书"（文字）的形式"记"录下来，这是一个了不起的进步，从一系列考古发掘看，这一点上，夏代是做到了。

现在大家比较认同河南偃师二里头即是文献中的夏都斟寻，据说夏代十七王中的太康、仲康、少康、孔甲、夏桀五王在这里建都，大禹、夏启这些开国之君也在这一带活动，说它是夏文化的核心地带是一点也不为过的。在二里头宫殿遗址里出土的陶器上有着许多刻画文字，这些刻画文字一般见之于公共祭祀场合使用的大口尊和卷沿盆的口沿上。一些学者对这些文字作了试释，以为其中至少有着这样几类文字：

---

[1] 江林昌：《中国上古文明考论》，上海教育出版社2005年版。

一类是表现数字的文字,包括"一""二""七""八""十"这样一些数字。有一、二、七、八、十,当然也会有三、四、五、六、九这样一些数字,只是现今还没有被发现罢了。这证明十进位计数法在夏代已是流行了。

另一类是反映自然和自然现象的文字,如"竹""木""禾""山""水"等,这是夏人对大千世界中最感兴趣的事物的记述。

还有一类是与战争和狩猎相关的文字,如"矢""射"等。这是夏代社会的"大事",相信随着考古事业的发展,这方面的资料还会更加丰富。

20世纪70年代,考古工作者在河南省登封市告成镇西约一公里的台地上,发现了夏代早期的一个城址"王城岗遗址"。一些学者认为这很可能就是禹都阳城。这里有城址,有宗教礼仪场所,有青铜器的残片上的种种刻画,应当说其文化水准是相当高的。考古工作者在城址内所发掘出的陶片上发现了多个刻画符号。其中在三期灰坑中发现的一件编号为H473地点出土的泥质黑陶平底器的残片上,有着这样的刻画符号:人的双手相对,作持物状。学者们注意到,这个文字符号与甲骨文、金文中的"共"字在构形上是完全一致的。"共"是"供"的本字,有向神或祖先供奉上祭品的意思,可见这个字的出现证明夏人在文字上已是从象形走向会意了。参加现场发掘的李先登先生认为:"这个'共'字已不是符号,而已是真正的文字了","这个陶文有力地证明了夏代已经有了文字,并且已经发展成熟了"。[1]这一看法得到了诸多学者的赞同。

位于山西省襄汾陶寺村南的陶寺遗址,于1978年至1983年由中国社会科学院考古所进行发掘,为的是追寻夏文化的遗迹。中国历史上历来有晋西南是"夏墟"之称。对这一遗址考察结果表明,它的生存年代为距今约4 000年前,也就是说正是夏王朝统治的时期。遗址面积为6 000平方米,其中发现了小型地面、半地穴式和窑洞三种形式的住房和一千多座氏族墓葬。出土了大量陶器、玉器、木器和生产工具。在陶寺遗址的一个灰坑中,发现了一把残破的扁壶,在扁壶的鼓凸面一侧,有一个用毛笔类工具书写的朱色字——文。这个字与殷墟甲骨卜辞中的"文"字完全一致。这可以说明,商代后期的甲骨文可以在陶寺遗址的陶文上找到渊源。而陶寺遗址的性质如何呢?2015年在"陶寺遗址与陶寺文化出版学术研讨会"上,中国社科院

---

[1] 李先登:《试论中国文字之起源》《对夏文化探索若干问题的看法》,见其论文集《夏商周青铜文明探研》,科学出版社2001年版。

考古研究所所长王巍介绍说："通过陆续对陶寺遗址1 000余座墓葬及其出土各类考古学材料的观察研究，经过动物考古、碳-14、锶同位素、体质人类学与分子考古学等新技术手段测定和分析剖断，陶寺遗址所代表的黄河中游地区文化进入'王国'文明成为最早的考古实证，具有重大的意义。"这里说的王国文明的第一朝就是夏王朝。

　　三星堆遗址远离中国传统意义的夏王国的中心地带，但是，统一的多民族的夏王国的版图中无疑也应该包括成都平原地区的所谓古蜀国在内。特别值得引起我们注意的是，在被称为"禹书"的《山海经》中，除了介绍南、西、东、北四方的地理、风土、人情外，重点花十二章的篇幅介绍了"中山十二经"，其中也把三星堆所在的成都平原地区写在中山经之中。这一点过去是被忽视了。现在看来，把三星堆地区列于"中山"地区，本身就说明了在夏代该地已被视为中心地区之一了。这是很值得重视的，说明它与夏王国的其他中心区域关系密切。正当夏王国的中原地带进入文字创作阶段的时候，此时的三星堆出土的陶制祭器上出现了神秘刻画符号"乂"。这个"乂"字在甲骨文与金文中都有所见，它的初形可能是蛙文化崇拜中的吉祥物蛙的形状，后来一再简笔，就成了可释为治理的"乂"字了。所谓"浩浩滔天，下民其咨，有能俾乂"[1]。"乂"这个字的造出还真与大禹治水有着密切的关系呢，这也是在夏代已有文字的创造和使用的一个明证，最为有意思的是，这个以治理为基本含义的"乂"字，最早是出现在大禹的祖居地成都平原的。

　　从上面的一鳞半爪的考古发现中，已经足以证明夏代已是有文字了。

追索夏代文字的全貌

　　上面说到，夏代已经有了文字，那是没有问题的。但是，我们通过现有的考古资料，获取的只是夏文字的一鳞半爪。有若干单字的创造，那是肯定了的，但是不是可以往"有典有册"的道道上去引导和思考？文献上有这样一种说法：

---

[1]《尚书·尧典》。

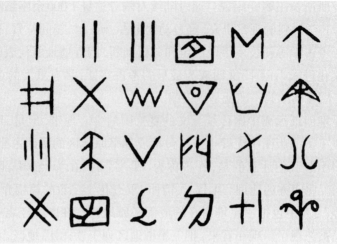

二里头遗址出土陶器上的刻画符号表

昔夏之方有德也,远方图物,贡金九牧。铸鼎象物,百物而为之备,使民知神奸。故民入川泽山林,不逢不若。螭魅罔两,莫能逢之。用能协于上下,以承天休。[1]

仔细品味这段文字,就会发现它在讲的是夏代的文字与民众日常生活之间的紧密关系。夏建立了统一的王朝以后,远方贡物那是没有什么好奇怪的,但这里说的是"远方图物"。意思是说,远方的人们不只是送来了贡物,还送来了"图物",这应该是以图形式与贡物一起送来的一份清单——上面记述有:是何物,有多少数量,等等。夏的中央政府收到这些贡物与贡物的清单后,又将贡物的图像铸在鼎上。这里说的"图物"和"象物",实际上都讲的是文字。远方纳贡人的"图物",是用带有图像性质的文字在告诉中央,"我"送了哪些物品和送了多少物品。中央收到这些物品和清单后,又"象物"于鼎,并说明这是出产在哪里的。这里的"象物"也是文字,是一种象形与意会兼备的文字。

这段珍贵的文献资料使我们懂得了:一,当时全国已经初步形成了通用的文字。远方各地送来的"图物",中央能读得懂;中央反馈到远方各地的"象物",各地也能领会,这就充分说明当时已有了一种全国共通的"图"

---

[1]《左传·宣公三年》。

文"书"本。这样看来，洪迈说的"三代之时，天下书同文，故，《春秋左氏》所载人名字，不以何国，大氐皆同"[1]是完全符合历史实际的。这"天下书同文"是与天下大一统的局面紧紧联系在一起的。二，当时的图画文书涉及的面已经很广，"百物而为之备"。"百物"是一种笼统的说法，指的是大多数的字都可以"象物"了。这样看来，我们现在了解的夏代文字实在太少了。三，把文字的创造看成是一种"天休"——也就是上天赐予上上下下民众的福分。这是对文化的充分肯定和赞颂，这种观念对民族的生存和发展至关重要。

说到夏文字，自然而然会让人想起继夏而起的殷商时代的甲骨文。大量出土的刻有甲骨文的龟甲卜骨达到了惊人的数目，流散于国内外的已被发掘的甲骨片已达十万片，共有单字四千七百多个，现已能辨识、厘定而没有争议的约有一千四百多字，在考释中还有较大分歧的有大约五百字，有待进一步破译和难以考释的有二千八百多字。夏商是相连的两个王朝，而且商在夏朝的时候是作为整个王朝中的地方族群面貌出现的。这样看来，夏的文字水平应当与商的文字水平相差不了多少的。只是因为殷商的文字通过占卜而书写在甲骨上得以保存了下来，而夏的文字由于书写材料的关系（现在还不可知）而没有保存下来罢了。有人设想，如果夏时的文字是写在竹木或帛类上的，那的确是很难保存下来的。

在难以找到更多考古实证的情况下，一些学者根据某些汉字的字形与历代考古所得实物之间的比对，来求证某些字的出处，以追索夏文字的全貌。这当然不失为一种相当可靠的求证方法。

夏人尚酒，而且现在已经充分证明酒发明于夏代。酒这个字的初形当是"酉"，这是对大口尊这种实物的生动摹写，属于"图"而"书"之的味道。有学者说："象形字的创造者只能是模仿他们亲眼看见在日常生活中实际使用的器物形态。甲骨文金文中'酉'字所描绘的肩部突出的大口尊，只流行于二里头文化和二里冈文化早期，到殷墟时期已完全绝迹了。"[2]殷墟时期的殷人看不到"酉"是怎么回事，但可以看到他们的前朝夏人书写的那个"酒"字，就依样画葫芦地写进了甲骨文中。其实这是一种有意思的"抄袭"，"酒"字的发明权无疑还在夏人手中。

---

[1] 宋·洪迈：《容斋随笔》卷第五。
[2] 许宏：《最早的中国》，科学出版社2009年版。

这样的文字追索是符合科学的,也是有价值的。

"爵"是一种酒器。"爵"字所描摹的器形显然是二里头的,而不见于商代晚期。二里头的铜爵的器形大致上模仿更古一点的陶爵,而器形比原先更夸张。尖而长的爵器流,爵的把手与器流不呈一线,而是垂直于流口,下端是三个尖尖的器足,这些都在"爵"字中得到了生动的体现。相信夏人已经按照爵的器形发明出了这个"爵"字。

"壶"这个字是完全描摹二里头时代出土的陶壶的。上端有一个比壶口略大的盖,盖的顶端有一个打开壶盖的顶,壶的肩部有两个相互对称的提手,可以单手提,也可以双手提。为了保持平衡,壶底有一平板状的制品,这些特征都在"壶"字中惟妙惟肖地体现出来了。"壶"字比壶的实物更简洁,但大体上是写实的。

"衣"字也当是夏人创造的。穿衣是人类文明的明显标志,中华民族是世界上最早着装的民族。麻织布盛行于夏代,至今还有称做衣用的麻布为"夏布"的。从古代"衣"字的造形看,已经是夏代的麻布和绸布的款式特点了。有专家说:"从古代'衣'字的创造,充分反映出人们造字的成熟经验,虽然仍是象形法造字,但是字的用笔较为简练,并抓住了衣服的基本特点:上有衫,下有裙,中有带。其形象是一套夏衣的省略图。"[1]"衣"字的创造带来与衣相关的诸多会意字和形声字。

夏代开始,中国社会进入了青铜时代。青铜在夏人看来是极为神圣的物品,不可能不用文字的形式表现出来。"金"(铜)的初文创造手法十分简练而有趣,它表示的是一块菱形的矿石放在火上烧炼,然后流出金块(铜)来,继而凝固起来。这是一种会意式的造字法。由于"金"字的出现,连带造出了一大批以金为偏旁的新的字眼来。

夏人建立了统一的家天下的国家,因此,一系列与地域相关的文字也被发明出来了,一直沿用至今。

大禹治水成功后,他做的第一件事就是"会稽山会盟"和"定九州"。称中国为"九州"就是从大禹开始的。这个"州"字,中间三点,象征的是一块块的陆地,竖流的"川"字是一道道的水,象征着中华大地当时是以水域来划定州界的。

"区"这个字也与水有相当的关系。中华大地上曾经出现过所谓的"万

---

[1] 牟作武:《中国古文字的起源》,上海人民出版社2001年版。

国时代",这里说的"国"其实就是一个个很小的地区。区大概是氏族或部落的一块居住地,为了安全和免于因地域划分不清而引起争执,在一块地域的三面筑起了保护围界。为什么只是三面而不是四面?这里有个道理,当时的居民点都是依水而居,因此在"区"里只要三面筑围界就够了,一面是河(水),那是天然屏障,用不着再去构筑人工围界的。像半坡氏族这样的大居民点,也是三面筑围一面依河的,小一点的村落更是如此了。

最早的"国"字只是一个"或"字,有劳动力(表现为"口")、有可使用的土地(表现为"口"下的"一"),还有保卫自我的武装(表现为"戈")一切就都行了,就称为所谓的"国"了。先是建起了三面设防的"匸"字形防御工事,后来利益冲突越来越尖锐了,社会分化进一步加剧,这才有了四面打围的"国"字。这"国"字应当也是发明在夏代的。事实上,也只有进入了私有制的国家时代,才用得着四面设防。

夏既是阶级社会,就会有监狱之类的统治工具。"囚"字的发明就是王国统治的写实。据说,"囚"字的初文是"井"字中间一个"人"字,就是把犯人囚于井中,称井牢,后来发明了专门关押犯人的处所,称囚狱。夏的最后一个国王桀就把不听话的商汤关在夏台这所囚狱中。这样看来,"囚"字发明于夏代也是没有多少疑问的。

夏代是一个伟大的时代,是原始社会走向阶级社会的第一个王朝,也是中国历史上首次实现大统一的伟大时代,这必然在文化以至于文字的创造上有所反映。随着研究的深入,夏代文字的状况一定会一点点清晰起来的。

"有册有典"的夏王朝

在商王武丁时期的甲骨文中,已有了"册"字。"册"字的甲骨文的原文似将竹简用绳子编起来的样子,这样就不只是有文字的问题,还有能够将一个个的文字串连成篇的文章了。在周代的金文中,也有"册"字出现,在文献中还有"惟殷先人有册有典,殷革夏命"[1]的说法,意思是说,从殷代开始,就有了记载史事的册与典了,最早的册和典记述的是"殷革夏命"的史

---

[1]《尚书·周书·多士》。

实。这是周公对年幼的成王说的，殷已"有册有典"，在周公看来，周王朝更应该如此这般了。

一般来说，证明夏王朝已有文字要容易些，要证明夏王朝与商、周一样也"有册有典"更困难些。因为说夏代有文字，至少可以从地下发掘的一些刻画文字中拿出几个实证来，但是，要拿出夏代"有册有典"的实证来，就相当的困难了。李学勤先生说得好："可以设想，当时用其他材料来占卜，或者占卜后把卜辞记在竹木质的典册上，那么卜辞就不会保存下来。我们知道商代是有竹木简的，但简的实物至今没有发现。夏代的情况也许正是这样，尽管有文字，却没有多少能留传至今。我们不能把希望单纯寄托在文字的发现上。"[1] 这一论述应该说是实事求是的，当然也是精当的。

既然实证难以寻找，那么，推论也不失为认识夏代社会的一种方法。早在20世纪30年代，唐兰先生就认为："我们有许多理由，可以说在孔子诞生前1500年左右——即夏初起，已有了历史的记载。这种记载当然是文字十分完备后才产生的。"[2] 这实际上是一种推论，但这种推论是合理的。如果什么都要来自地下的考古的实证材料，那么不只中国的许多历史现象讲不下去，世界历史也讲不下去。

公元前11世纪到公元前9世纪的希腊史称作"荷马时代"，因文学性的《荷马史诗》而得名。《荷马史诗》是这一时期唯一的文字史料，叙说的是希腊联军围攻小亚细亚城市特洛伊的故事。这些文字史料从来没有得到地下发掘的实证，但它以其合情合理而赢得了读者，人们都视之为信史。恩格斯在《家庭、私有制和国家的起源》一书中还多次引用了其中的相关资料。不少国外学者早已指出，拘泥于实证，不一定是科学的治史态度。

唐兰先生设想的"从夏初起，已有了历史的记载"，应该说是经得起历史的考验的。一个最简单的道理是，如果没有历史记载，那么《史记》中关于夏代十七王十四世的资料从何而来，又为何《史记》上的那些记述每每为后世新发现的资料所证明？只要这一条，就足以证明夏初确是有历史记载的了。

在后世引用最多的被认为是记述夏代史事的典册是《夏书》。有没有这样一本书呢？有的说，《尚书》中的《禹贡》《甘誓》《五子之歌》《胤征》四

---

[1] 中国先秦史学会、洛阳市第二文物工作队合编：《夏文化研究论集》序，中华书局1996年版。
[2] 唐兰：《古文字学导论》（增订本），齐鲁书社1981年版。

篇就是《夏书》，后来经史学家的考证，除了《禹贡》比较靠得住外，其他三篇都是后世之伪作，大家比较一致的看法是，"《夏书》，逸书也"（韦昭注），《夏书》应该是有的，但已经散逸了，不知所终。尽管如此，你不得不承认曾有过这样一部夏人的史书。

《夏书》是被人引用得最多的一部夏代史书，在《左传》中引用15次，在《国语》中引用3次，在《吕氏春秋》中引用过1次。相传《左传》与《国语》的作者都是左丘明，春秋时期人，而《吕氏春秋》的作者是战国末年人，可见在春秋战国的数百年间，人们还是能读到这部夏时的典册的，后来不知怎么流失了。从那些引文中可知，这部《夏书》讲到了"地平天成"的大禹治水，讲到了皋陶和皋陶之刑，讲到了有穷后羿氏，讲到了"辰不集于房，瞽奏鼓，啬夫驰，庶人走"的夏代社会生活，的确具有典册的性质。

另一部夏代遗留下来的典册当是《山海经》，该书历来就有"禹书"之说。这是一部我国古代的奇书，内容涉及地理、历史、神话、民风、民俗、民族、动物、植物、矿物、医药、宗教等方面，可以说是包罗万象。尤其是《山海经》中保存的我国古代神话传说，在所有中国古代典籍中是首屈一指的。有人以为，大禹平水土，治水大军踏遍了祖国的山山水水，他是个有心人，边走边把所见所闻记下来，这就有了《山海经》一书。可以把《山海经》看成是大禹对国土资源的一份考察报告。也有人在承认上述说法的基础上，进一步以为《山海经》直接的与禹铸九鼎这一事件有关：

> 神禹既锡玄圭以成水功，遂受舜禅以家天下，于是乎收九牧之金以铸鼎。九鼎之图，谓之曰山海图。其文则谓之《山海经》。至秦而九鼎亡，独图与经存。已今则经存而图亡。[1]

把《山海经》视为九鼎上"山海图"的说明文字，此可视为一家之说。历史地看，此说也不是一点没道理的。在夏初进入"图书"时代的社会大背景下，亦图亦文和以文注图那是完全可能的。不管怎么说，《山海经》一书文字古朴、简洁，其中关于大禹及夏启活动的一些记述，的确具有一定的史料价值。他的南、西、北、东、中的方位顺序和方位观也的确大致上符合夏代一统天下后的实际。从这个意义上讲，完全可视之为夏"有册有典"的一大

---

[1] 明·杨慎：《〈山海经〉后考》。

证据。

《夏小正》一书更是夏代"有册有典"的明证。夏代开始真正步入了农耕社会,当时"民以食为天"的观念已经形成,因此最重要的"册"与"典"当然属农书和历书了。《夏小正》总共只有四百余字,但内容的丰富简直令人难以想象。

《夏小正》中记述了大量星象和星座,如北斗星、参星、昴星、亢星、宿星、大火星、南斗星、织女三星、辰星,等等。而且这些星座又是不断变化着的,在该书中也都有比较详尽的记述。

《夏小正》中记述了大量农事,如"耒""农纬厥耒""均田""雪泽""服于公田""采芸""荣堇""囿有见韭""采蘩""采识""祈麦实""煮梅""蓄梅""菽糜""剥瓜""织麻""纳卵蒜",等等。

《夏小正》记述了大量与农事相关的动物及其活动,这些动物中有雁、雉、鱼、田鼠、獭、鹰、鸠、昆小虫、鲔、蚔、蚅、鲜、黄鹂(仓庚)、公羊、蚕、蚕蛹、狸子、丹鸟、白鸟、雀、元驹、鹿,等等。

从《夏小正》一书中我们读到了当时的气象变化,读到了当时的农事状况,读到了当时的风土人情。《礼记》中说:"孔子曰,吾欲观夏道,是故之杞,而不足征也,吾得夏时焉。"[1] 当时孔子想了解夏代的政治治国之道,结果在夏人的后裔那里得到了一部《夏时》(即《夏小正》)之书,孔子的目标达到了没有呢?可以说是部分的达到了,因为他是可以通过这部书弄懂"夏道"的。

有传世的《山海经》和《夏小正》在,也有传闻中的逸书《夏书》《夏礼》《夏令》《仲虺之告》等,这些就足以说明夏代不只有相当成熟的文字,还真的已经是"有册有典"的文明时代了。

---

[1]《礼记·礼运篇》。

第三十二章 古朴的夏礼

"玉洁冰清"的古礼

中国是文明古国,又是礼仪之邦。在国人的心目中,常常会把"礼仪"放在至高无上的位置。春秋时期的大思想家晏子说:"凡人所以贵于禽兽者,以有礼也。"[1]礼的建设是我们的祖先开展文化建设的基础工程。

我们的祖先对礼有一种特殊的情感,也有一种特殊的认知,把它与玉石和玉器紧密地联系在一起。最古体的那个"礼"的字形如把两块玉放在一个玉盘里献给上苍和祖先,后来就演进为常用的"豐"(简体为"丰")字。玉在中国传统文化中象征着透明、纯洁、高贵,以玉喻礼,其实也是在表征礼的纯真与无瑕。"玉洁冰清",玉是最纯洁的,礼也应该是纯洁的,来不得半点虚假。这就告诉人们,中国礼文化从兴起的第一时间起,就是重礼的本质特征的,而礼的种种形式是为礼的本质特征服务的。

中国远古时期的以玉喻礼,在《山海经》一书中得到了充分的证实。在《山海经》一书中,具体叙说祭礼的共有28处之多。在祭祀过程中,盛器一律都是玉器,祭品中大多以玉为主祭品,辅之以稻米和鱼、肉等物。举例来说:

凡岷山之首,自女几山至于贾超之山,凡十六山,三千五百里。其神状皆马身而龙首。其祠:毛用一雄鸡瘗,糈用稌。文山、勾㐨、风雨、騩山,是皆冢也。其祠之:羞酒、少牢具,婴用一吉玉。熊山,帝也(熊山是黄帝的坟墓)。其祠:羞酒,太牢具,婴用一璧。干舞,用兵以禳。祈,璆冕舞。[2]

---

[1]《晏子春秋·谏上二》。
[2]《山海经·中山经》。

我们没有必要一字一句地去解读这段十分艰涩难懂的文字,但是有几点是必须读懂的:第一,这里祭祀的包括熊山神(传说中的黄帝坟墓)在内的十六座大山的山神的典礼是十分庄重的,它用以盛放祭品的盛器都是玉器,这是具有象征意义的;第二,在祭品中有"毛鸡"(活杀的带毛的雄鸡)、有"糈用稌"(专门备做祭祀用的上等稻米)、有"羞酒"(美酒)、有"少牢"(整只的牛、羊)、有"太牢"(整只的活杀的牛、羊、猪),但最为重要的祭品当是"吉玉"和"玉璧"。"吉玉"是表示吉祥如意的整块的古朴的美玉,"玉璧"是经过琢磨的代表江山社稷的玉器。这些才是祭品中的主角。在祭者的心目中,"玉"才是鬼神真正的主食。黄帝及天地鬼神他们"登昆仑兮食玉英"。[1]在祭祀者看来,"玉"是可供天神食用的最上乘的物品;第三,祭礼中肯定要有音乐和舞蹈,而最原始的古礼中的音乐和舞蹈是由祭者自己亲自跳和自己亲自唱的,专业的供祭祀用的舞蹈班子那是后来的事。主祭人在唱歌和跳舞的时候,手里除拿干、戈之类外,还要佩戴"祈璆"。"璆"是一种精美的礼玉,是专门用来向上苍祈求消灾降福的。

这些都说明了,在古礼的祭祀中,玉祭有着何等重要的地位。那么,以玉为祭、以玉为礼的真正含义在哪里呢?中国有一句古话:"君子比德于玉。"[2]这就清楚了,以玉为祭的真正目的是要在礼中贯穿所谓的"玉德"。这里有两条是值得记取的:

一是取其纯真。

孔子的学生有子说:"恭近于礼。"[3]他是认为恭敬是走向礼仪的第一步,恭敬的人比较接近于懂礼了。孔子则说:"人而不仁如礼何?"[4]意思是说,人如果没有仁心,那仅仅有礼的形式有什么用啊!孔子说得最彻底的话是:"祭神如神在。子曰:吾不与祭,如不祭。"[5]就是说,参加祭礼的时候,要做到好像真的面对鬼神似的。如果没有能亲身临祭,就不祭。这些观念和态度,真可谓是纯真如玉啊!

二是取其履行。

在《孔子家语》中,有《问玉》一篇,是孔子答子贡关于"君子比德于玉"

---

[1] 屈原:《九章·涉江》。
[2] 《礼记·聘礼》。
[3] 《论语·学而》。
[4] 《论语·八佾》。
[5] 《论语·八佾》。

的。在说到玉的仁德、智德、义德、礼德、忠德、信德后,孔子说了这样一段话:

> 言而可履,礼也;行而可乐,乐也。圣人力此二者,以躬己南面,是故天下太平,万民顺服,百官承事,上下有礼也。[1]

荀子是礼学大师。可以说,荀学的整个学术构架是按"礼"来展开的。他除了写作《礼论》《乐礼》专章来论述礼乐文化外,在他的全部著作中都渗透着礼乐精神和礼乐文化。他继承孔子的"言而可履"的思想,明确提出:

> 夫行也者,行礼之谓也。礼者,人之所履也。失所履,必颠蹶陷溺,所失微而其为乱大者,礼也。[2]

这是古礼的一大精神,也就是孔子说的"言而可履"和荀子说的"礼者,人之所履也"。"言",是指言辞,"履",是指行动。既言又履,就是既要有言论,又要有行动,要说到做到。不能言而无信。"玉德"强调一个"信"字,怎么说的就怎么做。如果人人能这样,天下真的就太平了。在进入礼仪场合时,我们常用的一个词是"行礼"。按照荀子的说法,"行礼"不单是说你在礼仪场合要按礼仪的规范如此这般的做一套,更重要的是在离开礼仪场合后你怎么实施礼仪的要求。这是最重要的。

"礼下庶人"的夏初之礼

凡是略有点历史知识的人,耳熟能详的是"礼不下庶人,刑不上大夫"[3]那句名言。也许会造成一种误解,以为从有礼的第一天开始,就是"礼不下庶人"的。其实,历史的真实并不是这样的。在礼产生的初始阶段,有过相当长的一段"礼下庶人"的历史时期。还原这一历史时期,无论是对正确理解礼的历史发展,还是对当今的重建社会主义新礼制,都是有相当价值的。

---

[1]《孔子家语·问玉》。
[2]《荀子·大略》。
[3]《礼记·曲礼》。

礼仪是怎么起源的？荀子有一种经典而广为世人所接受的说法，他认为：礼起于何也？曰：

> 人生而有欲，欲而不得，则不能无求，求而无度量分界，则不能无争，争则乱，乱则穷。先王恶其乱也，故制礼仪以分之，以养人之欲，给人以求，使欲必不穷于物，物必不屈于欲，两者相持而长，是礼之所起也。[1]

这段话从人性与物质财富关系的角度着眼，基本上把礼的起源问题讲清楚了。作者是有欲论者，承认"人生而有欲"。但是，作者又认为，承认人之有欲并不等于可以放纵人欲无限扩张。作者是看到了放纵人欲无限扩张的危害性的。欲得不到节制，就会"争"，大家你争我夺，就会造成"乱"局。乱局不尽快控制的话，就会走向"穷"，即物欲横流的穷途末路。可以说，谁都不愿看到这"争""乱""穷"局面的出现。不只"先王恶其乱也"，就是普通百姓也"恶其乱"的。于是，就有人"制礼仪以分之"，使整个社会出现安定的景象。

关于"制礼仪以分之"的"分"，历来的大多人解释为"区分"，似乎明白了自己在社会中应处的地位，那样就是懂得自己该索取些什么了，然后就有欲而无争了。笔者的看法是，礼产生于原始社会末期，具体来说是产生于五帝时期，当时还谈不上一定要把人"区分"成多少个阶级和阶层的问题。笔者以为，此处的"分"，是讲人的一种人性和人格的修养，实际上是"安分"之意。人要有自足感，要懂得安分守己，这样对自我来说就安全，对社会来说也就安定。这是建设礼制的本意。司马迁说的"礼以节人"[2]与"礼仪以分之"大致上是一个意思。礼让人节制，礼让人安分，都是讲礼有和谐人际关系的作用。

笔者十分欣赏一种观念：礼制的初意是向人间撒布爱的种子。层层加爱于人，那么天下不就太平无事了？这话相传是孔子说的：

> 夫礼，天子爱天下，诸侯爱境内，大夫爱官职，士爱其家，过其所爱曰侵！[3]

---

[1]《荀子·礼论》。
[2]《史记·滑稽列传》。
[3]《韩非子·外储说右上》。

这是见于法家作品中的孔子评述弟子子路的行为时说的一番话。除去这段话特殊的语境，孔子提倡礼的宗旨应该是爱，这种说法还是不错的。中国古代一些思想家，还具体地规划出理想中的爱的世界的美好礼治图景，《孟子·滕文公上》："乡田同井，出入相友，守望相助，疾病相扶持，则百姓亲睦。"这里说到的"守望相助"后来成了流行于人们口头的一句成语，也可说是人们对那种充满爱的世界的一种热切向往吧！还有些思想家希望把这种和谐的局面推进到人与自然之间去。《山海经·中次八经》："此诸夭之野，鸾鸟自歌，凤鸟自舞。凤皇卵，民食之；甘露，民饮之，所欲自从也。百兽相与群居。"真是金山银山不如绿水青山，如果那样，我们这颗星球就更美好了。

礼仪制度在中国大约起于五帝时代。据《史记·五帝本纪》的记载，黄帝时代已经有了官僚制度的设置，"举风后、力牧、常先、大鸿以治民"。如何治民，是否已经设立了礼官，史书上没有讲清楚。但是，那时已有了音乐似乎是可以肯定的，"黄帝以仲春之月乙卯之日，日硡奎，始奏之，命曰咸池"。后来东汉的张衡在《思玄赋》中说到"大容吟曰念哉"一语，有人以为"大容"就是黄帝的乐师。

比较正规地建立礼仪制度和设立礼官，那应该是舜帝时期的事。《史记·五帝本纪》上说，"（舜帝时）披九山，通九泽，决九河，定九州，各以其职来贡，不失厥宜。方五千里，至于荒服，南抚交趾、北发、西戎、析枝、渠廋、氐、羌，北山戎、发、息慎，东长、鸟夷，四海之内，咸戴帝舜之功。于是禹乃兴九招之乐，致异物，凤凰来翔。天下明德自虞帝始。"这里讲的是一种文化。"各以其职来贡"，礼也；"兴九招之乐"，乐也。这样看来，说此时"天下明德自虞帝始"当然可以，但更确切地说是"天下礼乐从虞帝始"。

虞帝时，礼官的存在是明确有载的。在一次决定分职的会议上，舜帝问四岳："有能典朕三礼？"三礼是指天事、地事、人事之礼。大家都说"伯夷可"。伯夷又推荐夔，舜帝决定让夔当"典乐"，龙当"纳言"，由伯夷总抓三礼。从这些资料看，舜时的礼仪制度已经相当完备了。

从黄帝时期开始注重于礼仪建设，到大禹建成第一个统一的传子制度的王国，礼仪制度已经走过了大约一千年的历史。这时的礼仪制度大体上还带有原始公社制时期处理人际关系的余俗。《孟子·滕文公上》中在回眸先前的那些"贤君"时，有言："贤君必恭俭礼下，取于民有制。夏后氏五十而贡，殷人七十而助，周人百亩而彻，其实皆什一也。"这时君主的总体特点

545

是"礼下",也就是"礼下庶人",与东周以后的所谓的"礼不下庶人"是完全不相同的。

在孟子看来,"礼下庶人"不只表现于具体的礼仪规范上,而更重要的表现在对下层民众实际生活的关切上。请看,孟子前一句是讲"贤君必恭俭礼下",后面就是一大段的"夏后氏五十而贡"之类的话,其意很清楚,贤君的"礼下"不只是口头上说说的,也不只是对下民的态度谦卑上,而是要让民众过上更体面的生活。

这种"礼下庶民"的做法,一直延续到夏王朝的前期。

前面我们已经讲到过大禹创导的"养民九功"的问题。九个方面的工作都是为民办实事。这当然是最切实的"礼下庶民"。因在前面的篇章中已有详述,在此不赘。这里只是想对大禹"礼下"的一些具体细节略作剖析。

《史记·夏本纪》载有这样感人至深的一段话:"禹伤先人父鲧功之不成受诛,乃劳身焦思,居外十三年,过家门不敢入。"这"不敢入"三字用得实在太好了,把他对民众的敬畏和礼敬之心描摹得活灵活现了。另外还有留存于史乘的若干片言只语也十分生动具体地记述了大禹真切的"礼下"精神。

禹闻善言则拜。[1]
禹见耕者耦,立而式;过十室之邑必下。
杀大蚤,朝大晚,非礼也。治民不以礼,动斯陷矣![2]

这里有两条史料,都出自战国时期的诸子之手。第一条是出于孟子之手,说大禹有这样一个好习惯,只要听到"善言",不管是谁说的——当然也包括平民百姓了,都会自觉地下拜。在夏代,"拜"不是现代人理解的恭手弯腰礼,而是五体投地的"大礼"。闻善言即行崇高礼不是一般人所能办得到的,这可作为禹王"礼下"的一条重要佐证。后两条史料出自荀子之手。讲了大禹两种情况下的作为:一是在外出时,"见耕者耦,立而式"。"耦"是两人并肩而耕,当时肯定还没有牛耕,"耦耕"是十分辛苦和吃力的农活。"式"是古人的一种敬礼形式。"立而式",是说很庄重地立正行礼。当然行的是注目礼,不然平白无故地在那里敬礼人家还以为是"十三点"呢!"立

---

[1]《孟子·公孙丑上》。
[2]《荀子·大略》。

而式"表示他对劳苦农民的敬重。大禹还常常到下面的村邑去走走,"过十家之邑必下",只要经过十来户的小村落就一定下车步行,与民众拉拉家常什么的,这无疑也是"礼下"的切实表现。二是在朝中上朝时,很是守规矩,"朝大晚,非礼也",大禹总是在上朝前比那些臣僚先到,他认为让臣僚等自己是"治民不以礼"的不端行为。

上面说的这些,都属于个人的生活细节。孟子和荀子两人作为思想大家没必要去"虚构"这些细节。一定是大禹"礼下"的种种行为在当时的民间广为流传,两位思想大家录下这些相当于后世的民间采风。

大禹如此"礼下庶人",不能简单地看作是个人的行为与意愿。这是属于他那个时代的礼仪映像。夏王朝前期的精神风貌,与之前的五帝时代不太同,与继起的商、周二代也不太相同。

> 夏道尊命,事鬼神而远之,近人而忠焉。……殷人尊神,率民以事神,先鬼而后礼,先罚而后赏,尊而不亲,其民之敝,荡而不静,胜而无耻。周人尊礼尚施,事鬼敬神而远之,近人而忠焉。[1]

我们且不去研究商、周两代人的精神世界,单就夏代作一点论述。这里有三句话:第一句话是"夏道尊命"。尊命就是尊天命,在距今四千年前的人们,相信天命那是再正常不过的事。四千年后的今天不是还有不少人相信天命的吗?不是有人相信"听天由命"的吗?第二句话是"事鬼神而远之"。这是一个了不起的思想,认为鬼神要"事"——即祭祀,但那是离人的实际生活很"远"的事。这与商、周人说的"国之大事,在祀与戎"的观念不太一样。第三句话是"近人而忠焉"。远鬼神,近人事,这是极为鲜明的对比。忠于职守,忠于人事,这是夏代礼仪的特色,"礼下庶人"之风的根子即在于此。

还有一个地下发掘的例证可以说明"礼下庶人"在夏初是蔚然成风的。

在二里头四号宫的北殿,夯土台基呈长方形,东西长36米,南北宽12米,台基面积约400平方米。台基上有20个柱坑。柱洞下有础石一块,础洞间距3米。它是一座只有夯土台基、屋顶和北墙,而没有其余三围墙壁和

---

[1]《礼记·表记》。

屋室分割的"明堂"。它坐北朝南，堂侧或有幔帐为屏。什么叫明堂呢？明堂就是古代帝王宣明政教的地方，因为其开阔敞亮，阳光充足，高度透明而得名。那里可能还会像后世的官堂一样要挂一块"明镜高悬"的匾额。当时，凡朝会、祭祀、庆赏、选士、养老、教学这样一些大典，都在此举行。《孟子·梁惠王下》："夫明堂者，王者之堂也。"王者之堂似乎是很神圣的地方，是不准下等人涉足的地方。可是当时并不是这样的。我们有充分的理由相信当时的明堂还是对民众开放的。

在这座四号宫殿北殿台基的外围，有多条通往台基也就是"明堂"的土路，有的土路其下还有垫石，那一定是走的人多了，土路承受不了，才垫上更加坚实耐压的石块的。路土和垫土一般都压于台阶的边缘，向外渐次变薄。可见，这座夏王朝中央机构办公的"明堂"，对四周的人们是自由开放的，就是普通百姓也可以频繁活动在这个夏王朝的中枢机构。可以说，在当时"明堂"是"政""民"兼用的。

明堂是一块很大很平坦的开阔地。从"明堂"的地基里发现一些谷粒的遗留物看，到农忙时，这里还成了最好的作物打谷场，这时出出进进的人更多更杂了。当时的官民打成一片。明堂可作打谷场这个夏王朝初期的事实，被后人接受了，传为佳话，因此北方地区的一些地方到现今还称打谷场为"明堂"。

"礼下庶人"到了周秦时期演化成了官民对立的"礼不下庶人"，这也许是一种历史的必然。但是，在中国历史上毕竟存在过"礼下庶人"的辉煌时刻，留下了不少官民一体的佳话，这是一种优良的传统。而很让人感到可惜的是，这些优良的传统由于种种原因而被厚厚的历史尘埃所淹没了，就是专攻史学的人也不太会去留意它。我们要珍视这样一种传统，这是值得我们好好发掘并加以弘扬光大的。

夏礼和中华传统礼仪

对夏礼诸多历史文献都有相关的记载，尤其是以"好古"著称的孔子，在《论语》一书中反复提到了夏礼，并毫无保留地加以褒扬。他的"栖栖一代中"，很大程度上是为了弄清夏礼的内涵和脉络，为他一贯倡导的礼治寻找思想源头。孔子曾经说过："夏礼吾能言之。"孔子是他那个时代最有学问的人，他了解夏礼，而且"能言之"，可惜他没有用文字的方式将夏礼明确无误地表述出来。

关于夏礼的地位问题，孔子是这样表述的："殷因于夏礼，所损益，可知也；周因于殷礼，所损益，可知也。其或继周者，虽百世，可知也。"[1]这是关于礼仪传承的最具经典意义的一段表述。这里讲述了与"礼"相关的四个时间段：一是夏代之礼，就是在夏代471年间形成发展起来的那种也许是最古典的礼仪制度。二是殷代之礼，吸收夏礼的精华并根据殷商的社会实际加以"损益"形成发展起来的礼仪制度。三是周代之礼，吸收夏、殷之礼的精华并根据周的社会实际加以"损益"形成的礼仪制度。四是周以后直至百世以后之礼，也就是孔子在这里讲述了自夏起到孔子之后三千年（"百世"，中国传统以三十年为一世，百世即三千年）期间礼仪的传承问题。商礼"因于"夏礼，周礼"因于"商礼，以后的百世又"继于"夏、商、周之礼，这样看来，夏不明摆着就是中国礼仪文化的思想源头么？易言之，是夏礼为中国这个礼仪之邦奠定了基础。

我们在这里可以探讨一下夏礼的特点。

其一，夏礼"朴"。

礼仪是社会生活的人文，与社会风尚息息相关。夏禹是一个朴素的人，作为原始社会的最后一个部落联盟首领，他身上多多少少还留存有即将逝去的那个"天下为公"的大同社会的朴素印记。他带领治水大军十三年如一日地辗转在河川、山岭，没有那种朴素而实在的精神气质怎么行呢？夏礼是大禹首创的，它当然体现了大禹本人及部落群体的人格和风格。

就拿祭祀文化来说吧，夏礼中的祭品就是以朴为特征的，即所谓的"玄酒明水之尚，贵五味之本也[2]"。"夏后氏尚明水，殷尚醴，周尚酒。"这是三个朝代的不同之处。夏在祭祀时敬献给天、地、祖宗的是"玄酒"和"明水"。何谓"玄酒"？就是从清澈见底的河里取来的纯水，色深玄，故称为"玄酒"，其实它根本不是酒，这里以"酒"名之，只是表示对神灵的敬重而已。何谓"明水"？就是用铜鉴从草叶上取下的晶莹的露珠。河流中的清水，草叶上的露珠，那是最自然、最本真的东西，用来祭祀天地祖宗，岂不朴

---

[1]《论语·为政》。
[2]《礼记·郊特牲》。

哉！而商、周就不同，他们用的"醴""酒"都要比夏用的"水"高贵得多，不过那样一来，"朴"的本色也就完全失去了。

大禹的不用酒祭祀，自有他的道理。《战国策》中有一段记载说，禹那个时代，有一位名叫仪狄的人发明了酒，就拿来进献给大禹。大禹饮了几口，觉得甘美异常，而且晕晕乎乎的，认为那并不是什么好东西，下令杜绝制酒，并疏远仪狄其人。禹还告诫身边的人说："看着吧，后世必有以酒亡其国者！"酒能误事，酒能亡国，禹的说法至少有那么一点儿警示作用。他的不用酒参与祭祀，良苦用心是为了保持夏人的纯朴本性。在禹之时，及夏代兴盛之时，祭祀之礼如此，朋友聚会也是非常简单的，真正是"君子之交淡如水"啊！

夏人除以水祭祀和以水待客外，还以水生野菜作为祭祀品。夏人有一句名言："居山以鱼鳖为礼，居泽以鹿豕为礼，君子谓之不知礼。"山中本不出鱼类，如果你硬是用珍稀的鱼类去祭祀，说这种人"不知礼"是理所当然的。河泽边居住的人不会去饲养猪一类的动物，谁要是偏要拿猪去祭祀，说这种人"不知礼"也是理所当然的。夏人居于水边，水边有的是水草和水菜，他们就用现采现供的最新鲜、最上乘的水菜祭祀，以表现他们的诚心。这在他们的历书《夏小正》中也是提到的。

其二，夏礼"俭"。

"俭"，就是简朴，俭省。礼仪本身就是生活的写照。夏人生活中爱惜财力物力，礼仪当然就一切从简了。

孔子的学生林放问老师，礼的根本是什么？孔子回答说："这在现在是个大问题，在我看来，礼与其铺陈奢华，不如简朴些好；丧事，与其仪式搞得那样隆重，倒不如真正悲伤点好。"这里，孔子批评的是铺陈奢华的礼仪，表彰的当然是简朴的夏礼了。

礼之"俭"者，"简"也。迄今还没有发现较为系统的夏代的文字构架，因此我们也就难以具体详尽地说清夏礼究竟"简"在哪里了。但是，从《史记》等文献中我们还是可以梳爬出简朴夏礼的某些痕迹来的。

商周以后，被称为"礼之本也"的婚礼是最繁复的。按照《礼记》和《仪礼》的记载，在确立婚姻前，先要行"纳采"礼，就是男方向女方送一只雁，告诉女方已被选择为男方的对象；第二步是"问名"，表面上是问姓名，实际上是告诉对方生辰八字，供男方选用；第三步是"纳吉"，就是男方根据女方供给的生辰八字，进行仪式繁杂的占卜，如占卜得到的是不吉祥的兆头，就不告知女方了，卜得吉兆，就告知女方；第四步是"纳征"，即纳聘礼以为婚姻之征；第五步就是"请期"，男方请求女方同意婚期。这五步中还有许多具体而微的事情要做。然而，这五步还只是确立婚姻关系的开始，从确立婚姻关系到举办成婚大典还有若干步骤。可是，夏代的婚礼就绝不会如此繁琐的，它多少还有着原始社会的遗风，大禹与涂山女的婚配就是一个明证。三十未娶的大禹带领治水大军来到涂山地区（这里且不去管有争议的涂山在何处的问题），在傍晚时分，见到了年轻美貌的涂山女娇，两人一见钟情，不久就喜结连理。婚后四天禹带着治水大军走了，十个月后生下了中华第一王启。他们的婚姻自主、美好、简单、天长地久。而夏的俭而简的婚礼也应该就是如此。大禹的婚礼尚且如此简单，更何况普通人呢！

与婚礼相对应的所谓"世之大礼"是丧礼。在《墨子》一书中记述了大禹身死后的丧礼，这也可以作为夏礼"简"的一个有力佐证。据说，禹治水成功后，开始巡行天下，结果劳累过度，病死在会稽山。临终，他对身边的人说，丧事要尽量办得简朴些，死后就穿平时穿的衣服，里外三套衣衫就够了。有一口三寸厚的薄皮棺材就可以了，外头再不用打棺椁，免得浪费钱财。棺材掩埋要有一定深度，免得上头的人会闻到臭味；掩埋也不要太深，太深了地下的黄泉水就会淹进棺内；最重要的是，"收余壤其上，垄若参耕之亩"，把土壤厚厚地覆盖在棺材的上面，好在上面种上庄稼。看，大禹的俭朴的丧葬之礼是那样的实用，这礼那礼，最终考虑的还是民生。

其三，夏礼"圆通"。

在夏人看来，礼为生活所用。生活本身是最权威的。夏礼因生活而圆通。历来有所谓的"夏夷之辨"，夏与夷之间民风民俗也有不小差异。可是，夏人走出去，与各方夷人能打成一片，做到入乡随俗。"禹袒裸国"，就充分说明夏礼的圆通性。而夷人到夏地来，也很少有隔阂，更没有受歧视的现象。夏王朝建立以后，成为夏官的，不少都是夷人。这可以说是夏礼宽松的一个明证。在考古发掘中，南方的吴越文化，西部的川蜀文化，与中原的二里头夏文化十分的相似，甚至是你中有我、我中有你，在中国这样的礼仪之邦里，没有宽松的礼文化，不同地域之间的交往是不可能那样好的。

夏人在对夏礼的解释和应用，往往力求圆通，并不死扣条文。众所周知，"三年之丧"是夏丧礼的主干部分之一。按照这一礼仪规范，父母亡故了，做子女的要为父母守丧三年，就是当官的，也要回到家中为父母守丧，不然就是"不肖子孙"。可是，如果遇到特殊的情况，也可以松动，也可以通变。我们说这一点，是有文献依据的。一个国家的公职人员，三年居丧期间，如果此时刚巧国有大事，那么，"夏后氏三年之丧，既殡而致事"[1]。这是条极为重要的文献资料。在这种情况下，只要办完死去的父母出殡手续后（即所谓"既殡"），你当子女的就可以为国"致事"了。还有一种情况，刚巧"家丧"与"国丧"（丧父母与丧国君）碰在一起了，那"三年之丧"怎么体现呢？夏代在这方面又作了变通：平时，三年间你得守在家中为父母尽孝，可是，国君出殡的那几天你一定得去。这样一变通，家与国两头也都顾及了。

夏礼的圆通表现了礼的高度生活化，以及礼的高度人文化。

其四，夏礼的"尽善"和"尽美"。

礼以乐成。在夏代，礼的进行过程中，往往有乐的陪伴。礼和乐是同一种文化的两个方面。在孔子看来，韶乐是既尽善又尽美的。韶乐一般指的是舜乐，是虞舜时代的音乐。但是，因为舜禹两个时代是交错和连接着的，因此韶乐又往往与禹的政治生命连接在一起，舜决定禅让帝位给禹时开了一次"四岳大会"，大会上奏的就是韶乐，而最后审定和指挥韶乐演奏的正是禹。夏王朝建立后，在众多礼仪场合奏的也是韶乐。夏代具有朴、简、圆通特质的礼仪，再配上"尽美矣，又尽善也"的韶乐，使夏代的礼仪大为增色。同时，夏人结合夏的特点，在韶乐的基础上将其改造成为所谓的"禹乐"或"夏乐"，被夏人和后代人普遍接受，这样在文化领域"韶夏"就成了优雅古乐的代名词，夏礼也更趋完美了。

夏礼在践行过程中，往往以歌舞助兴，用来渲染气氛，激荡情绪，引导程序，张大仪式。夏代的礼、乐、舞都是有自己的特色的。大禹在治水过程中积劳成疾，"手不抓，胫不毛，生偏枯之疾，步不相过，人称禹步"[2]。后来，不少巫师、道士将"禹步"神圣化、程式化为"三步式"的巫术禹步，再后来有不少民众又让巫术"禹步"回归世俗，形成"巫俗多效禹步"的局面，这样，禹步成为了夏代世俗社会的一道特殊的风景线。人们在举办婚礼、成年礼、祭祀礼时，一面是夏礼格局，一面是"韶乐"和"夏乐"的交替伴奏，一面人们又会情不自禁地翩翩起舞跳起"禹步舞"来。此情此景，我们完全可以像孔子那样赞上一句："尽美矣，又尽善也。"

---

[1]《礼记·曾子问》。
[2]《尸子·君治》。

至此，我们可以作如是之归结：夏礼不仅为商、周二代的礼乐文化奠基，实际上也为我们整个中华民族的礼仪文化奠基。这种礼仪文化是原始公社制社会向私有制社会转化那个大时代的产物，它既留存了原始公社制社会的若干精彩内涵，又追加了新进社会特有的某些元素，因此它的生命力是强盛的。而大禹作为原始社会的最后一人以及作为私有制社会第一人的特殊身份，一旦成为人们心目中的永不陨落的偶像，那他给予我们这个民族的精神力量将是无穷尽的。

"始诸饮食"的夏礼

中华民族把"食"放在民生的首位，称之为"民以食为天"。因此，饮食之礼也就成为一切礼仪的起始点，所谓"夫礼之初，始诸饮食"。人先得吃饱了、吃好了，才谈得上去干其他别的事。在社会生活中，饮食永远是第一位的。在洪水泛滥的大禹时代，更是谁能解决百姓的饮食问题，谁就能得到民众的拥戴。

饮食之礼，可以分为"大礼"和"小礼"两大类。

饮食之大礼指的是社会的领导人解决民众饮食问题的决心、具体行为及实际效果。荀子有一句名言，叫作"礼者，圣人之所履也"。圣人如果能使社会财富丰足，人民有吃有穿，这才真正是文化中的"礼之大者"。没有圣人带领大家为丰衣足食而奋斗，锅里根本没有可吃的东西，还去讨论餐桌上的礼仪，有意义吗？

大禹是夏代饮食大礼的第一个倡导者和实施者。当时是"洪水滔天，浩浩怀山襄陵，下民皆服于水"，怎么办呢？禹一面是治平洪水，一面着手解决民众的饮食问题，"与益予众庶稻鲜食"。禹叫他的助手益马上解决民众的粮食问题和鸟兽类的肉食问题，这是应急性的措施。到得引导九川的水入了海，田间的积水也疏通到河中去以后，"与稷予众庶难得之食。食少，调有余补不足"。当时禹注意分配好手头现有的食品，在"食少"的情况下，"调有余补不足"，相当于配给供应，让大家都有得吃，但都吃得不怎样饱也不怎么好，那样按理办事，总比饿死人好吧，这也是礼啊！更主要的是把精力放在发展生产上，组织所有民众生产自救。多年后，理所当然地

形态各异、花样百出的陶器
（二里头遗址出土）

饮食问题解决了。随之而来的就是生产了形态各异、花样百出的陶容器和青铜容器。

夏历史上太康失国后，相当长一段时间国家的命运堪忧，主要问题还在于饮食之"大礼"没解决好。这一乱就是上百年。后来出了个中兴之主少康。他是在有仍氏那里出生的，长大后由于他的出色表现，在那里当上了食官"庖正"。"庖正"有人以为是大菜师傅，不是的，他管的是民众的饮食问题，相当于农业部长。他在有仍氏所干的第一件大事就是"以收夏众"，把流落在外头的夏国民众收编起来，先是搞生产，后是练武。他后来打回夏国，靠的就是这支力量。如何"以收夏众"？第一条就是让他们有得吃有得穿，然后才能组织他们，利用他们的力量打回夏国去。

夏王国历史上三个最有为的君主——禹、启、少康——都是懂得"食之大礼"的圣人一级的人物。

夏代的食文化中，包

含着某种忧患意识。《鬻子》称夏禹"一馈而七起,日中不暇饱食",他一想到天下还有那么多老百姓还吃不饱肚子、在那里经受着苦难,他自己就吃不下饭、睡不好觉。他是以自己的善行来为百姓做出榜样。禹曾经十分严肃地对他的臣属说,有人如果胆敢"作福作威玉食",不顾及人民的死活,吃得好吃得舒畅,铺张浪费,鱼肉人民,到头来,一害了国家,二害了自己的家庭。

食文化中的具体礼节,那只是"食之小礼"而已。夏代处于原始社会向阶级社会转换交替的大时代,因此在食礼上也体现了那个特殊的时代色彩。

夏人相信他们的食品是上天赐与的,至于大禹等圣人,只是"替天行道"而已。因此,他们在有吃有喝的同时,想到的是过节时的祭祀上苍。据相关文献记载,夏人祭天的食礼是很朴素的。《礼记·礼运》有这方面的较为具体的记载:在祭天之食礼开始时,人们在石头上烧烤黍米和猪肉,作为奉献给上苍的祭品,并在就近的地上凿一个小坑,作为酒樽,再在这个"酒樽"中倒上清水,人们围着就地筑起来的祭台唱歌、跳舞,用硬泥块当鼓锥,以大地为大鼓,即所谓的"抟土为椎,筑土为鼓",以此来表达对天地鬼神的敬意。祭完鬼神,祭祀者就将祭品一食而尽,夏人以为这样做是人神共享,是最为符合夏礼的。

在夏代,有一年一度或数度的"合族聚食"的礼节。这是原始社会几十万年遗留下来的礼俗,不过此时也打上了阶级社会的一些烙印。整个家族聚在一起,载歌载舞,共饮共食,对于强化亲情的确是很有好处的。如果是一年一次,那必定是放在正月的某一日的。在原始社会时,所谓聚食主要是团聚,聚食时可以为所欲为。而当夏代时,它的主题变为"合族以食,序之以礼"[1]了。这种"序之以礼"比较充分地表现在宴席的座次上。席有主次,一席间也有长幼尊卑之分,坐错了位次轻则被斥责,重者被处罚。这种"合族聚食",一般在聚食开始时,会由族长训词,"教之尊长、养老、见孝悌之道。"这时的合族聚食已是严肃有余而宽松不足了。

夏代已进入了家天下时期,小家庭的每日餐饮称为"常食"。夏当时还没有文字,因此常食情况不会有记述。但是"殷因于夏礼",从殷商的常食可以想见夏的常食情况。殷人一日两餐,上午九、十点钟一餐称"大食",下午睡前一餐称"小食"。想来夏人常食的情况也差不多。地下发掘表明,夏

---

[1]《礼记·大传》。

代已有刀、叉、箸（筷子）等食具，夏代人不再像原始人那样抓食了，看来那是肯定的。

"夏后氏以松"

有这样一个历史故事："哀公问社于宰我。宰我曰：'夏后氏以松，殷人以柏，周人以栗，曰：使民战栗。'子闻之，曰：'成事不说，遂事不谏，既往不咎。'"[1]这段话翻译成现代文就是：鲁哀公问孔子的学生宰我："立社用什么树木好呀？"宰我回答说："各个朝代用的树木是不同的。夏代用的是松树，殷代用的是柏树，周代用的是栗树，为的是让民众战栗、害怕。"孔子知道自己的学生是在曲曲折折地批评鲁哀公的严刑和暴政，但又感到鲁哀公这个人是难以规劝的，因此说了一段模棱两可的话："已成定论的事就不要去说了，已经做定了的事就不要去劝谏了，过去的事就不要去追究了。"

对于孔子的这段话，萧民元先生作了这样的解读："武王选栗为社树，象征武德长存，臣民战栗。这种心态，孔子不以为然。孔子喜欢松柏，他曾赞松柏说：'岁寒然后知松柏之后凋也。'他这句话，是否也含贬栗的意思，不得而知。"[2]从内心而言，孔夫子还是赞同"夏后氏以松"的。

《尚书·甘誓》有"戮于社"之说，就是说"社"是杀戮犯人的地方。鲁哀公与宰我，还有孔子讨论的也不是简单的用什么树木制作社之神主的问题，而是讨论要实现国泰民安，简单地用严刑峻法行不行的问题。宰我，还有孔子，大家心中很明白，他们向往的还是"夏后氏以松"——既有一定的法规，又保持宽松的社会氛围。以德治为主、法治为辅才是真正的长治久安之道。

有学者认为，"夏朝为了维护统治集团的利益，制定了严酷的刑法"[3]。这未必是准确的，因为没有什么文献资料可以证明这种说法。这里有两个问题：一是在刑法问题上，是"夏后氏以松"，还是"制定了严酷的刑法"；二是制定刑法单纯是为了"统治集团利益"，还是包括民众利益在内的更广泛

---

[1]《论语·八佾》。
[2] 萧民元：《论语辨惑》，中国社会科学出版社2001年版。
[3] 詹子庆：《夏史与夏代文明》，上海科学技术文献出版社2012年版。

的利益。

中华法系的发轫,与民族的传统和习惯有着千丝万缕的联系,因此它深深地打上了习惯法的烙印。五帝时代,包括传承五帝的夏代诸王,他们在刑法的制定上始终遵循着两条原则,或者说,有着两条底线。

一条是尽孝的原则和底线。《史记》在讲述禹的治水时,特别强调了"薄衣食,致孝于鬼神"。这里强调的是广义的孝,当然也包括人世间的孝。章太炎先生认为:"《孝经》提倡的内容,就是夏代的法律。"[1]《吕氏春秋》引《商书》也说:"刑三百,罪莫大于不孝。"孝在夏统治者心目中是一条底线,谁突破了,谁就要受到惩处。显然,这条底线的正当性毋庸置疑。

另一条原则和底线是战事。"国之大事,在祀与戎。"[2]祀与孝相连,戎与战相关。在原始社会向文明社会过渡的过程中,战争是不可避免的,"大刑用甲兵,其次用斧钺;中刑用刀锯,其次用锥凿;薄刑用鞭扑,以威民也"。夏要统一天下,做天下共主,谁要是阻止之,那不客气,就要"大刑用兵甲"了,这也是一条底线。

按照这两条底线行事的、处于先进地位的夏王朝统治者,有没有去搞"严酷的刑法"呢?让我们具体分析一下。

传说中的禹刑,是上承于自古传下来的五刑制度的。五刑所指的都是肉刑。一名为"墨刑",也就是在脸上刻不规则的花纹;二是"劓刑",就是所谓的"截鼻刑";三是"剕刑",即断足之刑;四是"宫刑",割去男女生殖器之刑;五是"大辟",即死刑。在实施过程中,除了一些人会被处以实刑外,尧、舜、禹这些圣君还发明了"象刑"制度,即对确有悔改表现者,只是象征性地给予处置就可以了。这里所谓的"象征性",就是拿违法者的衣服或其他实物作为象征物来处刑。如截去一只裤腿,就算是处"断足之刑"了。这种"象刑"是在公众场合处置的,那样既警戒了当事人,又教育了民众,也体现了夏统治者为了社会安定"宽大为怀"的法治手段,也可以说是真实体现了"夏后氏以松"的法治精神。这种法治的宗旨是"寓法于德",讲得彻底些,法治只是夏代德政的一翼。

不能否认,夏刑也有严格处置的部分。夏刑是从皋陶之刑中演化出来的,即所谓"昏、墨、贼、杀,皋陶之刑也"[3]。"昏",是扰乱社会视听,明明

---

[1] 《章太炎全集》,上海人民出版社1985年版。
[2] 《左传·成公十三年》。
[3] 《左传·昭公十五年》引《夏书》。

是自己的罪恶,却嫁祸于人之罪。"墨","贪以败官为墨",这是犯贪污罪。"贼","杀人不忌为贼",那是抢劫罪。对这样一些罪犯,杀之何惜?这样做,民众都是会拍手称快的。只有这样,夏代的德政才能维持得下去。

就是这样以"五刑"为基准的刑法的实施,在具体执行中还是十分小心谨慎的。帝舜和大禹一再强调,不仅要严格执法,让老百姓高兴,也让老百姓放心,同时还要根据具体情况区别对待,可以不杀的尽量不杀,可以改流放的尽量改流放,可以用金钱赎罪的尽量让人赎罪。帝舜说:"钦哉,钦哉,惟刑之恤哉!"[1]意思是说,要谨慎啊,要谨慎啊!用刑者要心存忧惧啊!可不能错杀了无辜啊!可以说,几代夏王正是怀着这种"忧惧"之心,接过前代刑法的接力棒的。

"夏后氏以松","松"者,宽松也,体现了执法过程中的仁德之心。把法治与德治有机地结合起来,正是夏人留给我们的宝贵的精神财富。

---

[1]《尚书·尧典》。

第三十三章 传子制度和孝文化

"二十四孝"第一孝

中国古代有学者选取了二十四位世所公认的尽孝典型人物,将他们的故事辑为一册,称《二十四孝》[1],后来成为传世的中华传统道德教育的读本,对中华文化的走向起了一定的引领作用。《二十四孝》中的第一孝就是虞舜。

虞舜是五帝中的最后一帝,据史书上说:"虞舜者,名曰重华,重华父曰瞽叟,瞽叟父曰桥牛,桥牛父曰句望,句望父曰敬康,敬康父曰穷蝉,穷蝉父曰颛顼,颛顼父曰昌意:以至舜七世矣。自穷蝉以至帝舜,皆微为庶人。"[2] 世系的顺序是清楚的:黄帝—昌意—颛顼—穷蝉—敬康—句望—桥牛—瞽叟—重华(舜)。从部落系统来讲,舜是正宗的黄帝子孙,从家世而言,他长期沦落于庶人的行列之中。所以后来孟子说"舜发于畎亩之中"[3],那是很精当的。

舜出生在一个不幸的家庭之中,要不是他的抗争和奋进,这样的家庭中的孩子绝大多数是会被扼杀在如此重浊的家庭环境和氛围中的。刘向《列女传》有载:

父顽、母嚚,父号瞽叟。弟曰象,敖游于嫚,舜能谐柔之,承事瞽叟以孝。[4]

---

[1]《二十四孝》的作者不详。世传为元代大科学家郭守敬之弟郭守正所辑,列名于"二十四孝"中的人物分别是:虞舜、汉文帝、曾参、闵损、仲由、董永、郯子、江革、陆绩、唐夫人、吴猛、王祥、郭巨、杨香、朱寿昌、庾黔娄、老莱子、蔡顺、黄香、姜诗、王裒、丁兰、孟宗、黄庭坚。人物的年代排列有点凌乱,内容也良莠不齐。该书的影响十分深远,深入到社会的各个阶层。
[2]《史记·五帝本纪》。
[3]《孟子·告子下》。
[4] 刘向:《列女传》。

"瞽"是瞎子的代称,可舜的父亲在体质上不是个真正的瞎子,可见这是个没主张的糊涂人。舜的母亲一死,就跟着舜的后母打压舜,因此被四邻八坊称为"瞽叟",也就是一个是非不分的老头。后母生的孩子叫象,长大后在其母亲的纵容下变得极为飞扬跋扈,同时又十分地忌恨舜。但是,舜实在懂事,"能谐柔之",就是尽量用一种能屈能伸的"柔术"与这些人周旋。他逆来顺受,对父亲和后母的打骂,不还口,也不还手,家里能干的事尽量抢着去干掉。他是想用一颗爱心感动家里的这些人。成人以后,他征得父母的同意决定搬出去住,离开家一段时间,关系也许会好一点,再说在外头还可打工挣钱。文献有载:

舜耕历山,历山之人皆让畔;渔雷泽,雷泽上人皆让居;陶河滨,河滨器皆不苦窳。一年而所居成聚,二年成邑,三年成都。[1]

舜真是个尽心尽力的人,他反正什么都干,他当过农民,当过渔人,当过制陶工,什么都能干得十分出色。最主要的是他每到一处都能把四周的人团结在自己的周围。他当农民的时候,与他为邻的农民主动把更多的土地让给他。他当渔民的时候,原先在那里打渔的人把最好的渔池让给了他。他当陶工的时候,旁边的那些陶工都被他带动了,从此再也不生产伪劣产品。他所到之处,一年人们就定居下来成了聚落,二年就成了城邑,三年就成了大都市。

舜的名声一下传开了。当时在位的尧帝老了,正在寻找可以接受禅位的接班人。在一次会议上,尧说:"我老了,准备交班了。你们给我打听打听,将来谁可以继位的?"大家都说:"不用打听了,有个叫舜的年轻人,家里父母兄弟都不行,可是他争气得很,现在在外头,干什么都能干出大名堂来,老百姓可拥护他呢!"尧很高兴,说:"这样吧,我要把两个女儿嫁给他,同时也是考察考察他,看看行不行。"尧说话是算数的,不久就让大女儿娥皇和小女儿女英同舜生活在一起了。

舜成了当时天子尧的女婿,按理说一家人应该高兴才是。可是,灵魂被扭曲了的这一家人心里反倒不平衡起来。瞽叟、后母,还有那个后母生的弟弟象抱成一团,还是设法想害舜。他们想以修谷仓的名义烧死舜。舜在两

---

[1]《史记·五帝本纪》。

个妻子地帮助下逃脱了。文献有载：

> 瞽叟与象谋杀舜。使涂廪。舜告二妃，二女曰："时唯其戕汝，时唯其覆汝。鹊汝裳，衣鸟工，往。"舜既治廪，旋捐阶，瞽叟焚廪，舜往飞出。[1]

这是种大智慧、大勇力。明明知道家里人设计要害自己，但还是要去。他与两个妻子商量出了一个好办法。当瞽叟把梯子抽掉（"旋捐阶"）和当弟弟象把谷仓点着（"唯其焚汝"）时，舜把早已准备好的鸟形服（"衣鸟工"）展开，一下从高高的谷仓顶上飞了下来。一家人的计谋失败后，又想出了一计，想让舜到井底去疏通井，然后杀死舜。舜与两个妻子商量后，又想出了自救的好办法。

> 复使浚井。舜告二女。二女曰："时亦唯其戕汝，时其淹汝。汝去裳，衣龙工，往。"舜往浚井，格其出入，从掩。舜潜出。[2]

这一家人又以浚通枯井为名，想让舜下到井底以后，封死井口（"格其出入"），把舜淹死在水井里。舜与两位妻子商量后，决定预先打通井底，让井底与外面的河道相通。又准备好潜水服（"衣龙工"），稍稍从河道"潜出"。这当然是一步险棋。但为了打动一家老小，舜必须这样干。

一计不成，又生一计。这次是一家老小邀舜回家去喝酒，想趁舜喝醉后把他杀死。舜与二妃商量后还是如期赴约。

> 瞽叟又速（召）舜饮酒，醉将杀之。二女乃与舜药，浴汪（后），遂往。舜终日饮酒不醉。舜之女弟敤手怜之，与二嫂谐之。[3]

这是一次成功的活动。舜与二妃作好了充分的准备。二妃让舜在去之前先在一种特殊的水池中洗个澡，再让他吃下了戒药（"与舜药"），这样保证能"终日饮酒不醉"，同时又以自己的真诚打动家人。这次活动是成功的。原来后母除了生养了舜的弟弟象外，还生了个叫敤手的小妹妹，在文

---

[1]《楚辞·天问》洪兴祖注引古本《列女传》。
[2]《楚辞·天问》洪兴祖注引古本《列女传》。
[3] 汉·刘向：《列女传·有虞二妃》。

中称为"女弟敤手"。这个小姑娘开初也是站在后母一方的。但几经周折，看到舜与两位嫂嫂是那样的诚心，最后是真正转变过来了，"敤手怜之"，这个女孩子同情起哥哥来了。"与二嫂谐之"，决心与哥哥与嫂嫂和谐相处了。这可能就是一个转折点。

后来，通过禅让舜当上了天子。当天子后数天，就带着二妃和自己的孩子去见父母，还在家里行了跪拜家礼。这使这两个似乎是"铁石心肠"的老人感动得老泪纵横。在家里，舜亲自做了一把五弦琴，谱写了一曲《南风之歌》，意思是要像南风一样给民众带来温暖。两位老人听着听着，感动地拥抱了自己的儿子舜。舜对一直追杀自己的那个弟弟象也并没有以怨抱怨，而是给予充分的关怀，让他到有庳（地在湖南宁远）这个相对艰苦的地方当"官"去，既是一种关怀，又是一种考验。

为一个最糟糕的家庭，争取到了最光辉的结局，这就是舜帝的孝道。后人把舜帝之孝道称之为"孝感动天"是极有道理的。切实地讲，夏王朝是迈入家天下的第一王朝，而为家天下准备精神支柱——孝道——的是帝舜时期。杨向奎先生早在半个多世纪前就说："有虞氏是一个不能忽视的历史时代，应该在中国历史上给它一个应该有的历史地位。在过去缺少太史公的一个详细而独立的本纪，是造成后来容易忽视的原因，我们应当努力弥补这个缺憾。"[1]有虞氏在社会发展中的贡献是全面的，但其孝道的提倡和践行，应当是第一位的功绩。大禹对其父亲鲧这位失败的英雄的祭祀和敬重，是与舜的重孝道分不开的。对此，南怀瑾先生在《大学微言》一书中有一段既精彩又浅显的论述，不妨照录于此：

就以"二十四孝"来说，榜上挂头牌的第一人，就是姚舜。大舜出生在一个最有问题的家庭中，父亲顽固且粗暴，几乎是毫无爱心的人。母亲（后母）更糟糕，她是个泼辣而嚣张的女人。他有一个弟弟，不务正业，游手好闲，而且很自私，占有欲甚强的个性。生在这样的一个家庭中，所谓"动辄得咎"，没有一天好日子过。但是大舜没有一点怨恨，挑起一家生活的担子，尽量对父母孝顺，对兄弟友爱，最后感天动地，成就了事业，被尧发现，推上了领导岗位。

---

[1] 杨向奎：《应当给"有虞氏"一个应有的历史地位》，《文史哲》1956年第7期。

对虞舜的孝心和品格,历史上人们一再运用了"感天动地"一词。真的,他的作为,他的气派,他的待人接物,他的那种无与伦比的孝心,最恰切的评述的确是"感天动地"四字。有了这样的精神,还有什么事办不成的呢?

夏礼的基石:孝礼

梁漱溟先生是研究中国社会史的,在他看来,研究的目的无非是"认识老中国,建设新中国"。那么"老中国"的文化根基在哪里呢?积数十年的研究经验,他最后得出的结论是:"中国文化是孝的文化。"[1]这与中国从原始社会向阶级社会过渡基本上是在和平状态下实现的有很大的关系,古已有之的氏族、家族、家庭完好无损地被保留下来了。"孝"是对氏族、家族、家庭的礼敬,其中的是非、利弊是很难用几句话能够说清楚的。

夏代是中国孝文化的生成期,我们完全可以这样说:孝礼是夏礼的基石。夏禹是五帝的最后一帝舜的直接政治继承人,也是舜的孝文化的直接继承人。

很显然,禹开拓的夏之孝礼,是深受舜孝行的影响的。如果从"舜年二十以孝闻"开始算起,禹与舜日后的接触有五六十年之久。据《史记》记载,舜是在六十一岁时践帝位的,当了三十九年的天子,而在他身边最受他信用的是被他称为"唯禹之功为大"大禹其人。很特殊,在舜当天子二十二年的时候,"舜乃豫荐禹于天",这说明了两人在思想和观念上是完全一致的。禹作为舜"孝"的观念的传人,是没有问题的。

可以说,禹自身的行为,为夏的孝礼定下了基调。这可以从三个方面作解释。

其一,孝祀。

在中国古代,按照一定的时节祭祀自己的祖宗和山川之神,这叫"孝祀",或者叫"享祀"。这应该说是禹的一大礼仪发明。在《史记·夏本纪》中说道:"禹居外十三年,薄衣食,致孝于鬼神。"这句话的基本意思是,大禹虽然十三年在外治水,但他宁愿自己的生活过得很艰难,也从来不忘"孝

---

[1] 梁漱溟:《中国文化要义》,学林出版社2000年版。

祀"这一礼仪。

"孝祀"的对象是"鬼"和"神"。这里说的"鬼",是一个特定的概念,专指的是自己的已经远去的祖先。在远古时代,人的祖先意识淡薄,实行"泛祭",就是什么鬼都怕,什么鬼都祭。到了夏代,祖先意识明确了,也有了明确的"代"的意识,了解到从"我"推上去一代二代三代的"鬼"是谁,于是就有了祭祖或者说是祭"家鬼"的专项行动。孔子是反对"非其鬼而祭之的",要祭的就是祖宗之鬼。这个"鬼"一直往上推,当然可以推得很远,推到"人文初祖"黄帝。祭祀的另一对象是"神"。这个"神"也不是什么神都祭,而是名山大川之神,就是在冥冥之中主宰名山大川命运和人的命运的"神"。

这样一来,禹,也可以说是夏代吧,开了两个礼仪之初始:一是"慎终追远不忘本"[1]的礼仪之始。我们可以毫不夸张地说,祭祖之礼仪起于夏。二是开了祭名山大川之神的先河,后来秦始皇、汉武帝的作为,都可以看成是继承了夏的礼仪传统。

祭祀,要备丰厚的祭品。这代表祭祀者的诚心,正如孔子说的"祭神如神在"。中国古籍上有"祭祀丰絜"的说法。丰者,丰厚也。絜者,洁净也。对夏人来说,这种说法怕只对了一半。夏礼是以朴、俭著称的,清水、水菜的供奉是夏代祭祀的本色,如果太"丰"了,就不是夏代的祭祀礼仪了。当然,洁净还是要的,这代表了祭祀者的诚心。诚则灵,供奉者的诚心是十分重要的。孝祀又叫享祀,祖宗和山川之神真正的享受不一定是大鱼大肉、山珍海味,而是祭祀者的一颗虔诚的心。因此,真正的孝祀,从一定意义上讲又是一种"心祭"。

其二,孝敬。

夏礼强调的是子女对父母要孝敬,在任何情况下都要尽到孝道。这样的观念,大抵上是从舜对其父以及禹对其父的行状中引申出来的。这是两个都有着巨大缺陷的父亲。舜的父亲自从娶了继妻以后,对舜极尽打压之能事,还几次想杀害儿子。禹的父亲虽说也想尽力于沟壑,但是孤高自傲,治水的方法又不太对头,结果把天子托付给他的治水大业给搞砸了。这就提出了一个问题:这样的父亲值得孝敬吗?

在舜那里,在禹那里,答案是肯定的,就是说,还是得孝敬。理由大致上

---

[1]《论语·学而》。

有那么几条。

第一，出于父母子女间的血脉关系。人与其他动物不同。大多数动物生下来后，当母亲的将羊水舔干，顷刻之间就能自个儿行走。而人不行，人有"三年之抱"，他必须在父母的怀抱里一点点成长，三岁（当然是虚岁）以后才能自个儿独立行走。这"三年之抱"是父母给予子女的恩惠。正是从这个观念上说，"谁言寸草心，报得三春晖"？人长大以后对父母怀报恩之心，也是人性不同于兽性的重大区别。这一观念在古典文献中一再提及，想必舜、禹这样的圣人不会不知晓。

第二，当子女的可以通过自己的行为感动有缺陷的父母。这一点十分重要。有些人看到自己的父母有这样或那样的缺陷，一种可能是自艾自叹，认为倒霉，难过于怎么会生在这样的家庭中，另一种是由此而厌弃有缺陷的父母。这样而引发的家庭不幸比比皆是。可是，中国传统文化告诉我们的处置方法要积极得多，就是千方百计地感动有缺陷的父母。这方面，舜不愧为"二十四孝"第一孝，他用自己伟大的人格精神感动了他那位糊涂得可怕的"老爸"，最后使之幡然改悔。后来禹在说到舜时，认为舜的可贵之处在于"于父母，负罪引慝"，就是说，把父母的罪责当作自己的罪责。在父母面前诚心诚意地启发他们，最后使顽劣的瞽叟也"允若"改过了。这叫什么？叫"至诚感神"。[1]只要真诚，神仙也是能感动的。舜父母的顽劣可以说是世所罕见，可是，最终还是被舜的孝心感化了。我们完全可以相信，只要当子女的有"至诚感神"之心，又有那样一种坚忍不拔的毅力，相信99%的顽劣父母是能感化过来的。

第三，从父母身上吸取教训，走好自己的路。历史的事实是：鲧是一个失败的英雄，他治水九年，容易吗？用后人的话说，是没有功劳，也有苦劳，但结局是失败，而且被帝舜处之以极刑。而禹是成功的英雄。禹的成功来之不易，他是吸取了父亲的经验教训而取得成功的。在《史记·夏本纪》中有那么几句读之让人动情的话："禹伤先人父鲧功之不成受诛，乃劳身焦思，居外十三年，过家门不敢入。"这是怎样的一种情怀啊！《国语·鲁语上》还说："鲧障洪水而殛死，禹能以德修鲧之功。"禹将其父亲未竟的事业接过来，弥补父亲的过失，兢兢业业地做出成绩。是的，他不仅做到了，而且做得太好了！滔滔洪水终于治平，这样的"以德修功"，让自己的家族重新扬眉

---

[1]《尚书·大禹谟》。

吐气，最终是光耀了门庭。禹从来没有怨天尤人，而是从父亲的经历中吸取教训，使自己做得比父亲更好，最终是光耀了门庭。这就是作为圣人的禹心目中的孝敬。

当然，要实施如是的"孝敬"，得有一个良好的社会条件，那就是"罚不及嗣；赏延及于世"[1]的良好社会环境。如果父亲有不足，甚至犯了罪，就罪及子女，那当子女的还会有什么机会去感化父母和比父母做得更好些呢？作为三代盛世的第一代夏，当时的人们就有那样一种"罚不及嗣"的胸怀和气度，只有那样，才能使孝敬父母之风畅行于天下，遍布于更多的家庭。

其三，慈幼。

"慈幼"这种提法，早在三代时就有了，"上爱下曰慈"，被称为"慈"者，可以是父亲，也可以是母亲，更可以推及一切世人。有载：

> 爱子者慈于子，重生者慈于身，贵功者慈于事。慈母之于弱子也，务致其福；务致其福，则事除其祸；事除其祸，则思虑熟；思虑熟，则得事理；得事理，则必成功；必成功，则其行之也不疑；不疑之谓勇。慈于子者不敢绝衣食，慈于身者不敢离法度，慈于方圆者不敢舍规矩。[2]

韩非子的这些话，较为全面地总结了历史经验，反映了中国传统社会对"慈爱"两字的理解。关于"慈"，也相当于说"爱"，说人生的追求。作者是从三个层面加以理解的：一是慈于孩子，就是怎么去爱孩子的问题；二是慈于自身，怎样追求自我的完善的问题；三是慈于事，也就是如何追求事业的成功的问题。人生的追求，无非是这三者。

"不敢绝衣食"。孩子还小，当父母的理应使之衣食周全。早在舜时，帝舜就对主管教化的司徒契说："契，百姓不亲，五品不训，汝为司徒，而敬敷五教，在宽。"[3]经过百年未遇的大洪水灾以后，社会上出现了"百姓不亲，五品不训"的偏颇。所谓"百姓不亲"，指的是各宗族之间的不亲善。所谓"五品不训"，《史记集解》训为"五品，父、母、兄、弟、子也"。"五品，五常也"，也就是处理好家庭关系。在家族所有制转化为家庭所有制的关键

---

[1]《尚书·大禹谟》。
[2]《韩非子·解老》。
[3]《史记·五帝本纪》。

时期,这个问题提得实在及时,而在衣食上的抚养那是最基础的。夏代是紧接着帝舜的统治而来的,这方面的教育确不可少。《史记·夏本纪》说禹这个人"其仁可亲",别看他"三过家门而不入",但从内心里他对孩子还是既"仁"又"亲"的。

笔者在论说"慈于子"时,除了强调"不敢绝衣食"外,更加强调了衣食之外"思虑熟""得事理""不疑之谓勇"这样一些思想层面的教育和培养。让孩子吃饱穿暖是重要的,而培养其在生活中深思熟虑、勇往直前的品性更重要。

"不敢离法度"。这方面,五帝中的最后二帝都为人们做出了榜样。尧子丹朱,是个不肖之子,尧就决然不把帝位传给他,因为不管是禅让,还是后来的传子,当时定下的"法度"是"传于贤者"。后来舜在公开场合批评尧子"丹朱傲,唯慢游是好",要求一切年轻人引为戒鉴。后来舜的儿子也不贤,因此不能传位给他。在当时人看来,"法度"是一条底线,这条底线是怎么也不能突破的。就是禹传位给儿子启,当时主观上也不是有意要创造出一个传子制度来,而是因为"夏启贤",没有这一条,禹也不可能答应传位给儿子,就是答应了,百姓也是不会答应的。又是启贤,又是传子时机业已成熟,就水到渠成地产生了这样一种传子制度,真可谓时也、运也。

"不敢舍规矩"。不以规矩不能成方圆,这是中国人传之千秋万代的古训。教子,即教之以规矩也。至今,禹怎样教夏启以方圆的,没有多少具体的说法,但是,应当说,禹的一生的所作所为,本身就为启立下了为人处世的规矩。禹的孳孳以国事,禹的面对"鸿水滔天""过家门不敢入"的精神,禹的刻苦耐劳,"致孝于鬼神"的作为,不就是活生生地为启画出了人生的方圆吗?

"以天下养"的养老思想

养老是孝道的重要内容之一。在《礼记·礼运》中,该文的作者借孔子之口,描述了"大同社会"的美妙图景,说在那样的社会中,"人不独亲其亲,不独子其子,使老有所终,壮有所用,幼有所长,矜寡、孤独、废疾者皆有所养"。后来孟子把这一思想进一步发扬,名之为"以天下养"。他对当时的大国之君梁惠王说了这样一段名传千古的话：

老吾老，以及人之老。幼吾幼，以及人之幼。天下可运于掌。[1]

《礼记·礼运》和孟子的这段话，实际上只是对原始公社制社会的一种追忆，当然也有着对那种社会想当然式的美化和理想化的成分在里面。原始社会的确能做到"老吾老，以及人之老"，的确具有"以天下养"的性质，但由于当时生产力的低下，物质的普遍匮乏，社会对老人"养"则"养"矣，究竟有多少老人能过上称心如意的"老有所养"的美满日子，实在是很难说的。

不过，在原始社会向私有制社会转化的夏代，当时的统治者的确是雄心勃勃的。当时，大水治平，社会稳定，国家富足，生产力水平也已经大大超越于原始社会的那种缺吃少穿的状况。在那种社会条件下，包括大禹在内的夏统治者就试图实施新的历史条件下的"老吾老，以及人之老"，好在，那时人们刚步入私有制社会，原始公有的余风犹在，当有人提出一套社会养老的方案的时候，还是颇能得到社会响应的。

首先是要把养老、尊老的礼节普及于全社会，使社会的每个家庭都懂得养老的重要和如何去养老。有载曰：

孝子之养老也，乐其心，不违其志；乐其耳目，安其寝处，以其饮食忠养之。孝子之身终。终身也者，非终父母之身，终其身也。是故父母之爱亦爱之，父母之所敬亦敬之，至于犬马尽然。[2]

这里说了好几层意思：一是要"安其寝处"，"以其饮食忠养之"，这是最基础的，就是要让老人住得好、吃得好。二是要"乐其心，不违其志"，要让他们心情舒畅地过日子，这就是孔子说的"心养"。三是要"孝子之身终"，当儿女的要一辈子当孝子当孝女，让老人享受终生。

这是最基本的，每个家庭细胞都负起了养老的职责，那么整个社会的养老事业就更有希望了。与家庭养老并行不悖的是，夏代还提出了一个社会

---

[1]《孟子·梁惠王上》。
[2]《礼记·内则》。

养老的大问题。在一些文献中一再提到了这个问题,很值得加以关注和研究。据说,在三代时都关注到了社会养老问题,而且都有一定的制度。"凡养老,夏后氏以飨礼。"何谓"飨礼"呢?尽管年代久远,语焉不详,但综合各种资料看,大致上有这样一些要素:

一是由乡村的相关组织出面经常开展的针对老年人的礼节性和生活性的活动。"飨"和"乡"在一定意义上是通的。每个老人都有自己所在的乡镇和乡村,因此由乡出面最实在,也最有普遍的意义。这种以乡为单位开展的老年人活动,相当于后世的社区活动。

二是所谓"飨",是集会和祭祀"一身而二任焉"的活动。老人容易有孤单感,由乡里出面搞活动能解决孤单感的问题,而且都是乡里乡亲的,平时就熟,容易交流感情。同时,老人需要感情寄托,祭祀可以解决这一问题。每年的十二月中,经常进行以乡为单位的祭神、祭天、祭地、祭祖活动,而参加的对象主要是老人。

三是"飨礼"本身就有聚餐的内涵在。"飨"字的一旁是"食"字,集聚在一起,当然要请大家美美地吃一顿了。再说,"飨"与"享"通,飨礼是很实在的礼数,就是要让老人们在物质上好好享用一下。所以很多文献上把"夏后氏以飨礼",解释为"乡人相聚一起宴饮也",这也是说得通的。

应当说,这种"飨礼"是很有价值的,老人有的是闲工夫,这种又是祭神、又是聚会、又是宴饮的活动,毫无疑问是一种十分值得提倡的活动。有人说,这种活动大概一年只搞一次,而且言之凿凿地说大约是在年终岁末的十二月。我们觉得这是不确的。既然它明确是中国历史上的一种夏代的"养老模式",那它应该是日常化的(如西方人的做礼拜一样),按中国人的传统,或十日一次,或一月一次,但应当不可能是一年只有一次。

夏代,包括后来的商代和周代,养老既有一种相对成熟的模式,又有行之有效的物质举措。"五十异粮,六十宿肉,七十贰膳,八十常珍,九十饮食不离寝,膳饮从于游可也。"《礼记》中的这段话很重要,年过半百的老人,可以吃与一般人不同的细粮,年过六旬的老人可以隔天吃一次肉,七旬以上的老人可以在吃肉外每月加一餐美食,八十岁以上的老人可以经常吃山珍海味,九十岁以上的老人饮食不离身,饮料和食品可以随时送到他的居游之地去。如此的养老,实在太美满了。

夏王朝对有特殊贡献的老人制定了特殊政策。《礼记·王制》记载曰:"夏后氏养国老于东序,养庶老于西序。""国老",大概指有特殊贡献的原先的高级干部和著名人士,"庶老"指有特殊贡献的民间草根。他们地位不同,但因为都有贡献于国家和社会,因此国家一律采取养起来的特殊政策。

夏王朝的尊老、养老传统,是值得加以发扬光大的。

"慎终追远不忘祖"

不忘祖宗恩泽,永记逝者功业,这是中华民族的传统美德。"礼也者,合于天时,设于地财,顺于鬼神,合于人心,理万物者也。"[1]亿万黄帝子孙把"顺于鬼神"的情怀,凝聚成了慎终追远的祭祀礼仪。

应当承认,比较完整意义上的祭祀礼仪,是成就于夏王朝的。史称"夏造殷因"。"夏造",在礼仪文化上,夏王朝是有创造精神的,"殷因","因"者"顺"也,殷商王朝只是顺着夏王朝创建起来的礼仪文化走下去而已,然后是陈陈相因,由殷而周,由周而秦,由秦而汉……一路地"因"下去,最后建设成了中华的祭祀礼仪文化。

祭祖,是一个全方位的概念。人来到世间走一趟,也不容易。人死都死了,总有值得怀念的地方。因此,对于他的"好"处,作为子孙后辈,应该纪念。这就是中国人崇尚的"人死为大"的观念。每当逢时过节,每当某一先人的忌日,总会把先人们"请来",祭以礼拜,祀以酒菜,最后再烧化纸钱,让他们高高兴兴地"离去"。

但是,人们往往忘记了全方位祭祀之外的另一面,就是对有大功大德于后人的祖先应重祭和重祀。这实际上涉及祭和祀的走向问题。

> 夫圣王之制祭祀也,法施于民则祀之,以死勤事则祀之,以劳定国则祀之,能御大菑则祀之,能捍大患则祀之。[2]

说得实在太好了。这里提出了有五种人是值得全体民众永远加以祭祀的。这五种人是指:

---

[1]《礼记·礼器》。
[2]《礼记·祭法》。

第一种人是"法施于民则祀之",即能够制定法制并努力推进法制实施的人应重祀。当然,中国古典文献中的"法"是宽泛的,既指相应的法律和法规,又指道德及生活中的重要规范和规则。

第二种人是"以死勤事则祀之",即能够忠于职守甚至以死殉职的人。夏代才刚刚进入阶级社会,职守的观念在不少人的心目中还比较淡薄,强调这一点很是重要。

第三种人是"以劳定国则祀之",即有治国安邦功勋的人。从五帝时代开始有了天下的观念,而从夏开始的阶级社会把"天下"赋予了"国"的概念,谁能把天下这个"国"安定下来,他就是国民的大恩人,值得人们永远地纪念他。

第四种人是"能御大菑则祀之",即能够带领民众抵御各种自然灾害的人。中国是农业社会,所以文章的作者特别强调了"能御大菑则祀之","大菑"指的是大田,能够保护农田、使老百姓有吃有穿的人,最值得怀念。这一点,作为大禹子孙的夏人最有资格提出来。

第五种人是"能捍大患则祀之",即能够捍卫国家领土主权,将国家从危难中拯救出来的人。这可能也是阶级社会提出的一个新命题吧!

作为黄帝子孙,我们应当永远记住圣王提出的这"制祭祀五条"。这五条告诉人们,我们不是为祭祀而祭祀,祭祀先人的目的还在于激励后人,使我们这个古老的民族变得更坚强、更果敢、更有理性。

那么,有人一定会问:夏人是否依据这"制祭祀五条"做了呢?做了,而且做得很好。"夏后氏禘黄帝而郊鲧,祖颛顼而宗禹。"[1]夏人重祭的就是为夏民族作出巨大贡献的这样四个人,他们依次是:黄帝、颛顼、鲧、禹。

夏民为何要重点祭祀这四人?

首先是黄帝。"黄帝正名百物以明民共财"。这句话翻译成现代文就是:黄帝为万物确定了名称,而使民众不致怀疑,而且言行、取舍都有准则。说白了,黄帝是天下真正的共主,是中华人的人文始祖,值得天下华人共祭。天下华人共祭人文始祖黄帝,这个创议看来首先是夏人发出的。

其次是颛顼。"颛顼能修之",其意是说,颛顼能修行和继承黄帝未竟的事业,通过刻苦自励,把事业推上一个新高度。在五帝中,应当说颛顼时代是最平稳、民众最安居乐业的时代,就这一条也值得人们永远纪念。

---

[1]《礼记·祭法》。

再次是鲧。鲧是个治水失败的英雄,失败的英雄也值得"郊祭"吗?回答是值得。郊祭是一种在郊外举行的祭天神的祭礼。夏人很聪明,在郊祭天神时把自己的祖先鲧请来"配享"。鲧为治水大业出了力,因此有资格"享",但他没有成功,因此只能当配角,享受"配享"的待遇。夏人多么有分寸。

再次是禹。"禹能修鲧之功"。鲧没有成功,作为鲧的儿子,苦苦修炼,经十有三年,终于把治水大业完成了。禹之功可谓大矣。

夏人的这四祭,可以说为华夏民族日后的祭祀立下了规矩。何人该祭、何人不该祭,有夏人的规矩在,后人可以通变,但不能违规。

在祭祀过程中,夏人的祭祀最看重的是一个"敬"字。"君子生则敬养,死则敬享,思终身弗辱也。"[1]意思是说,君子当父母在世时就要恭敬地孝养他们,当父母去世后,就要恭敬地祭祀他们,君子思考的是自己的行动怎么不去辱没了父母的名声。一个"敬"字,把夏祭礼的精义写得清清楚楚。"夫祭者,非物自外至者也,自中出生于心也。"[2]从这个意义上讲,真正的、具有最高价值的祭祀还是"心祭",是一种发自内心的对先人的诚意和敬意。

夏人反对祭祀上的繁文缛礼。"祭不欲数(繁),数则烦,烦则不敬"。(《礼记·祭义》)这是夏代人的观念,也是中国传统文化的观念,如果太讲究礼数了,反而是"不敬"了,反而是违背了建立祭祀活动的初衷了。

---

[1]《礼记·祭义》。
[2]《礼记·祭义》。

第三十四章 夏代民生掠影

"邑"和"邑人"

夏王朝时期人们的居住条件和居住环境是怎样的,大家一定是很感兴趣的,现在我们就通过一些文献资料和地下发掘资料,来寻找这方面的蛛丝马迹吧!

大家知道,在原始社会时期,哪怕是它的晚期,人们是"聚族而居"的。同一个氏族乃至于部落的人居住在一起。他们有着共同的血缘、有着共同的信仰,以及共同的首领。可是,从黄帝时代开始就有点不同了,"万国"中的那些首领都自命为诸侯,"诸侯相侵伐,暴虐百姓",把原先的氏族、部落、部落联盟格局给打乱了。再加上从帝尧开始直至大禹时期的长达数百年的可怕的大洪灾,人们南下、北上、西奔、东漂的现象比比皆是,这就更是大大改变了人们原先的生存格局。最后,好不容易大禹治平了洪水,所谓"众民乃定,万国为治"。当然,民众的安定也是相对的,随着生产力的发展,人们为了生产和经营上的需要而东奔西走的现象有的是,这是已被某些考古发掘证明了的。

在这种情况下,要原封不动地回复到当年完整意义上的氏族生活模式,似乎已是不可能的了。但是,要彻底废除延续多少万年的氏族制,更是不可能的。面对如此现实,夏王朝的统治者想出了一个妙招:建立"邑"制。

"邑"是一个很奇妙的字眼。根据后来甲骨文和金文的解读,该字的上半部"口",标志着划定的地域,该字的下半部"巴",似人形。这样,夏王朝根据新的情况,把一定地域范围内的"人"组织起来,形成一个个最基层的行政单位,给它一个名字就叫"邑"。"邑"就是生活在同一地域的人群聚居组织。

"邑"这个行政单位,妙就妙在恰到好处地解决了当时实际存在的人口居住交错性很大的问题。住在同一个"邑"中的,必有某氏族和某部落的主体,那也没关系,氏族和部落的血缘亲情因素照样可以发挥作用。住在同一个"邑"中的还会有若干"外来户"。原先实施的氏族制具有排他性,他族人如进入族中就或被驱逐出去,或被就地杀戮,或被降为奴仆。但现在建立的是行政区划性的"邑"了,你不能排斥"外来户",因为在同是"邑人"这一点上,是平等的。我们可以给夏代的"邑"下一个这样的定义,它是仍然有很强氏族色彩的地域与居民相结合的行政性组织。

夏时对"邑"的划分还是很初始的,也可以说是很粗糙的。有大邑,也有小邑,大小由之,因地制宜。

"禹都安邑",那是个有数万人的大邑,这个大邑中有姒姓人,也有从姒姓中派生出来的夏后氏、有男氏、斟寻氏、费氏人,这可能是安邑中居民的主体,但也会有姒姓以外的人,还会有夷人、蛮人、狄人,从"邑"的角度看,他们都是"邑"的主人。"禹子启居夏邑",那个邑也相当大。"仲康入十室之邑",那是个只有十家人家的小村落,也算是个邑,也有像模像样的建制和组织。

二里头是夏中后期的都城。在龙山时期,它只是星散在伊洛河北岸的几个小聚落,后来夏人在此安营扎寨,渐渐发展为那时的头等大都会。这个大都会有300万平方米以上,宫殿区也有12万平方米以上。最盛时这里的人口有6 200户以上,总人口在3万人以上。

当然,在夏代除了河南登封王城岗、山东龙山城子崖、河南偃师二里头等这样一些国家级的大都邑外,星罗棋布的还有地处广大农村的"十室之邑""百室之邑"。大禹的"过十室之邑即拜",说明他是那样地深入民众啊!"凡居民,量地以制邑,度地以居民,地邑民居,必参相得也。"[1]看来当时邑的形成与发展除了有自然因素外,也还有一些行政干预的原由,因为夏代毕竟是王国时代了嘛。

甲骨文中有"乍邑"的说法。"乍"者,"作"也,或者说是"筑"也。可见"邑"不是简单的自然村落,它要加以建制,才被行政上认可下来。"邑"既然是"乍"起来的,那可能还会有一些划分势力范围的标志性建筑。还有,由谁来管理"乍邑"这件事呢?它属于六官中的司徒管辖,因为司徒统管地上所有的人事,因此司徒又称地官。有人给三代的地官算了一下人员账,地官官员竟多至41 695人,夏代的地官属草创阶段,但人员也不会少到哪里去。

具体到"邑"的日常生活,它的管理是由"里宰"这种官吏来实施的。"里宰"作为夏王朝的基层干部,据史书上记载,他们通常为邑人做的事有

---

[1]《礼记·王制》。

这么几件：

一是家庭管理，包括人口管理和登记，家庭财富的登记，家庭财富中最重头的是六畜、车辆等。在当时，如果这个家庭是"有车族"，那说明这家人家的生活状况至少是在中上了，猪养多少也是贫富的标志。必须说明的是，当时的人口管理还是比较粗疏的，因为中国历来实施的是"古有分土，亡分民"[1]这样的国策，老百姓是可以自由流动的，中国人在秦以前大规模自由流动的道理即在于此。

二是农业管理，包括督促民众按时耕作，最重要的是组织同一邑里的民众在农事上的互助合作。这样看来，"里宰"的重头工作是在组织生产了。有专人负责组织生产，这是社会的一大进步。据一些专家考证，当时邑中的"里宰"还有记事本呢，记录牛几头，鸡几只，人口几何，可谓最原始的数字化管理。前面几章笔者说了，当时已有了文字，如果文字不够，也可用图画来凑嘛。只是当时的载体所限，不是像殷商那样记录在龟壳之类不朽坏的东西上，所以才没有考古发现的实物吧。

三是税务管理。每年的税赋通过他们实施征收。税务最后要落实到基层，当然该是"里宰"的职责了。

四是政令管理。上头有什么政令需要下达，由里宰来宣示。当时是否真的像孔子所说的那样由里宰敲着木铎到家家户户去宣示政令、法令，不得而知了。现在留存的夏代的文字不多，看来更多的只能是口耳相传了。

五是安全管理。当时实行民兵制度，兵器发放到邑中，由里宰经常检查兵器是否丢失，兵器是否损坏，要不要补充等。

《左传·襄公四年》中对夏代邑中居民有"家众"的特殊称呼，由此可见一夫一妻制意义上的"家"已经完全形成。二里头遗址中大量的一居室、二居室的存在，也说明当时小家庭已普遍存在，这是夏王朝实施"家天下"的社会基础。

夏代人居住的民居已经像模像样。河南偃师二里头遗址发现的民居，房址平面呈方形或长方形，有与当时地平面齐平的地面建筑，也有深入地下一米上下的半地穴式，大小不一，室内有烧灶。房屋柱基有的用石础，有的用夯土墩。地面建筑在建造前先清理地基，挖掉浮土，再填入净土，层层夯实，到与地面齐平时，再敷上细沙，平整表面，用火烧烤，令其坚实，然后建

---

[1]《汉书·地理志下》。

房，整个房屋建成后再分割成一间一间的家居小屋。这些井然有序的造房工艺，在当时条件下，没有夏政权指派的里宰的监工和指导，要把民居建造得如此划一齐整是不可想象的。

在里宰的指导和统一规划下，夏民居室的条件大为改善了。不少邑中人家除有"门"之外，还有了"窗"，有了排除室内油烟的"通气口"。屈原的长诗《天问》中说到的一些故事，还告诉人们，夏邑人居住的最大突破在于发明了木制的床榻和"可卷可释"的草席或竹席。荀子说："越席床笫，所以养体也。"[1]人类以前直接睡在大地的怀抱里有上百万年之久，到夏代才移身于床笫之上，这对于人类的"养体"功能，作用是不可估量的。

邑人的食谱

看来，大禹提出的"水、火、金、木、土、谷唯修，正德、利用、厚生惟和"（《尚书·大禹谟》）养民"九功"方略，在夏王朝是认真实施了的，不然就不会有夏王朝的兴盛，也不会有夏民邑人食谱的如此丰盛。

襄汾陶寺遗址所在地区，是晋南夏王朝的重要管辖区。遗址墓葬出土的人骨经碳-14测定，数据表明陶寺人生活的年代为公元前2085年左右，接近于夏纪年的初期。那里的邑人以粟为主食，而且在墓葬中有丰盛的粟积余。晋南夏县东下冯遗址第三、四期的一些灰坑中，发现了很多碳化粟粒，有一坑内堆积的碳化粟粒厚达40～73厘米，那可是不得了的事，堆积那么厚的碳化粟粒，少说也有几万斤，够一个居民点的人食用上一段时间了。这种粟粒的堆积向后人展示了在夏王朝的重视关怀下农作物的丰收景象。大禹说的"烝民乃粒，万邦作乂"[2]，看来也并非虚言。"烝民"者，指的是大多数民众也。大禹的意思是，夏王朝的目标就是要让大多数的夏民能吃饱肚子，只有那样，万邦才能大治。夏王朝是做到了。

为了达到"烝民乃粒"的"食政"目标，夏王朝还大力拓展食物品种。原先人们向往的是"五谷丰登"，现在拓展为"六谷""九谷"了。从河南洛

---

[1]《荀子·礼论》。
[2]《尚书·皋陶谟》。

阳市洛河南的关林皂角树遗址出土了大量二里头时期的小麦、粟、黍、豆、高粱、水稻等碳化粮食遗存。其中大多数粮食品种是中原地带的传统作物，而豆类是从东北新引进的，水稻也是从江南一带引进的。为了改善民生，夏王朝的统治者大大拓展了活动范围，从东北地区，到相当遥远的江南地区，纵横数万里，在交通条件还相当落后的4000年前，实在不是件容易的事。夏王朝的"政在养民"方略使邑民的餐桌上食物品种越来越丰盛了。

夏代人的餐桌上有两大类食物，即所谓"根食、鲜食"。

一类是"根食"，即根生植物，上面说到的"五谷""六谷""九谷"之属皆是根食，主要指粮食作物，也包括一些蔬菜果品在内。当时高粱的种植也多了起来，"蜀黍（高粱），北地种之，以备缺粮，余及牛马"。[1]这种"余及牛马"的高产粮食对中国的民生改善起了很大的作用。

另一类是"鲜食"，夏人认为，凡鸟兽新杀则为"鲜"，主要指动物性肉类食品，也包含有若干鱼虾之类的水产品。

夏族原先是一个以"根食"为特色的族类，大禹的"治国九功"也重在粮食作物的栽培，夏族人的祭祀文化也长期以水菜和粮食作物作为祭品，与周人的以全羊、全牛祭祀是完全不同的。但是，随着夏人对天下统治权的获取，随着各地交流的强化，夏王朝对畜类的养殖普遍了起来，"鲜食"上餐桌也普及了起来。

小麦与大豆
（引自许宏《最早的中国》）

---

[1] 明·李时珍：《本草纲目》。

在晋南襄汾陶寺出土的龙山晚期墓地中,大型墓用整头猪实行随葬,在中小型墓葬中用猪的下颌骨进行随葬,而且数量不少。这说明,"耳大福大"的猪这种畜类也正在更多地为夏人所接受。

家畜家禽的养殖在夏的中后期得到了极大的重视。夏代家畜至少有猪、犬、羊等,稍后又有马和鹿。家禽有鸡、鸭、鹅等,大概鸡是最早饲养并饲养得最多的,在甲骨文中就有"鸡"字。总是先有事实后有文字,鸡在夏代得到普遍饲养那是可以肯定的。

据史籍记载,狩猎野生动物后来成为夏统治层的一种冠冕堂皇的活动。据说夏王启就对田猎很感兴趣,有了收获就与下属一起大吃一顿野味。后羿在位的时候,对游猎更是视为常事。夏王予为了获取鲜食,刻意东征,夏王芒要求九夷与他一起"东狩于海",收获也很可观。夏王孔甲更是个田猎的高手,常会出入于山岭之间。夏桀"力能伸钩索铁,手搏熊虎",对野猎的兴趣大大高于治国。这些典籍所记虽未必全是事实,但至少说明某些夏王对狩猎的兴趣,也从一个侧面反映了夏代食物的丰富。

鱼类食品也开始登上夏、商人的餐桌,方法有网捕、垂钓、弓箭射杀、鱼鹰捕捉等,在二里头遗址中发现鱼钩就是一个明证。甲骨文中还有"王鱼"的记载,这说明夏、商二代的王者有时还会有带头去河边捕鱼的雅兴呢!不过,那时鱼还是稀有食品,不然后人不会说出"鱼我所欲也,熊掌亦我所欲也"的话来了。

夏人对谷类作物的食用一般称为"粒食",也就是整粒地食用。当时的粮食加工还不发达,一般把粮食收割后,脱去粮食的外壳,就用煮、蒸、烤等方法整粒地食用。这种方法据传从神农氏时代就开始了,"米而不粉"的食用方式已经维持了一两千年,夏以后还要维持千把年。到有了磨盘以后才能进入"粉食时代"。

夏人早就有粒食和蔬菜同食的习惯。白菜、芹菜、雪里蕻、荠菜等是常用的下饭菜。《夏小正》有云:"正月囿有韭。"这就说明了两点:一是当时夏人是常食韭菜的,因为这种菜营养好,又有一定的杀菌力;二是当时已有了种植蔬菜瓜果的菜囿、菜圃了,甲骨文中有"囿"和"圃"两字,更证明了夏人种植蔬菜现象的客观可能性。

种植粮食的大田和种植蔬菜瓜果的园圃同时出现,说明夏代农业经济已经有了长足的发展。夏人食谱的如此完备,这多少与夏王朝贯彻大禹定下的养民"九功"是有关联的吧!

尚黑右衽的夏装

大约在距今一万年以前,我们的祖先已告别了赤身露体的野蛮时期,进入了以衣蔽体的文明初始阶段。"黄帝尧舜垂衣裳而天下治。"[1]在中华文化中,"垂(穿)衣裳"成为"天下治"的一个重要因素。"衣者,依也。"到了进入阶级社会的夏代,服饰进一步成为发挥避寒暑、蔽形体、增美颜、塑仪表、遮羞耻这些实用功能的依托,那是毫无疑问的。

中国历来认为"服以旌礼"[2],意思是说服饰是礼仪文明的一面旗帜。既然衣服属于礼的范畴,而且是礼仪的一面旌旗,而中国的服饰文化又是夏、商、周一体的,那么,参照一下殷、周二代地下出土的相关服饰资料,便可准确地推断出夏代各色人等大致的服饰状况了。

根据地下发掘资料,可以断定夏商时期中原地区的衣服款式,大致有这样数种:

其一,流行的款式是:上衣与下裳分开。上衣衣长及臀,袖长及腕,窄袖口。这种上衣便于劳动,也便于身体的活动。下裳是带褶的短裙式裤子,男女无别,有较宽大的腰带。这种宽大的裙式裤子既起到了遮羞的功能,又比较宽松舒适,有利于身体健康。

其二,把衣与裳连在一起,形成一种叫"深衣"的模式。这种深衣"衣裳相连,被体深邃"。它比上衣下裳分开的款式要后起,在夏、商时代,深衣应该是一种时尚的款式。深衣前襟过膝,后裾齐足,同样是长袖,窄袖筒,袖长也是及腕。这可能是服装发展过程中的一种进步。上衣和下裳的连成一体,既提供了一种创新的衣服款式,又大大节省了衣料,是服装史上的一大突破。

其三,以小袍取代上衣,袍长至膝,长袖,袖子较宽大些,配以宽裤、宽腰带。这主要是上衣的革新。

其四,不管款式怎样变,都有一个中原地区标志性的式样——右衽。当时还没有发明纽扣,只是制作上衣时制得比穿者实际身材宽大些,这样可以

---

[1]《周易·系辞下》。
[2]《左传·昭公九年》。

把左、右襟相叠，再束上腰带即可取暖了。"右衽"是将左边的衣襟制作得宽大些，向右叠在右襟上。

其五，大多数情况下，当时人并不留太长的头发，夏、商时期留下的一些石人或玉人，大多是发及耳际，或发披肩上的。这可能是在生产还不太发达的情况下，人们没有过多的时间放在梳理头发上，因此男女一式的留短发了。从中也可以想见当时的文明发展状态。如果没有刀具之类的，头发只能任其生长，大概都只能长发飘飘了吧！有了铜刀，可以割去多余的头发，方便从事各类生产活动。我们通常说的"文身断发"，实际上倒也是文明进步的重大标志。

根据上面的描述，我们可以知道夏、商时期人们穿着的大体状况了吧！具体到夏人，有着两大特色：一是尚黑；二是右衽。而这两点恰恰从服饰角度准确而生动地反映了夏代民生。

五帝时期末期到三代，人称"三极格局、三色世界"。"三极格局"是指夏、商、周三大族群齐头并进，主导天下局面。"三色世界"是指"夏后氏尚黑，殷人尚白，周人尚赤"。"黑位水。"[1]一些专家认为，黑色崇尚的是一种水文化。夏人起源于伊水、洛水之间，对水、对水文化有着一种天然的、特殊的情感。作为水文化的崇尚者，夏人秉承了水的刚柔兼备的性格和"上善若水"的品质。

在一切生活的重要领域里，夏人总是以黑为尚。据《礼记·檀弓》记载："夏后氏尚黑，大事殓用昏，戎事乘骊，牲用玄。"这是人生中最大的三件事：办丧事大殓要到黄昏（天黑下来），出征作战要乘黑马，祭祀杀牲要选黑毛的动物。还有一点这里没有讲，平时夏人喜欢穿黑色的衣服，参加丧礼也穿镶白边的深色衣服，这种传统一直延续到当今。

在五帝时代的"三极格局"时，夏族、商族、周族可以各有所尚、各行其是。但是，一旦夏王国建立，夏就会通过政权的力量力推"尚黑"精神，并使"尚黑"精神融入到养民"九功"中去。

一旦将"尚黑"融入治国养民的规范之中，其内涵就更加深刻了。大禹就是以勤劳俭朴著称的，而这本身又是与"尚黑"相通的。墨子在《经说上》中说："人分两类，有黑者不黑者也。"墨子说的"黑者"，就是劳动者；墨子说的"不黑者"，指的就是脸皮白净的不劳而获者。墨子就是自称"黑

---

[1]《逸周书·小开武》。

者",而且说:"吾止爱黑人。"墨子是禹的崇尚者,也是禹"尚黑"精神的后继者。在《史记》的《五帝本纪》中,多次说到尧、舜、禹这些大圣人"颜色黧黑",他们都是"尚黑"者。至于普通百姓,被称为"黎民""黔首",都是言其黑也。这样,"尚黑"又与把普通百姓的寒暖放在至高无上的地位相通了。夏的"百官"穿着简朴的黑色服装,心里装着黎民百姓,以"养民"精神治国,那是一种多么美好的景象啊!

大概是到了夏代的后期,所谓的夏装贵族与平民之间有了很大的区别。当时夏代的蚕桑业已经有了相当的发展,在《夏小正》的正月农事中专门写上了"摄桑"一事。"摄桑"者,赶紧采桑也。桑叶嫩则蚕可食,老了则不可食,因此非赶紧"摄"不可。养蚕业抓得紧,蚕丝业就发达。史书上记载,夏桀时女乐三千人"无不服文绣衣裳者",这指的是丝帛衣衫,当然更多的民众穿的仍然是传统的夏装——即麻布制成的"夏装"。

孔子在回答子贡的"管仲非仁者与"提问时说:"管仲相桓公,霸诸侯,一匡天下,民到于今受其赐。微管仲,吾其被发左衽矣。"[1]孔子说的"被发左衽"指的是当时天下某些少数民族的生活习俗。据传,当时的越人就是被发、文身、错臂、左衽的,非越地的一些少数民族也是左衽。而孔子等人要坚持的是大禹开创的"束发右衽"的生活习俗,标榜的是华夏正宗礼俗,现在看来倒是没有多少实际意义的。

"右衽"和"左衽"其实只是生活习俗的不同而已,为了尊重对方,中原地区的华人在坚持右衽的前提下,左衽一下有何不可呢? 反之亦然。《汉书》上有这样一则故事:"大将军秉钺,单于犇幕,票骑抗旌,昆邪右衽。"[2]颜师古的注是:"右衽,从中国化也。"说得不太确切,应该说这是少数民族首领对汉人的尊重,从而像汉人那样"右衽"一下,而不是简单的"从",正像后世的入乡随俗一样。少数民族的首领为了尊重华夏人而右衽,华夏人的首领如到少数民族地区去,为何不可以左衽呢?

中原华夏民族的右衽,恐怕与夏人的"尚右"习俗有关。人在生活中大多数时间在利用右手办事,上衣右衽对用右手伸入胸前的袋子(袋子一般缝制在衽的里面)中取物也比较方便。久而久之,也就成为夏人的习俗了。

一些民族学家另有一种说法,说"在一些民族中有以雌性太阳为左、雄

---

[1]《论语·宪问》。
[2]《汉书·终军传》。

性月亮为右的观点,由此可见,尊左衽也就是尊崇母系,尊右衽也就是尊崇父系"[1]。这种说法令人有点费解,只能看作有此一说,录此备考。

"开道"与"筑梁"

"若要富,先筑路。"这个观念的发端应该是很早的,至少在大禹治水成功、划定九州、建立夏政权后,夏王朝的统治者想到的第一件大事就是筑路。《左传·襄公四年》引《虞人之箴》说:"芒芒禹迹,画为九州,经启九道。"这是指最宏观的道路工程,即在九州的这一州与那一州之间开拓九条大道,并使这些大道相互连通,成为一个巨大的系统工程。这项工程不是哪个州的州牧这样的行政长官办理得了的,必须依靠夏王国的人力和物力,也必须借助于夏王国的权威。这个工程是否完全成功了或者说是否达到了预期的效果,史无明文。但是,我们有理由相信这一工程是实施并圆满完工了的,那样伟大的治水工程的能完成,区区"经启九道"为何完成不了?

据《史记·河渠书》记载,大禹治理洪水十三年过程中就开始了大道的建设。这些大道有连结水道与水道的,有沟通水道与山道的,有供治水大军前行的,也有为便利邑人外出的,更大的工程是把九州连结起来的大道,所谓"通九道"指的就是州与州之间的道路。逢山开道、遇水搭桥,是大禹治水过程中必不可少的。当然,治水大业成功后的道路交通建设是更有规划性,规模上也更上一层楼了。

文献上记载的道路工程在地下发掘中得到了较为充分的印证。

山西夏县东下冯遗址发掘出了一条属于夏史纪年范围内的道

二里头2号宫殿基址出土的陶排水管
(引自许宏《最早的中国》)

---

[1] 戴平:《中国民族服饰文化研究》,上海人民出版社2000年版。

路,路面宽1.2～2米,道路的铺设厚度达5厘米,系用陶片和碎石铺压而成。其道路的宽广度和平整度是前所未有的。

河南偃师二里头夏都城遗址南北宽约1500米、东西长约2500米,总面积约有3.75平方公里。在如此广阔的城区范围内,除了有用鹅卵石铺成的石子路以及红烧土路外,还发现有一条铺设讲究的石甬道,路宽0.35～0.60米,甬道西部由石板铺砌,东部由鹅卵石砌成,路面平整,路的两侧还保存有较硬的路土。如果说中间的鹅卵石砌成的主道是车行道的话,那么,两旁的硬土道恰似后世的人行道了。这就说明夏代的道路建设已经有了相当高的水平,似乎已经有了专业化的筑路工。

最有意思的是,在二里头中心区的宫殿区,已发现了四条大路垂直相交,而且宽阔整洁。东侧的大路已知长度为700米,有宽有窄,最宽处有20米,最窄处也有10余米,一些实地考察的考古人员说已达到了现在四车道的标准。这几条大道既是城内的交通网道,起着分割城市功能区的作用,又是城内与城外联结的枢纽。这是迄今为止所见到的最早的城市交通道路网。

现在看来,夏王朝主持修建的一些大道,不只利及当世,也能为后世之用。《诗·大雅·韩奕》是一首长篇记事诗,该诗一开首就写道:"奕奕梁山,维禹甸之,有倬其道。"周代年轻的韩侯意气风发地入京受封、迎亲,当他行进到吕梁山(古称"梁山")一带时,看到山势是那样的高峻,而脚下的山路又是那样的平坦,不由想起这乃是当年大禹治水时筑下的道路啊,不禁大声赞叹起大禹"有倬其道"的丰功伟业来。不排除这条吕梁山下的道路在数百年间已经再度修筑过,但它的路基毫无疑问是大禹时打下的,这点是怎么也否定不了的。

与开道一样,筑梁也是夏王朝的便民实事工程之一。中国早期的人们称"桥"为"梁"。《说文》云:"梁,水桥也。"桥有多种,有木桥、有石桥,而最早的桥大多为木桥,木桥即木梁,久而久之,人们就将"桥"和"梁"等同着使用了。

在夏代,民间流传着这样一首歌谣:"九月除道,十月成梁。"意思是说,夏朝人是把建筑道路和搭建桥梁连在一起办的。如果九月份建筑了一条道路的话,作为配套工程,十月份必然要架建起桥梁来了。有史家说:"筑道所以便行旅,成梁所以便民。"这话说得实在是很到位的,开道和筑梁这样一些便民举措,必然会得到广大民众拥戴的。

教育机构：庠、序、校

中国是文明古国，其标志之一就是教育萌发得很早。我们有五千年的文明史，早在五帝时代就有了专门的文化教育机构。据传，黄帝时代的教育机构名为"成均"。成均的"均"字按郑玄的解释是"均，调也"，"即乐师主调其音"。乐师在这里调音，演音乐教育之意。中国是礼仪之邦，很早就十分重视礼乐教育。黄帝时让一部分氏族上层的子女集中到"成均"这一教育机构去学音乐，这也是完全可能的。"大司乐掌成均之法"，专门的主管部门也有了，那就是"大司乐"。到了舜时又进了一步，"虞氏之学名庠"。[1] 虞氏就是帝舜，帝舜时的教育机构叫"庠"。据《说文》的解释，"庠"这个字由"广"和"羊"两部分构成。"广"是房舍；"羊"对牛、羊之类动物的饲养。因为饲养工作相对比干农活和外出狩猎要轻松些，一般会由老人与孩子看管。慢慢地，到了虞舜时代，"庠"就成了高龄老人的养老机构和孩子们的教育机构了。于是就有了"庠者，养也"的说法。"庠"的功能一是养老，二是培养孩童。

虞舜与大夏是连在一起的。夏的经济、政治、文化要比五帝时代发达得多。有了相当发达的青铜器，有了农业，有了几万人的大城邑，这时的教育也是今非昔比了。这方面在史书上的记述很多。

夏后氏之学曰上庠。[2]
序，夏后氏之序也。[3]
夏后氏设东序为大学，西序为小学。[4]
三代之道，乡里有教，夏曰校，殷曰庠，周曰序。教化之行，建首善自京师始，由内及外。[5]

---

[1]《三礼宗义》。
[2]《仪礼》郑玄注。
[3]《礼记·明堂位》。
[4]《古今图书集成·学校部·汇考总则》。
[5]《汉书·儒林传》。

提及夏代教育的文献很多，但最具有代表性的是上面引述的几条。说明在夏代，教育机构大致上分为三类：一曰庠，二曰序，三曰校。三类学校各有各的教育宗旨，各有各的特色和侧重面，甚至还各自代表着不同的时间段。

"庠"这个教育机构是从虞舜那时代传承过来的，主要是养老机构。在夏之前的五帝时代被人们称为"英勇时代"，千余年间，战事不断，人的生命寿限也受到了很大影响。夏在中国历史上第一次统一了天下，最受益的当是民众。人寿延长了，老人多了，这就有一个发展老人教育的问题。当然，老人中有的是贵族，有的是平民，已经进入阶级社会的夏王朝的主管部门把他们分开来进行教育，这是与虞舜时期最大的不同。正如有学者指出的："夏朝有'上庠'与'下庠'之分，'国老'与'庶老'之别，那就更说明夏朝的'庠'已经有了鲜明的阶级性。"[1]

"序"相当于是当时的武校，主要是贵族子弟习武的地方。"序"原本就是一个象形字——表示东西两面是墙壁，中间是一道空旷的场地。这可见"序"不是一般意义上讲学的课堂，课堂该是四面有墙的，而这是教学武艺的练兵场。夏王朝是阶级社会的第一个王朝，它没有也不会改变原始社会留存下来的全民皆兵的习俗。但是，作为国家机器的最重要组成部分的武装力量，必须有它的精锐部队，这些精锐部队是经过严格的正规的教育的，它的主要的教育机构就是"序"。有的学者认为进"序"进行武装培训的一定是贵族子弟。其实那是不一定的，只要身强力壮的、有志于保卫国家的都应该可以入"序"进行深造的。

"校"应该是更加宽泛一点的教育机构。"校"的发明是文化领域的一个伟大的发明，是人类的巨大文明进步。"校"与"学"连在一起，就是我们常说的"学校"了。孟子说过："校者，教也。"这是教学的专门机构。但是，"教"什么呢？孟子没有说。在很长的一段时间里，人们误认为夏时还没有文字，因此所谓"教"只能是教武艺，认为"校"内教学是"内容相当广泛的军事教育"。[2]经过这些年对夏史的研究，再加上若干考古发掘资料的佐证，我们完全可以说，夏代的"校"已是文武双全的教育机构了。现在大家都倾向于承认《山海经》一书其中许多内容的真实性，如果真的有《山海经》古本的话（今本的《山海经》无疑会有后人文字与思想的掺入），那

---

[1] 李桂林：《中国教育史》，上海教育出版社1989年版。
[2] 李桂林：《中国教育史》，上海教育出版社1989年版。

为什么不可以在"校"中进行以《山海经》为底本的历史、地理、国土资源及文化的教育呢？还有那本已被世人公认是夏代遗篇的《夏小正》，为何不可以拿到"校"中来"教"一下呢？后世有人说"三代以上，人人皆知天文"，单靠人的实践经验那是做不到的，必须要有学校教育的支撑。

夏代教育机构的"庠—序—校"，大致上有一个时间的顺序和梯度。夏初时当是设"庠"，那是从虞舜时代延伸过来的，注重于养老，兼及一点儿童教育，也可能是养老教育与儿童教育已经分开了。继而开办的是"序"，可能是武装教育为主，但我们不相信只是进行武装教育而一点也不进行其他方面的文化性质的教育。夏代的教育中后期定格在"校"的教育上，那是一种全方位的教育，尤其值得大书的是人文教育进入了学校的殿堂，到了"郁郁乎文哉"的周代，学校虽仍有一点武艺之类的教育，但主干已是"六艺"之类的文化知识教育了。

《夏小正》一书是写天文历法的，写农事的，但又特意把学校的开学写在里面，可见夏王朝对办学的重视。"丁亥"是一月份之中的吉日，开学选在吉日是讲吉利。

夏朝时的学校似乎已经有了开学典礼。据《夏小正》记载："丁亥，万用，入学。""万用"，应是"用万"的倒叙，说的是特意请了一个最隆重的万舞班子用以庆祝，使开学的场面热热闹闹。"入学"，注者说"大学也"，当时学校分为大学与小学，注者以为只有大学开学才会那样的隆重。在入学典礼的时候，既有人讲话，又让人们跳万舞，实在热闹得很。

有学校就要求有教师。当时有没有专职的教师呢？看来是没有的。按照相关规定，当时的教师都必须是经验丰富的老年人，因此后来也就进而定名为"老师"了。荀子有言："耆艾而信，可以为师。""耆"，指的是六十岁以上的老人，"艾"，指的是五十岁以上的人，在人寿比较短的古代，年过半百也算是老人了。老师老师，一是必须老，二才是在老人中择取可"信"者为师。这种"老"而为"师"的制度是从夏代开始的，一直延伸到战国末期。正如一些专家指出的："夏代学校以长老为师，同养老相结合，教育自然以服从尊者长者等传统伦理为中心，据古籍记载，夏朝、商朝和西周时期中央学校的主要教学内容都是礼、乐。"[1]中国的礼乐文化形成于夏代，道理也在于此。

---

[1] 袁征：《学校志》，上海人民出版社1998年版。

第三十五章 神话传说中的先夏和夏代

古史传说是古史的一部分

在古代社会的发展过程中,留存下了许许多多的神话传说。这些神话传说,为后人津津乐道,成为盛传不衰的口头文学。神话传说中的英雄人物,成了乡间巷里民众膜拜的对象。可是,一说到历史,就起了争议。有的说这些神话传说弥足珍贵,可以作为历史资料加以运用。有的则持反对态度,认为神话传说虚无缥缈,不足为信,更不能采入信史。可以说,自有历史以来,如此这般的争议一直或暗或明地存在着。

李学勤先生说过:"应该特别强调的是,古史传说也是古史的一部分,而且是相当重要的一部分。"[1]这一观点无疑是值得重视的,它为我们扫除了古史研究中的重重迷雾,开拓出了古史研究的新思路、新视野。

马克思和恩格斯对待古代神话传说的态度,尤其是对待希腊罗马神话传说的态度,堪为典范。

马克思在《政治经济学批判》一书的导言中说:

任何神话都是用想象和借助想象以征服自然力,支配自然力,把自然力加以形象化。[2]

恩格斯在《家庭、私有制和国家的起源》中列举了古希腊人在史前各文化阶段神话传说中的重要发明创造后,归结道:

---

[1] 李学勤:《中国古代历史与文明·序》,上海科学技术文献出版社2012年版。
[2] 《马克思恩格斯选集》第二卷,人民出版社1973年版。

荷马的史诗以及全部的神话——这就是希腊人由野蛮时代带入文明时代的主要遗产。[1]

这是马克思和恩格斯对古代神话的总体评述。他们认为在这些古典的神话传说中,有古代人的伟大的"想象力",有对征服自然和支配自然的"形象化",对于这些,后人应该视为史前的先人留给"文明时代的主要遗产"。作为后人,我们要珍视这份遗产,正确对待这份遗产,并用好这份遗产。

马克思和恩格斯十分重视的那些希腊罗马神话传说,与中国古典的神话传说一样,处于原始社会即将终结和文明社会即将开启的所谓"英雄时代"。希腊的英雄时代产生了普罗米修斯这样的盗火者,中国的英雄时代产生了被世人追认为中华始祖的黄帝和大禹等历史英雄人物。

在古希腊的神话传说中,普罗米修斯是创造人类和造福于人类的伟大的神。他靠弟弟厄庇米修斯的帮助,按照神的形象用泥和水创造了人(与中国神话中的女娲有诸多相似之处),他又违抗上帝宙斯的禁令,盗取天火送给了人类,使人间有了温暖。这就使宙斯十分愤怒,决定要严惩他。他派出暴力之神把普罗米修斯用刑具牢牢地钉在高架索山顶的峭岩上,每天叫一只大鹰来啄食他的肝脏。普罗米修斯被折磨了三万年,他忍受了一切痛苦,他相信自己做得没错,相信自己的儿孙是会来救自己的。三万年过去了,希腊大英雄海格立斯为了寻找金苹果路经高架索山,他愤怒地用利箭射死了大鹰,把普罗米修斯救了出来。普罗米修斯又回到了奥林匹斯山的众神之中。

马克思和恩格斯十数次地在自己的著作中提到了这位神话传说中的旷世英雄。早在马克思早年写的博士论文中就写道:

普罗米修斯是哲学的日历中最高尚的圣者和殉道者。[2]

公元前11世纪到公元前9世纪,是希腊历史上称作"荷马时代"的历史阶段。这段历史因"荷马史诗"而得名,而"荷马史诗"是这段历史时期唯一的文字性史料。"荷马史诗"相传是由公元前八九世纪前后的盲诗人荷马写成,实际上是由许多民间行吟歌手集体口头创作的。"史诗"到公元前6世纪才写成文字。它作为古希腊的史料,不仅反映了公元前11世纪到公元前9世

---

[1]《马克思恩格斯选集》第四卷,人民出版社1973年版。
[2]《马克思恩格斯选集》第一卷,人民出版社1973年版。

纪的社会景况,而且反映了迈锡尼文明(公元前2000年前后的地中海文明)。

"荷马史诗"包括《伊利亚特》和《奥德赛》两部分故事。《伊利亚特》叙述了希腊军团围攻小亚细亚的城市特洛伊的故事。以希腊联军统帅阿伽门农和勇将阿喀琉斯的争吵为中心展开,集中地描写了战争结束前几十天发生的事情。希腊联军围攻特洛伊十年未克,而勇将阿喀琉斯愤恨统帅阿伽门农夺其女俘,不肯出战,后因其好友战死乃复出战。特洛伊王子赫克托英勇地与阿喀琉斯作战身死,特洛伊国王哀求讨回赫克托的尸体,并举行葬礼,《伊利亚特》的故事到这里也就结束了。《奥德赛》叙述伊达卡国王奥德赛在攻陷特洛伊后归国途中十年漂泊的故事。它集中描写的只是这十年的最后一年零几十天的故事。他受神的捉弄,到处受难。最后诸神怜悯,始得归家。在这期间,伊达卡及邻国贵族欺其妻弱子幼,向其妻皮涅罗普求婚,迫其改嫁。皮涅罗普用尽各种方法拖延。最后奥德赛扮成乞丐归家,与其子一起杀尽求婚者,恢复了他在伊达卡的权力。

这里有三个问题,首先,所谓"荷马史诗"只是公元九世纪时的民间口头文学,是一点也得不到地下发掘之类的史料支撑的。荷马何许人?甚至有没有荷马这个人?是怎么也说不清的。如果历史学家要"较劲"的话,一定是要投否决票的。其次,传说中的"荷马"是公元前八九世纪的人,而"荷马史诗"写的却是公元前11世纪到公元前9世纪的事,即使荷马实有其人,根据几百年前的传闻写下的东西靠谱吗?第三,"荷马史诗"的真正成书(写成文字)是公元前6世纪的事,难免像中国的顾颉刚先生所说的那样"年代越后,故事越向前推",这怎么去理解呢?

可是,差不多全世界有识见的史学家都认可了"荷马史诗"这一段历史,因为它真实地反映了原始社会向文明社会转化的那个时期氏族与氏族之间的残酷的兼并与战争,从而产生出许多可歌可泣的历史故事来,从而锤炼出诸多的英雄人物来。这就是历史的真实。由此,马克思称"荷马史诗"这样的神话作品是"希腊人由野蛮时代带入文明时代的主要遗产",恩格斯在《家庭、私有制和国家的起源》中则指出:

在英雄时代的希腊社会制度中,古代的氏族组织还是很有活力的,不过我们也已经看到,它的瓦解已经开始。[1]

---

[1]《马克思恩格斯选集》第四卷,人民出版社1973年版。

他们没有在神话传说故事中的具体人物的出生年月、出生地、经历如何等这些"细节"上去纠结,而是从"历史的真实"这一点上认定这些神话传说故事的价值。如果没有这些神话传说故事,希腊社会氏族制度"瓦解已经开始"这一环节的历史可能永远也无从谈起了。

马克思、恩格斯对待"英雄时代"的神话传说的正确观念和做法,是值得我们认真学习的。

我们所说的五帝时代、先夏史、夏史,从社会发展史的角度看,都处于从原始公社制社会向文明社会转化的"英雄时代"。只不过中国社会发展得较早,这个转折期是在距今5 000～4 000年期间,而希腊的社会发展相对要滞后些,这一转折大约到公元前的11世纪到9世纪方到来,比中国迟到了约一两千年,这不足为怪,人类社会的发展总是因地因时而异的,尽管如此,但历史的轨迹基本的情况还是一样的,那时的历史是靠神话传说来留存的,正是从这个意义上说,李学勤先生提出的"古史传说也是古史的一部分"的观念是正确的,也是完全站得住脚的。

中国"英雄时代"神话传说中说的"万国时代",反映了历史转折时期"遍地英雄"的大格局。时势造英雄,时代处于大变之中,中华大地上数以万计的那些草莽英雄们谁不想站到前台来一显身手?这就必然会造成"诸侯相侵伐"的天下大乱的局面。

中国"英雄时代"神话传说中的炎黄"阪泉之战"、黄帝与蚩尤间的"涿鹿之战",反映了当世的几个大英雄之间的生死格斗,性质与希腊英雄时代的希腊联军与小亚细亚之间的"特洛伊战争"差不多。

中国"英雄时代"神话传说中的"诸侯咸尊轩辕为天子",实际上是说这场绵延数个世纪的英雄之间的龙虎斗的历史走向。分久必合,"浪花淘尽千古风流人物",最终的历史走向应当是"天下为一"。在中国,黄帝是被历史认定的大英雄,是公认的中华民族共同的伟大始祖。

中国"英雄时代"的真正终结者是带领南、北、西、东、中的民众战胜洪灾、实现平水土伟业的大禹。是他,使中华大地实现了有史以来实质性的大一统,建立了第一个统一的王国。"唯禹之功为大",他是将中国社会带入文明的门槛的第一人,是继黄帝以后又一个旷世大英雄。他这个英雄本质上已是与民众血肉相连的"人",而不是"神"。他的作为宣告了中国神话传说时代的终结和信史时代的开始。诚如李学勤先生说的:"具体地说,先秦史又可大致划分为两大阶段,从远古以至唐、虞,是所谓传说时期,与后来的夏、商、周三代有所不同。这只是根据现有研究情况来讲的，两阶段并没有很清楚的界限。比如唐、虞有没有可能划下来，和三代合为'四代'，像《大戴礼记》说的，便很值得斟酌。"[1]如果说传统意义上的"英雄时代"是说氏族社会向阶级社会转化的那个历史时期的话，那么禹是完成这一转化的人物，应该是另一类型的英雄了。

关于黄帝的神话传说

黄帝被公认为中华民族的始祖，俗称"人文之祖"。宽泛而带有神秘色彩的种种神话传说，具有强烈的史料价值，值得后人加以认真整理。我们在这里分若干方面加以论述，让读者对黄帝有一个大致的认识。

首先要说的是关于黄帝身份的传说。郭沫若先生以为，黄帝之名最早见于战国时期陈侯的一件铜器的铭文中，其中有载："高祖黄帝，迩嗣桓文。"[2]这一说法可能是不确切的。"黄帝"云云，可能还是很古的，最迟我们在春秋时期的孙武的作品中已见黄帝的提法，如明确说到"四军之利，此黄帝所以胜四帝也"[3]。可能在此之前还有人提到过黄帝，只是有诸多说法。

一是黄帝"天官说"。

《史记》中说："历斗之会以定镇星之位。曰中央土，主季夏，己，黄帝，主德，女主象。"[4]天空中有许许多多的星星，其中就有一颗叫"黄帝"星。这颗星"曰中央土"，也就是说它主管中央地区的土地，大地上年岁的丰歉，以及礼、德、义、杀、刑这样一些维护国家安定的事，都由这颗黄帝星管着。

黄帝星在天空运行有一定的速度，如果太快了，大地上就不得安宁；如果太慢，则于军事不利，可能会打败仗。黄帝星的光芒是黄色的，因此称为黄帝星。黄帝星有九道光芒，它的光芒的强弱也预示着大地的安危。

二是黄帝"天帝说"。

认为黄帝是主宰天下的天帝。天帝在天上自有宫阙，而在地上另有"下

---

[1] 李学勤：《春秋史与春秋文明》，上海科学技术文献出版社2007年版。
[2] 郭沫若：《十批判书》，人民出版社1964年版。
[3] 《孙子·行军》。
[4] 《史记·天官书》。

都",到一定时候就带着天神天将下来巡行和居住。这个"下都"在哪里呢？就在颇具神秘色彩的"昆仑之虚"。在《山海经》中就有这样的记述：

> 海内昆仑之虚，在西北，帝之下都。昆仑之虚，方八百里，高万仞，上有木禾，长五寻，大五围。面有九井，以玉为栏。面有九门，门有开明兽守之，百神之所在。[1]

问题是所谓的"昆仑之虚"在哪里呢？神话故事并没有清楚地告诉你（也不必讲清楚，不然就不是神话了），神神秘秘的，让人们去猜。于是就有了种种说法。或言是祁连山的，或言是阗南山的，或言是巴颜喀拉山的，或言是天山的，或言即为今之昆仑山的。有的学者根据《山海经》中"高万仞"之类的描述，或言为冈底斯山的，或言为印度的须弥山的，或言为古巴比伦的方形祭坛的。总之"下都"之论引发了人们无尽的想象。

三是黄帝"中央之帝说"。

这也是神话想象发挥所致。当时已有了南、北、西、东、中五方之观念，按照每方当有一位神圣管理的设想，就有了"五方神"的说法。《楚辞·九章·惜诵》有"令五帝以折中兮"的诗句，王逸注："五帝，谓五方神也，东方为太昊，南方为炎帝，西方为少昊，北方为颛顼，中央为黄帝。"

把五方之帝的说法进一步发挥，并与当时十分频繁的战争联系起来，于是就有了黄帝消灭其他四帝的神话故事。

> 黄帝之初，养性爱民，不好战伐。而四帝各以方色称号，交共谋之，边城日惊，介胄不释。黄帝叹曰："夫君危于上，民安于下，主失于国，其臣再嫁。厥病之由，非养寇耶？今处民萌之上，而四盗亢衡，递振于师。"于是遂即营垒以灭四帝。[2]

"中央之帝说"实际上是在告诉人们，黄帝时他所领导的部落已经居于"天下之中"，大有领导四方的态势了，如果哪个敢于"递振于师"，他就师出有名地率军消灭之。

---

[1]《山海经·海内西经》。
[2]《太平御览》卷八九引《蒋子万机论》。

四是黄帝"雷神说"。

这最初大约与黄帝出生时雷电交加的传说有关系的。"附宝见大电光绕北斗权星,照耀郊野,感而生黄帝轩辕于青邱。"[1]这只是说黄帝出生时有这样一种自然现象,雷电交加,光照于北斗星,声振于四荒八野。把这种自然现象进一步夸大,于是就有了"黄帝以雷精起"[2]的说法。意思是说,黄帝出生时为何会那样的惊天动地?原来黄帝原本是"雷精"。所谓"雷精"者,雷神之谓也。

由雷神进一步扩展为"雷雨之神",再推进一步就是"龙神"了。

> 轩辕十七星在七星北,如龙之体,主雷雨之神。[3]

这是一个发展过程,由雷神,到雷雨之神,到龙神。龙即黄帝,黄帝即龙,这样"黄帝子孙"与"龙的传人"的观念自然就嫁接在一起了。

五是"黄帝天子说"。

上述四种说法都是把黄帝当成"神"的,而这第五种说法则是把黄帝说成是"人"。说在神农氏之世,黄帝原是一方诸侯。当时"诸侯相侵伐,暴虐百姓",于是黄帝就"习用干戈,以征不享"。后来联合各部落,打败了炎帝部落,又打败了蚩尤部落,最后"诸侯咸尊轩辕为天子"。

这是"脚踏实地"的那个黄帝了。这个黄帝身份离历史上的引领中华民族走向文明的那个黄帝最接近。

其次,涉及黄帝发祥地的问题。

在文献中,有一段话是至关重要的,论述黄帝与炎帝,都会引用到这段文字。

> 昔少典娶于有蟜氏,生黄帝、炎帝。黄帝以姬水成,炎帝以姜水成。成而异德,故黄帝为姬,炎帝为姜,二帝用师以相济也,异德之故也。[4]

这段文献资料,笔者在写"炎黄族的来龙去脉"与"精彩的三色世界"两

---

[1]《河图稽命征》。
[2]《河图帝纪通》。
[3]《古象列星图》。
[4]《国语·晋语四》。

节时已作了比较详细地分析,这里为了讲清发祥地问题,只简单地提几句。

这段文献资料实在重要。它告诉我们,当年的少典氏部落与有蟜氏部落联姻,生下了黄帝与炎帝。因为是两个部落之间的族外婚,炎帝与黄帝之间可能是骨肉兄弟,也可能是广义的族兄弟。现在大家比较认同的是族兄弟。文字学家和历史学家认为,少典的"典"在古时通"氏",有蟜的"蟜"又通"姜",因此炎黄族血统中归根到底还是流着西部(西北、西南)少数民族氏族与姜族的血。这很重要,为"各族一统"提供了族源上的依据,也为黄帝族与夏、商、周族的发祥提供了具有说服力的凭证。

关于黄帝族的发祥地,现有五、六种之多,这里简单加以介绍:

一为"天水说"。

有史料说:"渭水又东南合泾谷水……乱流西北出泾谷峡,又西北,轩辕谷水注之,水出南山轩辕溪。南安姚瞻以为黄帝生于天水,榨上邦城东七十里轩辕谷。"[1]按理说黄帝之父少典氏和其母有蟜氏既地处西土,近于西戎西姜之地,那么天水该是最有资格成为黄帝的发祥地的。但是,除了天水一带有"轩辕谷""轩辕溪"表明与黄帝关系密切外,至今还没有发现更多的人文资料。这不能不说是一件憾事。

二为"姬水说"。

姬水是陕西的一条小河,原来根本没有名气,就因为《国语》中"黄帝以姬水成"一语而名闻天下。但是,说是"姬水成"只是表明黄帝集团最初成就功名于姬水一带,成了姬水一带这个"小国"的首领。但是,黄帝最初的发祥地在何处呢,似乎还是不太清楚,可能也永远说不清楚。

三为"长沙说"。

有学者提出,《竹书纪年》《帝王世纪》《路史》都说到黄帝生于寿丘。在历史上,长沙有一个别号,称为寿丘,旧时属长沙地区的南岳衡山也有称为寿岳的,清时善化县(今湖南长沙)内有"万寿山""鹤寿山"之名。由此就有了黄帝生于长沙之说。

四为"新郑说"。

有人认为,黄帝故里在新郑。有史料称:"轩辕丘在新郑县境,古有熊氏之国。轩辕黄帝生于此,故名。"[2]《史记》《汉书》《后汉书》等多部正史都

---

[1] 北魏·郦道元:《水经注·渭水》。
[2] 明·李贤:《明一统志》卷二六《河南布政司》。

主张新郑说。在新郑有纪念黄帝的庙堂,至今还存在着。

《史记索隐》有一种说法:"长于姬水,改姓姬,居轩辕之丘;因以为名。有熊,河南新郑是也。"如果是这样,那么黄帝的出生地当在陕西的姬水一带,长大以后来到河南的新郑,建立了有熊国。

五为"曲阜说"。

最早提出此说的是唐代的张守节,他认为:"黄帝,有熊国国君,乃少典国国君之少子,号曰有熊氏,又曰缙云氏,又曰帝鸿氏,亦曰帝轩氏。其母附宝,之祁野见大电绕北斗枢星,感而怀孕,二十四月而生黄帝于寿丘。寿丘在鲁东门之北,今在兖州曲阜县东北六里。"[1]

同样说是生于"寿丘",有说在山东,也有说在长沙,一时难以让人定夺。

一个黄帝,他的出生地、发祥地、建国地,会有种种说法那也是势所必然的。地域涉及的面是那样广,至少说明了黄帝活动范围的空前广泛。

黄帝时代不只是走向统一的时代,也是发明创造的生机勃勃的时代,从相关资料看,至少有这样一些方面:

> 黄帝作,钻燧生火,以熟荤臊,民食之,无兹胃之病,而天下化之。[2]
> 黄帝作旃。黄帝作冕旒。黄帝造火食。黄帝见万物始穿井。[3]
> 黄帝始制冠冕,垂衣裳,上栋下宇,以避风雨,礼文法度,兴事创业。[4]
> 黄帝始蒸谷为饭。[5]
> 黄帝始造釜甑。[6]
> 黄帝吹律以定姓。[7]
> 黄帝作宝鼎三。[8]
> 黄帝造车,故号轩辕氏。[9]
> 黄帝使羲和作占日,常仪作占月,臾区占星气,伶伦造吕律,大桡作甲

---

[1]《正义》引《舆地志》。
[2]《管子·轻重戊》。
[3]《世本·作篇》。
[4] 汉·应劭:《风俗通义·皇霸》。
[5]《太平御览》卷八五〇引《周礼》。
[6]《太平御览》卷七五七引《古史考》。
[7]《太平御览》卷三六二引《易类谋》。
[8]《世本·作篇》。
[9]《太平御览》卷七七二引《释名》。

子,隶首作算数,容成作调历,沮诵、仓颉作书。沮诵、仓颉为黄帝左右史。[1]

这些创造发明总的课题是改善民生、推进文明。民生方面是全面的,涉及衣、食、住、行各个方面。衣是民生的重要内容,也是文明的重要内容。"垂衣裳",是文明进步的重要表现。早在1.8万年前,山顶洞人居住的山洞里发现了长82毫米、针孔3毫米的骨针,说明他们已经懂得把兽皮缝起来当"衣"穿。在距今8 000年的磁山和裴李岗文化时期已经懂得了纺织,陶器制品上也有纺织品的印记。到了黄帝时代,就达到了"垂衣裳"的地步。什么叫"垂衣裳"呢?指的就是"定衣服之制,示天下之礼"。上衣下裳,怎样的人穿怎样的衣服,都有了相应的规定。黄帝时代还发明了"旃(毡)"、"冠冕",这不只是衣以保暖的问题了,俗话说"冠冕堂皇",有了冠和冕,人的文化精神就两样了。

民以食为天,这大概从黄帝时代就开始了。文献把"钻燧生火,以熟荤臊","造火食","蒸谷为饭","始造釜甑"这些都算在黄帝的账上,说明黄帝时代在饮食文化上的确是大大跨前了一步。

安居上也有成就,"上栋下宇""黄帝见万物始穿井",真正让人们过上居有定所生活的是黄帝。

出行靠车,"黄帝造车,故号轩辕氏"这也是可能的。

其他还有环绕农事的一系列发明创造,如"作宝鼎三","作占日、作占月、占星气","作甲子""作调历",等等。

文化上的建设最重要的是文字的发明,"沮诵、仓颉作书",如果属实,实在是最大的文明进步了。

关于鲧、禹的传说故事

鲧、禹与黄帝在所存的资料上是有很大的差异的。黄帝生平事,十之七八为神话故事,而鲧、禹则不同,十之八七为人世传说。鲧与禹又有差异,鲧的神话色彩浓郁些,禹的人文色彩浓重些。由"神"走向"人",这是社会发展的自然之势。

鲧的生平是神神秘秘的。不少书本上都这样说,"黄帝生骆明,骆明生白马,白马是为鲧"[2]。鲧的出生地是在"天穆之阳"或者说是"天穆之野",

---

[1]《世本·作篇》。
[2] 在《山海经·海内经》《世本》等典籍中都有鲧是黄帝后裔的说法。

后来被黄帝封于"崇",人们比较一致的看法是,崇山即是今豫西的嵩山一带。[1]

鲧是个治水的部族,治水不成而被处死。他治水在哪里呢？大多数记载都认为在今河北一带,说"今河北多有鲧堤,太原、岳阳、帝都所在,鲧必极意崇助"。[2]

鲧后来被诛的原由有两种说法:一种说法是"治水九年而无成被诛",另一种说法是与舜争帝位或反对尧传位于舜。"鲧谏曰:不祥哉,孰以天下而传之以匹夫乎？尧不听,举兵而诛,杀鲧于羽山之郊。共工又谏曰:孰以天下而传之于匹夫乎？尧不听,又举兵而诛共工于幽州之都。于是天下莫敢言'无传天下于舜'。"[3]

据说,鲧死于羽山后,灵魂不死,化作黄熊,一说化作玄鱼。"鲧既死,其神化为黄熊,入于羽渊,是为夏郊,三代祀之。"[4]"尧命夏鲧治水九载无绩,鲧自沉于羽渊化为玄鱼,时扬鬐振鳞,横游波上,见者谓为河精。"[5]

大禹是鲧的儿子。关于大禹的出生地,由于古史记载不详,又加上有些说法带有神话色彩,以至于留下了诸多的悬念。主要有下列异说:

一是"西羌说"。

这是最为人们乐道和普遍接受的一种说法。史书记载:

鲧娶于有莘氏之女名曰女嬉,年壮于孳,嬉于砥山,得薏苡而吞之,意若为人所感,因而妊孕,剖胁而产高密(禹)。家于西羌,地曰石纽。石纽在蜀西西川地也。[6]

持这种说法的,见诸文字的有十余处,皆以为禹生于四川茂州石泉县,其地还有禹庙。那里的人相传禹于夏历六月六日生,每年这一天都要为禹做生日。《元和剧县志》说,禹为四川汝山广柔人,生于石纽村,有的则称石纽乡。

二是"山西说"。

《左传·定公四年》说到了"夏虚"问题,杜预注曰:"夏虚大夏,今太原

---

[1]《山海经·大荒西经》《竹书纪年》对鲧封于崇都有记述,而都认为崇地在豫西。
[2]清·朱鹤龄:《禹贡长笺》卷一。
[3]《韩非子·外储说右上》。
[4]北魏·郦道元:《水经注·淮水》。
[5]晋·王嘉:《拾遗记》卷二。
[6]汉·赵晔:《吴越春秋》卷四。

晋阳也。"《史记索隐》认为："夏都,安邑。虞仲都大阳之虞城,在安邑南,故曰夏虚。"禹早年活动在山西太原一带,因此,人们就以此地为出生地了。

三是"陈留说"。

既然鲧娶有莘氏女而生禹,那么有史家以为,禹之出生地当距"莘"地不远。宋人王应麟说："故莘城在汴州陈留县东北三十五里,古莘国地。汤伐桀,桀与韦、顾之君拒汤之师于莘之虚,遂战于鸣条之野。"[1]即古莘国在今河南省开封市陈留县,在那里到今天还留存有规模宏大的"禹王台",人们祭祀不断。后世,在莘地还留存有不少"姒"姓的人,这也应该是大禹的后人。

至于禹的葬身之地,大致上没有争议。"禹会诸侯江南,计功而崩,因葬焉,命曰会稽。会稽者,会计也。"[2]这一说法,几成定论。会稽,也就是今天的绍兴。大禹是葬于绍兴的。因禹葬会稽而有些学者推断为禹出生于斯地,那实在是大可不必的。从禹之亡过,一直到两千年后的秦始皇,都承认会稽是大禹的葬身之地,"(始皇)三十七年十月……(始皇)上会稽,祭大禹。"[3]秦始皇对大禹是崇敬的。

大禹最值得大书的是"平水土"

中国古代有一个极好的传统,就是"罪不株连"。一人做事一人当,与子女无涉,与亲友无涉。"舜之罪也殛鲧,其举也兴禹。"[4]鲧有罪必诛,禹有功必赏。这是中国古代社会的一个优良传统。

大禹平水土的相关记述,主体已是人文化的记述,"神化"的记述已变为只占极少部分,这也证明夏代的确是走出了传说时代,而进入信史时期了。我们看到的关于禹治洪水的叙述中,基本上是把禹当作一个脚踏实地的领袖来写的。西方常将洪水泛滥与神的意志联系在一起,而中国的史书则视之为一种自然现象。"当帝尧之时,鸿水滔天,浩浩怀山襄陵,

---

[1] 宋·王应麟:《诗地理考》卷五《周颂》。
[2] 《史记·夏本纪》。
[3] 《史记·秦始皇本纪》。
[4] 《左传·僖公三十三年》。

下民其忧。"

治水靠的是什么？很明显，靠人力，靠人为。于是就有了帝尧在四岳会议上的"求能治水者"。先是选了鲧，失败了。再一次选人，大家都推禹。于是就有了大禹平水土的全过程。

大禹平水土过程中，也绝少提到"祭上苍拜后土"的事，而是实实在在的"兴人徒以傅土，行山表木，定高山大川"。大禹一行踏遍了祖国大地的山山水水，"陆行乘车，水行乘船，泥行乘橇，山行乘檋"，"令益予众庶稻，可种卑湿"。这些都是"人"在干的事。

另外，还有大量关于禹本身的描写，也是充分人文化了的。比如《诗·大雅·韩奕》中说的"奕奕梁山，维禹甸之"。《诗·大雅·文王有声》中说的"丰水东注，维禹之绩"。《吕氏春秋·求人》中说禹为了求治水贤才"颜色黎黑，窍藏不通，步不相过"。《法言·重黎》中说到"禹治水土，涉山川，病足，故行跋也"。这些记述，写的全是一个"人"而不是什么"神"。

透过这些描述，我们看到的是一位由青年到壮年，由壮年到老年，一直带领着平水土的大军行进在祖国广袤大地上的英雄，而不是什么虚无缥缈的神仙。

那么，神化的记述和描写有没有呢？那是一定会有的，从比例上讲，最多是十之一二吧！比如大禹之治黄工程艰苦卓绝，相关故事中加进了"降杀水怪无支祁"的故事。禹凿龙门时，穿插进了"青犬"引路、神授"八卦之图"的故事。禹攻共工国山时，又添加了禹与"蛇身朱发"怪物打斗的故事。在整个治水过程中，还常有"神龙开道"的故事，并还有"长人授黑玉书于洮水之上"的动人故事。在四千余年前，这些"人的神化"的描述也是难免的，一点也没有这方面的描述，倒是不太正常的事。但是话又要说回来，从总体的文献资料而言，人们心目中的大禹的确是"人"而不是"神"。

> 禹凿龙门，通大夏，疏九河，曲九防，决渟水致之海；而股无胈，胫无毛，手足胼胝，面目黎黑，遂以死于外，葬于会稽，臣虏之劳不烈于此矣！[1]

这就是大禹，一个以终身的"臣虏之劳"赢得世代民众赞颂的伟大民族英雄。

---

[1]《史记·李斯列传》。

夏代诸王的传说故事

由于夏代至今还没有找到可靠的文字记录材料，只能靠传说故事和地下发掘资料勾勒夏王朝的整体概貌。而说到传说故事，除了大禹这方面的资料比较丰富外，大部分夏王资料比较缺失，有的还是一片空白。

关于夏、商、周三代的经济管理制度，孟子有一个概述性的说法：

> 夏后氏五十而贡，殷人七十而助，周人百亩而彻，其实皆什一也。彻者，彻也；助者，藉也。[1]

这种"皆什一"的贡赋制度，看来确实是实行了的。《诗经》中说到的"雨我公田，遂及我私"就是"皆什一"的最好注释。当时条件下的"什一"之税不是收取实物，而是大约花十分之一的时间一起去耕种"公田"。从个人劳动力来说，花在公田上的时间是十分之一，花在私田上的时间是十分之九，但要有一个条件，必须先公田后私田——"雨我公田，遂及我私"。

以前人们一直认为这样一种制度是行之于周王朝的，现在看来，夏代也是实行了的。

在《夏小正》一书中有"初服于公田"的经文，其传文说："古有公田焉者，古者先服公田而后服其田也。"[2]这就出现了一种可能，公田与私田的两元划分可能起于夏代，具体的实施当在夏的第二王启以后，这种制度极大地调动了农民的生产积极性，到周代时发展为井田制度。

这可能是了解夏代社会农业经济何以如此发达、酒业何以如此普及的一把钥匙。

夏启之生是被充分神化了的。"禹娶涂山，治洪水，通环辕山，化为熊。涂山氏见之，惭而去。至崇高山下，化为石。禹曰：归我子！石破北方而生启。"[3]当时传子制度立足未稳，一些专家认为，编织出这样的神话故事，目

---

[1]《孟子·滕文公上》。
[2]《夏小正·正月》。
[3]《绎史》卷十二引《随巢子》。

的是张扬他的神性。还有一则神话故事也是说夏启的。

> 大运山高三百仞,在灭蒙鸟北。大乐之野,夏后启于此舞《九代》,乘两龙,云盖三层,左手操翳,右手操环,佩玉璜。在大运山北,一曰大遗之野。[1]

这一神话显然为的是抬高启的"身价"。看,在这个神话故事中,启可以登上一般人不能上的"大运山",在那个山上接受了上天之乐舞《九代》。所谓"九代"也就是通常说的"九韶"。在"大运山"度过一段逍遥日子后,受上天的召唤"乘两龙,云盖三层",来到了天廷"大遗之野",接受上帝的"佩玉璜"之赐。这个神话故事真可说是够"神"的了。当时传子制度立足未稳,这样的神话故事是足以"镇"住那些别有用心的人的。这个神话,还可以在《山海经》《太平御览》中找到不同版本。有一则故事说得更直接了,载曰:

> 昔夏后启筮,乘龙以登于天。占于皋陶,皋陶曰:"吉而必同,与神交通,以身为帝,以王四乡。"[2]

这次是夏后启与皋陶两个人唱双簧了。先是启自己"卜筮",结果是说自己将"乘龙以登于天"。当时皋陶是分管司法和祭祀的,启就去请教皋陶,皋陶说,是吉事啊,上天要你"与神交通",你将来必能成为"以王四乡"的帝者。

到启的儿子太康时,天下大乱,外忧内患不断,此时未见神话传说故事的流传。少康是干了不少实事的,最后终于实现了中兴,在长达百多年的"六世七王"繁荣时期,也未见什么有趣的神话传说故事。

夏代的十四世王孔甲是个转折点,"孔甲乱夏,四世而亡"。这时,就有一些新的神话传说故事冒出来了。

> 有夏孔甲,扰于有帝。帝赐之乘龙,河、汉各二,各有雌雄。孔甲不能食,而未获豢龙氏。有陶唐氏既衰,其后刘累,学扰龙于豢龙氏,以事孔甲,

---

[1] 《太平御览》卷八二引《史记》。
[2] 《太平御览》卷八二引《史记》。

能饮食之。夏后嘉之,赐氏曰御龙,以更豕韦之后。龙一雌死,潜醢以食夏后,夏后飨之。既而使求之,惧而迁于鲁县。[1]

这是一段很有意思的神话故事。孔甲是个很有心计的王者,他是败德之王,在民间民愤很大,但他又一再地"讨好"上天,向上天表忠心,史书上称之为"扰于有帝"。上帝为了弄清真相,也是为了测一测孔甲的真心,就"赐之以乘龙,河、汉各二"。结果发觉孔甲根本不会饲养龙,只是请了个叫刘累的人帮他养,结果是把其中一条给弄死了。刘累也不安好心,把死龙烧给孔甲吃了。孔甲吃了龙肉后还想吃,刘累知道坏了事,吓走了。

这个神话故事中说的是孔甲的逆天行事,蕴含着夏朝将亡的道理。在《列仙传》中还有一则孔甲妄杀无辜,最后自食其果的神话故事:

师门者,啸父弟子也。亦能使火,食桃李葩。为孔甲龙师。孔甲不能顺其意,杀而埋之野外,一旦风雨迎之,讫,则山木皆焚。孔甲祠而祷之,还而道死。[2]

仅仅是为了"不能顺其意",就把人杀了,还残暴地"埋之野外"。死后的那个师门其人阴魂不散,通过作法风雨大作,山木俱焚。孔甲害怕了,就到野外去祷告,结果自己死在了半路上。

夏桀是夏代十七王中的末王,是个"武伤百姓"的亡国之君。桀统治的时候,形成了一个庞大的腐败集团,危及民生。

昔者有洛氏宫室无常,池囿广大,工功日进,以后更前,民不得休,农夫失时,饥馑无食。成商伐之,有洛以亡。[3]

有意思的是,当夏亡之时,亦有一则关于神龙决定了夏灭亡命运的神话故事。这则神话故事有点晦涩,但含意还是极其深刻的。

昔自夏后氏之衰也,有二神龙止于夏帝庭而言之曰:"余,褒之二君。"

---

[1]《左传·昭公二十九年》。
[2]《列仙传》卷上。
[3]《逸周书·史记解》。

夏帝卜杀之与去之与止之,莫吉。卜请其漦而藏之,乃吉。于是布币而策告之,龙亡而漦在,椟而去之。夏亡,传此器殷。殷亡,又传此器周。比三代,莫敢发之。至厉王之末,发而观之,漦流于庭,不可除……太史伯阳曰:"祸成矣,无可奈何!"[1]

这段文字有点艰涩,让我们先来原原本本地把它翻译出来:说是当年夏王朝到了它的极其衰落的时候,有两条神龙降在夏王廷前,自我介绍说:"我们是褒国的两个先王。"夏帝就请人占卜,说如果杀掉它们,不好;或者赶掉它们,也不好;留下它们,更是不吉利。又占卜,说可以留下龙漦(龙的涎沫),储藏起来,让龙走,这样才吉利。这样策告龙以后,龙真的留下涎沫走了。夏帝用木柜子把它收藏起来。夏亡后,木柜传到了殷,殷亡后传到了周。到了厉王末年打开了,龙涎流到王廷里,怎么也去不掉……周幽王的太史发出了"祸成"的预言。

这是一则带有神秘色彩的神话故事,耐人寻味,历来却少有人解读。夏亡前两龙留下的龙涎之柜为何三代人都不敢打开?这个类似于潘多拉魔盒一样的东西一旦被打开,会造成怎样严重的后果?总之,不久之后,西周果然灭亡于与龙涎相关的一系列事件中。神龙与一个王朝的衰亡有着极密切的关联,这当然出于后人的附会,但从中亦可看出在先民心目中,夏也好,西周也罢,它们的衰亡都是"无可奈何"的"天命"。

---

[1]《史记·周本纪》。

第三十六章 典籍中的夏代

"禹书"《山海经》

在鲁迅先生的记忆中,《山海经》一书是他幼年开蒙时所读的一部"最为心爱的书",让他爱不释手。在他晚年写回忆性纪实作品《阿长与山海经》一文时还是情有独钟。在有点国学根底的人们中间,喜欢读《山海经》的当然不会只是鲁迅一人,读之爱不释手的可以说历来就大有人在。

《山海经》确是一部富有神话色彩的、不可多得的古籍。一直到唐宋时期还有人相信其为"禹书",认为那是大禹治水时禹与益两位主帅沿途的见闻笔记,一边走,一边记,具有很大的纪实性和传奇性。当然实际上那是难以让人完全置信的。当时大禹的要务是"平水土",在文字初创的时期不可能花那么多的工夫去记述这样一部三万余言的大著。最大的可能是,禹带领治水大军历尽万水千山,获取了大量的地理、历史、神话、传说、民族、植物、动物、矿物、医药、宗教、风土、人情等方面的知识和相关故事。他把这些知识作了些片言只语的记述,更多的是向人们作了有趣的转述。人们一定是读了大禹的相关记述,更多的是听了他述说的一些传闻与故事,这就有了口耳相传的种种素材。大约至迟到了春秋、战国时期,就有人把这些传闻记述下来了,我们现在所见的老聃、庄周、屈原、吕不韦等那些恣肆汪洋的论述中,隐隐然可见《山海经》的影子,即《山海经》的那种叙事风貌和格调。到西汉时的刘向、刘歆父子就着手把流传一两千年的民间文学形诸文字了,这就有了最初的《山海经》的版本。刘歆在《山海经叙录》中称此书为禹所著,称《山海经》为禹书由是而起。后来的《论衡》《吴越春秋》等书都认为它为禹书,或称为禹、益合作。到了晋代的郭璞为之作注,并为"图赞",现今是图佚而赞存。

当代《山海经》研究的著名学者袁珂以为:"以今考之,《山海经》实非出一时一人之手,当为战国以至汉初时楚人所作。古代神话传说,赖是书而得保存其崖略。尤以系据图为文,未加雕饰,于朴野粗犷笔墨中,每可见古代神话本貌。"[1]更有一些学者以为:"《山海经》是知识的山,知识的海,是古代的一部百科全书,其中蕴藏着极为丰富的知识矿藏。"[2]我们现在所熟知的"精卫填海""夸父逐日""羿射九日""刑天舞干戚""鲧禹治水""嫦娥奔月""共工触不周之山""黄帝战蚩尤"等神话传说故事,都可以在《山海经》中找到渊源。而这些经典的神话传说,不只是一般的故事,现在也已被公认为中国古代文明史不可或缺的一部分。

《山海经》现存《山经》5卷,《海经》8卷,《大荒经》4卷,《海内经》1卷,凡18卷。其中涉及100多邦国、550多座山、300多道水,地理矿藏、动物植物、风土人情无可计数。在18卷经文中,最可珍视的是《山经》。《山经》以山为纲,分中、南、西、北、东五个山系,分叙时把有关地理知识附会其上。全文以方向与道里互为经纬,有条不紊。在叙述每列山岳时还记述山的方位、高度、走向、陡峭程度、形状、谷穴及其面积大小,并注意两山之间的相互关联,有的还涉及植被覆盖密度、雨雪情况等,显然已具备了山脉的初步概念,堪称我国最早的山岳地理书。在叙述河流时,必言其发源与流向,还注意到河流的支流或流进支流的水系,包括某些水流的伏流和潜流的情况以及盐池、湖泊、井泉的记载。这实在与大禹平水土过程中的"行山表木,定高山大川"太相似了,可见《山海经》的原始版确实该是"禹书"。正如谭其骧先生所言:"《五藏山经》在《山海经》中最为平实雅正,尽管免不了杂有一些传闻、神话,但基本上是一部反映当时真实知识的地理书。"谭其骧先生说的"当时",大致上说的就是大禹平水土到夏王朝建立之时。

尤其引起广大学者普遍注意的是,在《五藏山经》中一点也没有言及大禹时代以后的事,这就足证这部作品是"禹书"无疑了。

作为"禹书"的《山海经》告诉了我们夏代历史的哪些史实呢?简述如下:

其一,《山海经》对华夏大地的"中央"地区有了新的界定。

在大禹治水成功之前,天下还没有统一,因此"中央"的观念还没有真

---

[1] 袁珂:《中国神话传说词典》,上海辞书出版社1985年版。
[2] 任孚先、于友发:《全注全释山海经》,新世界出版社2009年版。

正形成，四方观念也是相对模糊的。当时说的"中原"这个观念怕是后人追加上去的。客观地说，中央和四方的观念只有在统一了的夏王朝建立后才会真正形成。而这种形成可以从《山海经》的南、北、西、东、中的区划中见到端倪。而《山海经》告诉人们的"中"大大超越了传统意义上的"中原"范围。根据一些专家的考稽，《山海经》中的中山十二经的地望大致上为：

《中山一经》地望在今秦岭南麓汉水、丹水上游地区。

《中山二经》地望在今伊水沿线一带。

《中山三经》地望在今洛水与黄河交汇的洛阳、孟津、偃师一带。

《中山四经》地望在河南省境内的熊耳山一带。

《中山五经》地望在秦岭东段北支脉的崤山山脉一带。

《中山六经》地望在伊水与洛水的北侧。

《中山七经》地望当在今河南境内的黄河以南、伊水以东、北汝河以北的区域里。其中主要山脉为嵩山。

《中山八经》地望大致上是在今湖北省的荆山、大洪山一带。

《中山九经》地望在今四川盆地的岷山、大巴山一带，距著名的三星堆文化遗址已经不远了。

《中山十经》地望在山西一带，文中说到的首阳山是伯夷、叔齐采薇的那个地方。

《中山十一经》地望大体在今伏牛山及其余脉桐柏山、大别山一带。

《中山十二经》地望在湖南洞庭湖一带，地处长江中游。[1]

《山海经·中山经》中所说的"中"，已经大大超越了"中原"这一观念，这些至少说明，在统一后的夏王朝时期，人们心目中的"中央"地带包括了当时政治、经济、文化都领先的河南、山西、湖南、湖北、四川等地。这是夏王朝统一带来的一个新观念，也是《山海经》为我们留存的一个历史文化讯息。

其二，《山海经》试图描画出华夏文明进步的世系"路线图"。

黄帝无疑是华夏文明进步的始祖，在《山海经》中对黄帝的记述有数十处之多。在《西次三经》中，黄帝的居处被称为昆仑丘，"西南四百里，曰昆仑之丘，是实惟帝之下都，神陆吾司之"。除此之外，"又西四百八十

---

[1] 王红旗：《山海经鉴赏辞典》，上海辞书出版社2012年版。

里,曰轩辕之丘",也曾是黄帝的住处。还有,"又西三百五十里,曰天山",乃帝鸿的居处,史家考得,"帝鸿"也就是黄帝。在《海外西经》中又出现了黄帝为首领的轩辕国,"轩辕之国在此穷山之际,其不寿者八百岁",那长寿的人更是可活千岁了。另外,还有"帝都山""帝台之石""讲山帝屋""少室山帝休""毕山帝苑之水",等等,黄帝被描绘成无处不在的神人。

与黄帝有关的一些古帝也每每出现在《山海经》之中。《大荒南经》中说,"帝尧、帝喾,帝舜葬于岳山","有国曰颛顼,生伯服,食黍"。在《大荒西经》中说,"有国名曰淑士,颛顼之子。"在《中次十二经》中说,"又东南一百五十九里,曰尧山。"在《海内北经》中说,"舜妻登比氏生宵明、烛光,处河大泽,二女之灵能照此所方百里。"在《海外南经》中说到,"狄山,帝尧葬于阳,帝喾葬于阴。"几乎后来被视为正史的《史记》中说到的"五帝"全都提到了。《山海经》为中国的上古文明史提供了许多可贵的文化资料,这些文化资料在其他古书中是罕见的,当属第一手的。

古时因为还没有文字,或者说文字还不健全,那些传说中的古帝常常处于无序状态。《山海经》的作者尽力在无序中理出个头序来。在《大荒西经》中说:"有西周之国,姬姓,有人方耕,名曰叔均。帝俊(尧)生后稷,稷降以百谷。稷之弟曰台玺,生叔均。叔均代其父及稷播百谷,始作耕。"又说:"黄帝之孙曰始均,始均生北狄。""颛顼生老童,老童生祝融,祝融生太子长琴。"在另一处又说:"颛顼生老童,老童生重及黎,帝令重献上天,令黎邛下地。"在《大荒北经》中说,"黄帝生苗龙,苗龙生融吾,融吾生弄明,弄明生白犬,白犬生牝牡,是为犬戎。"虽然有点重复与交叉,但大致的线索是理出来了,这本身是对中华文明的一大贡献。

其三,《山海经》为夏史提供了珍贵的第一手资料。

禹是《山海经》重点记述的人物。在该书中,多次提到了会稽山。会稽山在越地,原名叫茅山,因有"禹上茅山大会计"而有会稽山之名。《山海经》在行文中用会稽山之名而不称茅山,这是对大禹的事业的尊重。对禹导河入海也予以充分的重视。《海内西经》:"河水出东北隅,以行其北,西南又入渤海,又出海外,即西而北,入禹所导积石山。"作者对治水中的"积石山工程"写得那样细致入微,其重视程度已到极致。

《山海经》还披露了不少其他文献中未见的珍贵资料。"共工之臣曰相柳氏,九首,以食于九山,相柳之所抵,厥为泽溪。禹杀相柳,其血腥,不可以树五谷种。"[1]这当是过去与共工斗争的继续。"帝命竖亥步,自东极至于西极,五亿十选九千八百步。竖亥右手把算,左手指青丘北。"[2]这是个很实际的工作,以步量地,这是完全可能的。

有云雨之山,有木名曰栾。禹攻云雨,有赤石焉生栾,黄本,赤枝,青叶,群帝焉取药。[3]

这个故事是说:大禹听说云雨山上有一种叫栾的神木,上面生有一种"赤石果",可以治百病。于是,大禹不顾个人安危,亲自砍伐木材取药,为"群帝取药"。这些故事都生动地描绘出了大禹崇高的精神境界。

夏启也是《山海经》着意记述的一个夏王。夏启之出生有点神异。《山海经》中有座泰室山,"山上多美石"。原来启母当大禹治水路过此山时,为了不让丈夫看到自己,启母变为山脚下的一块美石。此时的大禹心想怀孕的妻子,脱口叫出"还我儿子"一语。启母一惊美石崩开,生出了启。在《山海经》中多有启上天入地的神话故事。最有价值的是夏后启之臣孟涂在巴地行法治的故事。"夏后启之臣曰孟涂,是司神于巴,巴人讼于孟涂之所,其衣有血者乃执之,是请生。居山上,在丹山西。"[4]"是请生",这句话是对孟涂的充分肯定,认为孟涂这样做是爱护生灵的德政。

对夏王朝的最后一王桀,在《山海经》中只留有一则很耐人寻味的历史故事:

有人无首,操戈盾立。名曰夏耕之尸。故成汤伐夏桀于章山,克之,斩耕厥前。耕既立,无首,走厥咎,乃降于巫山。[5]

这是一则悲壮而难以一言定是非的战斗故事。夏桀是无道之君。他的一位叫夏耕的士兵冲锋在前,结果是被商汤的义军斩杀在阵前。头都被砍下来了,可夏耕还是大义凛然地"操戈盾立"。这是何等威武之形象,可是

---

[1]《山海经·海外北经》。
[2]《山海经·海外东经》。
[3]《山海经·大荒南经》。
[4]《山海经·海内南经》。
[5]《山海经·大荒西经》。

他又是在为独夫桀卖命啊,是与非又该怎么说呢?

其四,《山海经》的神话故事张扬着民族精神。

夸父与日逐走,入日。渴欲得饮,饮于河渭,河渭不足,北饮大泽。未至,道渴而死。[1]

发鸠之山,其上多柘木。有鸟焉,其状如乌,文首、白喙、赤足,名曰精卫,其鸣自詨。是炎帝之少女名曰女娃。女娃游于东海,溺而不返,故为精卫。常衔西山之木石,以堙于东海。[2]

刑天与帝争神,帝断其首,葬于常羊之山。乃以乳为目,以脐为口,操干戚以舞。[3]

这三则故事现都已经化入国人的血脉,成为民族精神的有机组成部分。晋诗人陶渊明《读山海经》诗赞曰:"刑天舞干戚,猛志固常在。"读《山海经》中的这样一些作品,的确能起到励志的作用。《山海经》中还有一些篇章是颂扬文明古国的君子之风的:

君子国在其北,衣冠带剑,食兽,使二文虎在旁,其人好让不争。[4]

有东口之山。有君子之国,其人衣冠带剑。[5]

关于写君子之国与君子之风的篇章,在《山海经》中还有若干篇章。作者是依据中华大地的现实生活书写自己的理想世界,但多少也反映了夏代社会。

《诗》《书》等典籍中的夏代

在诸多文献中,《诗》和《书》(即《诗经》和《尚书》)是保存夏代史迹

---

[1]《山海经·海外北经》。
[2]《山海经·北山经》。
[3]《山海经·海外西经》。
[4]《山海经·海外东经》。
[5]《山海经·大荒东经》。

的经典文献之一,其中保存着三代文明发展史若干最可靠的史料。

《诗经》大量记述了西周的史事。因为这部作品本身产生于西周,因此对周代人来说,它写的是当代史。同时也记述了不少夏、商的史事,那是离他们并不怎么久远的昨天和前天的史事和史实。在《诗经》的作者们看来,夏、商、周是连成一气的,只是一个历史时期的三个阶段而已,把夏、商、周称作"三代"就起于《诗经》。

一般人只是把《诗经》当作中国古代第一部诗歌结集来读,其实,我们何尝不可以把它当作一部记述夏、商、周三代历史的信史来读呢?

《诗经》中的"风"较为集中地反映了三代的民风民俗,诗三百,而其中的"风"就占了一半以上。"风"以民歌的形式追述了当年三代的民情、民俗、民风,为我们研究三代史提供了许多不可多得的鲜活历史资料,其中当然也包括夏史在内。

《郑风》的第一首是《缁衣》。写一位妻子为丈夫做了一件纯黑色的缁衣,一面为丈夫穿上,一面又欣欣然唱起了情歌,"缁衣之宜兮""缁衣之好兮""缁衣之蓆兮",意思是说,这黑色的服装是那样的相宜啊,是那样的美好啊,是那样的贴身啊! 诗作的主人公为何那样的钟情于黑色服装呢? 历来的注家多所猜测,但大多不得要领。究其本源,所谓"郑",它的故地在今河南新郑一带,它是传说中黄帝的故里,也正是夏文化的中心区域。谁都知道,"夏后氏尚黑",这首《缁衣》诗不正好反映了夏族遗民的尚黑情怀吗?

《汾沮洳》是《诗经·魏风》的第二首。一位年轻的美女子,一面在汾水的低湿地、在汾水的河曲处、在汾水的河滨旁采集着水生植物,一面思念着自己的意中人,告诉意中人,这样既勤又俭的劳作,比起那些高官厚禄的"公路""公行""公族"(官爵名)来不知要崇高多少呢! 这首诗《韩诗外传》一书以为其主旨在于"美隐居之贤者。虽在下位,民愿戴之"。基本的意思是对的,但惜乎没有点出该诗的历史地域情怀。当年魏国的都城就在今山西夏县,是夏文化的核心地带。夏人历来有采集野菜的习惯,在《左传》中还有采集水生野菜祭神的记载,这不是与《汾沮洳》一诗写的情境十分的相像吗? 再说夏人崇朴,不喜欢大手大脚,《韩诗外传》所言的"虽在下位,民愿戴之"实实在在是夏人之情怀。

《诗经》还用不少的诗章述说了三代之间的文化血缘关系。史书上说,"夏人尚黑","殷人尚白",在色彩崇拜上刚好相反。但是,在《诗经·商颂·玄鸟》中却有"天命玄鸟,降而生商"的说法。玄鸟者,披着一身黑羽的燕子也，尚白的殷人怎么会由黑色的"玄鸟"生养的呢，这不是颠倒黑白了吗？不，这是一种文化的共融共享，你夏人可以以黑为美，我商人为什么不可以呢？在《信南山》一诗中，开首四句是："信彼南山，维禹甸之。畇畇原湿，曾孙田之。"诗说的是，终南山绵延千里，这是大禹当年开辟的土地。原野是那样的平整美好，大禹的"曾孙"世代在此垦田。周王自以为自己是禹的"曾孙"，这就带给历史学家一个可贵的信息，在历史发展的流程中夏和周其实是有血亲关系的。

大禹治水的范围历来争议多多，有一种说法是所谓禹的治水，按当时的人力财力物力，只能局限于晋南和豫西地区。而《诗经》中直接论述大禹治水的有五六处之多，范围也大大越出了中原地带，走向了黄河、长江的广大流域。认真读一读《诗经》的相关诗篇，对理解夏禹那一段历史是极有好处的。

《尚书》在先秦典籍中称《书》，汉代才称《尚书》，言其为"上古之书"也。书中记录了距今四千多年到两千六百年间夏、商、周三代的史事，是我国最早的政事史料汇编。它的内容大致可以分为典、训诰、誓、命等几大类。典是古代等典章制度。训诰是训诫诰令等实录。誓是君王或诸侯等的誓词，大多是征战时的誓词。命是君王任命官员、赏赐功者等的册命。由于其古奥难懂，被称为"佶屈聱牙"。

《尚书》不可能作于夏时代，因为那时候还没有比较成熟的文字，就是有人要创作也不可能记录下来传之后代。王国维等学者认为它的成书最晚不会晚于西周，因为孔子已经看到了这本书，并在阅读的基础上加以整理。

《尚书·虞夏书》是记载夏代史迹最集中、最古老的文献，它包括四篇：

第一篇是《尧典》，完整地记述了尧舜禹的禅让故事，同时用相当的篇幅描述了当时进入洪水时代的境况。为了解决由谁来领导治水，帝尧与"四岳"之间还发生了一场争论，最后是少数服从了多数，治水由鲧来领导。但是鲧"九载，绩用弗成"，帝处置了鲧后，让禹带领治水大军，最后取得了胜利。大禹治水的故事主要取材于该篇，人们视之为信史也是理所当然的。

第二篇叫《皋陶谟》，"谟"与"谋"通，也就是帝舜与皋陶商讨治国安民的谋略的意思。但是，文章的标题虽如此，文中出谋划策的却是大禹与皋陶两人，而且舜还主动要求大禹总结用疏导的方法平治洪水方面的经验。文中还涉及大禹在治水过程中娶涂山女为妻，生下儿子启的故事。本篇的主旨是君臣共谋国事，一定程度上反映了氏族社会末期留存的民主传统和风气,通过大禹的献谋,也完整地展示了其人崇高的精神世界。

第三篇是《禹贡》。这是一部古老的历史地理文献,当然也是集中反映当时客观存在的文化区划的文献。全篇内容分为三部分:第一部分是神州九州的划分,对各州的四至、水土、物产、交通作了介绍,尤其提出了"因地而贡"治理的观念。第二部分是由北而南的"导山"以及对九条大河的"导水",这可以看成是治水的后续。第三部分是推出了五服制度,即所谓"五百里甸服""五百里侯服""五百里绥服""五百里要服""五百里荒服",实际上是对国家的万里江山的一个最初步的行政区划,是行政管理由近及远的一个粗线条的设计。

第四篇是《甘誓》。此篇是夏启为了讨伐有扈氏在甘这个地方发布的一篇临战誓词。启继承禹的帝位,破坏了自古以来传统的禅让制度,有扈氏不服,于是就有启的征战。本誓言大致上有两层意思:一是宣布有扈氏的罪行,是"威侮五行,怠弃三正"。二是申明军纪,以及宣布赏罚处置办法。这篇文稿虽然只有短短八十八个字,但在历史上影响巨大,可以视作之后数千年君主治国安邦的一个大纲。

夏史资料,除了《诗经》《尚书》记述外,在《左传》和《国语》两书中也有零星的记述。

太康失国、后羿代夏、少康中兴等史料都见于上述两书,而且有惟妙惟肖的描写,给人以身临其境的感觉。《古本竹书纪年》,提供了夏王朝发展的脉络,《纪年》中表述的"自禹至桀十七世,有王与无王,用岁四百七十一年"这一对夏王朝总年数的提法已被地下发掘证明了它的大致的正确性和可靠性。

先秦诸子对夏代的追记

以儒墨两大家为显学的先秦诸子,大多对古代有一个夏王朝这一点是深信不疑的。这些杰出的文化大家都有着"好古"的习性,通过他们长期的孜孜不倦的探寻,夏史和夏文化在他们的笔下得到了新的展示。由于夏代至今没有发现足以供我们解读的文字,因此先秦诸子对那个时代社会状况的追记,就显得特别重要了,它具有抢救文化遗产的性质。如果没有先秦诸子的追记材料,对夏的历史记忆的模糊状态不知要加重多少倍。

韩非子说过,"孔子、墨子俱道尧舜,而取舍不同,皆自谓真尧舜"[1]。正是先秦诸子的大力推崇和不断的弘扬光大,尧、舜、禹这些古圣人后来才会成为中华民族偶像式的人物。

在先秦诸子中,孔子是第一个打出好古、访古、信古大旗的士人。孔子有一句名言:"士而怀居,不足以为士矣!"[2]真正的士人是不应该只在居室里盘桓,在家中空发一通议论的。士人应该走出去,去周游列国,去遍观天下。孔子一生"栖栖一代中",不是为了饭碗,不是为了当官,而是为了"追迹三代之礼",除了秦地外,他几乎跑遍了天下。他的"周游"活动绝不是为了游山玩水,而是从"好古"的心态出发,迈出自己的双腿去实地"访古",以达到"信古"的大目标。大半生的外出寻访,使他坚信三代史不只存在于人们的心目中,存在于一些神话传说中,而且客观地曾经存在于历史范畴中。在出土的汉画像石中,有多幅《孔子问礼老子》图,尽管各地出土的画像在艺术表现手法、雕刻风格、视觉形象等方面存在着差异,但孔子问礼老子,"追寻三代之礼"的主题却是统一的。所有的这些古代典籍都证明,"孔子问礼老子"是不容怀疑的历史事实。孔子迷恋于三代史的研究,甚至到达了废寝忘食的田地,而其中对夏礼的研究,对夏文化的追寻,无疑是重中之重。

汉代碑刻《孔子问礼老子》(局部)。山东嘉祥出土。孔子曾与弟子南宫敬叔往周问礼,拜会老子。问礼后说:"今见老子,其犹龙乎!"

孔子对夏文化的追记,重在两个方面:

一是欣赏夏的礼乐文化。在他看来,夏礼是三代礼仪文化之源,也是中华礼仪文化之源。商的礼仪文化来自夏文化,周的礼仪文化来自商文化,其源头是在夏。"夏礼吾能言之,杞不足征也。"[3]"不足征"是指资料不够,所以无法征信。

---

[1]《韩非子·显学》。
[2]《论语·宪问》。
[3]《论语·八佾》。

孔子以极大的热情赞美韶乐，盛赞其是一种尽善尽美的乐曲。齐地虽然是九夷之地，但文化一直很发达，春秋以后天下大乱，文化下移，许多古典的书籍、乐曲都流行于民间，而齐地是文化下移过程中的最大接收地。为了了解古典文化，孔子多次访齐。后来在齐闻韶乐，兴奋得"三月不知肉味"。韶乐即舜乐，经过大禹的点化，后来又从舜乐中脱胎出了夏乐。夏乐与韶乐是一体的。孔子对夏的礼乐文化是佩服得五体投地的。

二是钦佩禹的人格精神。孔子说："禹，吾无间然矣！菲饮食而致孝乎鬼神，恶衣服而致美乎黻冕，卑宫室而尽力乎沟洫。禹，吾无间然矣。"[1]菲饮食、恶衣服、卑宫室，言其朴也；孝乎鬼神、美乎黻冕，言其礼也；尽力乎沟洫，言其真也。在孔子心目中，大禹是夏文化的象征，是真、善、美的完美结合，当然也是民族精神的象征。

孟子继承和发展了孔子的思想，对夏史也有不少研究和精到之见，其内容则主要集中在禅让和传子制度的是是非非上。当"舜荐禹"时，"禹让舜子而民不从"，结果是禹继了舜位，这当然是禅让。当"禹荐益"时，"民不从益而从禹子启"，这就是传子制度的发端。有人以为这是"德之衰"的缘故。孟子认为，这与"德衰"根本无关。"唐虞禅，夏后殷周继，其义一也。"意思是说都是符合王权"天授"道理的。时代变了，传位的方式也应变化。这种说法，显然要比"德衰说"要进步得多。

如果说孔子是从文化和人格的角度来赞誉禹的话，那么墨家则完全是以同道的身份来与夏文化对话的。先秦诸子们大多认同"墨道即禹道"，墨家人也自以为是禹的传人。庄子说过：

> 后世之墨者，多以裘褐为衣，以跂跷为服，日夜不休，以自苦为极，曰：不能如此，非禹之道也，不足谓墨。……墨子真天下之好也。[2]

引大禹为同道，这是墨子的真情，也是先秦诸子的共识。他们把禹的人格精神化进了自我的血液之中，他们的所作所为，都是源于大禹的。墨者们个个脸色黎黑，身披破旧的黑色衣衫，脚登着木质的拖鞋，艰难地行进在人生的大道上。他们崇真、尚朴，以吃苦耐劳为荣，以兼爱世人为乐，在墨者身

---

[1]《论语·泰伯》。
[2]《庄子·天下》。

上，人们看到了大禹精神的再现，看到了尚朴的夏代风情。

墨家的核心观念是兼爱，而在他们心目中兼爱的典范就是大禹。墨者写道：

> 昔之圣王禹汤文武，兼爱天下之百姓，率以尊天事鬼，其利人多，故天福之，使立为天子。……暴王桀纣幽厉，兼恶天下之百姓，率以诟天侮鬼，其贼人多，故天祸之，使遂失其国家，身死为僇于天下……[1]

墨子这里说的兼爱是有夏一族之特色，就是不只是要人们"兼爱天下百姓"，还要"率以尊天事鬼"，把生前的爱人和死后的事鬼结合在一起，这对我们深入研究夏文化是会有实际的启示作用的。墨家还把禹的"兼爱"和桀的"兼恶"放在对立面的视角加以考察，这本身就涉及夏王朝兴衰之缘由了。

墨家提倡勤奋劳作和节用其财，在他们心目中这方面的典范仍然是大禹。大禹一生"其生财密，其用之节"。大禹的节俭最集中体现在他死后的节葬上。而大禹节葬的细节，不见于他书，唯见于《墨子》一书的《节葬下》篇中。或许有人会认为此篇描述的不无夸大与虚构的成分，而且也难以找到物证，但从大禹一生的行状来推测，《节葬下》篇说的那些，当在情理之中，虽然在细节上一定会有出入。

特别值得一提的是，《墨子》一书还为后人提供了不少夏史研究资料。《甘誓》是夏人征战有扈氏时的誓词，《尚书》中有其版本，《史记·夏本纪》中也有其版本，在《墨子·明鬼下》中也有其版本。应该承认，三个版本各有千秋，读者可以通过自己的独立思考决定弃取。禹铸九鼎，在各类相关文献中都有记载，而《墨子》一书却说"夏后开（启）折金于山川，而陶铸于昆吾"，并说九鼎后来"夏后氏失之，殷人得之；殷人失之，周人得之。"（《墨子·耕柱》）与传统的史料有所差异，孰是孰非，有待学者的考察研究。还有，《墨子》一书对大禹治水的路线图描绘得特别详尽，范围也特别宽广，想来不会是空穴来风，定然是有所依据，很值得学者加以深究。

韩非子是战国时代法家思想的集大成者。他认为，儒家和墨家大肆宣扬的王位"禅让"是根本不存在的，在历史上只有"逼上弑君"。他提出了

---

[1]《墨子·法仪》。

一种非常独特的见解:"舜逼尧,禹逼舜,汤放桀,武王伐纣。此四王者,人臣弑其君者也,而天下誉之。"[1]这样说显然有点极端,但也多少揭示了氏族制社会向阶级社会转变过程中人君之间斗争的真实一面。

先秦诸子都是思想大家,因此,他们对夏代历史的追记往往具有很高的史料价值。没有他们的追记和对夏代史料的抢救,那夏王朝的面貌将更模糊不清,史料也会更残缺。但也毋庸讳言,这些思想大家的夏史追记,又常常打上了时代和个人的思想烙印,在运用他们的追记资料时,又当郑重地加以抉择和批判。

司马迁的考察报告《夏本纪》

司马迁是一位前无古人的史学大家,他所创作的皇皇巨著《史记》,记述了从黄帝时代到他所处的汉武帝时代间三千多年的历史。也就是中华五千多年文明史的五分之三是由这位太史公写下的。班固称"迁有良史之材,服其善序事理,辩而不华,质而不俚,其文直,其事核,不虚美,不隐恶,故谓之实录"[2]。这是太史公身后人们对他崇高而精当的评论。正如《三国志》的注者裴松之说的,史迁"博有奇功于世",因此他是永垂不朽的。

我们感兴趣的是"其事核"这句话。"核",就是审核,就是核查,唐人颜师古的注释是:"核,坚实也。"通过核查,使史事坚正,使史论真实。用通俗一点的话说,"核"就是考核,也就是考察。所以,我们把《史记·夏本纪》看作是太史公为夏写下的一份沉甸甸的考察报告。

其实,我们何尝不可以把整部《史记》都看成是太史公的一份考察报告呢!

众所周知,司马迁为了写作《史记》,"读万卷书,行万里路"。从一定意义上说,读书和行路两者都是考察。

首先,是对文字资料的考察。

司马迁是个博学者,他出生于史官之家,家里有的是书供他读,大概是

---

[1]《韩非子·说疑》。
[2]《汉书·司马迁传》。

十来岁的时候,司马迁的父亲司马谈当了京官,于是举家从夏阳迁往长安。父亲又让他拜在大学问家董仲舒门下,学习《尚书》《春秋》这样一些历史经典,这为他日后的文史发展打下了坚实的文化基础。

　　大量的读书,是司马迁日后写作《史记》的必要的条件。当然,更为重要的是他读书过程中的"考察"精神。这里说的"考察",主要指通过分析、研究,决定对相关材料的取舍和运用。同样是大文豪的班固与司马迁的心是相通的。他说:"司马迁据《左传》《国语》,采《世本》《战国策》,述《楚汉春秋》,接其后事,讫于天汉。"这可以看作整部《史记》的写作历程中对文字资料的"考察",当然其中也包括《夏本纪》的写作。这里用了四个动态的词汇来表达"考察"过程:一是"据",就是依据,说明司马迁在运用《左传》和《国语》相关史料时,基本上是持肯定态度的。司马迁在写《夏本纪》时,就大量依据《左传》和《国语》的材料及论说,如太康失国、后羿代夏、寒浞杀羿、少康中兴、孔甲乱夏、夏桀亡夏、桀奔南巢等。二是"采"。从词义上看,有"采"就有"不采",因此,这里说的"采"有着选择之义。《世本》和《战国策》中的一些说法,司马迁能认同的,就"采"之,不能认同,就勿"采"。这一点,我们在前面的论述中已有分析。三是"述"。所谓"述",就说孔子说的"述而不作"。《楚汉春秋》的一些材料,难辨真伪,司马迁就引述一些,不作评论,让历史和之后的历史学家来做出结论。四是"接"。这是司马迁写史的一个特点,就是把历史与现实"嫁接"在一起考虑。他写夏史时,会"接"上禹、禹的父亲鲧、鲧的父亲颛顼,一直上"接"到黄帝,这实际上说的是先夏的历史。讲夏史时特别会下"接"于夏的后裔杞,想从杞那里摸索出夏当年的礼仪文化来。

　　其次,是实地的考察。

　　正如诸多史家说的,司马迁是一个富于"实录精神"的大史学家,因此,他极其重视实地考察。为了写《史记》,他进行了极为认真的实地考察,他自己说:"余尝西至空桐,北过涿鹿,东渐于海,南浮江淮矣,至长老皆各往往称黄帝、尧、舜之处,风教固殊焉。"他的考察是极有成效的。他不只带着耳朵去听那些"长老"讲五帝故事,还带着一双敏锐的眼睛去看,去观察,发觉某些长老说的也不靠谱,都说是黄帝、尧、舜之处,怎么"风教固殊"得那样厉害呢?他还带着一颗脑袋在那里不停地思考,从而得出正确的结论。

　　司马迁壮游的范围真的很广很广,简直可以说是个奇迹。"空桐",那是传说中黄帝登临过的地方,司马迁一定得去一去。空桐地在陇西,即在今青海甘肃一带,在当时还是很边远的地方。"北过涿鹿",涿鹿是传说中黄帝的都邑之所在,也很值得一去。不过,司马迁这里用了"北过涿鹿",涿鹿是过往之地,不是目的地,目的地还在北边。"东渐于海",东面到达大海边上,主要是指黄海、渤海一带。"南浮江淮",到达了长江、淮河流域,在江浙一带作了实地考察。在交通条件十分落后的古代,司马迁凭一己之力,有时步行,有时乘坐驿车,千辛万苦,实地考察那么多地方,实在不易。

其实,他考察的地方远不止于上述这些地方。为了考察楚屈大夫的史实,司马迁从长安启程,出武关,经南阳,渡长江,来到了长沙的罗县,专门到屈原"自沉渊"边进行了奠祭。告别了汨罗江以后,他又乘船沿湘江南行,在九嶷山南峰领略了舜当年南巡的风光。然后,司马迁顺流东向,来到了会稽山区,"上会稽,探禹穴",是他这次远行的一门大功课。他还到过孔子的故乡曲阜,"适鲁,观仲尼庙堂、车服、礼器,诸生以时习礼其家,余祗回留之不能去"。司马迁还以郎中将的身份出使过西南边远地区,在"夜郎自大"的那个夜郎国度过了一段不平凡的时日。司马迁还随汉武帝祠泰山,后来听说黄河决口,还随武帝一起去壶口负薪。

再次,建立在文字资料考察与实地考察基础上的综合思考。

这一点也是司马迁作为一个史学大家所具有的特质。比如《五帝德》和《帝系姓》这两部作品原先大家都是信不过的,因此"儒者或不传"。可是,司马迁根据读《左传》和《国语》的心得,再加上实地的考察,认为"其所表见皆不虚。"至于《尚书》,司马迁认为"书缺有间矣",就是它的缺失实在太多,非得靠"他说"来补足不可。

司马迁是一位真正的学问家,他做学问的原则是:"非好学深思,心知其意,固难为浅见寡闻道也。"他的意思是,要不是好学深思,做到领悟事情的真相,就很难深入浅出地把道理讲清楚的,也不可能把历史写得让那些浅见寡闻的人都看得懂的。读万卷书,司马迁做到了;行万里路,司马迁做到了;好学深思、心知其意,司马迁也做到了。如今,当我们这些"浅见寡闻"者捧起《夏本纪》这部考察报告时,可以坦然地说:太史公说的,我们懂了。

我们说《夏本纪》是司马迁的一份考察报告,一般学者只看到他考察了山川地理,考察了九州财物,其实,司马迁的高明之处在于,他更多地考察了夏王朝建立前后人际关系的变迁,以及从禅让到传子制度方面的微妙变化。经过一番精细的考察,在《夏本纪》中,通过尧、尧子丹朱、舜、舜子商均,以及大臣禹、皋陶、益的种种明争暗斗,写出了社会大变动前夜"山雨欲来风满楼"的境况。

在舜的晚年，舜有点儿身心疲惫，在传位给谁问题上，必有一场大争斗，那已经是明摆着的了。恰在此时，舜召集禹、伯夷、皋陶会议，让这些权势显赫的要员"相与语帝前"。这次会议，《尚书·皋陶谟》有一份会议记录式的文档，而太史公的《史记·夏本纪》中有一份修正后的会议记录。从太史公的一"修"一"正"中，可以看出他是怎样考察夏时社会的时局、怎样准确应用夏时留存史料的。

对于司马迁修正《皋陶谟》这份文档，可简述如下几点：

第一，明确帝舜与禹、皋陶等谈话的时间和背景。

这份"相与语帝前"的谈话记录的背景，在《尚书》中是一点儿也不明确的，只是告诉读者有这么次会议，与会者有些怎样的言论。而司马迁则明确指出这是发生在大禹治水成功之后的事，当时已是"声教讫于四海"，"天下太平治"。天下是太平了，但是"朝"内却不怎么太平。天下共主舜老矣，不少人都想要他坐着的那把宝座。原始民主制已经走到了末路，为了解决接班人问题，舜主持召开这样一次会议，不只必要，而且必然。

第二，参与会议的主要成员的更改。

在《尚书》中参加会议的是四人，主持会议的舜，还有被请来发布治国纲领的大禹和皋陶，还有主管礼乐的夔。皋陶是帝尧的后裔，势力相当大，在舜时担当着大理卿的重任，相当于后世的国务院总理。而禹的根子也不浅，他是当时三大集团势力之一的颛顼氏的后代，又有着当时天下第一功——治理洪水——的大底气，因此他的取舜而代之可说是民心所向。令人感兴趣的是，这次谈话的记录者把文章定名为《皋陶谟》，给人的印象是只有皋陶一个人在那里"谟"。"谟"者，"谋"也。如果真是只有皋陶一个人在那里出谋划策，那么舜的继承者不是铁定了吗？可是，到了《史记·夏本纪》中，同样是这样一次会议，参与会议的变成了五人（想来太史公是必有所据的），其他四人不变，但又增加了举足轻重的一人，就是伯夷（不是不食周粟的那个"伯夷"）。史料表明，伯夷是氐羌族人氏，又当过颛顼的老师。这五人名单中，皋陶与禹都要争那天下共主的位置，夔是中立偏大禹的，伯夷因与禹之祖颛顼有师徒之谊，又有氐羌族背景，当然也会倒向大禹一方。这样，在司马迁笔下这次会议的力量对比，显然大大有利于大禹了。

第三，把皋陶与大禹的矛盾明朗化。

在《尚书》中，字里行间皋、禹间的矛盾还是隐约可见的，如会议开始时,还没等舜说什么,皋就迫不及待地抛出了治国"九德",可见其欲主政天下的急切心情。但总的来说问题挑得还不够透明。但《史记·夏本纪》则不一样了,它把那层窗户纸给恰到好处地点破了。比如,在皋陶讲了一大通后,帝舜点名要禹说:"女亦昌言!"禹却谦恭地说:"帝,予何言!予日思孳孳!"意思是:我没什么可说的了,我只是孜孜不倦地按你的指示办事罢了。这时,《史记》中增加了与《尚书》不同的一个情节:

> 皋陶难禹曰:"何谓孳孳?"禹曰:"鸿水滔天,浩浩怀山襄陵,下民皆服于水。予陆行乘车,水行乘舟……众民乃定,万国为治。"皋陶曰:"然,此而美也。"[1]

类似的故事在《尚书》中也是有的,但这里《史记》增加了两个细节:第一个细节是当大禹回答舜帝说,"我没有别的话要说,我只想孜孜不倦地为大家做些事"时,皋陶突然跳出来责问"何谓孳孳",太史公用了"皋陶难禹曰"五字,用得好,这是一种突如其来的发难!企图在舜帝面前"出"禹的"丑"。可是,大禹不慌不忙地作了回答。第二个细节是,皋陶见大禹说了治水中的艰苦奋斗,说了为解决民生而采取的"调有余补不足"的办法,讲了禹与益在治水中的深情配合,皋陶此时只得无可奈何地说:"然,此而(你)美也。"意思是,是啊,这都是你做的美事啊!

第四,在这次会议上,舜严厉批评尧子丹朱,目的是为了警戒皋陶。

这实际上是很突然的事,在这次会议期间,舜严厉地批评起尧之子丹朱来。这显然是"醉翁之意不在酒",矛头所向,是批评皋陶。舜声色俱厉地说:"毋若丹朱傲!"这是一种警示,要谁都不要像丹朱那样傲慢自大。

皋陶的心中最有数,帝舜批评的实际上是他。因此,帝舜的话刚落地,《史记·夏本纪》上便有了这样一段话:"皋陶于是敬禹之德,令民皆则禹。不如言,刑从之。"从帝舜借严厉批评尧子丹朱以影射皋陶起,皋陶才服输,才"敬"重禹。可是,此人从一个极端走向了另一个极端,他竟然以大理卿的身份发布命令,要求全民都服从禹,谁违犯了,刑事处置。这些话,在《尚书》中也是找不到的,显然是司马迁根据其他资料添加上去的。

---

[1]《史记·夏本纪》。

五，在皋陶与大禹争锋过程中，礼仪官夔是站在禹一边的。

这在《尚书》中也是若暗若明的，只是含糊其词地说夔主持演奏了"箫韶九成，凤凰来仪"。而《史记·夏本纪》则明确说出了，在这种会议场合夔主持演奏"九韶"之乐，是为了支持大禹。《史记·夏本纪》写道："于是天下皆宗禹之明度数声乐，为山川神主。"意思是，从此天下民众，皆宗大禹所兴起的九韶声乐，作为祭祀山川神主的乐章。这上面，礼乐官夔立了一功。

第六，皋陶之死。

《史记·夏本纪》记述了皋陶之死，"帝禹立而举皋陶荐之，且授政焉，而皋陶卒"。这皋陶在大禹主政后的突然死去，后世史家都认为实在有点难以理解。在争权如此剧烈的大变革时期，什么可能都会有的。

上述这些，意在说明《史记·夏本纪》的确是司马迁竭尽心力写下的一篇考察报告。为了写好这份考察报告，他"行万里路"，考察了从黄帝开始的五帝们的行踪，天南地北，无所不至，考察了大禹治水的史迹，考察了禹域九州，足迹所涉，何止万里？为了写好这份考察报告，他"读万卷书"，当时他能见到的典籍图书，他都读了。在读书过程中，他也充斥着那种考察精神，就是对被认为最具经典色彩的《尚书》之类，他也一"考"再"考"，非要把是非曲直弄个水落石出不可。从一篇《夏本纪》可知，后人赞誉太史公书为"实录之作"，确非虚言也。

第三十七章 二里头遗址和夏文化

二里头遗址的发现

"夏"作为一个部族和地域的名称,出现得是很早的。在《尚书·尧典》中,有这样一段话:"帝曰:'皋陶,蛮夷猾夏,寇贼奸宄,汝作士……'"意思是说,帝舜说,皋陶啊,现在蛮夷扰乱中夏地区,抢劫杀人无所不为,我委任你为大理卿,去管理天下。这可能是在文献中最早提到"夏"这个名字的地方。《尚书》大致上是成书于西周时期,从上述文字中可见,"夏"作为一个族群的概念最晚在西周时已广为流传了。"夏"作为主政天下的一个王朝名,也该是很早的事。夏、商、周历来被并称为"三代"。孔子说:"三代之所以直道而行也。"[1]"三代"之说,当在孔子生活的春秋时期之前。

三代中的商、周两代,因为有文字记载,有典籍为证,还有实物为据,因此在人们心目中不会有是否真的存在的问题,唯有夏代,至今因为还没有发现完整的文字方面的记载,它的"是否存在"成为一些人心目中的一大疑案。

后人的文字记载是有的,说夏朝存在于公元前21世纪到公元前17世纪间,它历时有471年之久,传十四世,十七王。它生存和活动的中心区域大致在西起今河南省西部(豫西)与山西省南部(晋南),东至河南省与山东省交界处,北入河北省,南接湖北省。这一区域的中心是中岳嵩山及其周围的伊、洛水流域、济水流域和颍水与汝水上游地区。一些史书称夏禹为"崇禹",禹的父亲称为"崇伯鲧",正好说明夏的发源地是在嵩山一带的。现今的晋南和豫西还有一些夏都所在地的相关传说呢!

但是,这一切需要证明。没有发现相关的文字资料,就不可能有那个时

---

[1]《论语·卫灵公》。

代的人写下的证明材料。

"有夏的诸多神话在。"有人这样说,神话其实全是"人话"。这话应该说是不错的。但是,以神话形式表达的"人话",往往是一种难以解读的话语,后人很难有精准的判断。

"有后世著述的经典在。"也有人这样说,不过,也不能太相信。千年、数千年后人们的追忆,有部分可能是靠谱的,但相当部分掺入了后世人的想象、推测甚至是时代和个人的偏见。读这样的作品需要下一番去粗取精、去伪存真的功夫。

最能证明夏的还是夏自身。

夏自身?夏自身在哪里?在地下。夏人当年建造的屋舍、创造的物器、使用的工具、铺设的道路、留存的骸骨和墓穴,已经沉睡在地下几千年了,只要把这些挖掘出来,使之"复活",那么夏人的生活和夏文明就会无可辩驳地昭示于今了。

1928年起,随着安阳殷墟大规模的发掘和大量甲骨文以及大量商代器物的出土,殷墟就是考古学上的商文化已成定论。地下发掘和《史记》中的殷世系的吻合,推而论之,更使人相信《史记·夏本纪》中的记述也该是真实的。这样,就推动了考古学家对发掘"夏墟"的热情和兴趣。

1959年春夏之交,已经72岁高龄的考古学家徐旭生老先生就凭史籍中的"伊洛竭而夏亡"一句话,决计要去传说中的夏地考古。他带着助手徒步行进在千里伊洛平原上,苦苦寻找着传说中的"夏墟"。一日,徐旭生一行来到了偃师市翟镇境内,下午步行到了一个叫二里头的村庄。这是一个不小的村落,包括四角楼、凤岭寨、西喂羊庄、下王庄、新庄、圪垱头这样几个自然村。作为一个考古学家的徐旭生,他一个自然村又一个自然村地循道而行,本能地在田野中像是在寻觅着什么。一个农民以为他丢了什么东西,走过来询问:"老先生,您是不是丢了什么东西呀?"徐旭生笑着告诉对方说:"是丢了东西,一个大东西。"对方又问:"什么大东西啊?"徐老先生笑着回答:"是一座城,一座几千年前的城。"那农民听不懂,直瞪着双眼好奇地看着他。徐旭生这才告诉对方,自己是搞考古的,想问一问对方,这里有没有古人遗留下的陶片什么的。对方说:"有,有的是,不只有碎陶片,我们翻土的时候,还拾到过完整的陶罐和陶盆。"徐旭生一听非常兴奋,要这个农民带他去看。到了村东头的田野里,随便用锄头翻几下,果然遍地是宝。

徐旭生又花了几天时间,在二里头及附近的几个村转悠了一下,心中就有了些底。他相信这是个古老的王城，可能在中国乃至在远东都是最古老最大的王城。他马上把这情况向中科院考古研究所作了汇报，并建议立即着手开掘。

考古研究所接受了这位老考古学家的建议，就在这一年的秋天，组建起了洛阳考古工作站，并立即投入到了二里头的考古开掘工作中去，同时投入开掘的还有河南省考古所牵头的纯由女子组建的"刘胡兰小组"。两个小组相互配合，进展神速，收获也颇丰。

1960年到1964年间，追加了较多的人力物力，一共进行了8次大的开掘，收获更为丰富。经过几年的辛劳，考古学家们弄清了二里头遗址的"四至"。它大致上包括二里头、圪垱头、四角楼、寨后、辛村五个自然村，遗址总面积达375万平方米。在开掘过程中发现了宫殿、城址、数以千计的墓葬，在墓葬中发现了青铜器及冶铜作坊。在诸多发掘物中，最让人惊喜不已的是青铜器的精美和品种的繁多，这是事先谁都没有想到的。

考古工作者认为，从地理形势上看，偃师二里头遗址北依邙山、黄河，这是天然的防御屏障；又处在洛河、伊河和黄河的交汇之处，有运输之利；加之地势险要，一直到今天仍然是东西交通的必经之地。可以与《国语·周语》上记载的"昔伊、洛竭而夏亡，河竭而商亡"相印证。也证明《史记》说的"昔三代之君，皆在河、洛之间，故嵩山为中岳，四岳各如其方"是言之有理的。

1974年，考古工作队对1号宫殿开始发掘。1号宫殿呈正方形，东北一角残缺。东西长108米，南北宽100米，面积超过10 000平方米。台基3米，高出周围地面1米。主殿坐北朝南，面阔8间，进深3间。四壁围墙围着，内有廊庑行道。正南面有敞开的大门，分三个门道进出，东、南、西各有一道侧门。

1977年又对2号殿进行发掘。它的规模略小一点，殿堂东西58米，南北72.8米。四面也有围墙，东、南、西三面有回廊，很是宽敞。这两个宫殿可能不是建于同一时代，具体年代还有待考证。

1977年对这里的考古事业来说是关键性的一年，"二里头文化"的正式定名就是在这一年。

20世纪整个80年代都在这块土地上大力开掘，最令人兴奋的是又发现了大量精致的青铜礼器，发现了大规模的青铜冶炼和制作作坊，还发现了刻有龙蛇图形的器物。

1995年，国务院启动《夏商周断代工程》，1997年在郑州和偃师召开了

"夏商周断代工程"夏商前期年代学研讨会。到2000年9月《阶段成果报告（简本）》验收，2000年10月公布修订四稿。这是我国20世纪末组织的第一个由人文社会科学与自然科学相结合的重大科研项目，并取得了突破性成果。

在长达半个世纪的考古历程中，二里头遗址的考古发掘工作大致可划分为三个阶段。

第一阶段，是20世纪50年代末到70年代末。这是二里头遗址的考古工作从初创到迅猛发展的时期。这一阶段最主要的成果是建立了一、二、三、四期文化框架和序列，发现了青铜铸造遗存，肯定了遗址的都邑性质。

第二阶段，是20世纪的八九十年代，有约二十年的时间。大面积的发掘过程中，发现了多座铜器浇注场以及与铸铜有关的房址、窑址、灰坑、墓葬等遗迹，发现了多处祭祀性遗址，发现了数量可观的随葬用铜器和玉器。

第三阶段，进入21世纪以后，工作思路在城市考古学理念指导下，着重于遗址的范围与城市布局、城郭遗迹的寻找，礼制建筑的发掘，中心遗址与周围其他聚落的关系，等等。重要成果在于廓清了遗址的实有范围，找到了遗址中部的"井"字形主街道，勾勒出了城市的基本框架，发现了有关遗址的一些新线索。

确定二里头遗址的性质有一个发展过程，大致的情况是：徐旭生先生亲自带队考察二里头以后，认为"二里头遗址为商都城的可能性很不小"。此后很长一段时间，几乎整个考古学界认为二里头遗址就是商汤都邑，即所谓的"西亳说"。1978年，邹衡先生创立"郑亳说"，否定二里头是汤都西亳，提出了二里头为夏都说。洛阳偃师商城发现以后，大家大都认为偃师商城才是汤都，二里头则是夏都。[1]

二里头文化的年代和分布地区

二里头遗址发现以后，在更为广大的区域内，发现了大量与二里头遗址相近的文化遗址，而其中二里头遗址最具代表性和典型性，于是，于20世

---

[1] 杜金鹏：《偃师二里头遗址的发掘和研究》，见《夏商周考古研究》，科学出版社2007年版。

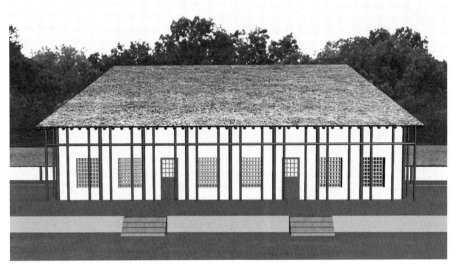

二里头1号宫殿主殿复原图
（引自许宏《最早的中国》）

二里头1号宫殿基址正门复原图
（引自许宏《最早的中国》）

纪70年代后期正式命名为"二里头文化"。截至21世纪初，在河南省境内发现的二里头文化遗址已有约250处，山西省境内发现二里头文化遗址约90余处，在陕西省境内发现的二里头文化遗址也有数处，加起来大约有350处，正式发掘的已有50余处。

"夏商周断代工程"的一个分支是"夏代年代学研究",这个小组的组长由邹衡教授担任。他说:"夏代年代学研究要遵循两条途径:一是文献中对于夏年的记载,二是对夏文化探讨的主要对象河南龙山文化晚期以及二里头文化进行碳-14测年,同时参照文献中有关天象记录的推算。"

文献所见夏代纪年,最具权威性的是《太平御览》引《竹书纪年》上的一段话:"自禹至桀十七世,有王与无王,用岁四百七十一年。"司马迁在著述《史记·夏本纪》过程中,"稽其历谱牒",想来一定也是读了《竹书纪年》这份简册的。他参照《尚书》《左传》《国语》等典籍,列出了从大禹,到启,到太康,到中康,到相,到少康,到予,到槐,到帝芒,到帝泄,到帝不降,到扃,到廑,到孔甲,到帝皋,到帝发,到帝桀而亡夏的十七王。一部《夏本纪》基本上综合了司马迁能见到的各类典籍,粗线条地描画出了夏世系的轮廓,具有相当的权威性。至于夏有年是471年还是472年,或431年之争,没有多大的学术价值。相信夏时既然还没有文字资料可稽,那么,时人和后人对夏王朝积年的记忆就不会太精确,就是说,略有差异也是允许的。

从时间年限看,夏商周三代中的商周二代的行年都是比较确定的,有甲骨文和金文这两个铁证在。那么,只要从商上推"十七世,四百七十一"年,就可以推算出夏所处的时代来了。由人民出版社1949年首次出版的范文澜著的《中国通史简编》把夏朝的历史定位在了公元前二十一世纪到公元前十六世纪间,这一时间年限后来被人们普遍地接受。

夏王朝最核心的地区是晋南和豫西(本书在前面说到了,据《山海经》关于"中央"的观念,事实上中心区域要大大超越于晋南和豫西),时间是公元前21世纪到公元前16世纪间,能符合这两个条件的地下发掘,终于在二里头文化那里显现了。

二里头文化分为一、二、三、四期,经碳-14的科学测定,它的存在时间恰巧与典籍中夏的存在时间完全契合。经多方考核,这二里头遗址,很可能就是传说中的夏都之一斟鄩。有专家认为:"河南龙山文化王湾类型末期文化和二里头一期文化属于早期夏文化。二里头二至四期文化是少康中兴以后的夏代中晚期文化,二里头遗址是少康中兴以后的夏代中晚期都邑。"[1] 还有专家从遗址具体年代角度证明了二里头遗址所代表的文化与夏王朝之间的关系,指出:"二里头遗址早期的时代要比商代早上几百年,与史书中记载

---

[1] 程平山:《夏商周历史与考古》,人民出版社2005年版。

的夏朝吻合，这一发现终于从考古学上证明了夏朝的存在。"[1]

有位长期在二里头从事发掘和考察工作的考古研究工作者，在总结二里头考察成果时说，那里的发掘物显示了五个"中国之最"：

一是这里有中国最早的王城遗址，因此，说二里头城址是"中国第一都"没有什么不可以的。

二是这里有中国最早的宫殿建筑群，如此精美而古老的宫殿建筑群，在中国可以说前所未见。

三是这里有精美的青铜器，还有相当规模的铸造作坊。我们完全可以说，这里的人们已经步入了"青铜时代"。

四是这里发现有较早的大型绿松石龙形器，还有陶器上刻画有蛇形或龙形图案，宫墙处也发现绘有龙形物，可见，他们是龙的传人是不容怀疑的。

五是这里有最早的城市道路网。最为吸引人眼球的是，在道路上留下了一段双轮车的车辙。从独轮车到双轮车是一个巨大的进步，这一车辙一下子把双轮车的发明时间推前了上千年。

这些发掘和发现，使这里曾经是夏王朝的一个王城之所在，变得不容怀疑了。夏王朝传说中的一系列原先以为不可能的事，现在是确定无疑了。

当然，夏王朝的疆域不可能仅限于此。如果说一座王城是一个点的话，那么夏王朝的整个疆域该是一个面。也就是说，二里头文化不会只存在于二里头，它还会存在于更广阔的领域内。

二里头文化即夏文化的分布状况如何呢？我们可以从三个层面上加以解说：

第一层面：夏人活动的最核心区域。

最核心区无疑是在豫西和晋南地区了，也就是我们常说的环嵩山地区。嵩山位于河南省登封县北首，"五岳祭秩皆三公，四方环镇嵩当中"。正因为它在中华文明发展历程中处于"当中"的地位，嵩山又被称为"中岳"。而鲧、禹两代人又被封于嵩，称"崇鲧"或"崇禹"，其地位是不言而喻的。豫西和晋南是夏人发源的地方，也是其获取"夏"这一美名的基地。

第二层面：夏人发展和影响深远的地方，也就是二里头文化大区域。

这个大区域是当年夏王国的中枢地带，是夏王国赖以支撑的骨架，也就是我们今天说的二里头文化圈。它的范围大致上是：一是河南全省；二是

---

[1] 王友富：《考古中国110年》，金城出版社2011年版。

山西西南部；三是陕西东部；四是河北南部。事实上还包含着山东地区的某些领域。

这些地区的二里头文化，由于地域的广大和内涵上的差别，又可以分出若干子类型来。它包括：一，豫西地区的二里头文化；二，晋西南地区的东下冯类型；三，冀南豫北地区的豫东类型；四，豫南地区的下王岗类型。这些不同类型的二里头文化，在阶级差异、青铜文明、出现城郭等方面是一样的，但在出土物品的器型、埋葬方式上又有着某些自身的地方特色。

这第二层面也就是大禹所划"九州"中的中心地带冀州和豫州地带，大致上也就是我们说的中原、中州地带。这是夏人走向成熟、夏王国走向强大的基地，或者说是核心和最中枢的区域。

第三层面：夏文化即二里头文化向"天下"层面的扩展。

在近五百年的历史时期内，当时的"天下"打出的旗帜就是"夏"，从这个意义上说，凡是夏王国势力所及的"天下"，在那近五百年的时日里，都是夏文化，也就是广义上的"二里头文化"。夏文化作为当时的主流文化（或说是主体文化）必然会对非主流、非主体、包括边远地区的文化产生深刻的影响。人们一直在问，在四川地区的"三星堆文化"与中原的文化相隔万里，为何在文化内涵上会有某种相似？这只有从当时夏的天下一统的观念中去寻找答案。在天下一统的条件下，中原的主体文化必然会对周边的非主体文化产生一定程度的影响。这种影响是潜移默化的，但却是深刻的。三星堆文化的第一期碳-14测定年代为距今4500年上下，属龙山文化晚期的遗存，即传说中的五帝时代的中后期。三星堆遗址的第二期，陶品以砂褐陶为主，泥质褐陶次之，新出现了盉、高领罐、小平底罐、高柄豆、平底盆、鸟头把勺、细颈壶等有特色的器物。碳-14测定年代为距今大约3800年，这正好是夏王朝的早中期。而这些器物的器形很多明显是来自二里头的。《山海经》一书把三星堆所在的成都平原一带列入"中央"地带，不是没有道理的。

另外，我们不能低估4000年前统一条件下中原地区与周边地区的交流和交往。大禹纵横万里的治水，本身可以看成是一次天下范围的中原文化大传播，再加上商业交流的因素（有专家认为，夏时可能已经有了简单的货币），还有人口自然流动的因素，这些都会促成文化的交流和互动。

中国全国范围内的历史上第一次大统一，必然会引发全国范围的文化的大交流、大融会。这是篇大文章。我们要做好这篇大文章。而到现在为止,这篇大文章只是开了个头,更精彩的篇章还有待于我们去精心撰写。

中国人总是说,五百年必有王者出,掌控"天下"近五百年的夏政权和夏文化,对"天下"的影响力和渗透力实在不可小视,而我们至今对这种文化的影响力和渗透力还知之甚少。

二里头文化不是孤立的,它有其来龙去脉。它上承龙山文化晚期的余脉,比较直接的有登封王城岗遗址、禹州瓦店遗址、巩义小柴村遗址等,这样看来,龙山文化可以说是二里头文化的先祖文化。二里头文化又开了二里岗文化的先河,在二里岗文化中得到继承和光大。

二里头文化昭示的夏代文明

一种较为简单的说法是二里头文化就是夏文化。这话大致上是不错的。但是如果更精细一点的话,还是说二里头文化昭示着夏文化为好。道理很简单,完全意义上的夏文化不是二里头文化所能囊括得了的,它涉及的地域要更广,它存在的年代要更久远。

二里头文化的发现在我国的考古学上和历史学上无疑是一件大事,有学者说,它的价值绝对不会亚于秦代兵马俑。它向世人昭示了一个时代,一个由"大同"走向"小康"的伟大时代是怎样蹒跚地向我们走来的。

二里头文化对于夏代来说,它的价值在于:一是证明,二是纠谬。

多少年了,夏王朝的种种故事和传说见之于典籍,书之于简帛,也盛传于民间。近世以来,还写进了教科书。大家都说商之前有个夏,可是拿什么来证明呢?没有发现完整意义上的文字,至少至今还没有找到当时的文字系统,因此直接出自当时人的文字材料是不会有的。后人写在典籍里的,可参考而难以确信,可留存而难以求证。至于那些神话故事,以及小说家者言,至多不过是被扭曲了的历史残片,至于扭曲到何等田地,一时难以说清。神话中说夏的第一王启是"人首蛇身",这怎么能信呢?

历史需要证明。

尤其像"夏"这样疑窦重重的王朝需要证明。

二里头文化的一大业绩是,以封存在地底下三千年的夏人自己使用、制作、创造出来的实物,为夏王朝作了证明。这是铁铸的实证,这个案从此谁都翻不过来了。

第一，二里头文化证明了夏王朝的真实存在。

长期以来，中国人都在说夏商周，都在说三代文明，都在说我们是华夏人，可是，证明呢？范文澜先生写《中国通史简编》，夏王朝部分只写了短短的三千字。我们相信，范老不是不想写，是不敢写、不能写，历史学家是重于求证的，没有"证"，这段历史怎么写？范文澜先生最后在定章节名时，商代用了"商朝事迹"，而夏的标题是"夏朝传说"，明白无误地告诉读者"夏"的那种无奈的不确定性。

现在二里头文化等于为夏王朝签发了一张身份证。时间，传说中的夏王朝存在于公元前21世纪到公元前16世纪，科学测定二里头遗址也存在于这个时间段。地点，传说中的大夏人虽说是发源于"西土"，而后来通过北上和东进，到五帝时期以至于夏代却是昌盛于晋南和豫西一带的，二里头遗址也存在于豫西的偃师地区，作为一种文化形态，它的中轴区也在豫西和晋南。时间上的重叠，地点上的复合，任何不抱偏见的历史学家都会得出这样的结论：二里头无可辩驳地证明了夏的存在。

第二，二里头文化证明了夏王朝的文化转型。

差不多所有的作品都注意到了夏王朝正处于中国社会的历史转型期。不是一般的转型，而是大的转型，带有根本性质的文化转型。范著《中国通史简编》总共三千来字的夏史论述中，单是引述《礼记·礼运》篇，就花去了二百多字，目的就是为了说明夏代是由"天下为公，人不独亲其亲，子其子"的原始公社制社会，转化到"大道既隐，天下为家，各亲其亲，各子其子，货、力为己，大人世及以为礼"[1]的私有制社会的关键阶段。但是，证据呢？当时还没有。现在好了，大量的反映社会不平等的墓葬，把"大道既隐"证明得清清楚楚。要是在原始公社制社会中，夏王及王孙贵族们怎么可能居住在那样巍峨高敞的宫殿中？近千个墓葬中怎么可能会有那么大的级差？在建房、墓葬、祭田时，怎么可能把活生生的人杀了当"牺牲"品呢？在二里头遗址那里，有身份的贵族的居室小则几十平方米，大则数百平方米，建筑也相对讲究，而就在宫殿区的边上，建有大量的半地式穴的"窝棚"，十分的简陋，低矮，小的只有四五平方米，一家四五口人就挤在那里。可以说，除了这样一些贫穷者外，还有一些无家可归的流浪者呢！还有，当时已有了不少

---

[1]《礼记·礼运篇》。

被俘后处死的战俘,要在原始社会中,战争也是有的,战俘也是有的,但一般是把被俘者留在自己的部族中,把他当一个劳力使用。杀俘是阶级社会的产物。

文化转型是伟大的,没有这种文化转型,就不会有社会的进步。文化转型是痛苦的,其间充斥着血泪、痛苦和死亡。这过程中,战争是社会转型也是社会发展的助推器,征服有扈氏的战争,后来五子之间的战争,都是服务于文化转型的。最后,总还是战争解决问题。

第三,二里头文化证明了夏王朝的文化高度。

过去一直认为夏王朝时期还处于石器为主的时代。传说有这样的故事:黄帝战蚩尤,之所以打得很艰苦,那是因为蚩尤"以铜为兵",有的书上还说"蚩尤作五兵:戈、矛、戟、酋矛、夷矛"[1],而以为黄帝还没有铜武器。实际上地下发掘证明,早在六千多年前的文化遗存中已经发现了人工冶炼的铜的残片。黄帝时代距今五千年,处于铜石并用时期,能制造铜器也在意料之中。中国的青铜时代,郭沫若先生是一直坚持起于商代的。后来有些学者说:"中国的青铜时代,略当于历史上的夏、商、周,下至春秋战国,与中国奴隶制的发生、发展和瓦解相始终。"[2]但虽说承认夏为青铜时代之始,但苦于找不到实证。现在,地下发掘告诉我们,夏王朝已经有了精美的铜器,而且在二里头还发现了大型的铜器。说夏还处于石器时代是不确的。正如李学勤先生说的:"二里头文化显然是青铜时代的,那是没有问题的。据发掘者统计,礼器有鼎、爵(数量最多)、觚、斝、盉,兵器有戈、戚、箭镞,工具有凿、锛、锥、钻、镢(陶范)、刀、刻刀、鱼钩等,另外还有铜铃、铜泡和铜饰牌等物。这些器物工艺复杂,使用了合范法浇铸,还有分铸、接铸的技巧。有的器物还镶嵌有美丽的绿松石,有多种纹样,个别器物上还发现有鎏金痕。"[3]二里头文化证明了夏文化发展的高度。

足以体现夏王朝文化高度的,除了制铜业外,还有那些精巧的陶器和玉器。在夏王的一座大墓中,发现了一只薄如蛋壳的黑陶杯,它的做工精细,黑中透亮,朴素端庄,是"夏人尚黑"的象征性物件。据说,一些考古学家与当代陶瓷专家合力想仿制一个同样的陶杯来,结果没有成功,不论工艺还是成色都达不到原件的高度。可见,在夏人那里制陶水平高超到了何等程度。

---

[1] 宋·罗泌:《路史·蚩尤传》。
[2] 郭宝钧:《中国青铜时代》,三联书店1963年版。
[3] 李学勤:《中国古代文明十讲》,复旦大学出版社2003年版。

另外,夏人的玉石水平也已达到了很高的水准。

第四,二里头文化证明了夏王朝的文化魅力。

夏之被称为"夏",本身就是一种对文化魅力的赞誉。据许慎的《说文解字》:"夏,中国之人也,从'臼',两手,'夂',两足也。"实际上按照汉文古体的写法,"夏"这个字自上而下包括三部分:"首"、"臼"、"夂",意思很清楚,是在说:夏人是有头脑、会动手、勤于迈步外出的人。同时,"夏"还有"大"、"雅"和美如"花"的意思。这些,也许是夏族之外的他族人对夏人的一种崇高的文化评价。而这些文化魅力在二里头文化中得到了有力的证实。

夏人的尚"黑"崇"朴",传之久远,成为中华民族的民族传统。

夏人的礼仪文化,是中华文明礼仪之邦的第一乐章。这一点可以从夏墓发掘中有大量的礼器得到证明。

夏人是勤奋劳作的代表。没有这种勤奋,就不会有如此丰富的文化产品。在豫西的夏人文化圈内,有一座王屋山,"愚公移山"的故事就发生在那里。毛泽东同志在《愚公移山》中所说的"愚公移山"的故事,不正好说明愚公精神中有着大禹、夏启、少康这样一些夏人的思想文化的映像嘛?愚公的文化魅力可以说也是夏人的文化魅力。[1]

二里头文化对夏王朝来说,除了"证明"功能外,再就是"纠谬"的功能了。其实,"证明"本身就有纠谬的意思在,为了着重说明一些问题,笔者还是另列几条出来。

首先是纠"禹功鲧罪"之谬。

按照《史记》及其他一些文献所提供的资料,在夏历史上,禹是大功臣,而鲧是大罪人。但是,从二里头及其他地区的一些发掘资料看,鲧的雍堵治水法也不是一点也没有作用的。传说中鲧是天下建城的第一人,事实证明鲧时期的确已有了城池的建设,这样,对鲧更加不能一棍子打倒,加以否定。后世人"三代祀鲧"就是对他最好的评价。

其次,纠"禹铸九鼎不实"之谬。

以前一些专家认为"禹铸九鼎不实"是建筑在夏代正处于新石器时代晚期的基础上的。既然认为夏代只有石器没有铜器,那么,禹铸九鼎不也成了子虚乌有的事了吗?现在完全不同了,地下考古发掘告诉人们,早在夏之

---

[1]《毛泽东选集》第二卷,人民出版社1973年版。

前数千年,就有黄铜的冶炼,早在夏之前千年,已有多处铜器物的发现。二里头文化则告诉人们,二里头的制铜业已达到了相当发达和成熟的地步,制鼎在技术上和工艺上都是不成问题的。事实上,在二里头遗址已出土了若干三足圆铜鼎。[1]在这种"夏鼎"已有实证的情况下,"禹铸九鼎"应该不再是荒诞不经的神话,而是在当年夏王朝发生的实事。也许有哪一天,"九鼎"真会被人们发掘出来呢!

再次,纠"禹治水仅限于中原九州"之谬。

禹治水范围有多大,一直是人们争论不休的话题。说禹治水仅限于中原地带,理由似乎是:当时的生产力水平低,不可能跑那么远的地方去治水。又因为中原地带也有划成九州的说法,这样就把治水也附会过去了。其实,中原地带从来没有单独划过九州,在《尚书》上倒曾有过划十二州的说法,不过也没有指明这十二州单是指中原或是指天下。至于生产力水平低而不能在禹域九州内治水,那更是站不住脚的。地下发掘告诉我们,早在七八千年前,中华大地上的人们就作纵横万里行了。怎么可以说,到了青铜时代,反而行走不了了呢?大禹至少在中国的"两河流域"(黄河流域和长江流域)进行了治水,不论从文献看,还是从考古角度看,那都是确凿无疑的事。

---

[1] 中国社会科学院考古研究所二里头工作队:《河南偃师二里头遗址发现新铜器》,《考古》1991年第12期。

尾声

历史的余韵

常书常新的"华夏学"

阅大夏史,对读者和著者来说,都是巡游于四千年前文明初创时的那段不同凡响的民族经历。钱穆先生说过:"我民族国家已往全部之活动,是为历史。其经记载流传以迄于今者,只可谓是历史的材料,而非吾侪今日所需历史的知识。……历史知识,随时变迁,应与当身现代种种问题,有亲切之联络。历史知识,贵能鉴古而知今。"[1] 既巡游于四千年前的大夏王朝,又关注于四千后的当今之世,这是读史者应有之"智慧"。

我们可以把四千年前的那段历史浓缩为两个文字符号:华夏。

这是四千年前我们的祖先发明的两个字眼,一直使用至今。毫无疑问,它作为老祖宗留存给我们的最可宝贵的文化遗产,还要一代又一代地使用下去。

我们是中国人,又称为华夏人,简称华人。"华夏"之名,起于夏代,没有夏王朝,何来华夏之称?关于华夏,孔子第三十二代裔孙孔颖达有一被后人视为经典的释义:

中国有礼仪之大,故称夏;有服饰之美,故称华。华夏一也。[2]

孔颖达的这一疏解被视为经典,自有其精到和过人之见,但现今看来并不能说是十全十美。孔颖达是唐朝时人,离大禹时代已有近三千年的时间。他是按照他那个时代的规范来解释这一老祖宗留存下来的文化遗产的。依

---

[1] 钱穆:《国史大纲》,商务印书馆1996年版。
[2] 《左传·定公十年》孔颖达疏。

钱穆先生说的"历史知识,随时变迁"的要求看,也是必然的。孔颖达给了我们一条思索轨迹,顺着这条轨迹我们可以有自己的思想、认知和智慧。

在我们一般人的心目中,夏是一个王朝,我们这本书写的就是大夏史。不过循名责实,把夏训为"大"也是很有道理的。"夏,大也。"[1]古代的字典上就是这么说的。问题出在孔颖达把"大"限止在礼仪上,未免褊狭了一点。就大夏王朝而论,"夏"留给我们的最重头的"大"是大禹平水土的那个"大"。

在中国历史上,五千年的文明史,有人作过统计,似乎出了五百来位帝王,而在名号前冠之以"大"者,唯"大禹"一人而已。"大禹"平水土成功,帝舜召集各路人马实施评功摆好,最后的结论是"唯禹之功为大",这一说法出自帝舜之口,实发自民众之心,于是"大禹"之称不胫而走,成了千万民众对禹的爱称、尊称,也可以说是一种昵称。从不绝于耳的"大禹"的呼叫声中,我们懂得了在大夏人的心中,所谓的"夏者大也"其首义当是弘扬一种为民族、为国家建功立业的大公精神、无私精神。这恐怕是夏代人心中最想说的那个"大"字。

至于孔颖达说的"礼仪之大",当是夏人心目中"大"之一义。中国是礼仪之邦,而这个"礼仪之邦"的"大"起于何时呢?很明确,就起于夏代。无怪乎在二里头发掘中,有那么多的礼器了。以鼎和爵为代表的精美礼器,实际上在向人们说明:夏代是开创了礼仪之邦先河的了不起的时代,中国乃至世界记住这个王朝的缘由也在于此吧!

实际上,孔圣人早已点明了中华礼仪之邦是发轫于夏代的。他说:"殷因于夏礼,所损益,可知也;周因于殷礼,所损益,可知也。其或继周者,虽百世,可知也。"[2]这里说的"因",就是继承。孔子是在说:殷朝的礼仪是从夏朝那里继承来的,周朝的礼仪是从殷朝那里继承来的,有这样一种继承关系,"百世"以后的中华礼仪也是可想而知的。从孔子到当今,差不多"百世"(中国传统称三十年为一世,百世为三千年)了,身为中华人,回头看一看、想一想,我们这个"礼仪之邦"的"根"不正在夏代那里吗!

"礼"之发轫于夏代,以宏阔的视野观之,也是社会发展的必然。从万"邦"(原始氏族公社)林立到整合万邦而成为我国历史上第一个统一的阶

---

[1]《尔雅·释诂》。
[2]《论语·为政》。

级社会,夏"国"亟需有一套手段、制度来凝聚邦国,如此,结合当时风俗习惯而对人的行为做出规范的"礼"便不能不呼之欲出了。

研究夏史有许多事要做,但我们以为追寻"夏礼"的来龙去脉,剖析"夏礼"的实质内涵,指出"夏礼"在整个礼仪之邦建设中的杰出贡献,应该是一个中心议题。夏礼不是简单的条条框框,而是深刻具体地作用于国家的建设、作用于人的品格养成的具体行为。因此,它渗透于农耕农事,渗透于住宅和宫廷建筑,渗透于慎终追远的祭祀,渗透于新兴的传子制度,也渗透于人际关系的一切领域。这些都是要求我们花大力气去加以研究的。我们这部夏史要表达的新意也在于此吧!

孔颖达把"华"疏解为"服饰之美"也是既对又不全对的。

爱美之心,人皆有之。怎样才算"美"? 夏人的心中自有一把尺。夏人崇尚黑色,穿黑色的衣服,打黑色的旗帜,风里来,雨里去,肤色也晒得黑黑的。大禹"劳身焦思,居外十三年,过家门不敢入"[1],在如此境况下,还会过多的考虑所谓的服饰之美吗? 墨子形容大禹是"面目陷黝,颜色黧黑"[2],要说美,那是一种价值观念意义上的美。

孔颖达说的"服饰之美"并没有错。唐代是一个大富大贵的王朝,在世界舞台上,它是站在最前列的。唐代人花费巨大的辛劳创造了高度的物质文明和精神文明,他们有资格享受甚至炫耀自己唐人特有的"服饰之美"。但是,以此推论夏代人以"华"丽的服装为美,恐怕有失偏颇。我们在读大夏史的时候,回眸一下大禹的"颜色黧黑"的容颜,体味一下大禹那一代人创业的艰辛,理解这是深层次的"华"而美,也是很有必要的。

我们很同意钱穆先生的观念,读历史要"随时变迁,常用常新"。身为华夏人,要读通读懂这"华夏"两个字,不是一件简单的事。

从大禹创建夏王朝,称华夏,历四千余年,一直到当今之世,人们总是忘不了夏代人创造的华夏理念,并且一直称自己为华人。汉代是个强大而高度统一的国家,但这个王朝创建后,称自己境内的子民为汉人,但华人、中华人之称并未淡化。在注《三国志》的裴松之的文中就有"游步中华"[3]的提法。强大的唐王朝创建以后,当时流行的自称和他称都是唐人,但华夏与中华之称并未被排斥。现存的《全唐诗》中就有"西川父老贺子孙,从兹始是

---

[1]《史记·夏本纪》。
[2]《墨子·节葬下》。
[3]《三国志·诸葛亮传·裴注》。

中华人"[1]的提法。明代永乐年间明成祖在说到倭寇之患时强调了,"中华人被掠者,亦令送还"[2]。可见明代人也是自称与对外人称自我为中华人的。直至近世,梁启超在《中国学术思想变迁之大势》一文中多次使用"中华民族"这一新词汇,人们念念不忘的还是夏人创造的这个"华"字。

在这部书稿行将出版的时候,笔者要说的一句出自肺腑的话是,我们可以也应该建立一门华夏学,对华夏文化的来龙去脉进行梳理和纂释。它应该成为一门显学。也许有一千个人会有一千种答案,那也不要紧。真理越辩越明,经过若干时日,我们对"华夏"观念的认识一定会更上一层楼的。

治山、治水、平水土的人们

近期,2015年度全国十大考古发现在北京揭晓,浙江余杭良渚古城外围大型水利工程成功入选。这项工程是由11条堤坝连结山林构成的庞大水利工程,其中高坝可以形成三处库区,低坝可以拦蓄一片9.39平方公里的水库,约为杭州西湖的1.5倍,而容量是西湖的4倍。根据碳-14的精确测定,这一水利工程的建成年代在距今5 100～4 700年之间,比以前称为世界最早的水利工程尼罗河左岸大堤早200来年,比大禹治水工程早了大约1 000年,成了"中国之最"和"世界之最"。[3]

有人看了这条消息,也许会想,这样一来,大禹的历史地位不是降低了吗?

不对。我们并不这样以为。任何事业都是历史的接力。中国是一个以农立国的国家,治山、治水、平水土始终是民生的重中之重。良渚水利工程的发现,不只没有降低大禹在治水中的地位,相反是提高了大禹治水的可信度。过去总是有人怀疑,大禹治水能有那么大能耐吗?在古代交通工具落后的条件下,他到得了大江南北吗?他能跋涉千里到得了陕甘宁地区吗?现在早大禹一千年的伟大的余杭良渚大型水利工程放在大家面前了,不由你不信。一千年前良渚人能办到的,大禹为什么会办不到呢?

---

[1]《全唐诗·筑城篇》卷六三七。
[2]《明史·日本传》。
[3] 蒋萍、刘海波:《良渚水利工程,比大禹治水早一千年》,《文汇报》,2016年5月23日。

这就自然而然地会让人想起鲁迅先生说过的一段名言:

我们从古以来,就有埋头苦干的人,有拼命硬干的人,有为民请命的人,有舍身求法的人。虽是等于为帝王将相作家谱的所谓正史,也往往掩不住他们的光耀,这就是中国的脊梁。[1]

距今5 100~4 700年前构筑良渚水利工程的人们,就是那种"埋头苦干的人,拼命硬干的人"。

距今4 000年前跟随大禹一起治山、治水、平水土的人,当然也是"埋头苦干的人,拼命硬干的人"。

他们是中国真正的脊梁,有了他们,中国就有了希望。

读历史,不就是要从这样一些人身上汲取民族精神的力量吗?

绍兴,也就是大禹大会诸侯的"会稽"之地,也就是这位大圣大哲一生劳顿后最后安息的处所。这里的民众对大夏这个王朝,对大禹这个民族的大英雄,有着一种似乎是天然的感情。

绍兴,一个县级的辖区,却有大小河道6 759条,总长10 887公里,桥梁4 000余座,一个比水乡还要水乡的地方。

这里的民众以大禹曾亲临其地治水为荣,更以此地作为大禹的陵寝地为荣。这些年,他们提出了"五水共治"的誓言:治污水、防洪水、排涝水、保供水、抓节水。"共治"取得了巨大的成功,成为我们国家的一面旗帜。当有人问他们这里的干部为何能干得如此扎实又持之以恒时,得到的回答是:"上要对得起大禹,下要对得起百姓!"[2]这是来自水乡会稽的民声啊!

这应当不只是会稽人的心声,也是亿万华夏人的心声。

---

[1]鲁迅:《中国人失去自信力了吗?》,《鲁迅全集》第六卷,人民文学出版社1991年版。
[2]《新民晚报》,2015年11月24日。